"十二五"国家重点图书出版规划项目

21世纪普通高等教育法学精品教材

国际法

（第二版）

◆ 主编　梁淑英

◆ 撰稿人　（以撰写章节先后为序）

梁淑英　班文战　马呈元

刘泽凌岩

中国政法大学出版社

2016·北京

作者简介

梁淑英　中国政法大学教授，1964年毕业于北京政法学院（现名中国政法大学），长期从事国际法的教学与研究。列名于全国人民代表大会法制工作委员会专家数据库，曾任北京市人民代表大会立法委员会顾问、北京国际法学会常务副会长和北京市法学会常务理事等。1987～1988年，应中美法学教育交流委员会邀请在密西西比大学作访问学者，研修人权法和外层空间法。1995年应联合国秘书长邀请参加联合国国际公法大会，还曾应邀赴英国、法国、韩国、泰国、日本和我国香港与台湾地区等地参加学术研讨和讲学。多次应全国人民代表大会常务委员会法制工作委员会和国务院法制办及有关部委的邀请，参加我国涉外立法的咨询和研讨。主持和参加了国际和国内的重要科学研究项目，如主持联合国难民署关于难民等问题的项目研究，参加联合国机构间湄公河次区域反对贩运人口的项目活动、参加我国国家反对拐卖妇女儿童行动计划的研究和修改等。出版了多部专著和教科书，如《外国人在华待遇》《国际难民法》《国际法律问题研究》《国际公法》《国际法》《国际法案例教程》《公民权利和政治权利国际公约的批准与实施问题研究》等。在国内外重要刊物上发表了"中国保护难民的实践及其挑战和应对——以印支难民为例""促进难民入籍的国际义务""国际法视角下的琉球地位""难民入出境的保护原则""论用尽当地救济""国际人道主义法及其违反之罪行的国际惩治""非法移民的处理措施""论条约在国内的适用"等数十篇学术论文。

班文战　中国政法大学教授，法学硕士，现任中国政法大学人权研究院副院长，人权法学专业硕士研究生导师，兼任中国人权研究会理事。主要研究方向为国际人权法、人权国内保障和人权教育。先后参加近20部国际人权法和国际法教材的编写，单独发表数十篇学术论文。代表作品为《国际人权法》（2004，副主编）、"国际人权法在我国人权法制建设中的地位和作用"

（2005）、《普遍人权文化的建立与中国人权教育的开展》（2009）、《人权立法分析报告》（2011）和《人权知识妇女权利读本》（2012，共同主编）。

马呈元 中国政法大学教授，法学博士，1993～1994 年在美国华盛顿乔治城大学法律中心学习，2000 年在英国诺丁汉大学法学院学习。长期从事国际法的教学和研究工作，先后担任《普通法的历史基础》（外国法律文库）、《国际法》（韩国柳炳华著，上、下册）和《国际人权法教程》（中欧合作项目）的翻译、译审和总译审，并进行过其他英文法学著作的翻译工作。代表著作为《国际犯罪与责任》《国际刑法论》《国际法》（主编）。

刘 泽 北京大学在读法学博士，2008 年获中央司法警官学院法学学士，2015 年获北京大学法学硕士，2015 年在中国国际法年刊上发表题为"国际环境法中的风险预防原则————一种功能性的认识"的论文。

凌 岩 中国政法大学教授，法学硕士，博士生导师，中国国际法学会常务理事，国际空间法学会会员。1990～1991 年荷兰莱顿大学航空与外空法研究所作访问学者，1992 年获荷兰社会学研究所研究文凭。1998～2004 年任联合国卢旺达国际刑事法庭法律官员。主要著作有：独著《卢旺达国际刑事法庭的理论与实践》《跨世纪的海牙审判》，主编了《匡扶正义 共享和平》《国际刑事法院罗马规约评释》《国际空间法新论》，合著《国际刑法学》《国际法》，并编了《特殊的法律课堂》等。在中外期刊上发表了数十篇论文。

出版说明

　　"十二五"国家重点图书出版规划项目是由国家新闻出版总署组织出版的国家级重点图书。列入该规划项目的各类选题，是经严格审查选定的，代表了当今中国图书出版的最高水平。

　　中国政法大学出版社作为国家良好出版社，有幸入选承担规划项目中系列法学教材的出版，这是一项光荣而艰巨的时代任务。

　　本系列教材的出版，凝结了众多知名法学家多年来的理论研究成果，全面系统地反映了现今法学教学研究的最高水准。它以法学"基本概念、基本原理、基本知识"为主要内容，既注重本学科领域的基础理论和发展动态，又注重理论联系实际满足读者对象的多层次需要；既追求教材的理论深度与学术价值，又追求教材在体系、风格、逻辑上的一致性；它以灵活多样的体例形式阐释教材内容，既加强了法学教材的多样化发展，又加强了教材对读者学习方法与兴趣的正确引导。它的出版也是中国政法大学出版社多年来对法学教材深入研究与探索的职业体现。

　　中国政法大学出版社长期以来始终以法学教材的品质建设为首任，我们坚信"十二五"国家重点图书出版规划项目的出版，定能以其独具特色的高文化含量与创新性意识成为法学教材的权威品牌。

中国政法大学出版社

第二版说明

　　国际法是教育部规划的法学专业学生之必修课程。目前，我国已有数百所普通高等院校设有法学专业。为便利和有助于广大师生的国际法教学与学习，受中国政法大学出版社之邀，我们于2011年编著了《国际法》教科书，至今已时越5年，其间不仅国际法和各国的国内法在发展，我们对国际法学的认识也在提高，故此，本着更新理念、补充内容、修正错误的宗旨，重新编著了此书。在编写中我们力争做到体例科学、概念准确、立论有据、内容充实全面、资料翔实新颖、密切联系实际，尤其是中国的实践。尽管如此，鉴于我们的水平有限，书中存有不足或错误，敬请读者见谅和赐教为盼。

　　另需特别感谢北京大学的宋英教授在本书修改中给予的支持和帮助。

　　本书共十三章，各章撰稿人或修订人按撰写章序列名如下：

梁淑英　第一、二、三、六、七、九、十、十三章；

班文战　第四章；

马呈元　第五、十二章（梁淑英修订）；

刘　泽　第八章；

凌　岩　第十一章。

编　者
2016 年 5 月 31 日

目　录

第一章

导　论

第一节　国际法的概念和性质

一、国际法的定义和特征

（一）国际法的名称

国际法（international law）最初在西方文献中是用拉丁文 jus gentium 称谓的。jus gentium 原本是万民法的意思，源于罗马法。[1] 国际法形成的早期，在没有专门术语表示的情况下，一些欧洲的哲学家和法学家在他们的著述中就借用了 jus gentium 来表示国家间的法律。最有权威的荷兰法学家格劳秀斯（Hugo Grotius，1583～1645）在他的被称为国际法形成与发展基础的经典著作——《战争与和平法》（1625 年发表）中就使用这个术语称呼国家之间的法律。鉴于格劳秀斯的权威，jus gentium 成了当时被用来表示国家间法律的通用语，以后被译成各种西语，如英文的 law of nations，法文的 droit des gens，德文的 völkerrecht，意文的 diritto delle genti 等。

到了 18 世纪末，英国的哲学家和法学家边沁（Benthem）提出将英文的 law of nations 改用 international law，并在他 1789 年发表的《道德及立法原理绪论》一书中开始使用。这一改变得到了广泛的支持，使 international law 成了通用的国际法之称谓，这种称谓更贴切地表示了国家之间的法律。由于国际法是调整国家间公的关系，因而也称国际公法（public international law），以别于国际私法（private international law）。

国际法一语传入中国并被使用，是与国际法的著作被翻译成中文分不开的。最先把国际法著作系统地译成中文的是美国传教士丁韪良（Martin），他于 1864 年把惠顿（Wheaton）所著的《Elements of International Law》译成《万国公法》，后来他又与中国学者合作把吴尔玺（Woolsey）著的《Introduction to the Study of International Law》译成《公法便览》，把布伦智利（Bluntshili）著的《Das Moderne Völerrech》译成《公法会通》。英人俞世爵等将菲尔利摩尔（Phillimore）著的《Commentaries upon International Law》译为《国际法评论》。另外，自清光绪中期开始，我国学者逐渐将

---

[1] 古代罗马法有市民法（jus civile）和万民法（jus gentium）之分，前者是调整罗马市民之间关系的，后者是调整罗马市民与外国人之间及外国人间关系的。万民法属私法性质，不是国际法。

日文的国际法著作译成中文，从而使日文使用的国际法称谓传到中国，因此，国际法一词成了中文使用的名称。

（二）国际法的定义

国际法虽然早已形成了独立的法律体系，具有数百年的发展史，但并没有法律的定义。因此，本书所说的国际法定义，只是各国研究国际法的专家在他们的著述中对国际法所作的描述。由于传统国际法的主体单一，只有国家，所以当时的学者们一般认为国际法是规定国家间行为规则的法。其中有代表性的如英国的劳伦斯（Lawrence）称："国际法可以被认为是确定全体文明国家在其相互关系上的行为规则。"[1]1927年常设国际法院在其对"荷花号案"的判决中称："国际法是国家间的法律。约束各国的法律规则来自国家，在条约或在获得普遍接受为明示法律规则表现出的自由意志，这些规则调整着它们之间的关系。"[2]后来学者们根据国际关系的新变化和国际法主体及调整对象的新增加，对国际法的定义也给予了重新考虑。例如，被称之为经典国际法教本的《奥本海国际法》称："国际法是对国家在它们彼此往来中有法律拘束力的规则的总体。这些规则主要是支配国家关系，但是，国家不是国际法的唯一主体。国际组织，以及在某种范围内的个人，可以是国际法所给予权利和设定义务的主体。"[3]王铁崖教授认为："国际法，简言之，是国家间的法律，或者说，主要是国家之间的法律，是以国家之间的关系为对象的法律。"[4]

权威的专家、学者给国际法下的定义从不同的角度揭示了国际法的法律性质和它的本质特征，使我们认识到国际法主要是国家之间的法律，它是为满足以国家为成员的国际社会需要而产生的，主要调整国家之间的法律关系，确立国家间权利和义务的法律原则和规则。

（三）国际法的特征

国际社会的主要成员是国家，而国家在国际社会中都是独立的和平等的，在国家之上没有支配它们的权力，也不存在世界政府。因此，在成员地位独立和平等的国际社会产生的国际法原则和规则，在主体、调整的对象、形成的方式和执行等方面与各国国内社会所建立的法律相比有显著的不同特征。

1. 国际法的主体主要是国家，调整的对象主要是国家间的法律关系。国际法的主体是国际社会的成员，是国际法律关系的参加者。传统国际法的主体只是国家，虽然现代国际法增加了新的主体，例如，政府间的国际组织和争取独立的民族解放组织，但国家依然是国际法律关系的主要参加者，国际法也主要调整国家间的法律

---

〔1〕 T. J. Lawrence, *The Principles of International Law*, 6th edition, Boston: D. C. Weath & Co. , 1910, p. 1.

〔2〕 参见陈致中编著：《国际法案例》，法律出版社1998年版，第41页。

〔3〕 参见［英］詹宁斯、瓦茨修订：《奥本海国际法》（第1卷第1分册），王铁崖等译，中国大百科全书出版社1995年版，第3页。

〔4〕 参见王铁崖主编：《国际法》，法律出版社1995年版，第1页。

关系。而各国国内法的主体是国家及其权力管辖下的自然人和法人及其他非法人实体。调整的对象也是这些主体之间的法律关系。

2. 国际法的创立方式是国家的协议。因为国际社会的成员主要是国家，而国家是独立的、平等的，相互没有从属关系，在它们之上没有权力或世界政府可对它们发号施令。所以，它们之间的交往所遵守的法律只能由它们共同制定。国家在国际交往中通过协议制定国际法的原则和规则。无论是条约国际法还是习惯国际法的产生都是国家间协议的结果，国家既可通过条约程序制定它们共同遵守的国际法原则和规则，以确定或改变它们之间的权利和义务关系，也可以通过实践创立习惯国际法的原则和规则，规范它们之间的权利和义务。国际法的这种创立方式与各国国内法的建立是不同的。因为国内社会的权力集中于国家，所以国内法由各国的立法机关制定。

3. 国际法的强制执行依靠国家采取单独或集体措施。毋庸置疑，国际法是有拘束力的，它不同于国际道德和国际礼让。国际礼让（international courtesy）和国际道德（international morality）对国家或其他国际法主体没有法律拘束力，更无强制执行的效力。而国际法则不然，它是法，具有强制执行的效力。但国际法的强制执行只能依靠国家采取单独或集体强制措施，因为在国家之上没有权威或世界性的强制机构来强制国家执行国际法。这与国内法的强制执行是不同的，国内法的强制执行是由国家机关实施的。

二、国际法的效力根据

国际法的效力根据（basis of international law）是指国际法具有法律拘束力或法律效力的依据。这是一个重要的国际法的理论问题，向来得到国际法学界的重视，学者们对它进行了长期深入研究，并提出了不同的解说，不仅形成了传统的学派，而且现代国际法学者也提出了一些新的见解。

（一）传统国际法学派

在传统国际法的理论研究对国际法效力根据提出了三种学说，形成三大学派，即格劳秀斯派、自然法学派和实在法学派。

1. 格劳秀斯派。格劳秀斯派（Grotians）是国际法的创始人格劳秀斯创立的。依他的学说，国际法的效力根据为自然法和国家的一般同意。国际法大部分之所以对国家有拘束力，因其为自然法，是基于理性，[1] 而其他部分具有拘束力，则因其依据各国公认。也就是说，国际法的效力根据有两种：它的首要根据是理性，次要根据是一般的同意。[2] 由此，将国际法分成两部分：自然法和制定法。前者是主要的

［1］　格劳秀斯说："自然法的母亲是人类本性"，还说"自然法是不能改变的，就连上帝也不能改变……上帝无法使2加2不等于4"。参见邵津主编：《国际法》，北京大学出版社、高等教育出版社2011年版，第18页。
［2］　参见周鲠生：《国际法》（上册），商务印书馆1976年版，第22页。

部分，其渊源是人类的理性，后者是次要的部分，是各国合意的结果。

因为格劳秀斯享有国际法创始人的盛名，所以他的学说在 17、18 世纪为多数学者接受，如德国的沃尔夫（Wolff）和瑞士的法泰尔（Vattel）等都是他的积极支持者。格劳秀斯关于国际法效力根据的学说在某种程度上导致了其后的西方国际法学说分裂为两个互相对立的派别：自然法学派和实在法学派。

2. 自然法学派。在 17、18 世纪对国际法效力根据的研究中，一些学者给予自然法的地位比格劳秀斯给予的更高，形成了自然法学派（naturalists）。自然法学派认为，在国际法的规则中根本没有实在法，不论是习惯或条约规则。而国际法是自然法的一部分，或者说是自然法对国际关系的适用。所以自然法（即自然理念，如人类的理性、良知或法律意识）是国际法效力的唯一根据。

自然法学派在 17、18 世纪对国际法效力根据的理论曾有重要影响，与当时的实在法学派相比占有优势地位。其代表人是德国的普芬道夫（Pufendorf），在其所著的《自然法与万民法》（1672 年发表）一书中就完全否认实在国际法的存在，认为国际法只包含于自然法，不承认条约和习惯是国际法的渊源。这个学派的主张在 19 世纪走向衰落。

3. 实在法学派。实在法学派（positivists）对国际法的效力根据提出了与自然法学派相对立的主张，认为国际法不是自然法，它的效力根据也不是什么抽象的"人类理性"，国际法是实际存在的法律原则和规则，这些原则和规则不是可以用推理的程序发现的。相反，应当依归纳的方法从国际交往史上去推求它们。因为这样的规则之所以有拘束力，是因为国家承认了它们，表现了国家的同意和意志，这种同意表现为习惯和条约。实在法学派早在 17、18 世纪就已存在，如当时的代表人物荷兰的宾刻舒克（Bynkershoek）就认为，国际法的根据是表明于国际习惯或条约中的各国的同意。

实在法学派的主张与自然法学派相比，在 17、18 世纪得到的支持虽不占优势，但到了 19 世纪，随着国家的逐渐增多和国际交往的日趋频繁，国际交往的实证材料与日俱增，以习惯和条约为主的实际国际法规则不断发展，为实在法学派提供了更充分的实证，加之欧洲各国资本主义制度的建立，为这派主张的发展创造了良好的社会条件和政治条件。一些学者的著述也更充实了这派的主张，如德国的马顿斯（Martens）所著的《马顿斯条约汇编》就是自 1761 年以来各种国际条约之大成，他的《欧洲国际法先例详论》等都为实在法学的发展作出了不朽的贡献。[1] 这个学派很快就在西方国际法学界占据了压倒他说的地位，并且这个优势一直持续到 20 世纪初期。在第一次世界大战之前，西方著名国际法学家的学说大都属实在法学派。如人们熟知的英国学者奥本海（Oppenheim）、德国学者李斯特（Liszt）都在他们的教

---

〔1〕 参见日本国际法学会编：《国际法辞典》（中译本），世界知识出版社 1985 年版，第 37 页。

本中申明了实在法学派的主张。[1]

(二)现代国际法学派

第一次世界大战后，由于国际关系的转变和国际法的发展，国际法学界对国际法效力根据问题进行了新的探讨，对传统的研究给予了重新审视，提出了一些新的主张，出现了新的自然法学派和实在法学派。

1. 新自然法学派。新的自然法学派提出了社会连带学说和规范法学说。

(1)社会连带学说。社会连带说（doctrine of social solidarites）的理论基础是社会连带关系说，其创始人是法国的狄骥（Duguit）。他认为，人们生活在社会中就会产生连带关系，因此就有共同的需求，必须通过这种关系相互合作。基于存在于人类社会的连带关系而产生的旨在实现或促进这种关系的法律规范，即客观法。它与人类社会同时存在，全然不以国家观念为转移。国家职能在于实现客观法，因而国家制定的法律就被称为实在法。[2]狄骥把这种理论也用于解释国际法，认为国家之间也像国内社会一样，存在着连带关系，彼此也会形成社会感觉和公平感觉，并扩大为社会际的感觉。这样便产生了国际法—社会际的法律规范。对这样的规范人们只能感觉它，承认它。因此，国际社会的连带关系成了国际法的根据。这种社会连带说被著名的国际法学家波利蒂斯（Politis）所阐扬。他在其著的《国际法的新趋向》一书中声称，法律既不是出自什么命令，也不是什么意志的表现，它是纯然的一种社会产物，为社会成员所感觉的一种纯粹事实，有的社会统治者只是把它制成法律或条约的形式。在这个观念上，国际法只有单一的根源，即各民族的法律良知，它给予他们的连带关系所产生的经济道德的规则以约束性。惯例和条约已不是如一向所相信的这个法律的根源，而只是确认它的两种方式，并且它们也不是仅有的方式；除开习惯和条约，国际法的存在可以依其他方法证明。[3]继波利蒂斯之后，这种理论的追随者还有美国的庞德（Pound）、塞尔（Scelle）等，因而形成了社会连带学派。

(2)规范法学说。规范法学说（normativist school）的代表人物有美籍奥地利学者凯尔森（Kelsen）和奥地利的菲德罗斯（Alfred Verdross）。这个学派的基本观点是否定国家意志创造法律的主张，而认为一切法律规则的效力都出于上一级的法律。全部法律归于一个体系，在最上级为国际法，国际法之下有众多并立的国内法，每个国内法中又分为不同的等级，上层为宪法，其下为普通法，再下为行政命令、规则等。按这样的排列，国内法的效力根据源于国际法。国际法的根据是取决于一个国际法中的"最高规范"或"原始规范"（norme originaire），而这个最高规范既是法

〔1〕 See Oppenhelm, *Intornational Law*, Liszt, Lehrbuch des Völkerrechts.

〔2〕 参见沈宗灵：《现代西方法律哲学》，法律出版社1983年版，第40页。

〔3〕 参见Politis, *The New Aspects of International Law*, 1928, pp. 14~16, 转引自周鲠生：《国际法》，商务印书馆1976年版，第28页。

律规范，又是伦理规范，是人类的"正义感"或"法律良知"（sentiment de justice, conscience juridigue）。[1]

从社会连带法学派和规范法学派对国际法效力根据的解释，不难看出它们都将国际法终归于人类的理性、良知等自然法中，因此有人说在 19 世纪已消沉的自然法学派到 20 世纪又有复兴的趋向，并将这两个派别称为新自然法学派。

2. 新实在法学派。由于第二次世界大战后国际关系格局的变化多端，西方法学界，特别是美国兴起了从权力和政治角度研究国际法的动向，他们对国际法的根据提出了权力政治说和政策定向说，被称为新的实在法学派。

（1）权力政治说。权力政治说（theory of power politics）认为国际政治支配着国际法，而国际政治的核心是国家权力。因此，国际法的效力根据应从国际政治中去找。国际政治中，势力的均衡即国家权力的均衡是国际法存在的基础和国际法有效的根据。这种理论的代表人物美国的施瓦曾伯格（Schwarzenberger）称："国际法就是权力法，可以作为强权政治的工具。"[2]

（2）政策定向说。政策定向说（policy – orient theory）的基本观点是把法律视为包括规则在内的权威政策的抉择过程，是对权威的期望。国际法是国家对外政策的表现，它的效力取决于国家对外政策，政策的实施要靠有效控制。因而在国际关系中控制实力强的国家的外交政策处于支配地位，所以这样的国家的外交政策在国际法的效力上起主要作用。这种学说的重要代表人物是美国的麦克杜格尔（McDougal）。[3]

我们认为，对国际法的效力根据进行探讨，不能脱离以下基本事实：国际法是法，并且主要是国家之间的法，是实际存在的法律原则和规则，而不是理性、良知或政策。这个法律体系是在国家交往过程中形成和发展的，它的参加制定者是国家。在这个基础上认识国际法的效力根据会更实际。因为国际法是国家间的法，且为国家参加制定的，反映了各国的意志和利益。国家参加制定国际法的过程不可能只坚持自己的立场，要求国际社会成员都服从它，而必须对别国的主张有所妥协或让步，以达到各国意志和利益的协调。国家意志和利益协调之结果是达成协议，产生条约国际法和习惯国际法，一般法律原则也是文明各国所承认者而具有国际法效力。各国协议产生的国际法表现了国家的同意或国家的承诺，因而对国家具有拘束力，国家有义务遵守。对破坏或违反国际法者，受害者或国际社会有权采取强制措施。因此，可以说各国的意志之间的协议是国际法的效力根据。

---

〔1〕　参见周鲠生：《国际法》，商务印书馆 1976 年版，第 25～26 页。
〔2〕　参见程晓霞主编：《国际法的理论问题》，天津教育出版社 1989 年版，第 27 页。
〔3〕　See McDougl, in Recueil des cours, vol. 82, 1953, pp. 137～142.

第二节　国际法的历史发展

一、国际法的萌芽时期

国际法是国际交往和国际关系发展的产物，有了国际交往，产生了各种国际关系，必然会产生与之相适应的国际法原则和规则。国际法在国际关系上成为现实的势力，形成一个包罗丰富的法律体系，虽然被认为是近代欧洲文明的产物，但也不可忽视近代国际法形成之前，古代和中世纪存在的一些国际交往规则对国际法的形成与发展的重要作用，及其对人们了解和研究现代国际法中各种制度的历史起源的重要意义。因此，在研究近代和现代国际法的发展史前，有必要探讨一下古代和中世纪存在的国际法的历史萌芽或雏形。

近代社会前的古代和中世纪时期，由于国家处于相距甚远的世界各地，交往不具全球性，只局限于区域性的往来，并且彼此征战连绵不断，故只有些分散的萌芽规则，比如一些有关战争、结盟、订约、使节制度等，它们主要集中在古代中国、埃及、希腊、罗马和印度等地。例如，在古代中国春秋时代出现的结盟、订约、解决纠纷以及照顾死伤、释放房囚等规则。古代埃及很早就有订立条约的记载，如公元前 1291 年埃及法老拉姆捷斯（Ramerjes）二世与赫梯国王订立的同盟条约，规定它们之间的合作与同盟关系，并涉及引渡等问题。另据埃及阿马纳地区文字解释，公元前 14 世纪就存在类似现代的使节制度，使节享有人身不可侵犯的特权。古希腊的城邦之间在密切往来中形成了较为发达的使节和战争制度，为了缔约和其他往来而互派临时的和常驻的使节，使节享有不可侵犯权和许多荣誉。在战争方面形成了有关战争合法与非法、宣战、休战、中立等规则。此外还存在缔约、联盟及公断解决纠纷的规则等。古罗马的国际规则更为发达，像对使节的接见和谈判都有了更具体的规定，使节的不可侵犯权得到了无条件承认。在战争程序上也有增多，包括最后通牒、宣战仪式、军事占领、征服和投降、休战、媾和等。在罗马帝国时期还逐渐发展了对外关系和对待外籍人的制度。在古印度不仅存在战争中人道主义、通牒、宣战、战争结果等规则，还出现了外交代表制度等。

在中世纪，除古代形成的一些国际法规则的雏形继续发挥一定的作用外，还出现了一些新的制度。不过，在中世纪的前期，由于神圣罗马帝国几乎吞并了当时的文明世界，形成了罗马皇帝和教皇精神一统天下的局面，欧洲陷入黑暗时代，国际法几乎没有存在和发展的条件，进入了停止不前的境况。但到了中世纪后期，由于商业的发展、国际航海和国际贸易的增长，产生了一些海洋制度、海外领土取得的法律依据和领事制度。使馆制度（即常驻使团制度）也于 15 世纪开始产生，它对以后外交关系法的形成具有重要意义。

二、近代国际法的形成与发展

近代国际法也可以说是欧洲国际法，因为它的形成与发展主要在欧洲国家之间。因为欧洲到了近代，社会发生了巨大变革，一是出现了文艺复兴、宗教革命、产业革命。二是封建制度逐渐崩溃，教皇的权力和罗马帝国的神圣支配权被削弱，现代意义上的国家开始出现，如英国、法国、西班牙、瑞士、瑞典、丹麦等均先后成为独立国家。16 世纪开始，学者们还提出了有关主权国家的理论，如法国的博丹（Bodin）在其《论共和国》中首先提出了国家主权的概念。托马斯·霍布斯（Hobbes）、格劳秀斯等学者的著作对国家主权的论述更巩固了国家主权观念。这些变革为近代国际法的形成和发展营造了国际环境，尤其是现代意义的主权国家的逐渐增多为近代国际法的形成与发展奠定了基础。

在近代国际法的形成中起着里程碑作用的一件大事是威斯特伐里亚公会的召开（1643～1648 年）和《威斯特伐里亚和约》的签订。因为威斯特伐里亚公会的召开不仅结束了欧洲的三十年战争（1618～1648 年），而且承认罗马帝国统治下的许多邦为独立主权国家，否定了"世界主权"，开始了新型的国际关系。威斯特伐里亚公会的与会者还通过会议协商签订了和约。该和约由《奥斯纳布鲁克条约》和《蒙斯特条约》组成。和约以法律形式确认了独立主权国家，确立了欧洲新的政治秩序。此外，和约还规定主权和平等为国际关系的基础，是解决共同关心的问题的依据。和约所包含的一些规则被认为在国际关系中是有拘束力的。例如，条约必须遵守；冲突必须通过和平方法，即谈判、调解和调停或仲裁加以解决；受害国可对侵犯国采取武力反抗以恢复其权利并得到其他国家的支持；无正当理由而进行的战争是非法的，而其他国家应联合反对破坏和平者。[1] 因此，也可以说该和约的签订是近代条约国际法发展的起点。

在近代国际法形成中起着重要作用的另一件大事是 1625 年格劳秀斯的《战争与和平法》一书的发表。格劳秀斯在这部经典著作中第一次系统地论述了国际法的主要内容，涵盖了当时国际法的一切范围。该书不仅全面总结论述了战争是否合法、战争合法的原因、战争的规则等战时国际法，而且论述了国家主权、财产的性质及其取得的方式、领土的取得及其他平时国际法规则，特别是作为其中一部分的海洋自由之论，对海洋自由原则的形成具有重大的历史功绩。[2] 在这部著作中，格劳秀斯还对国际法学提出一些研究主张，例如，提出国际法效力根据主要是自然法，还有一部分为意志法。这一主张颇具影响并形成了一个学派。当然，格劳秀斯经典著作的产生也脱离不了在他之前的一些法学家或神学家们著述的支持。[3]

---

〔1〕　参见王铁崖：《国际法引论》，北京大学出版社 1998 年版，第 274 页。
〔2〕　在《战争与和平法》发表之前，格劳秀斯就于 1609 年发表了《海洋自由论》之著述。
〔3〕　例如格劳秀斯的一位重要先驱者意大利的真蒂利斯（Gentilis）所著的《外交使节论》（1858 年）、《战争法》（1598 年）对格劳秀斯都产生过重要影响。

格劳秀斯在其《战争与和平法》中提出的国际法的原则和规则很快受到了欧洲国家的重视并不断付诸实践，也得到威斯特伐里亚公会的默认，使国际法形成了一个独立的法律体系。

继威斯特伐里亚公会和格劳秀斯的《战争与和平法》发表之后，由于主权国家的不断增多，国际关系的新发展，国际法也得到了进一步的发展。特别是美国依其1776年的《独立宣言》宣布独立，摆脱英国的殖民主义统治，在国际法上为殖民地的解放斗争树立了先驱。1789年法国资产阶级革命胜利使国际法进入了一个新的发展阶段，国际法在范围和实体方面均有了扩大。例如，1795年的法国格雷瓜尔（Gregoire）拟定了《国家权利和义务宣言》，虽然这个宣言未被法国国民大会通过，但它提出的各国主权、独立、平等和不干涉内政原则对后来国际法的发展有着重大影响。1793年的《法国宪法》中规定不干涉其他国家的政府事务和政治犯不引渡。这些规定后来都演变成为国际法的原则。这个时期由于航海事业的发展，使领海主权与公海自由原则获得为一般接受。国家间互派常驻外交代表或使节及外交特权与豁免制度和领事制度逐渐得以确立。到了19世纪，还确立了国际河流制度和永久中立制度。在战争法方面也产生了新规则，如规定了人道主义法，把平民与战斗员区别对待，给战俘和伤病者人道待遇。以国际条约形式规定国际法的规则也增加了许多，如1856年的《巴黎海战公约》、保护工业产权的1883年的《巴黎公约》、保护著作权的1886年的《伯尔尼公约》以及1899年和1907年缔结的一系列关于战争法及和平解决国际争端的公约。此外，还开始通过缔结国际条约创建了一些国际组织。国际法的适用范围也从欧洲逐渐扩大到美洲和亚洲，打破了欧洲文明各国国际法的界限。19世纪拉美的非殖民化运动产生了许多国际社会的新成员。

三、现代国际法的发展

自第一次世界大战后，国际法进入了现代的发展时期。尤其是第二次世界大战的结束，国际社会从惨痛的战乱走向了相对和平与稳定，并且再次出现非殖民化运动，使国际关系发生了崭新的变化，从而促进了国际法的长足发展。具体表现在如下方面：

（一）国际法主体的增加

第二次世界大战后，由于国家间政治、经济、文化、科学及其他方面交流与合作的需要，国际上建立了数以千计的政府间的国际组织。它们基于其约章的规定具有国际法的人格，在特定范围内能参加国际法律关系，承担义务和享有权利，成了国际法的新主体。另外，由于第二次世界大战后的非殖民化运动中殖民地人民于其独立前建立了民族解放组织，这些组织在一定范围内也能参加国际法律关系，享有国际法上的权利和承担义务，所以亦具有国际法主体资格。这两类新主体的出现改变了传统国际法单一主体——国家的观念，形成了国家为国际法的主要主体，政府间国际组织等实体为次要主体的新格局。

（二）国际法调整的对象和范围的扩大

首先由于国际法主体有了新的增加，所以国际法调整的对象从单一调整国家间的法律关系改变为以调整国家间法律关系为主，同时还调整国家与其他国际法主体以及其他国际法主体相互之间的法律关系。其次是第二次世界大战后，国家间的交往不再限于政治方面，而是扩大到经济、社会、文化、科学及其他领域，这就必然使国际法调整的范围扩大到国家交往的各个新领域。

（三）国际法的领域和内容的新变化

现代国际关系的新发展、科学技术的飞跃和人类活动范围的拓宽，使国际法的领域和内容发生了巨大变革。一是建立了新的分支和内容。例如，建立了空间法、国际组织法、国际经济法、国际人权法和国际环境法等新的分支和规范，确立了现代国际法的基本原则。原有的部门也有了新发展，如战争法的原则、规则和制度得到了极大的完善和发展，不仅规定侵略战争为非法，而且将人道主义法的原则和规则定为核心，还确立了战争犯罪的惩治等内容。海洋法亦从原有的领海和公海制度发展成为一个包罗各种海区和海底的原则和规则的国际法的重要部门。二是废弃或改变了传统国际法中的一些不合理的原则和规则。例如，彻底废弃了以战争或武力作为推行国家政策的手段和解决国际争端的方法，废除了传统领土取得的征服等方式，铲除了殖民主义制度等。

（四）国际法的全面系统编纂

现代国际法发展中的一个显著进步是它的法典化、系统化。而促成这一进步的方法是对国际法进行编纂。虽然国际法的编纂活动早就开始，而官方的编纂也在19世纪就已出现，但对国际法进行有计划全面系统的编纂还是联合国成立之后。联合国成立后不仅继续通过国际会议进行官方编纂，而且还建立了专门机构——国际法委员会，对国际法进行经常的有计划的编纂。通过编纂工作将分散的或不成文的国际法规则系统化和法典化，同时创造新的规则，促进了国际法的实施和发展。

四、中国与国际法

中国春秋时期虽然存在一些处理国家关系的规则和惯例，但是依照近代意义的国际法概念，它们还不能算是国际法的原则、规则。因为这个时期，国家处在周天子统治之下，虽有某种程度的独立，但不是主权国家。春秋战国结束以后，统一的中国就不可能存在什么国家之间的规则和惯例。所以19世纪中叶前，中国对国际法几乎一无所知。直到19世纪中叶，西方列强的侵略打开了中国大门，国际法才开始传入。一些国际法著作被译成中文，清政府亦逐渐了解了一些国际法规则并按照它们进行某些国际交往。例如，1839年林则徐为禁止鸦片的贩卖以维护中国的独立和尊严，曾命人将法泰尔的《万国法》一书中的有关战争以及对待外国人的部分译成中文，称《各国律例》，作为禁烟的依据。1864年丁韪良把惠顿的《国际法原理》译成中文为《万国公法》后，清政府于同年的普鲁士和丹麦的战争中，因普鲁士军舰在渤海湾拿捕了一只丹麦船，而根据惠顿的《万国公法》中的领海规则与普鲁士交涉并使该船获释放。在以后的实践中，清政府还向外国派遣了外交使节和领事。丁韪良将惠顿的《国际法原理》翻译成中文之后，在其学生、同事的帮助下又翻译了几部国际法著作，他还在清朝的同文馆讲授国际法，这对清政府了解国际法规则是大有好处的。

由于中国自鸦片战争后一直处于帝国主义列强的侵略和压迫之下，中国与它们之间的国际关系是一种以不平等条约为基础的关系，西方列强根本不按国际法的原则和规则平等地对待中国。所以，尽管欧洲国际法传入了中国，中国的清政府乃至其后北洋军阀政府和国民党政府在不平等条约的禁锢下，加之它们自身的局限，也不可能有力地利用国际法去保护中国的主权和独立、权利和利益。

中华人民共和国政府成立后，遵守国际法的原则、规则和制度，主张按《联合国宪章》的宗旨和原则以及我国倡导的和平共处五项原则处理国家之间的关系。新政府的60余年外交实践中，在处理承认、继承、外交关系、解决争端和国籍等问题上都有自己的创见，尤其是提出处理国际关系的和平共处五项原则，对阐明联合国宪章的宗旨和原则以及对国际法基本原则的确立具有重大贡献。另外，为了履行国际义务和行使国际法赋予的权利，政府还积极采取内部措施，例如，建立有关的专门法律，1980年公布了《国籍法》、1986年和1990年分别公布了《外交特权与豁免条例》和《领事特权与豁免条例》、1990年公布了《缔结条约程序法》、1992年公布了《领海及毗连区法》、1995年公布了《航空法》、1998年公布了《专属经济区和大陆架法》、2000年公布了《引渡法》。在没有专门立法的情形下，或我国现行法律规定与我国缔结的条约规定相抵触时，执行我国缔结的条约或协定（保留条款例外）。对此，我国《宪法》虽无规定，但在若干单行法律中作了明确规定，如《民法通则》《民事诉讼法》《中外合资经营企业所得税法》《企业所得税法》以及其他有关法律都作了规定。

改革开放以来，我国国际法学界及时肃清了法律虚无主义，国际法的教学和研究也得到了振兴。1980年成立了中国国际法学会，数百所高等院校设立了法律专业，开设国际法课，还有的学校设立了国际法专业。目前，我国教育部已将国际法列为普通高等法学教育的核心课程之一。国际法的著述亦逐渐增多。我国有数名国际法专家先后在联合国国际法院和前南国际法庭、联合国海洋法法庭等担任法官。我国今后必将继续发展和加强国际关系，为维护世界和平与安全发挥作用，为维护和发展国际法而努力。

第三节 国际法的渊源

一、国际法渊源的含义

对国际法渊源（sources of international law）的含义，学者们有不同的观念和解释，主要的有两种主张：一种主张认为国际法的渊源是国际法的原则、规则和制度第一次出现的地方。例如，英国的劳特派特在其修订的《奥本海国际法》中称："渊源的意思是指泉源或水源，它应该解释为一股水从地面的流出……法律的规则流在法律领域上。如果我们要知道这些规则是从哪里来的，我们就必须溯源而上，直到它们的起点。我们找到这些规则发生的地方，那就是它们的渊源。它们是来自一个社会的历史发展的种种事实的……因此，法律渊源是一个名称，用以指行为规则所由发生和取得法律效力的历史事实。"〔1〕另一种主张认为国际法的渊源是指国际法规范所形成的方式或程序。例如周鲠生教授就持这种观念，他指出："所谓国际法的渊源，可以有两种意义：其一是指国际法作为有效的法律规范所以形成的方式或程序，其二是指国际法规范第一次出现的处所。从法律的观点说，前一意义的渊源才是国际法的渊源；后一意义的渊源只能说是国际法的历史渊源。"〔2〕还有些学者把国际法的渊源分为形式渊源和实质渊源，认为研究国际法的形式渊源才有意义，并将形式渊源解释为国际法规则由此产生或出现的形式或程序。例如，李浩培教授说："国际法的形式渊源是指国际法规则由此产生或出现的一些外部形式或程序，如条约、国际习惯、一般法律原则。国际法学者所着重研究的主要是国际法的形式渊源，因为只有研究这种渊源才能辨别一个规则是否为国际法规则。"〔3〕《奥本海国际法》中称："在这里，我们还要指出国际法的形式渊源和实质渊源之间的区别。前者——在这里与我们更为有关——是法律规则产生其有效性的渊源，而后者则表明该规则的实质内容的出处。例如，某一项规则的形式渊源可以是习惯，而它的实质渊源可能在许多年前缔结的一项双边条约或某个国家的单方声明。"〔4〕

我们认为把国际法的渊源解释为国际法作为有效的规范，即国际法的原则、规则所形成的方式或程序（亦即形式渊源）更为合理。因为研究国际法渊源的目的是使国际法在国际关系中发挥法律规范的作用，为国际交流与合作及解决国际争端而正确运用国际法的原则和规则。要运用就要明确一项原则或规则是否属于国际法规范。属于国际法规范就必须经过各国认可的方式或程序形成有效的原则和规则，不论是确立新的行为原则和规则的法律效力，还是变更现行原则和规则的法律效力，都必须经过这样的方式或程序，否则就不能产生国际法规范。在了解各种国际法形成的方式或程序的基础上，才能找到通过这些方式或程序而产生的各项具体的国际法原则和规则。

〔1〕 参见〔英〕劳特派特修订：《奥本海国际法》（上卷第1分册），王铁崖、陈体强译，商务印书馆1981年版，第17~18页。
〔2〕 参见周鲠生：《国际法》（上册），商务印书馆1976年版，第10页。
〔3〕 参见李浩培：《国际法的概念和渊源》，贵州人民出版社1994年版，第52页。
〔4〕 参见〔英〕詹宁斯、瓦茨修订：《奥本海国际法》（第1卷第1分册），王铁崖等译，中国大百科全书出版社1995年版，第14页。

二、国际法的各种渊源

国际法学界不仅对国际法渊源的含义有不同的主张，对国际法有哪些渊源也有不同的意见。有人认为只有国际条约和国际习惯是国际法的渊源，有的学者认为除了条约和习惯外还有其他渊源。我们认为，凡是能由此形成国际法的方式和程序都是国际法的渊源。就目前而言，条约、国际习惯和一般法律原则是国际法的渊源，此外，还有确立国际法原则的辅助资料。《联合国宪章》序言中称："维持正义，尊重由条约与国际法其他渊源而起之义务，久而弗懈。"此处所指的其他渊源应包括国际习惯、一般法律原则及有关的辅助资料。这是与作为宪章的组成部分——《国际法院规约》第 38 条的规定相一致的。很多学者都认为《国际法院规约》第 38 条的规定是对国际法渊源的权威说明。

《国际法院规约》第 38 条规定法院判案应依据国际法，其目的虽不是规定国际法的渊源，但它指明了国际法规则都通过什么方式或程序而形成。凡是通过这些程序或方式产生的规则就是国际法规范，法院判案就能适用它们。《国际法院规约》第 38 条规定："法院对于陈诉各项争端，应依国际法裁判之，裁判时应适用：①不论普通或特别国际协约，确立诉讼当事国明白承认之规条者。②国际习惯，作为通例之证明而经接受为法律者。③一般法律原则为文明各国所承认者。④在第 59 条规定之下，司法判例及各国权威最高之公法学家学说，作为确定法律原则之补助资料者。前项规定不妨碍法院经当事国同意本'公允及善良原则，裁判案件之权'。"

《国际法院规约》的上述规定说明，国际法除有国际条约、国际习惯和一般法律原则为直接渊源外，还有辅助资料。

（一）国际条约

依《国际法院规约》规定，国际条约（treaty）包括一般性的（general）和特别的（particular）条约，但无论哪一类条约都是国家（或其他国际法主体）之间以国际法为准达成的协议，具有法律拘束力，都是国际法的渊源。一般性的国际条约通常是大多数或多数国家参加的，主题事项涉及世界性问题，起着创立一般适用的国际法原则和规则的作用。这样的条约规定有可能发展或演变成习惯国际法，取得普遍国际法地位。因此有些学者冠之以造法性条约（law - making treaties）之称谓。足见这样的条约对国际法形成和发展之重要作用，其无疑是当今国际法的重要法律渊源。

特别条约，一般由两个或几个国家为特定事项缔结。有人认为这类条约只为当事国设立具体的权利和义务，不创立一般国际法规范，属契约性条约（contract trea-ties）。一旦当事国的权利和义务履行完毕，它们就没有意义了，因而不是国际法的渊源。持这种意见者，只以条约不创造一般国际法规范而否定它的造法功能，从而否定它是国际法渊源似乎不尽合理。因为，其一，特别条约，就其每个单项条约而言，虽然通常不创造一般国际法规则，但它们都为当事国创设国际法上的权利和义务。这样的条约对当事国有拘束力，其所规定的内容对调整当事国间的关系起着相当重要的作用。正如李浩培指出的：所有条约都是国际法的渊源，因为所有条约都是立法性条约。任何条约都为缔约各方创立法律，即创立国际法规则，其内容表现于缔约一方或几方负担的法律上的义务，另一方面表现于缔约他方所享有相应的法律上的权利，这些法律义务和权利发生于该条约。所以条约规定缔约各方的权利义务，实际上就是规定它们必须遵守的法律规则。[1] 其二，特别条约所规定的原则和规则若被另外条约重复规定，也可能形成一般国际法规则。其三，《国际法院规约》第 38 条既然肯定了特别条约也起制定国际法的作用，当然也就认定其为国际法渊源之范围，这是不言自明的。

由于国际交流与合作的需要和国际法官方编纂的努力，国际条约的数目与日俱增。据统计，自 1946 年以来依据《联合国宪章》第 102 条规定，在联合国秘书处登记或编制成册和记录或公布的条约已有 158 000 余个，其中包括数千个多边条约，涉及人权、裁军、难民、环境、海洋和金融等方面的主要多边条约有 500 多个，余者为双边条约。[2] 它们在调整国家间或国家与其他国际法主体或其他国际法主体相互之间的法律关系中起着极为重要的作用。正如《阿库斯特现代国际法概论》一书中所说："条约在国际关系中是主要的合作工具，合作给关系带来变化（例如富国支持穷国）。然而条约经常是改变的工具。这是把国际法视为一种主要保持力量的人所忘记的一点。二战后的趋势，条约的造法作用增强了，……在一定程度上条约已开始取代了习惯法，有些被一致承认的国际习惯法已经被条约编纂。有些不确定的或有争议的，则国家相互妥协解决了争议，但也通过缔结条约形式，例如资本输出国已经缔结了数千个促进和保护国外投资的双边条约，以明确有关法律框架。"[3]李浩培也认为："在现代，渊源于条约的国际法，不论在数量上还是实际重要性上，都超过了渊源于习惯的国际法。现代各国相互间的法律关系，大部分已由双边条约和多边条约支配，而不是由国际习惯支配。"[4]因此，《国际法院规约》第 38 条第 1 款将国际条约列于首位，许多学者著述也认为国际条约是现代国际法的一种重要渊源是不无道理的。

（二）国际习惯

1. 国际习惯的概念。按《国际法院规约》第 38 条第 1 款第 2 项规定，国际习惯（international custom）是"作为通例之证明而经接受为法律者"。学者们一般将该项规定的国际习惯诠释为被接受为法律的一般实践（general practice）或通例或惯例

〔1〕　参见李浩培：《国际法的概念和渊源》，贵州人民出版社 1994 年版，第 67 页。

〔2〕　http：//treaties. un. org/Pages/Overview. aspx？ path＝overview/page_ en. xml，2010 年 7 月 6 日访问。

〔3〕　Peter Malanczuk，*AKehurst's Modern Introduction to International Law*，Seventh Revised Edition，Printed by TJ International Ltd，Paclstow，Corncvall，1997，p. 37.

〔4〕　参见李浩培：《条约法概论》，法律出版社 2003 年版，第 35 页。

(usage)。周鲠生称："惯例（习惯）是各国的一般实践被接受为法律的。"[1] 美国亨金在其主编的《美国对外关系法第三次重述》中认为：国际习惯是"产生自各国由于一种法律义务的感觉而遵循的一般和一贯的常例"。[2]

这样的诠释说明国际习惯形成需具备两个要素：

（1）一般的实践或通例存在。一般实践或通例是指各国的普遍一致的，并且是恒久的行为。它首先要求有国家的行为（包括作为和不作为）存在，例如各国从事国际关系职责的国家机关的行为或表示，国内的涉及国际法的立法和司法判决，以及对某一国际行为的沉默、弃权或容忍等。此外，还要求国家的行为在国际上得到广泛的一致的和恒久的实行，从而形成一般的实践或通例。所谓广泛性，是要求所有实际上能参与该行为或对该行为的客体具有利害关系的国家都实施或接受该行为。一致性是要求在国家间某种相同的行为已属经常实行，且既无差别也无反对。若有不少国家反对或采取相异的行动，则不能认为一致性条件的存在。恒久性是要求各国广泛的一致的行为要经过长久的实行。究竟一般的实践或通例需要经历多长时间，取决于国际关系的频繁和密集的程度。历史上形成一个一般的实践或通例需经几十年甚至上百年，而今可能经历几十年或十几年，但无论如何，必须要有国家的实践。国际法院在"北海大陆架案"的判决中指出：一个必不可少的要求是，在特定时期内（虽然可能是短暂的）包括其利益受到特别影响的国家实践应当是广泛并一致的。[3]

（2）法律确信。法律确信（opinio juris）是指一般的实践或通例被各国接受为法律，也可以理解为国家一般承认一种实践或通例为法律，对其具有法律拘束力。对此，国际法院关于"北海大陆架案"的判决给予了权威说明。该判决称："要使一个条约规则转化成一般国际习惯法规则，必须具备两个条件，即不仅这些有关行为必须构成一种确定的通例，而且这种行为必须有这种性质，或者必须是这样实行的，从而证明存在一个确信，认为由于一个法律规则要求实行这种通例，所以这种通例是必须实行的。这种确信的必要，即这种主观因素的存在，正是隐含在法律的或必要的确信这种概念中。所以，有关的各国必须感觉到它们是在遵从一个法律上的义务。……行为的时常发生或甚至具有习惯性，这点本身还不够。"[4]

具有了以上两个要素才能形成国际习惯，由此而形成的原则和规则属国际习惯法。国际习惯依其形成和适用的范围也可分为一般的和特殊的两类。一般国际习惯（general custom）是通过世界范围内的国家广泛参与而形成，通常适用于整个国际社

[1]　参见周鲠生：《国际法》（上册），商务印书馆1976年版，第11页。

[2]　转引自王铁崖：《国际法引论》，北京大学出版社1998年版，第70页。

[3]　1969年《国际法院报告》，第43页。http：//www.icj-cij.org/docket/files/51/5535.pdf，2010年3月31日访问。

[4]　The Report of International Court of Justice（1969），p.44.

会，拘束所有国家或绝大多数国家，其所规定的原则、规则可称为一般国际法（general international law）。特殊国际习惯（particular custom）是在一个由历史、地理、文化、政治等限定的较小国家集团内形成的，所以也只拘束集团内的国家，而不具有一般习惯国际法的地位。

2. 国际习惯形成的证据。国际习惯形成的证据一般可通过以下三种情况表现出的资料得到：①国家外交实践的资料。如政府的声明、照会、宣言、条约及其他外交文书。②国家的内部行为。如国内立法、司法判决、行政命令等。③国际组织的实践。如国际组织的决议或宣言、国际司法或仲裁机构的判决或裁决等。

不论一般国际习惯还是特殊国际习惯，向来都是国际法的主要渊源。在国际法形成与发展的前几个世纪，由于国际条约较少，大量的国际法规范是通过国际习惯形成的。即使是19世纪以来由于国家间缔结条约增多和国际法编纂的加强，条约在国际关系中显得非常重要，国际习惯也仍属一种国际法赖以形成的重要方式。这不仅是因为一些新的国际法规则仍以国际习惯的方式产生，而且现存的许多国际法原则和规则仍是国际习惯法。如国家豁免和国家责任的原则和规则等。

3. 一贯反对的效力。一贯反对（persistent）是指一个国家一贯反对某项国际习惯规则对它的法律效力。即一个国家从一项习惯法规则形成的开始或最初级阶段就表示反对，以至其形成之后从不接受该规则的法律约束力。从国际习惯法形成的两个要素来看，习惯法的法律效力是国家的默示同意之结果，既然国家一贯反对接受某项习惯法规则，该规则当然对它无法律拘束力。《奥本海国际法》指出："基于这个理由，已确立的国际习惯法规则是对一个新的或现存的国家都有拘束力的，尽管它可以对某特定规则表示异议（虽然在一项习惯法潜在规则的形成阶段），一个国家明示异议可以阻止该项规则的确立，至少不能对抗持有异议的国家。"[1]

但是，一贯反对的效力不适用习惯法中的强行规范，即当一项习惯法规则被国际社会普遍接受为各国必须遵守的和不可损抑的规则时，一贯反对是无效的。如卡塞斯认为1970年《国际法原则宣言》中的7项原则以及人权原则已经发展成为普遍国际法，对其不得援引"一贯反对者"规则。卡塞斯指出的原则基本上具有国际强行法的性质。[2]

（三）一般法律原则

1. 一般法律原则的含义。按《国际法院规约》第38条规定，一般法律原则（general principles of law）是国际法的第三种渊源。但对何为一般法律原则，主张颇为分歧。大致可分为三种意见：①认为一般法律原则是一般国际法原则或国际法基

---

〔1〕 参见［英］詹宁斯、瓦茨修订：《奥本海国际法》（第1卷第1分册），王铁崖等译，中国大百科全书出版社1995年版，第18页。

〔2〕 参见白桂梅：《国际法》，北京大学出版社2010年版，第46页。

本原则。把一般法律原则混同于其他国际法渊源。[1] ②主张一般法律原则是"一般法律意识"所产生的原则，认为国际社会与国内社会一样有一种共同的法律意识，从这种共同的法律意识中引申出来的一些原则即为一般法律原则。③认为一般法律原则是各国法律体系所共有的原则。

笔者认为前两种意见不可取，因为如果按第一种见解，把一般法律原则认作属于一般国际法原则或国际法的基本原则，那么它们就寓于国际条约或国际习惯之中了，何以《国际法院规约》第38条第1款于国际条约和国际习惯之外另辟一项一般法律原则呢？显然从逻辑上就讲不通。按第二种见解，把一般法律原则说成是各民族的"一般法律意识"产生的原则，是属新自然法学说的一种构思，依这种构思将使一般法律原则成为抽象的、无法捉摸的东西。《国际法院规约》第38条规定的法院判案所适用的一般法律原则也因此而变成虚无。所以，赞同第三种意见，因为尽管各国的法律制度千差万别，但它们确实还存在着不少共同的原则。例如，菲德罗斯列举了常设国际法院和国际法院及国际仲裁庭曾引用以解决国际争端的以下一般法律原则：准契约债务原则、消灭时效的原则、禁止不当得利的原则、禁止从他人的损害中取得利益的原则、契约必须履行的原则、对于不履行者无须履行的原则、尊重既得权的原则、损害赔偿包括发生的损害和失去的利益的原则、禁止从自己的不法行为取得利益的原则、错误作为同意瑕疵的原则、禁止反言的原则和间接证据的原则等。[2] 其中很多的一般法律原则并未被纳入条约或习惯法规则。此外，作为国际法新领域的国际刑法也将刑事方面的一般法律原则列为渊源，予以适用。如《卢旺达国际法庭规约》有关赦免和减刑的第27条规定："如果依照监禁已定罪者的国家适用的法律，被监禁者有资格获得赦免或减刑，则有关国家应将此通知卢旺达国际法庭，经卢旺达法庭庭长与各法官协商，秉公根据一般法律原则作出决定，方可赦免或减刑。"前南国际法庭和卢旺达国际法庭的《程序和证据规则》第89条B款中均规定："在没有其他条款规定的情况下，分庭应适用最有利于公平确定它要解决的问题的，并与本规约的精神和一般法律原则相一致的证据规则。"《国际刑事法院规约》第21条第1款第3项规定："无法适用上述法律时，适用本法院从世界各法律体系的国内法，包括适当时从通常对该犯罪行使管辖权的国家的国内法中得出的一般法律原则，但这些原则不得违反本规约、国际法和国际承认的规范和标准。"

2. 一般法律原则的作用。一般法律原则是国际法的渊源，因为一般法律原则既是文明各国法律体系的共有原则，就表明各国的同意并反映它们的意志，这种同意不仅表现在国内法上的相同，而且重要的是将这些共同的原则适用到处理国际关系

〔1〕　参见［苏联］童金：《国际法理论问题》，刘慧珊等译，世界知识出版社1965年版，第120～123页。

〔2〕　参见［奥］菲德罗斯、西马：《普通国际法》，东克尔和洪布洛特出版社1976年版，第310页。转引自李浩培：《国际法的概念和渊源》，贵州人民出版社1994年版，第112页。

上，从而形成了国际法原则。正如菲德罗斯等著《国际法》中所指出的："第38条决不着眼于各国只是偶然一致的一切法律规定，而只是着眼于那些以一般法律思想为基础并且可以移用于国际往来上的法律原则。"[1]劳特派特也指出，《国际法院规约》第38条第1款规定一般法律原则为文明各国所承认的目的"是授权国际法院适用国内法中，尤其是私法中，能适用于国家间关系的一般原则"。[2]事实上，《国际法院规约》本身就是一个已为世界上绝大多数国家所接受的国际条约，当事国都同意国际法院可以适用一般法律原则判案，从而使一般法律原则具有国际法渊源的地位。再者，把一般法律原则规定为国际法的渊源，并非《国际法院规约》的创造，而早于1920年的《常设国际法院规约》第38条第1款第3项就作了规定，并且在它的规定之前就已有了仲裁先例。

虽然一般法律原则是国际法的渊源，但它与国际条约和国际习惯相比是次要的，或者说是对前两者的规则之补充。因为一般法律原则在国际法上并不占重要地位，在国际法律关系中很少适用。《国际法院规约》第38条列入一般法律原则的款项，只是说明法院在审理某些案件时，从国际条约和国际习惯中都找不出能适用的规则之场合，可引用一般法律原则作为审判案件的变通办法。亨金主编的《美国对外关系法第三次重述》指出："主要法律体系所共有的一般原则，即使未纳入反映在习惯法或国际协定中，也可以在适当时被引为国际法的补充规则。"编者还在（注释）中指出："一般法律原则"是指"世界各主要法律体系所共有的一般法律原则"，它们是"一个独立的、虽然是第二性的法律渊源"。所谓"补充规则"或第二性的法律渊源，是指条约和习惯形成的国际法还有"漏洞"（gap）而由"一般法律原则"予以填补的意思。[3]事实上国际仲裁庭和国际法院判案中也只是在个别案件中引用过一般法律原则。[4]

（四）确立国际法原则的辅助资料

国际法除有上述渊源外，还有辅助资料可以确定或说明国际法原则、规则的存在，并且这些辅助资料对国际法的形成和发展具有重要的辅助功能。所以《国际法院规约》第38条第1款第4项规定，在第59条规定之下，司法判例和各国权威最高之公法学家的学说可作为确立法律原则的辅助资料，按该项规定确立国际法的辅助资料有司法判例和权威公法学家的学说。

---

[1]　参见［奥］阿·菲德罗斯等：《国际法》（上册），李浩培译，商务印书馆1981年版，第184页。

[2]　参见［英］劳特派特修订：《奥本海国际法》（上卷第1分册），王铁崖、陈体强译，商务印书馆1981年版，第21页。

[3]　参见王铁崖：《国际法引论》，北京大学出版社1998年版，第92～93页。

[4]　例如1912年常设仲裁院在关于"俄国人赔偿案"中引用了延迟利息原则。国际常设法院在1928年关于"色格姆雷夫案"中提到赔偿责任的原则。国际法院在1949年的"科孚海峡案"中提到间接证据的概念，在1962年的"隆端寺案"中引用了禁止反言原则。

1. 司法判例。司法判例（judicial decisions）包括国际和国内的仲裁庭的裁决和法院的判决。从理论上讲，司法判例并不直接创造国际法，例如，就国际法院的判例地位，《国际法院规约》第38条规定，在第59条规定下，[1]法院应适用司法判例作为确定法律原则的辅助方法。国内法院或仲裁庭是对国际法经常予以考虑的，但它们的判决一般也只拘束其本国以后的案件。尽管如此，也不能否定司法判例对国际法的确认和发展的实际意义。王铁崖说："国际法院或国际仲裁法庭在审理案件中适用国际法时总是要对国际法的原则、规则和制度加以认证和确定。这种认证和确定不仅往往为审理以后案件时所援引，而且在一般国际实践中也受到尊重。因此，一般地说，国际司法判决虽然不直接表现为国际法，但是，却有助于国际法的原则、规则和制度的确定，甚至有助于国际法的发展。"[2]

劳特派特给予司法判例的作用以更高的评价，他说："国际法院……就国际法的一个法律点进行判决时把法律陈述出来。它们的判决是现行法律规则的证明。这并不意味着这些判决实际上不是国际法上的一个渊源。因为就许多法律规则来说，法律规则的证明和法律规则的渊源之间的区别，其臆测性较之人们通常所设想的为多，而精确性则较少。……司法判例终止其为现行法的适用而成为将来的法律渊源的微妙过程恰如宗教的神秘一样，是不宜于深究的。……法院的一些先前的判决是其认为什么是法的证据；它们是法院未来的态度的可靠指示；所以，为了最实际的目的，它们表明什么是国际法。在实际上，它们在很大程度上是和第38条所列的前三项法律渊源相同的。"[3]司法判例的重要作用不仅被权威学者们阐明，更得到了实践的论证。例如，国际法院自其成立至1994年底判决的56个诉讼案件和发表的21个咨询意见[4]就涉及国际法的领土、外交、国籍效力、国际习惯形成的条件、条约的解释和适用、海洋法、国家责任等重要问题。这些判决和意见帮助澄清和阐明了现有的国际法原则和规则，并促进了习惯法的发展。[5]

2. 权威公法学家的学说。权威公法学家的学说（teachings）一般是指各国研究和精通国际法的学者对国际法原则、规则的学理论证和见解。这样的学说是通过学者发表的专著、教科书、论文或其他形式表明的，对国际法的适用和发展有辅助作用，特别是在国际法形成的初期对国际实践的指导和国际法的形成与发展有着非常重要的作用。因为17、18世纪的欧洲，国际法的著作家和国际法教师的观点被视为

---

〔1〕《国际法院规约》第59条规定："法院之裁判除对于当事国及本案外，无拘束力。"

〔2〕 参见王铁崖主编：《国际法》，法律出版社1995年版，第17页。

〔3〕 Lauterpach, *The Development of International Law by the International Court*, Stephens Publishing House, 1958, p. 21.

〔4〕 Rosenne, *World Court*, The Netherland NJHOFF Publishing House, p. 343.

〔5〕 例如，法院在1955年"诺特鲍姆案"的判决中阐述的"实际国籍"原则及其在1951年"英挪渔业案"的判决中肯定的划定领海基线的直接基线法等对国际法的发展均有重要意义。

法律的代表。[1] 例如，格劳秀斯发表的《战争与和平法》及《海洋自由论》等著述中对国际法原则、规则的阐述和主张就曾被各国政府援引以证明或否定权利的主张，其他著名学者的著作表明的观点和立场也曾被引用。[2] 如今，由于各种国际法资料的增多，公法学家的学说的作用也就减弱了，但它们对阐明和论证国际法的原则和规则仍有一定的帮助。所以国际常设法院和国际法院在某些案件的判决中还提及公法学家的学说。[3]

3. 国际组织的决议。《国际法院规约》中未提及国际组织的决议，可能与当时的国际组织对国际法的形成与发展的重要性不太明显有关。但第二次世界大战后，由于众多国际组织建立并成为国际法的主体，它们在自身活动中所作的决议，特别是那些规范性的决议，对国际法的形成与发展有重要意义，与国际法的渊源密切相关，当属国际法渊源的研究范围。

国际组织决议的法律渊源地位是由决议的不同事项决定的。从法律拘束力的角度来研究，国际组织的决议可分为两类：一类是有拘束力的决议，另一类是没有拘束力的决议。有拘束力的决议一般是指有关国际组织自身运作事项的决议，如联合国大会可根据《联合国宪章》关于其职权的规定，作出关于联合国的行政、财政事务等方面的决议，或在特定的情况下，根据条约规定的授权作出其他有拘束力的决议，或者作出本质上构成国际协定的决议。[4] 一些专门性的国际组织可依据创立它的条约，制定一些技术性的规定，这样的规定一般对会员国具有拘束力，除非会员国在允许拒绝的条件下表示拒绝。国际组织的这类有拘束力的决议实质上已构成国际协定的决议，它们就应像国际条约一样属国际法渊源。我们说的国际组织决议，是指作为国际法的辅助资料没有拘束力的决议，这类决议一般属于涉及国际事务的建议。它们不具有造法性质，但对国际法影响很大。例如，联合国大会通过的 1948 年《世界人权宣言》、1949 年《国家权利和义务宣言草案》、1960 年《给予殖民地国家和人民独立宣言》、1962 年《关于天然资源之永久主权宣言》、1963 年《消除一切形式种族歧视宣言》《各国探索和利用外层空间活动的法律原则宣言》、1956 年《关于各国内政不容干涉及其独立与主权之保护宣言》、1967 年《领域庇护宣言》、1970

---

[1] Jone O' Brine, *International Law*, Cavdish Publishing Limited, 2001, p. 95.

[2] 据迪金森（DicKinson）的统计，从 1789 年至 1820 年中，美国案件中，格劳秀斯的学说被辩论文引证 16 次，被法院引证 11 次，被法院引语 2 次。普芬道夫的学说被辩论文引证 9 次，被法院引证 4 次，被法院引语 8 次。宾刻舒克学说被辩论文引证 25 次，被法院引证 16 次，被法院引语 2 次。法泰尔的学说被辩论文引证 92 次，被法院引证 38 次，被法院引语 22 次。转引自王铁崖：《国际法引论》，北京大学出版社 1998 年版，第 104 页。

[3] 例如，常设国际法院在"温勃登号案"，在"关于在波兰德国移民问题的咨询意见""关于亚沃齐卯问题的咨询意见""波属上西里西亚德国利益案""荷花号案"中均提到公法学家学说。国际法院在诺特鲍姆案中也提到了公法学家的学说。

[4] 参见秦娅："联合国大会决议的法律效力"，载《中国国际法年刊》（1984 年），第 176～177 页。

年《关于各国依联合国宪章建立友好关系及合作之国际法原则之宣言》和《关于各国管辖范围以外的海床洋底与下层土壤之原则宣言》、1974 年《关于侵略定义的决议》《建立新的国家经济秩序宣言》和《各国经济权利和义务宪章》、1975 年《保护人人不受酷刑和其他残忍、不人道或有辱人格待遇或处罚宣言》、1981 年《不容干涉和干预别国内政宣言》和《消除基于宗教或信仰原因的一切形式的不容忍和歧视宣言》、1982 年《世界自然宪章》《关于和平解决争端的马尼拉宣言》和《各国利用人造卫星进行国际直接电视广播所应遵守的原则》、1985 年《非居住国公民个人人权宣言》、1986 年《关于从空中遥感地球的原则》、1987 年《加强在国际关系上不使用武力或进行武力威胁原则的效力宣言》等决议。有的宣示了有关领域正在产生的国际法原则、规则，往往发展成条约，有的可作为国际习惯法存在的证据，有的还被国际司法或仲裁机关所援引。例如，国际法院就在"关于西南非洲（纳米比亚）问题的咨询意见"和"关于西撒哈拉问题的咨询意见"中涉及联合国大会的决议[1]。在"特克萨科海外石油有限公司诉利比亚阿拉伯共和国仲裁案"和"利比亚美利坚石油公司诉利比亚阿拉伯共和国政府案"中，仲裁人都引证了联合国大会的有关决议。[2]因此可以说，这样的决议虽不构成国际法的渊源，但它们至少是确定国际法的重要"辅助资料"，而且从国际现实出发，在某种情况下这样的决议对国际关系的实际作用要远超过司法判例和权威的公法学家的学说。

国际法除上述辅助资料者外，还有《国际法院规约》第 38 条第 2 款规定的"公允及善良"原则，以及国际实践中存在的一些"准条约"[3]等。

第四节 国际法的主体

一、国际法主体的概念

国际法的主体亦称国际法律人格者（subject of international law），是指能独立从

---

[1] 国际法院在"关于西南非（纳米比亚）问题的咨询意见"（1971）中涉及联合国大会 1960 年 12 月 14 日通过的第 1514（XV）号决议，其中包含《给予殖民地国家和人民独立宣言》。在"关于西撒哈拉问题的咨询意见"（1975）中援引了联合国大会 1514（XV）号决议（其中包含《给予殖民地国家和人民独立宣言》）和 2625（XXV）号决议（其中包含《关于各国依联合国宪章建立友好关系及合作的国际法原则宣言》）。

[2] 仲裁人在"特克萨科海外石油有限公司诉利比亚阿拉伯共和国仲裁案"（1978 年）中涉及联合国大会 1803（XVII）号《关于对自然资源的永久主权的决议》。在"利比亚美利坚石油公司诉利比亚阿拉伯共和国政府案"中，仲裁人考虑了联合国大会关于对自然资源的永久主权的各项决议后结论称：这些决议"如果不是一个一致的法律渊源，却是关于国家对其自然资源的主权权利的国际意见的最后占优势的趋势的证据"。

[3] 准条约，不是条约但类似条约，例如《赫尔辛基最后文件》、君子协定等。

事国际交往和参加国际法律关系，直接承受国际法上的权利和义务，且能进行国际求偿以保护自己合法权益的实体（entity）。[1] 作为国际法主体须具有三个条件：

（一）能独立进行国际交往和参加国际法律关系

作为国际法主体必须能够独立地进行国际交往和参加国际法律关系，即无须其他实体的授权或认可，而完全自主地进行国际交往和参加国际法律关系。这是国际法主体应具备的国际行为能力。只有具有这种行为能力者，才能够从事国际法规定的并受国际法支配的国际活动，如派遣和接受外交使节，参加国际会议和国际组织，缔结国际条约等。

（二）能直接承受国际法上的权利和义务

国际法律关系确立的目的在于确定其主体之间的权利和义务关系。因此，作为国际法的主体就必须能够直接承受产生于国际法的权利和义务，这是国际法主体具有的国际权利能力的表现。只有这种能够直接享受国际法上的权利和承担国际法律义务的实体，才能保证国际法的原则和规则得到遵守和执行，以维护正常的国际秩序。

（三）有国际求偿能力

作为国际法主体，不仅要有参加国际法律关系的能力和直接承受国际法的权利和义务能力，而且还要有保护自己合法权利的独立求偿能力。当其国际合法权利遭到其他国际主体侵害时，能够以独立人格的身份向加害者求偿，以保护自己的合法权利。

二、国际法主体的类型

在第二次世界大战前，国家是国际法的唯一主体。第二次世界大战后由于国际组织的增多，其在国际交流与合作中的作用不断加强，非殖民化运动产生了争取独立的民族解放组织，它们也符合国际法主体的条件，因而成为国际法的主体。虽然国家、国际组织和争取独立的民族解放组织都是国际法的主体，但它们在国际法律关系中所起的作用和地位是不同的。

（一）国家的主体地位

国家向来是国际法的主体，在新的主体产生前是国际法的唯一主体，在新主体产生之后是国际法上基本的或主要的主体。这是因为：

1. 国家具有国际法上完全的行为能力和权利能力。因为国家具有确定的领土、

---

[1]　李浩培在其所著的《国际法的概念和渊源》（贵州人民出版社 1994 年版，第 5 页）一书中认为："国际法主体是其行动直接由国际法加以规定因而其权利义务直接从国际法发生的那些实体"；王铁崖主编的《国际法》（法律出版社 1981 年版，第 84 页）认为："国际法主体是能独立参加国际关系，并能直接承受国际权利和义务的集合体"；英国学者布朗利著的《国际公法原理》（曾令良等译，法律出版社 2003 年版，第 69 页）中提出："国际法主体是能享有国际权利与承担国际义务，并且有通过国际求偿维护其权利的能力的实体"。

永久的人口、政府和独立的主权，它具有最全面的国际交往和参加国际法律关系的能力。一个独立国家有能力与别国或其他国际法主体在国际关系的全部领域以各种形式进行交往，在各个领域的交往中建立的国际法原则和规则全部都适用于它，这是其他国际法主体所不及的。其他国际法主体都只能进行有限的国际交往，国际法的原则和规则只能部分适用于它们，它们也只能承受特定的国际法的权利和义务。

2. 国家间的关系是国际法的主要调整对象。众所周知，在全部的国际交往中，国家是主要的参加者，国际社会的政治、经济、文化、科学技术等诸方面的交流与合作实际上是在国家间进行的。国家间交往形成的关系构成现代国际关系的主要内容和基本形式。也可以说，国际关系的实质是国家间的关系。国际关系中的法律关系也主要是国家间的法律关系，它自然是国际法调整的主要对象。

3. 国家是国际法的创造者。如前所述，国际法和国内法所不同的是，国际法的原则和规则是国际法的主体直接创造的，当国家是国际法唯一主体时，国家是国际法的唯一创造者。虽然现代国际法中出现了新的主体，但国家仍不失其创造国际法的地位。其他国际法主体，例如联合国及其他国际组织在特定情况下也参加国际法的创立，但它们创立的国际法原则或规则仍需经国家的批准或同意才能发生效力。正如劳特派特所说："尽管国际法院的判决对国际法的发展做出重要贡献，但国家才是国际法的真正创造者。"[1]

（二）国际组织的主体地位

从国际法的主体资格来讲，此处的国际组织（international organization）是指政府间的国际组织（international governmental organization）。政府间的国际组织虽早于19世纪就已经产生，但大量出现是在第二次世界大战后。据国际协会联盟2005～2006年出版的《国际组织年鉴》统计，截至2004年，各种类型的政府间的机构和组织有7350个，除去已停止活动的，大约还有5000个组织和机构。[2] 这些组织绝大多数是第二次世界大战后建立的。国际组织之雨后春笋般地增长，对国际社会产生着重要影响，尤其像联合国及其专门机构那样的国际组织，在国际政治、经济、社会、文化和科学等各个领域发挥着越来越重要的作用。

国际组织的章程和它们参加国际活动的实践使它们取得了国际法的主体资格，但它们的地位与国家相比是次要的。对此，国际法院1949年对"执行联合国职务时遭受伤害的赔偿案"发表的咨询意见可以说是个权威的论证。法院的咨询意见认为，联合国是国家集体活动逐渐增加的产物，为了实现其目的和宗旨，它必须具有国际人格。从宪章的规定看，它并不限于使联合国仅仅成为"协调各国行动的中心"，而且为这个中心设立了机关，并赋予了这个中心具体任务，还规定了它和它的会员国

---

[1] H. Lauterpacht, *The Development of International Law*, Law 4 The International Court, 1958.

[2] See Union of International Assocations, *Yearbook of International Organizations* (Edition 42), edited, 2005/2006, vol. 5, p. 3.

之间的权利和义务关系。联合国和有关国家缔结条约和它在广泛领域内负有重要政治使命的事实也证明它与其会员国有明显的不同身份。鉴于联合国预期行使和享有且事实上正在行使和享有的职能和权利只能在它具有大部分国际人格和国际行为能力的基础上得到解释，法院结论说，联合国是一个国际人格者。但这不等于说联合国是个国家，或者说它与国家具有相同的法律人格和权利义务，更不能说它是一个"超国家"。这甚至并不意味着它的所有权利和义务都是国际性的，只是说它是一个国际法的主体，能够享有国际权利和承担国际义务，并有能力通过国际请求来维护它的权利。[1]

国际法院的这个很有说服力的咨询意见虽是针对联合国的主体问题作出的，但意见中所阐明的一些原则也可用以解决其他国际组织的主体问题。它给了我们对国际组织主体地位的结论性认识。

（1）国际组织的主体资格由创立它的条约决定。国际组织与国家不同，它不具有国家的要素，它是国家集体活动的结果，是由国家通过签订条约创立的实体。它的主体资格是由创立它的国际条约规定决定的。如果创立条约对此没有明文规定，应从其创立条约所明确规定或暗含的和实践中发展的该组织的目的和职能作出推断。因此一般地说，国际组织如果没有国际人格地位是不能完成它的宗旨、目的和职责的。[2]

（2）国际组织的行为能力也是依照决定其国际人格的原则决定。例如1986年《维也纳国家与国际组织和国际组织相互间条约法公约》第6条规定："国际组织缔结条约的能力，依该组织的规则决定。"《联合国宪章》第104条规定："本组织于每一会员国之领土内，应享受于执行其职务及达成其宗旨所必需的法律行为能力。"

（3）国际组织是国际法次要的主体。既然国际组织的主体资格是由创立它的国际条约决定的，它的国际行为能力当然也就由该条约规定，因此，它的国际交往能力和范围就会受到条约的限制，它的权利和义务能力也同样是有限制的，国际法的许多原则和规则不适用于国际组织。它在国际法律关系中的地位和作用，与国家相比是次要的，可以说它是次要的主体或部分的主体。

（三）争取独立的民族解放组织的主体地位

争取独立的民族解放组织是指为摆脱殖民国家或其他国家的统治或奴役，争取建立独立国家而进行民族解放运动（national liberation movement）的组织。这样的民族组织在其成为独立国家前具有类似国家性质的政治实体地位，对其控制的地区实行着有效统治并获得了人民的支持。《联合国宪章》、1960年《给予殖民地国家和人民独立宣言》、1970年《关于各国依联合国宪章建立友好关系合作之国际法原则宣言》和1966年《经济、社会和文化权利国际公约》《公民和政治权利国际公约》等

---

〔1〕 参见梁淑英主编：《国际法学案例教程》，知识产权出版社2006年版，第4~5页。
〔2〕 参见李浩培：《国际法的概念和渊源》，贵州人民出版社1994年版，第15页。

都规定了民族自决原则。根据这项原则，争取独立的民族享有民族自决权。依据民族自决权，争取独立的民族有参加国际社会活动和参加国际法律关系的能力，如参加国际会议、参加一些国际组织的活动、与现有国家建立外交关系、派遣使节、缔结条约等；[1] 争取独立的民族组织在进行民族解放战争中适用战争法的原则和规则。例如，按 1949 年 8 月 12 日《日内瓦四公约关于保护国际性武装冲突受难者的附加议定书》（第一议定书）规定，其规则除适用国际武装冲突外，也适用于各民族在行使民族自决权反对殖民统治、外国占领和反对种族主义政权作战的武装冲突。该议定书第 96 条还规定："代表一个民族对本议定书缔约国从事第 1 条第 4 项所指那种武装冲突的当局，得以致送保管机构的单方宣言，承诺就该冲突适用日内瓦四公约和本议定书。"这就说明争取独立的民族在民族解放战争中适用人道主义法的原则并且规则上和与其冲突的国家处于平等地位。

从以上叙述可以看出，争取独立的民族具有国际法主体地位，因为这样的民族虽不是国家但是类似国家的实体，具有民族自决权。可是它的交往能力和范围远不及国家，是比较狭窄的，国际法的原则和规则也只能部分地适用于它们，所以说这种民族只是国际法的部分主体或次要的主体。

此外，在特定情况下国内的叛乱运动组织也有微弱的国际法主体地位，如可获得国家承认，交战中遵守战争法规等。

第五节　国际法的基本原则

一、国际法基本原则的概念

关于国际法的基本原则（basic principles of international law）不仅有大量的国际文件规定，而且有许多学者对国际法基本原则作了阐述。例如，施瓦曾伯格认为国际法的基本原则是"国际法中代表着有关规则的最高共同标准的那些原则"。他认为衡量国际法的原则是否属于国际法基本原则有三个标准："一是原则必须是特别为着国际法的；二是原则必须超过其他原则之外，包括相当广泛的国际法原则，而这些原则自然地属于该原则的主题之内；三是原则必须或者是国际法的典型原则从而成为任何已知的国际法体系的一个主要部分，或者是现有国际法所特有的，而如果置

---

〔1〕　如巴勒斯坦解放组织早在 1964 年就成了阿拉伯国家联盟的成员，此后根据第 29 届联合国大会的决议作为观察员参加联合国大会和其他机构的会议，现在在联合国大会享有非会员国的地位。该组织还获得了 120 个国家的承认，同包括中国在内的 100 多个国家建立了联系，向 80 多个国家派了代表。

之不顾，我们就会面临看不到近代国际法的主要特色的危险。"〔1〕王铁崖提出："所谓国际法的基本原则，不是个别领域内的具体原则，而是那些被各国公认的、具有普遍意义的、适用于国际法的一切效力范围的、构成国际法基础的法律原则。"〔2〕本书认为国际法的基本原则是指在国际法体系中，那些得到各国公认的、具有普遍意义的并构成国际法基础的原则。它们在国际法中代表着有关规则的最高共同标准，或称国际法的最高准则，它们具有以下突出的特征：

（一）各国公认

国际法的基本原则是得到各国普遍承认的，即得到所有国家的认可。因此它们具有最高权威和普遍拘束力，是各国进行国际活动，参加国际法律关系应该遵守的最高准则。

（二）具有普遍意义

国际法基本原则的普遍意义可从两方面来理解：一方面是适用国际法的一切有效范围，是国家在国际法的一切属人、属地和属时范围内必须遵守的最高准则。另一方面是属于国际法中全局性的原则，适用于国际法的各个领域。它们既适用于国际法现存的海洋法、航空法、外层空间法、条约法、领土、国际法上的个人、国际人权法、国际经济法、外交和领事关系法、国际环境法、国际组织法、和平解决国际争端、战争法等，也适用于将来产生的国际法新领域。

（三）构成国际法的基础

国际法的基本原则是国际法的其他原则和规则有效的基础。所有其他国际法的原则、规则和制度的建立、适用和解释均应符合国际法的基本原则，凡与基本原则相抵触的都应修正或废除。

（四）具有强行法的性质

国际法中的强行法（jus cogens）也称绝对法，可以理解为是被国际社会成员全体公认的必须遵守的和不得损抑的，也不得任意改变的国际法规范。1969 年《条约法公约》第 53 条规定："……一般国际法强制规律指国家之国际社会全体接受并公认为不许损抑，且仅有以后具有同等性质之一般国际法规律始得更改之规律。"《条约法公约》的规定虽然仅适用于该公约所称的条约效力，但它也为我们认识国际法强行规范的特征提供了权威说明。根据国际法基本原则的上述特征，可以认为国际法的基本原则应具有强行规范的性质，因为它们符合国际强行法的特性。首先，国际法基本原则是各国全体公认的、必须遵守的，不得以条约去改变，更不得损抑或背离。其次，国际法基本原则属适用于国际法的一切领域和一切有效范围的原则，约束国际社会的全体成员。最后，国际法基本原则构成国际法规范的基础，属于最

---

〔1〕 G. Schwarzenberger, *The Fundamental Principles of International Law*, 87 Rec. des Cours 195 （1955 – 1），p. 204.

〔2〕 参见王铁崖主编：《国际法》，法律出版社 1995 年版，第 46 页。

高层面的国际规范。

二、国际法基本原则的历史发展

现代国际法基本原则中有的原则其实早已经被提出，例如主权平等、不干涉内政原则在欧洲资产阶级革命时期就被提出，而后被规定在国家宪法中。美国1776年宣布独立，在其《独立宣言》中提出国家自由、独立主权，宣布美国解除对英国的一切隶属关系，成立自由独立的美国，享有全权去宣战、媾和、缔结同盟、建立商务关系，或采取一切其他凡为独立国家所应采取的行动和事宜。1793年的《法国宪法》提出人民主权不可分、不可动摇、不可让与的主张，并规定法国不干涉他国事务，也不允许他国干涉法国的事务。[1] 1795年法国格雷瓜尔向法国国民公会提交的《国家权利宣言草案》也提出了国家主权、独立和不干涉的进步原则。1899年和1907年的两次海牙和平会议的召开，签订了两个关于和平解决国际争端的条约，提出了和平解决国际争端的原则和方法。第一次世界大战后签订的《国际联盟盟约》和《巴黎非战公约》等重要的国际法律文件更为明确地规定应在处理国际关系中尊重他国主权，反对侵略，反对干涉及遵守和平解决国际争端的原则。

第二次世界大战后，国际关系有了很大的变化和发展，加之战争给世人带来的惨痛教训，国际社会需要建立和平、民主制度。这为国际法的发展提供了良好的条件，也使国际法基本原则得以确立并为其注入了新内容。第二次世界大战后国际法的基本原则主要是通过国际条约和其他一些国际文件确立的。其中最重要的一项条约是《联合国宪章》。因为《联合国宪章》是一项最广泛的和最具权威的国际条约，它已有193个当事国。宪章在吸收了传统国际法中处理国际关系的进步原则的基础上，于其第2条提出了联合国组织及其会员国应遵守的原则。它们是：主权平等；善意履行依本宪章所负的义务；用和平的方法解决国际争端；不得使用武力威胁或武力或其他违背联合国宗旨的方法侵犯他国的领土和政治独立；对联合国依宪章规定采取的行动应予协助，对联合国正在对其采取防止或执行行动的国家不得给予协助；在联合国维持和平与安全的范围内，保证非会员国遵行上述原则；不干涉内政等。宪章所规定的这些原则在很大程度上反映了国际关系的基本准则，第二次世界大战后的70余年中被联合国大会决议和大量的国际条约所援引、重申和弘扬，成了各会员国乃至普遍的国际关系的行为规范。[2] 例如，1970年联合国大会通过的《关于各国依联合国宪章建立友好关系及合作的国际法原则之宣言》（简称《国际法原则宣言》）不仅重申了《联合国宪章》规定的国家处理国际关系的各项基本原则，而且对各项原则规定了具体内容。

中华人民共和国政府成立后，一贯积极遵守和倡导联合国的宗旨和原则，并在

---

〔1〕 参见法学教材编辑部、《外国法制史》编写组：《外国法制史资料选编》（下册），北京大学出版社1982年版，第444页。

〔2〕 参见许光建主编：《联合国宪章诠释》，山西教育出版社1999年版，第27页。

联合国宗旨和原则的基础上提出和倡导处理国家关系应遵循的和平共处五项原则，即相互尊重主权和领土完整、互不侵犯、互不干涉内政、平等互利、和平共处。这五项原则首先见于 1954 年 4 月 29 日中印签订的《关于中国西藏地方和印度之间的通商和交通协定》，并在后来的中外缔结的数百个条约或协定中得到重申。它们不仅被写入了中国与发展中国家签订的条约或协定中，同样被规定在中国与发达国家签订的条约或协定中，就连曾长期敌视中华人民共和国的美国在两国关系正常化后，也赞成以和平共处五项原则作为处理中美关系的准则，〔1〕足见，和平共处五项原则得到了世界各国的广泛支持和赞同，成为处理国际关系的最大的公约数。〔2〕这些原则不仅精辟地揭示了国际法基本原则的核心内容，而且更突出地强调了国家遵守国际法基本原则的相互性和权利与义务的统一。这就更有利于反对大国强国破坏基本原则，欺压、掠夺、干涉、侵略弱小国家，使国际法的基本原则得到遵守。中国外交部刘振民副部长指出，和平共处五项原则的核心价值观有四，即主权观、和平观、共赢观和正义观。〔3〕

另外，中国与外国缔结的条约及其他国际文件所宣示的和平共处五项原则不仅

---

〔1〕 1972 年的中美上海公报、1979 年的中美建交公报及两国签订的其他文件都规定了和平共处五项原则是处理两国关系的准则。

〔2〕 参见陈尚文、张梦旭整理："和平共处五项原则，国际关系最大公约数"，载《人民日报》2014 年 6 月 10 日，第 23 版。

〔3〕 刘振民说：第一是主权观，这是五项原则的根本基础。坚持主权原则，就是要相互尊重彼此主权、安全和核心利益，尊重一国维护国家统一和领土完整的固有权利，相互尊重各自的社会制度、意识形态和发展道路，求同"融异"。一国的事情由本国人民做主，国际上的事情由各国人民商量着办。要依据《联合国宪章》和其他国际条约，尊重、保护和促进个人人权和集体人权以及维护发展权。坚持主权原则，就是要坚持不干涉内政。世界在变，国际社会的共同利益在扩大，但这均不能成为随意干涉他国内部事务的借口，更不能成为煽动内乱、鼓动分裂、颠覆政权的理由，否则就会天下大乱，国际社会的共同利益就无从谈起。第二是和平观，这是五项原则的最高价值。要和平，就要坚持互不侵犯，反对战争，反对侵略，反对武力威胁和非法使用武力，就要维护以联合国安理会为核心的集体安全机制，不断完善以规则为基础的区域安全稳定架构。要和平，就必须和平解决国际争端，妥善处理历史遗留问题，尊重相互选择和平解决争端方法的权利，坚持以"同意""自愿"为基础的国际法精神，避免采取单方面行为，致力于通过谈判与协商解决分歧。第三是共赢观，这是五项原则的最终目标。实现共赢，就是要在平等基础上，通过国际合作实现互利，同时，要推动构建共同发展、共享发展的命运共同体。要加强经济上的互利合作，以自身发展促进共同发展，以共同发展保障自身发展。要摒弃文明冲突思维，促进"茶文化""咖啡文化"和其他文化的交流互鉴。要促进经济、社会与环境的协调可持续发展，全面提升人类长久福祉，不断增进国际社会共同利益。第四是正义观，这是五项原则的内在要求。五项原则含有四个"互"字、一个"共"字，体现了各国权利、义务和责任相统一的精神。坚持正义，就是要在国际关系中依法办事，任何国家都没有超越国际法的特权，都不能有选择地适用国际法，也不能在适用国际法时采取双重标准。坚持正义，就是要倡导国际法治，推动国际关系民主化，通过法律手段维护国际和平与安全，促进合作与发展，建立以法律为基础的国际秩序。参见《人民日报》2014 年 6 月 10 日，第 23 版。

仅是重申和弘扬国际法的基本原则，也是遵守和执行国际法基本原则的重要实践和发展。因此，可以说中华人民共和国对国际法基本原则的确立和发展做出了不可磨灭的重大贡献。

三、各项国际法基本原则

纵观《联合国宪章》、1970 年《国际法原则宣言》及其他国际文件的规定和我国倡导的和平共处五项原则，可以将国际法的基本原则概括为以下各项：

（一）国家主权平等原则

研究国家主权平等原则应先明确何为主权。对主权（sovereignty）的概念，学者们有不少论述，并且随着国际法的发展，对这个概念的阐述也越加精确了。主权概念最早是博丹（Bodin）作为一种政治理论阐述的。他在其《论共和国》（1557 年）中指出：主权是国家的最高的、永恒的、绝对的、不可分割的、在法律上不承担责任的立法权力（legislative power），因为这是核心的权力，是不受国家的法律约束的，而只受神法（divine law）、自然法及万国法的约束。要受不可改变的正义道德规则等所谓"一般法律原则"的约束。[1] 格劳秀斯在其所著的《战争与和平法》中指出：近代国家主权是国家的最高统治权，主权不受其他权力限制，不从属其他任何人的意志。现代的国际法著述对主权给予了更精细的诠释。例如，《奥本海国际法》称："主权是最高权威，这在国际法上并非意味着高于所有其他国家的法律权威。因此，依照最严格和最狭隘的意义，主权含有全面独立的意思，无论在领土以内或领土以外都是独立的。"[2] 周鲠生认为："主权是国家具有的独立自主地处理自己的对内和对外事务的最高权力。分析起来，国家主权具有两方面的特性，即在国内是最高的，对国外是独立的。这两个特性是相关联而不可分的，因为如果对外不是独立的，国家便要服从外来的干涉而失去其独立地处理其对内对外事务的自由，因而就不是主权的。因此，在对外关系的文件上，特别强调独立，往往独立和主权同时并提，如说尊重主权和独立等；并且有时独立和主权两个名词用于同一意义，如说独立国家，也就是指主权国家，这是可以理解的。"[3]

从学者的论述可以看出，他们都认为主权是国家对内最高的和对外独立的权力。对内最高指国家对其领土内的一切人、物和事有属地最高权（territorial supremacy）和对其本国人民的属人最高权（personal supremacy）。这种权力是排他的，即排斥外国或其他权力的干涉和竞争。对外独立权是国家在国际关系中独立进行国际活动的权力，不受任何其他权力的管辖和支配。国家基于主权，可自由决定其社会制度、政治制度、经济制度、立法和司法制度以及国家形式，独立自主地决定其对内对外

〔1〕　参见白桂梅：《国际法》，北京大学出版社 2010 年版，第 123～124 页。
〔2〕　参见［英］詹宁斯、瓦茨修订：《奥本海国际法》（第 1 卷第 1 分册），王铁崖等译，中国大百科出版社 1995 年版，第 92 页。
〔3〕　参见周鲠生：《国际法》（上册），商务印书馆 1976 年版，第 75 页。

政策和国际关系问题。当然，国家主权也并非绝对的和毫无限制的，它是受国际法约束的。

国家主权或独立是国际法产生和存在的基石。基于主权独立，国家在国际社会中都是平等的成员。国际法上的国家主权平等原则是在国家主权独立的基础上得以确立的。国家主权平等原则是指主权国家在国际法律关系中地位完全平等，相互无管辖和支配的权力，它们平等地承受国际法上的权利和义务，平等地承担国际法律责任。因此主权平等原则要求国家在处理国际关系的任何领域都应尊重别国主权、政治独立和领土完整，平等地对待别国，不以大压小、以强凌弱侵犯或破坏别国主权，或欺压掠夺别国，为自己谋取单方的优势或利益。《国际法原则宣言》称国家主权平等原则为："各国一律享有主权平等。各国不问经济、社会、政治或其他性质有何不同，均有平等的权利与责任，并为国际社会之平等会员国。主权平等尤其包括下列要素：①各国法律地位平等；②每一国均享有充分主权之固有权利；③每一国均有义务尊重其他国家之人格；④国家之领土完整及政治独立不得侵犯；⑤一国均有权利自由选择并发展其政治、社会、经济及文化制度；⑥每一国均有责任充分并一秉诚意履行其国际义务，并与其他国家和平相处。"

主权平等原则是国际法的最重要的原则，正如王铁崖教授指出的："这项原则包括主权，也包括平等。这项原则是最重要的国际法基本原则，可以说是整个国际法所依据的基础。"[1]《联合国宪章》第 2 条规定的七项原则中，把国家主权平等列为首项原则。因此，国际社会的所有国家尤其是大国强国都应严格遵守这项原则以及由此而引申的国际法其他基本原则。

（二）不侵犯原则

国家之间不侵犯原则是国家主权平等原则的引申，也是国际法发展的进步表现。因为传统国际法上并不禁止侵略战争，相反，允许以武力征服别国，或兼吞别国的领土。1899 年和 1907 年两次和平会议所签订的《和平解决争端公约》和《限制用兵索取契约债务公约》的有关规定，也只是对国家的战争权作了一定的限制而已。第一次世界大战结束后，废除战争、禁止侵略的原则逐步形成。1919 年签订了《国际联盟盟约》，宣布其成员国承担不从事战争的义务。1928 年签订了《巴黎非战公约》，第一次宣布废弃战争。其第 1 条规定："缔约各方以它们各国人民的名义郑重声明，它们斥责用战争来解决国际纠纷，并在它们的相互关系上废弃战争作为实行国家政策的工具。"依据该公约以及其他国际文件的规定，第二次世界大战后，国际上成立了纽伦堡国际军事法庭，判决德国首要领导人策划和发动侵略战争为破坏和平罪。这对《联合国宪章》规定不侵犯原则具有重要的影响。联合国鉴于第二次世界大战给人类带来的灾难，决心铲除战祸，建立国际安全制度，要求各国和睦相处。

---

〔1〕　参见王铁崖主编：《国际法》，法律出版社 1995 年版，第 51 页。

因此，把不侵犯原则定为一项处理国家之间关系的基本原则。《联合国宪章》序言称："各国必须力行容恕，彼此以善邻之道，和睦相处。集中力量，以维持国际和平及安全，接受原则，确立方法，以保证非为公共利益，不得使用武力。"《联合国宪章》第 2 条第 4 款规定："各会员国在其国际关系上不得使用威胁或武力，或以与联合国宗旨不符合之任何其他方法，侵害任何会员国或国家之领土完整或政治独立。"

《联合国宪章》在规定国家主权平等原则的同时还规定了不侵犯原则，禁止使用威胁或武力或与联合国宗旨不符的方法侵犯别国的领土完整和政治独立，这是维护国家主权平等独立的关键。这一原则的规定对防止大国、强国对小国、弱国实行武力侵犯具有特别重要的意义，也可以说这项原则是宪章原则的最核心部分。联合国的成功在很大程度上取决于各会员国遵守这项原则，取决于各有关机构为此而有效地履行自己的职责。[1] 为了更好地履行宪章的规定，《国际法原则宣言》对不侵犯原则作了更加具体的规定，指明不侵犯原则包括的内容有：①每一国家均有义务在国际关系上避免为侵害别国的领土完整或政治独立的目的，或以与《联合国宪章》宗旨不符的任何其他方式使用威胁或武力。而且不得把威胁或武力作为解决国际争端的方法。②国家不得发动或参与侵略战争。侵略战争构成危害和平的罪行，在国际法上须负责任。③各国有义务不从事侵略战争的宣传。④不使用威胁或武力以侵犯他国现有的国际疆界或其他国际界限。⑤避免涉及使用武力的报复行为。⑥不得采取剥夺受殖民主义统治或被外国奴役的民族的自决、自由及独立权利的任何强制行动。⑦不得组织非正规军或武装团队，包括雇佣兵在内，侵入他国领土。⑧不得使用威胁或武力在他国发动、煽动、协助或参加内争或恐怖活动，或默许在其本国境内从事此等行为为目的的有组织活动，但本项所称之行为以涉及使用威胁或武力为限。⑨不得将他国领土作为违反《联合国宪章》使用武力实行军事占领的对象，或作为以使用威胁或武力而取得的对象，也不得承认使用威胁或武力取得的领土为合法。

《国际法原则宣言》的上述规定更加明确地宣示在国际关系中禁止侵略，特别是禁止以发动或支持侵略战争或使用其他武力方式侵犯别国的主权、独立和领土完整。侵略战争构成国际犯罪，国家要负国际责任。因此可以说不侵犯原则的实质是禁止武力侵犯他国的主权、独立和领土完整。对于何为侵略，1974 年联合国大会通过的《关于侵略定义的决议》的规定可作为参考。该决议第 1 条规定："侵略是指一个国家使用武力侵犯另一个国家的主权、领土完整或政治独立，或以本定义所宣示的与《联合国宪章》不符的任何其他方式使用武力。"第 2 条规定："一个国家违反宪章的规定而首先使用武力，就构成侵略行为的显见证据，但安理会得按照宪章的规定下论断。"第 3 条列举了安理会可以断定构成侵略的行为："①一个国家的武装部队侵入或攻击另一个国家的领土；或因此种侵入或攻击而造成的任何军事占领，不论时间如何短暂；或使用武力吞并另一国家的领土或一部分；②一个国家的武装部队轰炸另一国家的领土；或一个国家对另一个国家的领土使用任何武器；③一个国家的武装部队封锁另一国家的港口或海岸；④一个国家的武装部队攻击另一个国家的陆、海、空军或商船和民航机；⑤一个国家违反其与另一个国家订立的协定的条件使用其根据协定在接受国领土内驻扎的武装部队，或在协定终止后，延长该项武装部队在该国领土内的驻扎期间；⑥一个国家以其领土供另一国家使用，让该国用来对第三国进行侵略行为；⑦一个国家或以其名义派遣武装小队、武装团体、非正规军或雇佣兵，对另一国家进行武力行为，其严重性相当于上述所列各项行为；或该国实际卷入了这些行为。除此，安理会还可断定其他行为为侵略行为。"第 4 条规定："以上列举的行为并非详尽无遗；安理会得断定某些其他行为亦构成宪章规定下的侵略行为。"该决议还在其第 5 条重申侵略战争是破坏和平的罪行，侵略行为引起国际责任。侵略行为取得的任何领土或特殊利益，均不得也不应承认为合法。

不侵犯原则是一项维护世界和平与安全，建立各国友好关系，保护国家主权、独立和领土完整的最基本原则。这就要求所有国家都应严格遵守此项原则的义务，一秉诚意履行维护国际和平与安全的国际责任，使《联合国宪章》得到切实遵守。倘若有的国家破坏这项原则，对别国实行侵略，不仅受害国可以进行自卫，而且安理会可以依《联合国宪章》的规定采取集体安全措施。各国对安理会采取的集体安全措施应予协助，且不得支持侵略的国家。对此，《联合国宪章》第 2 条第 5 款规定："各会员国对联合国依本宪章规定而采取之行动，应尽力给予协助，联合国对于任何国家正在采取防止或执行行动时，各会员国对该国不得给予协助。"第 6 款规定："本组织在维持国际和平及安全之必要范围内，应保证非联合国会员国遵行上述原则。"

（三）不干涉内政原则

不干涉内政原则是指任何国家或者国家集团不得以军事、政治、经济或者任何其他手段干涉他国内政。这是国际关系民主化、法制化及发展各国友好关系的前提。早在 1793 年《法国宪法》中就规定法国人民决不干涉别国的政治，他们也不容许别国干涉自己的政治。这项规定以后又被各国不断地倡导，如 1823 年美国总统门罗在国情咨文中宣称："美国反对欧洲国家干涉任何美洲国家的事务，美国奉行不干涉政策，不干涉欧洲事务。欧洲国家干涉任何美洲国家的事务，都是对美国的不友好行为。"[1]《国际联盟盟约》第 15 条第 8 款规定："如争执各方任何一方对于争议自行声明并为行政院所承认，按照国际法纯属该方国内管辖之事件，则行政院应据情报告，而不作解决争议的建议。"第二次世界大战后成立的联合国组织将不干涉内政作

---

〔1〕 参见王绳祖、何春超、吴世民编选：《国际关系史资料选编》，法律出版社 1988 年版，第 91～92 页。

为一项基本原则规定在《联合国宪章》中。《联合国宪章》第 2 条第 7 款规定："本宪章不得认为授权联合国干涉在本质上属于任何国家国内管辖之事件，且并不要求会员国将该项事件依本宪章提请解决。"

不干涉内政原则也是国家主权平等、独立原则的引申。因为内政属于国家主权内的管辖事项（matters within the domestic jurisdiction of any state），即纯属一国主权管辖的或国家享有最终决定权的且不涉及国际义务的事项。如决定国家的社会、政治、经济、立法、司法和文化等方面的制度，政权的选择，政党的地位，民族特征的保持，采取的行政措施，本国自然资源的管理和利用，对外政策和国际关系的决定等问题。依国家主权平等独立原则，国家彼此无管辖和支配的权力，当然排除一国干涉别国内政。所谓干涉，是指一国或数国基于本国的立场或利益而对别国的内政采取的专横干预等行为，强制别国维持或改变某种情势或非强制性手段的干涉。例如，一国或数国使用政治、外交、军事或经济等手段强迫别国按照该一个或数个干涉国的意志去处理它的内部管辖事项。《奥本海国际法》认为："干涉是指一个国家对另一个国家的事务的强制或专横的干预，旨在对该另一个国家强加某种行为或后果。"〔1〕国际法院认为："所禁止的干涉针对的必须是各国根据国家主权原则有权自由决定的事项（如选择政治、经济、社会及文化制度、决定对外政策）；干涉使用的是强制手段，尤其是使用武力，而不论是军事行动这种直接的干涉形式，还是支持在另一国家的颠覆破坏活动的间接形式的干涉。"〔2〕

《联合国宪章》所确立的不干涉内政原则还被 1956 年联合国大会通过的《关于各国内政不容干涉及其独立与主权之保护宣言》和 1970 年通过的《国际法原则宣言》进一步地重申，这两项宣言阐明了不干涉内政原则包含的具体内容有：①任何国家或国家集团均无权以任何理由直接或间接干涉任何国家之内政。武装干涉及对国家人格或其政治、经济及文化要素的一切其他形式的干预或试图威胁，均违反国际法。②任何国家不得使用或鼓励使用经济、政治或任何他种措施强迫另一个国家屈从，以取得对该国主权权利的行使，并自该国获得任何种类的利益。③任何国家均不得组织、协助、煽动、资助、鼓励或容许目的在于以暴力推翻另一国政权的颠覆、恐怖或武装活动，或干预另一国的内争。④使用武力剥夺各民族的民族特征构成侵犯其不可转让的权利及不干涉原则的行为。⑤每个国家均有选择其政治、经济、社会及文化制度的不可转让的权利，不受他国任何形式的干涉。⑥所有国家均应尊重各民族及国家之自决及独立权利，俾能在不受外国压力并绝对尊重人权及基本自由之情形下，自由行使。故所有国家均应致力于各种形式与表现的种族歧视及殖民

---

〔1〕　参见［英］詹宁斯、瓦茨修订：《奥本海国际法》（第 1 卷第 1 分册），王铁崖等译，中国大百科全书出版社 1995 年版，第 314 页。

〔2〕　See Military and Paramilitary Activities in and against Nicaragua（Nicaragua v. United States of America），Merits, Judgment. I. C. J. Reports 1986, at 107 - 8, para. 205.

主义的彻底消除。

以上关于不干涉内政原则的内容不得解释为对《联合国宪章》内关于维持国际和平与安全的有关规定有所影响。联合国组织或国家为了维护国际和平与安全，而依宪章或国际法采取的任何制止或制裁一国的违反国际法，尤其是违反联合国宗旨与原则的非法行为的措施，不得认为是干涉内政。

（四）和平解决国际争端原则

和平解决国际争端原则是不侵犯原则的引申。因为不侵犯原则禁止国家发动战争或使用武力及其他方法侵害别国，所以要求国家在交往中发生任何争端，不论是政治的还是法律的争端，均应和平解决，这是顺理成章的。所谓和平解决，是指国家遇有争端应以和平的方法解决，而不得诉诸威胁或使用武力以及其他非和平的方法，避免危及国际和平与安全。

和平解决争端的原则早在 1899 年和 1907 年的两个《和平解决国际争端公约》中就已被提出，该两公约规定缔约国有优先采取和平方式解决争端的义务，并提出了一些和平解决争端的方法。《国际联盟盟约》也规定其会员国有和平解决国际争端的义务。其第 12 条规定："联盟会员国约定，倘联盟会员国间发生争议，势将决裂者，当将此事提交仲裁或依司法解决，或交行政院审查。联盟会员国并约定无论如何，非俟仲裁员裁决或法庭判决或行政院报告后 3 个月届满以前，不得从事战争。"《巴黎非战公约》更明确规定其当事国只能用和平方法解决争端。该约第 2 条规定："缔约各方同意它们之间可能发生的一切争端或冲突，不论其性质或起因如何，只能用和平方法加以处理或解决。"第二次世界大战之后，《联合国宪章》将和平解决国际争端确定为一项国际社会必须遵守的原则。《联合国宪章》第 1 条第 1 款规定："维持国际和平与安全；并为此目的，采取有效集体办法，以防止且消除对于和平之威胁，制止侵略行为或其他和平之破坏；并以和平方法且依正义及国际法之原则，调整或解决足以破坏和平之国际争端或情势。"第 2 条第 3 款规定："各会员国应以和平方法解决其国际争端，避免危及国际和平、安全及正义。"宪章还在其他条款中规定了和平解决争端的方法。《国际法原则宣言》对这项原则宣示的具体内容包括：①每一国家应以和平方法解决其与其他国家之国际争端，避免危及国际和平、安全及正义。②各国因此应以谈判、调查、调停、和解、公断、司法解决、区域机关或办法之利用或其选择之他种和平方法寻求国际争端之早日及公平之解决。于寻求此项解决时，各当事方应商定与争端情况及性质适合之和平方法。③争端各当事方遇未能以上述任一和平方法达成解决之情形时，有义务继续以其所商定之他种和平方法寻求争端之解决。④国际争端各当事国及其他国家应避免从事足以使情势恶化致危及国际和平与安全之维持之任何行动，并应依照联合国之宗旨与原则而行动。⑤国际争端应根据国家主权平等之基础并依照自由选择方法之原则解决之。各国对其本国为当事一方之现有或未来争端所自由议定之解决程序，其采用或接受不得视为与主权平等不合。

（五）善意履行国际义务原则

善意履行国际义务原则是由"条约必须信守"这一古老的国际习惯规则发展而来的，《联合国宪章》规定其为一项各国均应遵守的国际法原则。宪章序言中规定会员国应"尊重由条约与国际法其他渊源所起义务"。第 2 条第 2 款规定："各会员国应一秉善意，履行其依本宪章所负之义务，以保证全体会员国由加入本组织而发生之权益。"宪章序言中还要求各国创造适当环境，履行维持正义、尊重由条约与国际法其他渊源而起之义务，久而弗懈。《国际法原则宣言》亦重申了宪章规定，声称"每一国均有责任一秉诚意履行其依公认国际法原则与规则系属有效之国际协定下所负之义务"。所谓善意（bona fides），就是诚恳、友好、忠实和信赖。

善意履行国际义务原则要求各国必须自觉地、诚实地、严格地履行来自国际法的义务，这些义务无论条约，还是其他国际法渊源，并且在适用国际法的原则、规则时应自我约束。许光建主编的《联合国宪章诠释》中指出："善意原则包含两层含义。首先，各国在解释自己所承担的国际义务时，应采取客观的、实事求是的态度。就条约关系而言，缔约各方在达成协议时所取得的谅解，确认缔约各方在谈判过程中相互妥协所达成的共识，而不能单方、片面地解释自己所承担的义务。其次，在适用法律规则时，各国应遵循惯例和理性对自己进行自我约束。"[1]确立这项原则的目的是使各国善意履行国际法律义务，维护正常的国际法律秩序。反对一些国家对国际法律义务的履行没有诚意，有意回避或不履行自己应承担的国际义务的行为。为了使各国更好地遵守这项原则，《国际法原则宣言》在《联合国宪章》规定的基础上，阐明了这项原则包含的内容：①每一国均有责任一秉诚意履行其依联合国宪章所负之义务。②每一国家均有责任一秉诚意履行其依公认之国际法原则与规则所规定之义务。③每一国均有责任一秉诚意履行其在依公认国际法原则与规则系属有效之国际协定下所负之义务。④遇依国际协定产生之义务与《联合国宪章》所规定联合国会员国义务发生抵触时，宪章规定之义务应居优先。

第六节　国际法的编纂

一、国际法编纂的概述

国际法的编纂（codification of international law）是指国际法的法典化，即把国际习惯法的原则、规则制定为系统的条文，并且把正在形成的国际法原则、规则以法典的形式作出规定，以促进国际法的发展。王铁崖教授称："国际法的法典化，是指把国际法的全部或一部分的原则、规则和制度系统地用类似法典的条文形式制定出

---

[1]　参见许光建主编：《联合国宪章诠释》，山西教育出版社 1999 年版，第 34 页。

来。"[1] 由于国际社会不存在专门的立法机关，故长期以来国际法的原则、规则主要以特定的国际条约和国际习惯形式存在，致使国际法的一些原则、规则不明确或在解释上不一致，给国际法的适用带来困难，同时也不利于国际法的发展。因此，对国际法进行编纂，使其法典化，是十分必要的。

国际法的编纂有两方面的意义：一方面是把现有的原则、规则制定成法典，以使分散的原则、规则法典化；另一方面是通过签订国际公约，使各国对国际法的问题达成协议，促进国际法的发展。劳特派特称："法典编纂至少有两种不同的意义：①把习惯法和法院判决所产生的规则变为制定法或公约的过程，而不改变或很少改变法律本身。……②通过一般公约使各国对于国际法的某些问题取得协议的过程，这些公约是以现行的习惯和协定国际法为根据，但加以修改，以调和各种相互冲突的意见，使达成协议。"[2]

国际法编纂的形式有两种：一种是把所有国际法的原则、规则编纂为一部法典，称全面编纂。另一种是将国际法的原则、规则按部门编成法典，称为个别法编纂。从国际法规范的实际情况考查，前一种形式的编纂是困难的，目前尚未实行，而后一种形式已为编纂者们所采用。

国际法的编纂可以由个人或学术团体进行，也可以由官方进行，即政府间进行编纂。个人或民间学术团体的编纂相当于学者的著作，没有法律拘束力，但可作为国际法的原则、规则存在的辅助资料。官方的编纂虽然也不当然具有法律拘束力，但可以按照条约的生效程序取得法律效力。政府间编纂的国际条约即使不生效，其作为法律证据的作用也要比个人或学术团体的编纂更具权威性，因为它毕竟是各国政府代表拟定和通过的国际条约。

二、国际法编纂的发展

18 世纪末，英国的哲学家边沁首先提出了编纂国际法的倡议，此后，一些学者、学术团体和国家就开始了国际法的编纂工作，并取得了积极成果。例如，法国的格雷瓜尔曾根据 1792 年法国国民大会的决议，于 1795 年草拟了《国家权利宣言》草案 21 条。虽然未获国民大会通过，但它提出的主权、独立和不干涉原则对国际法原则的形成还是有意义的。瑞士的伯伦智理（Bluntschli）于 1868 年，美国的菲尔德（Field）于 1872 年，意大利的费奥雷（Fiore）于 1890 年分别发表了《国际法法典》。1873 年创立的国际法研究院（Institute of International law）在其积极开展的国际法编纂工作的基础上，提出了《陆战法规》《海战法规》《海上捕获法》《国际河流航行条例》和《国际人权宣言》等重要文件的草案。与国际法研究院同年建立的国际法

---

[1]　参见王铁崖主编：《国际法》，法律出版社 1995 年版，第 20 页。

[2]　参见［英］劳特派特修订：《奥本海国际法》（上卷第 1 分册），王铁崖、陈体强译，商务印书馆 1981 年版，第 38 页。

改进与编纂协会（Association for the Reform and Codification of the Law of Nations），[1]
也曾拟定不少国际法规则草案，其中，《国际仲裁规则》《领水管辖权规则》《交战
与中立法》《战俘待遇条例》《国际刑事法庭规约》和《海上中立法》等颇为著名。
另外，美国哈佛大学法学院主持的《国际法研究》（Research in International law）还
草拟了一些公约草案，如《国籍》《国家责任》《外交特权与豁免》《领事的法律地
位和职权》《法院对外国的职权》《海盗》《引渡》《关于罪行的管辖权》《条约》
《国家对外国人受损害的国际责任》等。

国家间的官方编纂活动在 19 世纪初就开始了。从 19 世纪初到第二次世界大战
前，国家间的编纂工作取得了很大成绩，国际上通过召开一系列的会议对国际法进
行编纂。例如 1814 ~ 1815 年召开的维也纳会议和 1818 年召开的亚琛会议通过的决议
决定的外交代表的等级至今还基本有效。1856 年的巴黎会议发表的《巴黎宣言》确
定了海战的四项原则。1868 年的日内瓦会议签订了《改善战地武装部队伤者境遇的
公约》。1899 年和 1907 年两次海牙和平会议对和平解决国际争端和战争法规进行了
编纂。1899 年的海牙和平会议通过了《和平解决国际争端公约》和关于战争法的 3
个公约和 3 个宣言。1907 年第二次海牙和平会议签订了《和平解决国际争端公约》
和 13 个关于战争法的公约，可以说，这两次会议是国际上大规模的国际法编纂的开
始，在和平解决国际争端和战争法的编纂方面取得了突出的成就。正如《奥本海国
际法》所称道的，"第一次海牙和平会议在国际法的历史上标志了一个时代"。[2]

第一次世界大战结束后，国际上召开会议曾签订了一些国际条约，如 1919 年的
《国际联盟盟约》《国际常设法院规约》《巴黎民用航空管理公约》，1925 年《关于使
用毒气和窒息性气体的公约》《内河航行和海上航行公约》等。国际联盟还积极主持
了编纂工作，1920 年起草《国际常设法院规约》的法学家委员会通过了一项决议，
促请召集国际会议，以负责调和对于国际法的一些特定问题的各种不同意见并研究
一些尚未得到充分规定的问题。1924 年，国际联盟行政院指派了一个由 16 名专家
（后增加了一名专家）组成的委员会，就国际法法典的编纂问题提出报告。该委员会
对其认为已经成熟而可以编纂为法典的问题和如何最好地完成这些问题的法典编纂
提出了报告。[3] 1927 年国际联盟大会考虑了该委员会的报告和行政院对报告的意
见，决定在海牙举行会议，对报告提出的前三项问题进行编纂。在国际联盟的主持
下，1930 年召开了第一次以编纂国际法为目的的国际会议，有 48 个国家的 120 名代

〔1〕 该协会于 1895 年改称为国际法协会（International law Association）。
〔2〕 参见［英］劳特派特修订：《奥本海国际法》（上卷第 1 分册），王铁崖、陈体强译，商务印书馆
1981 年版，第 40 页。
〔3〕 该委员会 1927 年提出了七项认为可以编纂的主题：国籍；领水；国家对外侨的生命财产在其领土内
所受的损害的责任；外交特权与豁免；国际会议程序和条约缔结与起草程序；海盗行为；海产的开
发等。

表参加。会议以国籍、领水、国家责任为主要议题,分别由准备委员会草拟报告交大会讨论。会议经过讨论,对国籍问题通过了《关于国籍法冲突的若干问题的公约》《关于某种无国籍情况的议定书》《关于双重国籍某种情况下兵役义务的议定书》和《关于无国籍的特别议定书》。关于领水,会议决定将领水(territorial waters)改为领海(territorial sea),并拟定了《领海法律地位草案》载入会议的最后文件中。关于国家责任问题,由于分歧较大未达成协议。

第二次世界大战后,国际法的编纂工作有了更大的发展,除学术团体、国际会议和区域性编纂非常活跃外,联合国对官方的编纂起了重要作用,并且把国际法的编纂与发展作为一项重要职责。《联合国宪章》第13条第1款规定:"大会应发动研究并作成建议,以促进政治上之国际合作,并提倡国际法之逐渐发展与编纂。"为了履行这一职责,联合国大会于1947年作出决议,设立国际法委员会作为负责编纂国际法的主要机构并通过了委员会的章程。按该章程规定,委员会最初由15名委员组成,1956年增至21名,1961年增至25名,1981年增至34名。委员们经联合国大会选举产生,他们代表世界各大文化及各主要法系。委员会于1948年经选举正式成立,于1949年4月举行首次会议开始运作。

按联合国《国际法委员会章程》第1条规定,委员会以"促进国际法的逐步发展和编纂为宗旨","主要关心的是国际公法,但不妨碍它介入国际私法的领域"。按章程第16~24条规定,委员会的职责有两方面:一方面是逐步发展国际法。所谓发展国际法,按章程第15条规定,是指就国际法尚未制定规章或各国惯例尚未充分发展成法律的各项主题,拟订公约草案。这项工作有两个内容:①关于逐步发展国际法的建议应由联合国大会交付委员会,由委员会按第16条规定的程序工作。②审议联合国会员国、大会以外的联合国主要机构,或根据政府间协议成立以鼓励国际法的逐步发展和编纂为宗旨的官方机关提出并请秘书长为此目的转交委员会的提议和多边公约草案。工作程序按第17条第2款规定。委员会另一方面的职责是国际法的编纂。按章程第15条规定,所谓国际法的编纂,是指更精确地制定并系统整理广泛存在的国家惯例、判例和原则的国际法规则。这项职责行使的程序应按章程第18~24条规定进行。

实际上,国际法委员会在进行工作时并不区别国际法的逐渐发展和国际法的编纂,不严格遵从《国际法委员会章程》为两种不同类别所规定的工作方法,而采取同样的程序。[1]一般是由委员会向联合国大会提出选题或由大会向委员会提出选题后,再由委员会按各选题拟制公约草案,然后提交大会通过。公约草案通常由大会召开外交会议讨论通过,开放给各国签字、批准。国际法委员会在其成立的近70年

---

〔1〕 参见王铁崖:《国际法引论》,北京大学出版社1998年版,第165页。

中，工作颇有成效。委员会的编纂情况如下:[1]

（1）国家和政府的承认。委员会尚未对这个专题进行工作。

（2）国家和政府的继承。对这个专题，委员会1963年决定优先审议国家继承问题。目前已经通过了《关于国家在条约方面的继承的维也纳公约》和《关于国家对国家财产、档案和债务的继承的维也纳公约》。

（3）国家及其财产的管辖豁免。委员会对这个专题已于1991年完成了全部工作，拟定了《国家及其财产的管辖豁免条款草案》，提交大会讨论。

（4）对于在国家领土以外所从事的犯罪行为的管辖权。委员会对此题还未开始工作。

（5）公海制度和领海制度。在委员会起草的条文草案基础上，已于1958年联合国第一次海洋法会议上通过了《公海公约》《捕鱼与养护公海生物资源公约》《大陆架公约》和《领海及毗连区公约》。

（6）国籍，包括无国籍。委员会对国籍问题和后增加的已婚妇女国籍和无国籍的消除，一并进行研究。对无国籍，委员会已提出了草案，在该草案的基础上已于1961年通过了《关于无国籍人地位的公约》。

（7）外国人的待遇。委员会对这个专题尚未工作。

（8）庇护权。委员会对这个专题尚未工作。

（9）条约法。委员会拟定了条文草案，并在草案基础上已于1969年通过了《维也纳条约法公约》。

（10）外交交往与豁免。委员会拟定了条文草案，在该草案的基础上，于1961年通过了《维也纳外交关系公约》以及有关国籍取得和强制解决争端的两个议定书。

（11）领事交往与豁免。委员会拟定了条文草案，在该草案基础上，于1963年通过了《维也纳领事关系公约》。

（12）国家责任。2001年委员会已通过《国家对国际不法行为的责任条款草案》。

（13）仲裁程序。委员会曾在1953年拟定《仲裁程序公约草案》，但未通过。后于1958年通过了《仲裁程序示范规则》。

（14）国家权利与义务。委员会于1949年拟定了《国家权利和义务宣言》。

（15）纽伦堡原则。委员会于1950年拟定了《纽伦堡法庭宪章及法庭判决承认的国际法原则》。

（16）国际刑事管辖权。1994年委员会通过了《国际刑事法院规约草案》。联合国在1998年召开的外交会议上通过了《国际刑事法院规约》。

（17）国际习惯法证据的利用。委员会考虑了使这种证据更易于考虑的方式方法，并向联大提出了报告。

---

[1]　国际法委员会所列的编纂主题和对这些主题编纂的情况，详见 http：//www.un.org/Chinese/Law/ilc/programme.htm，2010年7月22日访问。

（18）危害人类和平及安全罪。委员会于1951年曾完成了《危害人类和平及安全罪法典草案》，后又进行修改并于1954年提出了新的草案。1981年联合国大会决议请委员会恢复它对法案的制定工作。委员会于1996年完成了该草案的工作，提交联大讨论。

（19）侵略定义。委员会1951年审议了这个专题，但于1957年推迟审议。[1]

（20）多边条约的保留。委员会1957年完成了这个题目的报告，并向联合国大会提出。1997年通过《关于包括人权条约在内的规范性多边条约的保留的初步结论》，1999年暂时一读通过"条约保留准则草案"。

（21）国际联盟主持下缔结的一般性多边条约的参加。委员会已于1963年完成了这个专题的报告，并向联合国大会提出。

（22）特别使团。委员会对这个专题拟定了条文草案，并在这草案的基础上联合国大会于1969年通过了《特别使团公约》以及关于强制解决争端的议定书。

（23）关于防止和惩处侵害应受国际保护人员包括外交代表的罪行。委员会对这个专题拟定了条文草案，并且联合国大会在该条文草案的基础上于1973年通过了《关于防止和惩处侵害应受国际保护人员包括外交代表的罪行的公约》。

（24）国家和政府间组织之间的关系。委员会对这个专题分两个部分进行工作：第一部分是国家和政府间组织之间的关系。第二部分是国际组织、其官员、专家和其他从事国际组织活动但非国家代表的特权与豁免。委员会已于1971年完成了对第一部分的工作，拟定了条文草案。1975年联合国大会通过了《维也纳关于国家在其对国际组织关系上的代表权公约》。对第二部分，委员会正在工作。

（25）最惠国条款。对这个专题，委员会于1978年通过了《关于最惠国条款的条文草案》，并提交联合国大会。

（26）历史性水域或海湾。委员会1967年决定，认为对这个专题进行工作尚不成熟。

（27）国家与国际组织之间或两个或两个以上国际组织间缔结的条约。委员会对这个专题拟定了条文草案，在该草案基础上，1986年通过了《关于国家和国际组织间或国际组织相互间条约法的维也纳公约》。

（28）审查多边条约的程序。1979年委员会向联合国秘书长提交了它对这个问题的评论，以便包括在秘书长按照联合国大会第32/48号决议所拟定的报告中。

（29）国际水道的非航行用法。委员会已于1994年通过《国际水道非航行使用条文草案》，交联合国大会讨论。1999年通过《国际水道非航行使用公约》。

（30）关于国际法不加禁止的行为所产生的损害性后果的国际责任。对这个专题，委员会于2001年还通过了《预防危险活动的跨界损害的条款草案》，2006年委

---

[1] 后来联合国大会将侵略定义问题交由联合国大会设立的特别委员会进行审议。联合国大会于1974年通过了《关于侵略定义的决议》。

员会二读通过了《关于危险活动造成的跨界损害案件中损失分配原则草案》。

（31）外交信使和无外交信使护送的外交邮袋的地位。委员会已于 1989 年通过了最后条文草案。

（32）国家继承及其对自然人和法人的影响。对这个专题，委员会已于 1999 年二读通过《国家继承对自然人国籍的影响的条文草案》。

（33）对条约的保留。对这个专题，委员会正在进行工作。

（34）国际法委员会根据联合国大会 2001 年 12 月通过的 56/82 号决议提请国际法委员会开始进行"国际组织的责任"专题工作的要求，2002 年于第 54 届会议上决议将"国际组织的责任"专题列入工作方案。2005 年暂时通过了《国际组织责任条款草案》。

（35）委员会于 2006 年通过了《外交保护条款草案》。

在联合国组织中除了国际法委员会，还有其他机构通过制定公约参与国际法的编纂。例如前联合国人权委员会对人权公约的制定就起着重要作用。另外，联合国的专门机构对专门技术方法的法律编纂也起着重要作用。

第七节　国际法与国内法的关系

国际法与国内法的关系，既涉及国际法的性质、渊源、效力根据、主体等根本性的国际法理论问题，也关涉各国如何在它们内部法律秩序的框架内适用国际法的原则和规则，以及如何解决国际法原则和规则与国内法的规定相冲突的问题。正确认识和解决好二者的关系，对国际法的执行和发展具有重要意义。

一、关于国际法与国内法关系的理论

19 世纪以来，西方学者在对国际法与国内法关系的理论研究中提出了三种不同的解说：国内法优先说、国际法优先说、国际法与国内法平行说。

（一）国内法优先说

国内法优先说由德国学者所倡导，其代表人物有耶利内克（Jellinek）、佐恩（Zorn）、考夫曼（Kaufmann）和文策尔（Wenzel）等。他们认为国际法和国内法属同一法律体系，但是，国内法高于国际法，国际法是国内法的一部分，是国内法中的对外公法，国际法的效力来自国内法。因为国家意志如果表现在它的法律之中，那么国家的一切活动范围，即使在国际方面也是依其国内法而定的。此说的基点是否定国际法存在的意义，把国家意志绝对化，以达到把德国意志强加于国际社会，实现统治世界之目的。国际法学界对这种主张少有支持，并早已将之抛弃。

（二）国际法优先说

国际法优先说的代表人物有凯尔森（Kelsen）、菲德罗斯（Verdross）、孔慈（Kunz）等。这派学说主张国际法和国内法是同一法律体系的两个部门。但是，在法

律等级上，国际法是高于国内法的规范，国内法隶属于国际法。国内法的效力来自于国际法，所以国际法优于国内法。这一主张对各国遵守国际法，维护国际法律秩序有积极意义。但是，它过分强调了国际法的效力，把国内法说成是国际法的从属，这会导致否定国家主权，否定国内法的意义，要求国内法绝对服从国际法，因而遭到不少国家的反对。

因为国内法优先说和国际法优先说都主张国际法与国内法属同一法律体系，故被称为一元论（Monism）。

（三）国际法与国内法平行说

与一元论主张不同的是二元论（Dualism）的平行说。这一学说认为，国际法与国内法是两个完全不同的法律体系，它们的主体、调整对象、渊源、效力根据等都不同。二者各自独立，彼此绝不是隶属的，除可以互相参考之外是毫无关系的。这派学者的代表人物主要是特里佩尔（Triepel）、奥本海（Oppenheim）和安齐洛蒂（Anzilotti）。二元论从实在法出发正确地分析了国际法与国内法的不同性质，论证了两者是两种效力范围不同的法律体系，这是国际法理论上的一个重要发展。[1] 然而，该说忽视了国际法与国内法的联系，也是不符合二者关系之现实的。

正确认识国际法与国内法的关系，应该是既看到国际法与国内法是两个独立的法律体系，它们在主体、调整的对象、渊源、效力根据和性质等方面都是不同的，同时也应该认识到它们之间是有密切关系的。这种关系首先表现在国家处理二者的关系上是国内法应该执行国际法的规定。因为国家既是国内法的制定者，又是国际法制定的参加者。法律是政策的体现，国内法律反映了国家的利益和需要，国际法体现了国家的主张和利益。就一个国家而言，国内法和国际法都表达了该国的意志和利益。国家在参加制定国际法时当然会考虑国内法的立场，在制定国内法时必须顾及其承担的国际法律义务，通过制定国内法履行国际义务，不应制定与国际法相违背的法律。因为善意履行国际义务是早已形成的一项国际法原则，并且如本章第五节所述已被各国确认为一项国际法的基本原则，无论该义务产生于国际条约还是国际法的其他渊源。就履行条约义务而言，条约法早就确立了"条约必须信守原则"。1969 年《条约法公约》第 26 条规定："凡有效之条约对其各当事国有拘束力，必须由各国善意履行。"第 27 条规定："一当事国不得援引其国内法规定为理由而不履行条约。"[2]

所以，国际法与国内法的关系问题，归根到底是国家应严格履行国际义务，通过国内法执行国际法的规定的问题。周鲠生在其所著《国际法》一书中对此作了精辟论述，他说："可以断言，国际法与国内法按其实质来看不应有谁属优先的问题，

---

[1]　参见梁西主编：《国际法》，武汉大学出版社 2000 年版，第 18 页。
[2]　1986 年《关于国家和国际组织间或国际组织相互间条约法的维也纳公约》第 26 和 27 条也作了同样规定。

也不能说是彼此对立。作为一个实际问题看，国际法和国内法的关系问题，归根到底，是国家如何在国内执行国际法的问题，也就是国家履行依国际法承担的义务的问题。国际法按其性质，约束国家而不直接约束它的机关和人民，尽管国内法违反国际法，法庭仍须执行，但国家因此要负违反国际义务的责任。所以国家既然承认了国际法规范，就有义务使它的国内法符合于它依国际法所承担的义务。……从法律和政策的一致性观点说，只要国家自己认真履行国际义务，国际法和国内法的关系总是可以自然调整的。"[1] 菲茨莫里斯（Fitzmaurice）在 1957 年海牙国际法学院的演讲中说：一元论和二元论的分歧完全是不现实的、不着边际的，因为他们假定存在着根本就不存在的分歧。最好的办法是将理论分歧放到一边，不相信绝对的国际法优先于国内法或者相反，而是研究国际法与国内法的实际关系以及国际法在国家领土范围内适用等实际问题。[2] 讨论国际法和国内法关系问题，还应看到二者的客观联系，它们有互相影响和补充的关系。王铁崖教授在其主编的两部国际法教科书中都指出国际法和国内法是法律的两个体系，这两个法律体系之间有密切的联系，互相渗透和互相补充。[3]

其次，从国际法看，它的许多原则和规则是从国内法概念而来的。例如有关领土、条约等原则和规则在不同程度上来源于罗马法的有关土地、契约的原则和规则，或者是罗马法的原则和规则的转化应用。另外，各国的国内立法实践对国际法原则和规则的形成和发展起着重要作用。例如，在国际法的引渡制度中的政治犯罪不引渡原则，最初就是规定在欧洲一些国家的国内法中，后来逐渐形成习惯国际法原则。1793 年《法国宪法》规定，法国给予为了争取自由而从本国流亡到法国的外国人以庇护。1833 年比利时制定了《引渡法》，规定了不引渡外国政治犯。类似的规定逐渐被其他国家的国内法效仿并见于不少的双边条约，形成了一项普遍的国际法原则。《常设国际法院规约》《国际法院规约》及《国际刑事法院规约》等文件都把"一般法律原则"作为它们判案所适用的法律。并且许多的国际法教本和专家著述多数都认为"一般法律原则"是国际法的渊源之一，更可说明国内法对国际法的影响。

最后，从国内法看，它也受国际法原则和规则的影响。在不少场合，国内法也采用国际法的概念。例如，国内法采用领土的概念以规定国家的管辖权。再有，国家为了履行国际法律义务和保护它的国际权利，往往会制定相应的国内法，这样就使一些国际法的原则或规则转化为国内法，促进国内法的发展。例如 1982 年《海洋

[1] 参见周鲠生：《国际法》（上册），商务印书馆 1976 年版，第 20 页。
[2] Gerald Fitzmaurice, "The Gerenal Principles of International Law Considered from the Standpoint of the Rule of Law", *Recueil des Cours*, vol. 92, 1957 (11), p. 71. 转引自白桂梅：《国际法》，北京大学出版社 2010 年版，第 66 页。
[3] 参见王铁崖主编：《国际法》，法律出版社 1981 年版，第 44 页和王铁崖主编：《国际法》，法律出版社 1995 年版，第 29~30 页。

法公约》订立后，许多国家制定了有关海洋的国内法。

二、处理国际法和国内法关系的实践

处理国际法与国内法的关系问题，实际上是国家如何通过国内法执行国际法问题，也就是国家如何在国内履行其所承担的国际义务问题。这是国际法能否得到遵守和执行的关键，从某种意义上说，它比讨论国际法与国内法关系的理论更为重要。正如《奥本海国际法》所指出的："这些学说上的不同，未为国家实践或在这种情况下适用的国际法规则所解决。……而且，学说上争论大部分是没有实际结果的，因为所引起的主要问题——各国如何在它们的内部法律秩序的框架内适用国际法规则？以及国际法规则和国内法规则冲突如何解决？——不是参照学说来回答，而是要看各种国内法律和国际法的规则是怎样规定的。"[1]

国际法虽然要求各国严格履行国际义务，保证国际法的规定在国内得以执行和遵守。但对各国通过什么样的方式使国际法在其国内适用，以及遇有国际法与国内法相抵触如何处理并没有规定，这是各国国内法规定的问题。因此各国的实践也不尽相同，不过各国都通过采纳（adoption）或转化（transformation）的方式把国际法的规定纳入（incorporation）国内法，使其在国内得以适用，并对它们的地位作出规定。为便于大家了解各国实践，简介以下国家处理国际法在国内法适用的规定。

（一）美国的规定

美国将在其权力下缔结的条约、美国宪法和根据该宪法制定的法律都确定为美国的最高法律，在美国适用。其《宪法》第6条规定："本宪法以及在执行本宪法时所制定的合众国法律和以合众国的权力所缔结的或将缔结的条约，均为全国最高法律，即使其条文与任何州的宪法或法律相抵触，各州法官均应遵守。"[2]但美国的司法实践又对条约作出了"自动执行的条约"（self - executing treaty）和"非自动执行的条约"（non self - executing treaty）的区分。按照这样的区分，一项条约，除非含有需要立法执行的明文规定，或者由于其涉及必须经美国国会立法才能实施的政府行为，因而按其性质是能径直适用的那类条约，就是自动执行的条约。

另外，美国缔结的条约若是与联邦后立的法律相抵触，法院执行后法，任何条约还不能背离宪法。1957年美国最高法院在"里德诉康威特案"（Reid v. Convert）的判决中确立的宪法优先原则可以佐证。[3]对于国际习惯法的地位，美国宪法虽未

---

〔1〕 参见［英］詹宁斯、瓦茨修订：《奥本海国际法》（第1卷第1分册），王铁崖等译，中国大百科全书出版社1995年版，第32页。

〔2〕 参见赵宝云：《西方五国宪法通论》，中国人民公安大学出版社1994年版，第404页。

〔3〕 参见 Jacobs and Roberts eds. , "The Effect of Treaties in Domestic Law", *Sweet & Maxwell*, vol. 7, 1987, p. 162.

规定，但在美国的判例中都明确了国际习惯法是美国法律的一部分。[1]

（二）英国的规定

英国按照判例法的要求，其缔结的条约必须经过议会立法转化为国内法才能在国内适用。这类条约包括：必须改变或增加国内法才能在英国执行的条约；规定那些英王尚未赋有权力的事项的条约；对英国加以财政义务的条约；明文规定须经议会同意才能生效的条约；割让英国领土的条约。[2]但也有极少见而例外的条约不经其国内立法而在国内适用，如那些只要求签署而无须批准即可生效的行政协定——条约也可不经国内立法而在国内生效。[3]对国际习惯法，英国将它们作为其法律的一部分在国内直接适用，但以这些习惯法规则不与英国现行的或将来制定的成文法规定相抵触为前提。因为英国制定法有高于一切的效力，而英国制定法即使与国际法的要求相抵触，对英国法院也是有拘束力的。至于国际习惯法规则的适用范围则由英国有终审权的法院作出决定。

（三）法国的规定

法国规定其缔结的条约和接受的国际习惯法均可在国内发生效力。其 1958 年《宪法》第 55 条规定："依法批准或认可的条约或协定，自公布后即具高于各种法律的权威，但就每个条约或协定而言以对方予以适用为限。"[4]不过，按照对该《宪法》第 54 条的正确解释，应当认为宪法对条约具有相对的优越地位，因为该条规定，如果宪法法院宣告一个国际条约含有与宪法抵触的条款，那么只是在修改宪法以后，法国议会才可以许可该条约的批准或核准。法国 1946 年《宪法》序言中承认国际法规则，1958 年的《宪法》序言予以重新确认。这表明，在法国法律体系中，国际习惯法在法国国内是有法律效力的。[5]

（四）德国的规定

德国 1949 年《基本法》对国际习惯法和条约的地位分别作了规定。该法第 25 条规定："国际公法规定乃是联邦法律的组成部分。它们高于各项法律并直接为联邦领土内的居民创设权利和义务。"第 100 条规定："在诉讼中，对某一国际法的规则是否为联邦法律的一部分以及此项规则是否为个人创设权利和义务存在疑问时，法院应交联邦宪法法院作出裁决。"按照这一规定，联邦宪法法院保证国际法一般规则在德国国内适用。不过所称国际法一般规则是指一般习惯法规则，而不包括条约的

---

〔1〕 美国最高法院在"哈瓦那号案"的判决中指出："国际法是我们法律的一部分，……法院应加以确定和适用。"

〔2〕 参见李浩培：《条约法概论》，法律出版社 2003 年版，第 315～316 页。

〔3〕 See F. A. Marrn, "The Enforcement of Treaties By English Court", *Transactions*, vol. 44, 1958～1959, Oceana Publications Inc, New York, Wildy & Sons LTD London, p. 32.

〔4〕 参见赵宝云：《西方五国宪法通论》，中国人民公安大学出版社 1994 年版，第 427 页。

〔5〕 参见王铁崖：《国际法引论》，北京大学出版社 1998 年版，第 206 页。

规定在内。

关于条约的地位，该法第 59 条规定："凡规定联邦政治关系或涉及联邦立法事务的条约，必须以联邦法律形式，取得在任何特定情况下都有权进行这种联邦立法机构的同意或参加才能缔结。至于行政协定，则可准照适用有关联邦行政的法律条文。"这说明凡规定联邦德国政治关系或涉及联邦立法事项的条约应由联邦法律加以规定。由于这种条约是经联邦法律加以规定而取得在德国法律上的效力，它们没有高于联邦其他法律的地位，所适用的是"后法优于前法"的原则，也就是说，后法律优于前条约。而且，条约还必须符合基本法的规定。[1]

（五）中国的规定

中华人民共和国政府成立后，处理国际法与国内法关系的总原则是严格履行国际义务，保护中国的合法权益。[2]对于中国缔结的条约，凡需要在国内执行的，中国都采取措施保障其得到遵守和执行。虽然中国宪法对条约在国内法的地位没有明确规定，但从中国现行的几十部法律[3]、司法解释和审判实践看，就各该法所规定的范围内，倾向于所缔结的条约是我国法律的组成部分，并且可以在国内直接适用。例如，1995 年修订的《商标法实施细则》第 3 条规定："商标国际注册，依照《商标国际注册马德里协定》办理。"1996 年《红十字标志使用办法》第 23 条规定："本办法有关红十字标志保护性使用的规定未尽事宜，依照日内瓦公约及其附加议定书的有关规定执行。"1987 年 4 月 10 日，最高人民法院在《关于执行我国加入的〈承认及执行外国仲裁裁决公约〉的通知》中要求各高、中级人民法院切实依照公约规定执行。1986 年，哈尔滨市中级人民法院对阿利穆拉多夫·沙米利·哈吉·奥格雷劫持飞机案就是根据中国加入的防止和惩治危害国际民航安全非法行为的《东京公约》《海牙公约》和《蒙特利尔公约》确定的管辖权进行审判的。[4]中国对待条约的立场还被其代表在国际会议上所阐明。例如，1991 年 11 月 14 日，中国代表在联合国大会社会、人道和文化问题委员会上发言指出："按中国法律制度，有关国际条约一经中国政府批准或加入并对中国生效，中国政府就承担了相应的义务，不再为此另行制定国内法进行转换，也就是说，《酷刑公约》已在中国直接生效，公约所定义的酷刑行为在中国法律中均受到严厉禁止。"[5]另外，当条约与中国法律相抵触时，根据中国现行的几十部重要法律表明的立场是条约优先。例如，2012 年修正

---

[1] 参见王铁崖：《国际法引论》，北京大学出版社 1998 年版，第 207 页。

[2] 参见 1962 年 9 月 1 日陈毅外长的讲话和 1990 年 4 月 27 日中国代表在联合国禁止酷刑委员会上的发言。分别载于《中华人民共和国对外关系文件集》（第九集），世界知识出版社 1964 年版；王铁崖：《国际法引论》，北京大学出版社 1998 年版，第 210 页。

[3] 自 1979 年以来我国公布的法律中有 70 余部都作了规定。

[4] 参见最高人民法院研究室编：《中华人民共和国最高人民法院司法解释全集》，人民出版社 1994 年版，第 437 页。

[5] 参见《人民日报》（海外版），1991 年 11 月 16 日。

的《民事诉讼法》第 260 条规定:"中华人民共和国缔结或者参加的国际条约同本法有不同规定的,适用该国际条约的规定。但我国声明保留的条款除外。"第 261 条规定:"对享有外交特权与豁免的外国人、外国组织或者国际组织提起的民事诉讼,应当按照中华人民共和国有关法律和中华人民共和国缔结或者参加的国际条约的规定办理。"2000 年公布的《引渡法》第 16 条规定,中国主管机关对外国引渡请求的审查,除依本法第二章第二节规定外,还应依中国缔结的涉及引渡的条约规定进行。第 49 条规定,我国向外国请求引渡也应依引渡条约的规定。据统计,中国其他的几十部法律、法规也都作了类似规定。在条约不能直接适用的情况下,中国也采取积极的法律措施。例如中国加入 WTO 后,政府对现行法律进行了审查,以废、改、立的办法,保证 WTO 规制在中国得到遵守。[1] 在司法实践中已明确按条约优先原则处理我国的涉外案件。[2]

上述所说的条约优于中国国内法,是指优于宪法以外的法律,而不应优于宪法。因为按照中国《宪法》第 5、57、62 和 67 条的规定,全国人民代表大会是中国的最高权力机关,它有权制定宪法和基本法律,而全国人民代表大会常务委员会只能制定全国人民代表大会制定的法律之外的法律及决定批准条约和重要协定。并且宪法有高于一切法律的地位,一切法律、行政法规和地方性法规都不得同宪法相抵触。因此,全国人民代表大会常务委员会决定批准的条约或重要协定,若在中国发生法律效力,亦应和中国的一般法律一样,不得与宪法相抵触。由此也可以说宪法优于中国缔结的条约。

对于国际习惯法规则在国内的地位,中国现行法律少有规定,只是《民法通则》第 142 条规定:"中华人民共和国法律和中华人民共和国缔结或者参加的国际条约没有规定的,可以适用国际惯例。"第 150 条规定:"依照本章规定适用外国法律或者国际惯例的,不得违背中华人民共和国的公共利益。"但对该法使用的国际惯例是指的国际习惯(International custom),还是指的国际"通例"(International practice),该法没有说明。

在法律没有规定直接适用条约或国际习惯的情形下,中国采取两种办法解决:①建立或修改国内法,以将中国缔结或参加的国际条约或接受的国际习惯转化为国内法,在国内得到适用。例如所制定的《外交特权与豁免条例》《领事特权与豁免条例》《领海及毗连区法》《专属经济区和大陆架法》《未成年人保护法》等都将中国参加的各有关国际公约及接受国际习惯的规定纳入了其中,使它们在国内得到适用。②个案处理,即根据需要采取临时法律措施,以适用缔结或参加的国际条约。例如,

---

[1] 据《北京青年报》2001 年 11 月 13 日第 17 版报道,中国大法官说,中国主管部门审查中国有 2000 多个法律、法规,此外还有最高人民法院 1200 多个司法解释需要采取废改立措施。

[2] 参见 1987 年 8 月 27 日外交部、最高人民法院、最高人民检察院、公安部、国家安全部、司法部联合发布的《关于处理涉外案件若干问题的规定》。

中国参加了 1970 年《关于制止非法劫持航空器公约》，但尚未来得及修改刑法时，全国人民代表大会常务委员会就于 1992 年作出《关于惩治劫持航空器犯罪分子的决定》，以保证公约规定的犯罪受到惩治。

各国实践表明，国家一般采取措施使国际法的原则和规则在其国内得到遵守和执行，并且在国际法的规定与国内法的规定有不同时，也会推定它们不存在冲突，或采取措施使其协调。[1] 但事实上并不总是如此，例如，有的国家虽然将其接受的国际法原则和规则规定为其国内法的一部分，但实行后法优先原则，而当后法的规定与该国于该法之前接受的国际法原则或规则相冲突时，则适用该国内法效力。例如，美国由于主张后法优先原则，其国会后来通过的法律就可使业已成为美国国内法一部分的条约规定在其国内失效。[2] 还有的国家规定国内法优于国际法的地位，若是国际法规定与其国内法规定相冲突则执行国内法。例如，阿根廷就把条约的地位列在宪法和法律之后。对此，国际法虽不能干预各国国内机关执行国际法还是国内法，但要求国家对其由于执行国内法而违反国际法的行为承担国际责任，因为国家所承担的国际法律义务并不因为它制定了有悖于国际法的国内法而免除。

---

〔1〕　参见王铁崖主编:《国际法》，法律出版社 1981 年版，第 47 页。

〔2〕　J. G. Starke, *An Introduction to International Law*, eighth edition, Butterworth & Co. (Publishers) L. T. D, 1977, pp. 98~99.

第二章

国际法上的国家

第一节　国家概述

一、国家的概念

国际法上的国家（State）是指定居在特定的领土之上，并结合在一个独立自主的权力之下的人的集合体。《奥本海国际法》认为："当人民在他们自己的主权政府下定居在一块土地之上时，一个真正意义的国家就存在了。"[1] 1933 年《美洲国家间关于国家权利和义务的公约》第 1 条规定："国家作为一个国际人格者必须具备下列条件：①永久的人口；②确定的领土；③政府；④与他国交往的能力。"这个公约的规定虽不具有一般国际法的效力，但它关于国家构成条件的规定符合国家形成和存在的事实，因此得到了广泛认可，许多国际法著作都以该公约提出的条件（或要素）来分析研究国家的概念。[2] 我们也认为构成国际法上的国家应具备该公约提出的四个条件或要素。

（一）永久的人口

国家是人的集合体，是由一定的人口或居民（population）组成的社会，因此没有人口就没有国家。但构成一个国家存在的人口，必须是该国的永久人口（permanent population），即具有该国国籍或公民资格的人。他们通常都定居在本国，与本国形成稳固的权利义务关系，是国家存在和发展的社会基础。至于人口的多少、种族或民族的异同，并不影响国家的存在，有的国家人口多达几亿或十几亿，有的国家人口只有万余人或更少 。例如，中国大陆有近 14 亿人口，[3] 居世界人口之最，而瑙鲁只有万余人，也不失为一个国家。

---

〔1〕 ［英］詹宁斯、瓦茨修订：《奥本海国际法》（第 1 卷第 1 分册），王铁崖等译，中国大百科全书出版社 1995 年版，第 92 页。

〔2〕 如［美］巴里·E. 卡特、菲利普·R. 特姆伯著的《国际法》，［英］斯塔克著的《国际法概论》，［德］马伦祖克修订的《阿库斯特现代国际法概论》，周鲠生著的《国际法》，丘宏达主编的《现代国际法》等。

〔3〕 中华人民共和国国家统计局，2016 年 4 月 20 日发布 2015 年全国大陆人口有 13.7349 亿，5 年增加了 3377 万人。《北京晚报》2016 年 4 月 21 日，第 2 版。

（二）确定的领土

领土（territory）是人民长久定居的地方，也是国家存在的物质基础和行使最高权力的空间，因此，形成国家必须有确定的领土（defined territory）。[1]

领土面积的大小不影响国家的存在，如俄罗斯的领土面积有1707.54万平方公里，[2]是当今世界上面积最大的国家，而摩纳哥公国只有1.95平方公里。[3]

另需说明的是，确定的领土是指国家形成时，它已有的领土。至于国家领土面积的增减，国家边界没有完全划定，或与别国存在领土争端，或者出现领土被别国侵占甚至完全被别国非法占领的情况，并不影响国家的存在。例如，1990年科威特的领土就曾被伊拉克侵占，而科威特依然存在。

（三）政府

国家必须有一个政府（government）。政府是指构成国家政治和法律方面公共权力组织的整体，不是单纯的国家行政机关，而应包括立法机关、司法机关和行政机关。政府于国家内部行使统治权，把人民组织起来，使他们有秩序地生活；在国际关系中，代表人民进行交往，享有国际法上的权利和义务。政府的存在是区分国家与非国家实体的重要标志，例如，一个部落纵然有首领，也不是国家，因为它没有政府。

政府是国家权力存在的形式，没有政府就没有国家，如果由于某种情况的出现，使一国政府的有效统治暂时中断，如一国领土被别国侵占，迫使该国政府流亡到外国，则不意味着该国覆灭。正如《奥本海国际法》所言："一个国家要求社会作为一个政治单位组织起来，以别于，例如，一个部落。但是，国家一旦建立起来，它的政府的有效统治暂时中断，例如，在内战中，或由于交战国占领的结果，与国家的存在是不矛盾的。"[4] 1939~1945年，第二次世界大战期间，有的国家的政府流亡于外国（如挪威），但它们仍可代表其国家签发命令、参加国际会议等。[5]

（四）主权

《美洲国家间关于国家权利和义务的公约》规定的国家必须具备的第四个条件是"与他国交往能力"。所谓与他国交往能力，可以理解为主权（sovereignty）和独立的意思。因为如果没有主权和独立，国家就没有与别国交往的能力，不能承担国际法上的权利和义务，而与别国的交往能力正是主权和独立的表现。许多国际法的著作

---

〔1〕 此处所称领土应指陆地领土，因为近代意义上的国家领土均以陆地面积计算。而领海是19世纪才建立的概念，但其宽度长期没有统一的国际标准，直至1982年《海洋法公约》才规定"每一国家有权确定其领海宽度，直至从按照本公约确定的基线量起不超过12海里的界限为止"。

〔2〕 参见王家成主编：《各国概况》（欧洲），世界知识出版社2002年版，第82页。

〔3〕 参见王成家主编：《各国概况》（欧洲），世界知识出版社2002年版，第184页。

〔4〕 ［英］詹宁斯、瓦茨修订：《奥本海国际法》（第1卷第1分册），王铁崖等译，中国大百科全书出版社1995年版，第92页。

〔5〕 I. A. Shearer, *Starke' International Law*, 11th edition, Butter worths, 1994, p. 85.

也都将此条件表述为主权的。[1] 国际法要求国家具备这个要素的目的是区别于没有国际交往能力的国家内部划分的行政区域和联邦国家的成员。例如，中国各省、区和直辖市，以及香港、澳门特别行政区未经中央人民政府授权，均不得与外国进行官方往来，因为它们都不是中国主权的持有者。

符合国际法要求的国家须具备以上四个条件，但并不是说具备了这四个条件的实体都是合法的国家，并因此而取得国际法的主体资格。一个实体可能展示了国家具有的要素特征，但它创立时若违反国际法原则，它的存在就是非法的。例如，由于一国侵略的结果而产生的国家就是非法的，这样的国家不具有合法的国际地位，如1932年日本侵略者在中国建立的满洲国就是典型一例（详见本章第二节）。

二、国家类型

研究国家类型的目的是了解不同类型国家在国际法上的地位和它们的国际交往能力及权利能力，以便决定是否与其交往和交往的范围。

（一）单一国和复合国

从国家的构成形式和国际交往职能上分，有单一国和复合国。

1. 单一国。单一国（Unitary State）对内是中央集权制国家，有统一的宪法、法律和中央立法、司法和行政机关。在国际关系上是一个统一的主权体，只有中央最高权力机关在对外关系上代表国家全体，其下属的单位未经中央权力的授权不能进行国际交往。实践中，有的单一国家的组成部分在法定范围内享有一定的自治权，但这并不损害单一国的国际法主体地位，自治的地方也不因此而成为国际人格者。[2] 例如，中国就是单一制的国家，按照中国宪法而成立的中国香港特别行政区和澳门特别行政区，在其基本法规定的范围内，可以进行国际交往并承担法律义务，但它们不影响中国的国际地位，也不因享有高度自治权而成为国际法的主体。

2. 复合国。复合国（Composite State）又称联合国家（Union State），通常是指两个或两个以上国家以协议组成联合国家或国家联合体，它们或构成全部的国际法主体或具有部分国际交往能力。目前，这类国家的联合形式有联邦和邦联。[3]

（1）联邦国家（Federation State）是由两个或两个以上邦员组成的永久性联合国家。联邦国家具有统一的宪法和作为统治机关的政府，对其邦员和人民直接行使权力，并且这种权力不受任何邦员的干扰。联邦成员根据宪法规定，多少有些决定其

---

〔1〕 王铁崖主编：《中华法学大辞典》（国际法学卷），中国检察出版社1996年版，第239~240页。

〔2〕 参见周鲠生：《国际法》（上册），商务印书馆1976年版，第77页。

〔3〕 历史上还曾有政合国（real union）和身合国（personal union）的情形。政合国是由两个或两个以上国家根据国际条约联合在一个君主之下，各自独立处理其内部事务，对外关系则合为一体，以共同统治者的名义统一进行，是一个国际人格者。如瑞典和挪威于1814年组成的瑞典—挪威政合国（1905年分裂），奥地利和匈牙利于1723年组成奥匈帝国（1849年解体）。身合国是各个国家共戴一君而形成的联合。如1714~1837年英国和汉诺威的联合，1815~1890年荷兰与卢森堡的联合，都是身合国。身合国没有国际人格，其成员都是国际法人格者。

内部事务的权利。在国际关系上，联邦政府代表其全体邦员，有权对外宣战、媾和、缔结同盟及其他方面的条约、派遣和接受外交使节等。联邦国家的人民具有共同的国籍。联邦国家的成员之国际交往取决于联邦国家的宪法规定。有的联邦国家宪法不赋予其成员任何国际地位，如《美国宪法》规定美国的对外交往权集中于联邦政府，各成员无任何国际交往权。但有的联邦国家宪法则赋予其成员较高的国际交往地位，如《苏联宪法》就曾规定其加盟共和国有权与外国建立关系，与别国缔结条约和互派外交、领事代表，参加国际组织。[1] 事实上，乌克兰和白俄罗斯两个加盟共和国早在 1945 年就成为联合国的会员国。

（2）邦联（Confederation）是由两个或两个以上国家通过条约而建立的联合体，它有自己的机关，对各成员国行使一定的权力，但不对各成员国人民行使权力。邦联在条约规定的范围代表全体成员与其他国家进行交往，但它不是国家，不具有国际法主体资格，其成员仍保持国家的独立地位。历史上存在的邦联，如 1778~1789 年的美利坚合众国，1820~1866 年的德意志同盟。现存的有 1982 年成立的塞内冈比亚邦联，1991 年苏联的 11 个加盟共和国独立后，组成的独立国家联合体，1999 年俄罗斯和白俄罗斯缔结了关于成立俄白联盟国家的条约，该条约 2001 年 1 月生效，两国就此建立了邦联。

在联邦国家和邦联之外，还有特殊形式的国家联合，如根据 2002 年的《塞尔维亚和黑山宪章》，南斯拉夫联盟于 2003 年改名为塞尔维亚和黑山。这个联合国家有共同的总统（兼任政府总理）、议会、部长会议（政府）、军队、法院、国旗、国徽和国歌，执行共同的国防和外交政策，在联合国等重要的国际组织中拥有一个席位，但经济体系、货币政策和海关制度保持独立。[2] 2006 年联盟解体，塞尔维亚和黑山各自成为独立的国家。

（二）主权特殊限制的国家

此处所说主权特殊限制的国家是指自愿选择永久中立的国家和历史上存在的附属国。它们的主权都受到一定限制。

1. 永久中立国。永久中立国（Permanent Neutralized State）是指在国际关系中保持长久中立地位的国家。永久中立是相对临时性战时中立而言的。国家选择永久中立，并承担由此而产生的国际义务，完全出于自愿。但这种中立地位是由国际条约作保证的，通常由大国强国缔结条约保证永久中立国的中立地位不受侵犯。如瑞士选择永久中立就是在 1815 年的维也纳会议上，由英国、俄国、法国等部分欧洲国家签署《维也纳公会宣言》予以承认和集体保证的，第一次世界大战后又为 1919 年《凡尔赛和约》确认。

永久中立作为一项国际法律制度是 19 世纪开始和逐渐发展的。首先是瑞士于

---

〔1〕 1944 年 2 月 1 日通过修正的《苏联宪法》第 18 条及其后修正的《苏联宪法》都作了重申。
〔2〕 参见程晓霞、余民才主编：《国际法》，中国人民大学出版社 2008 年版，第 49 页。

1815 年成为永久中立国，其后比利时通过 1831 年《伦敦议定书》、卢森堡通过 1867 年《伦敦协约》成为永久中立国，但后两个国家在第一次世界大战中均丧失了中立地位。第二次世界大战后，奥地利根据 1955 年《莫斯科备忘录》和《重建独立和民主的奥地利的国家条约》的规定重获独立，并按照其国民议会通过的宪法性法案规定，成为永久中立国。1962 年，老挝依据《关于老挝中立宣言》及其《中立声明》（构成《关于老挝中立宣言》的一部分）成为中立国。但由于之后的越南入侵和干涉，老挝的中立地位没能保持。另外，1991 年巴黎国际会议上签署了统称为"柬埔寨和平协定"的四个文件，虽然作为其中一部分的《关于柬埔寨主权、独立、领土完整及其不可侵犯、中立和国家统一的协定》规定柬埔寨应承担中立义务，但柬埔寨并未明确宣布它将成为永久中立国，奉行中立政策和承担中立义务。而该协议的签署国对保护和尊重柬埔寨的"主权、独立、领土完整及其不可侵犯、中立和国家统一"的承诺，只能视为对一个不结盟国家所承担的义务，不能等同于对一个永久中立国中立地位不受侵犯的保证。因为该协议没有对柬埔寨中立作专门规定，签署国也没有对柬埔寨的中立作特别承诺。严格地讲，柬埔寨不是永久中立国。[1] 1995 年 12 月 12 日联合国大会一致通过决议确认土库曼斯坦为永久中立国，同年 12 月 27 日该国修改宪法，将其永久中立写入宪法。[2] 因此，目前世界上有瑞士、奥地利和土库曼斯坦三个永久中立国。

　　虽然 19 世纪就开始出现永久中立国，历经百余年却只有几个中立国家，但不能否认国际法上已形成一项永久中立制度，其内容包括永久中立国的义务和中立条约缔约国的保证义务。根据一系列关于中立的协议，永久中立国的主权要受以下义务的限制：①除本身自卫外，不得参加其他国际战争和武装冲突；②不得缔结与其中立地位不相符合的条约，如军事同盟条约、共同防务条约和保证条约；③不得采取任何可能使其卷入战争或武装冲突的行动，或承担这方面的义务。如不得允许外国军队过境，不得允许外国在其领土内建立军事基地，不得接受带有任何政治条件的国际援助，不得自由割让领土等。

　　以上对永久中立国主权的限制，不影响它的国际地位，它仍是独立主权国家，在不违背中立义务的情况下，仍然能进行正常的国际交往。中立条约缔约国的义务是保证中立国的中立地位不受侵犯。

　　2. 附属国。历史上曾存在一些附属于别国权力之下的国家，它们的国际交往受别国的控制，故称附属国（Dependent State）。这类国家的附属性有两种情形：

　　（1）附庸国（Vassal State），即国家对内部事务有自主权，对外交往全部或大部分受其宗主国（Suzerain State）的控制。这种附属国一般被视为宗主国的一部分，例如保加利亚（14 世纪末～19 世纪初）、塞尔维亚（15～19 世纪后期）和埃及（16 世

---

〔1〕　参见王铁崖主编：《国际法》，法律出版社 1995 年版，第 72～73 页。

〔2〕　参见王成家主编：《各国概况》（亚洲），世界知识出版社 2002 年版，第 224 页。

纪初 ~19 世纪末）都曾是奥斯曼土耳其帝国的附庸国。

（2）被保护国（Protected State），即一国通过缔结条约将自己置于一个强国的保护之下，一些国际事务由保护国（Protection State）管理，但它仍具有国际人格。例如安道尔曾是法国和西班牙的被保护国，目前也尚未完全与这两个国家脱离干系。[1]

附属国是殖民主义的产物，它已随着非殖民化运动的发展基本上被铲除或成为历史的陈迹。

（三）梵蒂冈市国

梵蒂冈市国（The Vatican City State）虽然也是个国家，但它的国际地位和国际交往有一定的特殊性。

由于罗马教廷（Holy See）在西欧国家中具有宗教上的最高权威并经常参加国际政治活动，所以当国际法在基督教国家开始形成时，它也被认为是一个国家，即所谓教皇国，具有国际法主体地位。虽然 1870 年意大利兼并了教皇国，但由于习惯和大多数国家的默示同意，教廷仍有一种准国际地位。1871 年意大利通过的《保障法》中承认教皇有外国君主的地位。有的国家还向教皇派特别使节，教皇也向一些国家派遣使节并与外国教廷缔结条约或协定，通常被称为教廷条约，而且在许多方面被视为与条约相似。[2] 1929 年 2 月 11 日意大利与罗马教廷缔结了《拉特兰条约》（Lateran treaty），承认教廷是一个教皇的主权国家，建立梵蒂冈市国家，以保证教廷的独立和领土的主权。

根据《拉特兰条约》而建立的梵蒂冈市国家，只有 0.44 平方公里的领土和 1000 多人口。但作为一个国家的统治机构则一应俱全，有主教会议、政府（包括国务秘书处、圣部和理事会等）和司法机构，有自己的货币、邮政和广播事业，同外国有条约和外交关系，能参加国际会议。但它又与一般国家不同，主要表现在：①它是政教合一的国家，教皇是国家的首脑，有最高的立法、司法和行政权。因此政府及外交事务都由教皇直接领导；②世俗国家行使的许多权利都交给了意大利，如圣彼

---

[1] 1278 年法国和西班牙缔结和约，对安道尔分别享有行政统治权和宗教统治权，安道尔的对外关系由法国和西班牙代管。1993 年 3 月 14 日安道尔全民公决通过了新宪法而成为一个主权国家，开始逐步建立和发展独立的对外关系。同年，其与法国、西班牙签署了合作协议，法国和西班牙宣布承认安道尔为主权国家，并同其建立了外交关系。这一年安道尔还加入了联合国。此后又陆续加入了国际电讯联盟、国际劳工组织、世界卫生组织、欧洲委员会等世界和区域组织，与包括中国在内的数十个国家建立了外交关系。但依新宪法规定，法国总统和西班牙塞奥—德乌赫尔地方主教同为其国家元首（称两个大公），所以安道尔还不算是完全的主权国家。参见王成家主编：《各国概况》（欧洲），世界知识出版社 2002 年版，第 19 ~ 20 页。中华人民共和国外交部网站：http://www.fmpre.gov.cn/chn/gxh/cgh/zcgmzysx/oz/1206_2/1207/19485.htm，2010 年 2 月 10 日访问。

[2] 参见李浩培：《国际法的概念和渊源》，贵州人民出版社 1994 年版，第 18 页；［英］詹宁斯、瓦茨修订：《奥本海国际法》（第 1 卷第 1 分册），王铁崖等译，中国大百科全书出版社 1995 年版，第 198 页。

得堡广场的警察权、对犯罪的惩办等权利由意大利行使；③它与外国可缔结宗教条约，并对有关国家的天主教行使教权；④它派往外国的外交使节总与天主教有关，称为教廷大使或教廷公使，或临时教廷使节，外国派往该国的使节驻地在意大利；⑤它是世界上领土面积最小的国家，无自然资源，也没有工农业，财政收入主要靠旅游、邮票、不动产出租、银行利息和捐赠等；⑥它的人口主要是因为任职才居住在其境内，实际上常住人口只有 500 余人。

综上所述，可以说梵蒂冈市国是一个特殊的国家，因为它的国际交往能力和权利能力是有限的。[1]

三、国家的基本权利和义务

早在 18、19 世纪，一些著名学者就提出了关于国家基本权利和义务的观念，如法泰尔著的《国际法》和里维尔著的《国际法原理》中都有表述。到了 20 世纪，不仅学者们广泛主张国家有基本权利和义务，一些重要的学术团体和国际文件也对国家基本权利和义务作了明确的阐述和确认。例如，1916 年国际法学会通过的《国家权利和义务宣言》，1921 年国际法学会草拟的《国家权利和义务宣言》，1933 年《美洲国家间关于国家权利和义务的公约》和 1949 年联合国大会通过的《国家权利和义务宣言草案》，都对国家的基本权利和义务作了规定。

虽然这些国际法著作和国际文件对国家基本权利和义务的概念和内容的说明不尽相同，但它们都承认国家有基本权利和义务，并且对国家的基本权利和义务作了规定或阐述。这为我们了解和研究国家的基本权利和义务的内容有重要参考价值。按上述国际文件和国际法著述，可对国家的基本权利和义务作如下理解：

（一）国家的基本权利

国家的基本权利（fundamental rights）是国家作为国际人格者所固有的，由国家主权引申的各项权利，也是国家不可缺少的和生存攸关的权利。因而是国际法确认的，不可剥夺和不可侵犯的。周鲠生教授指出："国家的基本权利在本质上是和国家主权不可分的；基本权利就是从国家主权引申出来的权利，国家既有主权就当然具有一定的基本权利，否认一国的基本权利就等于否认他的主权。"[2] 1933 年《美洲国家间关于国家权利和义务的公约》第 5 条规定："国家的基本权利不得以任何方式加以侵犯。"《联合国宪章》及其他国际文件确立的国家主权平等、不侵犯和不干涉内政等国际法的基本原则的核心是禁止侵犯和破坏国家主权，其结果必然是禁止侵犯国家主权引申出来的各项基本权利。

国家的基本权利包括独立权、平等权、自卫权和管辖权。

1. 独立权。独立权（right of independence）是国家主权在对外关系方面的体现，在一定意义上独立权就是主权。具体来说，独立权是指国家可以按照自己的意志处

---

[1]　参见李浩培：《国际法的概念和渊源》，贵州人民出版社 1994 年版，第 19 页。
[2]　周鲠生：《国际法》（上册），商务印书馆 1976 年版，第 170～171 页。

理对内和对外事务，不受任何其他权力的命令或强制，不受外来干涉的权利。因此独立权有肯定和否定的意义。肯定的意义是国家行使权力完全自主；否定的意义是国家主权范围内的事务不容许外来的任何形式的干涉。[1] 所以，国家依据其独立权，可以独立自主选择它的社会制度、政治制度、经济制度和法律制度；采取立法、司法和行政措施，决定对内和对外方针、政策；处理国际关系，如与外国建交、缔约、结盟，参加国际会议或国际组织；等等。

2. 平等权。平等权（right of equality）是指国家在国际法上享有平等地位的权利。国家无论大小、强弱，或政治、经济、社会制度和发展程度如何不同，在国际社会中都是平等地进行交往，在交往中产生的法律关系也同处平等地位。国际法为维护国家平等而确立了主权平等原则，规定在各种国际文件中，如《联合国宪章》第 1 条宣布，联合国的宗旨之一为"发展国际上以尊重人民平等权利及自决原则为根据之友好关系"，并在第 2 条申明本组织及会员国应遵守的原则之一是"各会员国主权平等"。1970 年《国际法原则宣言》中还对主权原则作了进一步阐述。

一般认为，国家平等权会产生如下重要效果：①在国际组织和国际会议中，每个参加国享有同等的代表权和投票权，并且有同等效力。但这不排除经国家共同同意使某些国家在国际组织中享有加权的权利；②每个国家在外交文件上有使用本国文字的权利，在签订条约的文本上本国文字与其他缔约国的文字具有同等效力（除非约文中另有规定），每个缔约国保有条约文本一份，按"轮签制"（Alternate Signature）每个缔约国在其保有的文本上名签首位；③国家享有平等的尊荣权，特别是国家元首不受诽谤或诬蔑，国旗和国徽应受到尊重；④国家在外国享有管辖豁免权；⑤国家平等地承担国际义务和国际责任。

3. 自卫权。自卫权（right of self‑defence）是指当国家遭到外来的武力攻击时，实施单独的或集体的武力抗拒攻击者，以保卫自身的生存、独立和安全的权利。《联合国宪章》第 51 条规定："联合国的任何会员国受到武力攻击时，在安理会采取必要办法，以维护国际和平及安全以前，本宪章不得认为禁止行使单独或集体自卫之自然权利。会员国因行使此项自卫权而采取之办法，应立即向安全理事会报告，此项办法于任何方面不得影响该会按照本宪章随时采取其所认为必要行动之权责，以维护或恢复国际和平及安全。"

宪章的该条规定不仅确认了国家自卫是国家的一项天然权利，同时规定了此权利行使的条件限制，它们是：①国家遭到实际的武力攻击（可以理解为外国或类似国家实体的武力攻击）。②应在安理会采取维持国际和平及安全办法之前。即在安理会采取必要办法前，受攻击的国家可以自行决定实施自卫。一旦安理会断定一国使用武力攻击另一国的情势已危及国际和平与安全并对此采取必要办法时，受攻击国

---

〔1〕 参见周鲠生：《国际法》（上册），商务印书馆 1976 年版，第 188 页。

家的自卫行动能否继续，应服从安理会的决定。③向安理会报告实施的自卫措施。即实施自卫的国家应及时将其采取的自卫措施报告给安理会，以便安理会判断当事国的自卫是否合法，或采取调查及控制局势的办法。

国家自卫权的行使除受宪章规定的条件限制外，还应遵守国际法确定的"必要"和"相称"原则，它被认为包括在自卫概念之中。[1]

4. 管辖权。管辖权（right of jurisdiction）通常是指国家对人和物以及事件的管理和支配权。它一般是通过立法、司法和强制执行等措施保证实现的。伯根索尔和迈耶在其著的《国际公法》一书（第七章）中称："本章探讨的国际习惯法确立的和美国法院适用的管辖原则，这些原则有：①一些国家权威通过它的法院或其他机构去判定当事人的权利。②一定国家的权威建立对它境内外的人或事实施的（法律）规范。③国家当局行使它的权力强制执行它制定的法律。"[2] 从基本权利的意义上讲，国家管辖权的基本形式是属地管辖和属人管辖。此外，作为基本管辖权的补充，根据国际习惯和条约规定，还有保护性管辖和普遍管辖。

（1）属地管辖。属地管辖（territorial jurisdiction），也称领土管辖，是国家领土主权的重要内容。依领土内的一切属于领土（quidquid est interritorio, est etiam de territorio）之规则，国家对其领土内的一切人、物（包括领土本身）和事有管理和支配的权力（imperium）。基于此种管辖，每个国家有权决定它的社会制度、政治制度、法律制度和经济制度，采取立法、司法和行政措施，在其领土范围内建立法律秩序，以约束领土内的所有人、物和事。一国境内的人，无论是本国人、外国人，还是无国籍人都应服从该国的管辖。一国境内的物，包括领土及其内的自然资源和私人财产也在该国的属地管辖之下。另外，领土管辖还包含对领土内发生的事项加以规制和处理的权力。

属地管辖是国家对人、物和事的管理和支配的首要根据和最基本的形式。从国家基本权利的角度讲，国家管辖权就是它的属地管辖权。1949 年《国家权利和义务宣言草案》也只规定了属地管辖，其第 2 条规定："各国对其领土以及境内之一切人与物，除国际法公认的豁免者外，有行使管辖权之权。"属地管辖是国家不可或缺的权利，也是主权独立的基础。虽然国家还有其他形式的管辖，但它们与属地管辖相比均为次要的或派生的，因为它们或是以属地管辖为基础，或是为维护这种管辖而产生或存在的，并且其行使要受这种管辖的限制。

属地管辖是专属的和排他的。国家在其领土内可以充分地、独立地和不受干扰地行使管辖权，排除一切外来的参与、竞争和干涉。即使外国同时对同样的人和物

---

〔1〕　参见［英］詹宁斯、瓦茨修订：《奥本海国际法》（第 1 卷第 1 分册），王铁崖等译，中国大百科全书出版社 1995 年版，第 311 页。国际法院在 1986 年的"军事和准军事活动案"的判决中指出："对一场进攻的回击是否合法取决于该回击是否遵守了'必要'与'规模相称'原则的要求。"

〔2〕　Thomas Buergenthal & Harod G. Maier, *Public International Law*, West Publishing Co., 1990, p. 159.

有行使管辖权的根据，但如果它们行使的管辖权与属地管辖权相冲突，则该外国的管辖权就要受属地管辖权的限制。常设国际法院在 1927 年"荷花号案"的判决中指出："一个国家……不得以任何方式在另一个国家的领土上行使它的权力，管辖权不能由一个国家在它的领土外行使，除非依据来自国际习惯或一项公约的允许性规则。"[1]

（2）属人管辖。属人管辖（personal jurisdiction），也称国籍管辖（nationality jurisdiction）。一般是指国家对具有本国国籍的人的管辖，不论本国人的行为发生在何处。此外，这种管辖还扩大到国家对具有本国国籍的法人、航空器、船舶和外空发射物及其所载人员的管辖。基于属人管辖，国家不仅有权要求其境内的本国人服从它的立法、司法和行政等方面的管理，还可以依法拒绝本国人的出境要求，对犯罪的本国人不驱逐出境和拒绝引渡。对境外的本国人，国家有权要求其回国履行兵役义务，对其犯罪有审判和处罚的权力；当他们的合法权利遭到所在国的非法侵害而得不到救济时，国家有权进行外交保护；当他们被外国驱逐或要求返回本国时，其本国应予以接纳。但国家对其在外国的本国人行使管辖权要受所在国属地管辖权的限制。

（3）保护性管辖。保护性管辖（protective jurisdiction），一般是指国家为了保护其安全、独立和利益（包括本国人的生命、财产和利益），而对外国人在该国领域之外对该国国家或国民之犯罪行为实行的管辖。这种管辖是受害国针对外国人的严重犯罪实行的管辖，如对叛国罪、伪造货币罪、诽谤罪、杀人罪、纵火罪等而行使的。因为这样的犯罪直接危害着国家安全、领土完整、政治独立以及经济利益，或危害国民的生命和财产安全，各国刑法也都公认为严重犯罪。一般认为这种管辖权的行使与国际法并不冲突。因此，国家可以在其法律中予以规定。例如，中国 2011 年修正的《刑法》第 8 条规定："外国人在中华人民共和国领域外对中华人民共和国国家或者公民犯罪，而按本法规定的最低刑为 3 年以上有期徒刑的，可以适用本法，但是按照犯罪地的法律不受处罚的除外。"保护性管辖权的行使要受罪行发生地国的属地管辖的限制，未经该国同意，受害国不得进入该国逮捕犯罪嫌疑人或采取其他措施。因此，只有在经该国同意予以司法协助的情况下，或在其他合法场合，才能对犯罪嫌疑人采取措施。

（4）普遍管辖。普遍管辖（university jurisdiction）是指所有国家都有权对国际法上规定的严重危害国际社会普遍利益的犯罪实行管辖，而不论罪行发生在何处。例如，国际法上规定的海盗罪、破坏和平罪、战争罪、反人类罪、种族隔离罪等。确定普遍管辖原则的目的是打击那些危害人类安全或利益的国际犯罪，为此，一些国际条约中规定犯罪嫌疑人所在国家应遵守"或引渡或起诉"（aut dedere，aut judicare）原则，保证有一个国家能对这类犯罪提起诉讼。[2]

---

[1]　参见黄惠康、黄进编著：《国际公法国际私法成案选》，武汉大学出版社 1987 年版，第 182 页。

[2]　关于这类的条约请参见本书第三章第四节中关于不得认为是政治犯罪的行为。

（二）国家的基本义务

国家享有国际法确认的基本权利，也要承担国际法规定的基本义务，这种义务关涉国际社会的和平与安全、民主与发展的根本利益。因此也是各国必须遵守的和不可推卸的根本性义务。根据《联合国宪章》《国际法原则宣言》《国家权力和义务宣言草案》等国际文件规定，国家基本义务的核心内容是尊重别国的主权和由主权引申的各项基本权利，具体为：①不得使用武力或武力威胁，或以与联合国宗旨不符的任何其他方法侵犯别国的领土完整和政治独立；②不得以任何理由和方法直接地或间接地干涉别国的内政；③用和平方法解决与别国的争端；④善意履行依公认的国际法原则和规则以及有效的国际条约所负的义务。

四、国家管辖豁免

（一）国家管辖豁免的概念和根据

与国家管辖相关的，确切地说，与属地管辖相关的一个很重要的问题是国家应放弃对外国国家的属地管辖，给与外国国家管辖豁免之特权。外国国家的管辖豁免之特权被称为国家豁免（state immunity）或主权豁免（sovereignty immunity）。国家豁免泛指一国在外国的行为和财产不受另一国的立法、司法和行政方面的管辖，但通常是指不受另一国的司法管辖，即非经一国同意，该国的行为和财产不受另一国法院的审判和强制措施的支配。2004 年联合国大会通过的《国家及其财产管辖豁免公约》[1] 第二部分关于一般原则中规定：国家本身及其财产在另一国法院享有管辖豁免，国家有义务避免在其法院对另一国提起的诉讼行使管辖。[2] 本节所述国家豁免是指一国在另一国与私人发生的民事诉讼应不受该另一国的法院管辖，该另一国的法院不得对其财产采取强制措施。但这不影响国际法所涉及一国使馆、领馆、特别使团、驻国际组织代表团或派驻国际组织机关或国际会议的代表团，及与这些机构相关的人员因职能所享有的特权与豁免，或国家元首个人的特权与豁免。[3]

---

[1] 该公约是第 59 届联合国大会于 2004 年 12 月 2 日决议通过（A/RES/59/38），2005 年 1 月 17 日～2007 年 1 月 17 日向所有国家开放签字，目前尚未达到生效条件。我国于 2005 年 9 月 14 日签署了该公约。

[2] 但是根据该公约第 7、8、9 条的规定，被认为外国接受当地法院管辖的情形有：① 一国在国际协定、书面合同、在法院对特定诉讼发表的声明或对特定诉讼的书面函件中表示接受另一国法院管辖，它不得对此主张豁免。一国表示适用另一国的法律，不应被解释为同意该另一国的法院行使管辖权。② 一国参加另一国法院的诉讼，只要该诉讼是基于该国本身提起的或介入该诉讼或采取与案件实体有关的任何其他步骤，他就不能主张豁免。但对该国主张豁免，对诉讼中有待裁决的财产主张权利或利益，到法院出庭作证，或未在另一国法院的诉讼中出庭等不得解释为同意接受另一国法院的管辖。③ 一国在另一国法院提起诉讼所引起的对其主诉的反诉不得主张豁免；一国不得对其介入另一国法院诉讼中提出的诉讼要求所引起的就该诉讼要求相同的法律关系或事实所引起的反诉主张豁免；一国对其在另一国法院的诉讼中提出的反诉，则不得就主诉主张豁免。

[3] 参见《国家及其财产管辖豁免公约》第 3 条的规定。

国家管辖豁免是 19 世纪逐渐形成的一项习惯法规则，并被联合国大会通过的《国家及其财产管辖豁免公约》所编纂。国家管辖豁免的根据是主权平等。由于国家在国际社会中都是独立的主权者，在国际法律关系中是平等的主体，互不从属，相互自然也就没有管辖和支配的权力。正如罗马教皇格里高里九世提出的一句格言所示"平等者之间无管辖权"（Par in parem non habet imperium）。虽然这一格言提出的平等者并不是指国家主权者，而只是适用教廷作为主权者的语境。[1] 但它可以为后来解释国家主权豁免的根据作参考，实际上许多学者都引此格言作为解释国家豁免的历史源头和理论根据。各国也承认在相互交往中有尊重别国的独立权，而限制自己属地最高权的义务；在本国领土给予外国国家豁免，不对外国实行管辖。

这一立场不仅被各国法院的判例实践所支持，还被很多国际法教科书和其他著述所阐明。例如，曾任美国最高法院首席大法官的马歇尔在其对"交易号案"制作的判词中称："一国在其领土内的管辖权是排他的和绝对的，但它可以自我加以限制。这种类似于主权象征的完全的和绝对的管辖并不要求将外国主权者和他们的统治权力作为其管辖的客体。一个主权者在任何方面不从属于另一个主权者，他负有最高的义务不将自己或其主权权利置于另一主权者的管辖之下，从而贬损其国家的尊严。"[2] 联合国国际法委员会关于国家豁免专题的第一任报告员素差伊库在其报告中指出："国家豁免原则的最令人信服的根据是可以由各国惯例和实践所证明的，并通过国家主权、独立以及平等之类的用语所表现出来的国际法发展。"[3] 他还认为："平等者之间无管辖权"这一法律格言曾是一个有效的出发点和国家豁免理论的有说服力的法律基础。[4] 中国外交家也认为：国家主权豁免是基于国家主权和平等原则。国家主权和平等原则作为现代国际法的基石，"以会员国主权平等之原则"明确载入《联合国宪章》。违反国家主权豁免原则就是对国际法本身的违反。[5]

（二）国家豁免的主体

享有管辖豁免的主体是国家，关于国家的意义，根据联合国国际法委员会在对《国家及其财产豁免公约草案》关于"国家"用语的第 2 条第 1 款第 2 项的评注中的解释，"国家"一词包括完全自主和独立的外国，但也进而包括有时并非真正是外国，有时是非完全独立或仅有部分主权的实体。[6] 按照《国家及其财产豁免公约》

---

〔1〕 I. 辛克兰："主权豁免：最新的发展"，载《海牙国际法学院演讲集》（第 167 卷），1980 年版第 2 册，第 113 页、第 197~198 页。转引自［美］路易斯·亨金：《国际法：政治与价值》，张乃根等译，中国政法大学出版社 2005 年版，第 379 页。

〔2〕 关于"交易号案"的判决，参见黄惠康、黄进编著：《国际公法国际私法成案选》，武汉大学出版社 1987 年版，第 193~194 页。

〔3〕 《国际法委员会年鉴》，1981 年（2），第 156 页。

〔4〕 联合国文件 A/CN·4/357，1982 年（英文版），第 19 页。

〔5〕 段洁龙主编：《中国国际法实践与案例》，法律出版社 2011 年版，第 1 页。

〔6〕 联合国文件 A/46/10，1991 年（中文版），第 17 页。

第 2 条第 1 款第 2 项的规定，能够代表国家享受管辖豁免的机关有：

（1）国家及其政府各机关。一般包括国家元首（国家元首既可归入国家机关，也可属于国家代表）、国家和政府的各种机关。因为它们执行国家的公务，国家元首的私人行为不在此类豁免的主体内。

（2）有权行使主权权力并以该身份行事的联邦国家的组成单位或国家政治区分单位。但联邦成员是否有豁免资格还要由各国国内法决定。国际法委员会认为联邦国家的组成单位是否被作为一个"国家"，还要取决于特定的国家的宪政惯例或历史背景。[1]

（3）国家机构、部门和其他实体，但须它们有权力行使并且实际在行使国家主权权力。[2]

（4）以国家代表身份行事的国家代表。

（三）国家豁免的范围

1. 国家豁免范围的主张与实践。国家豁免的核心问题是豁免的范围。对这个问题，国际上向来存在两种不同的主张和实践。

一种主张认为：国家豁免是绝对的，国家的一切行为和财产不论其性质如何，都应享有豁免。其代表人物如英国的奥本海（L. Oppenheim）、布里格斯（Briggs）、戴西（A. U. Dicey）、美国的海德（Hyde）和德国的李斯特（F. Von list）等。这种主张曾在 19 世纪得到西方国家的广泛支持并付诸法院判案的实践。例如，1812 年美国最高法院对"交易号案"的判决、1835 年美国海事法院对"宪法号案"的判决、1897 年美国最高法院对"昂德希尔诉赫南德兹案"的判决都对外国国家和财产给予完全豁免，美国的立场影响了英国、法国等欧洲国家。英国法院自 1820 年、[3] 德国法院自 1819 年、[4] 法国法院自 1825 年[5]开始遵循这一原则。

另一种主张认为：国家豁免是相对的或应受限制的，只有国家主权行为（亦称

---

[1]　联合国文件 A/46/10，1991 年（中文版），第 23 页。

[2]　《国家及其财产管辖豁免公约》对国家机构、部门和其他实体没有界定。国际法委员会认为这一概念"从理论上说可能包括国家企业或国家设立的从事商业交易的其他实体"。委员会还解释说："实际上，在国家机构或部门与政府主管部门之间，是没有什么严格划分的界限的。'机构'或'部门'表示这两个用语是可以交换使用的。"参见联合国文件 A/46/10，1991 年（中文版），第 26 页。

[3]　英国法院在 1820 年"普林斯·费雷德里克号案（Ebden v. Prince）"（1820 WL 2350 146E. R 1207）、上诉法院在 1880 年的"比利时国会号案""玛格黑珥诉萨旦纼博案"和"佩萨罗号案"中援引了"交易号案"的判决原则。

[4]　1819 年在"福特诉拿萨政府案"中，萨尔布里肯地区法院根据原告的请求，扣押了拿萨政府的财产。但当法院请求外交部将此扣押令通知拿萨政府时，外交部拒绝了法院的请求。普鲁士冲突法院 1882 年对"齐默尔诉罗马尼亚王国政府案"的判决采用了绝对豁免原则。

[5]　1825 年"巴尔盖里诉西班牙政府案"、1827 年"布朗歇诉海地共和国案"、1885 年"卡拉蒂埃—泰拉森诉阿尔萨斯、洛林铁路管理总局案"。

统治权行为、公法行为或非商业行为）和用于政府事务的国家财产才享有豁免，国家的非统治权行为（亦称管理权行为、私法行为或商业行为）和用于商业目的国家财产不应享有豁免。这种主张在 19 世纪至 20 世纪的前半叶，虽然只得到为数不多的国家和法院判案的支持，与绝对豁免的主张相比处于劣势，但到了 20 世纪后半叶却得到越来越多的国家支持，甚至连一贯主张绝对豁免的国家也纷纷改变了立场，使绝对豁免几乎成了行不通的主张和现实。如一向主张绝对豁免的美国、英国等都转向了限制豁免。美国国务院法律顾问泰特（Jack B. Tate）在 1952 年 5 月 19 日给美国司法部关于国家管辖豁免的信函中公开宣布，美国政府不再赞同外国政府对于其商务交易行为提出豁免的要求。[1] 依此公函，美国法院对外国的豁免要求要按国务院的建议行事，对外国的商业行为不予豁免。美国 1976 年公布的《外国主权豁免法》也采取了限制豁免的立场。其他国家也采取措施限制外国豁免的范围。据统计，已有几十个国家采取或支持限制豁免，不少国家制定了国家豁免法。[2]

此外，还有关于国家豁免的公约及其他文件也对国家豁免的范围作出了限制。如 1972 年《欧洲国家豁免公约》，2004 年联合国大会通过的《国家及其财产豁免公约》。至此，虽不能贸然说，限制国家豁免已形成新的国际习惯法规则，但它确实已成为一种广泛的国际趋向。

2. 《国家及其财产管辖豁免公约》关于豁免范围的限制。按照《国家及其财产管辖豁免公约》第三部分的规定，国家对以下八种事项诉讼不得援引豁免：

（1）国家与外国自然人或法人进行的商业交易引起的诉讼，但国家间进行的商业交易或者该商业交易的当事方另有明确的协议则不在此限。

（2）雇佣合同的诉讼，但是如果国家间另有协议，或者雇用是为了履行政府权力方面的特定职能或者被雇佣者是外交代表、领事官员或常驻国际组织的代表则不在此限。

（3）国家对其作为或不作为引起的人身伤害或财产损害的诉讼。

（4）国家对财产的所有、占有和使用的诉讼。

（5）关于知识产权和工业产权的诉讼。

（6）关于参加公司或其他集体机构的诉讼。

（7）关于国家拥有或经营的船舶，只要在诉讼事由产生时该船舶是用于商业性的目的。

（8）仲裁协议的效力，即国家与外国自然人或法人订立关于将商业交易争端提交仲裁解决的协议，关于仲裁协议的有效性、解释或适用、仲裁程序或者裁决的确

---

[1] Barry E. Carter & Phillip R. Trimble, *International Law*, Little Brown and Company, 1994, p. 588.

[2] 如 1978 年英国公布了《国家豁免法》，1979 年新加坡公布了《国家豁免法》，1981 年巴基斯坦公布了《国家豁免法》，同年南非公布了《外国主权豁免法》，1982 年加拿大公布了《国家豁免法》，1985 年澳大利亚公布了《外国国家豁免法》。

认或撤销的诉讼。

公约第四部分规定：一国财产免受所在国法院的强制措施，国家有义务使其法院遵守这项规则，在涉及外国的诉讼中不采取针对该外国财产的强制措施，例如查封、扣押和强制执行。但国家财产的这种豁免要受以下三种情形的限制：

（1）国家已在其接受的国际协定、仲裁协定或书面合同中，或在法院发表的声明或在当事方发生争端后提出的书面函件中，明示同意就该有关财产采取此类措施。

（2）国家已经拨出或专门指定该财产用于清偿该诉讼标的要求。

（3）该财产在法院地国领土上，并且被诉讼当事国具体用于或意图用于政府非商业性用途以外的目的，而且与诉讼标的的要求有关，或者与被诉的机构或部门有关。但国家的以下财产不应视为属于被国家具体用于或意图用于政府非商业性以外目的的财产：① 用于或意图用于国家使馆、领馆、特别使团、驻国际组织代表团、派往国际组织的机关或国际会议的代表团用途的财产，包括任何银行账户款项；② 属于军事性质，或用于或意图用于军事目的的财产；③ 国家中央银行或其他货币当局的财产；④ 构成国家文物遗产的一部分，或属国家档案的一部分，并非供出售或意图出售的财产；⑤ 构成具有科学、文化或历史价值的物品展览的一部分，并非出售或意图出售的财产。

3. 中国关于国家管辖豁免范围的立场与实践。关于我国对国家管辖豁免范围的立场，应该说是从坚持绝对豁免到逐渐接受限制豁免。中华人民共和国政府成立前至其建立后都坚持绝对豁免立场。但改革开放以后，我国逐渐接受了限制豁免的主张，这一变化反映在我国的外交实践。例如，自 20 世纪 80 年代我国就开始派代表参加国际法委员会关于《国家及其财产管辖豁免草案》的历次磋商会议和联合国大会第六委员会关于《国家及其财产管辖豁免公约》的磋商，申明必须坚持国家管辖豁免的原则，但同时要考虑国际实际情况，对国家豁免的范围作出某些例外的规定，并对《国家及其财产管辖豁免草案》和《国家及其财产管辖豁免公约》的基本规定给予了肯定和支持。[1] 我国于 2005 年签署了该公约，也表明接受了限制国家管辖豁免的立场。[2] 此外，我国于 1980 年加入的 1969 年《国际油污损害民事责任公约》第 11 条规定，缔约国就油污损害赔偿案件放弃在油污损害所在缔约国法院的管辖豁

---

[1] 我国代表关于国家豁免范围的发言主要有：1986 年在国际法委员会一读通过《国家及其财产管辖豁免草案》的发言，载中国国际法学会主编：《中国国际法年刊（1987 年）》，法律出版社 1988 年版，第 835 页；1991 年在国际法委员会二读通过《国家及其财产管辖豁免草案》的发言，参见龚刃韧：《国家豁免问题的比较研究》，北京大学出版社 1994 年版，第 161 页；1993 年在第 48 届联合国大会六委关于《国家及其财产管辖豁免草案》的发言；1994 年在联合国大会六委关于《国家及其财产管辖豁免公约》的工作组磋商会议上的发言和在第 49 届联合国大会六委关于《国家及其财产管辖豁免公约》的发言，载中国国际法学会主编：《中国国际法年刊（1994 年）》，中国对外翻译出版公司 1996 年版，第 336 ~ 339、432 ~ 434、467 ~ 469 页。

[2] 不过我国尚未批准该公约，该公约也尚未生效。

免。1996 年我国批准的 1982 年《海洋法公约》第 32、95、96 条等规定了军舰和其他用于非商业目的的政府船舶在沿海国的领水和公海上享有管辖豁免。1992 年颁布的《中华人民共和国领海及毗连区法》第 10 条规定："外国军用船舶或者用于非商业目的的外国政府船舶在通过中华人民共和国领海时，违反中华人民共和国法律、法规的，中华人民共和国有关主管机关有权令其立即离开领海，对所造成的损失或者损害，船旗国应当负国际责任。"上述两个国际公约和我国法律的有关国家豁免的规定说明，我国对外国军舰和用于非商业目的的外国政府船舶给予豁免，对用于商业目的外国政府船舶不给予豁免。

但是，目前我国的司法实践中仍然坚持不受理以外国为被告的诉讼，或偶尔受理后也予驳回。这大概是因为：一则我国还没有关于国家豁免的法律，法院审判这类诉讼无法可依。目前，只有 2005 年公布的《中华人民共和国外国中央银行财产司法强制措施豁免法》，[1] 但它还仅适用于外国中央银行财产的司法强制措施豁免。二则我国的政策还是给予外国国家绝对豁免。因此，建立中国国家豁免法是立法机关应予以考虑的，它的必要性会随着外国在我国从事商业活动的增多而凸显。

（四）国家管辖豁免的放弃

国家可以以明示或默示的方式自愿放弃其在外国法院享有的管辖豁免。根据《国家及其财产管辖豁免公约》第 7 条规定，明示放弃豁免包括国家通过国际协定、书面合同或在法院发表的声明或在特定诉讼中提出的书面函件表示放弃。按公约第 8、9 条规定，默示放弃是指国家通过在外国法院提起或参与诉讼（包括反诉），或采取与案件实体相关的任何其他步骤，表示了接受法院管辖的意思。

但是，根据公约第 7 条第 2 款和第 8 条第 2～4 款的规定，在以下情形，一国的行为不应解释为同意另一国的法院对其行使管辖权：①一国同意适用另一国的法律；②一国仅为援引豁免或对诉讼中有待裁决的财产主张一项权利或利益的目的而介入诉讼或采取任何其他步骤；③一国代表在另一国法院出庭作证；④一国未在另一国法院的诉讼中出庭。

另需说明的是，国家放弃管辖豁免不等于也放弃了法院执行的豁免，执行豁免的放弃必须由国家作出明确的表示。[2] 公约第 20 条还规定，依照公约第 7 条的规定，一国明示放弃管辖豁免，并不构成该国默示同意对其国家财产采取强制措施。

────────────────

〔1〕 该法规定中华人民共和国对外国中央银行财产给予财产保全和执行的司法强制措施的豁免；但是，外国中央银行或其所属国政府书面放弃豁免的或者指定用于财产保全和执行的财产除外。外国不给予中华人民共和国中央银行或者中华人民共和国特别行政区金融管理机构的财产以豁免，或者所给予的豁免低于本法的规定的，中华人民共和国根据对等原则办理。

〔2〕《国家及其财产管辖豁免公约》第 18、19 条的规定。

第二节 国家、政府及其他实体的承认

国际法上的承认是指既存国家表示认可某种事实或情势，并愿意接受由此产生的法律后果的行为。承认的对象包括新国家、新政府、民族解放组织、叛乱团体和交战团体。

一、国家的承认

（一）国家承认的概念和性质

1. 国家承认的概念。国家的承认（recognition of state）是指既存国家对新产生的国家给予的认可并接受由此而产生的法律后果，与新国家建立关系的行为。新国家获得既存国家的承认就是它与承认国家进行交往的开端。

2. 国家承认的性质。关于国家承认的性质，可从不同的角度认识和理解，就既存国家是否承认新国家来讲，承认是国家单方面的政治行为。因为国际法并未加诸各国承认新国家的义务，也没有赋予新国家获得别国承认的权利。一国是否承认新国家是其主权范围内的事，由其根据国际关系和外交政策的需要自由决定。但是，既存国家一旦表示承认新国家，它的这种行为就是一种具有法律意义的行为，就会产生法律效果。

另外，从承认对新国家的国际法主体资格的影响来认识国家承认的性质，西方国家学者提出了两种学说，即构成说（constitutive theory）和宣告说（declaratory theory）。主张构成说的一些学者认为，新国家作为国家的存在不需要承认，别国不承认并不影响它的存在，承认的必要在于使国家成为一个国际人格者，成为国际社会的成员。[1] 另外一些学者认为，承认确定新国家满足了国家资格必须具备的条件，即国家作为一个法律事实的存在必须经过既存国家的确定，经过承认，被承认国与承认国之间就发生了依附于国家资格的国际权利和义务，因此承认是具有构成性的。[2] 持构成说学者的主张虽不完全一致，但都认为承认具有创造国际法主体资格的性质。

若是从国家实际交往的角度来认识承认的作用，可以说新国家只有得到别国的承认，它才能与别国进行政治、经济、文化及其他方面的交往，表现它的国际交往能力。但一些学者把事情推到极端，认为承认本身具有创造国际法主体的作用，显然是不妥当的。这会导致大国强国以不承认来否定新国家或任意对待新国家，甚至作为它们侵犯和破坏新国家的独立和主权的借口。

---

[1] 英国的奥本海、德国的斯特鲁普（Strupp）、希腊的斯蒂鲁普洛斯（Stiropoulos）、李斯特（List）等均在他们的国际法著述中表达了这种观点。

[2] 英国的劳特派特和美国的凯尔逊（Kelsen）等持此种观点。

持宣告说的学者认为，承认只是既存国家对新国家存在的事实给予确认或宣告而已，并不具有创造国际人格的作用。新国家的国际法主体资格取决于其成为国家的事实，如英国的布赖尔利（Brierly）说："对一个新国家给予承认，不是'构成性'而是'宣告性'的行为。承认不能把一个并不存在的国家变成法律上的存在。一个国家，如果事实上确已存在的话，即使没有获得承认也是可以存在的；不论其他国家是否予以正式承认，这个国家也是有权被别国作为国家看待的。承认的主要任务是宣告一个不大明确的事情成为事实，并宣告承认国准备接受这个事实所产生正常后果，即国际交往的通常礼节。"〔1〕这一学说现在已获得多数学者的支持，并且早就得到了 1933 年《美洲国家间关于国家权利和义务的公约》和 1936 年国际法学会布鲁塞尔年会决议的认同。如《美洲国家间关于国家权利和义务的公约》第 3 条规定："国家在政治上的存在并不依靠于他国的承认。甚至尚未得到承认的国家也有权捍卫本国的领土完整和独立，为本国的生存与繁荣作出安排，因而也有权按照它所认为合适的方式组织起来，有权制定维护本国利益的法律，管理本国的服务部门并确定本国法院的管辖范围与权限。"宣告说所阐明的观点是应予肯定的，但是似乎对承认能使一个新国家与承认国家进行正常国际交往方面的作用没有给与应有的注意。中国学者倾向于支持宣告说。〔2〕

（二）新国家产生的情势和对其承认的条件

1. 新国家产生的情势。在国际社会的变化万千中，以下某种情势出现会导致新国家产生：

（1）殖民地或附属国的独立。此指殖民地或附属国人民通过武装斗争或和平方式摆脱原殖民国家或宗主国的统治而成为新独立国家。例如，美国 1776 年脱离英国的殖民统治而独立。19 世纪拉丁美洲一大批殖民地独立。第二次世界大战后，亚洲、非洲等地区的数十个殖民地独立。

（2）国家合并。这是指两个或两个以上国家的领土合并建立一个新国家，如 1964 年坦噶尼喀与桑给巴尔合并为坦桑尼亚联合共和国。

（3）国家分离。国家分离是指从一国领土分离出一部分或几部分，脱离母国而成立一个或几个新国家的情形。如 1903 年巴拿马共和国的建立，就是从哥伦比亚分离出来的。1971 年孟加拉国的建立是从巴基斯坦分离出来的结果。

（4）国家解体。这是指一个国家解散，分裂成为几个或若干个新国家，原国家不复存在。例如，第一次世界大战之后奥匈帝国一分为三，建立了奥地利、匈牙利和捷克斯洛伐克。1991 年苏联解体，分别成立了 15 个新国家。〔3〕

---

〔1〕 Brierly, *The Law of Nations*, Oxford: Clarendon Press, 1963, p. 138.

〔2〕 参见王铁崖主编：《国际法》，法律出版社 1981 年版，第 101～102 页。

〔3〕 它们是：俄罗斯、白俄罗斯、爱沙尼亚、拉脱维亚、立陶宛、摩尔多瓦、乌克兰、阿塞拜疆、格鲁吉亚、哈萨克斯坦、吉尔吉斯斯坦、塔吉克斯坦、土库曼斯坦、乌兹别克斯坦和亚美尼亚。

2. 新国家承认的条件。是否承认新国家，虽然是各国自由量裁的事情，但是如果一国决定承认新国家，这种决定的作出就不能是一个绝对的专断意志，而要受国际法的限制或约束。也就是要符合国际法为国家承认设立的条件。依现代国际法，既存国家承认新国家必须遵循以下两个条件：

（1）新产生的政治实体具备国家的要素。此条件要求被承认的对象必须是一个国家实体，而不是其他实体。因为既存国家承认新国家，是认为它具有国际法主体资格，愿意与之进行全面国际交往。所以要就被承认的政治实体必须具有国家构成的四个要素，不具备这四个要素的实体，即使是国际法的主体也不能进行全面的国际交往。

（2）新国家符合国际法原则而产生。这个条件是要求被承认的新国家建立的政治基础必须符合国际法的原则，既存国家才能承认它。对违反国际法原则而建立的国家，既存国家非但不应给予承认，反而应该反对其存在的事实。这是国际法加诸各国的不承认义务。《奥本海国际法》指出："如果一种新的情势发生于一个违反一般国际法的行为，也可以不给予承认。不法行为不产生权利的原则在国际法上已经确立，而且按照这项原则，违反国际法的行为不能成为违法者获得法律上权利的根源。"[1] 例如，现存国家领土的一部分在外国侵略者武力占据之下制造出一个傀儡国家，完全处在外国控制之下，靠外国武力维持，就根本不能成为一个国家，因为外国制造这样一个国家，破坏了其领土所属国家的主权和领土完整，本身就是违反尊重国家主权和领土完整及不侵犯原则的行为，而既存国家承认这样的傀儡，就是支持一国侵略和占领别国领土的违法行为，同样是违法的行为。

历史上的典型实例是对日本侵华及其制造的"满洲国"的承认问题。1931年日本帝国主义发动了"九·一八"事变，随后侵占中国东北三省并制造了所谓的"满洲国"。[2] 这一傀儡政权不仅遭到了当时的中国南京国民政府的反对，同时遭到国际上的谴责和不承认。当日本在1932年1月3日侵占中国锦州后，1月7日，当时的美国国务卿史汀生（Stimson），就针对日本在中国东北侵略分别照会中、日两国政府，声明美国政府"不能承认任何实际情势之合法性，也不承认中、日政府或其代理人所缔结的足以损害美国或其国民之条约的权利，或损及中国主权独立或领土及行政完整，或违反国际对华政策，即所谓'门户开放'的任何条约或协定。同时，美国政府也不承认任何由违反1928年8月27日巴黎《非战公约》之方法所造成之情

---

〔1〕 ［英］詹宁斯、瓦茨修订：《奥本海国际法》（第1卷第1分册），王铁崖等译，中国大百科全书出版社1995年版，第122页。

〔2〕 伪满洲国，是1931年"九一八事变"后日本侵略者利用前清废帝爱新觉罗·溥仪在东北建立的一个傀儡政权，于1932年3月1日建立，3月9日以溥仪为"执政"，以郑孝胥为"国务总理"，年号"大同"。此傀儡政权的地盘包括现中华人民共和国辽宁、吉林和黑龙江三省全境、内蒙古东部及河北北部。通过这一傀儡政权，日本在中国东北实行了14年之久的殖民统治。

势或缔结之条约或协定"。[1] 这一声明所表明的立场后来被称为"史汀生不承认主义"。虽然这一主张没能阻止日本的侵略，但它对反对侵略造成的非法事实是很有益的，也得到了国际联盟的采纳。

1932 年 3 月 1 日伪满洲国成立后，3 月 11 日，国际联盟大会就通过决议规定会员国负有义务不承认通过违反《国际联盟盟约》和《巴黎非战公约》的方式产生的任何情势、条约和协定。事实上，伪满洲国傀儡组织成立后，除得到日本侵略者本身及其同盟者和一个经济利益需求国的承认外，[2] 没有获得任何其他国家的认可。1932 年 9 月 4 日国际联盟的调查报告书中指出，这个组织的成立完全由于"日本军队在场"和"日本文武官吏的活动，不能认为是由真正的和自然的独立运动所产生"。"一般中国人对满洲国政府均不赞成，此所谓满洲政府者在当地中国人心目中一直是日人之工具而已。"[3] 1933 年 2 月 24 日国际联盟大会报告书，根据"国际联盟调查团"的意见，正式宣布，维持并承认满洲现在之制度与现存国际义务的基本原则不相符合。同年，国际联盟大会设立的顾问委员会还于 6 月 7 日通过了《关于不承认满洲国之办法》，通告会员国及非会员国分别执行。[4]

这一不承认违反国际法原则产生的国家及其他事实之原则，在第二次世界大战后，被《联合国宪章》《国际法原则宣言》《国家权力和义务宣言草案》和国际法委员会二读通过的《国家对国际不法行为的责任条款草案》等国际文件所确认，并付诸实践。例如，安理会曾于 1965 年和 1970 年先后通过决议，要求所有国家不承认制造南罗得西亚"独立"的"非法种族主义少数政权"。1976 年联合国大会通过决议，宣布南非非法策划的特兰斯凯"独立"无效，要求各国政府不以任何形式予以承认。这一决议也得到了安理会的赞同。联合国的这些实践可被视为对违反民族自决原则而建立的"国家"不予承认的先例。[5] 安理会还在 1983 年作出决议，宣布土耳其侵略造就的"北塞浦路斯土耳其共和国"在法律上无效，要求各国不予承认这个所谓的独立国家。[6]

从对新国家承认条件的分析，可以得出如下结论：对不符合条件的新国家尤其

---

[1] 复旦大学历史系中国近代史教研组编：《中国近代对外关系史资料选辑（1840～1949）》（下卷第 1 分册），上海人民出版社 1977 年版，第 213 页。

[2] 日本于 1932 年，意大利和德国于 1937 年承认"满洲国"，此外还有萨尔瓦多于 1934 年承认"满洲国"，据说它是为了经济利益，向日本出口咖啡。

[3] 《国际联盟调查团报告书》（中译本），南京外交部印行，第 155、169、178 页。转引自周鲠生：《国际法》（上册），商务印书馆 1976 年版，第 139 页。

[4] 参见周鲠生：《国际法》（上册），商务印书馆 1976 年版，第 110～111 页。

[5] 参见［英］詹宁斯、瓦茨修订：《奥本海国际法》（第 1 卷第 1 分册），王铁崖等译，中国大百科全书出版社 1995 年版，第 122～129 页。

[6] 1983 年 11 月 18 日第 541（1983）号决议（S/RES/541），载 http：//daccessdds. un. org/doc/RESO-LUTION/GEN/NRO/453/82/IMG/NRO45382. pdf？OpenElement，2010 年 2 月 26 日访问。

是违反国际法原则而建立的国家,既存国家非但不应给予承认,而且应予谴责,使它不能存在于国际社会。对符合条件的新国家,既存国家当然可以承认,但应避免过急承认(precipitate/premature recognition)或过迟承认(overdue recognition),因为这样做容易引起母国或新国家的抗议或指责。[1]

(三)国家承认的方式、范围和效果

1. 国家承认的方式。国际法并没规定国家承认的方式,实践中,国家通过明示或默示的方式表达其对新国家的承认。

(1)明示承认。明示承认(express recognition),一般是指既存国家通过单方面的发照会、函电或发表声明等宣告承认新国家。例如1957年中国总理兼外交部部长周恩来致电突尼斯外交部部长,告知"中华人民共和国政府已正式决定承认突尼斯共和国"。此外,既存国家还可以在其签订的条约中载有承认新国家的条款,如英、俄、法在它们签订的《伦敦协定》中规定承认希腊独立。德国在1919年《凡尔赛和约》中(第81、87条)声明承认捷克斯洛伐克和波兰。

(2)默示承认。默示承认(implied/tacit recognition)是既存国家通过某种实际行动表示对新国家的承认。例如,与新国家建立外交关系或领事关系,缔结双边条约,在政府间国际组织中投票表示接纳新国家为该组织的成员。但与新国家共同参加国际组织或国际会议,或仅与新国家有某种事实上的联系,而这种联系又无承认的意思,则不构成默示承认。

2. 国家承认的范围。既存国家承认新国家的范围有法律上的承认和事实上的承认。

(1)法律上的承认。法律上的承认(de jure recognition)是指既存国家给予新国家确定的和完全的承认,意味着承认国家愿意与被承认国家进行全面交往,因而构成两国间发展正常关系的法律基础。法律上的承认是永久的和不可撤销的。既存国家一般都给予新国家法律上的承认,纵使既存国家在承认新国家时不加"法律上的"字样,也不影响承认的完全性,因为从两国外交或领事关系的建立,或重要条约的缔结等实际交往情况可以表明属于法律上的承认。

(2)事实上的承认。事实上的承认(de facto recognition)是既存国家出于其国际关系方面的考虑,或是对新国家地位的巩固尚缺乏信心的情况下,不愿意立即与新国家建立全面的关系,但实际上又需要与新国家进行一定的交往,因而给予新国家一种事实上的承认,暂时与它在比较小的范围内建立联系。通常是在经济、贸易、商业、文化和科技方面的交往,不发生政治、外交和军事关系。事实上的承认是不完全的承认,带有暂时性,并且是可以撤销的。一般情况下,它都发展为法律上的承认。例如,19世纪,当一些拉丁美洲国家脱离西班牙和葡萄牙殖民主义统治而独

---

[1]　参见〔英〕詹宁斯、瓦茨修订:《奥本海国际法》(第1卷第1分册),王铁崖等译,中国大百科全书出版社1996年版,第103~104页。

立时，英、美基于与这两个殖民国家的关系和本身的实际利益考虑，对新独立国家开始只给予事实上的承认，后来才把事实上的承认升为法律上的承认。日本 1919 年给予芬兰事实上的承认，1921 年升为法律上的承认。但在特殊情况下，例如在导致事实上的承认的前提条件不复存在的情形下，事实上的承认即可撤销。

"法律上的"和"事实上的"这些词语是形容被承认的国家的，指它是被承认为一个法律上的国家，还是一个事实上的国家，而不是形容承认的行为本身。法律上的承认和事实上的承认之间的实质区别是，法律上的承认是最完全的承认，而事实上的承认是在临时基础上考虑目前实际情况后给予的程度较低的承认。因此，如果在承认的国家看来，新的当局虽然实际上是独立的，并且在它控制的领土内掌握着有效的权力，但它还没有充分稳定，或者还看不出它能符合关于承认的其他条件，那么就发生事实上的承认。

3. 国家承认的效果。一般地说，既存国家承认新国家，就表示它接受了新国家在国际社会的地位及其作为一个国家通常具有的全部权利和义务，接受承认在两国关系中产生的法律效果，主要表现在以下方面：

（1）既存国家给予新国家法律上的承认奠定了两国全面交往的法律基础。因此，两国会缔结条约、进行政治、经济、文化、科学技术等方面的交流与合作。为此而建立外交和领事关系，互设使馆和领事馆，以方便和促进两国之间的交流与合作。但事实上的承认不产生两国的政治关系，也不建立外交和领事关系。

（2）承认国应承认被承认国的立法、司法和行政的效力。

（3）承认国承认被承认国的财产权、诉讼权和豁免权。财产权指在承认国境内的被承认国的国家财产不受侵犯，并应受到承认国的适当保护。诉讼权即指被承认国有权在承认国的法院提起诉讼和参加诉讼。豁免权参见上节的阐述。

根据国际实践，国家承认的法律效果具有溯及既往（retroactivity）的效果。也就是说，既存国家对新国家的承认产生的效果可追溯到承认发生之前，甚至到后者建立之时。所以，新国家在未被承认之前完成的法律行为的效力应得到承认国的认可。《奥本海国际法》指出："至少按照英、美两国法院的实践，承认，不论是事实上的承认还是法律上的承认，都有追溯力，这就是说，法院把被承认的新国家或政府的行为看作是从该被承认的国家或政府建立时起就有效。"[1]

二、政府和其他实体的承认

（一）政府的承认

1. 政府承认的概念。政府的承认（recognition of government）是指一国通过某种方式表示认可另一国产生的新政府有代表其国家的地位或资格。政府的承认发生在一个国家的内部出现社会革命或叛乱，导致该国发生非宪法程序的政权更迭，建立

---

[1]　[英] 詹宁斯、瓦茨修订：《奥本海国际法》（第 1 卷第 1 分册），王铁崖等译，中国大百科全书出版社 1995 年版，第 112 页。

了新政府。这个新政府全然改变旧政府的对内统治秩序，甚至改变了国家的社会制度、政治制度和法律制度，改变了旧政府对外关系的方针、政策和国际关系。因而发生既存国家承认这个新政府的问题。政府承认的意义在于：一个国家承认别国的新政府有代表其国家的资格或法律地位，愿意同其所代表的国家建立或保持正常关系。因为新政府所代表的国家的主体资格是连续存在的，未因政府的更迭而受到影响。既存国家如果不承认新政府，就不能与其代表的国家进行交往。

2. 政府承认的条件。依现代国际法的理论与实践，一国的新政府要获得别国的承认必须是在新政府已经在其国家的全部或大部分领土内实行了有效统治（effective control），并且得到了人民的拥护和服从。[1] 例如，当中华人民共和国中央人民政府成立后，除及时获得苏联等社会主义国家的承认外，还得到英国等西方国家的承认。如英国政府 1950 年 1 月 6 日致函中华人民共和国政府称："察悉中央人民政府已有效控制中国绝大部分之领土，今日业已承认此政府为中国法律上之政府。"瑞典于同年 1 月 14 日通知承认中华人民共和国政府的电函亦称："鉴于中华人民共和国中央人民政府已有效地控制着中国大部分领土的事实，现决定法律上承认中央人民政府为中国政府。"[2]

这一"有效统治原则"（principle of effectiveness）作为承认新政府的根据，可以说是现代国际实践一般奉行的。在有效统治原则的基础上，对新政府的承认一般不必考虑有关政府的政治起源和法律根据。[3] 因此，一国内部的革命或叛乱所建立的政权，尽管违反其国内法的规定，但仍属于该国内部情势变化，并不违反国际法，所以别国对此应予尊重。然而，一个国家的政府仅仅由于有另一个国家的武装部队在它的领土上支持而控制着国家，可能有理由被认为是不值得承认的。[4] 例如 1979 年苏联入侵阿富汗后扶植建立的卡尔迈勒（纳吉布拉）政权就不应获得承认。

3. 政府承认的方式、范围和效果。政府承认的方式和范围与国家承认一样，可由承认国家自由决定采取明示的或默示的方式承认新政府，给予新政府法律上的或事实上的承认。国际实践表明，国家趋向通过默示的方式承认新政府。例如，1930 年，墨西哥的外交部部长艾斯特拉达声明，墨西哥在外国发生革命或政变时将不发表任何给予承认的声明，而仅决定是否与有关外国政府继续保持外交关系（保持外交关系是一种默示的承认）。这一立场被称为"艾斯特拉达主义"，并为许多国家所采行，如英国、法国、美国、比利时等已经放弃了明示承认新政府。[5]

---

〔1〕　政权的行使得到人民的明显默许，被认为是有效统治的充分证明。

〔2〕　参见周鲠生：《国际法》（上册），商务印书馆 1976 年版，第 144 页。

〔3〕　参见周鲠生：《国际法》（上册），商务印书馆 1976 年版，第 127 页。

〔4〕　参见［英］詹宁斯、瓦茨修订：《奥本海国际法》（第 1 卷第 1 分册），王铁崖等译，中国大百科全书出版社 1995 年版，第 108 页。

〔5〕　参见白桂梅：《国际法》，北京大学出版社 2010 年版，第 100 页。

政府承认与国家承认的效果是相同的。但要说明的是，在新政府控制其国家领土的大部分或绝大部分，而旧政府仍然控制一小部分领土的情况下，一国承认了新政府，就意味着它承认旧政府代表其国家的地位或资格由新政府取代，旧政府完全消亡。例如，1949 年 10 月 1 日中华人民共和国中央人民政府成立后，对所有承认中华人民共和国政府的国家来讲，中国的旧政府已不复存在，中华人民共和国政府是中国唯一合法代表。它们不得再与台湾当局保持任何官方关系，除非得到中华人民共和国政府的同意。

（二）民族解放组织的承认

民族解放组织的承认（recognition of national liberation movement）是指国家对旨在摆脱外国奴役或殖民主义统治，争取建立独立国家而进行民族解放运动的组织给予的认可。因为这样的民族解放组织在其成为独立国家之前，是具有类似国家性质的政治实体，对其控制的地区实施着有效统治，并获得了当地人民的支持，具有一定的国际法主体资格，所以获得国家承认，承认国与其进行一定范围的交往。例如，第二次世界大战后，阿尔及利亚民族解放组织曾获得包括中国在内的 20 多个国家的承认，它在 8 个国家和一些国际组织派驻了正式代表。此外还有安哥拉人民解放运动、莫桑比克解放阵线、巴勒斯坦解放组织等也都曾获得了一些国家的承认。

（三）叛乱团体和交战团体的承认

叛乱团体的承认（recognition of insurgent body）是一国对另一国内出现的叛乱组织给予的一定认可。叛乱团体是指一国内反抗政府或进行起义的团体。它有明确的目标、统一的领导和组织机构，并已实际占领和控制着本国领土的一部分，正在与本国政府进行武力斗争。如果叛乱团体的反政府或起义行动迅速完成，不论它的叛乱结果成功或失败，通常都不出现国家承认它的问题。但是，如果叛乱活动旷日持久的存在，它的武力斗争虽然没达到内战程度，但别国出于保护其在叛乱团体控制地区的商务和侨民等方面的利益，可能对叛乱团体给予承认。这种承认只是表示承认国在一定范围内对于叛乱者（或起义者）的武装斗争活动保持中立态度，除非这种活动侵害到它的国民或财产等利益，它都不加干涉；承认叛乱团体在其控制的地区有一定的权力，以及在一定限度内与叛乱团体进行接触。[1] 一般地说，承认叛乱团体的性质和内容不过如此，它不使叛乱团体具有交战者的地位和权利。

交战团体的承认（recognition of belligerent body）是一国对另一国内存在的交战团体国际地位给予的确认。交战团体是指一国内为政治目的向本国政府发动内战的、具有交战者资格的叛乱团体。它不同于叛乱团体的是：①叛乱活动或与政府的武装斗争实际上已发展到了内战的性质，在负责任的政治组织和军事组织的领导下进行有组织的军事行动；②在交战行动中，遵守战争法规则；③占领了领土的相当地区，

---

〔1〕　参见王铁崖主编：《中华法学大辞典》（国际法学卷），中国检察出版社 1996 年版，第 456 页。

并在该地区建立了事实上的政权，行使着类似政府的权力，进行着有效统治，形成了与政府对峙的态势。[1] 别国为了保护自己的利益而对这种交战团体给予承认。

承认交战团体的主要效果是：①使被承认的交战团体取得内战中交战一方的地位，具有战争法上的权利和义务。承认国则应在交战团体和它的本国政府之间保持中立地位，享有中立国应有的权利和义务。②被承认的交战团体对其实施的国际不法行为应负国际责任，但在其控制的地区免除其反对本国政府的责任。

第三节　国家的继承

国际法上的继承是指由于某种具有国际法意义的事实或情势出现，使国际法上的相关权利和义务从一个承受者转移给另一个承受者，引起的法律关系的改变。这种法律关系改变的效果直接影响继承者和被继承者及第三者的权益，因而继承规则是国际法的重要内容。国际法上的继承有国家的继承、政府的继承和国际组织的继承，但主要是国家的继承。因此本节也主要研究国家的继承，其次探讨政府的继承。

一、国家继承的概念和原因

（一）国家继承的概念

国家继承（succession of state）是指一国对领土的国际关系所负的责任，由别国取代。[2] 也就是说，由于出现了国家领土变更的事实，而使与变更的领土相关的国际法上的权利和义务从被继承国转移给继承国。此处所说的国际法上的权利和义务不包括那些属于国家固有的基本权利和义务，以及以国家的国际人格的存在为前提而存在的，随同国家的国际人格的消灭而消灭的其他权利和义务。因为这样的权利和义务不属于国家继承的范围。《奥本海国际法》称："各国的实践表明，按照国际法，不发生一般的继承。当一个国际人格者消灭时，它作为人格者所有的权利和义务也随之消灭。但是，某些权利和义务的确是由一个先前的国际人格者转移给后继的国际人格者。"[3]

（二）国家继承的原因

国家的继承与国家间的领土变更密切关联，国家间的领土变更不仅引起国家继承的法律事实，而且所继承的国际法上的权利和义务也与变更的领土密切相关，也

---

〔1〕 H. Lauterpacht, *Oppenheim's International Law*, Volume 1 – Peace, eighth edition, Longmans, Green and Co. London, 1955, pp. 249~254.

〔2〕 1978 年《关于国家在条约方面的继承的维也纳公约》第 2 条第 1 款第 2 项和 1983 年《关于国家对国家财产、档案和债务的继承的维也纳公约》第 2 条第 1 款第 2 项。

〔3〕 〔英〕詹宁斯、瓦茨修订：《奥本海国际法》（第 1 卷第 1 分册），王铁崖等译，中国大百科全书出版社 1995 年版，第 137 页。

可以说，没有国家间的领土变更就不会出现国家继承。从国际实践来看，引起国家继承的领土变更情况有：

（1）一国的领土部分或全部转移给别国，即国家间割让或交换部分领土，或一国领土并入别国。例如，1867 年俄国将阿拉斯加卖给美国，1990 年德意志民主共和国的领土并入联邦德国。

（2）国家领土的合并，即两个或两个以上国家的领土合并成为一个新国家的领土。

（3）国家领土的分离，亦即从一个国家领土中分离出一部分或几部分，分别归属于一个或几个新国家的领土。

（4）国家领土的分立，即一国领土分裂成为两个或若干个新国家的领土。例如，1992 年前南斯拉夫社会主义联邦共和国解体，其领土分别归属了新建立的斯洛文尼亚、克罗地亚、马其顿、波斯尼亚和黑塞哥维亚、南斯拉夫联盟（现已分立为塞尔维亚共和国和黑山共和国）等国。

（5）殖民地、附属国或非自治领土获得独立地位，其领土脱离宗主国。

二、国家继承的内容和规则

对国家继承的内容和规则，联合国大会 1978 年通过的《关于国家在条约方面的继承的维也纳公约》（简称《关于条约继承的公约》，该公约已于 1996 年 11 月 6 日生效）和 1983 年通过的《关于国家对国家财产、档案和债务的继承的维也纳公约》（简称《关于国家财产、档案和债务继承的公约》，该公约尚未生效）对国家继承的内容和规则进行了编纂。虽然后一个公约目前尚未生效，但它反映了国家继承的一般实践，概括了关于国家继承的一些习惯法规则，可以作为这些习惯法规则存在的证据。[1] 所以，我们以下主要依据这两个公约的规定，阐述国家继承的内容和规则。

（一）条约的继承

1. 条约继承的原则。条约的继承实际上就是在发生国家继承的情况下，被继承国缔结和参加的国际条约是否对继承国有效的问题。处理这个问题的一般原则有二：

（1）人身条约不继承。凡是与国家国际人格有关的条约，亦称“人身条约”（personal treaties），一般都不继承。例如，参加国际组织的条约、政治性条约（像结盟条约、友好条约、共同防务条约、中立条约等）。因为这类条约的效力是以缔约国的继续存在为前提的，在一定意义上，它们可以被认为具有国家的属人性质；缔约国消亡，则对它不可能再有效，如一国领土完全并入别国，或一国领土与别国合并建立新国家，或一国解体，其领土分别属于各个新独立国家时，原国家不存在了，它所缔结或参加的人身条约自动失效，获得其领土的国家无从继承。如果它们由继

---

〔1〕　参见陈致中编著：《国际法教程》，中山大学出版社 1989 年版，第 78 页。

承国继承，就会根本改变条约实行所依据的前提。[1]

（2）非人身条约继承。继承国对被继承国缔结的"处分条约"（dispositional treaties）或称"非人身条约"（non-personal treaties），一般应予继承。例如，对领土划界条约，有关边境制度、河流及其他水域的使用和管理条约，道路交通的条约等，均应继承；对有关中立化和非军事化的条约，原则上也应继承；对有关经济贸易、司法协助、引渡及其他类似的条约是否继承，则是有争议的。流行的意见是，至少在领土并入的情况下，对这个问题的回答是否定的。因为这样的条约虽然在一定的意义上是非政治性的，但都具有显著的政治特征。然而在合并的情况下，国家实践支持了这样一种见解，即在原则上，组成统一国家的各国在统一前缔结的非政治性条约继续对继承国有拘束力，至少在统一实现时条约对其有效的那一部分领土是这样的情形。[2] 据此，可以说关于这样的条约是否继承，继承国应根据领土变更的实际情况酌定。

2. 领土转移不同情形的条约继承规则。由于国家间领土变更的情况不同，继承国对被继承国缔结或参加的涉及继承的各种条约的效力的处理也可以不同。《关于条约继承的公约》对此作了如下规定：

（1）国家部分领土转移的条约继承。当一国领土的一部分，或虽非一国领土的一部分，但其国际关系由该国负责任的任何领土，成为另一国领土的一部分时，自继承之日起，被继承国的条约，停止对国家继承所涉领土生效；继承国的条约对该领土生效。

（2）国家领土合并的条约继承。在两个或两个以上国家领土合并而组成一个继承国时，原国家的条约对继承国继续有效，不过仅适用于该条约原来所适用的那部分领土。

（3）国家领土分离或分立的条约继承。在从一国领土中分离出一部分或几部分组成一个或几个新国家，和一国领土分立成两个或数个国家的情形下，不论被继承国是否存在，原来对被继承国全部领土有效的条约，继续对每一个继承国有效，仅对其部分领土有效的条约，则只对由该部分领土组成的继承国有效。

（4）新独立国家对条约的继承。当殖民地或附属领土获得独立而建立新国家时，这样的新独立国家对原殖民国家或宗主国的条约的继承适用"白板规则"（Clean Plate Rule）。公约第16条规定："新独立国家对于任何条约，不仅仅因为在国家继承日期该条约对国家继承所涉领土有效的事实，就有义务维持该条约的效力或者成为该条约的当事国。"这就是说，新独立国家对原殖民国家或宗主国缔结或参加的，且

---

[1] 参见［英］詹宁斯、瓦茨修订：《奥本海国际法》（第1卷第1分册），王铁崖等译，中国大百科全书出版社1995年版，第138~139页。

[2] 参见［英］詹宁斯、瓦茨修订：《奥本海国际法》（第1卷第1分册），王铁崖等译，中国大百科全书出版社1995年版，第139页。

适用于该独立领土的条约有权自由决定继承与否。如果新独立国家决定继承某项多边条约，它可以书面形式发出继承通知，确立该条约当事国的地位。但决定继承对所涉领土有效的双边条约，则只有在新独立的国家与对方当事国（殖民国家或宗主国以外的条约当事国）之间作出明示同意，或由于两国的行为而可以被认为同意，方属有效。

（二）国家财产的继承

国家财产的继承就是在发生国家继承的情况下，被继承国的国家财产转属继承国。被继承国的国家财产（state property）是指在国家继承之日按照被继承国国内法的规定为该国所拥有的财产、权利和利益。[1]

1. 财产继承的原则。处理国家财产继承要考虑遵循以下两项原则：

（1）被继承国的国家财产应与变更的国家领土相关联，即只有在被继承国的国家财产与转移领土密切相关或密不可分的情形下，才能继承。

（2）根据领土的实际生存及公平原则处理国家财产的继承。即在被继承国的财产与转移领土内的人民的创造和生存相关的情形，应由继承国予以继承。因为人民要随着领土转移而转移，所以由他们创造并与之生存息息相关的财产也应随着领土转移而转移。对这样的财产继承还要考虑公平比例原则。

按这两项原则处理国家的财产继承时还要区分财产的性质，凡属被继承国的国家不动产随领土的转移由继承国继承；对被继承国的国家动产，若与转移领土生存活动有关，应随领土的转移由继承国继承，但应顾及公平。

2. 领土转移不同情形的财产继承规则。国家财产继承的具体规则，依领土的不同变更情况而定。

（1）国家部分领土转移的财产继承。当国家的一部分领土转移给另一个国家时，被继承国的国家财产继承，首先应按继承国与被继承国之间的协议解决；如无协议，则位于继承所涉领土内的被继承国的不动产应转属继承国，与继承所涉领土活动有关的被继承国的动产亦应转属继承国。

（2）国家领土合并的财产继承。在两个或两个以上国家领土合并而组成一个继承国时，被继承国的国家财产，包括动产和不动产应全部转属继承国。

（3）国家领土分离和分立的财产继承。在国家领土分离或分立组成一个或数个国家的情况下，对被继承国的财产继承，首先按被继承国与继承国间的协议处理，若无协议，则位于国家继承所涉领土内的被继承国的不动产和与所涉领土实际生存活动有关的动产，转属继承国；对与所涉领土活动无关的动产，则应按公平比例转属各继承国。在被继承国解体不复存在的情况下，位于该国原领土之外的国家不动产，亦应按公平比例转属各继承国。

---

[1] 1983 年《关于国家财产、档案和债务继承的公约》第 8 条的规定。

（4）新独立国家对殖民国家或宗主国的财产继承。处理新独立国家对其原殖民国家或宗主国的财产继承，也要遵守财产与独立领土相关联和领土实际生存原则，将独立领土内的被继承国的不动产和与该领土实际生存相关的动产转属继承国。但要考虑到继承国与被继承国历史上的特殊情况所造成的二者之间的政治上、经济上的不平等和发展上的不平衡，所以还要遵循"各国人民对其财富和自然资源有永久主权原则"，并考虑到继承国曾于独立之前对被继承国的国家财产所作的贡献，对继承国在继承财产方面给予特殊考虑。

《关于国家财产、档案和债务继承的公约》第15条关于新独立国家对财产的继承规定：①位于国家继承所涉领土内的被继承国的国家不动产应转属继承国；②属于国家继承所涉领土但位于该领土之外而在领土附属期间已成为被继承国的国家财产的不动产应转属继承国；③在第②项所述以外而位于国家继承所涉领土之外的被继承国的国家不动产，附属领土曾为其创造作出贡献者，应按照附属领土所作贡献的比例转属继承国；④与被继承国对国家继承所涉领土的活动有关的被继承国国家动产应转属继承国；⑤属于国家继承所涉领土并在领土附属期间成为被继承国国家财产的动产应转属继承国；⑥在第④、⑤项所述以外的被继承国的国家动产，附属领土曾为其创造作出贡献者，应按照附属领土所作贡献的比例转属继承国。

公约还规定，若是被继承国和新独立国家之间对被继承国国家财产的继承不执行上述规定而另行缔结协定予以决定时，此等协定不应违反各国人民对其财富和自然资源享有永久主权原则。

（三）国家档案的继承

国家档案的继承是指在继承发生时，被继承国的国家档案转属继承国。国家档案（state archives）是指被继承国为执行其职能而编纂或收到的且在国家继承之日，按照被继承国国内法的规定属于其所有并出于各种目的作为档案被直接保存或控制的各种日期和种类的一切文件。[1]

国家档案的继承应由被继承国与继承国协议解决，如无协议，一般应将与所涉领土有关的档案转属继承国。但由于国家领土转移的情况不同，无协议情况下档案的继承规则也有所差异。

1. 部分领土转移的档案继承。国家部分领土转移的档案继承主要应遵守以下两项规则：

（1）被继承国国家档案中为了对国家继承所涉领土进行正常的行政管理的部分应转属继承国；此项以外被继承国国家档案中完全或主要与国家继承所涉领土有关部分也应转属继承国。

（2）被继承国应从其国家档案中向继承国提供与被移交领土的领土所有权或其疆

---

〔1〕 1983年《关于国家财产、档案和债务继承的公约》第20条的规定。

界有关，或为澄清转属继承国的被继承国国家档案文件的含义所必需的最有力的证据。

2. 领土分离的档案继承。在国家领土分离的情况下，档案继承的规则有：

(1) 被继承国国家档案中为了对国家继承所涉领土进行正常的行政管理而应留在该领土内的部分，应转属继承国。此项之外的被继承国国家档案中与国家继承所涉领土直接有关的部分，也应转属继承国。

(2) 被继承国应从其国家档案中向继承国提供与继承国领土的所有权或其疆界有关，或为澄清转属继承国的国家档案文件的含义所必需的最有力的证据。[1]

3. 国家分立（解体）的档案继承。国家分立和不复存在而其领土各部分组成两个或两个以上国家时，处理国家档案的继承规则有：

(1) 被继承国国家档案中为了对其一继承国领土进行正常的行政管理而应留在该继承国领土内的部分，应该转属该继承国。此项之外的被继承国国家档案中与其一继承国领土直接有关的部分，应转属继承国。

(2) 前述部分以外的被继承国的国家档案，应在考虑到一切有关情况后公平地转属各继承国。

(3) 每一继承国应从被继承国国家档案属于它的部分中向其他继承国提供与各该继承国领土的所有权或其疆界有关，或为澄清转属各该继承国的被继承国国家档案文件的含义所必需的最有力的证据。

4. 新独立国家继承档案。关于曾受殖民国家或宗主国统治的新独立国家对档案的继承，根据《关于国家财产、档案和债务继承的公约》第 28 条的规定，可予以特殊处理。

(1) 原属国家继承所涉领土所有并在领土附属期间成为被继承国国家档案的档案，及被继承国国家档案中为了对国家继承所涉领土进行正常的行政管理而应留在该领土内的部分，均应转属新独立国家；在上述以外的被继承国的国家档案中完全或主要与国家继承所涉领土有关的部分，亦应转属新独立国家。

(2) 对第 (1) 款所述之外的被继承国国家档案中与国家继承所涉领土有关的部分，其转属或适当复制应由被继承国与新独立国家协议决定，务使两国中的每一国都能从被继承国国家档案的这些部分获得尽可能广泛和公平的益处。

(3) 被继承国应从其档案中向新独立国家提供与新独立领土的所有权或其疆界有关的，或为澄清有关档案文件含义的所需最有力的证据。

(4) 被继承国应与新独立国家合作，努力找回原属国家继承所涉领土所有而在附属期间散失的档案。

(四) 国家债务的继承

国家债务的继承是指在发生国家继承的情况下，被继承国的国家债务转属继承

---

〔1〕 这些规则适用于一个国家的一部分领土与该国分离而同另一国合并的情况。

国。国家债务（state debt）又称公共债务（public debt），是指一个国家按照国际法而对另一个国家、某一国际组织或任何其他国际法主体所负的任何财政义务。[1] 国家债务通常包括两类：一类是整个国家所负的债务，称国债；另一类是地方化的国家债务（localized state debt），即以国家名义承担，而实际上只用于地方的债务。这两类债务都是国家继承的范围。但要说明的是被继承国所负的恶债不在继承范围，因为恶债是国家违反国际法原则所举的债务，如为征服或侵略别国所负的债务。国家债务的继承规则，因国家领土变更的不同情况而异。

1. 国家部分领土转移的债务继承。当一个国家将其部分领土转移给另一个国家时，被继承的国家债务转属继承国，应按被继承国与继承国之间的协议为之。如无协议，被继承的债务应按公平比例转属继承国，同时应特别考虑到转属继承国的与债务有关的财产、权利和利益。

2. 国家领土合并的债务继承。当两个或两个以上国家合并组成一个继承国时，被继承国的国家债务应转属继承国。

3. 国家领土的分离的债务继承。当国家的一部分或几部分领土与该国分立组成新国家时，除被继承国与继承国之间另有协议外，被继承国的债务应按照公平比例转属继承国，同时应特别考虑到转属继承国的与国家债务有关的财产、权利和利益。

这种领土变更情况下的债务继承规则也适用于国家一部分领土与该国分离而同另一国合并的情形。

4. 国家领土分立的债务继承。国家的分立和不复存在而在其领土各部分组成两个或两个以上国家时，除各继承国另有协议外，被继承国的债务应按照公平比例转属继承国，同时应特别考虑到转属继承国的与国家债务有关的财产、权利和利益。

5. 新独立国家对债务的继承。新独立国家对其原殖民国家或附属国的债务继承时，要考虑到它的历史特殊情况而不予继承被继承国的国家债务，但是若新独立国家与被继承国鉴于与被继承国在国家继承所涉领土内的活动有关，被继承国的债务同转属新独立国家的财产、权利和利益之间的联系而另有协议者除外。不过，这种协议不应违反各国人民对其财富和自然资源享有永久主权的原则，其执行亦不应危及新独立国家的经济上的基本均衡。

三、政府的继承

（一）政府继承的概念和内容

政府继承（succession of government）是指一国被推翻的政府所享有的国际法上的权利和义务转移给取代它的新政府。出现政府继承的原因是一个国家内由于爆发了革命或叛乱推翻了旧政权，建立了新政府。新政府不仅是通过非宪法程序产生，而且改变了旧政府的国内秩序，甚至改变了国家的社会制度、法律制度、司法制度

---

[1] 参见［英］詹宁斯、瓦茨修订：《奥本海国际法》（第1卷第1分册），王铁崖等译，中国大百科全书出版社1995年版，第159页。

和经济制度，同时改变对外的方针政策及国际关系。它不再是旧政府的统治的继续，因而出现了新政府对旧政府的国际法上的权利和义务是否继承的问题。例如，1789年的法国大革命、1917 年的俄国革命和 1949 年的中国革命都取得了成功，推翻了旧政权，建立了新政府，出现这些新政府对旧政府的继承问题。

根据国际实践，政府继承的内容一般涉及条约、财产和债务的继承。对旧政府缔结或参加的国际条约，新政府可根据它的国家利益和国际关系的需要，以及条约的性质和内容决定是否继承。对旧政府所有的财产，无论其位于国内还是国外，也不论它以什么形式存在，新政府都有权继承。因为新政府是其国家的唯一合法代表。

（二）中华人民共和国政府继承的实践

众所周知，中国自 1840 年的鸦片战争后，即进入了一个受西方列强欺压和掠夺的最黑暗时期，也被人们称为不平等条约时期。中国人民在中国共产党的领导下经过长期革命，推翻了中华民国政府，于 1949 年 10 月 1 日建立了中华人民共和国政府，彻底改变了中国任人蹂躏的地位，改变了旧政府的统治秩序和国际关系。新政府对旧政府的国际法上的权利和义务是否继承，有权作出选择，对与我国人民的根本利益不相容的权利和义务均不予继承。1789 年法国革命建立的新政府和 1917 年俄国革命建立的新政府处理的继承实践也有类似先例。这一原则体现在中华人民共和国政府处理对旧政府的条约继承、财产继承和债务继承的实践中。

1. 对条约的继承。中华人民共和国政府对旧政府接受的国际条约继承的总原则是区别对待，根据条约的内容和性质来决定是否继承。旧政府接受的任何条约在未经过中国政府表示承认以前，外国政府不能据以提出要求对抗中华人民共和国。[1]1949 年中国人民政治协商会议通过的《共同纲领》第 55 条规定："对于国民党政府与外国政府所订立的各项条约和协定，中华人民共和国中央人民政府应加以审查，按其内容，分别予以承认，或废除，或修改，或重订。"按此规定，中国政府对旧政府与外国缔结的有关领土和边界的条约，除个别情形外，一般都予以尊重，并在此基础上，与有关国家通过谈判修正或重订。[2] 对于旧政府接受的其他条约，只要有利于国际和平与发展，符合我国的需要和人民利益，中国政府都愿意继承。例如，对《联合国宪章》这种有有益于维护世界和平与安全和促进国际合作与发展的条约，中华人民共和国政府坚决支持，愿意继承。新政府成立后，曾多次向联合国表明愿

---

〔1〕　参见周鲠生：《国际法》（上册），商务印书馆 1976 年版，第 157 页。

〔2〕　例如，中缅两国政府通过谈判，在 1941 年中缅换文划界的中缅边界线（称 1941 年线）的基础上对两国边界作了调整，于 1960 年签订了《中缅划界条约》。中国与苏联经过长期谈判后，终在原有边界条约的基础上于 1991 年签订了《中苏边界东段协定》（被俄罗斯继承）。苏联解体后，中国仍在尊重原有边界条约的基础上，与俄罗斯、哈萨克斯坦、吉尔吉斯斯坦和塔吉克斯坦进行边界谈判，并于 1994 年与俄罗斯签订了《中俄边界西段协定》，与哈萨克斯坦签订了《关于中哈国界的协定》，并于 1997 年签订了《关于中哈国界的补充协定》，于 1996 年与吉尔吉斯斯坦签订了《关于中吉国界的协定》，1999 年与塔吉克斯坦签订了《关于中塔国界的协定》。

意继承《联合国宪章》及其规定的中国在联合国组织的一切权利。[1]

2. 对财产的继承。中华人民共和国政府自其成立之日起，就有权继承旧政府在中国境内外的一切财产。实践中，新政府成立后，就继承了中国境内的旧政府的财产，对旧政府在境外的财产也声明予以继承。例如，1949 年 12 月 30 日，周恩来外长就中国航空公司和中央航空公司在香港的资产问题发表声明宣布："中国航空公司和中央航空公司为中华人民共和国中央人民政府所有，受中央人民政府民航总局直接管辖。两航公司留在香港的资产，只有我中央人民政府和我中央人民政府委托的人员，才有权处理，绝不容许任何人以任何手段侵犯、移动和损害。"[2] 1950 年 3月 18 日，交通部部长章伯钧就我国留在香港地区和新加坡的商船产权发表声明："最近起义驶往新加坡的海玄轮和在香港起义的客轮以及在各国港口原属国民党政府及中国官僚资本所有的各轮均应为中华人民共和国所有，受中华人民共和国政府交通部直接管辖，我中央人民政府的此项神圣的产权，应受到新加坡政府、香港地区政府和各国政府的尊重。"[3] 同年 10 月 10 日，中国人民银行行长南汉宸致电国际复兴开发银行称："中国在国际复兴开发银行的全部财产和权益，是属于中国人民的，以此，只有作为中华人民共和国国家银行的中国人民银行才有处理中国在复兴开发银行中已缴股款及一切其他财产和权益的合法权利。"[4] 对旧政府在境外的其他财产，中国政府同样有继承的权利，如对国民党政府在日本的"光华寮"产权就有继承的权利。[5]

---

[1]　世界知识出版社编：《中华人民共和国对外关系文件集》（第 1 集），世界知识出版社 1957 年版，第 146 页。1950 年 9 月 17 日，中国政务院总理兼外交部部长周恩来致电联合国秘书长称："从 1949 年 11 月 15 日起，10 个月以来，我曾多次向联合国各项组织提出声明：中华人民共和国中央人民政府是代表中国人民的唯一合法政府，中国国民党反动残余集团已丧失了代表中国人民的任何法律的与事实的根据，联合国必须将国民党反动残余集团的非法代表从联合国一切会议及其机构中驱逐出去，而接纳中华人民共和国中央人民政府为合法的代表。"但由于美国的阻挠，直到 1971 年 10 月 25 日，我国政府的这一要求才得以实现，此后才开始继承关于联合国专门机构的条约，参加各有关组织的活动。

[2]　世界知识出版社编：《中华人民共和国对外关系文件集》（第 1 集），世界知识出版社 1957 年版，第 88 页。

[3]　世界知识出版社编：《中华人民共和国对外关系文件集》（第 1 集），世界知识出版社 1957 年版，第 111 页。

[4]　世界知识出版社编：《中华人民共和国对外关系文件集》（第 1 集），世界知识出版社 1957 年版，第 158 页。

[5]　"光华寮"是坐落在日本京都市左京区北白川西町的一座三层楼房，占地面积 992.58 平方米。1950 年台湾当局驻日本代表团用变卖侵华日军在中国大陆地区掠夺财产的公款买下了该寮的产权，用作中国留学生宿舍。1961 年，台湾当局以所谓"中华民国"的名义在日本进行了产权登记。1967 年，台湾当局的所谓"驻日本大使"陈之迈以"中华民国的名义"向日本京都地方法院对居于光华寮的于炳宪等 8 人提起诉讼，要求他们迁出该寮。此案被称为"光华寮案"。本案的详情和评论参见梁淑英主编：《国际法案例教程》，知识产权出版社 2005 年版，第 63～67 页。

3. 对债务的继承。中华人民共和国政府对旧政府的债务继承原则是，凡旧政府接受的外国侵略和奴役中国的债务，及旧政府为镇压中国人民革命或从事违反中国人利益的活动所举之债，中华人民共和国政府一律不予继承。因为这样的债属于"恶性债务"（odious debts），如清王朝在它的末期为了便利用兵而准备修建粤汉和川汉铁路（因这两条铁路均在湖广总督辖区范围，故称"湖广铁路"），而德、英、法、美四国出于在华谋利的目的，强迫清政府接受它们的贷款。清政府在这种情况下，于 1911 年与这四个国家的银行签了借贷合同，向它们借贷。此种债务显属恶性债务，中华人民共和国政府有权拒绝继承。

第四节　国家责任

一、国家责任概述

国家责任（state responsibility）也称国家的国际责任（international responsibility of states）。传统上仅指国际法要求国家对其国际不法行为应承担的法律责任或法律后果（responsibility of state for international wrongful acts）。但由于科学技术和国际关系的发展，20 世纪中叶以来，又出现了国际损害责任，即要求国家对其实施的不违反国际法的行为造成的损害承担责任。本节只研究国家不法行为的责任，关于国家损害责任可见本书其他有关章节之论述。

国际法要求国家承担的责任，是国家必须承担的法律责任，是有一定的形式和内容，具有强制性质的。它不同于国际关系中一国对另一国的不礼貌或不友好行为产生的责任或后果，后者只是道义责任或政治责任，[1] 不具有法律拘束力。确立国际责任的意义就在于要求国家对其不法行为或实施的给别国或人民造成的损害行为承担法律后果，受害国也有权援引国家责任，作出单独或集体反映，或采取措施，促使其履行应承担的责任。因此，国际责任制度不仅是要求责任国承担责任的法律依据，也促使国家严格遵守国际义务和约束本身的行为。有利于国际法得到遵守，以维护国际和平、安全和发展。

国际社会对国家不法行为的责任规则的编纂，可追溯到 1930 年国际联盟主持召开的海牙国际法编纂会议。当时曾试图对传统的国家责任的内容，即国家对外国人侵害所负的责任进行编纂，但由于国家和代表们对编纂工作的意见分歧，未果而终。[2] 联合国成立后仍将国家责任列为国际法编纂的一个主题。1949 年国际法委员会第一届会议上就将国家责任问题列为其优先审议的 14 个"编纂和逐步制定"的主

---

[1]　参见贺其治：《国家责任法及案例浅析》，法律出版社 2003 年版，第 4 页。

[2]　关于责任问题的具体分歧，请参见［英］劳特派特修订：《奥本海国际法》（上卷第 1 分册），王铁崖、陈体强译，商务印书馆 1971 年版，第 43 页。

题之一。1953 年，联合国大会作出决议，要求国际法委员会在可行时立即编纂国家责任的规则。国际法委员会于 1955 年任命了特别报告员[1]，开始研究国家责任问题。历经 40 余年的努力，委员会终于 2001 年二读通过了《国家对国际不法行为的责任条款草案》（简称《国家责任条款草案》)[2]。国际法委员会在编纂国际不法行为的责任规则的同时，也注意到了不违法国际法的行为造成的损害责任的发展。因此，1978 年开始了对这个问题的编纂。2001 年二读通过了《预防危险活动造成的跨界损害条款草案》（简称《预防跨界损害条款草案》)，2004 年二读通过了《关于危险活动造成的跨界损害的损失分配原则草案》（简称《损失分配原则草案》)。

二、国家不法行为的责任

我们研究国家不法行为的责任，主要根据国际法委员会二读通过的《国家责任条款草案》的规定。因为它虽尚未成为条约，但却是对现有的国际习惯法的编纂与发展。正如曾任国际法委员会委员的贺其治在讲国际法的编纂与发展关系时指出的："国家责任条款草案正是这方面工作的一个典型。它既是编纂又包括了逐步发展。关于国家责任这个专题，具有不少习惯国际法规则，但大都不够明确，在编纂过程中必须加以具体化，对其作出明确规定；而在具体化过程中，就含有逐步发展的因素。"[3]

（一）国家的国际不法行为责任的构成要件

国家的国际不法行为责任的构成要件有二：行为归于国家和行为违背国际义务。《国家责任条款草案》第 2 条称："一国国际不法行为在下列情况下发生：①由作为或不作为构成的行为依国际法归于该国；②该行为构成对该国国际义务的违反。"

1. 行为归于国家。按《国家责任条款草案》第 4 ~ 11 条的规定，把行为归于一个国家的情形有：

（1）一国机关的行为。任何国家机关，不论其行使立法、行政、司法或任何其他职能，不论其在国家组织中具有何等地位，也不论其作为该国中央政府机关或一领土单位[4]机关而具有何种特性，其行为应视为国家行为。例如，一国立法机关的行为，法院的司法行为，监狱、警察和军队等机关的行为都属该国家的行为。这里所说的国家机关包括依国家的国内法具有此种地位的任何个人或实体。

（2）行使政府权力要素的个人或实体的行为。某个人或实体虽不属一国的国家机关，但其经该国法律授权而行使政府权力要素的行为，应视为国家行为，但要以该个人或实体在特定情况下以此种资格行事为限。例如，一些私人、国营公司、准

---

[1] 报告员是巴西籍委员加西亚·阿马多（G. Amador）。

[2] 该草案共 59 条，包括四个部分。第一部分是"一国的不法行为"；第二部分是"一国国际责任的内容"；第三部分是"一国国际责任的履行"；第四部分是"一般规定"。

[3] 参见贺其治：《国家责任法及案例浅析》，法律出版社 2003 年版，第 13 页。

[4] 领土单位一般指国家的政治行政区域单位，如行使政府职能的邦、州、省等地方单位。

国营实体、政府的各种代理机构；在特殊情况下，甚至包括私营公司。在每一种情况下，都是由国家授权行使公共性质的职能。像某些国家，特别是西方国家的私营保安公司可能根据合同担任监狱的警卫，并根据司法判决或鉴于规章行使拘留和纪律的公共权力。私营或国营的航空公司可能被授权行使有关移民管制或检疫的某些权力。有些商业银行得到政府的授权可以负责核发进出口许可证等。而这些业务完全属于政府的权力范围。[1]

（3）由另一国交由一国支配的机关的行为。由另一国交由一国支配的机关，若为行使支配该机关的国家权力要素而行事，其行为视为支配该机关的国家行为。这项归于支配国家的行为需具备两个基本要素：①一国交由另一国支配的机构必须有前者的国家机关的法律地位；②该机关的行为必须包含行使了支配国家政府的权力要素。如一国派武装部队到另一国内支援该国的自卫战争，该部队完全受另一国军事部门的指挥。则该部队的行为归于指挥国。

（4）逾越权限或违背旨意。此指国家机关或经授权行使政府权力要素的个人或实体，若以此种资格行事，即使逾越了权限或违背了指示，其行为仍应视为国家行为。对此，其他国际文件规定也可佐证，如1977年《1949年8月12日日内瓦四公约关于保护国际性武装冲突受难者的附加议定书》（第一议定书）第91条规定："冲突一方……应对组成其武装部队的人员所从事的一切行为负责。"这显然包括了违反命令或指示从事的行为。该条的评注指出：第91条以协商一致获得通过，并"符合关于国际责任的一般法律原则"。[2]

（5）受国家指挥或控制的行为。如果一人或一群人实际上是在按照国家的指示或在其指挥或控制下行事，其行为应视为该国的国家行为。最常见的一种情况是，国家机关为了辅助自己的行动而招聘或鼓励私人或团体担任国家正式编制以外的"辅助人员"。例如，一些个人或私人团体，虽然没有明确接受国家的委托，也没有纳入警察编制或参军却担任警察或军队中的辅助人员或志愿人员，他们可以在国内工作，或送到邻国工作，或到外国执行特殊任务。他们进行的工作和执行的任务视为指挥或控制它的国家的行为。

（6）正式当局不存在或缺席时实施的行为。此指如果一人或一群人在正式当局不存在或缺席和在需要行使上述权力要素的情况下实际上正在行使政府权力要素，其行为应视为一国的行为。例如，战争中，在没有正规军的情况下，群众自发地组织起来进行自卫的情况。第二次世界大战期间，就常常发生在敌人来临，领土被占前，群众自动拿起武器抗击侵略军的情形。在中国抗日战争期间，这种情况也时有发生。实际上，这是一种危机情况下为战争法所确认的代理形式。它被1907年《关于陆战法规与惯例》第2条和1949年《关于战俘待遇的日内瓦公约》第4条第1款

---

〔1〕 参见贺其治：《国家责任法及案例浅析》，法律出版社2003年版，第91页。
〔2〕 参见红十字国际委员会：《关于附加议定书评注》，1987年，第1053～1054页。

第6项确认为合法。菲德罗斯认为居民的这种行为应归于国家，国家应为他们负责。[1]

（7）叛乱运动或其他运动的行为。一般情况下，一国内出现的叛乱运动组织或其他运动组织的行为并不归于该国的国家行为。因为这种组织是独立的，不属于国家的组织或机构；国家也不能对它实行有效的控制。换言之，未成功的叛乱运动或其他运动组织的行为不归于国家。只有在叛乱运动或其他运动取得成功，建立了新政府取代原政府或建立了新国家时，它的行为归属该新政府或新国家，新政府或新国家才对其之前的叛乱运动或其他运动的行为负有责任。因为它们之间有前后连续性，前者的行为是后者产生的基础，后者是前者的结果。所以，成为一国新政府的叛乱运动的行为应视为该国家的行为（即新政府所代表的国家）；在一个现已存在的国家的一部分领土或其管理下的某一领土内组成一个新国家的叛乱运动或其他运动的行为，应视为该新国家的行为。同时也不妨碍把不论以任何方式涉及有关运动的，按上述（1）~（6）的规则应视为该国行为的任何行为归于该国。

（8）经一国确认并作为其本身行为的行为。这是指一国承认并且接受有关行为是本国行为的情况下，该行为应视为该国家的行为。例如1979年，伊朗一群示威者占领美国驻德黑兰使馆并扣留使馆人员为人质后，即得到伊朗政府的支持，示威者的行为因而属伊朗国家的行为。[2]

2. 违背国际义务。违背国际义务也是确定国家不法行为责任的必须要件。此要件中涉及以下问题：

（1）违背国际义务行为的发生。当一国的行为不符合国际义务对它的要求，即为违反国际义务，而不论该义务的起源或特性为何。此处的义务起源应指国际义务所有的来源，包括国际条约的规定、国际习惯法规则和国际法律秩序内适用的一般法律原则。对义务的特性，一读通过的《国家责任条款草案》第20和21条及其评注解释，包含行为义务和结果义务。行为义务指如不符合要求，该国采取的某一特定的行为违反了其行为的义务；与之相对应的是结果义务，一国如不采取以自己选择的方法取得特定的结果，即为违反结果义务。[3]但二读通过的《国家责任条款草案》没有规定这样的区分。

---

[1]　参见［奥］菲德罗斯：《国际法》（下册），李浩培译，商务印书馆1981年版，第453~454页。

[2]　本案之详情，参见梁淑英主编：《国际法案例教程》，知识产权出版社2005年版，第244~247页。

[3]　对这样的分类，不少国家政府持怀疑态度，认为这两类义务之间没有明确的界限；由于两者之间存在密切联系，也不是互相排斥的，因此，难以确定某项特定行为属于哪个类别；二者所引起的法律后果也没有不同之处；由于其内容属于初级规则规范，所以应在二级规则中予以删除。不少权威著作也提出了类似意见，并且很少有国际司法判例作如此区分。参见国际法委员会：《国家责任：各国政府提出的评注意见》，丹麦（代表北欧各国）、法国、德国、瑞士、英国等对一读第20条规定的行为义务和第21条结果义务的评论。上述国家都主张予以删除。A/cn.4/488，1998年3月25日，第60~61页。

（2）对一国有效义务的违反。此指一国行为违背国际义务发生时，该义务对该国具有拘束力，或者说，一国违背国际义务必须是在该义务对其有效时发生。

（3）违背国际义务时间上的延续。此要素涉及违背国际义务的发生时间和持续时间。它决定着国家对其不法行为承担责任的时间，因此也决定有关国家采取相应措施的时间问题。按《国家责任条款草案》第 14 条规定，违背国际义务的时间大致有两种情况：①一国行为没有持续性违背国际义务时，该行为发生的时刻，即为违背义务行为发生的时刻，即使其影响继续存在。例如，一国的防空部队击落合法飞越该国领空的飞机，一国警察杀害或伤害别国的外交官等都是非持续性违背国际义务行为，行为发生时即为违背义务时。②一国行为持续性违背国际义务时，该行为延续的时间为行为持续并且一直不遵守该国际义务的整个期间。例如，一国制定和保持与其承担的条约义务相悖的法律条款、强占别国的部分领土，都是持续性违背国际义务行为，在其不修改该法律条款、不退出强占领土期间都属违背义务期间。另需说明的是，一国违背要求它防止某一特定事件之国际义务的行为开始于该事件发生的时间，该行为延长的时间为该事件持续并且一直不遵守该义务的整个期间。

（4）复合行为违背国际义务。此指一国的一系列汇集起来被界定为非法的作为或不作为违背国际义务的时刻，发生于该作为或不作为的时刻，它们同其他作为或不作为连在一起足以构成不法行为；在上述情况下该违背义务行为的持续时间为一系列作为或不作为中的第一个开始发生到此类行为再次发生并且一直不符合该国国际法义务的整个期间。所谓复合行为（composite act），是指在时间上连续不断地在不同情况下采取一系列的单独行动，汇集起来形成一种"积集的行为"（aggregate act）。复合行为包括分布在一个时期的一连串行为，而不是持续一个时期的单一行为；由于它们具有共同的意愿、内容和影响，尽管是在不同的具体情况下所为，它们之间也是相互关联的。[1] 例如，禁止灭绝种族罪行、种族隔离罪行、反人类罪行、战争罪行，以及一项贸易禁止的歧视行为等。

（二）一国对另一国的责任

国际实践中常常出现一个违背国际义务的行为是由一个以上国家实施的。如几个国家通过同一个机构实施不法行为，或一国替另一国实施违法行为。因此存在一国对另一国的不法行为承担责任问题。这种"衍生责任"有三种情况。

1. 援助或协助实施一国际不法行为。这是指援助或协助另一国家实施其国际不法行为的国家应对此种行为负责，如果该国在知道该国际不法行为的情况下这样做，而且该行为若由该国实施会构成国际不法行为。如甲国明知乙国关闭国际水道违法，还为实施此行为提供援助或协助，甲国就应为乙国的违法行为负责。

2. 指挥或控制一国际不法行为的实施。这是要求指挥或控制另一国实施其国际

---

[1]　参见贺其治：《国家责任法及案例浅析》，法律出版社 2003 年版，第 127 页。

不法行为的国家应该对该行为负有国际责任，如果该国知道该国际不法行为的情况下这样做，而且该行为若由该国实施会构成国际不法行为。如宗主国或保护国应对从属它的国家实施的国际不法行为承担责任。

3. 胁迫另一国家。此指胁迫另一国家实施一行为的国家，应对该行为负国际责任，如果在没有胁迫的情况下，该行为仍会是被胁迫国的国际不法行为，而且胁迫国在知道该胁迫行为的情况下这样做。这种情况下胁迫国对第三国的责任不是源于它的胁迫行为，而是来自被胁迫国的行动所引起的国际不法行为。

（三）解除行为不法性

通常，国家对其违背国际义务的行为都要承担国际责任的，但在特殊情况下，国家实施的违背国际义务行为被解除了不法性，它就因此不负国际责任。按《国家责任条款草案》第 20 ~ 21 条规定，存在以下情况之一者，可解除违背国际义务行为的非法性。

1. 同意。同意（consent）是指一国以有效的方式同意另一国实施某项特定行为时，则该行为的不法性在与该国家关系上即告解除，但以该行为不逾越该项同意的范围为限并必须符合一定的条件。它们是：

（1）同意必须以有效方式表示。所称有效方式是指由能代表国家的机关，以符合国际法规则的明显方式的表示。即出自同意国的自愿（自由意思的表达），并且这种同意要用明显的方式，包括明示的和默示的方式表示。由此排除那些违反国际法的同意方式之有效。如强迫、错误、欺诈、贿赂等方式造成的同意均属无效。

（2）实施的特定行为不得逾越同意的范围。这是说一国实施的特定违反国际义务行为要在关系国同意其实施的范围内，才能解除该行为的不法性。超出同意范围的行为不得排除其非法性。如一国同意另一国的商业飞机飞越其领空，并不解除该另一国运送军队和运送军事装备的飞机飞越其领空的非法性。

（3）同意不得违反国际强行法。国际强行法是各国必须遵守、不得抑损的法律规范。因此，国家同意别国实施的行为也不得违反这样的规则，同意的内容如果违反国际强行法，不仅同意无效，关系国实施的违法行为不得被解除非法性，而且同意国的同意行为也是非法的。《国家责任条款草案》第 26 条规定："违反一般国际法某一强制性规范所产生的义务的一国，不得以本章中的任何规定作为解除其任何行为之不法性之理由。"

2. 自卫。此指国家按照《联合国宪章》要求采取的合法自卫措施，该行为的不法性即告解除。关于自卫的合法性要求见本章第一节关于国家自卫权的论述。

3. 对一国际不法行为采取的反措施。对国际不法行为采取反措施（Countermeasures）是指受害国针对国际不法行为的责任国不履行责任或法律后果而采取的措施，以促使责任国履行国际法律责任。因此，即使这种反措施不符合受害国的国际义务，也是国际法允许的，并解除其非法性。但反措施的采取应符合《国家责任条款草案》规定的条件要求（见本节"国家责任的履行"中的论述）。

4. 不可抗力。不可抗力（force majeure）是指人力无法抗拒的强制力。一国不遵守其对另一国际义务的行为，如起因于不可抗力，即有不可抗拒的力量或该国无法控制、无法预料的事件发生，以致该国在这种情况下实际上不可能（material impossibility）履行义务，该行为的不法性即可解除。例如，一国发生自然灾害，或出现叛乱使其失去对部分领土的控制，或因第三国采取军事行动对其某一地区的破坏，使该国不能履行对另一国的国际义务。

一国援引不可抗力解除其行为的不法性，应符合下列条件：①不遵守国际义务行为须为不可抗力引起；②该行为是由于发生了该国无法控制或无法预料的事件造成的；③该行为使该国在当时的情况下，实际上不可能履行国际义务。

还需说明的是，如果不可抗力的发生是由一个国家自身的行为所致，则该国不得援引不可抗力作为解除其不遵守国际义务行为的不法性的理由。再者，一国一旦承担了某一特定风险的责任，它就不能要求以不可抗力为由来避免责任。

5. 危难。危难（distress）是指对在遭遇极端危险且别无选择的情况下，代表国家行事的有关人员为挽救其本人或受其监护的其他人之生命，而实施的不符合其国家的国际义务的行为，该行为可解除其不法性。但此原则不适用于一国对危难情况发生负有责任或者有关行为可能造成类似或更大灾难的场合。

6. 危急情况。危急情况（state necessity）是指国家在本国生存及其他重大利益遭到严重而紧迫的危害且别无选择的情况下，为消除这一危害而采取的不符合其国际义务的行为，可解除该行为的不法性。但这一规则不适用于规定有关义务的条约本身明示或默示禁止援引危急情况，也不适用于该国对这种危急情况的发生负有责任或者有关行为可能对权利国或整个国际社会的重大利益造成严重损害的场合。

（四）国家责任的形式

一国的国际不法行为一经确定，且没有解除行为不法性的正当理由存在的情况下，该国就应承担其不法行为的法律责任或后果，即对受害国承担国际义务。国家承担责任的形式有：

1. 停止不法行为。停止不法行为（cessation of wrongful act）是指实施国际不法行为的责任国，在实施持续性不法行为时，有义务立即停止该行为，终止对受害国的侵犯。这是消除不法行为之后果的第一要求。停止不法行为的作用是制止违背国际法的行为，并且保证初级规则[1]的效力和持续有效。以此，责任国停止其不法行为维护了一个或数个受害国，以致整个国际社会保持法制和依靠法治的利益。[2]

要求停止不法行为须具备两个条件：①实施的不法行为具有持续性质；②被违背的国际义务在发出要求停止时仍然有效。当一个国际不法行为不是某个具体行为

---

[1] 一些国际法学者把国家责任的国际法规则分为"初级规则"和"次级规则"。"初级规则"是确定行为合法性或非法性的规则。"次级规则"是确定不法行为是否存在及其法律后果的规则。

[2] 参见贺其治：《国际责任法及案例浅析》，法律出版社 2003 年版，第 213 页。

或事件，而是一个持续不断的行为时，受害国必然首先关注的是行为国停止不法行为，继续履行国际义务。特别是当国际不法行为的损害性并不在于其后果，而是在预期持续性时，停止不法行为对受害国来说就显得更重要了。[1]

2. 保证不重犯。保证不重犯（assurances and guarantees of non–repetition）是指在必要情况下，国际不法行为责任国应提供不重复该行为的适当承诺和保证。对承诺或保证的方式国际法并未规定，国际实践也不一致，通常的做法是受害国要求保证不重复违法行为而不指明保证的形式，但也有的受害国要求责任国采取特定的措施或特定的行为加以预防。例如，1966年印度尼西亚在一些人的策动下掀起反华浪潮，示威者于3月18日袭击了中国驻望加锡领事馆，4月15日袭击了中国大使馆，打伤5名外交官。对这些侵犯中国使领馆的行为，中国外交部副部长于4月15日照会印度尼西亚驻华大使，要求印尼政府对此负全部责任，赔偿一切损失，并切实保证中国外交代表机构的安全。在示威者又于4月19日袭击了中国驻雅加达总领事馆后，中国外交部亚洲司副司长遂于4月20日再次照会印尼驻华使馆，提出强烈抗议，并再次要求印尼政府立即采取措施，赔偿一切损失，保证中国外交机构的今后安全。[2]

要求责任国提供不重复违法行为的保证是为了恢复受害国和违法国之间对继续保持关系的信心。其特点是向前看，着重于防止未来可能发生的事情，强调的是预防。

3. 赔偿。对国际不法行为给受害国造成的损害予以赔偿（reparation）是国家责任法的核心内容。根据国际法，受害国对不法行为国因其国际不法行为造成的损害有要求赔偿的权利。另外，责任国对其国际不法行为所造成的损害必须负有充分赔偿的义务。[3]赔偿这个一般性的用语，是指国家可以用来履行或解除其责任的各种不同形式。包括恢复原状、补偿和抵偿等方式，实践中可以单独使用其一，也可以兼用各种形式进行赔偿。

（1）恢复原状。恢复原状（restitution）是指不法行为的责任国采取措施将其侵害的事物恢复到实施不法行为以前所存在的状态。恢复原状是责任国消除其不法行为所造成的一切后果，因此是赔偿方式中的首选，除非在不可能恢复原状的情况下，采用其他方式替代。

恢复原状可分为物质上恢复原状和法律上恢复原状。前者如归还被掠夺的或被没收的财产、历史文物和艺术品等。后者涉及修改责任国的法律或改善受害国法律关系的状况，如修改违背国际义务的宪法或法律规定，取消不符合国际法上关于外国人待遇的行政或法律措施等。[4]

〔1〕 参见王铁崖主编：《国际法》，法律出版社1995年版，第151页。
〔2〕 参见贺其治：《国家责任法及案例浅析》，法律出版社2003年版，第216~217页。
〔3〕 参见《国家责任条款草案》第42条和第31条。
〔4〕 参见杨泽伟：《国际法》，高等教育出版社2007年版，第132页。

恢复原状的实施要受两个条件限制：① 恢复原状在事实上是可行的。如果恢复原状是实际可以做到的，责任国就应实施，不得以法律困难或实际困难为由拒绝恢复原状。但是，如果应归还的财产已永久消失或丧失，或者已损坏到毫无价值的状态，则不需恢复原状。② 恢复原状与责任国的负担成比例。此指受害国从恢复原状中得到的利益与对责任国因此而造成的负担应成比例，避免使责任国承受过重负担。换句话说，如果责任国因恢复原状而承受的负担与受害国因此而得到的利益完全不成比例，则不得要求恢复原状。之所以加诸这个条件限制，是出于公正与合理的考虑。这一点在理论上和实践中，都得到了普遍地支持。[1]

（2）补偿。补偿（compensation）是责任国对其国际不法行为造成的损害不能或没有以恢复原状的方式给予赔偿时，采用的一种主要的赔偿方式。通常采用支付金钱补偿，也可以由双方商定采用其他的等价补偿方式。

关于补偿范围，《国家责任条款草案》第 36 条规定"在资金上可以评估任何物质损害或精神损害"。可见补偿的范围既有物质的，也有精神的。

（3）抵偿。抵偿（satisfaction）是指责任国在不能以恢复原状或补偿的方式赔偿其不法行为造成的损害时，采取的一种不可或缺的满足受害国赔偿要求的方式。例如，向受害国正式道歉、表示遗憾、承认行为不法、对金钱损害作出象征性的损害赔偿或以其他恰当方式作出的赔偿。此处的其他恰当方式包括许多可选择的方式，应视具体情况而定，如对造成伤害或损害事件的原因作出应有的调查、对肇事的个人给予纪律、行政或刑事处罚。其实前边讲的保证不重犯也属抵偿方式。[2]

抵偿的实施要受两项限制：①受害国的抵偿要求要与其损失相称。因为抵偿也要显示公正和公平。再者，抵偿本身不具有惩罚责任国的性质，也不意味着对损害作出惩罚性的赔偿。②抵偿不得采取羞辱的方式。这在历史上，特别是在大国强国与小国弱国之间，不乏其例。例如义和团运动后，西方列强强迫清政府所作的抵偿就带有侮辱性。

以上所述国家承担责任的形式及其相关的方式，虽然是分列的，但可以兼采实施，这在国际实践中是常有的。例如，1999 年 5 月 8 日，美国为首的北大西洋公约组织在对科索沃的轰炸中，美国飞机用 5 枚炸弹从不同的角度攻击中国驻南联盟大使馆，造成馆内人员 3 人死亡，多人受伤，使馆馆舍和财产遭到严重破坏。中国政府和人民对这种粗暴破坏国际法和侵犯中国使馆的行为，表示了极大愤慨，人民进行了示威游行，政府提出了最强烈的抗议，要求美国为首的北约对此承担全部责任，并公开向中国政府、人民和受害者及其家属表示道歉，并对此事件进行全面、彻底的调查，公布详细结果和严惩肇事者。在中国政府的严正交涉下，美国政府除作出了迅速、充分、有效的金钱赔偿外，美国和其他相关的北约国家的领导人对轰炸事

---

〔1〕　参见《国家责任条款草案》第 35 条评注第 11 段。
〔2〕　参见贺其治：《国际责任法及案例浅析》，法律出版社 2003 年版，第 253 页。

件向中国政府、人民和受害者及其家属表示了公开道歉。美国还对其中央情报局的8名工作人员进行了惩处，其中一名还获解雇。[1]

（五）国家责任的履行

国家责任的履行是指责任国通过必要的形式履行其不法行为的法律后果，即通过停止不法行为和给予受害国赔偿等形式履行其次级国际义务。国家责任的履行涉及援引一国的责任和反措施的问题。

1. 国家责任的援引。国家责任的援引涉及援引国家责任的条件、援引国家责任提出的条件和援引责任权利的丧失问题。

（1）援引国家责任的条件。国家责任的援引是指受害国有权主张违反国际义务的国家的责任。按《国家责任条款草案》第42条规定，一国援引另一国的责任有两种情况：① 被违背的义务是个别地对它承担的义务。② 被违背的义务是对包括该国在内的一国家集团[2]对整个国际社会承担的义务[3]；而对此义务的违背特别影响该国；或彻底改变了由于该项义务被违背而受到影响的所有其他国家对进一步履行该项义务的立场。

此外，《国家责任条款草案》第48条还规定，受害国以外的国家在符合两个条件下，也可以援引国家的责任：①被违背的义务是对包括该国在内的国家集团所承担的、为保护该集团的集体利益而确立的义务；②被违背的义务是对整个国际社会承担的义务。责任的内容包括由责任国履行停止不法行为与保证不重犯和提供赔偿义务等。

（2）援引国家责任提出的条件。一国援引别国责任的提出必须满足两个条件：① 援引别国责任的受害国必须依国籍要求的有关规则进行。例如，国家行使外交保护权的条件要求之一是国家与被保护人之间必须具有以国籍为纽带的法律依据；② 在要求适用用尽当地救济的情况下，受害人必须首先用尽加害国提供的所有救济办法。否则不能援引加害国的责任。

（3）丧失援引责任的权利。按《国家责任条款草案》第45条规定，有下列情形之一者，不得援引责任。① 受害国已以有效的方式放弃要求；② 受害国基于其行为应被视为已以有效方式默许其要求失效。

2. 反措施。

（1）反措施的概念。反措施是指受害国针对责任国不履行其国际不法行为所引

---

[1] 参见1999年4月11日、7月30日和12月17日《人民日报》的报道。

[2] 《国家责任条款草案》第42条评注第11段称："采用'国家集团'（Group of States）这一用语并不是指该集团是任何单独的存在，或是说它具有单独的法人资格。确切地说，这一用语是用来指一个由世界上或某一地区的所有国家或相当数目的国家所组成的国家群体；这些国家集合起来是为了达到某种集体目的，并且为此可被视为一个具有职能性质的国家共同体（Community of States of A Functional Character）。"

[3] 所谓"对整个国际社会承担的义务"，是指所有国家都对这样的义务具有合法的利益或法律上的利害关系。所以，任何国家都有权对任何违背这种义务的国家援引责任。

起的责任或法律后果而采取的措施,以促使责任国停止不法行为和赔偿由此而造成的损害。如受害国对责任国采取贸易报复措施或与责任国实施的不法行为相同或类似(in kind)的做法。

(2)反措施的目的和限制。受害国采取反措施是为了使不法行为的责任国履行责任,它是针对责任国暂时不履行责任而采取的行动,而不是为了惩罚。只要责任国履行其责任,反措施即应停止。

反措施的实施要受以下条件限制:

第一,不受反措施影响的义务。按《国家责任条款草案》第50条规定,受害国对责任国采取反措施,不得影响其履行(或不得违反)下列义务:《联合国宪章》中规定的不得实行武力威胁或使用武力的义务;保护基本人权的义务;禁止报复的人道主义性质义务;依一般国际法强制性规范承担的其他义务;它与责任国之间任何可适用的现行解决争端程序的义务;尊重外交或领事人员、馆舍、档案和文件之不可侵犯的义务。

第二,相称。这是要求受害国采取反措施应遵守相称原则,即实施的反措施必须和所遭受的损害相称,并应考虑到国际不法行为的严重程度和有关的权利。国际法委员指出:"考虑到确保反措施的采取不会导致不公平的结果,衡量比例原则必须不仅仅考虑到遭受损害的单纯量的因素,还必须要考虑质的因素,例如被违反的有关规则所包含的利益的重要性和违反的严重性。"[1]《奥本海国际法》指出:"无论是积极的或是消极的报复都必须与所受损害和为取得赔偿所需要的强制成比例。例如,一个国家没有理由仅因外侨的本国对该国侨民拒绝司法,便为报复起见,把自己境内成千的该国侨民加以逮捕。"[2]

第三,采取反措施的条件。这里所说采取反措施的条件是指受害国必须遵守的程序条件。依《国家责任条款草案》第52条规定,采取反措施前,应要求责任国履行其义务并将采取反措施的任何决定通知责任国及提议与它进行谈判;可以采取必要的紧急反措施以维护权利。例如,从银行撤回资产或暂时冻结财产等;当国际不法行为已经停止,并且已将争端提交有权作出对当事国具有约束力之决定的法院或法庭时,反措施务必停止,不得无理拖延。当然,若责任国不秉承履行解决争端的义务,则此要求不适用。

第四,终止反措施。一旦责任国履行了其国际不法行为的有关义务,即应尽快终止反措施。

---

〔1〕 James Grawford, *The International Law Commission's Articles on State Responsibility: Introduction, Text and Commentaries*, Cambridge University Press, 2002, p. 296.

〔2〕 [英] 劳特派特修订:《奥本海国际法》(下卷第1分册),王铁崖、陈体强译,商务印书馆1981年版,第99~100页。

第三章

国际法上的个人

国际法上的个人泛指一国境内的受该国管辖和支配的所有人，包括本国人、外国人和无国籍人。但本章涉及的个人主要是一国境内的不享有特权与豁免的外国人。对无国籍人，国家通常把他们视为外国人对待。依国际法，每个国家都有保护外国人的责任，因此本章研究识别外国人的根据——国籍；外国人的法律地位；外交保护；引渡和庇护；难民的保护等问题。

第一节　国　籍

一、国籍的概念和意义

（一）国籍的概念

国籍表示个人（自然人）具有某个国家的公民或国民资格或身份，与该国保持着长久的法律联系，处于其属人优越权之下。[1] 所谓个人与国家保持长久的法律联系，是指个人与国家之间恒久的法律上的权利和义务关系。这种关系除依国家法律规定外，国家和个人均不可自由裁量决定。例如个人无权决定国籍的取舍，国家也不得任意剥夺国籍。

（二）国籍的意义

众所周知，国家的存在必然要有永久的居民或人口，决定特定的永久居民的根据就是国籍。[2] 国籍对国家和个人都有重要意义，主要表现在以下方面：

1. 国籍是国家区分本国人和外国人的根据。国家根据个人的国籍判断谁是本国人，谁是外国人。具有本国国籍的人是本国人，不具有本国国籍而具有外国国籍的人是外国人。国家对本国人有属人管辖权，对外国人有属地管辖权或国际法上的其他管辖权。本国人享受本国法律规定的有关公民的全部权利和义务，外国人只能享受法律允许的特定权利和义务，不能享受公民的专属权利和义务，例如一般不享受选举权和被选举权或其他参政权，也不尽服兵役的义务。

2. 国籍是确定属人管辖的根据。国籍是国家对个人具有属人管辖权的依据。个人具有某国国籍，该国就对其有属人管辖权，不论其在该国境内还是境外，都要服

---

〔1〕　参见周鲠生：《国际法》（上册），商务印书馆1976年版，第248页。

〔2〕　参见李浩培：《国籍问题的比较研究》，商务印书馆1979年版，第5页。

从该国的属人优越权。国家也因此有责任保护其在外国的国民之合法权利，并有义务接受自外国返回的本国国民。

3. 国籍是个人与国际法联系的纽带。个人因具有某国国籍，就可以享受国际法赋予其国家的权利和义务给他带来的权利和有关义务。

在研究个人国籍的概念和意义时，需要说明法人的国籍。国籍原本只涉及自然人，严格地说，只有自然人才是各国国籍法的主体。但从 19 世纪后半叶开始，由于私人企业的活动超越了国界，逐渐地向国际化发展，国家为了保护本国利益和发展国际通商关系，需要以国籍作为区分本国法人和外国法人的标准。因而国籍的概念也被移用于法人，作为表示法人属于某个国家的依据，所属国也因此对其法人有属人管辖权和保护其在外国法人的权利。此外，国际条约还规定将国籍用于船舶和航空器，以表示其归属。不过，法人、船舶和航空器的国籍只是个人国籍的类推或比喻意义上的使用而已。并非其本来对自然人的意义。[1] 因为法人不过是依法成立的组织。作为一个组织，它不可能像自然人那样，构成某一国家的人口而隶属于该国。船舶和航空器作为权利客体的财产，更不可能具有自然人国籍的内涵。

国际法承认将自然人的国籍比喻适用于法人、船舶和航空器的目的是满足国际交往的实际需要，促进法人、船舶和航空器的国际业务，保护它们的合法权益。

二、关于国籍的立法

关于国籍的立法称国籍法，它的内容包括规定个人国籍的取得、丧失以及处理国籍冲突的原则和规则。国际法认为这样的法律原则和规则的建立应属各国的国内管辖事项，因此每个国家都有权通过国内立法对本国国籍的取得、丧失、国籍冲突的解决等事项作出规定。但各国的国籍立法不得违反国际法的原则，否则其他国家或国际机构是没有义务承认的。对此，有关国际公约和司法判例都已阐明。例如，1930 年《关于国籍法冲突的若干问题的公约》第 1 条规定："每一个国家依照其本国法律断定谁是它的国民。此项法律如符合于国际公约、国际习惯以及一般承认为关于国籍的法律原则，其他国家应予承认。"第 2 条规定："关于某人是否具有某一特定国家国籍的问题，应依照该国的法律予以断定。"

常设国际法院在 1923 年关于法国在突尼斯和摩洛哥颁布的国籍法令的咨询意见中强调，这个问题是否完全属于国家管辖范围以内，是一个相对的问题，取决于国际关系的发展而定，判称"在目前国际法状态下，国籍问题……在原则上是在保留范围以内的"。其还称，甚至是对于在原则上不是由国际法规定的问题，国家行使其自由决定的权利也可以由于它对其他国家所承担的义务而受到限制，因此它的管辖权受到国际法规则的限制。[2] 常设国际法院 1919 年关于波兰同协约国订立的少数民

---

〔1〕 参见李浩培：《国籍问题的比较研究》，商务印书馆 1979 年版，第 14 页。

〔2〕 参见［英］詹宁斯 瓦茨修订：《奥本海国际法》（第 1 卷第 2 分册），王铁崖等译，中国大百科全书出版社 1998 年版，第 295 页。

族条约的解释问题的咨询意见和国际法院 1955 年"诺特鲍姆案"判决中都有类似阐述。[1] 1948 年《世界人权宣言》第 2 条规定人人不分种族、肤色、性别等区别的享有本宣言的权利和自由。第 5 条规定人人享有国籍权。1979 年《消除对妇女一切形式歧视公约》第 9 条规定应给与妇女与男子有取得、改变或保留国籍的同等权利，在子女的国籍方面，应给与妇女与男子平等的权利。1989 年《儿童权利公约》第 8 条规定维护儿童身份包括法律承认的国籍不受非法干扰的权利。

各国通过国内法规定关于国籍的原则和规则始于 18 世纪末，如法国首先在其 1791 年的《法国宪法》和 1804 年的《法国民法典》中作出规定。之后其他国家也对国籍问题采取了立法措施，通过宪法或单行国籍法对国籍加以规定。第一个单行国籍法是 1842 年的《普鲁士国籍法》。

国家为了解决国内立法难以解决的国籍在国际上的积极冲突和消极冲突问题，还缔结了许多双边条约和一些多边条约，作为国内法的渊源和补充。双边条约，如中国与印度尼西亚等国家缔结了关于解决华侨双重国籍问题的条约，德国和阿根廷及其他国家签订的关于双重国籍人的兵役义务的协定。多边条约，如 1930 年《关于国籍法冲突的若干问题的公约》《关于双重国籍某些情况下兵役义务的议定书》《关于某种无国籍情况的议定书》，1957 年《关于已婚妇女国籍公约》，1961 年《减少无国籍状态公约》等。此外，还有一些区域性国际条约和可参考的其他国际文件。[2]

三、国籍的取得和丧失

依各国国籍法和有关条约规定，由于某种事实的出现或存在使某人具有了某国国籍，称为国籍的取得。因某种事实的出现或存在使某人失去了某国国籍，称为国籍的丧失。

（一）国籍的取得

根据各国国内法规定，个人的国籍通常是因其出生或入籍而取得。

1. 因出生取得国籍。个人因出生而取得的国籍称出生国籍或原始国籍。世界上绝大多数人的国籍都是因出生而取得的。出生国籍是各国国内法以个人出生的事实而赋予的。国家根据自己的民族传统、政治、经济、社会和人口等方面的需要确定其赋予出生国籍的标准。各国立法实践形成了血统主义标准、出生地主义标准和混合主义标准。

（1）血统主义标准。血统主义标准是以父母任何一方或仅以父亲的国籍决定出生者的国籍，而不问其出生地。采用这种标准的国家之国籍法规定，只要是其国民

---

[1] 参见中国政法大学国际法教研室编：《国际公法案例评析》，中国政法大学出版社 1995 年版，第 114 页。

[2] 如 1933 年《美洲国家间国籍公约》和《美洲国家间妇女国籍的公约》、1954 年《阿拉伯联盟关于国籍的公约》、1963 年欧洲理事会成员国签订的《关于减少多重国籍情况和在多重国籍情况下兵役义务的公约》。2000 年 12 月 12 日，联合国大会通过了《国家继承涉及的自然人国籍问题》的决议。

所生子女就都赋予该国国籍。

（2）出生地主义标准。出生地主义标准是以出生者的出生地决定其国籍。采用这种标准的国家之国籍法规定，只要在其领土内出生就具有该国国籍，而不论出生者的父母是否属于该国国民。

（3）混合主义标准。如今，国家的法律采取单纯血统主义标准或单纯出生地主义标准决定出生国籍的非常少，一般都将两个标准兼用。或以血统主义为主兼采出生地主义，或以出生地主义为主兼采血统主义，或平衡地兼采血统主义和出生地主义。[1] 例如，美国国籍法就采取出生地主义为主兼采血统主义决定个人的出生国籍。[2]

2. 因入籍而取得国籍。个人因入籍（亦称归化）而取得的国籍称继有国籍。继有国籍是国家依据个人出生之后与该国发生联系的事实（这样的联系事实与个人出生无关）而赋予的国籍。如各国法律规定的因婚姻、收养、认知、领土变更和申请入籍等事实可赋予国籍。①因婚姻取得国籍是指个人与某国国民结婚而获得该国国籍。②因收养取得国籍是指儿童被某国国民收养而获得该国国籍。③因认知取得国籍，通常是指非婚生子女依法取得婚生地位而获得其父亲的国籍。④因领土变更取得国籍，一般是指国家领土割让或合并的事实使被继承国的国民获得继承国的国籍。⑤因申请入籍取得国籍，是指个人申请加入某国国籍获得许可而取得国籍。例如，按 2007 年《澳大利亚公民资格法》第 13 条规定，被澳大利亚公民或在澳大利亚永久居留者收养的人自动取得澳大利亚国籍。第 14 条规定，发现被遗弃的儿童取得澳大利亚国籍。第 15 条规定，某人居住的领土并入澳大利亚，该人取得澳大利亚国籍。第 15、19~21 条规定，个人符合法律规定的条件，可以通过申请而取得澳大利亚国籍。

个人除上述原因取得国籍外，还可因符合国家规定的条件恢复其曾经丧失的国籍。广义上也可将国籍的恢复归入国籍的取得之列，因为恢复的国籍显然已不是原始国籍，而是继有国籍。个人恢复国籍只能按一般外国人申请入籍的程序进行，而其是否能重新取得国籍则完全由国家主管部门依法决定。[3]

（二）国籍的丧失

据各国法律规定，个人国籍的丧失主要有以下原因：

1. 自愿解除国籍。国家法律规定允许其国民申请解除国籍，因此国民自愿申请解除国籍获准后丧失该国国籍。有的国家法律规定允许有外国国籍的国民放弃该国

---

〔1〕 李浩培在其所著的《国籍问题的比较研究》一书中调查的99 个国家的国籍法中有5 个国家采用纯粹血统主义标准；有45 个国家以血统主义为主，出生地主义为辅。有28 个国家以出生地主义为主，血统主义为辅。有21 个国家平衡兼采血统主义和出生地主义。没有国家采取纯粹出生地主义。

〔2〕 参见 2003 年修改的 1990 年《美国国籍与移民法》第 301 条。

〔3〕 参见李浩培：《国籍问题的比较研究》，商务印书馆 1979 年版，第 182 页。

国籍，而保留外国籍，因而在国民声明放弃的情形下，丧失该国籍。如 2015 年《越南国籍法》第 9 条规定，越南公民如有正当理由可获准退出越南国籍。但也规定了退籍的限制条件。[1]

2. 已取得外国国籍。有些国家的国籍法规定其国民由于与外国人结婚，或被外国人收养，或领土变更等原因，已取得外国国籍的丧失该国籍。

3. 剥夺国籍。剥夺国籍是国家依法取消某人的国籍或国民资格。有的国家法律规定，由于其国民实施了某种行为而剥夺其国籍，如未经本国允许而参加外国政府或军队并为其服务；参加外国选举；对国家犯有叛逆行为或从国家武装部队中逃跑（即逃兵）；在申请入籍时弄虚作假；久居外国不归（尤其是为了逃避公共服务的义务）；加入外国籍等。1951 年《波兰国籍法》[2] 第 12 条就规定居住在国外的波兰国民有下列情形之一者，得剥夺其波兰国籍：①对波兰国家不履行忠诚义务；②其行动损害人民波兰的重要利益；③在 1945 年 5 月 9 日后非法离开波兰国境；④经主管机关召唤而拒绝回国；⑤逃避强制兵役；⑥在外国因犯普通罪而被判刑或是累犯。

但是，各国法律关于剥夺国籍的规定不得违反《联合国宪章》的宗旨和其他国际法义务，如不得侵犯人权或造成无国籍状态。1948 年《世界人权宣言》第 15 条规定："①人人享有国籍。②任何人的国籍不得任意剥夺，亦不得否认其改变国籍的权利。" 1961 年《减少无国籍状态公约》还规定了具体限制。[3]

四、国籍冲突及其解决

（一）国籍冲突产生的原因

由于国际法没有统一的国籍规则，国籍的取得和丧失是国内法规定的，而各国的法律规定总会有或多或少的不同，所以不可避免地存在积极冲突和消极冲突问题。国籍法规定的积极冲突结果使一个人同时具有一个以上的国籍，即一个以上国家的

---

[1] 《越南国籍法》第 9 条第 2 款规定，申请退出越南国籍的人须为不属于下列情形之一者：①正履行军事义务；②正欠国家税款或须有其他债务；③正受到刑事起诉；④正在执行判决。第 3 款规定，正退出越南国籍者危害国家安全，不得退出。

[2] 参见静秋、李泽沛：《国籍法浅谈》，法律出版社 1981 年版，第 24 页。

[3] 该公约第 8 条规定：缔约国不应剥夺个人国籍，如果这种剥夺使他成为无国籍的人。第 7 条规定：任何人不应由于离境、居留国外、不办理登记或其他类似理由丧失国籍而成为无国籍的人。第 9 条规定：缔约国不得根据种族、人种、宗教或政治理由剥夺任何人或任何一类人的国籍。国际实践中，曾出现过第一次世界大战后的苏联、意大利、土耳其、德国和其他一些国家通过法令以长期连续在国外居住或者其他（有时是种族的或政治）理由，剥夺其众多国民的国籍的情形。这种大规模地剥夺国籍行为引起了是否与国际法相符合，以及它们应在什么程度上受到国际承认的困难问题，但当时的趋势认为这种剥夺国籍对国籍丧失是有效的。不过德国在它以后的实践中已废除了在第二次世界大战中的法律，并允许于 1933～1945 年间由于政治的、种族的或宗教的理由被剥夺国籍者重新入籍。参见［英］詹宁斯、瓦茨修订：《奥本海国际法》（第 1 卷第 2 分册），王铁崖等译，中国大百科全书出版社 1998 年版，第 397 页。

法律都承认某人为其国民或具有其国籍。例如，采取血统主义标准赋予出生国籍国家的国民在采取出生地主义标准赋予出生国籍的国家所生子女就有两个出生国籍（除非各该国有另外规定）。除此，个人由于婚姻、被收养、被认知或加入外国国籍等原因取得新国籍后，仍保留原国籍，则也会有一个以上国籍。

国籍法消极冲突的结果使一个人不具有任何国家的国籍，即任何国家根据它的法律不承认某人为其国民或有其国籍。例如，无国籍人在采取血统主义标准赋予出生国籍的国家内所生子女；或采取出生地标准赋予出生国籍的国家之国民在采取血统主义标准赋予出生国籍的国家内所生子女，均不能取得出生国籍。所以他们一出生就是无国籍人。再有，由于某人与外国人结婚，或被剥夺国籍等原因丧失原始国籍又未获得新国籍，亦成为无国籍人。

（二）国籍冲突的解决

1. 国籍冲突的后果。国籍冲突有积极冲突和消极冲突，它们都会产生不良后果。

（1）积极冲突的后果。国籍积极冲突使一个人同时具有一个以上的国籍。个人有一个以上的国籍，不仅会导致其国籍国间对他行使属人管辖权的冲突，而且会给个人带来麻烦。如他的国籍国根据属人管辖，都要求他服兵役或尽其他效忠义务，就会使其国籍国间发生管辖冲突，同时使个人处于无所适从的两难境遇；个人具有一个以上的国籍还可能给第三国造成不便，如其国籍国同时向第三国行使外交保护权，该第三国不可能接受所有国籍国的外交求偿，而只能选择其一，这种选择也并非易事，还可能招来不必要的争议。

（2）消极冲突的后果。国籍的消极冲突产生个人无国籍状态。无国籍人在其经常居住的国家通常只能享有一般外国人的待遇，不能享有该国公民的专属权利，并且当他们的合法权利遭到该国侵犯时，除了依《联合国宪章》及有关人权条约或明文规定他们地位的条约而受到保护外，没有国家保护他们。如果他们遭到驱逐，其他国家没有接纳的义务（除非有条约规定）。

2. 国籍冲突的解决。国籍冲突的解决既需要国家合作，也需要各国采取国内措施。

（1）国际合作减少国籍冲突。在国际合作方面，国际上已缔结了一些条约和通过了有关文件，规定了解决国籍冲突的原则。如1930年《关于国籍法冲突的若干问题的公约》《某种无国籍情况的议定书》《关于无国籍的特别议定书》及《关于双重国籍某种情况下兵役义务的议定书》。公约不仅规定解决国籍法冲突的一般原则，还规定了缔约国应在发给出籍许可证书、处理已婚妇女的国籍、子女的国籍和被收养人的国籍时应避免出现一个以上的国籍和无国籍状态。《关于某种无国籍情况的议定书》和《关于无国籍的特别议定书》规定了避免某种情况的无国籍和无国籍人与最终隶属国的关系。《关于双重国籍某种情况下兵役义务的议定书》规定了解决具有一个以上国籍人的兵役义务的原则。1951年《关于难民地位的公约》要求庇护国给予难民入籍的机会。1954年《关于无国籍人地位的公约》规定了无国籍人应受的法律保护。1957 年《已婚妇女国籍公约》主要规定了不应因妇女的婚姻影响其国籍，避免妇女因婚姻而成为无国籍人。1961 年《减少无国籍状态公约》规定了 11 种情况下保证个人具有国籍而避免他处于无国籍状态。2000 年联合国大会通过《国家继承涉及的自然人的国籍问题决议》，要求有关国家采取措施防止由于国家继承时产生无国籍状态。[1] 2006 年联合国国际法委员会二读通过的《外交保护条款草案》对有一个以上国籍的人和无国籍人的外交保护也作了规定。虽然草案不具有条约效力，但有参考价值。[2]

除此，还有一些解决国籍冲突的区域性条约和双边条约。区域性条约，如 1933 年《美洲国家间国籍公约》和《美洲国家间关于妇女国籍的公约》、1954 年《阿拉伯联盟关于国籍的公约》、1963 年《欧洲关于减少多重国籍情况和在多重国籍情况下兵役义务公约》、1997 年《欧洲国籍公约》。双边条约，如 1955 年中国和印度尼西亚《关于解决双重国籍的条约》、1956 年苏联和朝鲜《规定双重国籍人国籍的条约》以及苏联与南斯拉夫《关于调整双重国籍问题的条约》等。

（2）国内措施。解决国籍冲突还需要各国采取国内措施，国家应积极采取立法措施保证其参加的国际条约规定在国内得到遵守和执行；即使国家没有条约义务，也应按一般国际法原则规定其国籍法，减少双重国籍和无国籍状态。例如不承认国民的双重国籍，给予无国籍人及其子女提供取得国籍的机会。

五、中华人民共和国国籍法

中国第一部国籍法是清政府 1909 年颁布的《大清国籍条例》。辛亥革命后北洋政府曾对它进行修改，于 1914 年颁布了《民国三年修正国籍法》，1929 年国民党政府对该法进行了修改，并颁布了《民国十八年修订国籍法》。1980 年中华人民共和国全国人民代表大会通过并公布了《中华人民共和国国籍法》（简称《国籍法》）。这部《国籍法》是在总结中国传统和现实需要的基础上制定的，对中国国籍取得和丧失的条件、程序及原则等事项作了规定。

（一）中国国籍取得和丧失的条件

1. 中国国籍取得的条件。按《国籍法》规定，个人由于出生、申请加入或恢复的原因并符合条件的可取得中国国籍。

中国出生国籍的赋予标准是血统主义为主兼采出生地主义。《国籍法》第 4 条规定："父母双方或一方为中国公民，本人出生在中国，具有中国国籍。"第 5 条规定："父母双方或一方为中国公民，本人出生在外国，具有中国国籍；但父母双方或一方

---

[1]　该决议于 2000 年 12 月 12 日通过，A/RES/55/153。决议第 4 条规定："有关国家应采取一切适当措施防止在国家继承之日具有先前国籍的人由于国家继承而成为无国籍人。"第 11 条还规定，有权选择国籍的人在选择放弃某国籍后，被放弃国籍的国家应取消其国籍，除非这些人会因此成为无国籍人。

[2]　《联合国国际法委员会报告》（ILC Report 2006 A/61/10）第 3、6、7 条。

为中国公民并定居在外国，本人出生时即具有外国国籍的，不具有中国国籍。"为执行该条规定和准确认定中国国籍，我国公安部、外交部特发了《关于该执行〈中华人民共和国国籍法〉第五条规定有关问题的通知》（公境［2008］2204号）。[1] 第6条规定："父母无国籍或国籍不明，定居在中国，本人出生在中国，具有中国国籍。"

关于加入和恢复中国国籍的条件，该法第7条规定："外国人或无国籍人，愿意遵守中国宪法和法律，并具有下列条件之一的，可以经申请批准加入中国国籍：①中国人的近亲属；②定居在中国的；③有其他正当理由。"第8条规定："申请加入中国国籍获得批准的，即取得中国国籍……"第13条规定："曾有过中国国籍的外国人，具有正当理由，可以申请恢复中国国籍……"

2. 中国国籍丧失的条件。根据《国籍法》规定，中国公民因在外国定居并取得外国国籍，或因其申请退籍获准而丧失中国国籍。该法第9条规定："定居外国的中国公民，自愿加入或取得外国国籍的，即自动丧失中国国籍。"第10条规定："中国公民有下列条件之一的，可以经申请批准退出中国国籍：①外国人的近亲属；②定居在外国的；③有其他正当理由。"第11条规定："申请退出中国国籍获得批准的，即丧失中国国籍。"第12条规定："国家工作人员和现役军人，不得退出中国国籍。"

该法第17条规定："本法公布前，已经取得中国国籍的或已经丧失中国国籍的，继续有效。"

（二）中国国籍的取得和丧失程序

关于中国国籍的取得和丧失程序，《国籍法》第14条规定："中国国籍的取得、丧失和恢复，除第9条规定的以外，必须办理申请手续。未满18周岁的人，可由其父母或其他法定代理人代为办理申请。"第15条规定："受理国籍申请的机关，在国内为当地市、县公安局，在国外为中国外交代表机关和领事机关。"第16条规定："加入、退出和恢复中国国籍的申请，由中华人民共和国公安部审批。经批准的，由公安部发给证书。"

为执行《国籍法》的上述规定，中国公安部于1992年发布了《关于受理审批国籍申请的程序和注意事项的通知》，详细规定中国国籍的取得和丧失的程序和应注意的事项。[2]

---

[1] 该通知称，为进一步规范国籍认定工作，经征求全国人民代表大会常务委员会法制工作委员会的意见，现就执行《中华人民共和国国籍法》（以下简称《国籍法》）第5条规定的有关问题通知如下：根据《国籍法》第5条规定，本人出生在外国，其父母均为中国公民，或父母一方为中国公民的，本人具有中国国籍。但是，本人在外国出生时即具有外国国籍，并具有下列情形之一的，不具有中国国籍：①父母双方为中国公民并均定居在外国；②父母一方为外国人，另一方为中国公民并定居在外国；③父母双方为中国公民，其中一方定居在外国。根据《国籍法》第5条的规定，出生时取得外国国籍的华侨子女，可以根据《国籍法》第7条的规定，申请加入中国国籍。

[2] 详见公安部《关于受理审批国籍申请的程序和注意事项的通知》（公境外［1992］898号）规定。

（三）中国国籍法的原则

《国籍法》坚持平等原则、不承认双重国籍原则和避免国籍冲突原则。

1. 平等原则。平等原则体现在中国国籍取得和丧失的条件及程序方面，规定中国各民族一律平等、男女平等，没有任何种族、民族、宗教、性别或其他歧视。如该法第2条规定："中华人民共和国是统一的多民族的国家，各民族的人都具有中国国籍。"第4条和第5条规定，中国的父母双方对其子女取得中国国籍具有同样效力。此原则对维护国家统一、人民的团结和保护人权大有裨益。

2. 不承认双重国籍和避免国籍冲突原则。减少和消除国籍冲突，坚持"一个人一个国籍"原则已逐渐成为不少国家国籍立法的方向，中国也是如此。作为中国《国籍法》的重要原则之一的不承认双重国籍和避免国籍冲突原则体现在该法的诸多条款中，其第3条规定："中华人民共和国不承认中国公民具有双重国籍。"第5条规定："父母双方或一方为中国公民，本人出生在外国，具有中国国籍；但父母双方或一方为中国公民并定居在外国，本人出生时即具有外国国籍的，不具有中国国籍。"第6条规定："父母无国籍或国籍不明，定居在中国，本人出生在中国，具有中国国籍。"第7条的规定还为无国籍人申请加入中国国籍提供了机会。第8条规定："……被批准加入中国国籍的，不得再保留外国国籍。"第9条规定："定居外国的中国公民，自愿加入或取得外国国籍的，即自动丧失中国国籍。"第13条规定："……被批准恢复中国国籍的，不得再保留外国国籍。"坚持不承认中国公民具有双重国籍原则的实践也证明它不仅有利于我国国际关系的发展，同时也有利于华侨和华人的生存和发展。正如中国外交部领事司在回答"中国国籍法常见问题"时所言："实践证明这有利于海外华侨华人的长期生存和发展，也有利于中外互信合作。当前，跨国人员交往日益密切，一人一个国籍制度宜完善不宜废除。同时政府有关部门将考虑海外华侨华人这一群体的特殊性针对他们的关切，不断推出入出境、居留等方面的便利措施。"[1]

第二节　外国人的法律地位

对一个国家而言，凡不具有该国国籍，而具有外国国籍的人都是外国人（alien）。本节涉及的外国人是一国境内的外国人（但不包括享有特权与豁免的人）。这样的外国人为了从事商业或专业活动，或为留学、探亲访友及其他交流与合作，合法进入一国居留，与该国形成密切关系，居留国家应给予他们必需的保护。国际法因此形成了保护外国人的原则、规则和制度，确立了外国人的法律地位。至于在

[1] 参见 http://news.xinhuanet.com/politics/2013-05/18/c_1158/6082.htm，2016年3月10日访问。

国际实践中，把无国籍的人视为外国人对待，给与他们外国人的待遇，但他们并不是法律意义上的外国人。

外国人的法律地位是指外国人于其居住国享有的权利和义务，包括服从居留国的管辖；遵守关于外国人入境、居留和出境的管理；享有保证其正常生活的待遇等。

一、外国人的管辖

外国人虽然有自己的国家，但他们居留在外国，置身于所在国的权力之下。这种场合下要求外国人必须服从所在国的管辖，因为每个国家都有属地优越权，对其境内的一切人、物和事具有排他的管辖和支配权。据此，外国人连同他们的财产一进入国境，就立即处于所在国的属地管辖之下。无论他们是暂时旅行还是长期居留，都要服从该国的立法、行政和司法等措施，并就他们在该国所做的一切行为对该国负责。

对于所在国基于属地优越权而对外国人实行的管辖，外国人的本国亦应予以尊重，尽管其本国对他具有属人管辖权，但这种权力的行使要受其国民所在国的属地管辖的限制。《奥本海国际法》指出："虽然一个国家在外国的公民仍然在该国的权力之下，但是，该国行使这种权力，就这些公民所在国依据其属地最高权有权管理的一切事项而言，是受限制的。尊重外国属地最高权的义务，必然禁止国家做侵犯外国属地最高权的行为，虽然依据其属人最高权，这些行为是属于其职权范围之内的，但一个国家不得在另一个国家的领土上做主权行为。例如，一个国家不得要求其居住国外的公民做其所在国的法律所禁止的行为，也不得命令他们不做依据所在国的法律所应做的行为。"[1]

二、外国人的入境、居留和出境

对外国人的入境、居留和出境的管理，通常由各国国内法规定，只要国内法不违反国家承担的国际义务，就应获得国际认可。

（一）外国人的入境

除条约另有规定外，国家没有接纳外国人的义务，外国人也没有进入一国领土的权利。国家根据属地优越权可以自由决定是否接纳外国人及接纳的条件。各国一般都允许外国人为合法目的进入其领域，如允许外国人入境旅游、留学、投资、贸易、参加会议、与亲人团聚等。外国人入境需要持其合法有效的护照[2]及其他所需

---

〔1〕　参见［英］詹宁斯　瓦茨修订：《奥本海国际法》（第1卷第2分册），王铁崖等译，中国大百科全书出版社1998年版，第406页。

〔2〕　护照是由国家主管机关（通常是移民和外交部门）签发的，向外国的有关当局证明个人身份的证件，也是个人向外国使馆、领事馆或其他机构申请入境签证，以进入该国居留或逗留，和返回本国或经常居住国必须持有的证明，并可以凭此证件在进入的国家受到保护，与签发国家的使馆或领事馆联系。根据有关国际条约规定，难民、无国籍人和国际组织官员可适用特别旅行证件替代护照。如难民海员可使用按照1957年《关于难民海员协定》所签发的特别旅行证件，其他难民可使用按照1951年《关于难民地位的公约》规定签发给难民的旅行证件代替护照。

的证明文件到进入国家指定的机构办理入境签证[1]（按国家间互免签证协议规定应免于签证者则无需签证）。获得入境签证就是得到了入境许可，持证者可以进入签发入境签证的国家，但入境时要接受该国的边防、海关、卫生等查验后，方可入境。实践中，国家基于维护其安全和良好社会秩序以及居民的健康考虑，而拒绝那些可能危害国家安全、公共秩序或利益、居民健康的外国人入境，如拒绝涉嫌从事颠覆政府、分裂国家和恐怖活动的人入境，不允许吸食毒品者、患有精神病或严重传染病的人，或刑事罪犯入境。

未经允许而入境的外国人属非法入境者，所在国可以依法予以处罚，如施以拘留、罚款、驱逐或遣返，严重者可施以刑罚。但是对非法入境的难民和贩运人口的受害人应按照国际文件规定的原则处理。[2]

（二）外国人的居留

当外国人获准进入一国后，无论他在该国长期居留还是暂时逗留，都要遵守该国的法律和规章，以及为维护公共秩序所采取的措施，包括一般措施和临时措施。如按照当地的规章办理居留证件和户籍登记，在居留期间依照当地的法律规定进行旅游、商业、贸易、投资、学习或其他活动，依法纳税，按要求向主管当局交验证件等。当地执法人员有权查验外国人的证件，对此，外国人不得拒绝。

（三）外国人的出境

依国际法，国家对其境内的外国人只有属地管辖权，而没有属人管辖权，所以，它无权阻止外国人离开其领土，外国人有离开该国的权利。对此，有关国际文件已经申明，1948 年《世界人权宣言》第 13 条第 2 款称："人人有权离去任何国家，包括其本国在内，并有权返回其本国。"1966 年《公民权利和政治权利国际公约》第12 条第 2 款和 1965 年《消除一切形式种族歧视国际公约》第 5 条第 4 款第 2 项都作了与《世界人权宣言》相同的规定。外国人离境时，可以按照所在国国民应遵守的

---

[1]　签证是国家主管当局（如驻外国的使馆、领事馆或其他经授权的机关）根据申请入境人的申请，依法签发给被允许进入其国境或其管辖的领土之证明文件。它的签发通常在申请人持有的合法有效的护照上或类似文件上加盖印章或签署，证明已查明护照或其他身份证明真实无误，准许进入或通过国境。

[2]　对非法入境的难民应按 1951 年《关于难民地位的公约》及其他保护难民的文件规定的原则处理，对此参见本章的第五节。对贩运人口的受害人之非法入境，依照 2000 年《联合国打击跨国有组织犯罪公约关于预防、禁止和惩治贩运人口特别是妇女和儿童行为的补充议定书》的宗旨和 2002 年联合国人权事务高级专员提出的《建议采用的人权与贩运人口问题原则和准则》中的保护和帮助原则，对被贩运者"不应以其非法进入或居住在过境国和目的地国为由，或以其参与实际上由于其被贩运这一境况直接造成其卷入的非法活动为由，对被贩运者进行拘留、指控或提起诉讼"的规定，有关国家非但不应处罚因被贩运而非法入境的受害人，反而应给与他们必要的保护和帮助。

条件携出他的财产。所在国不得对他的离开征收捐税或对他携出的财产征收捐税。[1] 只要外国人依所在国的法律规定办理出境手续，国家一般不得阻拦或拒绝签发出境签证。

但是，外国人出境的权利要受所在国的法律限制，对此外国人应予服从。1966年《公民权利和政治权利国际公约》第12条第3款规定：外国人的出境权利"除法律所规定并为保护国家安全、公共秩序、公共卫生或道德，或他人的权利和自由所必需且与本公约所承认的其他权利不抵触的限制外，应不受任何其他限制"。这意味着国家基于保护其安全、公共秩序等需要可以制定法律，规定限制外国人离境的条件。所以外国人在离境时，必须履行了当地的义务，如缴纳捐税、罚款和履行私人债务、服刑、应诉，等等。若是外国人不履行法律义务，所在国有权依法拒绝签发出境签证或阻拦其出境。

另外，所在国基于属地优越权，还可以依法驱逐外国人，但此等驱逐不得违反国际法的限制并应允许外国人申诉。《公民权利和政治权利国际公约》第13条规定："合法处在本公约缔约国领土内的外侨，只有按照依法作出的决定，才可以被驱逐出境，并且，除非国家安全的紧迫原因另有要求的情况下，应准予提出反对驱逐出境的理由和使他的案件得到合格当局或当局特别指定的一人或数人的复审，并为此目的而请代理人。"其他一些国际文件也对驱逐外国人规定了限制。[2] 若国家专横无理地驱逐外国人，则被认为是对外国人合法权利的侵犯，[3] 因为外国人的入境和居留是得到所在国允许的，此种允许赋予了所在国有保护合法居留的外国人之合法权利的义务。

实践中，国家在遵守国际义务的情况下，通常将那些对其实施政治阴谋或侮辱的人，危害或侮辱其他国家的人，在国内或国外犯罪的人，经济上有损该国利益的人驱逐出境。

三、外国人的待遇

（一）外国人待遇的内容

根据国际法，国家接纳并允许外国人临时或长期居留，就是对外国人的本国负有保护其国民的义务，并且应给予长期居留者较临时居留的外国人更多的权利和要求他们尽更多义务。阿·菲德罗斯等著的《国际法》指出："所有以一般国际法为基

---

[1]　参见［英］詹宁斯 瓦茨修订：《奥本海国际法》（第1卷第2分册），王铁崖等译，中国大百科全书出版社1998年版，第334页。

[2]　如1951年《关于难民地位的公约》第32、33条的规定，1955年《欧洲居留权公约》第3条和1928年《关于外国人地位的泛美公约》第6条的规定，以及1985年联合国大会通过的《非居住国公民个人人权宣言》第7条的规定。

[3]　如在阿明统治下的乌干达（1971～1979年）曾大规模集体驱逐外国人，主要是南亚人（大约28 000人）和东南亚人（大约22 000人），遭到国际社会的谴责。转引自白桂梅：《国际法》，北京大学出版社2006年版，第264页。

础的外国人的权利根源于这个理念：各国相互间负有义务对外国人尊重人的尊严。所以，它们有义务给以外国人以人的尊严的生活所不可缺少的那些权利。"〔1〕关于外国人待遇的内容，按人权保护的国际文件，如《世界人权宣言》《公民权利和政治权利公约》《经济、社会和文化权利国际公约》《非居住国公民个人人权宣言》等文件规定，人人应享有的基本人权和自由，外国人亦应享有。

这样的权利和自由主要有：①生命和人身安全的权利。不受任意逮捕或拘留，除非根据法律所规定的理由和按法律规定的程序，不被剥夺自由。②隐私、家庭、住宅和通信受保护，不受任意或非法干涉的权利。③在法院、法庭和所有其他司法机关和当局前享有平等待遇的权利，并在刑事诉讼和依照法律的其他诉讼过程中，必要时获得免费传译协助的权利。④选择配偶、结婚、建立家庭的权利。⑤享有思想、意见、良知和宗教自由的权利。⑥保持语言、文化和传统的权利。⑦依法将财产转移到国外的权利。⑧依照法律和不违反国家安全、公共秩序、公共卫生或他人权利和自由的情况下，享有和平集会、拥有单独或共同财产权、选择居所权。⑨依法工作的权利（包括平等获得工资、安全和健康工作条件等）。⑩依法参加工会或其他组织的权利。⑪依法享有健康保护、医疗、社会保障、社会服务、教育、休闲的权利。⑫与本国领事馆或使馆联系的权利。

外国人在享受权利的同时亦应承担相应的义务，如1928年美洲国家《关于外国人地位的公约》第3条规定："设定住所的外国人，除非他们宁可离开该国，可以强制其在与本国公民同样的条件下执行警察、消防或民警的任务，以保护其住所地免受非因战争而产生的自然灾难或危害。"

各国实践表明，外国人一般不享有所在国公民的政治权利，如不享有选举权和被选举权及其他参政权，也不负服兵役的义务。对此有关国际文件也作了规定。〔2〕

（二）外国人的待遇原则

1. 国民待遇。国民待遇（national treatment）是指国家在相同条件下和特定范围内给予外国人与本国人相同的待遇。这就意味着在相同条件下，外国人可享有不低于所在国国民的待遇，而外国人也不应要求高于国民的特权。卡尔沃主张："在一国定居的外国人，肯定应该享有和国民相同的受保护的权利，但他们不能要求更多的保护。"〔3〕1933年《美洲国家间关于国家权利和义务公约》第9条规定："国家的管辖权在领土范围内适用于所有居民。本国人和外国人受到法律和本国当局的同样保护，外国人不得主张本国人所享有的权利以外的其他的或更广的权利。"给予外国人

〔1〕　［奥］阿·菲德罗斯等：《国际法》（下册），李浩培译，商务印书馆1981年版，第434～435页。
〔2〕　如1985年《非居住国公民个人人权宣言》所列的非居住国公民的个人人权就没有政治权利。1928年美洲国家《关于外国人地位的公约》第3条规定："外国人没有兵役义务。"第7条规定："外国人不得参加居留国公民的政治活动，如果参加此项活动，则应受当地法律所规定的制裁。"
〔3〕　参见王铁崖主编：《中华法学大辞典》（国际法学卷），中国检察出版社1996年版，第329页。

国民待遇的目的是使他们与本国人享有平等的待遇，既不受到歧视，也不享有特权。

国民待遇原则早在 1804 年的《法国民法典》中就作了规定。之后，其不仅被众多法学家倡导，[1] 还为大量的国际文件确立。[2] 目前，几乎所有国家都通过国内法或国际条约规定在互惠的条件下，相互给与其境内的对方国民以国民待遇。

但是，各国在给予外国人国民待遇的原则下，出于保护本国国民利益或本国产业的发展需要，法律通常都规定对外国人某些权利的行使范围给以限制。一般不允许外国人取得不动产，以及不得谋求某些特别职业或行业。例如，英国法律规定，外国人不得充任商船船长、大副、轮机长，也不得充任渔船船长或助手，不得在联合王国区域内担任引水员，不得在英国担任文官。[3] 美国多数州的法律规定，外国人不得谋求律师职业。

在国民待遇原则下，限制外国人某些权利行使范围的结果使得外国人与本国人的待遇出现某些差别，这也是国际法允许的。此种差别待遇是一些教科书称为差别待遇的一部分内容。

2. 最惠国待遇。最惠国待遇（most favored nation treatment）是指在相同条件下和特定范围内，一国给予另一国国民的待遇不低于它现在或将来给予任何第三国国民的待遇，包括特权、优惠、免除、不禁止或不限制等。联合国国际法委员会于 1978 年拟定的《关于最惠国条款的条文草案》第 5 条规定："最惠国待遇是指施惠国给予受惠国或与之有确定关系的人或事的待遇不低于施惠国给予第三国或与之有同于上述关系的人或事的待遇。"

最惠国待遇的根据是国家间缔结多边或双边条约中载有的最惠国待遇条款。在这样的条款中规定缔约国相互施惠的权利和义务，以及最惠国待遇的条件和范围等。最惠国待遇主要适用于外国人从事的商业、贸易和投资等经济领域。它的产生和发展也是各国国民在外国从事商业、贸易和投资等经济活动需要的结果。一国国民在外国从事商业、贸易和投资等经济活动越频繁，竞争也就越激烈。在这种情况下，各国都希望为本国国民在外国创造一个良好的平等竞争环境，使他们于所在国能享受该国给予其他外国人的待遇，而不遭到歧视。基于这个理念而相约给予最惠国待遇。

规定最惠国待遇条款始于 17 世纪末的欧洲国家间的缔约。到了 18 世纪，由于欧

---

[1]　阿根廷法学家卡尔沃于 1868 年就开始倡导外国人享有国民待遇，到 20 世纪前半叶已得到欧洲和拉丁美洲很多法学家的支持，例如，斯特鲁、德·鲁特、赛伯特、奈斯、阿尔瓦雷和耶佩斯等都在他们的著述中赞同这一原则。

[2]　如参加 1930 年海牙国际法编纂会议的 17 个国家一致支持国民待遇原则，1928 年美洲国家《关于外国人地位公约》、1929 年巴黎会议提出的《关于外国人待遇的公约草案》、1933 年《美洲国家间关于国家权利和义务公约》、1995 年 WTO 协定及许多双边条约等。

[3]　H. Lauterpacht, *Oppenheim's International Law*, Volume1 – Peace, eighth edition, Longmans, Green and Co, London, 1955, pp. 689～690.

洲国家间的商务关系不断发达，最惠国待遇条款的使用也逐渐普遍。美国独立后，在它与欧洲国家的商务条约中也规定最惠国待遇条款。19 世纪，由于欧美列强势力扩张到亚洲和其他地区，它们与这些地区的国家缔结的条约中也有最惠国待遇条款，不过多数情形都是为它们本国人谋取片面利益而已。随着国际关系的变化，尤其是第二次世界大战后，大批新独立国家的出现和弱小国家的经济崛起，改变了大国实施的片面最惠国待遇状况，代之而起的是以平等互惠为基础的最惠国待遇条款被规定在国家间的通商、贸易、投资和其他条约中，1995 年建立《世界贸易组织协定》就是个典型。

根据国际条约或实践，最惠国待遇的适用是有例外的，通常在以下情况，受惠国不得援引其国民享受最惠国待遇：

（1）施惠国给与其邻国国民的优惠待遇。如免除边民签证或边境贸易的优惠。

（2）关税同盟内的优惠，自由贸易区或经济共同体内的优惠。如欧洲联盟国家间的各种优惠和免除。

（3）发达国家专门给与发展中国家的优惠。如贸易方面的普遍优惠待遇。

（4）国际条约规定的其他不适用最惠国待遇情形。例如，1982 年《海洋法公约》第 126 条规定："本公约的规定，以及关于行使出入海洋权利的并因顾及内陆国的特殊地理位置而规定其权利和便利的特别协定，不适用最惠国条款。"

最惠国待遇实施的结果使受惠国国民享有在同等条件下和相同事项上任何外国人享有的权利（或优惠）和义务，避免歧视待遇。这对促进国际通商、贸易和投资等方面的经济交流与合作具有重要意义。

3. 互惠待遇。互惠待遇（reciprocal treatment）是指一国给予外国人的某项权利、免除或优惠须以该外国人的国籍国同样给予该国民某项权利、免除或优惠为前提。例如，邻国间相互免除边民往来的签证，边境贸易的免税等。

四、外国人在中国的法律地位

自 1840 年鸦片战争后，西方列强通过一系列不平等条约在中国谋取了各种特权和利益，使它们的国民不服从中国政府的管辖，享有特权待遇。1949 年中华人民共和国政府成立后，彻底取消外国人的特权，并在遵循国际法的原则下通过立法和其他措施规定外国人在华的法律地位。

中国制定的涉及外国人地位的法律和法规有几十部，如《宪法》《民法通则》《物权法》《行政法》《刑法》《劳动法》《义务教育法》《教育法》《外国人宗教活动管理规定》《集会游行示威法》《出境入境管理法》《海关法》《引渡法》《民事诉讼法》《行政诉讼法》《刑事诉讼法》等。此外，还缔结了数百个涉及外国人地位的国际条约。我国的法律、法规及我国接受的条约和国际习惯法规则都是确定外国人法律地位的依据。它们主要涉及外国人服从中国的管辖，遵守入境、居留和出境管理规则，在华享有的待遇。

（一）服从中国的管辖

外国人必须服从中国的属地管辖权，遵守中国的法律法规，中国也有责任保护他们的合法权益。中国 2004 年修正的《宪法》第 32 条第 1 款规定："中华人民共和国保护在中国境内的外国人的合法权利和利益，在中国境内的外国人必须遵守中华人民共和国的法律。"其他法律也作了规定，如 1986 年《民法通则》第 8 条第 1 款规定："在中华人民共和国领域内的民事活动，适用中华人民共和国法律，法律另有规定的除外。"2012 年修正的《民事诉讼法》第 4 条规定："凡在中华人民共和国领域内进行民事诉讼，必须遵守本法。"2015 年修正的《刑法》第 6 条规定："凡在中华人民共和国领域内犯罪的，除法律有特别规定的以外，都适用本法。凡在中华人民共和国船舶或者航空器内犯罪的，也适用本法。犯罪的行为或者结果有一项发生在中华人民共和国领域内的，就认为是在中华人民共和国领域内犯罪。"2012 年修正的《刑事诉讼法》第 16 条规定："对于外国人犯罪应当追究刑事责任的，适用本法的规定。对于享有外交特权与豁免的外国人犯罪应当追究刑事责任的，通过外交途径解决。"

（二）遵守中国关于外国人入境、居留和出境的管理

外国人[1]入、出中国国境[2]和在中国居留必须服从中国主管当局的依法管理，按照中国 2012 年《出境入境管理法》和其他相关法律规定行事。如首先应持有有效护照或其他旅行证件，以及申请事由的相关材料，按照要求到主管机关办理入境签证[3]或按中国与有关国家缔结的条约规定办理手续。

---

[1] 根据中国《出境入境管理法》第 89 条的规定，此处的外国人是指不具有中国国籍的人。

[2] 根据中国《出境入境管理法》第 89 条的规定，此处的入境是指由其他国家或者地区进入中国内地，由香港特别行政区、澳门特别行政区进入中国内地，由台湾地区进入中国大陆。出境，是指由中国内地前往其他国家或者地区，由中国内地前往香港特别行政区、澳门特别行政区，由中国大陆前往台湾地区。

[3] 中国受理外国人入境、过境和在中国境内居留申请和批准的主管机关是外交部和公安部。在中国境内办理外国人入境、过境、居留、旅行手续的是公安部及其授权的地方公安机关和外交部及其授权的地方外事机关。外交部和公安部的分工原则是：持外交公务护照的外国人由外交部办理，持普通护照的外国人由公安部办理。在外国的办理机关是中国在当地的使领馆及外交部授权的其他机关。目前，我国公安部授权的口岸签证机关设在下列口岸：北京、上海、天津、重庆、济南、大连、福州、厦门、西安、桂林、杭州、昆明、广州（白云机场）、深圳（罗湖、蛇口）、珠海（拱北）、海口、南宁、东兴。此外，为方便外国人入境，公安部根据某些口岸的特殊需要可授权其办理签证，如经公安部批准，广西壮族自治区公安厅南宁机场口岸签证处继 2012 年 6 月 20 日开始为台湾居民办理入境证件和签注业务之后，在 8 月 8 日~12 月 31 日期间，新增办理外国人口岸签证业务。为方便外国人来中国旅游，经国务院批准，由国家旅游局批准的国际旅行社组织接待的外国旅游团，自 2002 年 1 月 1 日起，可在公安部授权的口岸签证机关办理团体旅游签证。公安部授权的口岸签证机关设在下列城市的对外开放口岸：北京、上海、天津、重庆、大连、福州、厦门、西安、桂林、杭州、昆明、广州、深圳、珠海、海口、三亚、济南、青岛、烟台、威海、成都、南京。

　　我国《出境入境管理法》第 21 条规定，中国主管机关对有以下情形之一的外国人有权拒绝签发入境签证：①被驱逐出境或者被决定遣送出境，未满不准入境规定年限的；②患有严重精神障碍，传染性肺结核病或者有可能对公共卫生造成重大危害的其他传染病的；③可能危害中国国家安全和利益、破坏社会公共秩序或者从事其他违法犯罪活动的；④在申请签证过程中弄虚作假或者不能保障在中国境内期间所需费用的；⑤不能提交签证机关要求提交的相关材料的；⑥签证机关认为不宜签发签证的其他情形。对不予签发签证的，签证机关可以不说明理由。第 22 条规定，外国人有下列情形之一的，可免办签证：①根据中国政府与其他国家政府签订的互免签证协议，属于免办签证人员的；②持有效的外国人居留证件的；③持联程客票搭乘国际航行的航空器、船舶、列车从中国过境前往第三国或者地区，在中国境内停留不超过 24 小时且不离开口岸，或者在国务院批准的特定区域内停留不超过规定时限的；④国务院规定的可以免办签证的其他情形。

　　获得入境签证的外国人进入中国口岸时还要接受边防、海关等查验。根据《出境入境管理法》第 24 条和第 26 条的规定，应向边防检查机关交验本人的护照或其他国际旅行证件、签证或者其他入境许可证明，履行规定的手续，经查验准许，方可入境。边防检查机关对有下列情形之一的不准入境：①未持有效出境入境证件或者拒绝、逃避接受边防检查的；②具有本法第 21 条第 1 ~ 4 款规定情形的；③入境后可能从事与签证种类不符的活动的；④法律、行政法规规定不准入境的其他情形。对不准入境的外国人，边防检查机关可以不说明理由。同时应责令其返回；对拒不返回的，强制其返回。并且在其等待返回期间，不得离开限定的区域。对外国交通运输工具的入境和出境检查参见《出境入境管理法》第 50 ~ 57 条的规定。

　　被允许进入中国境内的外国人，凡需要办理居留证件的，均需到当地的公安机关办理居留手续，以获取居留许可证件。在中国出生的婴儿之父母或代理人也应到相关的办理停留或居留登记。在中国境内死亡的外国人之家属等应到有关机关注销停居留证件。[1] 根据《出境入境管理法》第 31 条规定，办证机关对有以下情形之一的外国人不予签发居留证：①所持签证类别属于不应办理外国人居留证件的；②在申请过程中弄虚作假的；③不能按照规定提供相关证明材料的；④违反中国有关法律、行政法规，不适合在中国境内居留的；⑤签发机关认为不宜签发外国人居留证件的其他情形。但对符合国家规定的专门人才、投资者或者出于人道等原因确需由停留变更为居留的外国人，经设区的市级以上地方人民政府公安机关出入境管理机构批准可以办理外国人居留证件。此外，申请难民地位的外国人，在难民地位甄别期间，可以凭公安机关签发的临时身份证明在中国境内停留；被认定为难民的

---

〔1〕　具体的手续请参见 2012 年《出境入境管理法》第 30、32、33、34、35、36、40 条，2013 年《外国人入境出境管理条例》第 16 条和 2004 年公安部部长与外交部部长联合签署并公布的《外国人在中国永久居留审批管理办法》的规定。

外国人，可以凭公安机关签发的难民身份证件在中国境内停留居留。[1] 被允许居留的外国人还需要办理住宿登记的还要办理此项登记。[2]

外国人在中国境内停留居留，不得从事与停留居留不相符的活动，并应在规定的停居留期限届满前离境。[3] 年满 16 岁者应随身携带其护照或其他旅行证件，或停居留证件，接收公安机关的查验。居留者还应在规定的时间到居留的地县以上的公安机关交验居留证件。[4] 外国人在中国境内工作，应当按照规定取得工作许可和工作类居留证件。任何单位和个人不得聘用未取得工作许可和工作类居留证件的外国人。外国人未按照规定取得工作许可和工作类居留证件在中国境内工作；或超出工作许可限定范围在中国境内工作；外国留学生违反勤工助学管理规定或超出规定的岗位范围或者时限在中国境内工作；均属非法就业。取得永久居留资格的外国人可在中国工作。[5] 但其工作的范围及职业的选择要受中国相关法律规定的限制。外国人居留期间可在中国旅行，但未获得许可不得进入不对外国人开放的场所或地区。如前往这样的场所或地区须向当地公安局申请，获准后可前往。[6]

外国人应在其签证允许停留的期间内或者居留证件的有效期内离开中国，出境时应交验本人护照或者其他国际旅行证件等出境入境证件，履行规定的手续并经查验准许，方可出境。但有下列情形之一者，不得出境：①被判处刑罚尚未执行完毕或者属于刑事案件被告人、犯罪嫌疑人的，但是按照中国与外国签订的有关协议，移管被判刑人的除外；②有未了结的民事案件，人民法院决定不准出境的；③拖欠劳动者的劳动报酬，经国务院有关部门或者省、自治区、直辖市人民政府决定不准出境的；④法律、行政法规规定不准出境的其他情形。[7]

另外，我国有关公安机关和边防检查机关对外国人有非法出境入境嫌疑的；有协助他人非法出境入境嫌疑的；有非法居留、非法就业嫌疑的；或有危害国家安全和利益，破坏社会公共秩序或者从事其他违法犯罪活动嫌疑的可以依法盘问、拘留审查（对不适合居留审查的可限制其活动范围）。对于外国人有下列情形之一的，可以遣送出境：①被处限期出境，未在规定期限内离境的；②有不准入境情形的；③非法居留、非法就业的；④违反本法或者其他法律、行政法规需要遣送出境的。其他境外人员有前款所列情形之一的，可以依法遣送出境。被遣送出境的人员，自被遣送出境之日起 1～5 年内不准入境。[8] 对此不服的外国人可以发申请行政复议。

---

〔1〕《出境入境管理法》第 46 条的规定。

〔2〕《出境入境管理法》第 39 条的规定。

〔3〕《出境入境管理法》第 37 条的规定。

〔4〕《出境入境管理法》第 38 条的规定。

〔5〕《出境入境管理法》第 41、43、48 条的规定。

〔6〕《出境入境管理法》第 41、43 和 44 条的规定。

〔7〕《出境入境管理法》第 27、28 条的规定。

〔8〕《出境入境管理法》第 59～62 条的规定。

对不准出境或被阻止出境的人，待他们不准出境的理由或被阻止出境的理由消失或获得许可后可以离开中国。[1]

对外国人不服从或违反我国关于入境、居留和出境的管理规定者，有关公安机关或边防检查机关可实施警告、罚款、收缴或拘留的处罚，不服处罚者可以向上一级公安机关申诉或向当地人民法院起诉。对违法情节严重的公安部可以处以限期出境或驱逐出境的处罚。违反刑法的追究其刑事责任。[2]

（三）在中国享有的待遇

外国人，尤其是长期居留在中国的外国人需要享有比起临时来华的外国人更多的权利和义务，以保障他们在华的正常生活和业务活动的开展。按我国相关法律规定，外国人具有法律主体资格，他们的生命和安全、人身自由、尊严、财产和其他权利和自由受我国法律保护，我国的法律程序向他们开放，他们享有诉讼权。当然，他们在享有权利的同时也要承担相关义务。但依我国《宪法》和其他法律规定，[3]外国人不享有政治权利和不负兵役义务。

按我国法律和我国参加或缔结的条约规定，外国人享有的待遇标准主要是中国公民的待遇、最惠国待遇和优惠待遇。

关于享受中国公民的待遇，我国诸多法律和国际条约都作了规定。例如，《民法通则》第8条第2款规定："本法关于公民的规定，适用于在中华人民共和国领域内的外国人、无国籍人，法律另有规定的除外。"据此，该通则所规定的中国公民的民事权利和责任，外国人也同样享有。《知识产权法》《商标法》《著作权法》等及我国参加或缔结的条约[4]也都规定了外国人在华享有和中国公民同等的实体权利和义务。《民事诉讼法》第5条规定："外国人、无国籍人、外国企业和组织在人民法院起诉、应诉，同中华人民共和国公民、法人和其他组织有同等的诉讼权利义务。外国法院对中华人民共和国公民、企业和其他组织的民事诉讼权利加以限制的，中华人民共和国法院对该国公民、企业和组织的民事诉讼权利，实施对等原则。"《刑事诉讼法》第16条规定："对于外国人犯罪应当追究刑事责任的，适用本法的规定。对于享有外交特权和豁免权的外国人犯罪应当追究刑事责任的，通过外交途径解决。"《行政诉讼法》第99条第1款规定："外国人、无国籍人、外国组织在中华人民共和国进行行政诉讼，同中华人民共和国公民、组织有同等的诉讼权利和义务。"这就使外国人享有同样的诉讼权利和义务。当然，外国人享有中国公民的同样权利和义务是指在同等条件下。

---

[1] 《出境入境管理法》第64、65条的规定。

[2] 《出境入境管理法》第71~74、76~79、83~84条的规定。

[3] 《宪法》第33、34、55条，《选举法》第3条，《兵役法》第3条。

[4] 如《伯尔尼保护文学和艺术作品公约》《保护工业产权巴黎公约》《商标国际注册马德里协定》《世界贸易组织协定》以及中国与外国缔结的大量双边条约。

　　虽然我国法律规定外国人享有中国公民的待遇，但相关法律也对他们的权利规定了一些限制，例如，按我国《宪法》第 9、10 条的规定，外国人不得取得土地、矿藏、水流、森林、山岭、草原、荒地、滩涂等自然资源的所有权。2007 年修订的《文物保护法》第 33 条规定："非经国务院文物行政部门报国务院特别许可，任何外国人或者外国团体不得在中华人民共和国境内进行考古调查、勘探、发掘。" 1994 年实施的《境内外国人宗教活动管理规定》第 8 条规定："外国人在中国境内进行宗教活动，应当遵守中国的法律、法规，不得在中国境内成立宗教组织、设立宗教办事机构、设立宗教活动场所或者开办宗教院校，不得在中国公民中发展教徒、委任宗教教职人员和进行其他传教活动。" 2001 年修订的《法官法》第 9 条规定，担任法官必须具有中华人民共和国国籍。2001 年修订的《检察官法》第 10 条规定，担任检察官，必须具有中华人民共和国国籍。2005 年《公务员法》第 11 条规定，担任中国公务员须具有中华人民共和国国籍。2012 年修正的《民事诉讼法》第 263 条规定："外国人、无国籍人、外国企业和组织在人民法院起诉、应诉，需要委托律师代理诉讼的，必须委托中华人民共和国的律师。"其他法律、法规也规定了一些限制。[1]

　　关于外国人享有最惠国待遇主要适用于外国人在华投资、贸易、航运、知识产权保护等方面。这种待遇原则是根据我国与外国人的本国缔结的或共同参加的国际条约规定的最惠国待遇条款确定的。例如，我国与外国缔结的双边投资、贸易和通商航海条约或协定中都规定了最惠国待遇条款，我国参加的《建立世界贸易组织协定》《保护工业产权巴黎公约》《商标国际注册马德里协定》《伯尔尼保护文学和艺术作品公约》《世界版权公约》等也都规定了最惠国待遇条款。因此，凡与我国有条约关系的缔约国国民均可在我国享有各有关条约规定的最惠国待遇。

　　外国人在华享有某些优惠待遇是根据我国法律和我国缔结的条约确定的，如外国人在华投资可以在特定范围享有税收的优惠，在互惠条件下邻国国民可享受特别事项的优惠待遇等。

第三节　外交保护

　　外交保护是与外国人待遇密切相关的问题，如前所述，各国只要接纳了外国人，它就负有保护他们的合法权利的义务。违背这一规则通常引起对受损害外国人本国的责任。他的本国可提出外交保护诉求。外交保护最早是 18 世纪学者提出的理

---

〔1〕　2013 年修订的《渔业法》第 8 条，2011 年修订的《水下文物保护管理条例》第 7 条，2002 年修订的《测绘法》第 7 条等规定。

念[1]，历经长期实践，特别是到了 20 世纪 20 年代，国际社会已普遍同意，国际不法行为或不法行为对外侨造成的损害，即涉及可归咎于这种行为或不行为的国家责任。当时人们普遍同意，尽管一国没有义务接纳外侨，但它一旦接纳之后则对该外侨的本国负有义务，须依照外侨待遇的最低国际标准对其人身或财产提供一定程度的保护。[2] 因此可以说外交保护是国际习惯法。

一、外交保护的概念和性质

（一）外交保护的概念

外交保护（diplomatic protection）是指国家在对其在外国的国民（包括法人）之合法权益遭到所在国违反国际法的侵害而得不到救济时，采取外交或其他方法向加害国求偿的行为。联合国国际法委员会 2006 年二读通过的《外交保护条款草案》第 1 条规定："一国对另一国的国际不法行为给属于本国国民的自然人或法人造成损害，通过外交行动或其他和平手段援引另一国的责任，以期使该国责任得到履行。"

（二）外交保护的性质

外交保护是国家的权利，因为国家基于属人管辖，将国民的权利视为国家权益的组成部分，所以对其在国外的国民有保护的权利。这已为众多国际法著述、判例和国际文件确认和阐明。例如，瑞士法学家法泰尔早在其 1758 年所著的《国际法》教科书中就提出："谁虐待一个公民也就间接地伤害了他的国家，而后者必须保护该公民。"[3] 常设国际法院在"马夫罗马蒂斯在巴勒斯坦的特许权案（希腊诉联合王国）"中的意见说："事实上，一国为其国民出面，代表他诉诸外交行动或国际司法诉讼，就是在维护其本身的权利，即通过其国民本身确保国际法规则得到尊重的权利。"[4] 1961 年《维也纳外交关系公约》第 3 条规定：使馆是"于国际法许可之限度内，在接受国中保护派遣国及其国民之权益"的职务。《外交保护条款草案》第 1 条评注（3）称："外交保护历来被视为国家的专有权利，意思是说，由于对国民的损害被视为对国家本身的损害，所以国家依据自己的权利行使外交保护。"

外交保护既然属于国家的权利，国家就有决定是否行使自由量裁权，纵然国民

---

[1]　公认最早提出外交保护的是瑞士法学家艾默里奇·德·法泰尔（Emmerich de Vattel）在其 1758 年的《国际法》教科书中。

[2]　C. Joseph, *Nationality and Diplomatic Protection—The Commonwealth of Nations*, A. W. Sijthoff, 1969, p. 3. R. Y. Jennings & A. Vatts, *Oppenheim's International Law*, ninth edition, Longman and Mrs. Tomoko Hudson, 1992, pp. 893, 910, 911.

[3]　E. de Vattel, *The Law of Nations or the Principles of Natural Law Applied to the Conduct and to the Affairs of Nations and Sovereigns*, vol. 111, 1758, English Translation by C. G. Fenwick, Carnegie Institution, Washington 1916, p. 136.

[4]　"马夫罗马蒂斯在巴勒斯坦的特许权案（希腊诉联合王国）"，载《1924 年常设国际法院案例汇编》，A 辑，第 2 号，第 12 页。在帕聂韦日斯—萨尔杜提斯基斯铁路案（爱沙尼亚诉立陶宛）中，常设国际法院又重申了这句话，载《1939 年常设国际法院案例汇编》，A/B 辑，第 76 号，第 16 页。

可请求国家保护，但其国家是否在国际上进行外交求偿，是不受这种请求限制的。

二、外交保护的对象和根据

（一）国民的外交保护及根据

外交保护的传统对象是保护国家的海外国民，这是一般国际习惯法承认的。一国采取外交或其他办法保护其在外国国民权利的根据是受保护人具有该国国籍，国籍是确定个人与国家联系的纽带或依托，也是国家属人管辖权的根据。《外交保护条款草案》第 3 条第 1 款指出："有权行使外交保护的国家是国籍国。"

（二）无国籍人和难民的外交保护及根据

随着国际关系的变化，特别是两次世界大战尤其第二次世界大战后的情势，造成大批难民和无国籍人出现。而许多难民和无国籍人都长久居住在他们的接受国，受该国类似国民的管辖，享受着与该国国民少有二致的待遇，并且当他们暂时到别国时，经常居住国还为他们出具护照或类似旅行证件，并允许返回。他们与经常居住地国形成了最密切的法律关系。据此，当他们的权益遭到临时所在国家的非法侵害又得不到救济时，其经常居住国可进行外交保护。这种保护的根据应是难民和无国籍人与其经常居住地国之间存在着最密切的法律关系。《外交保护条款草案》第 8 条规定："①一国可为无国籍人行使外交保护，但该人须在受到损害之日和正式提出请求之日在该国有合法的和惯常的居所。②一国可为被该国根据国际公认的标准承认为难民的人行使外交保护，但该人须在受到损害之日和正式提出求偿之日在该国具有合法的和惯常的居所。"

但要说明，难民的经常居住地国不得向难民的本国行使外交保护权，因为外交保护的主要基础是国籍。另外，大多数难民对在其国籍国所遭受的待遇提出了严重的指控，他们是为了逃避迫害而离开本国的，在这种情况下如果允许国际保护，就会打开国际诉讼的闸门，而且国家由于担心难民要求采取这种行动会拒绝接受难民。故《外交保护条款草案》第 8 条第 3 款规定：本条第 2 款关于对难民的外交保护的规定"不适用于难民的国籍国的国际不法行为造成的损害情况"。

三、外交保护的条件

虽然国家有外交保护权，但这项权利的行使要符合国际法规定的条件，它们是：

（一）保护国的国民或受其保护的其他人遭到所在国的非法侵害

保护国的国民或受该国保护的其他人（无国籍人和难民）的权利遭到所在国家的非法侵害是外交保护的必需条件之一。因此，必须有所在国侵害事实的存在，国家才能进行外交保护。这样的侵害包括国家的直接侵害和国家纵容的私人侵害。如立法机关颁布的违反国际义务的法律，以剥夺外国人的财产或歧视外国人；行政机关的非法执法或执法不公（如非法羁押）；司法拒绝（denial of justice），即法院拒绝司法救济或执法不公。例如，司法机关的腐败、恐吓、无保证的关押、滥用司法程序、不给予必要的法律帮助、不采取强制措施，鼓励私人攻击外国人，不惩罚侵害外国人的行为。

（二）受害人持续具有保护国的实际国籍或经常居住在该国

1. 受害人持续具有保护国的实际国籍。对国民来讲，虽然国籍是保护国对其行使外交保护的根据，但是一国依据国籍在国际上对抗另一个国家进行外交保护，还必须要求受害人持续具有该国的实际国籍（effective nationality or real nationality）。所谓实际国籍，是指个人的国籍必须反映其与国籍国的真实联系，他属于该国实际人口，与该国保持实际的权利和义务关系。[1] 1955 年国际法院在"诺特鲍姆案"的判决中指出：根据国际实践，国籍是个人与一个国家的实际人口有密切联系的这一事实的法律表述，只有当国籍把个人与赋予国籍的国家的这种密切联系转变为法律关系时，它才使该国有行使外交保护的权利。[2]

国籍持续是要求受害人从受害之日到提出求偿之日[3]均具有保护国的国籍，称国籍持续原则（doctrine of continuous nationality）。对这一原则的适用，《外交保护条款草案》第 5 条规定可作参考，该条规定："①一国有权对从发生损害之日到正式提出求偿之日持续为其国民的人行使外交保护。如果在上述两个日期该人都持有该国籍，则推定该国籍是持续的。②尽管有第 1 款的规定，一国对在正式提出求偿之日为其国民，但在受到损害之日不是其国民的人，可以行使外交保护，但条件是该人曾具有被继承国的国籍，或者已丧失原国籍，并且基于与提出求偿无关的原因、以不违反国际法的方式已获得该国的国籍。③一人在受到损害时为其原国籍国国民，而不是现在国籍国的国民，则现在国籍国不得针对原国籍国就该人所受损害行使外交保护。④一国对于在正式提出求偿之日后获得被求偿国国籍的人不再享有为其行使外交保护的权利。"

对法人的国籍要求，《外交保护条款草案》第 9 条规定："为对公司行使外交保护的目的，国籍国是指公司依照其法律成立的国家。然而，当公司受另一国或另外数国的国民控制，并在成立地国没有实质性商务活动，而且公司的管理总部和财务控制权均处另一国时，那么该国应视为国籍国。"第 10 条规定："①一国有权为从发生损害之日到正式提出求偿之日持续为该国或其被继承国国民的公司行使外交保护。如果在上述两个日期该公司都持有该国籍，则推定该国籍是持续的。②一国对于在提出求偿后获得被求偿国国籍的公司不再享有为其行使外交保护的权利。③尽管有第 1 款的规定，一国继续有权为在发生损害之日为其国民，但由于损害的原因，按照成立地国法律终止存在的公司行使外交保护。"

---

[1]　确定个人与国家实际联系的主要因素是他的经常居住地或主要居所地，除此还有他的利益中心、家庭关系、参加该国的公共生活以及对该国的贡献等事实。对确定实际国籍问题，1930 年《关于国籍法冲突的若干问题的公约》第 5 条和国际法院在诺特鲍姆案及其他案件的判决中都有阐述。

[2]　梁淑英："论外交保护的条件"，载《国际法律问题研究》，中国政法大学出版社 1999 年版，第 245 页。

[3]　所谓提出求偿之日，是指保护国正式向加害国提出外交交涉的日期。若是提交国际法院解决，则是向国际法院提出诉讼的日期。参见日本国际法学会编：《国际法辞典》（中译本），世界知识出版社 1985 年版，第 561～562 页。

2. 一个以上国籍人的外交保护。一个以上国籍人的外交保护涉及其国籍国之间可否进行外交保护和第三国如何接受其国籍国的求偿问题，对此国际文件和实践都已表明意见，即也应遵循受害人持续具有保护国实际国籍的条件。

（1）国籍国间的外交保护问题。一个以上国籍人的国籍国之间能否行使外交保护，要看受害人是否持续具有保护国的实际国籍。虽然 1930 年《关于国籍法冲突的若干问题的公约》第 4 条规定："国家对于兼有另一国国籍的本国国民不得反对该另一国而施以外交保护。"但《外交保护条款草案》第 7 条规定："一国籍国不得为同属另一国国民的人针对另一国籍国行使外交保护，除非在发生损害之日和正式提出求偿之日，该国的国籍均为该人的主要国籍。"这在国际实践中也有案例佐证，如"梅盖求偿案"，梅盖（Merge）是美国人，在她 20 岁时嫁给了意大利人并随丈夫在意大利生活且取得了意大利国籍。1937 年，她随在意大利驻日本使馆工作的丈夫在该馆居住和生活直到 1946 年。同年 12 月，她持美国签发的有效期为 9 个月的护照到美国旅行。1947 年回到意大利与丈夫居住在一起，期间，她在美国使馆登记为美国人。1948 年，她按照《对意合约》第 78 条向意大利索赔战争损害，遭到拒绝。1950 年在她的请求下，美国向美一意调解委员会提出求偿。1953 年，该委员会一致同意驳回美国的请求，理由是梅盖与其国籍国意大利联系的更密切。[1] 此案说明，如果梅盖与美国联系的密切程度胜过意大利，美国的求偿要求可获得支持。

（2）第三国对一个以上国籍国外交保护的接受。第三国对一个以上国籍人的国籍国之外交保护，可以只接受其实际国籍国的请求。虽然《外交保护条款草案》第 6 条规定："①双重或多重国籍国民的任一国籍国可针对该人不属于其国民的国家，为该国民行使外交保护。②两个或多个国籍国可为具有双重或多重国籍的国民共同行使外交保护。"但这与被求偿国选择接受与受害人关系最密切的国籍国的请求，并不相悖。1930 年《关于国籍法冲突的若干问题的公约》第 5 条规定："具有一个以上国籍的人，在第三国境内，应被视为只有一个国籍。第三国在不妨碍适用该国关于个人身份事件的法律以及在任何有效条约的情况下，就该人所有的各国籍中，应在其领土内只承认该人经常及主要居所所在国家的国籍，或者只承认在各种情况下似与该人实际上关系最密切的国家的国籍。"

对外交保护加诸持续具有保护国实际国籍的条件，目的是避免受害人选择有利于他的国籍，而造成保护国进行外交保护的结果是保护了一个与之无实际联系的人，由此造成外交保护的滥用。

3. 无国籍人和难民外交保护的非国籍条件。对无国籍人和难民的外交保护不要求国籍条件，只要求这类受害人长期居住在保护国，证明其在受损害之日和正式提出求偿之日都在该国经常居住或有惯常居所。[2]

---

〔1〕 梁淑英主编：《国际法学案例教程》，知识产权出版社 2005 年版，第 194 ~ 197 页。
〔2〕 《外交保护条款草案》第 8 条。

（三）用尽当地救济

一国国民在外国遭到所在国的非法侵害，其本国固然可以进行外交保护，但这并不意味，只要国民遭到侵害，国家就有权行使外交保护，而是要求受害人用尽当地救济后仍未获得补偿，才能进行外交保护。因为加害国对外国人有属地优越权，有权要求他们首先采用该国的救济办法，所以只有在用尽当地救济后才能确定加害国的责任。这是一项习惯法规则，已得到许多国际文件确认和判例的实践。如《外交保护条款草案》第14条第1款规定："除非有第15条草案规定的情形，一国对于其国民或第8条草案所指的其他人所受的损害，在该受害人用尽一切当地救济之前，不得提出国际求偿。"该条第3款规定："在主要基于一国国民或第8条草案所指的其他人所受的损害而提出国际求偿或请求作出与该求偿有关的宣告性判决时，应用当地救济。"[1]

1. 用尽当地救济的含义。用尽当地救济是指国家在进行外交保护前，要求受害人寻求并用完加害国提供的救济办法及它们的所有程序。用尽当地救济有两层意义：一是要求受害人用完加害国法定的全部有效的和可采用的救济办法，并将各种办法的审级用到最终；二是要求受害人充分正确地利用加害国法律规定的救济办法中的所有程序，例如诉讼程序的传讯证人、提供必要的证据和有关文件、证件等。

当地救济是指受害人可用加害国建立的行政和司法（一般指法院）的机制或程序。《外交保护条款草案》第14条第2款称："'当地救济'指受害人可以在所指应对损害负责的国家通过普通的或特别的司法或行政法院或机构获得的法律救济。"当地救济必须是有法律意义的办法或措施。这种法律意义表现在以下两方面：

（1）救济办法有确定和可采用性。救济办法的确定性是指救济办法是按照国家法律规定建立的，有维护和补偿当事人权利损害的独立机制或程序，并且这种机制或程序是长久存在的。救济办法的可采用性是指救济办法可为当事人采用，即国家公开颁布的和生效的法律明确规定，受害人有权采用的行政和法院办法，以使其损害获得救济。

（2）救济办法有效和充分。救济办法的有效是指当地救济办法的采用或启动可以使受害人有获得补偿的希望或可能。虽然救济办法并不保证申诉人绝对胜诉或使其诉求得到满足，但这些办法至少从形式上能够保证产生有法律拘束力的合理结果。救济办法的充分是指当地救济办法适用受害人的损害事实或情况，并且能对他公平适用。[2]

---

[1] 其他文件如2001年国际法委员会通过的《国家对国际不法行为的责任条款草案》第44条，1966年《公民权利和政治权利国际公约》第41条及该公约的《第一任择议定书》第1、2、5条，1965年《消除一切形式种族歧视国际公约》第11、14条，1984年《禁止酷刑和其他残忍、不人道或有辱人格的待遇或处罚公约》第22、23条的规定。国际判例，如1959年国际法院对"国际工商投资公司案"的判决、1956年"安巴蒂洛斯案"的国际仲裁裁决。

[2] Barry E. Carter & Philip R. Trimble, *International Law*, 2th edion, Little Brown and Company, 1994, p. 853. 王铁崖主编：《中华法学大辞典》（国际法学卷），中国检察出版社1996年版，第640页。

2. 用尽当地救济的例外。尽管国际法将用尽当地救济作为外交保护的条件限制，但它也有排除适用的情形，按《外交保护条款草案》第 15 条的规定，不适用当地救济规则的情形有：①不存在合理的可得到的能提供有效补救的当地救济，或当地救济不具有提供此种补救的合理可能性；②救济过程受到不当拖延，且这种不当拖延是由被指称应负责任的国家造成的；③受害人与被指称应负责任国家之间在发生损害之日没有相关联系；④受害人明显地被排除了寻求当地救济的可能性；⑤被指称应负责任的国家放弃了用尽当地救济的要求。

第四节　引渡和庇护

一、引渡

（一）引渡的概念

引渡（extradition）是指国家把当时在其境内的被别国指控为犯罪或判罪的人，应有关国家请求，移交给请求国进行审判或处罚。它是国家间的一种特殊刑事司法协助，目的是能使请求国对其指控的犯罪嫌疑人进行审判，以追究他的刑事责任，或对已经依法判为有罪的人执行刑罚。为前一目的的引渡称为诉讼引渡，为后一目的的引渡称为执行引渡。

引渡的主体通常都是国家，请求引渡的国家可以是犯罪行为发生地国或受害国，也可以是犯罪嫌疑人或罪犯的国籍国。因为这些国家依属地管辖、属人管辖或国际法上其他管辖，有权主张对其指称的犯罪者或判罪者实行管辖，所以当犯罪嫌疑人或犯罪人犯罪后或犯罪时在外国，它们请求该国协助引渡此人。被请求引渡的国家是被请求引渡人的所在国家，被请求引渡国家可假定被引渡人实施的犯罪行为发生在其境内，而对他的犯罪行为有属地管辖权，可依其国内法程序对该人采取强制措施，并移交给请求国。

引渡的对象，从引渡的罪行讲，在不同的历史时期是有变化的。19 世纪前，国家间主要引渡政治叛乱者、异教徒和逃兵。18 世纪末期开始，特别是到了 19 世纪，由于资产阶级革命的胜利，罪刑法定和民主原则的确立，使引渡的对象发生了根本改变。各国从引渡政治叛乱者、异教徒（或违反宗教教规者）和逃兵改变为引渡普通刑事犯罪者。因为各国一般认为普通刑事犯罪是危害人民基本权利和自由的，而违反军规或违反宗教教规不属于刑法上的犯罪，不同政见者应有自由，不应受迫害，所以应拒绝引渡这样的人。例如，法国首先在 1793 年《法国宪法》的第 120 条规定，给予为争取自由而从本国逃亡到法国的外国人以庇护。1833 年的《比利时引渡法》也规定禁止引渡政治犯罪者。此后，国家在它们缔结的引渡条约中也规定了不引渡上述人。

（二）引渡的根据

从国际法讲，引渡的根据是国际条约。[1] 国家间若无此类条约，就可拒绝引渡请求，除非请求国承诺遵守相互条件或特殊约定。如1999年修改的《加拿大引渡法》第10条规定：允许在无双边引渡条约情况下，根据外交部与请求国就个案达成的"特别协定"进行引渡合作。因为国际法并未加诸各国普遍的引渡义务。[2]

（三）引渡的条件

国家间进行引渡，通常符合双重归罪（double criminality）条件，也称相同原则（principle of identity）。即被请求引渡的人所实施的行为，按请求国和被请求国的法律规定都构成犯罪，且具有可罚性。[3] 任何一方法律不认为是犯罪或不具有可罚性，就不构成引渡的理由。当然，这不是说两国法律规定的罪名一定相同，只要两国法律规定的罪行之间实质相似即可。在此基础上，对所控诉的罪行要求惩罚或执行的刑罚达到一定的高度。若是为了起诉犯罪进行引渡，则对该犯罪人的监禁或剥夺自由的处罚要达到一定的期间，各国法律规定一般不少于1~2年。若是为执行刑罚而引渡，要求尚未执行的刑罚一般不低于4~6个月。[4]

（四）拒绝引渡的理由

根据国际实践，1990年联合国大会通过的《引渡示范条约》对拒绝引渡的理由作了原则性规定。按该条约第3、4条的规定，国家拒绝引渡有强制性理由和任择性理由。

1. 强制性理由。强制性理由有：①被请求国认为作为请求引渡理由的犯罪行为属政治性罪行；②被请求国有充分理由确信，提出引渡请求是为了某人的种族、宗教、民族、族裔本源、政治见解、性别或身份等原因而欲对其进行起诉或惩处，或确信该人的地位会因其中任一原因而受到损害；③作为请求引渡的理由的犯罪行为

---

[1] 国家间除缔结了大量双边引渡条约外，还缔结了许多多边条约，以确定它们之间的引渡关系。如1933年《泛美引渡公约》、1952年《阿拉伯联盟引渡协定》、1957年《欧洲引渡公约》及1975年和1978年该公约的两个补充议定书、1966年《英联邦内遭返逃犯的安排》、1994年《西非国家经济共同体引渡公约》。此外还有载有引渡条款的公约，如1948年《防止和惩治灭绝种族罪行公约》、1956年《废止奴隶制、奴隶贩卖及类似奴隶制之制度与习俗补充公约》、1965年《消除一切形式种族歧视国际公约》、1968年《战争罪和危害人类罪不适用法定时效公约》、1970年《关于非法劫持航空器的公约》、1971年《关于制止危害民航安全的非法行为公约》、1973年《禁止并惩治种族隔离罪行国际公约》、1979年《反对劫持人质国际公约》、1980年《关于核材料实物保护公约》、1984年《禁止酷刑和其他残忍、不人道和有辱人格的待遇或处罚公约》、1997年《制止恐怖主义爆炸事件的国际公约》、1999年《制止向恐怖主义提供资助的国际公约》、2000年《打击跨国有组织犯罪公约》等。

[2] ［英］劳特派特修订：《奥本海国际法》（第1卷第2分册），王铁崖、陈体强译，商务印书馆1981年版，第179页。

[3] 可罚性是指刑罚的可能性。各国法律都规定什么条件下对犯罪行为实施人不具有可罚性，如享有刑事豁免的人、未达到承担刑事责任年龄的人实施的犯罪、过了法定追诉时效的犯罪、被赦免的犯罪等。

[4] 1990年联合国《引渡示范条约》第2条的规定。

系军法范围的罪行，而并非普通刑法范围内的罪行；④在被请求国已因作为请求引渡理由的罪行对被请求引渡者作出终审判决；⑤根据请求国和被请求国任何一方的法律，被请求引渡者因时效已过或大赦等任何原因而可免于起诉或惩罚；⑥被请求引渡者在请求国内曾受到或将会受到酷刑或其他残忍、不人道或有辱人格的待遇或处罚，或者没有得到或不会得到《公民权利和政治权利国际公约》第 14 条所载的刑事诉讼程序中的最低限度的保障；⑦请求国的判决系缺席判决，被定罪的人未获得有关审判的充分通知，也没有机会安排辩护，没机会或将不会有机会在其本人出庭的情况下使该案获得重审。

2. 任择性理由。任择性理由有：①被请求引渡者为被请求国国民；②被请求国主管当局已决定不就作为请求引渡理由的罪行对该人提起诉讼，或已决定终止诉讼；③被请求国即将就作为请求引渡理由的罪行对被请求引渡者提起诉讼；④按请求国的法律作为请求引渡理由的罪行应判处死刑，除非该国作出被请求国认为充分的保证，表示不会判死刑，或即使判死刑，也不会予以执行；⑤作为请求引渡理由的罪行系在请求国和被请求国领土所犯，而被请求国的法律没有对这种情况下所犯的罪行规定管辖权；⑥按被请求国的法律，作为请求引渡的理由的罪行被视为全部或部分在该国境内所犯；⑦被请求引渡者在被请求国已由特别或特设法院或法庭判刑或者将可能受审或判刑；⑧鉴于被请求引渡人的年龄、健康或其他个人具体情况，将该人引渡将不符合人道主义的考虑。

（五）引渡的程序和效果

1. 引渡的程序。各国实践和《引渡示范条约》的规定表明，引渡程序一般要经过以下三个步骤：

（1）提出引渡请求。请求国通过外交机关（或其他主管机关）向被请求国相应的主管机关提交引渡请求书[1]和佐证文件等。在紧急情况下，正式提出引渡之前，可以通过外交机关或国际刑事警察组织提出采取临时强制措施的请求。

（2）被请求国的审查。被请求国收到引渡请求书及相关文件后，由主管机关（包括行政和司法机关）按照国内法规定进行审查，并可以要求请求国在一定的合理期限内提供补充材料（如请求国不提供，可认为放弃引渡请求）。被请求国的主管机关审查后作出是否引渡的决定并通知请求国，若拒绝引渡，则说明拒绝的理由。

（3）引渡的执行。若被请求国一经通知请求国准予引渡，两国就应不拖延地安排移交被引渡人。

2. 引渡的效果。一般要求请求国在得到被引渡人之后，对其审判或处罚要遵守特定原则（principle of specialty），即对被引渡人的审判或处罚，应只限于请求引渡和

---

[1] 请求书应附有证明被请求引渡人的身份、住所或居所、案件事实说明和必要证明；请求国法律中规定人犯的行为构成犯罪的处罚，对该犯罪的诉讼时效或执行刑罚的时限；逮捕证副本或有效判决书及有关说明等。

准予引渡所依据的罪行，或者至少先于有关的引渡条约所列举的罪行。确立这一原则的目的是防止请求国将政治犯罪者以普通刑事犯罪名义引渡回国，然后以其他罪行任意审判或处罚。[1]

此外，引渡后在未得到被请求国的同意下，请求国不得将被引渡人再引渡给第三国。但是，如果被引渡人在准予的罪行结案后的一定期间，可以离开而未离开请求国领土的，或在离开请求国领土后又自愿返回的，则请求国不受此原则限制。20世纪60年代后的引渡条约大都设立了这样的期间，10~60天不等，在此期间内，被引渡人要么离开引渡请求国，否则就不受特定原则的保护。[2]

这项原则最早被规定在1833年的《比利时引渡法》中，该法第6条规定："在这些条约中必须明确规定外国人不得因引渡前的政治犯罪、与此种犯罪有关的其他行为以及本法未予规定的重罪或轻罪而受到追诉或惩罚；否则任何形式的引渡或临时逮捕都将遭到拒绝。"[3] 1850年的《法国和西班牙引渡条约》规定："被引渡者，不受针对作为引渡理由的犯罪以外的犯罪的审判。"1927年《法国引渡法》、1981年《美洲国家间引渡公约》和1957年《欧洲引渡公约》都规定了特定原则。

对违反上述原则的行为被请求引渡国家可以要求请求引渡的国家承担国际责任，被引渡人也可以通过法律程序申诉以保护其权利。例如，在英美两国引渡劳舍尔案件中，劳舍尔就成功地运用法律保护了自己的权利。劳舍尔是一艘美国船的二副船员，在海上杀了另一名船员后逃往英国。随后美国向英国提出了引渡请求，英国逮捕了劳舍尔并准予引渡回美国。美国法院判处其犯有"施以异常残忍的惩罚罪"，而不是英国准予引渡时所依据的谋杀罪。劳舍尔认为美国的判决违反了英美之间的引渡条约。审理此案的巡回法庭的法官们对此持有不同意见，因此将此案提交到最高法院。

美国最高法院判决中指出，尽管条约的本质是一种合同，但根据《美国宪法》第6条，仍然构成"美国的最高法律"，因此，法院认为条约在美国相当于立法，当条约条款涉及个人权利时，法院应当支持这种权利。法院进一步分析引渡条约本身的目的反映了特定性，违反该原则相当于违反了条约项下被请求引渡人的权利。因此，法院认为劳舍尔有权免于针对引渡条约中没有包含的犯罪行为的起诉。[4]

二、庇护

（一）庇护的概念

国际法上庇护（asylum）的一般意义是指国家对于因政治原因遭到追诉或迫害而请求避难的外国人，准其入境、居留和给予保护。

---

〔1〕　参见王铁崖主编：《国际法》，法律出版社1995年版，第187页。

〔2〕　Michael Abbell, *Extradition to and from the United States* 2010, Leiden Boston：Martinus Nijhoff Publishers, 2010, p. 88.

〔3〕　参见外交部条约法律司编：《引渡法资料选编》，世界知识出版社1998年版，第72页。

〔4〕　United States v. Rauscher, 119U. S. 407（1886），pp. 420，425.

国家庇护外国人是其属地越权的表现，虽然依国际法人人都有权寻求外国的保护，但是否庇护外国人，则属国家自由决定的事情，因为除条约规定外，国际法并未赋予各国庇护外国人的义务。尽管《世界人权宣言》第 14 条第 1 款宣称："人人为避迫害有权在其他国家寻求并享受庇护以避免迫害。"但它并没规定个人当然有受外国庇护的权利，只是一种寻求获得庇护的权利而已。1967 年联合国大会通过的《领域庇护宣言》第 1 条第 3 款申明："庇护之给予有无理由，应由给与庇护之国家酌定之。"

国际实践中，各国庇护的对象主要是被外国追诉的政治犯罪者或因从事政治活动而遭到迫害的人。因此，庇护又称"政治避难"，庇护国实际上为避难者提供了避难所。对寻求庇护的人是否属政治犯罪或受政治迫害，除条约另有规定外，完全由庇护国认定，国际法并无统一概念。但一系列国际条约规定，将一些犯罪排除于政治犯罪，要求国家不得庇护这样罪行的人。如不得庇护犯有破坏和平罪、战争罪、反人类罪、灭种罪、种族隔离罪、酷刑罪及其他违反联合国宗旨和原则的罪行的人。[1]

（二）国家行使庇护权的空间范围

国家根据属地优越权，可对因政治原因遭到外国追诉或迫害寻求避难的外国人给与庇护，说明国家行使庇护权是在自己的领土范围或受其合法控制的领土内。国际法不承认国家在其领域之外进行庇护的权利。因此，国家不得在使馆或其他享有特权与豁免的驻外机构庇护外国人，如果这样做，不仅有悖于这些机构的职务，也是对驻在国属地优越权的侵犯。

国际法院在 1950 年"庇护案"的判决中指出："与领域庇护不同，在外交庇护的情况下，避难者置身于罪行发生地国境内。决定对避难者给与外交庇护有损领土国的主权，它使犯罪者逃脱领土国的管辖，并构成对纯属该国管辖事项的干涉。如果庇护国有权单方面确定避难者所犯罪行的性质，则将对领土国的主权造成更大的损害。因此，不承认这种有损领土主权的外交庇护，除非在某一特定情况下，它的法律依据得到了确立。"[2] 1961 年《维也纳外交关系公约》第 41 条第 3 款规定："使馆馆舍不得充作与本公约或一般国际法之其他规则或派遣国与接受国间有效之特别协定所规定之使馆职务不相符合之用途。"1963 年《维也纳领事关系公约》第 55

---

〔1〕　参见 1948 年《防止和惩治灭绝种族罪行公约》、1956 年《废止奴隶制、奴隶贩卖及类似奴隶制之制度与习俗补充公约》、1965 年《消除一切形式种族歧视国际公约》、1968 年《战争罪和危害人类罪不适用法定时效公约》、1970 年《关于非法劫持航空器的公约》、1971 年《关于制止危害民航安全的非法行为公约》、1973 年《禁止并惩治种族隔离罪行国际公约》、1979 年《反对劫持人质国际公约》、1980 年《核材料实物保护公约》、1984 年《禁止酷刑和其他残忍、不人道和有辱人格的待遇或处罚公约》、1988 年《联合国禁止非法贩运麻醉药品和精神药品公约》和《制止危及大陆架固定平台安全非法行为议定书》、1997 年《制止恐怖主义爆炸事件的国际公约》、1999 年《制止向恐怖主义提供资助的国际公约》、1998 年《国际刑事法院规约》等。这些文件都规定缔约国对犯有各该条约罪行的人，应遵守或引渡或起诉原则，并应以严重犯罪予以处罚。

〔2〕　参见中国政法大学国际法教研室编：《国际公法案例评析》，中国政法大学出版社 1995 年版，第 86 页。

条第 2 款也有类似规定。

（三）受庇护者的地位

受庇护者在庇护国享有合法的居留权。他们的地位与一般外国人一样，服从该国的管辖，享有一般外国人的待遇。但他们又与一般外国人有所不同，一方面，他们是因政治原因遭到本国的追诉或迫害而到外国避难的，与本国断绝了联系，得不到其国家的保护，庇护国一般不将他们引渡或遣返回国。另一方面，受庇护者因为从事政治活动而遭到追诉，所以可能会继续进行反对本国的活动，而庇护国应采取适当措施，禁止他们从事这种活动。因为每个国家都有义务遵守联合国的宗旨和原则，尊重别国的主权，不干涉别国内政。

故此，应防止居住在其领土内的人用组织敌对远征军队的方法，或用准备伤害其他国家元首、政府人员或国家财产等普通犯罪的方法，危害另一个国家。[1] 1967年《领域庇护宣言》第 4 条称："给与庇护之国家不得准许受庇护之人从事违反联合国宗旨与原则的活动。"美洲国家《关于政治庇护和避难的条约》《美洲国家组织宪章》和《欧洲领土庇护宣言》等文件也作了类似规定。

三、中华人民共和国关于引渡和庇护的规定

（一）关于引渡的规定

为了加强打击犯罪方面的国际合作，保障引渡的正常进行，我国于 2000 年公布了《引渡法》。该法对我国引渡的原则和规则作了全面规定，是我国处理与外国间引渡事务的基本依据。当然，这并不排除我国适用缔结或接受的引渡条约。[2] 对此，该法第 4、16、17、18、24、49 和 54 条都作了规定。同时不排除适用我国的《刑法》《刑事诉讼法》等。

按《引渡法》和中国缔结或参加的引渡条约，或者载有引渡条款的其他条约规

---

〔1〕　参见［英］詹宁斯、瓦茨修订：《奥本海国际法》（第 1 卷第 2 分册），王铁崖等译，中国大百科全书出版社 1998 年版，第 320 页。

〔2〕　中国自 1993 年至 2015 年已分别与泰国、俄罗斯、白俄罗斯、保加利亚、罗马尼亚、哈萨克斯坦、蒙古、吉尔吉斯斯坦、乌克兰、乌兹别克斯坦、柬埔寨、韩国、立陶宛、阿拉伯联合酋长国、秘鲁、突尼斯、菲律宾、南非、老挝、巴基斯坦、莱索托、巴西、阿塞拜疆、西班牙、纳米比亚、安哥拉、阿尔及利亚、葡萄牙、墨西哥、法国、意大利、波斯尼亚和黑塞哥维那、澳大利亚、也门、印度尼西亚、伊朗、阿富汗、埃塞俄比亚、塔吉克斯坦、越南和智利缔结了引渡条约，并且与上面所列的前 32 个国家所缔结的引渡条约截至 2015 年底均已生效。此外还参加了一些载有引渡条款的公约，如 1948 年《防止和惩治灭绝种族行公约》、1956 年《废止奴隶制、奴隶贩卖及类似奴隶制之制度与习俗补充公约》、1965 年《消除一切形式种族歧视国际公约》、1968 年《战争罪和危害人类罪不适用法定时效公约》、1970 年《关于非法劫持航空器的公约》、1971 年《关于制止危害民航安全的非法行为公约》、1973 年《禁止并惩治种族隔离罪行国际公约》、1979 年《反对劫持人质国际公约》、1980 年《关于核材料实物保护公约》、1984 年《禁止酷刑和其他残忍、不人道和有辱人格的待遇或处罚公约》、1997 年《制止恐怖主义爆炸事件的国际公约》、1999 年《制止向恐怖主义提供资助的国际公约》、2000 年《打击跨国有组织犯罪公约》等。

定，中国与外国间的引渡应遵守的原则和规则主要有以下方面：

1. 引渡的权利和义务。关于我国与外国之间引渡的权利和义务，凡与我国有引渡条约的，我国依条约规定的权利和义务与之进行引渡，与我国没有引渡条约的，根据互惠原则进行引渡。我国《引渡法》第 3 条规定："中华人民共和国和外国在平等互惠的基础上进行引渡合作。引渡合作，不得损害中华人民共和国的主权、安全和社会公共利益。"第 15 条规定："在没有引渡条约的情况下，请求国应当作出互惠的承诺。"任何外国对我国的引渡请求予以限制的，我国将按照对等原则对该外国向我国提出的引渡请求予以拒绝或限制。

2. 处理外国引渡请求的规则。

（1）引渡的条件。按《引渡法》第 7～9 条的规定，外国向我国提出的引渡请求须符合两个条件，才能引渡：①请求引渡所指的行为，依照我国和请求国的法律均构成犯罪；②被请求引渡人的犯罪处罚达到法定高度。为提起刑事诉讼而请求引渡，根据我国和请求国的法律，对请求引渡的犯罪均可判处 1 年以上有期徒刑的处罚或其他更严重的刑罚。为执行刑罚而请求引渡的，在提出引渡请求时，被请求引渡人尚未服完的刑期至少为 6 个月。

对引渡请求中符合第一个条件的多种犯罪，只要其中有一种犯罪符合第二个条件，就可以对该各种犯罪准予引渡。但有该法规定应该拒绝或可以拒绝引渡的情形之一者，即使符合上述引渡条件，主管机关亦应拒绝或可以拒绝引渡，其中应拒绝引渡的有八种情形；[1] 可拒绝的引渡有两种情形。[2]

（2）引渡请求的提出和审查。

第一，关于引渡请求的提出。依《引渡法》第 10～15 条规定，外国的引渡请求应向我国外交部提出，同时出具请求书，请求书中应载明请求机关、被请求引渡人的基本情况、犯罪事实、对犯罪的定罪、量刑及追诉时效的法律规定。在出具请求书时，还应提供有关逮捕证或生效的判决书或裁定书的副本及执行期的证明、必要的犯罪证据或证据材料。此外，请求国还应保证：不对被请求引渡的人于引渡前实

---

[1] 它们包括：被请求引渡人具有中国国籍；中国司法机关对引渡请求所指的犯罪已作出生效的判决，或已终止刑事诉讼程序；因政治犯罪被请求引渡的，或已被中国庇护的人；被请求引渡的人可能因其种族、宗教、国籍、性别、政治见解或身份等原因而被提起刑事诉讼或执行刑罚，或因被请求引渡人在司法程序中可能因上述原因受到不公正待遇；引渡请求的犯罪纯属军事犯罪，按中国法律，收到引渡请求时，由于犯罪已过追诉时效或被请求引渡人已被赦免，而不应再追究其刑事责任；被请求引渡人在请求国内曾经或可能受到酷刑或其他不人道或有辱人格待遇或处罚；请求国根据缺席判决而提出的请求引渡。但请求国承诺对被请求引渡人给予出席法庭的重新审判例外。

[2] 包括中国对引渡请求的犯罪有刑事管辖权，并且对被请求引渡人正在进行刑事诉讼或准备提起刑事诉讼；由于被请求引渡人的年龄、健康等原因，根据人道主义原则不适宜引渡的。

施的未准予引渡的犯罪追究刑事责任，也不将该人再引渡给第三国；[1] 对请求提出后撤销、放弃引渡请求，提出引渡请求错误的，对被请求引渡人造成的损害承担责任；在没有引渡条约的情况下向中国作出引渡互惠的承诺。

第二，对外国引渡请求的审查。按《引渡法》第 16～29 条的规定，对外国的引渡请求由外交部和最高人民法院指定的高级人民法院分别进行审查；[2] 对两个以上国家就同一行为或不同行为请求引渡同一人的，综合考虑收到引渡请求的先后和是否与中国有引渡条约关系等因素，确定接受引渡的先后顺序；对引渡请求进行审查的高级人民法院可作出是否引渡的裁定，并经最高人民法院核准后通知外交部。外交部应将不予引渡的裁定通知请求国，对符合引渡条件的应报送国务院决定是否引渡。对国务院决定不引渡的，应由外交部通知请求国。

（3）为引渡采取的强制措施和引渡的执行。按《引渡法》第 30～41 条的规定，我国公安机关对外国正式请求引渡前，请求对被请求引渡人采取强制措施的[3]，可以依法对被请求引渡人采取拘留措施。另外，被最高人民法院指定审查引渡的高级人民法院也可以根据情况需要，作出逮捕被请求引渡人或监视其居住的决定并实施此决定；国务院作出准予引渡决定后，相关人民法院应立即逮捕尚未逮捕的被引渡人。

国务院一经作出引渡决定，外交部应及时通知请求国和公安部，由公安部与请求国约定移交被引渡人的有关事宜后，执行引渡。

关于我国向外国请求引渡的事宜，参见《引渡法》第 47～51 条的规定。

（二）关于庇护的规定

我国从 1949 年的《共同纲领》到 1982 年的《宪法》都对庇护外国人作了原则规定。例如，《共同纲领》第 60 条规定："中华人民共和国对于外国人民因拥护人民利益参加和平民主斗争受其本国政府压迫而避难于中国境内者，应予以居留权。" 1982 年《宪法》第 32 条第 2 款规定："中华人民共和国对于因为政治原因要求避难的外国人，可以给予受庇护的权利。" 其他法律和我国缔结的或参加的引渡条约中也规定了外国人庇护问题，如《引渡法》第 8 条拒绝引渡情形的第 3 项规定，"因政治犯罪而请求引渡的，或者中华人民共和国已经给予被请求引渡人受庇护权利的"应

---

[1] 但经中国同意，或者被引渡人在其引渡罪行诉讼终结、服刑期满或提前释放之日起 30 日内没离开请求国，或者离开后又自愿返回的除外。

[2] 外交部审查引渡请求书及其所附文件和材料是否符合关于引渡提出的要求和引渡条约的规定，审查认为引渡请求不符合规定的，可要求请求国在 30 日内（请求国可请求延长 15 日）提供补充材料，未在期限内提供补充材料的，外交部应终止该引渡案件。对符合要求的引渡请求，外交部应将引渡请求书和材料转交最高人民法院、最高人民检察院。最高人民法院将其接到的请求书及所附文件和材料转交给其指定的高级人民法院，由该法院进行审查引渡请求是否符合引渡的条件并作出是否引渡的裁定。

[3] 此项申请是指外国通过外交途径或向公安部书面提出的并载明请求书和附加材料以及符合《引渡法》第 14 条要求的申请。

拒绝引渡。

按照我国法律和我国缔结及参加的条约规定，我国主管机关有权庇护因政治原因遭到外国追诉或迫害的外国人，准许他们入境、居留并拒绝将他们引渡和给与保护，但对犯有国际法规定的国际罪行或源于违反联合国宗旨和原则之犯罪者不予庇护。

我国尊重别国的领土主权和其他国际法律义务，仅在中国领域内接受政治避难者，拒绝接受到中国使馆或其他享有特权与豁免的机构寻求避难的人，也不允许外国在其驻华使馆或其他机构庇护中国政府追诉的人或其他寻求庇护的人。

在华避难的外国人与一般外国人的地位相同，应服从我国的管辖，遵守法律、法规，同时也享受外国人的待遇。受庇护者不得从事违反《联合国宪章》宗旨和原则的活动，包括不得从事反对其本国的活动。

第五节　难民的法律地位

一、难民的概念及难民地位的取得和丧失

（一）难民的概念

难民（refugee）成为国际法上的概念，是第一次世界大战之后随着大批难民的不断产生被国际文件确立的。不过，以一个普遍性条约界定难民并规定对他们的保护原则和规则是第二次世界大战后，联合国组织缔结的 1951 年《关于难民地位的公约》（简称《难民公约》）。但该公约对难民的界定只适用于 1951 年 1 月 1 日前发生的事情、产生的难民，而不适用其后产生的难民；同时还允许缔约国在接受公约时，可选择适用于"1951 年 1 月 1 日以前发生在欧洲的事情"产生的难民，或者适用于"发生在欧洲及其他地方的事情"产生的难民，[1] 这种限制性规定使公约不能保护 1951 年 1 月 1 日之后出现在世界各地的难民。为了解决这一问题，联合国又组织缔结了 1967 年《关于难民地位的议定书》（简称《难民议定书》），该议定书除规定取消了公约的上述限制外，均适用公约对难民的界定和保护规定。[2] 所以这两个文件既是各自独立的又是密不可分的。本节根据这两个文件的规定介绍难民概念，因为

---

〔1〕　参见 1951 年《关于难民地位的公约》第 1 条第 1 款第 2 项和第 2 款第 1、2 项的规定。
〔2〕　参见 1967 年《关于难民地位的议定书》第 1 条的规定。

它们均早已生效,并得到各国的广泛接受。[1]

按公约和议定书的规定,难民包括两部分:

1. 历史文件规定的难民。所谓历史文件规定的难民,是指根据 1951 年《难民公约》之前生效的国际条约和协定的规定,被确认为难民的人,包括根据 1926 年 5 月 12 日《关于向俄国和亚美尼亚难民颁发身份证件的协议》和 1928 年 6 月 30 日《关于将俄国和亚美尼亚难民享有的特定便利措施扩展到其他种类难民的协议》、1933 年 10 月 28 日《关于难民国际地位的公约》、1938 年《关于来自德国难民地位的公约》、1939 年 9 月 14 日《关于来自德国难民地位的公约附加议定书》、1946 年 12 月 14 日《国际难民组织章程》被确定为难民的人。他们持有"南森护照"。[2]

2. 新定义的难民。新定义的难民是指符合 1951 年《难民公约》和 1967 年《难民议定书》共同承认的难民条件的人,即有正当理由畏惧由于种族、宗教、国籍、属于某一社会团体或具有某种政治见解原因的迫害而留于本国之外,并且由于此项畏惧而不能或不愿受该国保护的人;或者不具有国籍并由于上述事情而留在他以前经常居住的国家之外,而现在不能或者由于上述畏惧不愿返回该国的人。

(二)难民地位的取得和丧失

1. 难民地位的取得。按公约和议定书规定的难民新定义,一个人取得难民身份必须符合难民定义的条件和不属于排除条款规定的人。

(1)取得难民身份的条件。取得难民身份的条件有三:

第一,栖身于本国或经常居住国之外。个人栖身于本国或经常居住国之外是具有难民身份的客观条件。此条件要求有国籍的人必须栖身于其国籍国之外,即在外国领土内或不属于任何国家领土范围。无国籍人必须栖身于其经常居住国之外。满足此条件者才可以具有难民身份,因为根据国家领土主权原则,每个国家对其领土

---

[1] 1951 年《难民公约》是 1951 年 7 月 28 日由联合国无国籍和难民全权外交会议通过,1954 年 4 月 22 日生效,截至 2016 年 5 月 30 日已有 145 个缔约方。我国于 1982 年 9 月 24 日交存加入书,对第 14 条后半部分和第 16 条第 3 款保留,同年 12 月 23 日开始对我国生效。1967 年《难民议定书》由联合国大会 1966 年 12 月 16 日通过,1967 年 1 月 31 日起开放加入,1967 年 10 月 4 日生效,截至 2016 年 5 月 30 日已有 146 个缔约方。参见联合国网站,https//treaties. un. org/pages/Treaties. aspx? id = 5&subid = A&lang = en,2016 年 4 月 30 日访问。我国于 1982 年 9 月 24 日交存加入书并声明对其第 4 条保留,即日起对我国生效。

[2] "南森护照"是根据 1922 年由 53 个国家参加的日内瓦会议通过的《关于向俄国难民签发身份证件的协议》(该协议也得到国际联盟行政院的承认),由难民居住国主管当局发给难民一种身份证件,有效期为 1 年。其是否更新,由签发国酌情决定。通过这种证件证明难民身份,有助于保护难民免受其所在国当局的肆意处置,还为难民就业或办理赴第三国的手续所用。这种身份证件的签发是由时任国际联盟难民高级专员的南森积极进行救济难民工作促成的,故被称为"南森护照"。"南森护照"开始是发给俄国难民,后来还发给亚美尼亚难民、土耳其难民、亚述难民、亚述—迦勒底难民、叙利亚难民、库尔德难民、萨尔难民和其他难民。第二次世界大战后,"南森护照"仍是各种保护难民条约规定的难民旅行证件之样板。

内的人、物和事都有排他的管辖权，未经其同意，别国或国际机构不得将该国境内的人确定为难民并给予保护，即使是使馆，也不得庇护前来寻求避难的人。因此，个人具有难民身份并获得国际保护必须身居本国或经常居住国的领土边界之外。

第二，不能或不愿受本国保护和不能或不愿返回经常居住国。不能或不愿受本国保护是指由于有国籍人的国籍国内发生了迫害他们的事情，已不保护他们，或者他们由于畏惧迫害或其他理由[1]而不愿受本国保护。如1994年在卢旺达境内发生的政府支持对图西族人的大屠杀，使数百万人失去了政府的保护而成为难民。

不能或不愿返回经常居住国是指无国籍人的经常居住国发生了迫害的事情，迫使他们逃离，并且该国不再接受他们，或者由于他们畏惧迫害等原因不愿意再返回该国。

第三，有正当理由畏惧迫害。这个条件要求个人取得难民身份必须存在畏惧迫害，并且畏惧迫害的理由正当。畏惧迫害是指个人思想上或心理上存在惧怕或恐惧一种对他的侵害或迫害。古德温—吉尔认为："畏惧迫害与缺乏保护是互相关联的，受迫害者显然得不到原籍国的保护，缺乏保护之证据是指无论在国内外，均感觉有迫害的可能及有可使人相信之恐惧。"[2]畏惧迫害并不要求个人一定遭到实际迫害，而是要求一种迫害情况的存在使人可能遭到迫害。[3]根据《难民公约》第31条第1款和第33条第1款的规定，可以说，凡是使人的生命或自由受到威胁的行为或情势均为迫害，出于同样的原因，其他侵犯人权的行为也构成迫害。[4]例如，1984年《禁止酷刑和其他残忍、不人道或有辱人格待遇或处罚公约》关于"酷刑"一词所覆盖的各种行为均属迫害。

畏惧迫害的正当理由是指个人畏惧迫害的产生是由于他们的种族、宗教、国籍、属于某一社会团体或持有某种政治见解。一个人成为难民总会是由于其中一个或几个原因遭到或可能遭到迫害而产生畏惧，逃离某国或留在该国之外。如一位政治反对派人士又属于某个宗教团体，或同属两个团体，其畏惧迫害的理由可能会有重叠或多个。但从难民的标准来讲，只要有一个正当理由存在，即可被认定为难民。

（2）不属于排除条款规定的人。个人取得难民身份必须同时具备以上三个条件，但并非具备这些条件者就都可以取得难民身份，因为公约和议定书还规定了排除条款，[5]排除了以下三种情形的人取得难民身份：

---

[1] 其他理由如难民本国的迫害情势虽然不存在了，但由于他曾遭到的迫害使他太伤心了，他也不愿意返回。

[2] Guy S. Goodwin – Gill and Jan Mcadam, *The Refugee in International Law*, 3rd edition, Clarendon Press, 2007, p. 92.

[3] 参见王铁崖主编：《国际法》，法律出版社1995年版，第89～90页。

[4] 参见联合国难民署编：《甄别难民地位的程序与标准手册》（中文本），1992年版，第14页。

[5] 参见1951年《难民公约》第1条第4、5、6款。

第一，已得到联合国保护的人。这样的人是指已从联合国难民署以外的联合国机关或机构获得保护或援助的人。因为他们既然已经得到联合国机构的保护，就不应再获其他国际保护。若是如此，就会造成国际上不必要的重叠保护，这不是公约和议定书的初衷和宗旨。此项排除旨在使特定的难民保护问题继续得到单独解决。[1]

第二，被认为无需保护的人。这是指被居住地国家的主管当局认为具有附着于该国国籍的权利和义务的人。因为他们已经在该国居住并享受等同国民的权利和义务或该国国民通常享有的大多数权利，无需再获得一般难民享有的保护和援助。[2]

第三，被认为不得保护的人。不得保护的人是指被确认犯有严重罪行的人，包括犯有国际文件中已规定的破坏和平罪、战争罪或反人类罪的人；在以难民身份进入避难国之前曾在避难国以外犯过严重的非政治罪行的人；曾有违反联合国宗旨和原则的行为并经认为有罪的人。例如，实施灭种行为或其他大规模严重侵犯人权的行为并确认为犯罪的人。

2. 难民身份的丧失。按《难民公约》第1条第3款的规定，已取得难民身份的人有下列情形之一者丧失难民身份：

（1）自动接受了本国的保护。这是指具有畏惧迫害国国籍的难民，已经自愿地以其实际行动表明重新接受了该国的保护。例如难民自动地申请并获得了本国签发的护照，或延长护照的有效期，在没有相反证据情况下，可以认为他已接受了本国的保护。

（2）自愿重新取得国籍。此情形是指难民自愿地申请重新恢复已经因迫害而丧失的国籍，并获得批准，该国籍使他能受到应有的国民保护。

（3）取得新国籍并受新国籍国的保护。作为无国籍的难民，他可能在成为难民前就无国籍，或者是被原籍国剥夺了国籍，若是他们取得难民身份后取得了一个国家的国籍，并因此受到新国籍国的保护。

（4）在曾畏惧迫害的国家自愿重新定居。难民完全自动地返回其曾经畏惧迫害的国家，并旨在该国永久定居，而该国又重新保护或接纳了他们。

（5）本国使其成为难民的理由已不存在。这是指个人由于畏惧其本国的迫害而成为难民之后，本国的社会和政治情况发生了根本变化，其畏惧迫害的情形已不存在，不能继续拒绝本国的保护了。[3]

（6）无国籍人成为难民的理由已不存在。无国籍人成为难民之后，他以前曾畏惧迫害的经常居住国的情况发生改变，使其成为难民的情形已经消除，他可以返回该国了。[4]

---

〔1〕　参见联合国难民署编：《难民的国际保护》（中文本），1995年版，第21页。

〔2〕　参见联合国难民署编：《甄别难民地位的程序与标准手册》（中文本），1992年版，第36页。

〔3〕　但难民如果曾经受过本国的严重迫害，即使这种迫害情况不存在了，也可以拒绝本国的保护。

〔4〕　但如果他可以援引过去曾受迫害的重大理由，也可以拒绝返回该国。

二、难民的法律地位

难民的法律地位是指按 1951 年《难民公约》和 1967 年《难民议定书》规定，难民在所在国享有的法律保护，主要包括难民的入境、居留、出境和难民的待遇方面。

（一）难民的入境、居留和出境

难民和外国人一样，在进入一个国家及居留和离开时，应遵守该国的法律规章，但鉴于难民的特殊情况，各国在适用法律时应顾及保护难民的国际法原则，它们主要有：

1. 对非法入境难民的处理原则。国家对非法入境的难民应网开一面，给予特殊处理，要遵守以下两项原则：

（1）遵守边界不拒绝原则。边界不拒绝是指国家不应拒绝已越过边界进入其边境的难民停留，且在紧急情况下也不拒绝难民入境，即使不给予难民长久的庇护，也不得将他们驱赶到其生命和自由受到威胁的领土边界，不论他们是否合法入境，和是否被证实确认为难民。此原则包括在《难民公约》第 33 条规定的"不推回原则"中，是公约最重要的创建。[1] 1967 年《领域庇护宣言》第 3 条，1977 年联合国难民事务高级专员方案执行委员会（简称"难民高专方案执委会"）第 6 号结论、1979 年的第 15 号结论、1981 年的第 2 号结论等文件中都阐明了此原则。

（2）对非法入境难民的宽容和便利原则。虽然各国法律都要求外国人进入其国境必须获得许可和办理手续，但由于难民是为了躲避其本国或经常居住国的迫害而逃到异国他乡，特别是在难民潮的情形下，根本不可能办理入境手续，甚至没有任何身份证件情况下进入一个国家。所以，所在国不应以对待一般外国人的法律标准要求他们，而应给与他们宽容和便利。

按《难民公约》第 31 条的规定，此原则应包括以下内容：①不得因难民的非法入境或逗留而加以刑罚，但以该难民毫不迟延地主动向当地主管当局说明其非法入境或逗留的正当原因者为限。②在上述难民在该国的地位正常化或获得另一国入境许可之前，不应对其行动施以不必要的限制。③如果不长久安置这样的难民，则应给予其一个合理的期限以及一切必要的便利，以便获得另一国入境的许可。

2. 难民居留的管理。难民身份甄别[2]前和确认后，所在国都应允许他们临时居留或长久居住，但难民在居留期间需要按该国的法律规定，办理居留证件和户籍登记，对没有有效身份证明的难民应签发身份证件。[3]难民持有合法居留证件可进行法律许可的活动。

难民和普通外国人一样要服从所在国的管辖，对该国负有责任，此项责任特别

---

〔1〕 See James C. Hathaway, *The Rights of Refugees under International Law*, Cambridge University Press, 2005, p. 386.

〔2〕 难民的甄别是所在国的主管机关按其参加的国际条约或国内法规定的难民标准和程序确定寻求庇护者是否具有难民身份。详见梁淑英：《国际难民法》，知识产权出版社 2009 年版，第 61～135 页。

〔3〕 参见 1951 年《难民公约》第 27 条的规定。

要求他们遵守国家的法律和规章，以及为维护公共秩序而采取的措施，包括一般措施和临时措施，[1]如果违反，该国有权处罚他们。

3. 难民的出境管理。难民离开居留国通常有三种情况：①自愿遣返回本国；②前往第三国安置；③暂时到他国。前两种情况的出境，一般都由居留国与难民的本国政府或第三国政府及联合国难民署协商或订立协议，安排难民的出境手续和程序。第三种情况的出境是难民到别国旅行，如为留学、旅游、探亲、从事经济或其他活动而赴别国，暂时离开居留国。这种情形出境的难民需要按居留国的法律规定办理出境手续。如办理旅行证件[2]和前往国家的入境签证，接受出境查验。

4. 难民的驱逐。国家驱逐难民要遵守国际难民法（international refugee law）[3]，根据《难民公约》第32、33条的规定，驱逐难民要遵守以下原则：

（1）一般不得驱逐难民。除因国家安全或公共秩序理由外不得将合法居留的难民驱逐出境，也不得将难民驱逐至其生命和自由受到威胁的国家。

这就是说只有在极为特殊情况下才能将难民驱逐出境或驱回到其畏惧迫害的国家。所谓极为特殊情况，是指难民从事了危害居留国的安全或犯有特别严重罪行，对该国构成危害。例如，以武力或其他手段颠覆该国政府。对于难民的一般违法甚至犯罪，只要没达到危害国家安全的严重程度，就不应将难民驱逐出境或驱逐至其生命和自由受到威胁的国家。

（2）驱逐应依法进行。国家驱逐难民应依法律规定进行，如由法院作出裁决难民犯有危害国家安全或公共秩序的行为，通知被驱逐人并允许其申辩。

（3）给予寻求第三国接受的机会。对决定驱逐的难民，一般都应给予一个合理的期限，使他能有时间寻求到第三国的接受。

（二）难民待遇

难民待遇是指难民在接受国（或庇护国）享有的权利和义务。对此，《难民公约》在吸收早期难民文件和《世界人权宣言》有关规定的基础上，作了更为全面而具体的规定。按《难民公约》的规定，难民待遇主要有以下两个方面问题：

1. 难民待遇的一般原则。难民待遇的一般原则包括以下三项内容：

（1）难民服从接受国的管辖。此原则要求难民对其接受国家负有责任，特别要遵守该国法律、规章和为维护公共秩序而采取的措施。

（2）难民不受歧视。这是要求国家对待难民应一视同仁，在适用公约规定上不得因难民的种族、宗教或国籍的不同而给与歧视，使难民平等地享受公约规定的或国家特别给予的权利和义务。

---

〔1〕　参见1951年《难民公约》第2条和第9条的规定。

〔2〕　由居留国主管机关签发的护照或类似护照的证件。

〔3〕　国际难民法是保护难民的国际法原则和规则，主要由1951年《难民公约》和1967年《难民议定书》作出规定。

（3）相互条件的免除。相互条件的免除是指国家根据相互条件而给予外国人享受的某权利或优惠，不得因不符合相互条件而拒绝给予难民。[1]

2. 难民待遇的内容和标准。

（1）难民待遇的内容。难民的身份受接受国的支配，个人财产权利、艺术权利和工业财产权利、结社权利、法院申诉权和宗教权利应受接受国的保护；[2] 难民在接受国内有为谋取工资而受雇佣的权利、有从事自营职业和自由职业的权利；[3] 接受国对难民的福利，包括定额供应、住房、公共教育、劳动立法和社会安全等方面应予保障。[4]

接受国应采取行政措施对难民给予保护，包括行政协助、行动自由、身份证件和旅行证件的签发、财政征收、资产转移、入籍等事项。[5]

（2）难民待遇的标准。难民所享受的待遇应按以下标准确定：

第一，国民待遇。难民在宗教仪式自由及对子女的宗教教育、出席法院的事项（包括诉讼救助和担保）、缺销产品的定额供应、初等教育、行政协助的费用捐税或费用的财政税收、公共救济和救助以及劳动立法和社会安全、艺术权利和工业财产的保护方面，享有与接受国国民相同的待遇。另外，难民在任何其他国家享有与其经常居住国国民相同的保护。

第二，最惠国待遇。难民在参加非政治性和非营利性的社团及同业工会、从事工作以取得工业权利方面，享有外国人在同等情况下享有的最惠国待遇。

第三，不低于一般外国人的待遇。难民在动产和不动产的取得以及此类财产的租赁和其他契约、初等教育之外的教育、自营职业和自由职业、房屋、行动自由方面，享有不低于一般外国人在同等情况下享有的待遇。

三、中华人民共和国保护难民的立场与实践

关于我国保护难民的立场与实践的详细情况，参见梁淑英所著《国际难民法》一书及其所撰"中国保护难民的实践及其挑战和应对——以印支难民为例"论文。[6] 此处只作简短阐述。

我国一贯重视保护难民，不仅在《共同纲领》《宪法》和其他法律中规定保护外国的政治避难者，还自1971年恢复联合国合法席位之后，积极参加国际社会保护难民的活动和接纳难民，如参加联合国大会、经社理事会及其他国际机构讨论和审议

〔1〕　详见1951年《难民公约》第7条的规定。
〔2〕　详见1951年《难民公约》第12～16条的规定。
〔3〕　详见1951年《难民公约》第17～19条的规定。
〔4〕　详见1951年《难民公约》第20～24条的规定。
〔5〕　详见1951年《难民公约》第25～34条的规定。
〔6〕　梁淑英：《国际难民法》，知识产权出版社2009年版；"中国保护难民的实践及其挑战和应对——以印支难民为例"，载马呈元主编：《国家领土主权与海洋权益协同创新文集》（第一辑），中国政法大学出版社2016年版，第226～252页。

关于保护难民的各种会议，1979 年开始参加难民高专方案执委会的活动，参加亚太地区关于难民、流离失所者和移民问题的亚太会议，表明支持保护难民的立场和主张[1]；并向联合国难民署、联合国近东巴勒斯坦难民救济工程处及有关国家认捐。1982 年我国批准了 1951 年《难民公约》和 1967 年《难民议定书》。

我国自 1978 年至 1982 年还接受和安置了近 290 000 名印支难民。他们来源于印度支那半岛三国——越南、老挝和柬埔寨，其中绝大多数来源于越南。我国政府和人民在自身贫穷落后的情况下，克服了极大困难，接待并直接将他们安置到与他们原生活环境相近的我国南方的省、区，给他们住房和安家费用、分配土地或安置工作，使其享受教育和社会福利，给予户籍登记和身份证明等，使他们融入了中国社会。除 3000 多名老挝和柬埔寨难民在 20 世纪 90 年代自愿返回祖国外，其余至今还生活在广西壮族自治区、广东省、云南省、海南省、江西省和福建省，享受着中国公民待遇，过着与中国公民并无二致的生活。不少人还谋得了公务员或国家工作人员职位。[2]

我国安置难民的工作受到国际社会的广泛称赞，例如，1985 年时任联合国难民署高级专员的保罗·哈特林先生访问中国时说："我想不出任何一个国家能像中国政府对 28 万印支难民一样做了那么多工作，以如此热情慷慨的方式接纳他们。"[3] 难民署的另一位高级专员绪方贞子女士在 1997 年来华访问和考察印支难民的安置工作时，也对中国政府的工作给予了高度评价，她说："中国政府接受和安置在华印支难民工作堪称世界的典范，中国政府对于来华印支难民所采取的慷慨政策和所做出的巨大努力在世界上是独一无二的，不仅在联合国难民署闻名，而在整个国际社会也是众所周知的。"[4]

中国除保护《难民公约》和《难民议定书》规定的难民外，还给予由于其他原因临时逃难到中国的邻国边民人道主义救济。例如，1997 年朝鲜发生大规模饥荒，数十万灾民越境逃亡中国。对此，中国政府基本采取容忍默许政策。一些灾民通过结婚等方式留在中国，部分灾民在联合国协调和中国政府的协助下转往蒙古，菲律

---

[1] 如 2001 年，王光亚在联合国难民署举行的《难民公约》缔约国部长会议上提出了以下四项主张：①主张和平，促进共同发展，在难民问题上进行标本兼治；②维护《难民公约》的权威及现行的国际保护体制，积极寻求解决难民问题的新思路；③坚持"国际团结""责任分摊"，加强国际合作；④严格界定难民问题，防止滥用保护体制、庇护程序和政策。载 http://www.fmprc.gov.cn.wjb/zzjg/gjs/gjzzyhy/1115/1120/14362.htm，2006 年 8 月 24 日访问。

[2] 中国安置难民的详细情况，参见梁淑英：《国际难民法》，知识产权出版社 2009 年版，第 269～307 页。

[3] 参见"中国对待难民的做法堪称典范"，载《北京青年报》2003 年 6 月 20 日，B7 版。

[4] 李学举主编：《跨世纪的中国民政事业 1994～2002》（总卷），中国社会出版社 2002 年版，第 366 页。

宾，哈萨克斯坦三国。[1] 再如，2009 年 8 月 8 日开始，缅甸的果敢地区发生了武装对峙到武装冲突后，约有缅甸边民 3 万余人涌入了中国云南省。[2] 事件发生后，中国政府高度重视，国务委员和公安部部长孟建柱率中央相关部门领导赴我国边境一线视察和指导处理此事。云南省领导也在第一时间作出部署，明确处置的原则、方法、步骤和措施，做好安置劝返工作，及时选定安置点，调集食品、药品、帐篷等物资，加强卫生、防疫等各项工作。允许边民投亲靠友，自行安排。对无处可去者，云南省在镇康县城西南的南伞镇划定区域，设置了 7 个安置点安排他们。在安置点内保证他们有房住、有饭吃、有水喝、有病得到医治。另外，对进入我国零星的武装人员，依法解除其武装后也予以安置。待果敢地区局势平稳后，边民可以自由决定返回时间。[3] 2011、2013 年因发生在缅甸克钦地区的武装冲突又造成大批边民涌入中国云南省，该省均给予了临时安置。[4] 此种对待受难的边民可谓仁至义尽，人道极致也！

此外，我国政府对于联合国难民署驻华代表处甄别为难民的人及向其申请难民地位的人，同意他们在返回来源国或未获得第三国接纳之前在中国指定的地方暂时居住。[5]

---

〔1〕 http//wend. haosou. com/q/1365061666063458，2015 年 1 月 7 日访问。

〔2〕 据云南省公安厅长孟苏铁通报称当时涌入我国的果敢边民已有 37 000 人。

〔3〕 参见云南省公安厅厅长孟苏铁通报，载 http://news. yntv. cn/category/10101/2009/08/30/2009 - 08 - 30_765921，2014 年 11 月 10 日访问。

〔4〕 参见李华："缅北难民营：谁抚触目创伤"，载《广州日报》2013 年 1 月 22 日；范承刚、邵世伟："'到中国去'：中缅边境线上的几十万克钦难民"，载《南方周末》2013 年 1 月 17 日。

〔5〕 据报道，截至 2014 年 7 月，经联合国难民署驻华代表处甄别为难民者人有 138 人，向其申请难民身份者有 410 人，载 http://tieba. baidu. com/p/3191866470，2015 年 6 月 30 日访问。

第 四 章

国际人权法

　　国际人权法是随着第二次世界大战的结束和联合国的建立而逐渐形成并发展起来的现代国际法的一个新的分支部门。在其形成和发展的过程中，《联合国宪章》《世界人权宣言》和 1966 年通过的两个综合性的普遍国际人权公约发挥了至关重要的作用。国际人权法的目的是促使各国承担并履行国际人权法律义务，从而促进和确保所有人的权利得到普遍尊重、保护和实现；其主要渊源是关于人权的国际条约和国际习惯；其主要内容是确认所有个人和特定群体应当享有的各项基本权利和自由，规定国家尊重、保护和实现人权的国际法律义务，以及创立促进、监督和保证国家履行义务的国际机制。国家应予尊重、保护和实现的人的权利和自由的内容十分广泛，既包括每一个人的公民、政治、经济、社会和文化方面的权利，也包括某一种族、民族、宗教或语言群体（包括少数者群体）的某些方面的权利。对于这些基本权利和自由，各国不仅应当予以充分的尊重，不得任意限制、干涉、剥夺和侵犯，而且应当采取一切必要而适当的国内步骤、方法和措施，积极开展广泛和有效的国际合作，促进和保证它们的实现。根据《联合国宪章》和国际人权公约建立的有关国际机关或机构可以通过适当程序，对国家履行其国际人权义务的情况予以必要的协助、促进和监督。

第一节　国际人权法的概念、历史发展和渊源

一、国际人权法的概念

　　国际人权法（international human rights law）是指旨在促进和保证人权的普遍尊重、保护和实现的国际法原则、规则和规章、制度的总称。与其他国际法原则、规则和规章、制度相比，国际人权法的目的是促使各国承担并履行国际人权法律义务，从而促进和确保所有人的权利得到普遍尊重、保护和实现。与这一目的相适应，国际人权法的内容主要是确认所有个人和特定群体应当享有的各项基本权利和自由，规定国家尊重、保护和实现人权的国际法律义务，以及创立促进、监督和保证国家履行义务的国际机制。

　　从广义上来说，凡以促进和保证人权的普遍尊重、保护和实现为目的和内容的国际法原则、规则和规章、制度均属于国际人权法的范畴。这种广义上的国际人权法既包括主要适用于和平时期的、旨在促进和保证所有人的各项权利的普遍尊重和

实现的通常意义上的国际人权法，也包括仅适用于国际和国内战争以及尚未构成战争的武装冲突期间的、旨在保护平民、伤病员、战俘等战争或武装冲突受难者的尊严、人身、财产和其他若干权利的国际人道法（international humanitarian law）。国际人权法的这两部分内容在当今均可服务于促进和保证人权的普遍尊重、保护和实现的共同目的，但考虑到二者在形成背景、适用条件和保护对象等方面存在明显区别，加之国际人道法与战争和武装冲突之间具有天然而密切的联系，本章将只讨论通常意义上的国际人权法的某些基本问题，战争和武装冲突期间的国际人道法的有关内容将在本书第十三章"战争法"中予以阐述。

二、国际人权法的历史发展

（一）第二次世界大战前人权国际保护的实践

从近代国际法出现到第二次世界大战前，人权问题在本质上属于各国的国内管辖事项。个人作为国家管辖和保护的对象，其权利义务问题原则上受其国籍国国内法的调整。当时，与个人有关的国际法规则主要体现在关于外国人待遇的国家责任、对包括海盗在内的某些特定个人的管辖和惩治以及对战时受难者的保护等方面，一些国家和个别国际组织也开始了人权国际保护的尝试。

17 和 18 世纪，欧洲出现了一些旨在保护某些国家在宗教方面处于不利地位的少数者的宗教或信仰自由的双边和多边条约。19 世纪初到 20 世纪初，欧洲列强曾以保护土耳其和一些东欧国家的宗教和种族少数者为由，对这些国家实行"人道主义干涉"（humanitarian intervention）。这一时期，保护少数者的多边条约明显增多，保护对象和内容也随之扩大，而且出现了一些关于禁止奴隶贸易和保护劳工权益的国际条约。

两次世界大战期间，随着国际联盟和国际劳工组织的建立，人权国际保护的对象、内容和方式得到了进一步发展。首先，有十几个国家根据有关条约或单方声明承担了对本国境内的居民（特别是宗教、种族和语言少数者）予以公正和平等待遇的义务，并允诺在履行对少数者的义务方面接受国际联盟的监督；其次，有关国家缔结了一系列条约，承担了防止和惩罚奴隶贩卖、消除一切形式的奴隶制、避免类似奴隶制的强迫（或强制）劳动以及惩治贩卖妇女儿童的行为等国际义务；最后，1919 年成立的国际劳工组织制定了 67 项有关劳工的福利、工作条件、安全和其他一些权利的国际公约，并建立了促使缔约国履行公约义务的有关机构和程序。此外，国际联盟在保障委任统治地居民和难民的权益方面也采取了大量措施。[1]

第二次世界大战前，人权国际保护的对象限于特定国家境内的特定个人或群体的某些权利，其措施主要是由一些国家对其他国家进行单方面的干涉以及由部分国家之间缔结国际条约，其目的和动机主要是维护实行保护的国家的政治、经济利益，

---

〔1〕 关于第二次世界大战爆发之前人权国际保护的较为具体和系统的介绍，参见徐显明主编：《人权法原理》，中国政法大学出版社 2008 年版，第 58～67 页。

因此具有很大的局限性。尽管如此，这一时期的人权国际保护还是为现代人权国际保护提供了经验和教训。而且，这一时期成立的国际劳工组织及其通过的一些国际条约在现代人权国际保护中仍然发挥着重要作用。

（二）国际人权法的形成与发展

第二次世界大战的爆发和联合国的成立极大地促进了现代人权国际保护制度的建立和国际人权法的形成。第二次世界大战期间，法西斯国家对内实行独裁统治，对外发动野蛮侵略，对国内外的人民进行残暴屠杀和迫害。这些罪恶行径使得同盟国家深信，在国际范围内普遍承认、尊重和保护人权是维持国际和平与安全的一个必要条件，这一认识成为各国在战后建立人权国际保护制度的一个重要的促成因素。

1945 年 6 月 25 日，50 个国家的代表正式签署《联合国宪章》，首次以普遍性国际条约的形式对人权问题作出了原则性的规定。《联合国宪章》在序言中重申"人权、人格尊严与价值，以及男女与大小各国平等之信念"；在第 1 条第 3 款将"不分种族、性别、语言或宗教，增进和激励对于全体人类之人权及基本自由之尊重"列为联合国的宗旨之一；在第 55 条和第 56 条为会员国设定了"担允采取共同及个别行动与本组织合作"以达成上项宗旨的义务；在第 13 条第 1 款第 2 项、第 62 条第 2 款和第 68 条专门规定了联合国大会和经济及社会理事会（简称经社理事会）在实现这一宗旨方面的有关职权；在第 73 条规定了增进非自治领土居民福利的原则；还在第十二章和第十三章规定了增进托管领土居民的发展、自治与独立的原则和制度。这些规定为此后国际人权法律文件的大量出现、相关国际机制的相继建立以及国际和国内社会成员在人权领域内的其他行动奠定了坚实的国际法律基础。人权问题由此开始全面进入国际领域，对于人权的国际保护也随之成为一项重要的国际法原则。

联合国成立以后，首先致力于制定一项可为缔约国确立明确的行为准则、对各缔约国具有法律拘束力且能强制实施的普遍性的国际人权法案。1948 年 12 月 10 日，联合国大会以 48 票赞成、0 票反对、8 票弃权的表决结果通过了《世界人权宣言》，首次以普遍性国际文件的形式对《联合国宪章》所称的"人权及基本自由"的具体内容作出了系统而详细的阐释。该宣言尽管不具有法律拘束力，但作为"所有人民和所有国家努力实现的共同标准"，构成了联合国此后制定国际人权标准的基础，对于国际和国内社会成员在人权领域的活动产生了重要的指导作用和积极影响。1966 年 12 月 10 日，联合国大会一致通过了《公民及政治权利国际公约》（简称《公民及政治权利公约》）和《经济社会文化权利国际公约》（简称《经社文权利公约》）[1]，分别确认了个人应当享有的公民和政治权利以及经济、社会和文化权利，并规定了缔约国尊重、保护和促进各项权利实现的义务，以及监督缔约国履行义务的国际程序，从而以普遍性国际公约的形式对《世界人权宣言》的主要内容和基本精神予以

---

〔1〕　1966 年通过的两个国际人权公约有不同的中文版本和名称，本章采用的是公约中文作准本使用并经过正式修正的名称。

确认和发展，这标志着普遍国际人权法开始形成。

20 世纪 80 年代末到 90 年代初，随着冷战和非殖民化运动的相继结束，国际社会关于人权的态度和立场发生了进一步转变。1993 年在维也纳召开的第二次世界人权大会通过了《维也纳宣言和行动纲领》，将促进和保护人权明确宣示为"国际社会的一件优先事项""联合国的一项首要目标""国际社会的合法关注"和"各国政府的首要责任"。[1] 在此基础上，该宣言强调了所有人权的固有性、普遍性、不可分割性、相互依存性、相互联系性和同等重要性，并呼吁所有国家、政府间国际组织和非政府组织在联合国的宗旨和原则以及国际法的框架内加强人权领域的国际合作，以促进对国际人权标准的普遍尊重和遵守。[2] 该宣言通过之后，国际社会在人权领域内的合作日益得到加强，国内层面促进和保护人权的实践也不断取得了新的进展。

第二次世界大战结束以后的几十年的时间里，联合国、与人权问题直接有关的联合国专门机构（特别是国际劳工组织和联合国教科文组织）以及欧洲、美洲和非洲的主要区域性国际组织主持制定或通过了大量涉及或专门规定人权问题的国际文件，为有关国家规定了人权方面的行为准则，使有关国家承担了人权方面的条约义务，建立了一系列促进和监督有关国家遵守和履行此类准则和义务的国际机构、程序和制度，在此基础上逐步形成了比较完整的国际人权法体系。作为现代和当代国际法的一个重要分支部门，国际人权法不仅极大丰富了国际法的内容和体系，全面提升了国际法的价值和功能，而且普遍影响了世界各国与人权有关的理论与实践，有效促进了各国人权状况的改善和进步。

三、国际人权法的渊源

作为国际法的一个分支部门，国际人权法的渊源与一般国际法的渊源一致，主要是国际条约和国际习惯。

（一）关于人权的国际条约

在人权国际保护产生和发展的过程中，特别是在联合国成立以后，有关国家缔结了大量专门规定人权问题的国际条约。这些国际人权条约数量众多，情况各异，依其通过或主持缔结的具体机关和内容大致分为以下四类：

1. 联合国大会通过的全面规定人权的尊重和保护的一般性国际公约和议定书。这类公约和议定书包括 1966 年通过的《公民及政治权利公约》《经社文权利公约》和《公民及政治权利国际公约任择议定书》（简称《公民及政治权利公约任择议定书》）、1989 年通过的《旨在废除死刑的公民权利和政治权利国际公约第二项任择议定书》（简称《公民及政治权利公约第二任择议定书》）以及 2008 年通过的《经济、社会和文化权利国际公约任择议定书》（简称《经社文权利公约任择议定书》）。其中，前两项公约共同确认了民族（人民）自决权，分别规定了个人应当享有的公民

---

[1]　参见《维也纳宣言和行动纲领》序言第 1 段和第一部分第 1、4 段。

[2]　参见《维也纳宣言和行动纲领》序言第 2 段和第一部分第 4~5 段。

政治权利和经济、社会、文化权利，为缔约国设定了尊重和保护人权、促进人权实现以及接受有关国际机制监督的义务。这两项公约、三项议定书和《世界人权宣言》通常一起被称为"国际人权法案（或宪章）"（The International Bill of Human Rights）。

2. 联合国大会通过或由联合国主持缔结的关于尊重和保护某类权利主体或某种权利的特殊性国际公约和议定书。这些公约和议定书或是旨在禁止并惩治种族灭绝、种族歧视、种族隔离、奴役、酷刑、强迫失踪等侵害人权的行为，或是旨在为妇女、儿童、残疾人、移徙工人及其家庭成员、难民、无国籍人等地位不利的个人提供特别保护，依其通过的时间顺序分别为：1948 年《防止及惩治灭绝种族罪公约》（简称《防止及惩治灭种罪公约》）、1951 年《难民公约》、1952 年《妇女政治权利公约》（又译《妇女参政权公约》）、1953 年《关于修正 1926 年 9 月 25 日在日内瓦签订的禁奴公约的议定书》、1954 年《关于无国籍人地位的公约》、1956 年《废止奴隶制、奴隶贩卖及类似奴隶制之制度与习俗补充公约》、1957 年《已婚妇女国籍公约》、1965 年《消除一切形式种族歧视国际公约》（简称《消除种族歧视公约》）、1967 年《难民议定书》、1973 年《禁止并惩治种族隔离罪行国际公约》、1980 年《消除对妇女一切形式歧视公约》（简称《消除对妇女歧视公约》）、1984 年《禁止酷刑和其他残忍、不人道或有辱人格的待遇或处罚公约》（简称《禁止酷刑公约》）、1985 年《反对体育领域种族隔离国际公约》、1989 年《儿童权利公约》、1990 年《保护所有移徙工人及其家庭成员权利国际公约》（简称《移徙工人权利公约》）、1993 年《跨国收养方面保护儿童及合作公约》、1999 年《消除对妇女一切形式歧视公约任择议定书》（简称《消除对妇女歧视公约任择议定书》）、2000 年《儿童权利公约关于买卖儿童、儿童卖淫和儿童色情制品问题的任择议定书》、2000 年《儿童权利公约关于儿童卷入武装冲突的任择议定书》、2002 年《禁止酷刑和其他残忍、不人道或有辱人格的待遇或处罚公约任择议定书》（简称《禁止酷刑公约任择议定书》）、2006 年《残疾人权利公约》、2006 年《残疾人权利公约任择议定书》、2006 年《保护所有人免遭强迫失踪国际公约》（简称《免遭强迫失踪公约》）、2011 年《儿童权利公约关于设定来文程序的任择议定书》等。其中，《消除种族歧视公约》《消除对妇女歧视公约》《禁止酷刑公约》《儿童权利公约》《移徙工人权利公约》《残疾人权利公约》和《免遭强迫失踪公约》与《公民及政治权利公约》《经社文权利公约》一起被视为联合国系统内"核心"的或主要的人权公约（core or major UN human rights conventions）。

3. 有关联合国专门机构通过的特殊性国际公约。国际劳工组织自 1946 年成为联合国第一个专门机构以来，已经通过了一百多项涉及劳工权益的条约，如 1957 年《废止强迫劳动公约》（第 105 号）、1951 年《男女同工同酬公约》（第 100 号）、1958 年《消除歧视（就业与职业）公约》（第 111 号）、1964 年《就业政策公约》（第 122 号）、1947 年《结社（非宗主国领土）权公约》、1948 年《关于结社自由与保护组织权公约》（第 87 号）、1949 年《组织与集体交涉权利公约》（第 98 号）、

1971 年《工人代表公约》、1975 年《农村工人组织公约》（第 141 号）和 1978 年《劳资关系（公共事业）公约》、1989 年《独立国家内部的土著和部落民族公约》、1973 年《最低就业年龄公约》（第 138 号）和 1999 年《禁止和立即行动消除最有害的童工形式公约》（第 182 号），等等。[1] 此外，联合国教科文组织也曾于 1960 年通过了《取缔教育歧视公约》。

　　4. 区域性国际组织通过或主持缔结的国际人权条约。第二次世界大战结束以后，欧洲、美洲和非洲的若干区域性国际组织相继通过或主持缔结了许多一般性和特殊性的国际人权条约。例如，欧洲理事会通过或主持缔结了 1950 年《保护人权和基本自由的欧洲公约》（简称《欧洲人权公约》）及其 13 个议定书、1961 年《欧洲社会宪章》（1996 年修正）及其 1988 年和 1995 年的两个附加议定书和 1991 年的修订议定书、1987 年《防止酷刑、不人道或有辱人格的待遇或处罚的欧洲公约》及其 1993 年的两个议定书、1992 年《欧洲地区或少数民族语言宪章》和 1995 年《保护少数民族框架公约》；欧洲联盟成员国通过了 2000 年《欧洲联盟基本权利宪章》；美洲国家组织通过或主持缔结了 1969 年《美洲人权公约》及其 1988 年的附加议定书和 1990 年的两个议定书、1985 年《美洲国家间防止和惩治酷刑公约》、1994 年《美洲国家间个人强迫失踪公约》、1994 年《美洲国家间防止、惩治和根除针对妇女的暴力的公约》和 1999 年《美洲国家间关于消除对残疾人一切形式歧视的公约》；非洲统一组织通过或主持缔结了 1969 年《关于非洲特殊方面的难民问题的公约》、1981 年《非洲人权和民族权宪章》（简称《非洲人权宪章》）、1990 年《非洲儿童权利和福利宪章》和 1997 年《关于建立非洲人权和民族权法院的非洲宪章议定书》。这些区域性的国际人权条约为缔约国规定了人权方面的国际法律义务，有些条约还规定了监督和保证缔约国履行义务的区域机制，从而成为缔约国重要的国际人权法渊源。

　　上述国际人权条约的适用范围和具体内容不尽相同，但共同构成国际人权法最重要的渊源。除此之外，还有许多国际条约在不同程度上涉及了人权问题。其中一类条约是政府间国际组织的组织文件，如 1945 年《联合国宪章》、1919 年《国际劳工组织章程》、1945 年《联合国教育、科学及文化组织组织法》、1945 年《联合国粮食及农业组织章程》和 1946 年《世界卫生组织组织法》都在不同程度上把促进和发展人权确立为本组织的宗旨或原则、有关机关的职权和会员国的义务，从而为组织本身及其会员国在人权领域开展活动提供了重要的法律依据。还有一类条约明确规定禁止、打击和惩治有关犯罪行为，保护有关个人的尊严、生命、人身安全和自由，如 1949 年《禁止贩卖人口及取缔意图营利使人卖淫的公约》、1968 年《战争罪及危害人类罪不适用法定时效公约》、1979 年《反对劫持人质国际公约》、1988 年《制止危及海上航行安全非法行为公约》、1998 年《国际刑事法院规约》、2000 年《联合国

---

〔1〕　其中，第 87、98、100、105、111、138、182 号公约和国际劳工组织于 1930 年通过的《强迫劳动公约》（第 29 号）在保护工作中的基本人权方面尤为重要，被称为国际劳工组织的核心公约。

打击跨国有组织犯罪公约关于防止、禁止和惩治贩运人口特别是妇女和儿童的补充议定书》和《联合国打击跨国有组织犯罪公约关于打击陆海空偷运移民的补充议定书》。以上国际条约尽管不是专门性的国际人权条约，但在促进人权的普遍尊重和遵守方面同样发挥着重要作用。[1]

（二）关于人权的国际习惯

长期以来，在各国实践的基础上，逐渐形成了一些关于人权保护的国际习惯规则。目前，国际社会在有关国际习惯的具体内容方面还存在不同认识，但有关国际人权文件、各国国内立法和政策声明、国际法院的判决以及国际公法学家的学说表明，关于禁止侵略、各种歧视（特别是种族歧视）、种族隔离、种族灭绝、奴隶制、奴隶贩卖、类似奴隶制的制度和习俗、压制民族自决、大规模严重侵犯人权、酷刑等国际人权法规制，以及保护个人生命、平等、人身自由的其他若干国际人权法规则已经具备了国际习惯法规则的性质。[2] 这些国际习惯法规则对于并非某一人权条约缔约国的国家也可能产生法律拘束力，其中具有国际强行法性质的那些国际习惯法规则对所有国家都可以产生法律拘束力。[3]

第二节　国际人权法确认的人权

许多普遍性和区域性的人权公约对人权的主体以及权利的种类和内容作了规定，这些规定是国际人权法实体性内容的重要组成部分。

一、人权的主体

人权的主体是指人权的享有者。无论从国内法的角度还是从国际人权法的角度

---

〔1〕 有些国际公约也可以在不同程度上发挥保护有关个人的生命、人身和财产权利的作用，但并没有直接表明权利保护的目的，其作为国际人权法渊源的地位尚不确定。这些公约包括，但不限于：1963年《关于在航空器内犯罪和某些其他行为的公约》、1970年《关于制止非法劫持航空器的公约》、1971年《关于制止危害民用航空安全的非法行为的公约》、1973年《关于防止和惩处侵害受国际保护人员包括外交代表的罪行的公约》、1988年《制止在为国际民用航空服务的机场上的非法暴力行为的议定书》、1994年《联合国人员和有关人员安全公约》、1997年《制止恐怖主义爆炸事件的国际公约》、1999年《制止向恐怖主义提供资助的国际公约》、2000年《联合国打击跨国有组织犯罪公约》、2001年《联合国打击跨国有组织犯罪公约关于打击非法制造和贩运枪支及其零部件和弹药的补充议定书》、2003年《联合国反腐败公约》、2005年《制止核恐怖主义行为国际公约》、2005年《联合国人员和有关人员安全公约任择议定书》。
〔2〕 关于对保护个人权利的国际习惯规则所作的更为广泛的理解和说明，可参见人权事务委员会第24号一般性意见第8段，载联合国：《各人权条约机构通过的一般性意见和一般性建议汇编》，HRI/GEN/1/Rev.7，2004年5月12日，第163~164页。
〔3〕 关于国际习惯法和国际强行法的法律效力问题，分别参见本书第一章的第三节和第五节所述。

来看，个人都是首要的人权主体。根据主要普遍性和区域性国际人权文件的规定，任何人只要生而为人，不论其种族、肤色、性别、语言、宗教、政见或其他主张、民族、门第、财产、出生或其他身份有何区别，也不论其所属的国家或领土的政治、行政或国际地位有何不同，都有资格享有国际人权法确认的基本权利和自由。[1] 就某一特定国家而言，受到保护的权利主体包括在该国领土内以及受该国管辖的一切个人。[2] 这是国际人权法中的平等和不歧视原则在权利主体方面的明显体现。[3] 在这一原则的基础上，考虑到有关权利的性质和有关国家的经济发展情况，在例外情况下，可以对不同国家的个人给予一定程度的区别对待。例如，根据《公民及政治权利公约》第25条、《欧洲人权公约》第16条、《美洲人权公约》第23条和《非洲人权宪章》第13条的规定，只有缔约国的"公民"（citizens）才能享有该条所载的选举权、被选举权和担任本国公职权。另据《经社文权利公约》第2条第3款规定，发展中国家缔约国在适当顾及人权和本国国民经济的情形下，可以决定对非本国国民享受该公约确认的经济权利给予多大程度的保证。此外，妇女、儿童、残疾人、老年人、难民、无国籍人、移徙工人及其家属、土著人、被拘禁者、战争和武装冲突的受难者以及种族、民族、语言、宗教方面的少数者由于在社会中经常处于不利地位，因而属于受到特殊保护的权利主体。

在个人之外，包括民族（people）[4]、种族/人种（race/ethnic group）、宗教或语言群体、少数者群体（minority）、土著居民/民族（indigenous population/people）、部落居民/民族（tribal population/people）、家庭、工会等一些群体、团体或组织有时也以集体的名义成为国际人权法确认的某些权利的主体。例如，《公民及政治权利公约》和《经社文权利公约》均在第1条规定民族享有自决权。《防止及惩治灭种罪公约》（第2条）、《消除种族歧视公约》（第1、2、4条）、《禁止并惩治种族隔离罪行国际公约》（第2条）和（欧洲）《保护少数民族框架公约》（第1、12条）等普遍性和区域性的条约都明确涉及对民族、种族、人种、宗教团体和其他一些群体本身的保护，国际劳工组织通过的《独立国家内部的土著和部落民族公约》则更加侧重于对有关"民族"本身的保护。再如，《公民及政治权利公约》第23条规定"家庭"应受社会和国家的保护，《经社文权利公约》第8条第1款第2~3项也规定了

---

[1] 参见《世界人权宣言》第2条、《公民及政治权利公约》第2条第1款、《经社文权利公约》第2条第2款、《美洲人权公约》第1条、《非洲人权宪章》第2条、《欧洲人权公约》第14条，等等。

[2] 参见《公民及政治权利公约》第2条第1款。

[3] 这一原则还可以从各主要国际人权文件使用的"人人"（everyone or every human being）、"所有人"（all persons）、"一切个人"（all individuals）和"任何人"（any one，no one）等措辞中得到充分的体现。

[4] 在包括《联合国宪章》在内的许多国际文件的中文本中，"people"一词分别被译为"民族"或"人民"。除另有说明外，本章将按照《公民及政治权利公约》和《经社文权利公约》中文作准本共同第1条的用法，使用"民族"一词。

"工会"的权利。

二、人权的范围、种类和内容

(一) 个人权利

当代国际人权法确认的人权的范围十分广泛，且仍处于不断发展的过程中。从普遍性和区域性国际人权公约的规定来看，国际人权法确认的人权主要是每一个人以自身名义享有的权利。这类人权最早由《世界人权宣言》予以系统列举和阐述，后经1966年两个国际人权公约及其他一系列人权公约加以确认和发展，其内容又可大致分为公民、政治权利与经济、社会、文化权利等两大类。前一类权利主要包括由《世界人权宣言》宣示并经《公民及政治权利公约》确认的生命权、免受酷刑权、免受奴役权、人身自由与人身安全权、免因无力履行契约义务而被监禁权、自由迁徙和择居权、公正审判权、受罪刑法定和不溯既往原则保护权、法律人格权、私生活权、名誉权、思想、良心、宗教或信仰自由权、持有意见与表达自由权、和平集会权、自由结社权、婚姻家庭权、选举和被选举权、担任本国公职权、法律地位平等和受法律平等保护权，等等。后一类权利主要包括由《世界人权宣言》宣示并经《经社文权利公约》确认的工作权、享受公平与良好的工作条件权、休息权、组织与参加工会权、享受社会保障（包括社会保险）权、享受适当生活水准权、健康权、受教育权、参加文化生活和享受科学进步及其利益权，以及未经《世界人权宣言》宣示但由《经社文权利公约》予以确认的罢工权和科研与创作自由权，等等。[1] 从有关公约规定的本身来看，上述许多权利的具体内容和含义并不十分明确。在适用和实施国际人权公约的过程中，有关国家、国际机构以及国际和国内社会的其他成员都应按照《维也纳条约法公约》以及有关国际人权公约本身规定的解释规则，对国际人权公约各项规定的内容和含义作出善意的解释。[2]

在理论界，公民和政治权利以及经济、社会和文化权利曾被认为分别体现了资本主义国家和社会主义国家的人权观念，因此被分别称为"第一代人权"和"第二代人权"。[3] 实践中，许多国家、组织和个人对以上两类权利采取了不同的态度，出

---

[1] 两类个人权利之间的这种划分并不绝对。有学者认为，工会权、财产权、教育权和文化权等个人权利可能同时具有两类权利的特性，也可以被归入任一类别，See Asbjørn Eide, Catarina Krause and Allan Rosas ed., *Economic, Social and Cultural Rights: A Textbook*, Second Revised Edition, Martinus Nijhoff Publishers, 2001, pp. 4 ~ 5, 191 ~ 192, 252.

[2] 关于上述一些权利的含义和内容的讨论，参见徐显明主编：《国际人权法》，法律出版社2004年版，第207 ~ 333页。

[3] 根据最早由卡莱尔·瓦萨克 (Karel Vasak) 提出的"三代人权"的概念，第一代人权是个人的公民和政治权利，第二代人权是个人的经济、社会和文化权利，第三代权利有时被称为"连带/团结权" (solidarity rights) 或集体权利。关于对"三代人权"说法的批评和质疑，参见 Asbjørn Eide, Catarina Krause and Allan Rosas ed., *Economic, Social and Cultural Rights: A Textbook*, Second Revised Edition, Martinus Nijhoff Publishers, 2001, pp. 4, 119 ~ 120, 252.

现了重视其中一类权利而忽视另一类权利的现象。然而，大量国际文件反复申明，这两类权利构成个人人权相互联系、相互依存且不可分割的两个组成部分。尽管它们的具体内容以及实现的方式和措施不尽相同，但各国对它们应当给予同等的重视和考虑，而不能借口增进其中的某一类权利而忽视乃至限制、侵犯或剥夺另一类权利。[1]

（二）民族自决权

《公民及政治权利公约》与《经社文权利公约》在确认个人应当享有的各项权利的同时，分别在第1条以相同的措辞规定了"民族自决权"（right of peoples to self-determination）。根据这两项公约的规定，这一权利具体体现为以下三个方面的内容：①所有民族有权自由决定其政治地位并自由从事其经济、社会与文化的发展；②所有民族在不妨害基于互惠原则的国际经济合作以及任何国际法义务的条件下，可自由处置其天然财富和资源；③民族生计在任何情况下均不容剥夺。由于这两项公约和其他相关国际法律文件[2]都没有对"民族"和"自决"的含义作出具体而明确的界定，所以，长期以来，有关政府、组织和个人对于民族自决权的权利主体和内容存在着不同的理解和认识，提出了不同的解释和主张。考虑到该条款的历史背景以及其他相关国际法律文件的措辞和精神，可以认为，这项权利主要体现为殖民地人民和其他被外国统治或压迫的民族自由决定自己的政治地位和谋求其经济、社会和文化发展的权利。[3]

除了前述得到普遍性国际人权公约确认的各项权利之外，包括"和平权"（right to peace）、"环境权"（right to environment）和"发展权"（right to development）在内的一些"第三代人权"（the third generation of human rights）也得到了一些普遍性的国际决议、宣言和若干区域性人权公约的确认，[4]但尚未明确载入普遍性的国际人权公约。与前述个人权利相比，这些"权利"的性质、主体、内容和实施方式更不明确，有关政府、组织和个人之间仍然存在广泛的分歧意见。[5]

---

〔1〕 参见1966年两个国际人权公约的共同序言和《维也纳宣言和行动纲领》第一部分第5段。

〔2〕 例如《联合国宪章》（第1条第2款）、1952年《联合国大会关于人民和民族的自决权的决议》、1960年《给予殖民地国家和人民独立宣言》和1970年《关于各国依联合国宪章建立友好关系及合作之国际法原则之宣言》。

〔3〕 关于民族自决权的权利主体和内容的详细讨论，参见徐显明主编：《国际人权法》，法律出版社2004年版，第420～424页。

〔4〕 参见1972年《人类环境宣言》（第1项）、1978年《为各社会共享和平生活做好准备的宣言》（第一部分第1条）、1979年《关于发展权的决议》（序言和第8项）、1984年《人民享有和平权利宣言》（第1项）、1986年《发展权利宣言》（第1条）、1993年《维也纳宣言和行动纲领》（第一部分第10段）、《非洲人权和民族权宪章》（第22～24条）、1988年《美洲人权公约附加议定书》（第12条）。

〔5〕 关于发展权的性质、主体和内容的讨论，参见徐显明主编：《国际人权法》，法律出版社2004年版，第429～434页。

第三节 国际人权法确认的国家义务

国家对于本国领土范围内和受本国管辖的所有个人的人权的尊重、保护、促进和实现负有首要的义务和责任。[1] 从主要国际人权公约的规定来看,国家在人权方面承担了两类基本义务:一类是消极的不作为义务,另一类是积极的作为义务。

一、国家消极的不作为义务

国家在人权方面的消极的不作为义务是最基本的义务,这类义务要求国家承认并尊重国际人权法确认的各项人权,且不得非法地、任意地加以限制、干涉、侵犯、剥夺或妨碍其实现。鉴于国家权力对人权的潜在危险和现实侵害,各主要人权公约不仅一般性地要求缔约国承认和尊重公约所载的各项权利,禁止对各项权利加以任意限制,[2] 而且还在有关条款中对缔约国不得任意限制、干涉、侵犯或剥夺某些权利提出了具体要求。[3] 即便为了防止权利的滥用,缔约国有权对若干权利的行使加以限制,但其限制必须具有合法的限制根据,符合合法的限制范围,基于合法的限制理由,并符合合法的限制程度。[4] 此外,根据有关人权公约的规定,在实际存在对本国生存构成真实、急迫的严重威胁的公共紧急状态且该紧急状态经过本国有权机关正式宣布的情况下,缔约国可以"克减"(derogate)(即暂时停止履行)其根据有关公约承担的某些人权义务,如暂时减少或停止对若干权利的保护措施,或暂时加强对若干权利的行使所作的限制。尽管如此,其克减措施也不得违背本国根据国际法承担的其他义务,不得构成纯粹基于种族、肤色、性别、语言、宗教或社会出身等理由的歧视,不得超出可以克减的范围[5],且应符合紧急情势的严格需要。缔

---

[1] 参见 1993 年《维也纳宣言和行动纲领》第一部分第 1 段第 3 款以及 1999 年《关于个人、群体和社会机构促进和保护普遍承认的人权和基本自由的权利和责任的宣言》序言第 7 段和第 2 条第 1 款。

[2] 参见《公民及政治权利公约》第 2 条第 1 款和第 5 条第 1 款、《经社文权利公约》第 4 条和第 5 条第 1 款、《消除种族歧视公约》第 2 条第 1 款第 1 ~ 2 项、《消除对妇女歧视公约》第 2 条第 4 项、《儿童权利公约》第 2 条第 1 款、《残疾人权利公约》第 4 条第 1 款第 4 项和第 4 款、《移徙工人权利公约》第 7 条、《免遭强迫失踪公约》第 1 条。

[3] 参见《公民及政治权利公约》第 6 ~ 9、11 ~ 13、17 ~ 19、21 ~ 22、27 条;《禁止酷刑公约》第 2 条第 2 ~ 3 款和第 3 条;《儿童权利公约》第 13 ~ 16 条;《移徙工人权利公约》第 10 ~ 16、19 ~ 22、26、28、30 ~ 31、34 条;《免遭强迫失踪公约》第 16 ~ 17 条。

[4] 关于国际人权法关于限制权利行使的要求以及有关国际人权公约的相关条款,参见徐显明主编:《国际人权法》,法律出版社 2004 年版,第 187 ~ 191 页。

[5] 例如,根据《公民及政治权利公约》第 4 条第 2 款的规定,缔约国不得克减第 6 条(生命权)、第 7 条(禁止酷刑)、第 8 条第 1 ~ 2 款(禁止奴隶和奴役)、第 11 条(禁止因他人无力履行契约义务而予以监禁)、第 15 条(罪刑法定与不溯既往)、第 16 条(法律人格)和第 18 条(思想、良心、宗教或信仰自由)的规定。

约国还应就其克减的对象、理由和终止克减的日期等问题履行必要的国际通知手续，以接受有关国际机关和其他缔约国的监督。[1]

二、国家积极的作为义务

人权主体的普遍性、权利范围的广泛性和实现条件的多样性要求国家在充分尊重各项权利的基础上，采取一切必要、适当而有效的步骤、方法和措施确保各项权利的实现。因此，国际人权法在要求国家尊重人权和禁止国家任意侵犯人权的同时，还为国家设定了通过国内和国际措施促进和保证人权实现的积极义务。

（一）采取国内措施的义务

国内措施是促进和保证人权实现的最为直接和有效的措施。根据各主要普遍性和区域性人权文件的规定，缔约国应采取立法、救济、社会发展、教育、宣传和其他一切适当措施为人权的实现提供各种必要的条件。

1. 立法措施。许多国际人权公约明确要求缔约国采取某些立法措施来确认和保护人权，包括（但不限于）将公约所载的有关权利（特别是其国内法尚未承认的权利）确认为其国内法上的权利，以立法禁止或惩治任何侵犯此类权利的行为，修改或废除违背公约宗旨和精神的现行法律、规章、习俗和惯例。例如，《公民及政治权利公约》第2条第2款一般性地要求缔约国为实现公约所载权利采取必要的立法措施；第6条第1款和第17条第2款分别要求缔约国通过法律保护个人的生命权和私生活、家庭、住宅、通信、名誉及信用；第26条要求缔约国以法律保证所有个人享受平等而有效的保护以免受各种歧视，并以法律禁止任何歧视；第20条要求缔约国以法律禁止任何鼓吹战争的宣传以及任何构成煽动歧视、敌视或暴力的鼓吹民族、种族或宗教仇恨的主张；第26条要求缔约国，包括联合国其他核心人权公约在内的大量普遍性或区域性的国际人权公约也都在不同程度上对缔约国明确提出了立法方面的要求。[2]从诚实履行国际义务的要求出发，缔约国除应采取公约规定的具体立法措施外，还应当根据本国国内法律制度的具体情况，通过"纳入"或"转化"的适当方式，赋予其接受的国际人权法规则以国内法的效力，并保证这些规则在国内机关得到直接和优先的适用。

2. 救济措施。许多国际人权公约明确要求缔约国确保个人在其权利受到侵犯时能够获得有效的国内救济。例如，《公民及政治权利公约》第2条第3款为缔约国设定了提供有效救济的一般性义务，其第9条和第14条分别确认了受到非法逮捕或拘

[1] 关于国际人权法对克减的要求以及有关国际人权公约的相关条款，参见徐显明主编：《国际人权法》，法律出版社2004年版，第192~196页。

[2] 参见《经社文权利公约》第2条第1款；《消除对妇女歧视公约》第2~3、6条；《禁止酷刑公约》第2条第1款和第4条第1款；《儿童权利公约》第4条；《移徙工人权利公约》第9、14条；《残疾人权利公约》第1、3、5、15~16、22、27条；《免遭强迫失踪公约》第4条和第17条第2款；《欧洲人权公约》第1条第1款；《美洲人权公约》第2条；《非洲人权和民族权宪章》第1条。

禁之人和因错误判决而服刑之人依法获得赔偿的权利。除《经社文权利公约》之外，联合国其他核心人权公约和主要区域性人权公约对国内救济也有明确规定。[1] 按照有关国际人权公约的要求，缔约国应当保证本国领土内和受本国管辖的任何个人在自身权利受到侵害的情况下能向有管辖权的国家司法、行政或其他主管机关提出救济请求，被请求的国内主管机关应能独立、公正地对有关救济请求进行审理并作出裁定，其救济裁定的效果应能使正在进行的侵害行为得到终止，使有关侵害行为的后果得到矫正，使责任人员受到适当的惩罚和制裁，使受害者人身、物质和精神方面的损害得到充分补偿，使可能发生的类似侵害行为尽可能受到阻止，其最终生效的救济裁定应能得到实际执行。

3. 其他措施。许多普遍性和区域性国际人权公约在明确要求缔约国采取立法和救济措施的同时，还用一般性的措辞要求缔约国采取其他必要、适当且有效的步骤、方法或措施，以确保公约所载权利的实现。[2] 许多国际人权公约还具体列举和说明了缔约国应该采取的除立法和救济之外的一些方法、步骤或措施，例如行政、社会、教育、宣传、培训，以及为保护妇女、母亲、儿童和某一民族、种族、部落、土著等团体或其成员获得充分发展并同等享受人权而采取的临时特别保护措施。[3] 此外，联合国系统内负责处理人权事务的有关机构和有关国际会议先后通过大量宣言、决议、意见和建议，要求有关国家制订和实施综合性的国家人权行动计划，积极开展以人权为主要内容和目标的人权教育，建立专门负责促进人权的尊重、保护和实现的国家人权机构，促进社会的全面发展和进步，增强公众的人权意识，消除实现各项权利所面临的各种障碍，特别是种族主义、不平等和剥削等制度、习俗、政策与意识形态，以及失业、贫困、文盲、犯罪、环境污染等社会现象，以确保各项人权得到充分的尊重和实现。

---

[1] 参见《消除种族歧视公约》第6条；《消除对妇女歧视公约》第2条第3款；《禁止酷刑公约》第14条；《儿童权利公约》第4条；《移徙工人权利公约》第15条、第16条第1款和第83条；《残疾人权利公约》第13条；《免遭强迫失踪公约》第8条第2款、第20条第2款和第24条；《欧洲人权公约》第5条第4~5款和第13条；《美洲人权公约》第8、10、25条；《非洲人权宪章》第7条第1款第1项、第21条第2款和第26条。

[2] 参见《经社文权利公约》第2条第1款；《公民及政治权利公约》第2条第1~2款；《消除种族歧视公约》第2条第1款；《消除对妇女歧视公约》第2~3、5~8、10~14、16条；《禁止酷刑公约》第2条；《儿童权利公约》第2、4、39条；《移徙工人权利公约》第84条；《残疾人权利公约》第4~7、10~12、15~16、19~21、23~25、27~28、30条；《美洲人权公约》第26条；《阿拉伯人权宪章》第3、44条。

[3] 参见《经社文权利公约》第6、10~15条；《消除种族歧视公约》第1~2、4、7条；《消除对妇女歧视公约》第4条、《禁止酷刑公约》第10条；《儿童权利公约》第17~28、32~33、42条；《残疾人权利公约》第4条第1款第6~9项、第5条第4款、第8~9条、第31、33条；《免遭强迫失踪公约》第23条。

（二）开展国际合作的义务

世界各国不论历史背景、人口数量、领土面积、自然资源、民族状况、社会制度、文化传统和发展程度如何，在促进和保证人权实现方面都会面临各种困难和障碍，都需要经常而广泛地开展国际合作，提高本国在促进和保证人权实现方面的主观意愿和客观能力。有鉴于此，《联合国宪章》第56条明确要求各会员国"担允采取共同及个别行动与本组织合作"，以促进全体人类的人权及基本自由的普遍尊重与遵守。此后通过的数量众多的国际人权文件也反复重申和强调国际合作对于人权的普遍尊重和实现所具有的重要意义，[1] 许多普遍性和区域性的国际人权公约，尤其是关于经济、社会和文化权利以及需要特殊保护的群体成员的权利的公约，还为缔约国设定了在科学、文化、技术、经济等方面开展国际合作的一般性的和具体性的义务。据此，缔约国应与其他国家、国际组织和国际机构积极广泛地开展双边或多边合作，以共同创造实现有关权利所需要的知识、技术、信息、经验、方案、资金和其他方面的资源，[2] 并对有关侵犯人权的行为予以预防和惩治。[3]

第四节　人权的国际监督、保护和促进机制

通过国际机制促进、监督并保证各国履行其承担的国际人权义务是人权得以普遍尊重和实现的一个重要途径。实践中，包括联合国在内的许多政府间国际组织和各主要的国际人权公约分别在不同程度上建立了促进、监督和保证有关国家履行其国际人权义务的机构和程序，在此基础上初步形成了一套复杂的国际监督和保护机制。这些机制下的有关机构以及各机构的性质、职能、权限、活动方式和工作程序不尽相同，依其建立的根据可分为两类：一类是根据《联合国宪章》建立的"以《宪章》为基础的机制"或"《宪章》机制"（Charter - based mechanisms），另一类是根据联合国核心人权公约建立的"以条约为基础的机制"或"条约机制"（treaty - based machinery/mechanisms）。

一、根据《联合国宪章》建立的机制

联合国的各个主要机关都拥有某些促进或保护人权的职能。根据《联合国宪章》

---

〔1〕参见《儿童权利公约》序言第12段；《残疾人权利公约》序言第12段；《维也纳宣言和行动纲领》序言第4段、第一部分第一节第2段。

〔2〕参见《经社文权利公约》第2条第1款、第11条第2款和第15条第4款；《儿童权利公约》第4条、第21条第5项、第24条第4款、第27条第4款、第28条第3款；《残疾人权利公约》第4条第2款、第32、37条；《移徙工人权利公约》第64~65、67条；《免遭强迫失踪公约》第15、25条。

〔3〕参见《儿童权利公约》第34~35条；《禁止酷刑公约》第8~9条；《免遭强迫失踪公约》第13~14条。

的规定，为增进全体人类人权及基本自由的实现，联合国大会和经社理事会均有权发动研究、提出建议和设立行使职务所必要的辅助机关，托管理事会的工作也应符合增进全体人类的人权及基本自由的尊重的目的。[1] 此外，尽管安理会、国际法院和秘书处并没有被明确赋予人权保护的职责，但这些机关在实践中都发挥了重要的促进和保护人权的作用。

为了履行《联合国宪章》赋予的人权方面的职责，联合国大会和经社理事会都设立了专门负责促进和保护人权的附属机构和其他机构，即通常所称的"以《宪章》为基础的机构"或"《宪章》机构"（Charter-based bodies or Charter bodies）。其中，经社理事会于1946年设立的人权委员会（Commission on Human Rights，CHR）是联合国第一个专门负责处理人权问题的职司委员会，也是联合国在其成立后60年内设立的最重要的政府间人权机构。该委员会在成立后的前20年间主要负责拟订人权标准和提供咨询服务，从20世纪60年代后期开始才被赋予了监督人权标准的实施的职能。根据经社理事会于1967年6月6日通过的第1235（XLII）号决议和1970年5月27日通过的第1503（XLVIII）号决议，该委员会相继被授权对世界各国发生的持续性或系统性严重侵犯人权的一般情势（general situations of a consistent or systematic pattern of gross violations of human rights）进行公开的和秘密的审议和研究。此外，委员会先后建立了一系列国别机制（country-specific mechanisms），由委员会任命的国别工作组（working groups）、独立专家（independent experts）或特别报告员（special rapporteurs）对某一特定国家的人权情势进行调查，或者开展技术合作或提供咨询服务。同时，委员会还先后建立了一系列主题（或专题）机制（thematic mechanisms），由委员会任命的主题工作组、特别报告员、特别代表或其他专家负责处理世界各国存在的某一特别严重的具体的人权问题，包括在紧急情况下对个案的解决进行干预，以及查明世界范围内的某一具体人权问题的严重程度和根本原因，并就防止或减轻人权侵犯行为的程度的途径和方法提出建议。

人权委员会在其存在的60年间，促成了人权国际标准的确立和人权国际保护框架的建立，同时也为人权标准在全球范围内的接受和执行作出了重要贡献，[2] 但其工作中浓厚的政治因素也一直饱受批评。为了从根本上改进该委员会以及整个联合国组织在人权领域的工作，联合国大会于2006年3月15日决定设立人权理事会（Human Rights Council，HRC），作为大会的附属机关，取代人权委员会。人权理事会由大会选举的47个联合国会员国组成，负责增进所有人的一切人权和基本自由的普遍尊重。理事会的工作遵循普遍、公正、客观、无选择、建设性国际对话和合作

---

〔1〕　参见《联合国宪章》第13、22、62、68、76条。

〔2〕　联合国大会通过的许多国际人权公约以及包括《世界人权宣言》在内的不具有法律约束力的国际人权文件均由人权委员会及其下属机构起草而成。通过上文提及的各种程序，人权委员会及其下属机构在这些文件的执行方面也发挥了不同程度的作用。

的原则。其具体职能包括：对侵犯人权的情势，包括系统性地严重侵犯人权的情势，进行处理并提出建议；促进联合国系统内人权的有效协调和主流化；在与有关缔约国协商并取得其同意的情况下，促进人权教育和学习、咨询服务、技术援助和能力建设；作为所有人权的专题对话论坛；向联合国大会提出关于人权领域国际法的进一步发展的建议；促进各国承担的人权义务的充分实施，开展实现联合国会议和首脑会议确定的促进和保护人权的目标和承诺的后续行动；定期普遍审查各国履行其人权义务和承诺的情况；以对话和合作的方式协助预防侵犯人权行为的发生并对紧急的人权情势作出迅速反应；承担人权委员会与人权高专办有关的作用和责任；在人权领域与各国政府、区域组织、国家人权机构和市民社会进行密切合作；提出关于促进和保护人权的建议。[1] 人权理事会的建立表明，国际社会已经把人权与发展、和平和安全一起作为"联合国系统的支柱和集体安全与福祉的基础"。[2] 2006年3月24日，人权委员会决定终止工作，其部分职能和机制被转移给新成立的人权理事会。

除人权委员会和人权理事会之外，根据《联合国宪章》建立的专门人权机构还有妇女地位委员会（Commission on the Status of Women，CSW）和联合国人权事务高级专员办事处（简称人权高专办）（The Office of the United Nations High Commissioner for Human Rights，OHCHR）。前者是经社理事会于1946年设立的专门负责促进妇女权利和平等的职司委员会，也是联合国专门处理妇女权利问题的主要政治机构。后者是联合国大会于1993年12月20日决定设立的负责全面协调整个联合国系统内的人权事务的机构。实践中，妇女地位委员会通过拟订关于妇女权利的国际标准、筹备有关国际会议和监督有关政策和计划的执行，在提高国际社会对妇女权利的承认以及促进妇女权利和男女平等的实现方面发挥了十分重要的作用。人权高专办通过与各国政府、立法机关、法院、国家人权机构、市民社会、区域性和普遍性政府间国际组织、联合国系统内的人权机构紧密合作，在国际、区域、国家和地方各个领域极大地发展和加强了依国际标准保护人权的能力。[3]

二、根据联合国人权公约建立的机制

在现有的9个联合国核心人权公约中，除《经社文权利公约》之外的8个公约都明确规定了监督缔约国履行公约义务的机构，即人权事务委员会、消除对妇女歧视委员会、儿童权利委员会、禁止酷刑委员会、消除种族歧视委员会、移徙工人权利委员会、残疾人权利委员会和强迫失踪问题委员会。《经社文权利公约》本身尽管

---

〔1〕 参见联合国大会2006年4月3日通过的第60/251号决议第2～5、12段。
〔2〕 参见同上决议的序言和第6段。
〔3〕 关于联合国主要机关和专门人权机构在人权领域的职能和工作的具体情况，参见徐显明主编：《人权法原理》，中国政法大学出版社2008年版，第333～338页。另见人权高专办官方网站的有关信息，分别载 http：//www.ohchr.org/EN/HRBodies/Pages/OtherUnitedNationsBodies.aspx；http：//www.ohchr.org/EN/HRBODIES/Pages/HumanRightsBodies.aspx。

没有关于监督机构的规定，但经社理事会于 1985 年决定设立的经济、社会和文化权利委员会实际上发挥了该公约监督机构的作用。这些通常所称的"以条约为基础的机构"或"条约机构"（treaty – based bodies or treaty bodies）由数量不等的以个人身份行事的独立专家组成，分别根据有关人权公约和议定书所规定的职能和方式开展工作，在这些人权公约和议定书规定的基础上，形成了包括审议缔约国履约报告、处理国家控诉、审议个人来文、调查和定期查访在内的多种人权监督机制。

（一）报告机制

报告机制（reporting mechanism）是条约机构通过审议国际人权公约缔约国履行公约义务的报告来监督和促使缔约国履行国际人权义务的机制。这一机制是有关国际组织和主要国际人权公约广泛采用的一种基础性的监督机制，也是联合国各核心人权公约和有关议定书共同规定的唯一强制性的监督机制。在这一机制之下，缔约国应在公约或议定书对本国生效后的 1 ~ 2 年内向有关条约机构提交首次报告，此后应在每 2 ~ 5 年内向这些机构提交定期报告，或者按照这些机构要求的时间提交报告，全面说明本国在遵行依公约或议定书所承担的义务方面所采取的措施、取得的进展和面临的问题。各条约机构一般通过与缔约国代表进行"建设性对话"（constructive dialogue）的方式公开审议缔约国的报告，并在此基础上针对缔约国报告发表没有法律拘束力的结论性意见（concluding observations/comments），在肯定缔约国为履行条约义务所采取的措施和取得的进展的同时，对缔约国履行义务方面存在的问题表示关切，并就缔约国应当进一步采取的行动提出意见和建议。条约机构的结论性意见被纳入各机构的届会报告或年度报告，并通过为各机构提供服务的人权高专办和妇女促进处的官方网站以及联合国官方文件集等方式向公众发布。各条约机构还要求缔约国在国内公布其结论性意见，并采取后续行动执行其提出的建议。从已经生效的核心人权公约的报告机制的实际运行情况来看，这些公约的大部分缔约国都已向本公约设立的监督机构至少提交了一份履约报告，并接受了有关监督机构的审议。为了帮助缔约国更好地履行报告义务，各条约机构都先后拟订了报告指南，[1] 并通过发表一般性意见或建议对有关公约条款的含义作了权威性的解释。[2]

（二）国家控诉机制

国家控诉机制（inter – state complaint mechanism）是国际人权公约的缔约国通过条约机构的斡旋或和解来监督和促使公约其他缔约国履行条约义务的机制。按照《公民及政治权利公约》第 41 和 42 条、《禁止酷刑公约》第 21 条、《移徙工人权利

---

〔1〕 Compilation of Guidelines on the Form and Content of Reports to be Submitted by States Parties to the International Human Rights Treaties，hri/gen/2/rev. 2，7，May 2004.

〔2〕 *Compilation of General Comments and General Recommendations Adopted by Human Rights Treaty Bodies*（《各人权条约机构通过的一般性意见和一般性建议汇编》），hri/gen/1/rev. 7，12，May 2004. 最新《汇编》的英文本可见于联合国人权高专办的官方网站。

公约》第76条、《免遭强迫失踪公约》第32条和《经社文权利公约任择议定书》第10条的规定，公约缔约国可随时发表声明，承认依公约成立的监督机构有权接受并审议一缔约国指称另一缔约国不履行公约义务的来文。在发表同样声明的缔约国之间，如果一国认为他国未实施公约的有关条款，可在一定条件下将这一事件提交本公约的监督机构。在查明用尽可以采用的国内救济办法之后，该监督机构或/和其指派的专设和解委员会可就此进行斡旋。与这5项公约规定的任意性机制相比，《消除种族歧视公约》的相关规定具有一定的强制性。按照该公约第11～13条的规定，该公约的缔约国可自动援用该公约规定的斡旋与和解程序，而无需事先声明承认消除种族歧视委员会的相关权限。以上公约规定的机制在实践中得到了不同程度的接受，但其本身具有较为明显的国家间对抗因素，故迄今尚未被任何一个国家所援引。

（三）个人来文机制

个人来文机制（individual communications mechanism）是个人通过向有关国际机构提出针对国家的指控来维护自身权利、促使国家（特别是本人的国籍国）履行国际人权义务的机制。《公民及政治权利公约任择议定书》、《经社文权利公约任择议定书》（第1～9条）、《消除对妇女歧视公约任择议定书》、《残疾人权利公约任择议定书》、《儿童权利公约关于设定来文程序的任择议定书》、《消除种族歧视公约》（第14条）、《禁止酷刑公约》（第22条）、《移徙工人权利公约》（第77条）和《免遭强迫失踪公约》（第31条）分别规定了任择性的个人来文机制。根据这些议定书或公约的相关条款规定，一国可以通过成为有关议定书的缔约国，或者按照有关公约的规定发表声明，承认某一条约机构有权接受并审查本国管辖下的声称其依公约享有的权利受到本国侵害的个人的来文。在此基础上，有关个人在用尽所有可以运用的国内补救办法后，可以向该条约机构对本国提出书面指控。条约机构在认为来文符合接受条件的情况下，[1] 可以参照来文者和被指控的缔约国提出的一切书面材料，对来文进行不公开的审理，并在审理结束后对来文者和被指控国提出意见。实践中，《公民及政治权利公约任择议定书》规定的个人来文机制得到了最为广泛的运用。消除种族歧视委员会、禁止酷刑委员会和消除对妇女歧视委员会也已接受并审议了数量不等的个人来文。

除上述三种较为常见的条约机制外，《禁止酷刑公约》第20条和第28条、《消除对妇女歧视公约任择议定书》第8～10条和《残疾人权利公约任择议定书》第6～8条分别规定了由条约机构对缔约国履行公约义务的情况主动进行监督的任择性的调查机制，《禁止酷刑公约任择议定书》还决定建立一个由独立的国际机构和国家机构

---

〔1〕 条约机构接受并审议个人来文的条件一般包括：被指控的国家已接受本机构受理个人来文的权限；来文者（在指控事实发生时）在被指控国的管辖之下；来文者的指控涉及本机构负责监督实施的公约或议定书确认的任何一项权利；来文指控的同一事件不在另一国际调查或解决程序的审查之下；来文者已在被指控国用尽所有可以运用的国内补救办法；来文应当署名；来文者没有滥用来文权。

对存在被剥夺自由者的地点进行定期查访的制度,《经社文化权利公约任择议定书》第 11~12 条也规定了由经社文权利委员会就缔约国可能存在的严重的或系统性地侵犯任何经济、社会或文化权利的行为进行调查的任择程序。在联合国人权公约之外,与人权有关的其他许多国际条约也建立了监督和保证有关国家尊重、保护和促进人权实现的国际机制。例如,国际劳工组织建立了普遍适用于其通过的所有劳工公约的报告制度、特别适用于结社自由领域的个人控诉制度和国家控诉(实况调查与和解)制度;联合国教科文组织规定了国家报告程序和控诉程序;《国际刑事法院规约》也建立了针对被指控犯有种族隔离罪、反人道罪和战争罪行的个人的常设国际刑事司法机制。

第五节 中华人民共和国关于人权问题的基本立场与实践

中华人民共和国作为联合国的创始会员国,对国际人权法的形成和发展作出了重要贡献。自 20 世纪 70 年代末实行改革开放政策以来,特别是随着 90 年代初东西方冷战的结束,中华人民共和国在国内和国际人权领域的立场、态度和实践不断取得重大进展,在国际人权法的发展和实施方面发挥了日益重要的作用。

一、关于人权的基本立场

中华人民共和国关于人权的基本立场在其有关法律、政策文件、政府声明和代表发言中均有不同程度的体现。1991 年 11 月 1 日,中国国务院新闻办公室发表了题为《中国的人权状况》的白皮书,首次以政府文件的形式系统阐述了中国政府关于人权问题的基本立场。关于人权的概念和内容,中国政府认为,由于各国的历史背景、社会制度、文化传统、经济发展状况存在巨大差异,因而它们对于人权的认识往往并不一致,而且随着历史的发展,人权的概念及其内涵也在不断发展。人权在目前既是一项个人权利,同时又是一项集体权利,既包括公民、政治权利,也包括经济、社会和文化等方面的权利。其中,首要的权利是国家独立权和人民的生存权。[1] 白皮书指出,中国人权具有三个显著特点:一是广泛性,人权的权利主体是"全体中国公民",人权的范围包括上述个人和集体权利;二是公平性,各项公民权利不受金钱和财产状况以及民族、种族、性别、职业、家庭出身、宗教信仰、教育程度、居住期限的限制,为全社会的公民平等地享有;三是真实性,"国家为人权的实现从制度上、法律上、物质上给予保障"。此外,中国政府强调权利义务的统一性,认为公民同时是法律上的权利和义务主体,任何公民在宪法和法律规定的权利义务面前一律平等,公民在行使自由和权利的时候,不得损害国家的、社会的、集

---

[1] 参见国务院新闻办公室:《中国的人权状况》,1991 年 11 月 1 日,前言第 3~4 段。

体的利益和其他公民的合法自由和权利。[1] 关于人权的实现途径、方式和措施，中国政府认为，人权问题在本质上属于一国内部管辖问题，尊重国家主权和不干涉内政等公认的国际法准则同样适用于人权问题。中国表示承认和尊重《联合国宪章》保护和促进人权的宗旨和原则，赞赏和支持联合国普遍促进人权和基本自由的努力，主张在相互理解、求同存异的基础上加强人权领域内的国际合作。中国认为，每一国家都应根据本国的历史、经济、政治和文化的具体国情确定其实现和维护人权的道路，并需通过国内立法对人权制度予以确认和保护。中国坚决反对任何国家利用人权问题推行自己的价值观念、意识形态、政治标准和发展模式，借口人权问题干涉别国（特别是发展中国家）的内政。中国一贯主张，对于危及世界和平与安全的行为，诸如由殖民主义、种族主义和外国侵略及占领所造成的粗暴侵犯人权的行为，以及种族隔离、种族灭绝、贩卖奴隶、国际恐怖组织侵犯人权的严重事件，国际社会都应进行干预和制止，实行人权的国际保护。中国表示愿意同国际社会一道，为建立一个公正、合理的国际关系新秩序，实现联合国维护和促进人权与基本自由的宗旨而继续作出不懈的努力。[2]

《中国的人权状况》表明的中国政府关于人权问题的基本立场在随后通过的许多其他国内文件中都有不同程度的体现和发展。例如，中国政府于2000年发表的名为《中国人权发展50年》的白皮书明确表示，实现充分的人权是中国跨世纪发展的基本目标，将生存权、发展权放在首位，在改革、发展、稳定的条件下全面推进人权是符合中国国情的促进和发展人权的道路。[3] 再如，中国政府于2009年4月发布的《国家人权行动计划（2009～2010年）》在重申上述基本立场的同时，进一步强调坚持以人为本，落实"国家尊重和保障人权"的宪法原则，在从基本国情出发的同时尊重人权普遍性原则。在国际人权领域，中国政府主张加强国际人权交流、对话与合作，同世界各国一道，共同致力于推动世界人权事业的健康发展，为建设持久和平、共同繁荣的和谐世界作出应有的贡献。[4]

二、关于人权的基本实践

（一）国内人权领域的实践

中华人民共和国成立以后，先后在四部宪法中规定了"（国家的）一切权力属于人民"和"各民族一律平等"的原则、中华人民共和国公民的基本权利和义务，以及保障公民基本权利得以实现的政治、社会、经济和文化制度、政策及措施，并在1982年颁布的《宪法》中明确规定保护中国境内的外国人的合法权益。特别值得一

〔1〕　参见同上引文，前言第4段和第二部分第15段。
〔2〕　参见同上引文，前言第4段和第十部分第1、8～10段。
〔3〕　参见国务院新闻办公室：《中国人权发展50年》，2000年2月，第六部分，第2～3段。
〔4〕　参见国务院新闻办公室：《国家人权行动计划（2009～2010年）》，2009年4月，导言，第4段。

提的是，2004 年通过的 1982 年《宪法修正案》不仅进一步增加了保护公民权利的条款，[1] 而且首次以专款规定"国家尊重和保障人权"，从而"使尊重和保障人权由党和政府的政策主张上升为宪法原则，由党和政府执政行政的理念和价值上升为国家建设的理念和价值，进一步确立了保障人权在中国法律体系和国家发展战略中的突出地位，为中国人权事业的全面发展开辟了更加广阔的前景"。[2]

在中国宪法有关规定的基础上，中国从自身国情出发，参照自身承担的国际人权义务，借鉴国外的先进经验，通过制定新的法律法规和修改或废除现有的法律法规，不断完善中国的人权立法。特别是 1979 年以来，中国各级权力机关和国务院先后颁布了大量直接关涉公民权利的法律、法规、条例及其他法规性文件，逐步建立和健全保护中国公民，尤其是保护少数民族、妇女、儿童和残疾人的各项权利的法律制度。这些与人权有关的法律文件不仅进一步确认了宪法规定的公民的各项基本权利，而且具体规定了国家机关和其他社会成员在尊重和保障这些权利方面负有的义务或责任，以及维护这些权利的机制和措施，它们与宪法有关公民权利和人权的规定一起构成了中国尊重和保障人权的基本法律制度。[3]

中国国内法在确立中国公民和中国境内外国人的权利的同时，对于权利遭受侵犯的受害者的救济措施也作了相应规定，主要体现在以下几个方面：①违法侵犯个人人身权利、民主权利、财产权利或其他权利的国家机关、国家工作人员或其他组织和个人，应依照法律规定承担相应的刑事、民事或行政责任；②中国公民对于任何国家机关和国家工作人员的违法失职行为，有向有关国家机关提出申诉、控告或者检举的权利；个人认为国家机关、国家工作人员和其他有关组织或个人侵犯其权利的，有向人民法院提起民事、刑事或行政诉讼的权利；公民、法人或者其他组织认为有关行政行为侵犯其合法权益的，有向行政机关申请行政复议的权利；由于其人身权、财产权等合法权益受到国家机关和国家工作人员的侵犯而受到损失的人，有依照法律规定要求和取得国家赔偿的权利；③人民法院依法独立行使民事、刑事和行政审判权，不受任何行政机关、社会团体和个人的干涉；国家监察机关依法行使职权，同样不受其他行政部门、社会团体和个人的干涉；国家行政复议机关履行行政复议职责，也应当遵循合法、公正、公开、及时、便民的原则；④人民法院就民事、刑事和行政案件所作的发生法律效力的判决或裁定由法院执行；行政复议机

〔1〕 2004 年《宪法修正案》增加的其他直接保护公民权利的条款包括第 10 条第 3 款（国家在依法征收或征用土地时给予补偿）、第 11 条第 2 款（国家鼓励、支持和引导非公有制经济的发展）、第 13 条第 1、3 款（公民的合法的私有财产权不受侵犯；国家在依法征收或征用公民的私有财产时，〔对财产所有人〕给予补偿）和第 14 条第 4 款（国家建立健全同经济发展水平相适应的社会保障制度）。

〔2〕 中华人民共和国国务院新闻办公室：《2003 年中国人权事业的进展》，2004 年 3 月，前言，第 3 段。

〔3〕 参见班文战："人权立法分析报告"，载李君如主编：《中国人权事业发展报告 No. 1（2011）》（人权蓝皮书），社会科学文献出版社 2011 年版。

关所作的发生法律效力的行政复议决定由行政复议机关或有关上级行政机关执行；对于人民法院赔偿委员会作出的赔偿决定和监察机关依法作出的监察决定，有关机关、部门和人员也必须执行。在中国宪法和法律的有关规定的基础上，中国已建立起一套对权利受到侵犯的个人提供司法和行政救济的制度。实践中，这一制度在维护个人权利方面日益发挥重要作用。

"将人民的生存权、发展权放在首位，在改革、发展、稳定的条件下，全面推进人权"，这是中国在经过数十年的探索和实践之后逐渐确立的符合自身国情的促进和发展人权的道路。[1] 在过去的 30 多年里，中国政府通过不断制订和实施促进国民经济和社会全面发展的纲要、计划、方案、政策和措施，使中国经济实现了持续、快速、健康的发展，社会主义民主政治建设得到不断加强，文化、教育、卫生、科学、社会保险和社会保障等方面都取得了重大发展。在此基础上，人民的生存权、发展权和其他公民、政治、经济、社会、文化权利的状况不断得到改善。与此同时，对妇女、儿童、残疾人、老年人、少数民族、贫困人口等地位不利的个人和群体的权益的保障也日益得到加强。特别值得一提的是，2009 年以来，为了全面推进中国的人权事业，中国政府根据中国宪法的基本原则，遵循《世界人权宣言》和国际人权条约的基本精神，从中国国情出发，在认真总结经验、客观分析当前实际情况的基础上，先后制定和实施了两项《国家人权行动计划》，[2] 比较全面系统地促进了人权事业的进展。

（二）国际人权领域的实践

作为联合国的创始会员国和安全理事会的常任理事国之一，中国对国际人权事业的建设和发展作出了重大贡献。联合国建立以后，中国积极参加了《世界人权宣言》的起草工作，并于 1948 年 12 月 10 日投票赞成该宣言的通过。1971～1973 年，中华人民共和国先后恢复了在联合国以及联合国教科文组织、国际劳工组织和世界卫生组织等与人权有着最密切联系的联合国专门机构中的合法席位。此后，中国逐渐开始以多种形式参与国际人权领域内的有关活动。首先，中国积极参与联合国宪章机制下的有关工作。例如，中国从 1981 年至 2005 年一直当选人权委员会的成员，并于 2006 年和 2009 年连续两届当选人权理事会的成员。在此期间，中国积极参与了许多国际人权文件的起草或制定工作，先后接待了任意拘禁问题工作组、受教育权问题特别报告员、酷刑问题特别报告员和食物权问题特别报告员的访问，与联合国人权高专办积极开展人权领域的技术合作，并于 2009 年 2 月和 2013 年 10 月接受了人权理事会按照定期普遍审议程序对中国进行的两轮审议。其次，中国先后批准、加入或承认了 60 多项与人权有关的国际公约，包括《经社文化权利公约》《消除种

---

[1] 参见中国国务院新闻办公室：《中国人权发展 50 年》，2000 年 2 月，第六部分，第 4 段。
[2] 即 2009 年 4 月颁布的《国家人权行动计划 (2009～2010 年)》和 2012 年 6 月颁布的《国家人权行动计划 (2012～2015 年)》。

族歧视公约》《消除对妇女歧视公约》《禁止酷刑公约》《儿童权利公约》和《残疾人权利公约》等 6 项联合国核心人权公约。对于已经批准或加入的国际人权公约，中国一方面采取有关国内措施履行其负担的义务，另一方面根据有关公约的规定认真撰写并提交履约报告，并接受有关机构的审议。[1] 再次，中国在平等和相互尊重的基础上积极就人权问题与有关国家和国际组织进行多种形式的对话、磋商和交流，以求增进了解，扩大共识，缩小分歧。[2] 此外，中国与其他有关国家和国际组织积极合作，为维护第三世界国家的民族自决权和发展权，制止大规模严重侵犯人权的行为作出了不懈的努力。[3]

---

[1] 截至 2016 年 5 月，中国已就《经社文化权利公约》的履行情况提交了 2 次报告，就《消除种族歧视公约》的履行情况提交了 13 次报告，就《消除对妇女歧视公约》的履行情况提交了 8 次报告，就《禁止酷刑公约》的履行情况提交了 5 次报告和 1 次补充报告，就《儿童权利公约》的履行情况提交了 4 次报告，就《儿童权利公约关于禁止买卖儿童、儿童卖淫和儿童色情制品的任择议定书》的履行情况提交了首次报告，就《儿童权利公约关于儿童卷入武装冲突的任择议定书》的履约情况提交了首次报告，就《残疾人权利公约》的履约情况提交了首次报告。

[2] 十多年来，中国与英国、挪威、德国、加拿大、澳大利亚、瑞士、美国等西方国家和欧盟开展了近百次人权对话与交流。

[3] 参见中华人民共和国国务院新闻办公室：《中国的人权状况》，1991 年 11 月 1 日，第十部分；《2000年中国人权事业的进展》，2001 年 4 月 9 日，第七部分。

第五章

国家领土

第一节　国家领土概述

一、国家领土的概念和法律地位

国家领土（state territory）是指隶属于国家主权之下的地球的特定部分，包括陆地、水域、陆地与水域的上空和底土部分。

确定的领土是国际法上形成国家所必须具备的四个条件或要素之一。虽然由于各国领土形成的历史过程不同，有的国家领土面积很大，有的则很小，但没有领土的国家是不存在的。一个流浪的部落，虽然有一个政府或在其他方面是有组织的，但没有在它自己的领土上定居以前，就不是一个国家。[1]

从上述概念可见，领土属于国家主权之下，国家对本国领土具有完全的和排他的主权，这种主权在国际法上称为国家的领土主权（territorial sovereignty）。领土主权的基本含义是指国家对其领土本身及领土内的人和物所具有的最高权力，包括国家对其领土具有的排他的所有权（dominium）和管辖权。领土所有权是指国家对本国领土的占有、使用、收益和处置的权力。基于这种权力，国家可以割让或出租部分领土、并入别国或与别国合并。国家对领土的管辖权是指国家的属地管辖权，即国家对在其领土范围内的一切人、物（包括领土本身）和发生的事件进行管辖的权力。对此，本书在第二章第一节关于"国家的基本权利和义务"中已作了阐述。

领土主权所包含的领土所有权和领土管辖权是统一不可分的。否定所有权就使领土管辖权失去了基础，成了不稳定的权力，也无法解释国家间处分领土的行为。若否定领土管辖权，则领土主权就成了无国家的领土主权。国际法在创立领土主权时原本就从领土管辖权的事实出发，承认领土的支配者即为领土的所有者。[2]

领土主权是国家生存、独立和发展的基础，也是国家主权的核心要素，因此，它是受国际法保护的，是不可侵犯和不可分割的。现代国际法确立的国家主权平等，不侵犯等基本原则的意义之一，就是保护国家的领土主权，禁止任何国家以威胁或

---

〔1〕　参见〔英〕詹宁斯、瓦茨修订：《奥本海国际法》（第1卷第2分册），王铁崖等译，中国大百科全书出版社1998年版，第3页。

〔2〕　参见周鲠生：《国际法》（上册），商务印书馆1976年版，第321页。

使用武力，或以与联合国宗旨不相符合的其他方法侵犯别国的领土主权。

二、国家领土的构成

国家领土由领陆、领水、领陆和领水的底土以及领陆和领水以上的空气空间四个部分构成。

（一）领陆

领陆（territorial land）是国家疆界以内的全部陆地，包括大陆和岛屿。就某一个国家而言，其领陆可能单纯由大陆组成，也可能全部由岛屿组成。领陆是国家领土中最基本的组成部分，领土的其他部分都是附着于领陆而存在的，世界上不存在没有领陆的国家。

（二）领水

领水（territorial waters）广义上包括国家陆地疆界以内的水域（称内陆水）和与陆地疆界邻接的一带海域。本章只介绍内陆水的地位，而与陆地相连接的海域的地位将于海洋法一章中论述。内陆水有河流和湖泊。

根据不同的法律地位，河流可以分为以下五种：

1. 国内河流（national rivers），即从其发源地到河口都在一国境内的河流。它们处于所在国的主权之下，国家对河流的航行、捕鱼、河水利用和管理有完全的自主权。非经国家同意，外国船舶无权在一国内河航行。

2. 界河（boundary rivers），即分隔两国疆界的河流。界河边界线两边的水域分别属于沿岸国的内水，沿岸国对各自边界内的水域具有主权。但沿岸国均可利用界河。关于界河的利用、维护和管理等事宜由沿岸国协议规定。非沿岸国未经沿岸国同意，不得在界河中航行。

3. 多国河流（non-national rivers），即流经两个或两个以上国家领土的河流。这类河流的沿岸国对流经其境内的河段具有主权。沿岸国有权利用河流，但必须顾及其他沿岸国的利益。实践中涉及河流的利用、航行、维护和管理等事项，需要各沿岸国协议解决。例如，2000年中国、老挝、缅甸和泰国的交通部长签署了《澜沧江—湄公河商船通航协定》，该协定第2条规定，缔约各方同意，自本协定签署1年后，在缔约方四国之间实现澜沧江—湄公河商船通航。缔约任何一方的船舶均可按照本协定的规定和缔约各方共同接受的有关规则在中华人民共和国思茅港和老挝人民民主共和国朗勃拉邦港之间自由航行。第4条规定，四国相互开放港口，码头共14个，中国为思茅港、景洪港、勐罕码头及关累码头4个；老挝为班赛、班相果、孟莫、万巴伦、会晒及朗勃拉邦港6个；缅甸为万景及万崩2个；泰国为清盛及清孔2个。第21条规定，为促进本协定目标实现和解决本协定执行中可能产生的问题，缔约各方代表应在缔约国轮流每年至少举行一次会议或在必要时应缔约任何一方要求就维护和改进河流通航条件；提高航行安全和环境保护；交流与航行安全有关的河道及碍航物的信息；改善和拓扩港口设施；在海关、移民及其他相关方面进行合作和协调；为安全和顺利航行，尤其是旱季的航行，就提供流量相关数据方面进行尽可能的合作等九个方面问题进行协商。

4. 国际河流（international rivers），即流经数国并通海洋，根据国际条约或其他形式规定，向所有国家商船开放的河流。如 1814 年《巴黎和约》宣布莱茵河自由航行，1856 年《巴黎和约》第 15 条规定多瑙河及其河口自由航行，1885 年《柏林公约》宣布刚果河和尼日尔河自由航行原则等。1815 年《维也纳公约》宣布河流自由航行原则，1919 年《凡尔赛和约》规定欧洲一些河流为国际河流。[1] 1921 年《巴塞罗那公约》及其规约规定的国际性可航行水道（navigable waterways of international concern）基本上也就是指国际河流。[2]

国际河流的沿岸国对流经其境内的河段具有主权。虽然各国商船可以航行，但沿岸国仍可进行管理并保留沿岸航行权。根据上述《维也纳公约》《凡尔赛和约》《巴塞罗那公约》及其规约等文件的规定，国际河流的主要规则有：①所有国家的商船都可以在国际河流中航行。航行时，所有国家的国民、财产及旗帜享有平等待遇；②沿岸国对流经本国的河段行使管辖权，特别是关于警察、卫生、关税等事项；③沿岸国可为维持和改善航行条件征收公平捐税；④沿岸国保留"沿岸航运"（cabotage），即外国船舶不得从事同一沿岸国的各口岸间的航行；⑤国际河流应设立委员会进行管理和建立规章。

5. 国际运河（international canals）。运河是指人工开凿的水道。其法律地位与国内河流相同。构成国际航行要道的运河属于国际运河，即通常所称的"通洋运河"，这种运河根据国际条约的规定，向所有国家的船舶开放。但这种开放并不改变运河所属国的领土主权。如苏伊士运河和巴拿马运河。

（1）苏伊士运河。苏伊士运河位于埃及境内，长 172.5 千米，宽 180~200 米，平均水深 15 米。运河沟通地中海和红海，是欧洲和亚洲之间最短的航道，具有十分重要的战略和航行价值。

1854 年，埃及政府与法国人费迪南·勒赛普签订关于修筑和使用苏伊士运河及其附近建筑的租让合同。埃及政府准许勒赛普组织"国际苏伊士运河公司"，给予该公司开凿和经营运河的特权。苏伊士运河的开凿于 1859 年开始，历时 10 年完成。1875 年，英国利用埃及政府的财政困难，购买了其持有的运河公司 44% 的股票。1882 年，英国趁埃及内乱之机派兵入侵埃及，控制了埃及和苏伊士运河。第一次世界大战爆发以后，英国宣布埃及为被保护国。英国在运河区驻扎军队，控制着运河的经营管理大权。1956 年，埃及总统纳赛尔宣布将苏伊士运河收归国有。

1888 年 5 月 26 日，英国、法国、德国、奥匈帝国、俄国、意大利、荷兰、西班牙、土耳其等国家签订《君士坦丁堡公约》，规定了苏伊士运河的法律地位和航行制

---

〔1〕 参见 1919 年《凡尔赛和约》第 331~362 条的规定。

〔2〕 Hudson, *International Legislation*, vol. 1, 1919~1921, pp. 638~645（Convention on the Regime of Navigable Waterways of international Concern, 1921）.

度。根据公约的规定，苏伊士运河实行中立化，交战国不得在运河或距运河港口 3 海里以内从事敌对行动，交战国军舰通过运河时不得停留，不得在运河及其港口装卸军队、军火及其他军用物资，运河内不得设立永久性防御工事。运河实行自由航行制度，无论平时或战时对所有国家的船舶开放，不得限制对运河的使用，而且永远不得封锁运河。埃及政府将运河收归国有后，于 1957 年 4 月 24 日发表声明，重申尊重《君士坦丁堡公约》规定的运河自由航行制度，保证运河向所有国家的船只开放，并设立埃及的运河管理局管理运河的航行事宜。现在，苏伊士运河是由埃及保证自由通航的运河，属于埃及的内水，埃及政府对运河行使完全和排他的管辖权。

（2）巴拿马运河。巴拿马运河位于巴拿马共和国境内，全场 81 千米，沟通大西洋和太平洋，具有十分重要的经济和战略价值。

1850 年，美国和英国曾签订条约，规定两国共同开凿一条横贯巴拿马地峡的运河。1901 年，美国利用英国正在南非与布尔人进行战争的困境，与英国签订《海—庞斯福条约》，取得了单独开凿巴拿马运河的权利，并允诺在巴拿马运河适用 1888 年《君士坦丁堡公约》确定的苏伊士运河的自由航行和中立化原则。1903 年 1 月，美国与哥伦比亚政府签订条约，哥伦比亚将巴拿马地峡租给美国 100 年。由于哥伦比亚参议院不批准该条约，于是，美国策动本来属于哥伦比亚的巴拿马省于 1903 年 11 月 3 日宣告独立。同年 11 月 6 日，美国正式承认巴拿马共和国。同年 11 月 18 日，美国和巴拿马签订《关于开凿通洋运河的条约》。根据该条约，巴拿马将处于运河两端的科伦市和巴拿马市之间建造运河所需的地段以及运河两岸各 5 英里宽的土地永远给美国人使用、占有和控制，以便修建、管理和保护运河。条约规定，运河及其入口处应按照《君士坦丁堡公约》的规定保持永久中立，但同时规定美国有权在任何时候使用其警察、陆车、海军，或在运河区建立要塞。1914 年，巴拿马运河由美国建成并开放使用。美国颁布了关于运河管理和航行的规则，行使对巴拿马运河区的管辖权。

巴拿马人民为收回巴拿马运河的主权进行了长期的斗争。1974 年，美国被迫同意结束它对巴拿马运河的管辖权。1977 年 9 月 7 日，巴拿马和美国签订了新的《巴拿马运河条约》和《关于巴拿马运河永久中立和运河营运条约》。两条约于 1979 年 10 月 1 日起生效。根据新条约的规定，美国承认巴拿马共和国对运河区的领土主权，巴拿马共和国以运河主人资格授予美国在条约生效期间经营管理和保卫运河的必要权力。巴拿马要越来越多地参与运河的管理和保护；运河的防务由美国和巴拿马共同负责。条约还规定，巴拿马运河实行中立化和自由航行制度，无论平时或战时，平等地向各国通过的船只开放。《巴拿马运河条约》的有效期至 1999 年 12 月 31 日届满，2000 年 1 月 1 日，巴拿马收回了巴拿马运河的管理权，而且运河的防务也由巴拿马单独负责。

湖泊是指被陆地环绕的水域。湖泊如果完全为一国陆地所包围，则属于该国领土的一部分，国家对此类湖泊享有排他的主权，不对外国开放；湖泊如果为两个或者两个以上国家的陆地所包围，除国际协议另有规定外，它们应属于全体沿岸国，湖泊界限的划分、利用和管理应由有关沿岸国协议解决；湖泊如果有狭窄的水道通向海洋，而且湖泊或其水道有两个或者两个以上沿岸国时，其法律地位应根据全体沿岸国的协议决定。

（三）领陆和领水的底土

领陆和领水的底土（territorial subsoil），是国家领陆和领水之下的部分。它们与陆地和水域不可分割，当属国家领土的组成部分。

（四）领空

领空（territorial airspace）是国家领陆和领水以上一定高度的空气空间。领空对保护国家安全、发展航空运输事业以及进行科学研究有着十分重要的意义，因此，领空也是国家领土的重要组成部分。国家的领空主权早被1919年《巴黎航空管理公约》第1条确认，并被1944年《芝加哥民用航空公约》第1条重申。

领陆、领水、领陆和领水的底土、领空等四个部分构成国家领土的整体。在地理分布上，有些国家的领土连成一片，有些国家的领土则是分散的。但是，无论国家领土的地理分布情况如何，都在国家领土主权支配的范围之内。

第二节　国家领土的取得与变更方式

在长期的历史发展过程中，每个国家都形成了自己的领土。但是，由于某种原因，国家领土可能会增加或减少，从而导致领土面积发生变化，这种现象被称为领土的取得或变更。在不同的历史时期，领土取得和变更的方式不尽相同。

在传统国际法时期，国家领土取得与变更的方式采用罗马法上关于财产取得和丧失的概念。这是因为当时领土被视为君主的个人财产，领土与财产之间的类似成为领土取得与变更方式的理论根据。[1]当时的领土变更方式有先占、时效、添附、割让和征服。随着历史的发展与进步，这些方式有的已经失去其存在的合法性，有的则仍为现代国际法所承认。

一、先占

先占（occupation）亦称占领，是指国家通过对无主土地的占有而取得对该土地的主权。先占的主体是国家，客体是不属于任何国家的领土，即无主地（terra nullius）。传统国际法认为无主地是不属于任何国家的荒芜土地，或者虽有土著人居住，但尚未形成国家的土地。但现代国际实践已不再认可这种主张。1975年，国际法院在"关于西撒哈拉问题的咨询意见"中指出："根据国家实践，凡有部落或人民居住

---

〔1〕　参见王铁崖主编：《国际法》，法律出版社1981年版，第144页。

并有一定的社会和政治组织的地方，就不能认为是无主地。"[1]

国家通过先占取得无主土地的领土主权必须满足两个条件：①国家正式表示占有该无主土地的意思，这种意思表示可以在国家的公开声明中作出，也可以见诸国家的外交文件中；②国家在该地区适当行使或者表现其主权，通过立法、司法或行政措施对该地区实行有效的占领或控制。只有同时具备了这两个条件，方能构成对无主土地的有效占领，从而使国家取得对该地区的主权。1928 年，常设仲裁法院法官麦克斯·胡伯在"帕尔马斯岛案"的仲裁裁决中指出：国家发现某一无主地而取得的只是一种"不完全的权利"，这种权利可以由于后来未对该地区实行有效统治而丧失。至于先占的范围，一般来说，应该与占有国的实际控制范围相一致。

作为领土原始取得的一种方式，先占在西方国家进行对外殖民扩张时具有重要的地位。但在现代，世界上的无主地几乎没有了。[2] 因此，先占作为取得领土的方式也失去了其现实意义。不过，在解决国家之间的领土争端时，有时还应该考虑先占作为领土取得方式所具有的效果。[3]

二、时效

时效（prescription）是指国家占有他国的部分领土，经过长期和平地行使主权而取得对该领土的主权。

国际法上通过时效取得领土主权的条件是长期和平的有效的占有。所谓长期，只能理解为很长时间，因为没有法律规定。所谓和平的，是指被占领土的原属国未提出抗议或主张或其他行动。有效占有就是实施显示主权的活动，如驻军、移民、立法等，而且主权活动排他。国家对他国领土经过长期进行管辖或行使主权后，即可取得对该领地的主权。但是，原属国的抗议或主张或其他反对行为构成依时效取得领土的障碍。

时效与先占的区别在于先占的对象是无主地，而依时效取得的是别国的领土。时效作为取得领土的一种方式，由于不考虑最初占有的善意与否以及取得领土主权没有确定的期限，所以，其效力在国际法上历来是有争议的。1959 年 6 月，国际法院在"荷兰和比利时边境某些土地案"的判决中就否定了荷兰以时效为理由对两块土地提出的主权要求。[4] 在现代国际实践中，几乎没有任何国家情愿将本国的部分领土置于别国管辖之下，也没有任何国家在本国部分领土被别国占有之后不提出抗议或者不主张自己的权利。因此，在现代国际法上，时效作为国家领土取得与变更的方式已没有现实的意义。

---

[1]　陈致中编著：《国际法案例》，法律出版社 1998 年版，第 8 页。

[2]　依《南极条约》规定，即使南极地区没有被宣布主权的地方，国家也不得占有。

[3]　参见杨泽伟：《国际法》，高等教育出版社 2007 年版，第 153 ~ 154 页。

[4]　参见陈致中：《国际法案例选》，法律出版社 1986 年版，第 321 页。

三、添附

添附（accretion）是指国家领土由于新的形成而增加。添附有两种情况：一种是由于自然的作用使国家的领土扩大。例如，河流泥沙的冲击可能在河口形成三角洲或者使原有三角洲的面积增加；海岸因水流冲击形成涨滩或者领海内出现新的岛屿。另一种是人力的作用所致，较为普遍的是在海岸以外围海造田。例如，日本曾经在神户附近的海上进行大规模的围海造田，形成了436万平方米的新的土地。但是，按照《海洋法公约》的规定，国家的近海设施和人工岛屿，以及在专属经济区、大陆架和公海内建造的人工岛屿、设施和结构等，均不构成领土的添附。

在以河流为界的情况下，一般来说，一沿岸国未经另一沿岸国的同意，不应在本国一侧筑堤或者围滩造田，因为这样做势必会使河水冲刷对方的堤岸，使界河原来的分界线发生变化。但是，如果由于自然力的作用河流发生偏移或者河岸出现涨滩，致使一国领土逐渐增加和另一国领土相应减少，则属于合法的领土变更。

添附无论是自然作用还是人为作用所致（不违反国际法的人为所致），现代国际法都予以认可。对于因添附而增加的领土，国家无须采取宣告或者其他法律行为，也无须其他国家的承认。

四、割让

割让（cession）是指一国根据条约将本国的部分领土转移给他国。割让一般分为强制性的割让和非强制性的割让。在强制性割让的情况下，领土的转移是无代价的，它往往是战争的结果，表现为战胜国迫使战败国签订和约，将战败国的部分领土据为己有。例如，1895年，中国在甲午战争战败后，日本强迫清政府签订《马关条约》，中国被迫将台湾和澎湖列岛等地割让给日本。第一次鸦片战争后，1842年英国迫使清政府签订《南京条约》，割让了香港岛；第二次鸦片战争后，1860年英国又通过《北京条约》，迫使清政府割让了南九龙半岛。1905年日俄战争中俄国战败后，双方签订了《朴茨茅斯和约》，俄国被迫将库页岛割让给日本。

非强制性的割让是指国家在平等的基础上，和平地转让部分领土，其具体形式包括买卖、交换或者赠送。例如，1803年，美国从法国购得路易斯安那地区；1867年，美国以720万美元从沙皇俄国购得阿拉斯加地区；1916年，美国以2500万美元从丹麦购得西印度群岛的全部岛屿。

传统国际法并不禁止以战争作为解决国家争端的手段，因此，作为战争的结果，强制性割让领土的情况时有发生，而且被承认是国家领土取得的合法方式之一。1928年《非战公约》规定，缔约国在其相互关系上放弃以战争作为推行国家政策的工具。《联合国宪章》要求会员国"以和平方式解决国际争端"，规定会员国"在其国际关系上不得使用威胁或武力，或以与联合国宗旨不符之任何其他方法，侵害任何会员国或国家之领土完整或政治独立"。因此，在现代国际法上，强制性割让作为领土取得的方式已经失去其存在的合法性。至于在平等自愿的基础上割让领土，由于其符合国家主权平等原则，因而依然是合法有效的。

五、征服

征服（conquest）是指国家以武力对他国领土的全部或部分进行兼并，从而取得对该领土的主权。征服是以武力兼并别国领土的行为，它并不需要缔结条约，仅由战胜国单方面将其占领的别国领土的全部或者部分于战后予以兼并即可。

按照传统国际法，有效的征服须满足一定的条件：征服国正式表示兼并战败国领土的意思；如果兼并的是战败国的部分领土，战败国须表示放弃收复失地的意思；如果兼并的是战败国的全部领土，征服国须对该国的全部领土实行有效的控制，同时，战败国及其盟国须放弃一切抵抗。[1]

征服作为国家取得领土的方式，其合法性是以战争的合法性为基础的。由于现代国际法严格禁止非法使用武力和侵略战争，因此，通过武力或侵略战争取得的权利或利益，包括侵占的领土，均属非法。国际社会不仅不应承认征服国兼并别国领土的合法性，而且应该采取联合行动，帮助被征服国恢复领土主权。1990 年 8 月 2 日，伊拉克出兵侵占科威特，随即宣布科威特作为伊拉克的第 19 个省，对其实行了兼并。伊拉克的侵略行为受到国际社会的一致谴责，在联合国的制裁和多国部队的打击下，伊拉克被迫放弃了对科威特的吞并，科威特的领土主权得到恢复。

第三节　国家领土主权的限制

国家虽然对本国领土具有排他的主权，但领土主权并不是绝对的，它应该受到国际条约和国际习惯规定的限制，包括一般性限制和特别的限制。一般性限制是指国家领土主权要受一般国际法规则的限制，受限制的国家可以是所有国家或者所有相关的国家，例如，领海中的无害通过制度、用于国际航行海峡的过境通行制度、群岛水域的群岛海道通过制度等都是对国家领土主权的一般性限制。本节只论述国际法对国家领土主权特别限制的情形。

一、共管

共管（condominium）是指两个或两个以上国家对某一特定领土共同行使主权。这一概念最早出现在神圣罗马帝国末期，当时的意思是两个或两个以上的君主对特定的城镇或土地行使共同的所有权。后来，它逐渐成为国际法上的一个概念。[2]

在国际法的发展史上曾发生过若干共管的事实，例如，苏丹曾于 1898～1955 年处于英国和埃及的共管之下；新赫布里底群岛于 1914～1980 年曾置于英国和法国的共管之下。共管也适用于河流或其他水域。例如，1973 年，巴西与巴拉圭就巴拉那河的使用问题签订条约，巴拉那河的水资源以共管形式为两国所拥有。此外，1922

---

〔1〕 参见王铁崖主编：《国际法》，法律出版社 1981 年版，第 148 页。

〔2〕 参见王铁崖主编：《国际法》，法律出版社 1995 年版，第 240 页。

年，沙特阿拉伯和科威特签订条约，在两国之间建立一个中立区，在两国达成确定边界的协议之前，双方对该中立区享有平等的权利。1965 年，两国缔结一项新的条约，结束了这种临时安排，将中立区分别划归两国所有。[1]

如果对特定领土实行共管的协议是有关国家在平等自愿的基础上签订的，且协议的内容不会损害该领土上人民的利益，则这种情况是符合现代国际法的。不过，历史上，共管往往是殖民国家对殖民地进行争夺和妥协的结果，成为它们兼并有关领土的前奏。例如，1898～1955 年，英国与埃及对苏丹实行共管，事实上却把苏丹置于英国的殖民统治之下。

二、租借

租借（lease）是指一国根据条约将其部分领土出租给另一国。在租借期内，承租国将租借地用于条约规定的目的并行使全部或部分管辖权；出租国仍保持租借地的主权，租借期满后予以收回。

在近代历史上，租借大多是根据不平等条约产生的，是帝国主义国家对弱小国家领土主权的非法限制，违反国家主权平等原则。例如，1898 年，中国清政府在外国的联合压力下，被迫签订了一系列不平等条约，先后将胶州湾租借给德国（租期99 年），将旅顺、大连租借给俄国（租期 25 年），将威海卫租借给英国（租期 25年），将广州湾租借给法国，九龙半岛租借给英国（租借 99 年）。这些国家实际上把租借地作为其殖民地进行统治，严重损害了中国的领土主权。截至 1997 年 7 月 1 日，中国已收回了全部租借地。

国家之间在平等自愿的基础上通过租借条约进行的领土租借，则是符合现代国际法的。例如，1962 年 9 月 27 日，芬兰与苏联缔结一项条约，苏联将塞马运河属于苏联的部分和运河两岸平均宽 30 米的地带以及一段公路租借给芬兰用于货物运输，同时，将小维索茨克岛租借给芬兰储存货物，租借期为 50 年；芬兰按规定每年向苏联支付租金。

三、国际地役

国际地役（international servitude）是指一国根据条约承担的对其领土主权的特殊限制，其目的是满足别国的需要或者为别国的利益服务。国际地役的主体是国家，客体是国家的领土，不构成国家领土组成部分的专属经济区、大陆架不能作为国际地役的客体。

国际地役可以分为积极的地役和消极的地役。积极的地役是指国家承担义务，允许别国在自己的领土上从事某种活动。例如，允许别国利用本国的道路或港口运输或进出口货物；允许别国在本国领土上修建管道输送石油或天然气；允许别国飞机通过本国领空往返于其两部分领土之间；允许外国渔民在本国领海的特定区域内

---

〔1〕 参见［英］詹宁斯、瓦茨修订：《奥本海国际法》（第 1 卷第 2 分册），王铁崖等译，中国大百科全书出版社 1998 年版，第 4 页。

捕鱼等。消极的地役是指国家承担义务，在其特定领土上不从事某种活动，为他国的利益服务。例如，根据 1919 年《凡尔赛和约》的规定，莱茵河两岸为非军事区，德国承担不在非军事区内设防的义务，以保证法国和比利时的安全。1947 年，战胜国与意大利签订的和约规定，意大利不得在毗邻法国的边界地区修筑可以向法国射击的工事。

事实上，国际地役这一概念所包含的内容在现代国际实践中依然大量存在，如为数众多的内陆国家需要利用其他国家的交通线路或港口输送旅客或货物进出海洋；许多国家需要通过别国领土修筑油气管道。1932 年常设国际法院对"上萨瓦自由区和节克斯区案"的判决和 1960 年国际法院对"印度领土通行权案"的判决都肯定了国际地役的存在。[1]对于国际实践中的这种客观存在，国际法不可能不作反映。至于是否仍然采用"国际地役"这一名词无关宏旨。对国家领土主权的限制只要是国家在平等的基础上根据条约自愿承担的，无论其名称如何，都是符合现代国际法的。

第四节　国家边界与边境

一、边界的概念与形成

国家边界（state boundary）是确定国家领土范围的界限。与领土的四个组成部分相适应，国家边界可以分为陆地边界、水域边界、空中边界和地下层边界。

国家边界的形成有三种情况：有的边界是在长期的历史过程中形成的，称为历史边界；有的边界是通过条约划定的，称为条约边界；也有的边界是从原国家继承而来的，称为继承边界。

（一）历史边界

历史边界是指在长期的历史过程中，根据相邻国家的行政管辖范围确定的边界。这种边界是通过相邻国家之间的相互默示承认而形成的。如中国与缅甸、尼泊尔、巴基斯坦等国家缔结边界条约之前，都遵循着历史上形成的边界。

（二）条约边界

当今多数国家的边界都已根据条约划定，因此，条约边界在国家边界中十分普遍。国家通过条约划分边界主要有两种情况：一种是订立专门的边界条约，对国家之间的未定边界予以确定或者对原有边界作某些调整；另一种是通过缔结和平条约，变更原国家的领土或者确定新国家的领土，划定国家边界。条约边界准确、明了，不易发生争议，即使发生争议也有条约规定作为解决的依据，所以，国家一般倾向于通过条约来划定边界。事实上，条约边界往往是在历史边界的基础上划定的，两

---

〔1〕　参见梁淑英主编：《国际法教学案例》，中国政法大学出版社 1999 年版，第 178～179 页。

者具有一定的联系。

（三）继承边界

继承边界是指从原殖民地或附属领土的界限或者原国家国内行政管辖范围继承而来的边界，主要是指新国家的边界。在殖民地人民独立、国家分裂或合并时，新国家的边界都是继承边界。例如，1991 年，苏联解体，其各加盟共和国相继成为独立的国家，它们的边界都是按照苏联各加盟共和国的行政管辖范围及苏联与邻国的边界确定的。非洲很多国家的边界也是从原殖民国家的行政区划及与邻国边界继承下来的。

二、边界的划分

（一）划界方法

国家之间划分边界线一般采取三种方法，即几何学划界法、天文学划界法和自然划界法。

1. 几何学划界法。几何学划界法是指采用几何学原理划定边界线的方法，如以一个固定点到另一个固定点所划的直线或采用交圆法、正切线法等确定国家的边界。这种划界法一般适用于海上或者地形复杂、不易实地勘察的地区。例如，1881 年《中俄改订条约》第 8 条规定："至分界办法，应自奎峒山过黑伊尔特什河至萨乌尔岭划一直线，由分界大臣就此直线与旧界之间，酌定新界。"非洲许多国家的边界就是采用几何学方法划定的。

2. 天文学划界法。天文学划界法是指以天文学的经纬度确定国家边界的方法。这种划界方法比较简单，一般适用于海上或人口稀少且需要划分的边界线比较长的情形，如美国和加拿大从温哥华到伍兹湖西岸之间就是以北纬 49 度线作为两国的边界线的。

3. 自然划界法。自然划界法是根据边界地区的自然状态或自然屏障确定具体边界线的方法。例如，以山脉、河流、湖泊、森林、沙漠等作为国家之间的边界。以自然屏障为界的，一般适用如下规则：

（1）以山脉为界。若国家缔结的条约中规定以山脉为界，但未具体规定边界线位于山脉的何处时，根据国际惯例，界限应定为山脉的分水岭，这就是所谓"分水岭原则"。当然，若条约另有规定或者根据实际情况，边界线也可以定在山脉的山脊或山麓。

（2）以河流为界。若两国以河流为界，边界线的位置应视具体情况而定。如果是可以航行的河流，两国边界应定在主航道的中心线上；如果是不可以航行的河流，则应定在河流的中心线上。例如，1960 年《中缅边界条约》第 8 条规定："凡是以河流为界的地段，不能通航的河流以河道中心为界，能够通航的河流以主要航道（水流最深处）的中心线为界。"

界河的水流在自然力的作用下可能出现偏移。按照一般规则，若界河水流由于自然原因逐渐向一方河岸移动，其主航道中心线或者河道中心线亦随之移动；若界河因自然原因急剧改道，除非沿岸国另有协议，边界线维持不变。例如，《中缅边界条约》第8条规定："如果界河改道，除双方另有协议外，两国的边界线维持不变。"若界河上有桥梁，两国应以桥梁的中间为界。

（3）以湖泊为界。若有湖泊分隔两个或两个以上国家的领土，除另有协议规定外，边界线应通过湖的中心。

（二）划界程序

在现代，国家之间通过缔结边界条约划分边界已经成为一种普遍的实践。根据边界条约划界一般要经过两个阶段，即定界和标界。

1. 定界。定界是有关国家经过谈判缔结边界条约，将商定的两国边界的主要位置和基本走向写入条约中，边界条约还要规定处理各种具体情况的原则和规则，它是确定有关国家边界的基本法律文件。

2. 标界。边界条约缔结之后，即进入实际标界阶段。首先，要组成由缔约双方各自任命的代表参加的划界委员会。委员会根据边界条约规定的边界，实地进行勘查，划定边界线的位置，树立界碑，作为标志。其次，制定边界议定书并绘制边界地图，详细载明全部边界的具体走向和界标的精确位置。议定书和地图经双方代表签字或经双方政府批准后生效。作为边界条约的附件，边界议定书和边界地图也是确定边界的重要法律文件。

3. 划界文件不一致的解决原则。划界过程中产生的边界条约、边界议定书、边界地图以及界标应该一致。但是，由于各种原因，有时也可能出现不一致的地方。遇有此种情况，在无协议的情况下，通常按下列原则解决：①界标位置与议定书和地图不符时，以议定书和地图为准；②地图与议定书和边界条约不符时，以议定书和边界条约为准；③议定书与边界条约不符时，以条约为准。

三、边境制度

边境（frontier）也称边境地区，是指边界线两侧的一定区域。边境制度是保障边境地区安全和规范边境地区活动的法律规章和习惯做法。边境制度主要有两个方面的渊源：①国家的国内法律和制度，如国家制定的边界巡逻制度、海关与卫生检查制度、人员和货物的出入境制度等。②相邻国家间就维护界标、界水资源的利用、过境往来、保护自然资源和维护边境秩序等缔结的双边或多边条约或协定。

边境制度的内容主要包括以下五个方面：

（一）边界标志的维护

在以界标标明的边界线上，相邻国家对界标的维护负有共同责任，使界标的位置、形状、型号和颜色符合边界文件中规定的要求。两国可以协议确定对全部界标的分配形式，以明确各自的维护责任。双方应采取必要措施防止界标被移动、损坏或灭失。若一方发现界标出现移动、损坏或灭失的情况，应尽速通知另一方，并于双方代表在场的情况下予以修复或重建。国家有责任对移动、损坏或毁灭界标的行为给予严厉惩罚。陆地上的界标和边界线还应该保持易于辨认的状态，如中国和尼泊尔 1963 年签订的《关于两国边界的议定书》第 29 条规定："为了使边界线易于辨认和防止出现骑线村庄，在陆地边界线两侧各 10 米的地带内不得建立新的房屋或其他永久性的建筑物。"

（二）边界水资源的利用和保护

国家之间若以河流和湖泊为界，则产生水资源的利用和保护问题。这样的问题通常在边界文件中加以规定。

沿岸国对边界水资源有共同的使用权。国家在使用界水时，不得损害邻国的利益，如不得采取可能使河流枯竭或泛滥的措施，更不得故意使河流改道。1961 年《中缅边界议定书》第 42 条规定："缔约双方应尽可能防止界河改道，任何一方不能使界河改道。"同时，相邻国家在界水上享有平等的航行权，船舶在界河上航行一般不受主航道中心线的限制。船舶在航行时应该带有明显的国籍标志。除遇难或有其他特殊情况外，一方国家的船舶不得到对方沿岸停泊。

沿岸国渔民在界水中捕鱼时，一般不得越过界水上的边界线。对捕鱼的管理以及界水中鱼类的保护与繁殖等具体问题，由沿岸国协议规定。若国家需要在界水上建造桥梁、堤坝及其他水利工程，应取得另一方的同意。例如，中国和尼泊尔 1963 年《关于两国边界的议定书》第 2 条规定："任何一方在界河上兴建水利工程和灌溉工程时，如需越出河道中心线，应在事先取得另一方的同意。"国家在利用界水的同时，必须注意对界水的保护。边境的其他水资源若涉及两国边境居民共同利用的问题，也应该采取共同的保护措施。例如，国家应对边界本国一侧的各种污染源进行有效的控制和治理，以免使界水受到污染。

（三）边境土地的利用

国家对本国边境土地的利用，应该遵守不损害对方国家利益的原则。国家不得在边境地区建立可能污染对方国家空气、水资源或动、植物的工厂或从事任何可能造成此类污染的活动；不得在靠近边界的地区设立靶场或进行任何类型的武器试验，以免危及对方居民的生命或财产的安全。边境地区森林发生火灾时，国家应尽力控制火势并将其扑灭，不使火灾蔓延到对方界内。

（四）边境居民的往来

由于历史的原因，相邻国家边境地区的居民在民族、宗教、风俗习惯、家庭或者经济活动等方面往往具有较为密切的联系。为尊重历史习惯，照顾边境居民的生产和生活需要，相邻国家平时一般都给予边境居民一些特殊的方便，便利他们相互往来，以及从事探亲访友、朝圣、就医或小额贸易等活动。例如，1956 年《中国和尼泊尔王国保持友好关系以及关于西藏和尼泊尔之间的通商和交通的协定》中规定，为保证边境居民通商，中、尼双方各指定同等数目的贸易市场，而且凡按习惯专门从事中、尼边境贸易的双方商人，可以仍在传统的贸易地点进行贸易活动。双方香客可以按照宗教习惯继续往来朝圣，双方对香客所携带的自用行李和朝圣用品不予以征税。中国政府还与一些邻国政府达成双方协议，同意逐渐消除两国边境居民的过界耕地、边界放牧等现象。

（五）边境事件的处理

相邻国家通常根据条约设置由双方代表共同组成的边界委员会，负责处理边境地区发生的涉及两个国家的事件。边境地区的一般事件，如偷越国境、损毁界标等，均由边界委员会处理。边界委员会未能解决的或者特别严重的事件，通过外交途径解决。

四、中国的领土和边界

（一）中国领土和边界的概述

中国位于欧亚大陆东部。中国的陆地领土包括大陆及其沿海岛屿、台湾以及包括钓鱼岛在内的附属各岛、澎湖列岛、东沙群岛、西沙群岛、中沙群岛、南沙群岛以及其他属于中国的岛屿。中国领水包括陆地疆界以内的河流、湖泊、领海基线以内的水域和邻接海岸与内水的领海。中国领空是中国领陆和领水之上一定高度的空气空间。

中国陆地边界长约2.2万千米，与朝鲜、俄罗斯、蒙古、哈萨克斯坦、吉尔吉斯斯坦、塔吉克斯坦、阿富汗、巴基斯坦、印度、尼泊尔、不丹、缅甸、老挝、越南14个国家接壤。仅中国大陆的海岸线长就约1.8万千米，隔黄海与韩国相向，隔东海与日本相向，隔南海与菲律宾、印度尼西亚、马来西亚、文莱相向。

中国领土是在长期的历史发展过程中形成的。几千年来，中国各族人民就在这块土地上休养生息，创造了光辉灿烂的中华文明。中华民族具有保卫祖国、抵抗侵略的光荣传统，但是，在近代历史上，由于帝国主义国家的侵略，中国政府被迫签订了一系列不平等条约，将大片领土割让给外国，同时，一些国家在中国取得了各种特权，严重损害了中国的主权和领土完整。

中华人民共和国政府成立后，中国政府取消了外国在中国领土上的一切特权，坚决维护了国家的领土完整。中国政府在中国领土范围内充分、有效地行使国家权力，对领土内的人和物以及发生的事件具有排他的管辖权。为了保证国家领土完整不受侵犯，中国政府大力发展国防事业，并对侵犯中国领土的行为进行了坚决的还击。中国一贯尊重别国的主权和领土完整，从不侵犯别国领土，也不允许别国侵犯中国的领土。

中国与邻国有着漫长的边界线。中国政府一贯主张与邻国本着友好协商的精神进行直接谈判，签订条约，解决边界问题。到目前为止，中国已经和12个陆地邻国签订了边界条约，全部或基本解决了与这些国家的陆地边界问题：缅甸（1960年）、尼泊尔（1961年）、朝鲜（1962年）、蒙古（1962年）、阿富汗（1963年）、巴基斯坦（1963年）、老挝（1991年）、俄罗斯（东段1991年，西段1994年）、[1]哈萨克

---

〔1〕　2004年10月，中国和俄罗斯两国外交部部长在北京签署了《中华人民共和国和俄罗斯联邦关于中俄国界东段的补充协定》，解决了中俄东段边界的所有问题。

斯坦（1994 年）、吉尔吉斯斯坦（1996 年）、越南（1999 年）[1] 和塔吉克斯坦（1999 年）。[2]

（二）中国和有关国家的领土和边界问题

1. 中国与印度的领土边界问题。中国与印度的边界全长约 2000 千米，分东段、中段和西段。东段沿着喜马拉雅山南麓，从不丹以东到缅甸边界的伊索拉希山口；中段沿着喜马拉雅山脉，从拉达克以南直到尼泊尔边界；西段沿着喀喇昆仑山脉，从喀喇昆仑山口到西藏阿里地区和拉达克、喜马偕尔邦的接壤处。中印边界虽然从未正式划定，但是，根据两国历史上的行政管辖范围，早已形成了一条传统习惯线。

中印边界纠纷是历史遗留问题，1913 年 10 月，在英国的策划下，中国、英国及中国西藏地方当局的代表为"解决西藏问题"在印度北部西姆拉举行了一次会议。英国政府采用欺诈手段使中国代表签署了一项西姆拉专约，但中国政府从未正式签署和批准该专约，因此，该专约是无效的。尔后，英国代表背着中国中央政府的代表，诱使本无缔约权的西藏地方代表与其单独草签了经过更改的《西姆拉条约》，后来，又以秘密换文的方式，非法划定一条所谓的"麦克马洪线"。根据这一条约，中印边界被划定在喜马拉雅山的分水岭上，这条界线与传统习惯线之间历来属于中国的 9 万多平方千米的土地被划归英属印度。历届中国政府从未承认"麦克马洪线"，因此，它是非法和无效的。就连英国政府在与西藏地方当局秘密换文后的相当长的时期内，也未敢把所谓的"麦克马洪线"画在地图上，而且长期未敢越过传统习惯线。直到第二次世界大战后期，英国才越界侵占了中国西藏的小块地区。

1947 年印度独立后，印度政府不仅继承了英国殖民者侵占的中国领土，而且继续向北扩张。至 1953 年，印度政府终于控制了非法的"麦克马洪线"以南的全部地区。1959 年，印度政府向中国提出全面的领土要求，总面积为 12.5 万平方千米。此后，印度军队不断越过实际控制线在中国领土上设立据点，进行武装挑衅，多次制造流血事件。1962 年 10 月，印度军队向中国发动大规模进攻，中国边防部队被迫进行自卫还击，给予来犯者应有的惩罚。

中国政府一贯坚持在维护国家领土主权的基础上，通过谈判解决与印度之间存在的领土和边界问题。1979 年印度外长瓦杰帕伊访华时，邓小平对他说：我们应该求同存异，边界问题可以通过友好协商、互谅互让、公平合理地一揽子解决，同时不应妨碍双方在其他领域进行友好交往，以逐渐增进相互了解。1981 年我国黄华外

---

〔1〕 2009 年 11 月，中国和越南两国外交部副部长在北京签署了两国陆地边界勘界文件。经过双方历时 10 年的共同努力，中越陆地边界已全线勘定。

〔2〕 锡金原为中国的邻国之一。1975 年锡金被印度吞并，并成为印度的一个邦。2005 年 4 月 21 日，中国和印度签订的《中华人民共和国和印度共和国联合声明》第 13 条指出："双方满意地回顾了中华人民共和国的西藏自治区和印度共和国的锡金邦之间经过乃堆拉山口开展边境贸易的备忘录的执行情况。"可见，中国不再视锡金为中国的邻国之一。

长访印。根据两国总理在新德里达成的协议，自 1981 年至 1987 年，两国代表团进行了 8 轮会谈，但无结果。1988 年印度总理访问我国，双方在联合新闻公报中重申和平共处原则是指导两国关系的基本原则，同意通过和平友好方式协商解决边界问题。[1] 此后，两国领导人的经常互访促进了边界谈判，1989～2000 年，中印边界问题联合工作小组共举行了 12 轮谈判。1993 年两国签署了《关于在中印边境实际控制线地区保持和平与安宁的协定》。1995 年双方互撤了驻扎在两国边界东段旺东地区的两对哨所，基本解决了两国军队过于接近的问题。1996 年两国签署了《关于在中印边境实际控制线地区军事领域建立信任措施的协定》。2003 年后，两国各自指定特别代表，探讨解决边界问题的原则和框架。2005 年两国签署了《解决边界问题政治指导原则协定》，申明两国按互相尊重、互谅互让的精神，对各自在边界问题上的主张作出富有意义和双方能接受的调整，一揽子解决边界问题，边界问题解决应该是最终的，包括中印边界各段；将考虑双方的历史证据、民族感情、实际困难，合理关切敏感因素，以及边境地区的实际情况；边界应沿着双方同意的标识清晰和易于辨认的天然地理特征划定等原则。[2] 至 2016 年 4 月，两国已举行了 19 次特别代表的会谈，以求达成多接受解决方案。中国人民期待在维护中国领土主权和最大利益的基础上获得与印度的成功划界。

2. 中国与不丹的划界问题。中、不两国的边界线全长 600 千米，大部分沿着喜马拉雅山脉的分水岭而行。两国边界从未以条约划定，而是一条传统习惯线，即双方行政管辖所形成的习惯线。西起中国、不丹和原锡金交界的吉布马珍山，向东到约东经 91°30′ 和北纬 26°53′ 的中国、不丹和印度的交界处。[3] 目前根据中国按国际惯例使用的比例尺，两国边界在鲁林、洞朗、查马浦、基五、白玉和墨拉萨丁地区存在争议，争议面积约为 1200 平方千米。不丹没按国际惯例，而使用落后的较小的比例尺绘制边界地图，认为争议地区只有 4 个，面积有 300 多平方千米，将其控制下的墨拉萨丁等地归入它的版图。

中、不两国从 1984 年就开始谈判边界问题，经过谈判两国于 1998 年签订了《关于在中不边境地区保持和平与安宁的协定》，宣布在边界问题解决之前，保持边界地区的和平与安宁，维持 1959 年 3 月以前的边界现状，不采取任何单方行动改变边界现状。[4] 此后，两国还坚持谈判解决边界问题，及至 2012 年已进行了 20 次会谈。

3. 西沙群岛、南沙群岛。西沙群岛位于南海西部，距海南岛约 150 海里，由 20 多个小岛组成。南沙群岛位于南海最南部，由岛屿和许多珊瑚礁组成。西沙群岛和

〔1〕　参见中国外交部亚洲司编：《中华人民共和国和印度共和国双边关系重要文献汇编》，世界知识出版社 2006 年版，第 63 页。

〔2〕　参见该协定的第 3、5、6 条。

〔3〕　参见朱在明等编著：《列国志·不丹》，社会科学文献出版社 2004 年版，第 306 页。

〔4〕　参见朱在明等编著：《列国志·不丹》，社会科学文献出版社 2004 年版，第 307 页。

南沙群岛都是中国领土不可分割的组成部分。

早在两千多年以前，中国人民就发现了西沙群岛和南沙群岛。东汉的《异物志》，宋代的《梦粱录》，元代的《岛夷志略》，明代的《东西洋考》《顺风相送》，清代的《海国见闻录》等历代史书都有关于两群岛的记载。中国政府最早对西沙群岛和南沙群岛行使主权和管辖权。在唐代时，南沙群岛即被划归琼州督府管辖；北宋朝廷也曾派战船到西沙群岛巡逻，明确将其置于自己的管辖范围之内。其后的历代中国政府都对两群岛持续地行使着管辖权。1911 年以来，西沙群岛和南沙群岛一直归海南岛管辖。第二次世界大战中，日本侵占了这些岛屿，战后又将其归还中国，当时的中国国民党政府于 1946 年派舰接收了西沙和南沙群岛，并且再度将其划归广东省管辖。1992 年 2 月颁布的《中华人民共和国领海与毗连区法》明确规定，中国领土包括东沙群岛、西沙群岛、中沙群岛、南沙群岛以及其他属于中国的岛屿。

西沙群岛和南沙群岛属于中国领土，在国际上也是公认的。许多国家出版的百科全书和地图都承认两群岛是中国领土。但是自 20 世纪 70 年代开始，一些周边国家陆续侵占我国南沙和西沙的礁岛，至今，越南还侵占着南沙群岛的 29 个岛礁，[1] 菲律宾侵占着南沙群岛的 8 个岛礁，[2] 马来西亚侵占着南沙群岛的 5 个岛礁，[3] 文莱侵占着南沙群岛的 1 个岛礁。这是对中国领土主权的严重侵犯。

4. 钓鱼岛列屿。钓鱼岛列屿位于中国台湾东北约 100 海里处，由钓鱼岛、黄尾屿、赤尾屿、南小岛、北小岛和一些礁石组成，其中钓鱼岛面积最大，约 5 平方千米。钓鱼岛等岛屿自古以来就是中国领土的一部分，早在明代时，它们就被作为台湾的附属岛屿纳入中国的海防区域。日本于 1895 年非法占据了这些岛屿，第二次世界大战以后，又将其交由美国托管。1971 年 6 月 17 日，美国与日本签订"归还冲绳协定大纲"，将钓鱼岛等岛屿划入归还范围。日本政府即以此为依据，声称对这些岛屿拥有主权，并且把日本航空自卫队的防空识别区扩大到这一地区。

1971 年 12 月 30 日，中国外交部发表声明，指出中国与日本的琉球群岛在这一地区的分界线位于赤尾屿和久米岛之间，美国和日本拿中国的钓鱼岛等岛屿私相授受是侵犯中国主权的行为。1972 年 3 月 3 日和 3 月 10 日，中国代表在联合国国际海底委员会会议上声明：钓鱼岛等岛屿是中国台湾岛的附属岛屿，并不属于琉球，这些岛屿周围的海域和邻近中国的海域的海底资源都属于中国所有，任何其他国家不得染指。

1972 年，中、日两国实现邦交正常化。1978 年，两国缔结和平友好条约。从中

---

〔1〕 "人民日报：越南侵占中国南沙 29 个礁岛该有个交代了"，参见 http：//xm. ifeng. com/baoliao/detail _ 2014 _ 06/18/2450498_ 2. shtml，2016 年 5 月 20 日访问。

〔2〕 "外交部披露被菲律宾侵占的 8 个南海岛礁"，参见 http：//news. xinhuanet. com/mil/2013 – 04/27/c _ 124639074. htm，2016 年 5 月 20 日访问。

〔3〕 "中国在南海又完成一口探井 越南称正密切监视"，参见 http：//www. hinews. cn/news/system/2015/ 08/26/017783958_ shtml，2016 年 5 月 20 日访问。

日友好的大局出发，两国政府同意将钓鱼岛问题留待将来解决。但日本方面却于1979年5月和6月派船运载人员和器材到钓鱼岛修建临时飞机场，其后，又向钓鱼岛附近海域派出了调查团和测量船。中国外交部亚洲司司长于1979年5月29日约见日本驻华大使馆临时代办，指出日方的行为显然违反了双方达成的谅解，并声明不承认日本的行为具有任何法律价值。1992年2月25日颁布的《中华人民共和国领海及毗连区法》明确规定："中华人民共和国的陆地领土包括中华人民共和国大陆及其沿海岛屿、台湾及其包括钓鱼岛在内的附属各岛……以及其他一切属于中华人民共和国的岛屿。"

　　2003年1月4日，针对日本政府以每年约2200万日元的租金向一日本"岛民"租借钓鱼岛等三个岛屿，以加强对这些岛屿的管理一事，中国外交部副部长召见日本驻华大使，向日方提出严正交涉。中方指出，钓鱼岛及其附属岛屿自古以来就是中国领土不可分割的一部分，日方对这些岛屿采取的任何单方面行动都是非法和无效的，中方绝不能接受。日方应纠正其错误做法，杜绝任何损害中国领土主权和中日关系的事件发生。此后日本政府屡屡采取违背两国政府约定的行动，例如，其对钓鱼岛实施国有化就是典型例证，2012年3月在前东京都的知事石原慎太郎提出以东京都的名义购买钓鱼岛计划之后，东京都政府组成7个作业组，发起购岛的捐款活动，还要求日本政府对钓鱼岛实施国有化。日本政府对此非但不予制止，反而荒唐地于同年7月宣布拟将钓鱼岛国有化。中国政府对待如此违法行为除了抗议，还采取了一些实际措施，例如，2012年宣布了中国钓鱼岛及其附属岛屿的领海基点基线，[1]并且，我国已将宣布的领海基点基线的海图和地理坐标妥为公布并将其副本交存于联合国秘书长，履行了《海洋法公约》赋予的义务。[2]除此还加强了对钓鱼岛的执法行动，如海监船和海警船进入钓鱼岛领海水域巡逻。

---

[1]　钓鱼岛基点基线是：

　　1. 钓鱼岛、黄尾屿、南小岛、北小岛、南屿、北屿、飞屿的领海基线为下列各相邻基点之间的直线连线：①钓鱼岛1北纬25°44.1′东经123°27.5′；②钓鱼岛2北纬25°44.2′东经123°27.4′；③钓鱼岛3北纬25°44.4′东经123°27.4′；④钓鱼岛4北纬25°44.7′东经123°27.5′；⑤海豚岛北纬25°55.8′东经123°40.7′；⑥下虎牙岛北纬25°55.8′东经123°41.1′；⑦海星岛北纬25°55.6′东经123°41.3′；⑧黄尾屿北纬25°55.4′东经123°41.4′；⑨海龟岛北纬25°55.3′东经123°41.4′；⑩长龙岛北纬25°43.2′东经123°33.4′；⑪南小岛北纬25°43.2′东经123°33.2′；⑫鲳鱼岛北纬25°44.0′东经123°27.6′。

　　2. 赤尾屿的领海基线为下列各相邻基点之间的直线连线：①赤尾屿北纬25°55.3′东经124°33.7′；②望赤岛北纬25°55.2′东经124°33.2′；③小赤岛北纬25°55.3′东经124°33.3′；④赤背北岛北纬25°55.5′东经124°33.5′；⑤赤背东岛北纬25°55.5′东经124°33.7′；⑥赤尾岛北纬25°55.3′。

[2]　《海洋法公约》第16条规定："①按照第7、9和10条规定的测算领海宽度的基线，或根据基线划定的界限，和按照第12和15条划定的分界线，应在足以确定这些线的位置的一种或几种比例尺的海图上标出，或者可以用列出的各点的地理坐标并注明大地基准点的表来代替。②沿海国应将这种海图或地理坐标妥为公布，并应将个该海图和坐标表的一份副本交存于联合国秘书长。"

第五节　南极和北极地区

一、南极地区

（一）南极概况

南极洲是指地球南极圈以内的大陆及其附近的岛屿，总面积为1400多万平方千米，是地球上的六大洲之一。南极地区与南极洲有所不同，根据《南极条约》第6条的规定，南极地区是指地球南纬60度以南的地区，包括南极洲及其周围的海洋，总面积约6500万平方千米。

南极地区蕴藏着丰富的生物资源和矿物资源，已查明的鱼类有90多种，其中大部分可供食用，仅著名的南极磷虾的可捕量就达50多亿吨。南极地区有200余种矿物，其中煤、石油和天然气的储量都十分丰富。南极地区绝大部分陆地和海洋终年被冰雪所覆盖，其冰体约为2700万立方千米，是世界上巨大的淡水资源。南极年平均气温在-55℃～-57℃之间，是世界上最冷的地区之一。由于特殊的地理和气候条件，南极地区成为各国科学家从事气象、冰川、地质、海洋生物、地球物理、地球化学、宇宙科学及通讯技术等科学研究项目的理想场所。此外，南极是联系南美洲、大洋洲与非洲的最短的海上和空中通道，具有十分重要的战略意义。

从近代起，人类逐渐开始了对南极的探险和考察活动。到19世纪20年代，一些探险家终于登上了南极大陆。此后，南极地区巨大的科学研究价值和经济价值以及进行开发的广阔前景，吸引了众多的科学家和许多国家的政府，各国对南极的科学考察活动越来越频繁，为此而进行的国际合作也越来越广泛。目前，在南极建站考察的国家已有20多个，共建了150多个站，其中常年站有50多个。[1]

中国自1979年起曾数次派遣科技人员参加其他国家的考察队前往南极考察。1981年5月，中国正式成立了国家南极考察委员会，负责对南极考察工作的统一领导。1984年11月，中国派出两艘考察船和570多人组成的考察团前往南极，开始了独立的南极考察活动。之后，开始建站进行长年考察活动。1985年在南极的乔治王岛南的菲尔德斯半岛建立了第一个常年考察站——长城站，1989年在拉斯曼丘陵建立了中山站，2009年在南极内陆冰盖最高点A地区建立了昆仑站。截止到2009年已派出25支考察队赴南极考察并取得丰硕成果。[2]

（二）《南极条约》的缔结

随着南极地区探险和考察活动的开展，一些国家先后提出了对南极地区的主权要求。1908年，英国首先根据扇形理论宣布南极的一个地区为该国领土，其后，法

---

〔1〕 http://www.baigoog/edu.com/，2010年7月20日访问。

〔2〕 http://www.baigoog/edu.com/，2010年7月20日访问。

国、澳大利亚、新西兰、挪威、阿根廷、智利、南非等国家也相继对南极提出领土要求，其中，有些国家所主张的领土范围互相重叠，因而不断发生争执。美国和苏联两个大国虽然没有正式提出对南极的领土要求，但它们分别声明不承认别国的领土要求，并且保留基于本国国民在南极的活动所产生的一切权利，包括领土要求在内。

为协调各国对南极的权利主张和促进在南极地区进行科学考察的国际合作，1955 年 7 月，美国、苏联、英国、法国、日本等 12 个国家在巴黎举行了首次南极会议。会议同意暂时搁置各国对南极的领土要求，并强调加强在南极进行考察的国际合作。在 1957～1958 年国际地球物理年期间，经美国倡议，美国、苏联、英国、法国、澳大利亚、新西兰、挪威、比利时、日本、阿根廷、智利、南非 12 个国家在华盛顿召开南极会议。1959 年 12 月 1 日，上述 12 国签订了《南极条约》。1961 年 6 月 23 日，《南极条约》正式生效。截止到 2009 年，该条约已有 47 个成员国。[1] 1983 年 5 月 9 日，我国第五届全国人民代表大会常务委员会第 27 次会议作出加入《南极条约》的决定。同年 6 月 8 日，我国驻美大使向《南极条约》的保存国美国政府交存加入书，即日成为《南极条约》的缔约国。《南极条约》规定了南极地区的法律地位和有关制度，是规范各国在南极地区活动的重要法律文件，条约的规定符合《联合国宪章》的宗旨和原则。实践证明，《南极条约》在保证和平利用南极，促进在南极进行科学考察的国际合作，保护南极地区的自然环境和生态平衡，以及协调因有关国家对南极提出领土要求而产生的矛盾和冲突等方面起着重要作用。[2] 因此本节主要根据它的规定阐述南极的地位和相关制度。

（三）南极的法律地位

《南极条约》对南极地区的法律地位作了如下规定：

1. 和平利用南极。依《南极条约》第 1 条和第 5 条规定，为了全人类的利益，缔约各国承认"南极应永远专为和平目的而使用，不应成为国际纷争的场所和对象"；在南极地区禁止采取一切具有军事性质的措施，包括不得建立军事基地，建筑要塞，进行军事演习或试验任何类型的武器；禁止在南极进行任何核爆炸或处置放射性尘埃。但条约并不禁止为了科学研究或任何其他和平目的而使用军事人员或军事设备。

2. 南极科学考察自由和国际合作。依《南极条约》第 2～3 条规定，任何国家都有在南极地区进行科学考察的自由并为此目的开展国际合作；缔约国同意在一切实

〔1〕 http：//www.cgn.ac.cn/xinwenxianshi.aspx？xinwenbianhao=1127，2010 年 7 月 20 日访问。

〔2〕《南极条约》第 12 条规定，条约生效之日起满 30 年后，经任何一个协商会议成员国提出请求，应尽快举行由所有缔约国参加的会议，以便审查条约的实施情况；审查会议经大多数缔约国（包括大多数协商会议成员国）同意的对条约的任何变更或修改，经缔约各国政府批准后生效。至 1991 年 6 月 23 日，《南极条约》生效已满 30 年，但是，条约的审查会议迄今尚未召开，《南极条约》的规定继续有效。

际可行的范围内交换南极科学规划的情报，在南极的各考察队和各考察站之间交换科学人员，交换并可自由得到有关南极科学考察的成果和报告。

3. 冻结各国对南极的领土和权利要求。依《南极条约》第 4 条规定，约的任何规定都不得解释为：①缔约任何一方放弃在南极原来所主张的领土主权权利或领土的要求；②缔约任何一方全部或部分放弃由于该国或其国民在南极的活动或其他原因而构成的对南极领土主权要求的任何依据；③在条约有效期间发生的一切行为或活动，都不得构成各国主张、支持或否定对南极的领土主权要求的基础，也不得创立在南极的任何主权权利；④在条约有效期内，缔约国不得对南极提出新的领土主权要求或者扩大现有的要求。

4. 维持南极地区的公海制度。依《南极条约》第 6 条规定，本条约的规定不应损害或影响任何国家在南极地区根据国际法享有的对公海的权利或行使这些权利。例如，各国依《海洋法公约》规定行使公海上的自由权及相关的权利。

（四）南极的法律制度

南极的法律制度主要有观察制度、协商会议制度和环境保护制度。

1. 观察制度。根据《南极条约》第 7 条规定，观察制度包括的内容有：

（1）为促进条约的宗旨和保证条约规定得到遵守，参加《南极条约》第 9 条协商会议的缔约国应有权指派本国国民为观察员执行本条规定的观察。

（2）观察员可进行以下观察活动：① 完全自由地在任何时间进入南极的一个或一切地区观察；② 对南极地区，包括一切住所、装置和设备，以及在南极装卸货物或人员的地点的一切船只和飞机进行观察；③可于任何时间在南极的任何或一切地区进行空中视察。

（3）观察员应向条约的协商会议提交观察报告。

（4）每一缔约方在条约对其生效时，应将下列情况通知其他缔约方：①它的船只或国民前往南极和在南极所进行的一切考察，以及在它领土上组织或从它领土上出发的一切前往南极的考察队；②它的国民在南极所占有的一切住所；③准备带进南极的符合条约要求的任何军事人员或装备。

2. 协商会议制度。协商会议制度包括两项内容：

（1）会议成员。根据《南极条约》第 9 条规定，缔约国建立了协商会议制度。条约的 12 个原始缔约国是协商会议的当然成员国。此外，任何后来加入条约的缔约国，当其在南极建立了考察站或派遣考察队在南极进行活动并对南极问题表示兴趣时，也可以成为协商会议的成员国。会议现有正式成员国 28 个。非正式成员可应邀作为观察员参见会议，它们已有 17 个。[1] 1985 年 10 月 7 日，协商会议成员国在布鲁塞尔举行会议，批准接纳中国为协商会议成员国。2003 年协商会议通过决议，决

---

〔1〕 http: //news. xinhuanet. com/travel/2007 – 01/18/content_ 5621117. htm, 2010 年 7 月 20 日访问。

定设立秘书处，该秘书处建在布宜诺斯艾利斯，2004 年正式工作。

（2）会议及其职责。协商会议原定每两年召开一次，自 1993 年改成每年召开一次。自 1961 年至 2009 年，已开了 32 次会议。此外，协商国根据需要还可以临时召开南极条约特别协商会议。协商会议的目的是便于协商会议成员国交换有关情报、共同协商有关南极的共同利益的事项、制定促进科学合作的方案和措施、考虑以及向本国政府建议旨在促进本条约的原则和宗旨的措施，包括下列各方的措施：南极只用于和平目的；便利在南极的科学考察；便利在南极的国际科学合作；便利行使南极的观察权利；关于在南极的管辖权的行使问题；南极有生资源的保护与保存等。

会议可对协商的问题作出决议，目前已通过约 300 余项措施和决议。决议通过的文件，一经生效即具法律拘束力。

3. 环境保护制度。《南极条约》虽然没有单独规定南极的环境保护条款，但在《南极条约》生效后，缔约国就注意到了南极环境问题，南极条约协商会议于 1972 年通过《保护南极海豹公约》，1980 年通过《保护南极海洋生物资源公约》，两公约分别于 1975 年和 1982 年生效。1991 年通过《南极条约环境保护议定书》。根据该议定书，南极被指定为自然保护区，南极地区的活动仅用于和平与科学研究的目的。任何在南极地区进行的活动都不得对南极的环境和生态系统造成破坏，在该地区实施任何活动之前，都必须履行环境影响评价程序。《南极条约环境保护议定书》还对保护南极的动植物、防止海洋污染、管理在南极处置废弃物和建立南极特别保护地等作了明确的规定（该制度的详细内容见本书第八章）。

二、北极地区

北极地区是指北纬围绕 66.37 度形成的北极圈以内的区域，面积约 2000 平方千米，除美国、加拿大、俄罗斯、芬兰、丹麦、挪威和瑞典的部分领土外，北极地区的主要部分是北冰洋。北冰洋面积有 1500 万平方千米，70% 的洋面终年结冰，冬季冰冻面积达 90%。根据一般国际法规则，北极地区除有关国家的陆地领土和领海外，其余部分应为沿海国的专属经济区、大陆架和公海。国家可以按照《海洋法公约》的规定，在北冰洋享有航行、飞越、捕鱼、科学研究、铺设海底电缆管道及建造人工岛屿和设施等各项自由。

到目前为止，国际社会尚不存在专门规定北极地区法律地位的公约。1926 年 4 月 15 日，苏联最高苏维埃主席团曾通过决议，宣布苏联对北冰洋的大片海域拥有领土主权。该项决议规定，以苏联沿北冰洋的海岸为底边，以北极点到苏联陆地领土东西两端所划直线为腰的扇形区域，无论陆地或流动冰群，都是苏联的领土。苏联根据扇形理论单方面对北极地区主张主权的做法，遭到了非北冰洋沿岸国家的反对，美国、挪威等北冰洋的沿岸国也表示不同意按扇形理论分割北极地区，因此，苏联单方面的国内立法在国际法上不具有改变北极地区法律地位的效力。2007 年 8 月 2 日，一支俄罗斯探险队在北极点下 4000 多米深的北冰洋洋底插上了一面钛合金制成的俄罗斯国旗，在国际社会引起了很大的争议。

但北极地区对世界气候变化是有影响的，所以各国很注重北极的科学考察，我国也跻身其中。1999 年 7 月 1 日~9 月 9 日，我国北极科学考察队首次在北极进行了大规模的现场科学考察，取得了丰富的成果。2004 年 7 月 28 日，我国第一个北极科学考察站——中国北极黄河站在挪威斯匹次卑尔根群岛的新奥尔松建成并投入使用，这标志着中国的北极科学考察工作进入了一个新的阶段。为保护北极环境，国际上通过一些文件对有关事项作了规定，如 1973 年的《保护北极熊协定》，1991 年北冰洋国家首脑会通过的《保护北极环境宣言》和《北极环境保护战略》。

第 六 章

海洋法

第一节　海洋法的发展史

一、海洋法的发展史

海洋是地球的主要部分，约占地球表面的 71%，总面积达 3.6 亿多平方公里。海洋不仅是人类航行和飞越（海洋上空的飞行）的交通大道，而且蕴藏着丰富的自然资源。可以说海洋是一个对人类生存与发展至关重要的宝库和空间。随着科学技术的发展，人类的海洋活动日益频繁，国际社会把海洋划分成各种不同的区域，确定它们的法律地位以及关于航行、资源的开发和利用、科学研究和环境保护等方面的原则和规则，总称为海洋法。

海洋法（law of the sea）是近代欧洲的产物，在此之前并没有公认的海洋法。古罗马时期，海洋被认为同空气一样是人类的"共有物"，处于共同使用的状态。到了中世纪后半叶，随着航海事业的发展，欧洲一些海上强国开始对海洋提出权利要求或主张主权。英国的艾德加国王曾自称"不列颠海洋之王"。爱德华三世曾要求所有外国船舶向他敬礼，因为他是"诸海之王"。丹麦和瑞典都提出了对波罗的海的主权。丹麦还对所有在挪威、冰岛和格陵兰之间的北方海洋要求主权。意大利的威尼斯自称拥有亚德里亚海的主权，热那亚和比萨要求利古利亚海之主权。葡萄牙主张印度洋和摩洛哥以南的大西洋的主权。西班牙主张太平洋和墨西哥湾的主权。中世纪末期，航海事业的发展和地理的新发现引起了海洋权的激烈竞争。葡萄牙和西班牙两个海洋劲旅在这种竞争中居于领先地位，它们发现了新大陆，因此获得土地和海洋权。1454 年 1 月 6 日，罗马教皇尼科五世发布教令，把非洲西岸的土地给了葡萄牙。1493 年 9 月 25 日，罗马教皇亚历山大六世发布教令，将大西洋给了这两个海洋强国。1494 年，西班牙和葡萄牙签订的《陀得西拉斯条约》确认了这个划分。1506 年教皇优利乌二世又确认了该条约，在维尔得角岛以西 370 里格处画一条线，线东（包括巴西）属葡萄牙，线西（除巴西）属西班牙。海洋权利的主张和划分结果虽然打破了古代的海洋共有状态，但实际上任何国家都不可能控制浩瀚的海洋。即使是西班牙和葡萄牙也只不过是垄断一部分海域的通商贸易而已。[1]

---

〔1〕　参见［英］希金斯、哥伦伯斯：《海上国际法》，王强生译，法律出版社 1957 年版，第 52~53 页。

　　历史进入了近代，资产阶级革命不仅带来了商业的繁荣，同时也促进了远洋航海事业的更大发展，海洋强国逐渐增多，荷兰就是突出的一个。后起的海洋国家纷纷反对少数国家对海洋的分割和垄断，主张海洋自由。荷兰法学家格劳秀斯于1609年发表了《海洋自由论》，论证了海洋不得为任何国家占有，也不应为任何国家控制，而应为各国自由利用。格劳秀斯的《海洋自由论》虽得到了欧洲的重视，却没有被及时接受为法律原则；相反，却遭到一些反对。例如，英国的塞尔登在1618年写成的《闭海论》（1635年刊行）中，反对格劳秀斯的论点，提出英国有权占有其周围的海洋。[1]但他同时承认一个原则：一个国家不能禁止别国人民在它的海中航行而不致有失对人类的义务。塞尔登力图使英国对海洋的特殊要求与航行自由的普遍要求相协调。这种海洋自由与占有的争论随着以后海洋被划分为领海和公海而终结，海洋自由原则得以确立。

　　领海最初称为领水，是意大利法学家真蒂利斯（Gentilis）于17世纪初在《西班牙辩论》中提出的，他指出沿岸水是其所冲洗的海岸所属国家的领土的一部分。因此，国家领土所拥有的领土主权全部都及于在它的海岸毗连的海。他还将毗连的海称为领水。格劳秀斯在主张海洋自由的同时，也承认可以从岸上控制的那部分海面属于沿岸国所有。他在《战争与和平法》中提出："对于海面上的一部分统治权的取得似乎也和对其他东西一样，可以是属于一个人的，也可以是属于一块土地的；如果一个人有一支舰队，能够控制住这一部分海面，那么这一部分海面就属于一个人的；如果在这一部分海面航行的人能被在岸上的人所强迫，就像他们在海岸上一样，那么这一部分海面就是属于一块土地的。"[2]1702年，荷兰著名法学家宾刻舒克（Bynkershoek）在他发表的《海洋领有论》中提出把海洋区分为领海和公海，指出领海属沿岸国主权管辖，公海则不属于任何国家，并提出以武力所及作为确定领海宽度的方法。这就是后来所通称的大炮射程论（the doctrine of cannon range）。[3]这一学说对后来国家宣布领海宽度产生了重要影响。18世纪末开始，一些国家宣布的领海法令大体上都按这个学说确定领海的宽度。例如，1791年法国公布法令宣布领海宽度为2海里，1794年又改为4海里。美国在其1793年的中立宣言中宣布领海宽度为3海里。1797年瑞典宣布其领海宽度为4海里。挪威于1812年宣布领海宽度为4海里。英国于1878年宣布领海宽度为3海里。到了19世纪，领海的

---

〔1〕　参见［英］詹宁斯、瓦茨修订：《奥本海国际法》（第1卷第2分册），王铁崖等译，中国大百科全书出版社1998年版，第154~155页。

〔2〕　参见［英］希金斯、哥伦伯斯：《海上国际法》，王强生译，法律出版社1957年版，第77页。

〔3〕　参见周鲠生：《国际法》（上册），商务印书馆1976年版，第356页。另外，在18世纪一般认为大炮射程约为3海里。根据英国的福尔顿（Fulton）的考证，首先把大炮射程具体地认定为3海里的是意大利的季里亚尼（Giliani）。

概念已得到国际社会的普遍接受。[1]领海制度的确立可以说是海洋自由原则和沿海国家利益的一种妥协，领海对沿海国的国家安全，以及海关、卫生和沿海渔民利益的保护，显然是有重大意义的。领海之外的海洋为公海，公海是自由的，向所有国家开放。这项原则不仅反映在一些双边条约中，而且被1856年的《巴黎海战宣言》确认。[2]

到了20世纪，特别是第二次世界大战之后，海洋法有了很大的发展，一些新的概念、原则和规则随着科学技术的发展而产生并得到了公认。1930年国际联盟主持召开国际法编纂会议，与会者审议了海洋法的领海、毗连区和历史性海湾等问题，但最后只通过了《领海法律地位的草案》。第二次世界大战后，在联合国的主持下召开了三次海洋法会议，对海洋法的编纂和发展起了重要作用。第一次海洋法会议于1958年2月24日～4月27日在日内瓦举行。86个国家参加了会议，订立了《领海及毗连区公约》（1965年9月10日生效）、《公海公约》（1962年9月30日生效）、《公海捕鱼和生物资源养护公约》（1966年3月20日生效）和《大陆架公约》（1964年6月10日生效）。这四个公约除编纂了海洋法的习惯规则外，还创立了一些新的规则，如《领海及毗连区公约》把商船无害通过领海的权利扩大到所有船舶，确立了毗连区的概念和沿海国在其中的管制权。《大陆架公约》规定了大陆架的概念和沿海国对本国大陆架资源的专属权。

由于第一次海洋法会议对领海的宽度和捕鱼区的界限未达成协议，故1960年3月17日～4月27日在日内瓦举行了第二次海洋法会议，试图解决这两个问题，但由于分歧太大未取得成果。20世纪60年代的国际实践提出了200海里海洋权、国家管辖范围以外的海底资源的开发利用、海洋环境的保护和保全等不少新的法律问题。联合国为了对海洋法进行全面编纂，于1973年12月3日～1982年12月10日召开了第三次海洋法会议。与会者有167个国家的代表及未独立领土、民族解放运动组织和国际组织等50多个实体的观察员。在9年中共举行了11期16次会议。经过漫长的讨论与协商，终于在1982年的最后会议上通过了《联合国海洋法公约》（简称《海洋法公约》）。公约包括17个部分共320条，另有9个附件。它不仅编纂了习惯海洋法，更增添了海洋法发展的新内容，是现代海洋法形成的标志和里程碑，也是第一部最系统最全面的国际海洋法典。规定了内水、领海和毗连区、群岛水域、用于国际航行的海峡、专属经济区、大陆架、公海等海域和国际海底区域的法律地位和制度，还规定了岛屿制度、闭海或半闭海、内陆国出入海洋的权利和过境自由、海洋环境保护和保全、海洋科学研究以及海洋方面争端的解决等方面的规则。按《海洋法公约》第311条规定，在缔约国间该公约应优于1958年的日内瓦四公约。依《海

---

〔1〕　参见［英］詹宁斯、瓦茨修订：《奥本海国际法》（第1卷第2分册），王铁崖等译，中国大百科全书出版社1998年版，第155页。

〔2〕　参见该宣言第4条，宣言载于王铁崖等编：《战争法文献集》，解放军出版社1986年版。

洋法公约》第 308 条规定的公约生效的条件，1993 年 11 月 16 日已有 60 个国家交存了批准书，一年之后应生效。但 60 个国家中几乎都是发展中的小国家，美国、德国及其他主要发达国家由于对公约第十一部分的某些规定不能接受，所以根本不签署该公约，或者虽然签署了也无意批准。为了使这些主要工业化国家参加公约，以使其发生普遍效力，并使公约第十一部分切实得到执行，联合国秘书长自 1990 年 7 月开始，就关于公约第十一部分的有关问题召开了 15 次会议进行非正式协商，终于 1994 年 6 月达成了协议，形成了《关于执行 1982 年 12 月 10 日联合国海洋法公约第十一部分的协定》（简称《协定》）。该协定于同年 7 月 28 日在联合国大会获得通过。依《协定》第 2 条规定，本协定和公约第十一部分的规定应作为单一文书进行解释和适用。本协定和第十一部分如有任何不一致的情况，应以本协定为准。《海洋法公约》第 309～319 条应如适用公约一样适用于本协定。[1]

按照《海洋法公约》和《协定》的规定，公约已于 1994 年 11 月 16 日生效，协定自公约生效之日起临时生效，并于 1998 年正式生效。截至 2016 年 5 月底，公约已获得 166 个国家和欧洲联盟的批准。[2] 至此可以说《海洋法公约》及其附件和《协定》等文件是最具权威的规定海洋法原则和规则的一般法律文件，它们规定的内容是研究海洋法的基本依据。所以本章将主要根据《海洋法公约》的规定阐述海洋法的主要内容。

二、中国海洋立法

中国是个大陆国家，但也濒临大海，是一个具有长达 18 000 多公里海岸线的国家，并且有 5000 多个岛屿星罗棋布在海洋。利用海洋法维护我国的海洋权益、安全和发展经济具有重要的意义。因此，自 1971 年联大决议恢复中华人民共和国在联合国的合法席位后，中国就积极参加国际上的海洋立法和解决海洋问题的活动。1972

---

〔1〕 依《协定》第 4 条规定，本协定通过后，任何批准、正式确认或加入公约的文书应即表示同意接受本协定的拘束。任何国家或实体除非先前已确立或亦同时确立其同意接受公约的约束，否则不可以确立其同意接受本协定的拘束。因协定未达到于 1994 年 11 月 16 日与公约同时生效的条件，故按其第 7 条规定在其生效前临时适用于以下国家和实体：在联合国大会中同意通过本协定的国家，但在 1994 年 11 月 16 日之前书面通知保管者其将不临时适用本协定，或者仅在以后作了签字或书面通知之后才同意临时适用本协定的任何国家除外；签署本协定的国家和实体，但是在签字时书面通知保管者其将不临时适用本协定的任何国家和实体除外；书面通知保管者表示同意临时适用本协定的国家和实体；加入本协定的国家。所有上述国家和实体应依照其本国或其内部的法律和规章，从 1994 年 11 月 16 日或签字、通知或加入之日（如果较迟）起，临时适用本协定。临时适用应于本协定生效之日终止。但无论如何，如到 1998 年 11 月 16 日，第 6 条第 1 款关于至少有 7 个决议第 1 (1) 段所述的国家（其中至少 5 个须为发达国家）同意接受本协定拘束的要求尚未得到满足，则临时适用应于该日终止。1994 年 7 月 29 日，中国、美国、英国、德国、日本、加拿大等 41 个国家和欧洲联盟的代表都签署了这个协定。

〔2〕 https://www.itlos.org/cn/general‐information/，2016 年 5 月 31 日访问。

年，参加了联合国海底委员会的工作。参加了第三次海洋法会议的全过程，积极参与《海洋法公约》的讨论和制定。此外，还积极参加了联合国秘书长主持的关于海洋法公约第十一部分的有关问题的非正式协商，促进《协定》的达成，并于1996年5月15日决定批准《海洋法公约》，同年7月7日公约对中国生效。1991年3月由联合国授予了深海采矿的优先权，成为继印度、苏联、日本、法国之后的第五个先驱投资者，[1] 取得了在太平洋的15万平方公里国际海底开发资源的专属权和在商业性开采时有海底采矿的优先权。1996年开始，中国还派人参加依《海洋法公约》成立的国际海洋法法庭（International Tribunal for the Law of the Sea – ITLS）的法官竞选。派代表参加国际海底管理局[2]的工作。中国还参加了有关保护海洋环境和海上安全等方面的国际公约。如1985年加入1972年《防止倾倒废物及其他物质污染海洋公约》，1983年批准了1973年《国际防止船舶造成污染公约的1978年议定书》，1988年签署了1988年《制止危及海上航行安全非法行为公约》和《制止危及大陆架固定平台安全非法行为的议定书》，1973年加入1966年《国际船舶载重线公约》，1980年加入1974年《海上人命安全公约》和1969年《国际油污损害民事责任公约》，1990年加入1969年《国际干预公海油污事故公约》和1971年《禁止在海床洋底及其底土安置核武器和其他大规模毁灭性武器公约》，1980年加入1972年《海上避碰规则公约》，1990年加入1973年《干预公海非油类物质污染议定书》，1985年加入1979年《国际海上搜寻救助公约》，1995年批准1994年《中白令海峡鳕鱼资源养护与管理公约》等文件。此外，还与有关国家缔结涉及海洋的双边协定，如2000年签订了新的《中日渔业协定》《中韩渔业协定》和《中越关于北部湾领海、专属经济区和大陆架的划界协定》（简称《中越北部湾划界协定》）和《中越北部湾渔业合作协定》。

中国还根据有关的国际公约和国际习惯法的规定以及实际需要，颁布了涉及海洋的法律，目前主要有：1992年《领海及毗连区法》、1998年《专属经济区和大陆架法》、1982年《海洋环境保护法》、1983年《海上交通安全法》、1986年《渔业法》、2001年《海域使用管理法》、1979年《对外国籍船舶管理规定》、1989年《水下文物保护管理条例》、1954年《海港管理暂行条例》、1964年《外国国非军用船舶通过琼州海峡管理规则》、1956年《关于商船通过老铁山水道的规定》、1983年《防止船舶污染海域管理条例》和《海洋石油勘探开发环境保护管理条例》、1985年《海洋倾废管理条例》、1990年《防治海岸工程建设项目污染损害海洋环境管理条例》和《防治陆源污染物污染损害海洋环境管理条例》、1988年《防止拆船污染环境管理条例》、1989年《水下文物保护管理条例》等。

---

[1] 参见1992年5月15日《人民日报》。

[2] 国际海底管理局依《海洋法公约》的规定，于1994年11月16日成立，到1996年，召开了12次会议，基本完成了它的建设，该局设在牙买加。

中国积极参加国际海洋立法活动和有关海洋利用的管理活动，并批准或加入了若干涉及海洋的国际条约，积极采取国内的立法措施，不仅促进了国际海洋法的发展，而且保护了我国的合法海洋权益。

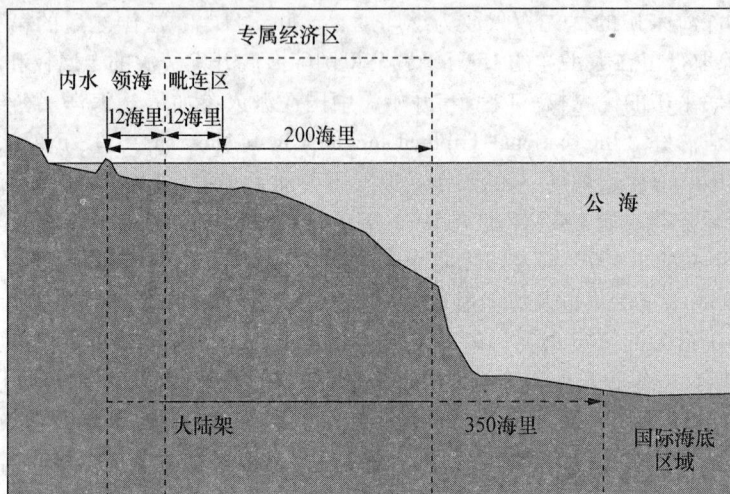

图 6 – 1　海域划分示意图

第二节　内　水

一、内水的概念和法律地位

（一）内水的概念

依《海洋法公约》第 8 条第 1 款的规定，此处所称的内水（internal waters）是指除群岛国的情形外，领海基线向陆一面的海域，也称内海水。它包括领海基线以内的海湾、海峡、海港以及其他领海基线与海岸之间的海域。

（二）内水的法律地位

内水是国家领水的组成部分，具有与国家陆地领土相同的地位，国家对其内水具有完全的、排他的主权。未经沿岸国的允许，外国船舶不得进入内水航行或从事其他海洋活动。但以下两种情形不在此限：①不可抗力情况发生。例如，船舶因遇难而遭严重损失，或为躲避风暴和其他自然灾害可以进入内水。[1] ②根据《海洋法

---

〔1〕　参见冯锐主编：《现代法律词典》，学苑出版社 1999 年版，第 451 页。

公约》第 8 条第 2 款的规定，由于沿海国采用直线基线法确定其领海基线的效果使原来未被认为是内水的区域被包围在内成为内水，则在此种水域内外国船舶享有与在领海中相同的无害通过权。

二、港口、内海湾和内海峡

在内水中涉及国际航行问题较多的是港口、内海湾以及内海峡。

(一) 港口

港口 (port) 是指能用于装卸货物、上下乘客和泊船并具有各种工程设施的内水。其范围包括：深入海中的永久性建筑物，如防波堤；海域，即港口所占的海水及其底层和出入港的航道；陆域，即码头、仓库、船坞和灯塔等。

港口的外部界限是连接其深入海中最远处的永久建筑物的最外缘或工程设施最外各点而将整个港口包围在内的线。在港口外缘设有如同防波堤一样的深入海中的永久性建筑物的情形下，该界限则是与港口的其他永久性建筑物或永久性工程设施最外缘相结合的一条线。这样，港口的外部界限在开阔性平直海岸的情形下，实际上就是领海基线。《海洋法公约》第 11 条规定：为了划定领海的目的，构成海港体系组成部分的最外部永久海港工程视为海岸的一部分。近岸设施和人工岛屿不应视为永久海港工程。

港口可分为军港和商港。专用于军事目的的港口称军港，用于商务目的的港口称商港。军港不对外开放，商港是否开放由沿海国自行决定。国家为了贸易的需要一般都对外开放某些港口，开放港口的法律制度亦由沿海国的国内法规定，但制定此类法律规章时应参照有关国际条约或国际惯例的规定。目前有关港口制度的国际公约是 1923 年《国际海港制度公约》及其所附的《国际海港制度规则》。该公约主要规定了商船进出港口、航务、税收和费用等方面应享有平等待遇而不得有所差别。除该公约外，国际上还有双边条约规定商船在港口的待遇。

综合国际条约和惯例的规定，国际港口制度的主要内容有：①国家开放港口应对各国船舶平等。②外国船舶应遵守沿海国的法律规章。③沿海国不应给予入港的外国船舶歧视待遇。④允许遇险遇难的船舶入港、停泊并给予某些优惠待遇。各国国内立法规定的港口制度的内容一般包括外国船舶的进出港制度，必须办理的手续，如入港前事先通知，抵港接受港监、卫生、边防和海关检查。⑤航行制度。一般都规定强行引航，即船舶进出港口或移泊须由沿海国指定引航员引航。同时，还规定悬挂旗帜、信号、通讯、航速和航道保护、防止污染、防止碰撞、海损清理和禁区等。各国对外国船舶内人员的民、刑事案件一般都不予管辖，除非涉及该国的安全和良好秩序或涉及该国公民以及船舶之外的外国人或经船旗国的请求。[1]

---

[1] 参考魏敏主编：《海洋法》，法律出版社 1987 年版，第 48~50 页；刘楠来等：《国际海洋法》，海洋出版社 1986 年版，第 24~28 页。

（二）内海湾

海湾（bay）是明显曲入陆地的海域。从国际法角度来看，只有曲入陆地的海域面积等于或大于以湾口宽度为直径的半圆面积才称海湾。《海洋法公约》第 10 条对海湾和内海湾（internal bay）作了规定："①本条仅涉及海岸属同一国的海湾。②为本公约的目的，海湾是明显的水曲，其凹入程度和曲口宽度的比例，使其有被陆地环抱的水域，而不仅为海岸的弯曲。但水曲除其面积等于或大于横越曲口所划的直线作为直径的半圆形的面积外，不应视为海湾。③为测算的目的，水曲的面积是位于水曲陆岸周围的低潮标和一条连接水曲天然入口两端低潮标的线之间的面积。如果因有岛屿而水曲有一个以上的曲口，该半圆形应划在横越各曲口的各线总长度相等的一条线上。水曲内的岛屿应视为水曲水域的一部分而包括在内。④如果海湾天然入口两端的低潮标之间的距离不超过 24 海里，则可在这两个低潮标之间划出一条封口线，该线所包围的水域应视为内水（内海湾）。⑤如果海湾天然入口两端的低潮标之间的距离超过 24 海里，24 海里的直线基线应划在海湾内，以划入该长度的线所可能划入的最大水域。⑥以上规定不适用于所谓'历史性海湾'，也不适用采用直线法确定领海基线的情形。"

上述公约所称的"历史性海湾"（historic bay）最先使用于 1910 年的北大西洋沿岸渔业仲裁案的判决中。[1] 国际实践一般认为，海岸属同一国家，湾口宽度超过两岸领海宽度的海湾，沿海国在长期的历史中对这样的海湾主张并连续行使主权，此等主权得到了国际社会的默认，这样的海湾是历史性海湾，属内水。如加拿大的哈德逊湾（湾口宽 50 海里），俄罗斯的大彼得湾（湾口宽 110 海里），挪威的瓦兰格尔湾（湾口宽 32 海里），澳大利亚的沙克湾（湾口宽 46 海里），中国的渤海湾（湾口宽度为 45 海里）等均为历史性海湾。

在海湾中，除海岸属同一国家的外，还有海岸属两个或两个以上国家的情形，如法国与西班牙的比斯开湾，索马里和也门的亚丁湾，中国与越南的北部湾。关于这类海湾的法律地位，目前尚未有明确的国际法规定。各国的主张与实践也不一致。有的主张此类海湾也可划出各沿岸国共有的内海湾，具体水域的划界由关系国协议决定。也有的主张沿岸国应按照海域划分的一般规则，分别划定内水、领海、大陆架、专属经济区。

（三）内海峡

海峡（strait）指两端连接海洋的陆地之间的狭长水域。若海峡两岸同属一国家，则领海基线以内的水域为内水，此峡称内海峡（internal strait）。若两岸属不同国家，峡宽在两岸领海宽度总和之内，此峡则是沿岸国的领海海峡。内海峡中外国一般没有航行权，但用于国际航行的海峡例外（此类海峡的航行制度在本章第四节中专

_____

[1]　See（1910）P. C. I. J, Scott, Hague Court Reports, First Sevies, 1916, p. 141.

述）。

三、中国的内水

（一）中国内水的简述

1958 年中国政府《关于领海的声明》第 2 条就宣布："中国大陆及其沿海岛屿的领海以连接大陆岸上和沿海海岸外缘岛屿上各基点之间的各直线为基线，……在基线以内的水域，包括渤海湾、琼州海峡在内，都是中国的内海。"中国《领海及毗连区法》第 2 条第 3 款规定："中华人民共和国领海基线向陆地一侧的水域为中华人民共和国的内水。"我国对此内水具有完全排他的领土主权。任何外国船舶未经许可不得进入我国的内水，任何国际组织、外国组织或个人未经许可不得在其中从事科学研究或海洋作业等活动。获准进入中国内水的外国船舶或从事海洋作业活动者，应遵守我国的法律、法规。对违反者，中国主管机关有权实行管辖。

（二）港口和琼州海峡的航行制度

为维护内水中的安全和良好秩序，管理好允许进入内水的外国船舶，中国特别制定有关港口制度和琼州海峡的航行制度。

1. 港口制度。按 1954 年中国《海港管理暂行条例》第 9、10 条的规定，中国海港之陆域包括港口所占有之土地与该地区内之岸线、码头、仓库、机械、设备、危险品堆存区、燃油料存放区及添油设备、修船厂、船坞、有关港口工程建筑、淡水供应基地、灯塔标志等。港口之水域包括港口所占有之水面与水下、船舶出入港口之航道、一切锚地与泊位、与海港相通并为港口所需要之海港支流以及与海港将来有发展可能之贴近水域。

根据中国的 1983 年《海上交通安全法》、1979 年《对外国籍船舶管理规则》和 1976 年《海港引航工作规定》等有关法律、法规的规定，中国港口制度主要有以下内容：

（1）进出港口。外籍船舶入港应在其预定到达港口前一星期，向中国有关港务监督办理申请批准手续，获准入港的须在抵港前 24 小时（航程不足 24 小时的，在驶离前一港口时）报告其预计到港的时间和前后吃水情况；需要临时入港避风或停泊的应向港务监督申请批准，获准者应在指定的地点避风。船舶抵港后应呈报进港报告书及其他报表和船舶证书，接受港监、海关和边防的检查；出港亦须交报告书及有关文件，经查验后方可出港。对处于不适航状态，或违反中国法律规章，或发生海损，未缴付承担的款项而又不能提供担保的，可暂时限制出港。

（2）航行。外籍船舶进港及在港内航行、移泊，必须由港监指派引航员；遵守有关水道、航线、航行速度和禁航区的规定，不得进行危害中国安全和权益的活动等。

（3）港内应遵守的规章。船上的武器弹药应于抵港后交由港监封存；只有在危险紧急情况下才能使用无线电电报或电话发射机、火箭信号和信号枪；不准在港口实施射击、游泳、钓鱼、鸣放鞭炮或火焰及其他危及港口安全秩序的行为；白天航行或停泊应悬挂船旗国的旗帜，进出港或移泊时还须加挂船舶呼号旗和港口规定的有关信号；除航行安全外不得鸣放声号；运载危险货物的船应有规定的信号并采取安全措施；发生海损、海难或火灾应立即报告港监。

（4）防污。禁止在港内排油、废弃物或有害物质。

（5）外籍船舶的管辖。根据主权原则，中国政府对外籍船舶有管辖权，对违反中国法律规章的，港监部门有权处分。对涉及中国公民或船舶以外的当事人的事件，或经船长或船旗国请求协助的有关船舶本身海损、污染、追索、赔偿等责任的案件，中国司法机关有权实施管辖。

2. 琼州海峡的航行制度。琼州海峡位于中国雷州半岛与海南岛之间，东连南海、西通北部湾。峡宽10.8海里，长54海里，是中国的内海峡。除适用中国法律、法规关于内水的一般规定外，还应适用1964年《外国籍非军用船舶通过琼州海峡管理规则》。按该管理规则规定，一切外国籍军用船舶不得通过该海峡。非军用船舶必须办理申请批准手续，获准后才可通过；琼州海峡管理处认为必要时，可临时禁止这种通过；通过的船舶一律走中水道；船舶通过时不得使用雷达，需要使用的须经管理处批准，在紧急情况下可以边申请边使用并在事后将使用的时间等详细情况报告给管理处；通过的船舶不准照相、测量以及进行其他违反中国法令的活动。对违反本规则和中国其他法律规定的，中国主管当局有权实行管辖。

第三节　领海及毗连区

一、领海

（一）领海的概念和范围

1. 领海的概念。领海（territorial sea）作为国家领土组成部分曾被称为沿岸水（coastal waters）、沿岸海（coastal sea）、海水带（maritime belt）、领水（territorial waters）等，自1930年国际法编纂会议之后普遍称为领海。[1] 领海的概念虽然早在17世纪就被提出并于19世纪得到公认，但对领海作出明确规定的法律性文件则是1958年《领海及毗连区公约》和1982年《海洋法公约》。《领海及毗连区公约》第1条第1款规定：国家主权扩展于其陆地领土及其内水以外邻接其海岸的一带海域，称为领海。第2条规定：沿海国主权扩展于领海以上的空间及其海床和底土。《海洋法公约》第2条规定：沿海国的主权及于其陆地领土及其内水以外邻接的一带海域，称为领海。此项主权及于领海上空及其海床和底土。但沿海国对于领海主权的行使受本公约和其他国际法规则的限制。

---

〔1〕 参见周鲠生：《国际法》（上册），商务印书馆1976年版，第361页。

2. 领海的范围。领海范围的确定一般涉及领海的宽度、基线和外部界限问题。

（1）领海的宽度。虽然国际法上早已承认国家的领海主权，但对领海宽度却长期未能作出规定。宾刻舒克提出以武器所及作为确定领海宽度的主张后，一些国家宣布以大炮射程（3 海里）作为它们的领海宽度，但是这一宽度并未得到普遍接受，尤其是随着科学技术的发展和国际关系的变化，国家对领海宽度的主张越加莫衷一是，实践中，各国宣布的领海宽度从 3 海里到 200 海里不等，不过，宣布领海宽度为 12 海里的国家居多数。第三次海洋法会议中经过协商最终将领海宽度确定下来。《海洋法公约》第 3 条规定，每一国家有权确定其领海的宽度，直至从按照本公约确定的基线量起不超过 12 海里（nautical mile）。[1]

（2）领海基线。领海基线（baseline of territorial sea）是测算领海宽度的起算线，也是一国的陆地、内水与领海的分界线（除群岛国的情形）。其向陆一面是沿海国的领陆和内水，向海的一面沿海国可划定领海。沿海国确定领海基线的方法有正常基线法和直线基线法。

正常基线法（normal baseline）也称自然基线法（natural baseline），或低潮线法（low‐tide baseline），是以海水退潮时离海岸最远的那条线为领海的基线。《海洋法公约》第 5 条规定，测算领海宽度的正常基线是沿海国官方承认的大比例尺海图所标明的沿海低潮线。第 6 条规定，在位于环礁上的岛屿或有暗礁环列的岛屿的情形下，测算领海宽度的基线是沿海国官方承认的海图上适当标记显示的礁石的向海低潮线。采用正常基线法确定领海基线，一般用于沿海国的海岸线比较平直，陆海界限明显的情形。

直线基线法（straight baseline）也称折线基线法，是在沿海岸向外凸出的地方或沿海岛屿的外缘上选定若干基点，然后将相邻的基点连成直线，形成沿海岸的坡折线。这种方法一般用于海岸比较曲折，沿岸多岛屿、礁滩或岩石的情形。1889 年，挪威最早使用直线基线法确定其领海基线。1951 年国际法院对英挪渔业案判决承认了这种方法。[2] 1958 年《领海及毗连区公约》第 4 条对这种方法的适用作了具体规定。

《海洋法公约》第 7 条作了类似 1958 年《邻海及毗连区公约》的规定。按该条规定，各国采用直线基线法应遵守如下规则：①在海岸线极为曲折的地方或者如果紧接海岸有一系列的岛屿，测算领海宽度的基线的划定可采用连接各适当点的直线基线法；②在因有三角洲和其他自然条件以致直线海岸线非常不稳之处，可沿低潮线向海最远处选择各适当点，而且，尽管以后低潮线发生后退现象，该直线基线在沿海国按照本公约加以改变以前仍然有效；③直线基线的划定不应在任何明显的程度上偏离海岸的一般方向，而且基线内的海域必须充分接近陆地领土，使其受内水

---

〔1〕　按照国际海程制，1 海里等于 1.852 公里。

〔2〕　参见梁淑英主编：《国际法教学案例》，中国政法大学出版社 1999 年版，第 98 页。

制度的支配；④除在低潮高地上筑有永久高于海平面的灯塔或类似设施，或以这种高地作为划定基线的起讫点已获得国际一般承认者外，直线基线的划定不应以低潮高地为起讫点；⑤在依第 1 款可以采用直线基线法之处，确定特定基线时，对于有关地区所特有的并经长期惯例清楚地证明其为实在而重要的经济利益可予以考虑；⑥一国不得采用直线基线制度，致使另一国的领海同公海或专属经济区隔断。

此外，《海洋法公约》还对河口、海湾、港口和低潮高地的领海基线的确定作了特殊规定。其第 9 条规定，如果河流直接流入海洋，基线应是一条在两岸低潮线上两点之间横越河口的直线。第 13 条规定，低潮高地是在低潮时四面环水并高于水面但在高潮时没入水中的自然形成的陆地，如果低潮高地的全部或一部与大陆或岛屿的距离不超过领海的宽度，该高地的低潮线可作为测算领海宽度的基线。如果低潮高地全部与大陆或岛屿的距离超过领海的宽度，则该高地没有其自己的领海。关于港口和海湾的基线参见上节叙述。

虽然《海洋法公约》规定了上述确定领海基线的方法，但这并不妨碍沿海国根据其海岸的情况而交替使用上述方法确定领海基线。[1] 例如，丹麦、哥伦比亚、索马里、格林纳达等国都采取混合基线办法，即兼采正常基线和直线基线法确定它们的领海基线。

（3）领海的外部界线。领海的外部界限是一条其每一点同基线最近点的距离等于领海宽度的线，[2] 也是领海与专属经济区或公海，或与他国领海的分界线。划定领海外部界限的方法通常有三种：①交圆法。交圆法适用于以正常基线法确定领海基线的情形。此种方法是以领海基线上某些点为圆心，以领海宽度为半径向海的方向划出一系列相交的半圆，各交点之间形成的弧线相连接的线为领海的外部界限。②共同正切线法。仅适用于以直线基线法确定领海基线的情形。共同正切线法是指以领海基线的各个基点为圆心，以领海宽度为半径，向海的方向划出一系列的半圆，然后划出相邻半圆之间的共同正切线，这些共同正切线就是领海的外部界限。③平行线法。该方法是以领海基线向海的方向平行延伸领海宽度形成的与基线平行的线作为领海的外部界线。这种方法对于采取正常基线和直线基线法确定的领海基线情形均适用。

（4）海岸相向或相邻国家间领海界限的划定。两个海岸相向国家之间的海域宽度不足该两国领海宽度之和时，会出现两国领海的重叠并因而存在划界问题。海岸相邻的国家既然有领陆的界限，当然有领海划界问题。

海岸相向或相邻国家的领海划界问题一般应由关系国协商解决。《海洋法公约》第 15 条规定，如果两国海岸彼此相向或相邻，两国中任何一国在彼此没有相反协议的情况下，均无权将其领海伸延至一条其每一点都同测算两国中每一国领海宽度的

---

〔1〕　参见《海洋法公约》第 14 条规定。
〔2〕　参见《海洋法公约》第 4 条规定。

基线上最近各点距离相等的中间线以外。但是，如因历史性所有权或其他特殊情况而有必要按照与上述规定不同的方法划定两国领海的界限，则不适用上述规定。

（二）领海的法律地位

1. 沿海国的领海主权。领海隶属于国家主权之下，属国家领土组成部分。[1] 所以，根据领土主权原则，国家对领海及其资源具有所有权并对其中的人、物和事具有管辖权。这种所有权和管辖权具体表现为以下方面的权利：

（1）资源的开发和利用权。沿海国对其领海中的自然资源，包括对海水、海底及其底土的一切生物资源和非生物资源及其他经济性的资源具有专属的开发利用、养护和管理的权利。沿海国有权把领海资源专供本国公民开发利用，也可以根据协议允许外国或外国人开发利用。在未经沿海国同意的情况下，任何外国或外国人无权开发利用其领海资源。

（2）沿海航运权。沿海国对其海岸港口之间的贸易运输具有专属的权利。在无协议的情况下，外国船舶不得进行这种航运贸易。

（3）领空权。沿海国的领海主权扩及其上空，所以，沿海国对其上空具有管辖权。外国航空器只有在经沿海国同意或接受，或有国际协定规定的条件下才可飞入或飞经领海之上的领空，并且要遵守沿海国的有关法律规章。

（4）立法和管辖权。沿海国为保护领海中的经济权益，维护领海的和平安全和良好秩序，有权采取立法措施，建立有关资源的开发利用、养护和管理、航行、安全、海关、财政、移民、卫生、防污、科学研究、打捞等方面的法律规章。对违反领海法律规章的外国船舶和人员有权管辖和处理（享有豁免者例外）。

（5）战时中立的沿海国之领海应有中立地位，交战国不得在其中进行交战或拿捕商船等违反中立义务的行为。

《阿库斯特现代国际法概论》对国家的领海主权权利总结了六个方面：①专属的渔业，和开发领海海床及其底土的资源权利；②领海上空属沿海国领空。外国航空器在其中没有无害通过权；③沿海国的船舶有专属的港口间的运输货物和乘客的权利；④交战国不得在战时中立国的领海中进行战斗或拿捕商船；⑤沿海国可以建立有关航行、卫生、海关和移民的法律制度，要求外国船舶遵守；⑥沿海国有权逮捕非法行使无害通过权的外国商船及其上的人员。对于外国军舰不遵守沿海国的法律

---

[1] 领海属国家领土不仅为各国实践所确立，而且得到国际文件的确认。1894年国际法学会通过关于领海的规则，规定国家对领海享有主权。1919年《巴黎航空管理公约》第1条规定："缔约国承认每一国家对其领土上的空间具有完全排他的主权。本公约所指一国的领土应理解为包括本国和殖民地的国土以及毗连的领水。"1944年《芝加哥航空公约》第1条和第2条作了同样规定。1958年《领海及毗连区公约》第2条和1982年《海洋法公约》第2条也都作了规定。

规章者可按《海洋法公约》第 30 条规定，要求它立即离开领海。[1]

领海虽是国家领土，但它与陆地领土和内水不同，国家须依据国际法允许外国船舶无害通过，亦即外国船舶有无害通过领海的权利。

2. 领海中的无害通过制度。领海中的无害通过制度是长期国际实践形成的习惯规则，并为《领海及毗连区公约》和《海洋法公约》确认。根据《海洋法公约》第 17~26 条的规定，无害通过制度的内容有以下方面：

（1）无害通过权。所有国家，不论其为沿海国或内陆国，它的船舶均享有无害通过领海的权利，这种权利称为无害通过权（right of innocent passage）。确立各国船舶无害通过权的初衷是为发展国际海上贸易和便利海上交通。船舶无害通过领海的权利是国际习惯法，也是公海自由的结果之一。正如《奥本海国际法》指出的：“每一个国家依据国际习惯法都有权要求准许其商船在平时无害通过任何其他国家的领海。这种权利是公海自由原则的一种结果。”[2]

（2）无害通过的含义。通过（passage）是指船舶以穿过领海但不进入内水或停靠内水以外的泊船处或港口设施；或驶往、驶出内水或停靠这种泊船处或港口设施为目的而通过领海的航行。通过应继续不停和迅速进行。通过包括停船和下锚在内，但以通常航行所附带发生的或由于不可抗力或遇难所必要的或为救助遇险或遇难人员、船舶或飞机的目的为限。

无害通过是指外国船舶在不损害沿海国的和平、良好秩序和安全的前提下通过领海。在通过领海期间，不得从事任何非无害活动。非无害活动包括：①对沿海国的主权、领土完整或政治独立进行任何武力威胁或使用武力，或以任何其他违反《联合国宪章》所体现的国际法原则的方式进行武力威胁或使用武力；②以任何种类的武器进行任何操练或演习；③任何目的在于搜集情报使沿海国的防务或安全受损害的行为；④任何目的在于影响沿海国防务或安全的宣传行为；⑤在船上起落或接载任何飞机；⑥在船上发射、降落或接载任何军事装置；⑦违反沿海国海关、财政、移民或卫生的法律和规章，上下任何商品、货币或人员；⑧违反本公约规定的任何故意和严重的污染行为；⑨任何捕鱼活动；⑩进行研究或测量活动；⑪任何目的在于干扰沿海国任何通讯系统或任何其他设施或设备的行为；⑫与通过没有直接关系的任何其他活动。

《海洋法公约》所规定的以上 12 种情形可以说是较为详尽的各种类型非无害通

---

[1]　See Peter Malanczuk, *Akehurst's Modern Introduction to International Law*, Seventh Revised Edition, Printed by T. J. International Ltd, Padstow, Cornwall, 1977, pp. 177~178.

[2]　参见［英］詹宁斯、瓦茨修订：《奥本海国际法》（第 1 卷第 2 分册），王铁崖等译，中国大百科全书出版社 1998 年版，第 31~32 页。

过。外国船舶对其任何一种实施均可被认为是损害沿海国的和平、良好秩序和安全。[1]

另外，潜水艇和其他潜水器通过领海时，须在水面上航行；核动力船舶和载运核物质或其他本质上危险或有毒物质的船舶，在行使无害通过权时应持有国际协定为其所规定的证书并遵守国际协定所规定的特别预防措施。行使无害通过领海权利的外国船舶应遵守沿海国关于无害通过的法律和规章以及关于防止海上碰撞的一切一般接受的国际规章。

（3）沿海国对无害通过的权利和义务。沿海国为了维护其和平、良好秩序和安全以及权益，使外国船舶顺利无害通过领海，可行使立法和保护权以及承担相应的义务。

第一，可制定关于无害通过的法律规章。如关于航行安全和交通管理；保护助航设备和设施及其他设备和设施；保护电缆和管道；养护海洋生物资源；防止违反沿海国的渔业法律和规章；保全沿海国的环境，防止、减少和控制环境污染；海洋科学研究和水文测量；防止违反海关、财政、移民或卫生的法律和规章。沿海国对其制定的上述法律和规章应妥为公布。

第二，规定海道和分道航行制。沿海国出于航行安全考虑，可要求无害通过的外国船舶使用其为管制船舶通过而指定或规定的航道和分道航行；要求油轮、核动力船舶和载运核物质或材料或其他本质上危险或有毒物质或材料的船舶只在特定的航道航行或分道航行。

第三，保护权。沿海国有权采取必要步骤以防止非无害的通过。在外国船舶驶往内水或停靠内水以外的港口设备的情况下，有权采取步骤以防止对准许这种船舶驶往内水或停靠港口条件的任何破坏。为国家安全必要，可在特定区域内暂时停止无害通过。但这种停止对各国船舶在形式上或事实上不得歧视。停止应于正式公布后发生效力。

第四，沿海国的义务。沿海国不应妨碍船舶的无害通过，在制定有关法律、规章时，不应强加实际后果等于否定或损害无害通过的要求；不应对外国船舶有形式上或事实上的歧视；应妥为公布其所知的在其领海内对航行有危险的情况；不得仅以通过领海为由而向外国船舶征收费用。

3. 沿海国在领海中的司法管辖权。虽然从领土主权原则上讲，沿海国对其领海内的外国船舶及其内的人员具有管辖权，但是，国际实践中，除非在特定情形下，沿海国一般对外国船舶上的人员不行使刑事和民事管辖权。《海洋法公约》第 27~32

---

[1] 1989 年 9 月 23 日美国和苏联联合声明第 3 段指出："1982 年公约第 19 条第 2 款全面列举了可能导致非无害通过的各种活动。如果船舶在通过领海时不从事其中任何一种活动，就是无害通过。"声明第 4 段指出："沿海国对一般船舶通过其领海是否无害表示怀疑时，应将怀疑其无害通过的理由通知该船，并且给该船一个机会，以便其在一个短暂的合理时间内澄清其意图或纠正其行为。"

条规定，沿海国应按以下规则行使司法管辖权：

（1）关于刑事管辖权。沿海国一般不应在通过领海的外国船舶上行使刑事管辖权，逮捕与在船舶通过期间船上所犯任何罪行有关的人员或进行与该犯罪有关的调查，但在下列情形可行使管辖权：①罪行的后果及于沿海国；②罪行属于扰乱当地安宁或领海的良好秩序的性质；③经船长或船旗国外交代表或领事官员请求地方当局予以协助；④这些措施是取缔违法贩运麻醉药品或精神调理物质所必要的。以上规定不影响沿海国为在驶离内水后通过领海的外国船上进行逮捕或调查目的而采取其法律授权的任何步骤的权利。在上述各种情形下，如经船长请求，沿海国采取任何步骤前应通知船旗国的外交代表或领事官员并应便利他们与乘务人员接触。

沿海国对于来自外国港口，仅通过领海而不进入内水的外国船舶，不得在其上实行逮捕与该船驶进领海前所犯罪行有关的任何人或进行有关的调查。

（2）关于民事管辖权。沿海国不得因对外国船舶上的人行使民事管辖权而停止该船的航行或改变其航向；不得为任何民事诉讼目的而对船舶实施执行或加以逮捕，但是，涉及该船在通过沿海国水域的航行中或为该航行的目的而承担的义务或因此而负的责任则不在此限。沿海国有按照其法律为民事诉讼的目的而对在领海内停泊或驶离内水后通过领海的外国船舶从事执行或加以逮捕的权利。

以上所述的刑事和民事管辖的规则仅适用于商船和用于商业目的的政府船舶。

（3）关于军舰和其他用于非商业目的的政府船舶的管辖豁免。军舰和其他用于非商业目的的政府船舶，按国家主权豁免原则在通过领海时享有管辖豁免权。如果任何军舰违反沿海国的法律和规章且不顾沿海国向其提出的遵守法律和规章的要求，沿海国可要求军舰离开领海。对军舰和用于非商业目的的政府船舶不遵守法律规章而给沿海国造成的损害或损失，其船旗国应负国际责任。

二、毗连区

（一）毗连区的概念

毗连区（contiguous zone）是毗连领海并在领海之外，由沿海国对海关、财政、移民和卫生等特定事项行使管制权的一带海域。

沿海国在领海之外的连接区内的管制权最早出现于英国1736年的"游弋法"，该法规定英国在其海岸以外5海里的范围内有权对关税实行监督检查。19世纪以来，许多国家先后公布法律宣布关税管制区或反走私区或专属管制区，行使着对海关、安全、移民和卫生等事项的管制权。1958年第一次海洋法会议肯定了这一实践，并在《领海及毗连区公约》第24条中规定了沿海国可在从测算领海宽度的基线起12海里内毗连领海的公海区域内行使对海关、财政、移民或卫生事项的管制权。《海洋法公约》不仅保留了这一制度，而且将毗连区的范围扩大了。其第33条第2款规定：毗连区从测算领海宽度的基线量起，不得超过24海里。因为公约确定了领海宽度不应超过12海里，而沿海国可划出在领海之外连接的12海里的毗连区。

关于相邻或相向国家之间毗连区的划界可按划定它们之间领海界限的方法进行。

（二）沿海国在毗连区中的管制权

沿海国可在本国毗连区的海域内，行使为下列事项所必要的管制权：

1. 防止在其领土或领海内违反其海关、财政、移民或卫生的法律和规章的行为发生。为此而采取措施，如检查即将进入其领海或领土的外国船舶是否有违反其海关、财政、移民、卫生等法律规章的行为，如有违反，可阻止该船驶入领海或领土。

2. 惩治在其领土或领海内违犯上述法律和规章的行为。如进入沿海国领海或领土的外国船舶违犯了该国的法律规章行为发生，纵然该外国船已驶出领海进入毗连区，沿海国依然可在毗连区内将其逮捕和予以惩治。

三、中国的领海及毗连区

中国自 19 世纪 40 年代以后，由于受西方列强的侵略和一系列不平等条约的束缚，主权遭受破坏。旧中国的门户大开，外国船舶不仅可以自由活动于中国沿海，而且可畅行在我国的内水。虽然 1899 年《中墨通商条约》中规定，彼此均以海岸去地 3 里格（每里格等于 10 华里）为界，以退潮时为准，界内由本国将关税章程切实施行并设法巡缉，以杜走私、漏税。这类似宣布了缉私区，[1] 1931 年国民党政府宣布了中国领海宽度为 3 海里，缉私区为 12 海里，[2] 但中国的领海主权和中国缉私区的权利并未得到维护。中华人民共和国政府成立后，废除了旧政府关于领海和缉私区的规定，为维护我国的海洋权益建立了我国领海及毗连区制度。1958 年我国政府发布的《关于领海问题的声明》宣布我国领海宽度为 12 海里，领海基线采用直线基线法划定。同时，宣布一切外国飞机和军用船舶，未经我国政府许可不得进入我国领海和领海上空，外国船舶在我国领海航行，必须遵守我国政府的有关法令。这一声明宣布了我国领海的基本制度。1982 年我国签署了《海洋法公约》后，为维护海洋权益，完善我国领海制度和建立毗连区制度，颁布了《领海及毗连区法》，这是一部确立我国海洋权利的基本法律。该法对我国领海和毗连区规定了如下内容：

（一）中国领海

1. 中国领海的范围。中国领海为邻接中国陆地领土和内水的一带海域。中国陆地包括中国大陆及其沿海岛屿、台湾及其包括钓鱼岛在内的附属各岛、澎湖列岛、东沙群岛、西沙群岛、中沙群岛、南沙群岛以及其他一切属于中国的岛屿。中国领海基线向陆一侧的水域为中国内水。中国领海宽度从领海基线量起为 12 海里。领海基线采用直线基线法划定，由各相邻基点之间的直线连线组成。领海的外部界限为一条其每一点与领海基线的最近点距离等于 12 海里的线。

2. 中国领海主权。中国对领海具有主权，这种主权及于领海上空、领海的海床及底土。外国航空器只有根据该国政府与中国政府签订协定、协议或者经中国政府或其授权机关的批准或接受才可进入中国领海上空。

---

〔1〕　参见王铁崖编：《中外旧约章汇编》（第 1 卷），生活·读书·新知三联书店 1957 年版，第 936 页。

〔2〕　参见梁淑英："中国领海制度"，载《政法论坛》1994 年第 3 期。

3. 中国领海的航行制度。外国非军用船舶享有依法无害通过中国领海的权利；外国军用船舶必须经中国政府批准才可进入中国领海；[1] 外国潜水艇和其他潜水器通过领海时必须在水面航行并展示其旗帜；核动力船舶和载运核物质、有毒物质或者其他危险物质的船舶通过中国领海，必须持有证明书并采取特别预防措施。通过领海的船舶必须遵守中国法律、法规，不得损害中国的和平、安全和良好秩序。中国政府为了航行安全和其他特殊需要可要求通过领海的外国船舶使用指定的航道或依照规定的分道通航制航行。中国政府有权采取防止和制止对领海的非无害通过的一切必要措施。

4. 中国对领海的管辖权。中国对其领海本身及其中的人、物和事具有管辖权，所以，中国的有关机关对违反中国法律、法规的外国船舶有权依法处理，主管机关有权对违反我国法律的外国船舶决定实行紧追。对违法的外国军用船舶或用于非商业目的的外国政府船舶有权要求其立即离开领海，并要求其船旗国对该船造成的损失或损害承担责任。对非法进入领海进行科学研究、海洋作业等活动的外国组织或个人，中国有关机关有权依法处理。

（二）中国毗连区

中国的毗连区为中国领海以外邻接领海的一带海域。它的外部界限为一条其每一点与领海基线的最近点距离等于24海里的线。中国有权在该区域内为防止和惩处在其陆地领土、内水或者领海内违反有关安全、海关、财政、卫生或者入境管理的法律、法规的行为行使管制权。中国主管机关有充分理由认为外国船舶在其陆地领土、内水或领海内违反了有关安全、海关、财政、卫生或入境管理的法律、法规时，可对其实行紧追。

第四节　用于国际航行的海峡

一、概述

用于国际航行的海峡（straits used for international navigation）一般指构成世界性航道从而用于国际航行的海峡。首先提出这个概念的是国际法院在1949年对"科孚海峡案"（Corfu Channel Case）的判决。该判决指出："根据公认的且符合国际惯例的原则，一国有权在平时，在不经过沿岸国事先许可的情况下，派军舰通过位于公海两部分之间的用于国际航行的海峡，只要这种通行是无害的；除非条约另有规定，沿岸国不得禁止这种通行。"判决还认为，对确定这种海峡"具有决定性意义的是该

---

[1]　1996年5月15日我国全国人民代表大会常务委员会关于批准《海洋法公约》的决定中对军舰通过领海的问题声明，中华人民共和国重申：《海洋法公约》有关领海内无害通过的规定，不妨碍沿海国按其法律规章要求外国军舰通过领海必须事先得到该国许可或通知该国的权利。

海峡连接公海的两部分的地理位置；而且该区域的航行相当频繁，并不限于当地国家使用"。[1] 1958 年《领海及毗连区公约》第 16 条第 4 款规定，在用于公海一部分和另一部分或另一外国领海之间国际航行的海峡中，不应停止外国船舶的无害通过。确立用于国际航行的海峡之概念的意义在于肯定各国通过海峡的权利，以利于各国利用海洋通道，促进航海贸易往来。正如希金斯和哥伦伯斯所指出的："连接两个公海的海峡，纵然两岸同属一个国家，而且峡道狭窄，全部水面都是该国领水，也必须开放，任所有国家自由地进行商务上的无害通航。这是公海自由的必然后果，因为如果禁止通过海峡，则对海洋的使用就会受到限制。"[2]

　　用于国际航行的海峡很多，但它们的情况不完全相同，有的海峡很狭窄，属沿岸国的内水或领海，均属沿岸国的领域。历史上，这样的海峡除条约另有规定外，根据国际实践和 1958 年《领海及毗连区公约》的上述规定，允许各国船舶无害通过。但联合国第一次海洋法会议之后，越来越多的沿海国把它们的领海宽度定为 12 海里或者更宽，而使 116 个海峡成了沿海国的领峡，其中有 31 个被认为是用于国际航行的海峡。例如，马六甲海峡、新加坡海峡、多米尼加海峡等。在这样的海峡中仅适用无害通过已不能满足国际航行的需要，因为无害通过只适用于船舶不适用于飞机。第三次海洋法会议期间，对这种海峡适用的航行制度发生了激烈争论，有的国家主张无害通过，有的国家主张自由航行，有的主张过境通行，还有的国家代表团表示，他们承认 12 海里领海宽度是以承认海峡中过境通行权为条件的。[3] 经过长期的争论和协商达成妥协，适用过境通行制。《海洋法公约》第 34 ~ 45 条对过境通行制作了具体规定，下面阐述这种航行制度的主要内容。

　　二、过境通行制

　　（一）过境通行制适用的范围

　　按照《海洋法公约》第 37 条规定，过境通行制（rules of transit passage）只适用于在公海或专属经济区的一部分和公海或专属经济区的另一部分之间的用于国际航行的海峡，不适用于以下海峡的情形：①在海峡内有一条在航行和水文特征方面同样方便地穿过公海或穿过专属经济区的航道。在这种航道中适用公约其他部分关于航行和飞越自由的规定；②海峡是在公海或专属经济区一个部分和外国领海之间；③海峡是由海峡沿岸国的一个岛屿和该国大陆形成，而且该岛向海的一面有在航行和水文特征方面同样方便的一条穿过公海，或穿过专属经济区的航道。

　　上述②和③项情形的海峡适用无害通过制，并且在这种海峡中的无害通过不应

〔1〕　参见中国政法大学国际法教研室编：《国际公法案例评析》，中国政法大学出版社 1995 年版，第 70 页。

〔2〕　[英] 希金斯、哥伦伯斯：《海上国际法》，王强生译，法律出版社 1957 年版，第 144 页。

〔3〕　参见 [英] 詹宁斯、瓦茨修订：《奥本海国际法》（第 1 卷第 2 分册），王铁崖等译，中国大百科全书出版社 1998 年版，第 45 页。

予以停止。[1] 另外，依《海洋法公约》第 35 条的规定，某些海峡的法律制度若已为长期存在的现行有效的国际公约所规定，也不受过境通行制度的影响。

（二）各国过境通行的权利和义务

1. 过境通行权。按照《海洋法公约》第 38 条规定，在上述适用过境通行制的情形，所有国家的船舶和飞机都在公海或专属经济区的一个部分和公海或专属经济区的另一个部分之间的用于国际航行的海峡中，享有过境通行的权利（right of transit passage）。

过境通行是指专为在上述海峡继续不停和迅速过境的目的而进行的航行和飞越。这种过境通行是不受阻碍的。但是，对继续不停和迅速过境的要求并不排除在一个海峡沿岸国入境条件的限制下，为驶入、驶离该国或自该国返回的目的而通过海峡。

过境通行与无害通过的重要区别是前者适用于所有船舶和飞机并且沿海国不得阻碍、潜水艇无须浮出水面航行。而后者只适用船舶，在某种情况下可予停止通过，且潜艇须浮出水面。

2. 过境通行的义务。《海洋法公约》第 39 条规定，船舶和飞机在过境通行时应遵守如下义务：①船舶和飞机应毫不迟延地通过或飞越海峡；②不对沿岸国的主权、领土完整或政治独立进行任何武力威胁或使用武力，或以任何其他违反《联合国宪章》所体现的国际法原则的方式进行武力威胁活动以外的活动；③过境通行的船舶应遵守关于海上安全的国际规章、程序和惯例，包括《国际海上避碰规则》；④遵守关于防止、减少和控制来自船舶的污染的国际规章、程序和惯例；⑤飞机应遵守国际民用航空组织制定的适用于民用飞机的《航空规则》，随时监听国际上指定的空中交通管制主管机构分配的无线电频率和有关国际呼救的无线电频率；⑥未经沿岸国许可，船舶不得进行研究或测量活动。外国船舶应遵守沿岸国关于过境通行的法律和规章。

（三）海峡沿岸国对过境通行的权利和义务

依《海洋法公约》第 41～44 条规定，海峡沿岸国基于主权对外国船舶和航空器通过海峡具有如下权利和义务：

1. 指定海道和规定分道航行。海峡沿岸国可于必要时为海峡航行指定海道和规定分道通航制，但应符合一般国际规章并应公布其指定的海道和分道通航制。

2. 制定关于过境通行的法律和规章并妥为公布。海峡沿岸国可制定有关过境通行的法律和规章，包括航行安全和海上交通管理；使有关排污的国际规章有效执行，防止、减少和控制污染；防止捕鱼和违反海关、财政、移民或卫生的法律和规章以及防止上下商品、货币或人员的法律，但所制定的这种法律或规章不应在形式上或事实上在外国船舶间有所歧视，或在其适用上有否定、妨碍或损害过境通行权的实

---

[1] 参见《海洋法公约》第 38 和 45 条规定。

际后果，并应将这些法律和规章妥为公布。沿岸国对享有管辖豁免的船舶和飞机因违反有关过境的法律和其他规定而给其造成的损失或损害，有权要求该船舶的船旗国和飞机登记国承担责任。

3. 进行合作。在关于助航和安全设备及其他改进办法及污染的防止、减少和控制方面应通过海峡使用国与沿岸国的协议进行合作。

4. 不妨碍过境通行和公布危险情况。海峡沿岸国不应妨碍过境通行，并应将其所知的海峡内的或其上空对航行或飞越有危险的任何情况妥为公布，并且不应停止外国船舶和飞机的过境通行。

第五节　群岛水域

一、群岛水域的概念和法律地位

（一）群岛水域的概念

群岛（archipelago）指一群岛屿，包括若干岛屿的若干部分、相连的水域和其他自然地形，彼此密切相关，以致这种岛屿、水域和其他自然地形在本质上构成一个地理、经济和政治的实体，或在历史上已被视为这种实体。全部由一个或多个群岛构成的国家称为群岛国（Archipelago State），群岛国还可以有其他的岛屿。[1]

群岛国要求划定群岛水域也是第三次海洋法会议协商的一个重要问题。这个问题历史上早就提出但未获解决。[2] 1958 年第一次海洋法会议之后，不少群岛国家相继独立，这些国家需要建立一种特殊的水域制度来维护它们的利益的要求越来越强烈。1973 年，斐济、印度尼西亚、毛里求斯和菲律宾等四个国家向联合国海底委员会提出了关于群岛领海基线的原则。1974 年，该四国将群岛原则条文化，向第三次海洋法会议提出《群岛条款草案》。同年，英国提出《关于群岛国的权利和义务的条款草案》。第三次海洋法会议对上述草案协商后达成协议，为群岛国家创立群岛水域制度，并将其列为《海洋法公约》的第四部分，因而增添了海洋法的新概念——群岛水域。

按《海洋法公约》第 47~49 条的规定，群岛水域（archipelagic waters）是群岛国的群岛基线所包围的水域。群岛国可以划定连接其群岛最外缘各岛的和各干礁的

---

[1] 参见《海洋法公约》第 46 条。

[2] 最早主张的是夏威夷国王于 1856 年 5 月 16 日提出。厄瓜多尔 1934 年声明将加拉帕戈斯群岛视为一个整体。休伯法官在"帕尔马斯岛案"的 1928 年仲裁裁决中指出：关于一群岛屿，有可能在某种情形下，于法律上视为一个单独的单位，而且其主要部分的命运牵涉其其余部分。1930 年的海牙国际法编纂会议上，以至后来的国际法委员会准备的关于领海的报告中也都曾考虑了这个问题。1951 年国际法院对"英挪渔业案"的判决支持沿海群岛采用直线基线法似乎对群岛国主张是一个有利的理由。

最外缘各点的直线群岛基线，以确定其群岛水域。在群岛基线以外可以按一般海洋法规则划定领海、毗连区、专属经济区和大陆架。在群岛水域内用封闭线划定内水的界限。[1] 群岛国划定群岛基线应遵守以下条件：

1. 群岛基线应包括主要的岛屿和一个区域，在该区域内，水域面积和包括环礁在内的陆地面积的比例应在1∶1到9∶1之间。但为计算此种水域与陆地的比例的目的，陆地面积可包括位于岛屿和环礁的岸礁以内的水域。

2《海洋法公约》群岛基线的长度不应超过100海里，但围绕任何群岛的基线总数中至多3%可超过该长度，最长以125海里为限。

3《海洋法公约》群岛基线的划定不应在任何明显程度上偏离群岛的一般轮廓，并且划定这种基线不应以低潮高地为起讫点，除非在低潮高地上筑有永久高于海平面的灯塔或类似设施，或低潮高地全部或一部分与最近的岛屿的距离不超过领海的宽度的情形。

4《海洋法公约》不应采用一种基线制度，致使另一国的领海同公海或专属经济区隔断。

（二）群岛水域的法律地位

依《海洋法公约》第49、51和52条规定，群岛国对其群岛水域具有主权，其内容包括：

1. 此项主权及于群岛水域的上空、海床和底土以及其中所包含的资源。

2. 群岛海道的通过制度，不影响包括海道在内的群岛水域的地位或影响群岛国对这种水域及其上空、海床和底土以及其中所含资源行使主权。

3. 在不影响上述主权的情形下，群岛国应尊重与其他国家间的现有协定，并应承认直接相邻国家在群岛国水域范围内某些区域的传统捕鱼权和其他合法活动；尊重其他国家所铺设的通过其水域而不靠岸的现有海底电缆。

4. 尊重他国在群岛水域中的无害通过权和在群岛海道中的通过权。

二、群岛水域的航行制度

在群岛水域中适用两种国际航行制度，即无害通过制和群岛海道通过制。

（一）群岛水域的无害通过

依《海洋法公约》第52条规定，所有国家的船舶均享有无害通过群岛水域的权利。群岛国为了安全的必要，可在无歧视条件下，于特定区域内暂时停止这种无害通过。

（二）群岛海道的通过制度

依《海洋法公约》第53条规定，群岛国可以指定适当的海道和其上的空中航道，以便外国船舶和飞机继续不停和迅速通过或飞越其群岛水域和邻接的领海。群

---

[1]　群岛国应按照《海洋法公约》第9~11条关于河口、海湾和港口的规定划封闭线确定内水。

岛海道和空中航道应穿过群岛水域和邻接的领海，并应包括用作群岛水域或其上空的国际航行或飞越的航道的所有正常通道。所有外国船舶和飞机均享有在这种海道和空中航道内的群岛海道通过权（right of archipelagic sea lanes passage）。群岛海道的通过是指船舶和飞机专门在公海或专属经济区的一部分和公海或专属经济区的另一部分之间继续不停、迅速和无障碍地过境之目的，进行正常方式的航行和飞越。为了使船舶安全地通过海道，群岛国指定海道时，可以规定分道通航制。并且根据情况需要，以其他海道替换原先指定的海道。如群岛国没有指定海道或空中航道，外国船舶和航空器可通过正常用于国际航行的航道，行使群岛海道的通过权。

关于船舶和航空器通过时的义务、研究和测量活动、群岛国的义务以及该国关于群岛海道通过的法律和规章，应按照用于国际航行的海峡的过境通行之规定比照适用。[1]

第六节　专属经济区

一、专属经济区的概念及其形成史

（一）专属经济区的概念

专属经济区（exclusive economic zone）是领海以外并邻接领海的一个区域，从测算领海宽度的基线量起，不应超过 200 海里。在该区域内，沿海国享有专属的经济主权权利和特定的管辖权，其他国家享有一定的自由权和其他权利。[2]

（二）专属经济区形成的历史

专属经济区的概念是第二次世界大战以后的国际实践创造的，它是与拉美国家及其他发展中国家争取 200 海里海洋权的斗争分不开的。首先是智利于 1947 年发布"总统声明"，宣布该国对所有包括在海岸和伸入海洋而距其大陆为 200 海里的一条数学平行线之间的海域实行保护和控制，对海域的资源具有保存、保护、保全和开发权，但是，这不影响公海上的自由航行权利。之后，智利、厄瓜多尔和秘鲁于 1952 年联合发表了《圣地亚哥声明》，宣布他们的共同海洋政策是以对邻国海岸并且自该海岸量起不少于 200 海里的海洋具有独占的主权和管辖为基础，但保留外国船舶航行权。一些拉美国家如秘鲁、哥斯达黎加、萨尔瓦多、洪都拉斯、尼加拉瓜、厄瓜多尔、阿根廷、巴拿马、乌拉圭和巴西等国也相继宣布了 200 海里区域的法律。至 1970 年，除哥伦比亚、委内瑞拉和圭亚那外，南美国家都将海洋的管辖范围扩展到了 200 海里。同年，智利等九国发表了《蒙得维的亚海洋法宣言》和《利马宣言》，主张把主权或专属管辖权扩大到距离领海基线 200 海里的地方，并宣布这种主

---

〔1〕　参见《海洋法公约》第 39 条、第 40 条、第 42 条和第 44 条的规定。

〔2〕　参见《海洋法公约》第 55 和 57 条规定。

权或管辖权不妨碍外国的船舶的通过和航行、飞越自由。1972 年，加勒比海 15 个沿海国发表了《圣多明哥声明》，提出沿海岸 200 海里内的海域为 "承袭海"（patrimo-nial sea），沿海国对 "承袭海" 的自然资源享有主权权利，所有沿海国和非沿海国都有航行和飞越的权利及铺设电缆和管道的自由。这种主张很快得到了非洲国家的支持和响应。同年 6 月，阿尔及利亚等 17 个非洲国家在雅温得举行海洋法区域讨论会，建议非洲国家在领海之外 "设立一个经济区"，在该区域内，沿海国为了开发和控制生物资源以及防止和管制污染等目的享有专属的管辖权，但是这并不影响航行、飞越、铺设海底电缆和管道的自由。同年 8 月，该会议的参加国肯尼亚向联合国海底委员会提交了一份《关于专属经济区概念的条款草案》，对上述建议作了补充，提出专属经济区的宽度最大不得超过从测算领海基线量起 200 海里；沿海国对经济区的科学研究亦有专属管辖权。1973 年，非洲 14 国联合向联合国海底委员会提出《专属经济区条款草案》，进一步阐明了专属经济区的界限及沿海国对该区域的权利性质和范围等问题，对第三次海洋法会议讨论和解决这个新问题起了重要作用。同年，第四次不结盟国家和政府首脑会议通过了《关于海洋法宣言》，支持 "从基线算起不超过 200 海里的国家管辖区" 的主张。中国代表 1973 年 7 月在联合国海底委员会的发言中表示支持发展中国家关于 "200 海里专属经济区" 的主张。[1]

综上所述，专属经济区的主张在 20 世纪 70 年代已得到了国际社会的广泛支持并付诸实践。据统计，1970～1981 年有 77 个国家宣布了 200 海里管辖区，其中，46 个国家已建立了专属经济区。联合国海底委员会自 1971 年开始筹备第三次海洋法会议起，就将专属经济区的问题列为它的中心议题之一。第三次海洋法会议中，很多国家提出国家有权建立 200 海里专属经济区的主张。会议经过讨论，同意建立专属经济区制度，并将该制度列为《海洋法公约》的第五部分。

随着《海洋法公约》的生效并具有当事国和各国广泛实践，可以说专属经济区制度已被确立成为一项一般性的海洋法规则。[2]

二、专属经济区的法律地位

从专属经济区的形成可以看出，确立专属经济区的主要目的是为扩大沿海国的海洋资源开发利用权，保护广大发展中国家的海洋资源权益，但它并不排斥其他国家的一定自由，保持各国利益。为此，《海洋法公约》第五部分对专属经济区的地位作了特殊规定，既肯定了沿海国对专属经济区的专属的经济主权权利和相关的管辖权，又保留了各国原有的部分公海自由权，同时也照顾了内陆国和地理位置不利国家的特殊需要，使专属经济区成了一类特殊的海域。

---

[1] 参见沈韦良代表在 1973 年 7 月 19 日于国际海底委员会上发言及提交的工作文件，载北京大学国际法教研室编：《海洋法资料汇编》，人民出版社 1974 年版，第 71～76 页。

[2] 参见 [英] 詹宁斯、瓦茨修订：《奥本海国际法》（第 1 卷第 2 分册），王铁崖等译，中国大百科全书出版社 1998 年版，第 206 页。

（一）沿海国在本国专属经济区内的权利和义务

按《海洋法公约》第56条及其他有关条款的规定，沿海国在本国专属经济区内的权利和义务有：

1. 资源的主权权利。沿海国对本国专属经济区内的自然资源有勘探和开发、养护和管理的主权权利。包括对海床上覆水域和海床及底土的自然资源（不论为生物或非生物资源）的勘探和开发、养护和管理为目的的主权权利以及关于在该区内从事经济性开发和勘探，如利用海水、海流和风力生产能源等其他活动的主权权利。但是对海床和底土的权利应按本公约关于大陆架的规定行使。任何人未经沿海国的明示同意不得对该区域内的海床及其底土的资源进行勘探和开发，专属经济区内的生物资源的可捕量由沿海国决定，包括同一区域或分区域内的内陆国和地理不利国家在内的其他国家通过协定或其他安排，进行捕捞可捕量的剩余部分。

2. 沿海国在专属经济区内有专属的管辖权。沿海国在其专属经济区内有专属管辖权，管辖的事项有：

（1）对专属经济区内的人工岛屿、设施和结构的建造和使用有专属的管辖权。这项权利一方面是沿海国在其专属经济区有建造、授权和管理建造、操作和使用人工岛屿、设施和结构的专属权利；另一方面是沿海国对这样的人工岛屿、设施和结构有专属的管辖权，包括有关海关、财政、卫生、安全和移民的法律和规章方面的管辖权。沿海国行使此项管辖时，应对这种人工岛屿、设施或结构的建造妥为通知，并对其存在保持永久性的警告方法。于必要时在它们周围设置合理的安全地带，并在安全地带采取适当措施以确保航行及这种人工岛屿、设置和结构的安全。

（2）对专属经济区内的海洋科学研究有专属的管辖权。在该区域内进行海洋科学研究，应经沿海国的同意。

（3）对专属经济区内的海洋环境的保护和保全具有专属管辖权。非经沿海国事前明示核准，不应在专属经济区内倾倒，即从船舶、飞机、平台或其他人造海上结构故意处置废物或其他物质，或故意处置船舶、飞机、平台或其他人造海上结构。沿海国可制定符合一般接受的国际规则和标准的法律规章以防止、减少和控制其专属经济区内来自船舶的污染。

3. 其他权利和义务。沿海国的其他权利和义务是指按照《海洋法公约》规定应承受的一般权利和义务。如享有航行和飞越、铺设海底电缆和管道、拿捕海盗、临检和紧追等权利和相应的义务等。

4. 采取立法和执法措施。为行使上述权利和履行义务，沿海国有采取相应的立法措施和执行法律、规章的权利。包括：行使其勘探、开发、养护和管理在专属经济区的生物资源的主权权利时，可采取为确保其法律、规章得以遵守所必要的措施，如登临、检查、逮捕和进行司法程序。但要顾及有关义务，对被捕的船只及其船员，在其提出适当的保证书或其他担保后，应迅速予以释放；对违犯专属经济区渔业法律和规章的处罚，如有关国家无相反协议，不得包括监禁或任何其他方式的体罚；

在逮捕或扣留外国船只的情形下，沿海国应通过适当途径将其所采取的行动及随后所施加的任何处罚迅速通知船旗国。

5. 顾及他国的权利和义务。沿海国在其专属经济区内根据本公约行使权利和履行义务时，应适当顾及其他国家的权利和义务，并应以符合《海洋法公约》规定的方式行事。

要说明的是沿海国获得其专属经济区并享有上述权利必须予以公告。虽然《海洋法公约》第五部分未加规定，但可从其第六部分关于大陆架的规定中得以证明。[1]

（二）其他国家在专属经济区内的权利和义务

按《海洋法公约》第58条规定，所有国家，不论为沿海国或内陆国，在专属经济区享有以下权利和义务：

1. 在本公约有关规定的限制下享有公海中的航行自由、飞越自由、铺设海底电缆和管道的自由以及与这些自由有关的海洋其他国际合法用途。诸如同船舶和飞机的操作及海底电缆和管道的使用有关的并符合本公约规定的那些用途。

2. 公海中的其他权利和义务。凡是《海洋法公约》第88～115条有关公海的一般规定及其他国际法有关规则，只要与专属经济区规则不相抵触，均应适用于专属经济区。

3. 顾及沿海国的权利和义务。各国在专属经济区内行使权利和履行义务时，应适当顾及沿海国的权利的义务，并应遵守沿海国按公约的规定和其他国际法规则所规定的与本部分不相抵触的法律和规章。

（三）内陆国和地理不利国家在专属经济区的权利

考虑到内陆国（Land-locked States）和地理不利国家（Geographically disadvantaged States）的特殊情况[2]，《海洋法公约》第69、70条还规定了这类国家享有对专属经济区生物资源开发的特殊权利，即在公平的基础上参与开发同一分区域或区域的沿海国专属经济区的生物资源的剩余部分，同时，考虑到所有有关国家相关经济和地理情况并遵守《海洋法公约》第61、62条关于生物资源的养护和利用的规定，这种参与的条款和方式应由有关国家通过双边分区域或区域协定加以制定。地理条件不利的发达国家和发达的内陆国应仅有权参与开发同一分区域或区域内发达

---

[1] 参见［英］詹宁斯、瓦茨修订：《奥本海国际法》（第1卷第2分册），王铁崖等译，中国大百科全书出版社1998年版，第207页。《海洋法公约》第77条第3款规定，沿海国对大陆架的权利并不取决于有效或象征性的占领或任何明文公告。但对沿海国对专属经济区的权利并未作此规定，故推论沿海国对专属经济区的权利需要宣布或公告。

[2] 内陆国也称陆锁国，是无海岸国家。地理不利国是指其地理条件使它依赖于开发同一分区域或区域的其他国家专属经济区内的生物资源以供应足够的鱼类来满足人民营养需要的沿海国，包括闭海或半闭海以及不能主张有自己专属经济区的沿海国。

沿海国专属经济区的生物资源。

三、海岸相向或相邻国家间专属经济区的划分

按《海洋法公约》第74条规定，海岸相向或相邻国家间专属经济区的划定应遵循以下原则：在已达成有效协定情况下，依协定规定。无协议时，应在《国际法院规约》第38条所指国际法的基础上以协议划定以便得到公平解决，若关系国在合理期间未达成协议，应诉诸公约第十五部分所规定的程序，即用政治或法律方法解决；在达成协议前有关国家应本着谅解合作精神，尽一切努力作出实际性的临时安排，并在过渡期间内，不危害或阻碍最后协议的达成，这种安排应不妨害最后界限的划定。

四、中国专属经济区

中国为维护海洋权益于1998年6月26日公布了《专属经济区和大陆架法》，规定了其专属经济区的范围和专属经济区的权利。

（一）中国专属经济区的范围

中国领海以外并邻接领海的区域，从测算领海宽度的基线量起延至200海里，属中国的专属经济区。中国与海岸相邻或者相向国家关于专属经济区的主张重叠的，在国际法的基础上按照公平原则以协议划定界限。

（二）中国在专属经济区内的权利

中国在专属经济区内行使以下权利：①为勘查、开发、养护和管理海床上覆水域、海床及其底土的自然资源，以及进行其他经济开发和勘查，如利用海水、海流和风力生产电能等活动，行使主权权利；对人工岛屿、设施和结构的建造、使用和海洋科学研究、海洋环境的保护和保全行使管辖权，任何国际组织、外国组织或者个人进入中国专属经济区从事渔业活动，或对专属经济区的自然资源进行勘探、开发活动，必须经中国主管机关批准，并遵守中国的法律、法规及中国与有关国家签订的条约或协定。②对建造并授权和管理建造、操作和使用人工岛屿、设施和结构有专属权利；对人工岛屿、设施和结构行使专属管辖权，包括有关海关、财政、卫生、安全和出境入境的法律和法规方面的管辖权；中国主管机关有权在人工岛屿、设施和结构周围设置安全地带，并可在该地带采取适当措施，确保航行安全以及人工岛屿、设施和结构的安全。③任何国际组织、外国的组织或者个人在中国专属经济区内进行海洋科学研究，必须经中华人民共和国主管机关批准，并遵守中国法律、法规。④中国主管机关有权采取必要的措施，防止、减少和控制海洋环境的污染，保护和保全专属经济区的海洋环境。⑤任何国家在遵守国际法和中国法律、法规的前提下，在中国专属经济区享有航行、飞越和铺设海底电缆和管道的自由，以及与上述自由有关的其他合法使用海洋的权利。但铺设海底电缆和管道的路线，必须经中国主管机关的同意。⑥中国在行使勘查、开发、养护和管理专属经济区的生物资源的主权权利时，为确保中国法律、法规得到遵守，可以采取登临、检查、逮捕、拘留和进行司法程序等必要措施；对在专属经济区内违反中国法律、法规的行为，有权采取必要措施，依法追究法律责任，并可以行使紧追权。

第七节　大陆架

一、大陆架的概念

国际法上的大陆架（continental shelf）一词源于地质、地理科学。从地质、地理科学上讲，整个地球包括大陆地壳和大洋地壳。介于这二者之间有一个过渡带称大陆边（continental margin），一般由大陆架、大陆坡（continental slope）和大陆基（continental rise）组成。其中，大陆架指由海岸向海自然平缓延伸的部分，平均坡度约0.1度，上覆水深一般在50～550米之间，宽度在70～110海里间。大陆坡是指从大陆架海区继续向外延伸，海底突然下落而形成的一个相当陡峭的斜坡。大陆坡的上覆水深从1000至4000米不等，平均坡度约4度，宽度约在8～26海里间。大陆基是指大陆坡向外延伸，在与深海底合为一体前变得较为平坦的部分，平均坡度为0.5度，它包括上覆水深2500～4000米的范围，可横过洋底延至500海里宽度。这种地质、地理学上的大陆架称为科学上的大陆架。它和法律上的大陆架有密切关联但又有不同，这从国际公约对大陆架的规定便可看出。

把科学上的大陆架概念用于法律上，是1945年9月28日美国总统杜鲁门发布美国《关于大陆架底土和海床的自然资源政策的公告》开始的。该公告宣布："鉴于对养护和慎重地利用其自然资源的紧迫性的关心，美国政府认为邻接美国海岸处于公海之下的大陆架底土和海床的自然资源归属于美国，并受其管辖和控制"，"在大陆架扩展到其他国家海岸或与邻国共处同一大陆架的情况下，其边界应由美国与有关国家按公平原则确定。大陆架上覆水域作为公海的性质以及公海自由和无碍航行的权利不受影响"。[1] 这个公告发布后引起了国际反应，如墨西哥、阿根廷、巴拿马、智利、秘鲁、牙买加、印度等也先后发表了类似的声明或公布法律。

联合国国际法委员会基于上述情况，自1950年开始注意大陆架的法律问题并进行了研究，1953年提出了《大陆架公约草案》，使大陆架的概念进入了国际法领域。1958年第一次海洋法会议对大陆架问题进行了讨论并通过了《大陆架公约》，该约第1条规定，大陆架一词是用以指邻接海岸但在领海范围以外、深度达200公尺或超过此限度而上覆水域的深度容许开采其自然资源的海底区域的海床和底土；邻近岛屿海岸的类似海底区域的海床和底土。第2条规定，沿海国对大陆架自然资源的勘探和开发具有专属主权权利。该约虽对大陆架作了规定，但对它的法律界限未加明确。

第三次海洋法会议在对大陆架问题进行了重新讨论和协商的基础上，把大陆架规则列为《海洋法公约》的第六部分，并对大陆架的定义和界限作出了新的规定。

---

[1]　参见魏敏主编：《海洋法》，法律出版社1987年版，第147页。

按《海洋法公约》第76条规定，沿海国的大陆架包括其领海以外依其陆地领土的全部自然延伸，扩展到大陆边缘的海底区域的海床和底土。大陆边包括沿海国陆块没入水中的延伸部分，由陆架、陆坡和陆基的海床和底土构成，它不包括深洋洋底及其洋脊，也不包括其底土。该条对大陆架的界限规定了两种情形：①从测算领海宽度的基线量起到大陆边的外缘距离如果不到200海里，则可扩展到200海里。②从测算领海基线量起的大陆边超过200海里的，则应以下列两种方式之一划定大陆边的外缘：其一，按本条第7款[1]，以最外各定点为准划定界线，每一定点上沉积岩厚度至少为从该点至大陆坡脚[2]最短距离的1%；其二，按本条第7款，以离大陆坡脚的距离不超过60海里的各定点为准划定界线。用此两种方式之任何一种方式划定的大陆架在海床上的外部界线的各定点，不应超过从测算领海宽度的基线量起350海里[3]，或不应超过连接2500公尺深度各点的2500公尺等深线100海里。

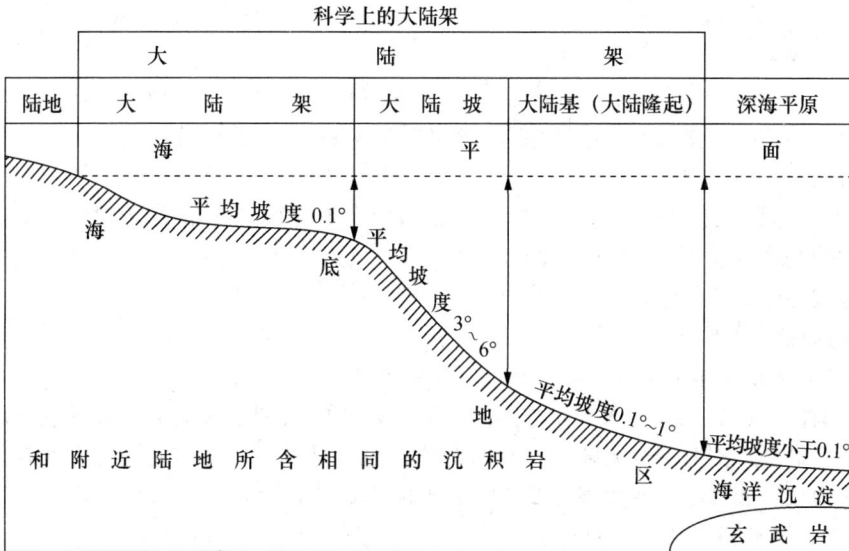

图6-2　科学上的大陆架

[1]　沿海国的大陆架若从测算领海基线量起超过200海里，应连接以经纬度坐标标出的各定点划出长度各不超过60海里的若干直线，划定其大陆架的外部界限。

[2]　在没有相反证明的情形下，大陆坡脚应定为大陆坡坡底变动最大之点。

[3]　但该规定不适用于作为大陆边自然构成部分的海台、海隆、海峰、暗滩和坡尖等海底高地。

二、大陆架的法律地位

(一) 沿海国对大陆架的权利和义务

根据《海洋法公约》第 76 条和第 77 条以及其他有关条款的规定，大陆架不仅是沿海国陆地领土在其领海之外的延伸，而且是该国管辖范围之内的海底区域。国家对它的资源具有主权权利及相应的管辖权。但是，它又不属国家的领土，国家对其大陆架不具有领土的完整主权，大陆架上仍允许他国保持某种权利，且不影响其上覆水域及其上空的地位。

1. 资源的主权权利。按照《海洋法公约》第 77 条的规定，沿海国为勘探大陆架和开发其自然资源的目的对大陆架行使主权权利，且这种权利是专属的，如果沿海国不勘探大陆架或开发其自然资源，任何人未经沿海国明示同意，均不得从事这种活动。沿海国对大陆架的权利并不取决于有效或象征的占领或任何明文公告。所称大陆架的自然资源包括海床和底土的矿产和其他非生物资源以及属于定居种的生物。《海洋法公约》第 81 条还规定，沿海国有授权和管理为一切目的在大陆架上进行钻探的专属权利。

2. 专属管辖权。沿海国对其大陆架上的人工岛屿、设施和结构的建造和使用具有专属的管辖权，并比照适用《海洋法公约》第 60 条关于专属经济区内的人工岛屿、设施和结构的规定。[1]

3. 缴付费用或实物的义务。《海洋法公约》第 82 条规定，沿海国对其从测算领海宽度的基线量起 200 海里以外的大陆架上非生物资源的开发应通过国际海底管理局缴付费用或实物。但发展中国家为其大陆架上所生产的某种矿物资源的纯输入者，则免缴这种费用或实物。

(二) 大陆架不影响其上覆水域和上空的地位

《海洋法公约》第 78 条规定，沿海国对大陆架的权利不影响上覆水域或水域上空的法律地位；沿海国对大陆架权利的行使，绝不得对航行和本公约规定的其他国家的其他权利和自由有所侵害，或造成不当的干扰。

(三) 其他国家的权利和义务

按《海洋法公约》第 79 条的规定，所有国家在大陆架上都有铺设海底电缆和管道的权利。但铺设管道的路线的划定须经沿岸国同意，在铺设海底电缆和管道时应顾及已经铺设的电缆和管道，不得妨害现有电缆和管道的修理。沿海国除了为勘探大陆架、开发其自然资源和防止、减少及控制管道造成的污染有权采取合理措施外，对铺设或维修这种海底电缆或管道不得加以阻碍。

三、海岸相向或相邻国家间大陆架的划界

由于一些国家的海岸相邻或相向，它们的大陆架会出现相连，所以，它们之间

---

[1] 参见《海洋法公约》第 80 条规定。

的大陆架存在划界问题。对相向和相邻国家大陆架划界，1958 年《大陆架公约》作了两点规定：①同一大陆架相邻或相向国家的大陆架的疆界应由这些国家协定予以确定。②在无协定的情况下，海岸相向国家除根据特殊情况另定疆界线外，疆界是一条其每一点与测算各国领海宽度的基线的最近距离相等的中间线；海岸相邻国家除根据特殊情况另定疆界线外，疆界应适用与测算各国领海宽度的基线的最近点距离相等原则予以决定。该公约的上述规定只拘束当事国，并不是普遍适用的规则。该公约签订后，大陆架划界的实践和理论也没有统一规则。不过，国际法院 1969 年对北海大陆架案、1982 年对突尼斯与利比亚案的判决，以及仲裁法庭 1977 年和 1978 年对英法大陆架案的裁决都坚持自然延伸以公平划界原则，即应使每个国家尽可能得到构成其大陆领土向海底自然延伸的大陆架。例如，北海大陆架就很典型，该案是发生在丹麦与德国，荷兰与德国之间关于北海大陆架划界的争端。由于丹麦、荷兰都与德国海岸相连，所以在北海的大陆架也连成一片。为划分彼此的大陆架界限，它们曾于 1966 年进行过谈判，但未获成功。原因是丹麦、荷兰两国坚持其与德国的大陆架划界应按 1958 年《大陆架公约》规定，采用等距离的方法划定。而德国不予接受，认为这种方法对它不公平。因为德国的海岸是凹入的，采用等距离方法划界，将使其大陆架面积小得不成比例。因此，德国于 1967 年 2 月 2 日分别与丹麦和荷兰签订了特别协定，将争端提交国际法院，请国际法院裁判它们之间北海大陆架的划分应适用什么国际法原则和规则。

国际法院受理了这两起诉讼，由于三国签订的两个特别协定的内容相同，协定所附的三方协定书同意法院将两案合并，所以法院将两案合为一案审理，称为北海大陆架案。法院 1969 年 2 月 20 日作出判决。判决中首先认定德国没有义务接收等距离中间线的划界方法，因为它不是 1958 年《大陆架公约》的当事国，且这种方法也没有形成大陆架划界的习惯国际法规则；其次，判决指出大陆架划界要根据公平原则并考虑一切有关情况通过协议使每个国家尽可能得到构成其陆地领土自然延伸的全部大陆架。[1]

因此，在划界问题上要全面考虑一切有关情况，在达到公平结果情况下也可采用中间线或等距离中间线的方法。[2] 第三次海洋法会议也没明确具体的决议。所以《海洋法公约》第 83 条只作了几项原则性的规定：①海岸相向或相邻国家间大陆架

[1] 该案判决后，丹麦、荷兰和德国根据判决指出的原则，经过协商划出了它们之间的北海大陆架界限，使德国获得在北海大陆架的面积由原来丹麦与荷兰坚持采用等距离方法只划给它的 2.4 万平方公里，增至 3.5 万平方公里；国际法院在本案判决中提出的公平和自然延伸原则得到了实践。

[2] 不过，《海洋法公约》规定了各国大陆架的距离为 200 海里及 200 海里的专属经济区的标准的一个效果是降低了自然延伸观念的地位。而地位上升的一个标准是距离标准在大陆架划界中的作用，各国划界情况表明，等距离的方法被广为采用。但要在等距离划界基础上考虑沿岸国的相关特殊情况，以达到公平结果。

的界限，应在《国际法院规约》第 38 条所指的国际法的基础上以协议划定，以便得到公平解决。②有关国家如在合理期间内未能达成任何协议，应诉诸本公约第十五部分规定的程序，即用政治的或法律的方法加以解决。③在达成解决的协议之前，有关国家应基于谅解和合作的精神，尽一切努力作出实际性的临时安排并在此过渡期间内，不危害或阻碍最后协议的达成。这种安排应不妨害最后界限的划定。

四、中国大陆架

（一）中国大陆架的范围

中国是世界上宽大陆架的国家之一，[1] 在黄海、东海和南海都有宽阔的大陆架。黄海海底全部是大陆架，地形平坦，上覆水深平均 44 米，总面积 38 万平方公里。该海域的大陆架除我国之外，还与朝鲜和韩国相连，存在划界问题。东海海域辽阔，海底约有 2/3 为大陆架，面积约为 52 万平方公里，上覆水深一般不超过 200 米，它的沉积物主要来自我国的大陆，通过黄河、长江及其他中国河流的流输而成，主要是中国大陆的自然延伸，直达冲绳海槽。由于它连结日本和韩国，故存在我国与它们划分东海大陆架的界限问题。南海是世界上第二大海，总面积达 350 万平方公里，平均水深 1100 多米，其中大陆架面积占该海底面积的 1/2。它与我国大陆和东沙群岛、西沙群岛、中沙群岛、南沙群岛及其他岛屿相毗连，因此，我国在南海也有大陆架，由于大陆的某些部分与有关国家相邻或相向，也存在划界问题。

为了维护我国大陆架的权益，《专属经济区和大陆架法》中对我国大陆架的范围和权利的行使等作了原则规定。按该法规定，中国的大陆架是中国陆地领土在领海外的全部自然延伸，扩展到大陆边外缘的海底区域的海床和底土；如果从测算领海宽度的基线量起至大陆边外缘的距离不足 200 海里，则扩展至 200 海里。对于与中国海岸相邻或相向国家关于大陆架主张重叠的，在国际法的基础上按公平原则以协议划定界限。要说明的是，对有关国家单方面宣布划定与我国大陆架的重叠区的范围的行为，我国是坚决反对，不予承认的。例如，对于日本与韩国 1974 年 1 月 30 日签订的《日韩共同开发大陆架协定》片面划定东海大陆架的开发区，侵犯中国的大陆架权利的行为，中国政府已于 1974 年和 1977 年发表声明提出抗议。对韩国在其 1970 年公布的《开发海底矿物资源法》中宣布以等距离中间线划分与我国在黄海大陆架的界限，我国也是不予承认的。对于越南 1977 年在其关于领海、毗连区、专属经济区的声明和 1982 年关于领海基线的声明中宣布北部湾的中越海域划分，企图侵吞未划定界限的 2/3 北部湾的海域及大陆架，我国政府同样持不承认的立场。因为上述有关国家的大陆架要求既然存在与我国大陆架重叠，就应与我国平等协商以求公平解决，而它们却单方划定重叠区的界限，这是侵犯我国海洋权益的行为。

---

〔1〕 世界上有 18 个沿海国的大陆架从测算领海基线量起超过了 200 海里，我国属其中之一。

（二）中国对大陆架的权利

按《专属经济区和大陆架法》规定，我国对大陆架行使以下方面的权利：①对大陆架的自然资源[1]的勘探和开发行使主权权利；对大陆架的人工岛屿、设施和结构的建造、使用和海洋科学研究、海洋环境保护和保全行使管辖权；拥有授权和管理为一切目的在大陆架上进行钻探的专属权利。任何国际组织、外国组织或者个人对中国大陆架的自然资源进行勘查、开发活动或者在大陆架上为任何目的钻探，必须经中国主管机关批准，并遵守中国的法律、法规。②在大陆架上有专属权利建造并授权和管理建造、操作和使用人工岛屿、设施和结构；对大陆架的人工岛屿、设施和结构行使专属管辖权，包括海关、财政、卫生、安全和出境入境的法律和法规方面的管辖权；有权在大陆架的人工岛屿、设施和结构周围设置安全地带，并可以在该地带采取适当措施，确保航行安全以及人工岛屿、设施和结构的安全。③任何国际组织、外国组织或者个人在中国大陆架进行海洋科学研究，必须经中国主管机关的批准，并遵守中国的法律、法规。④中国主管机关有权采取必要的措施，防止、减少和控制海洋环境的污染，保护和保全大陆架的海洋环境。⑤任何国家在遵守国际法和中国法律、法规的前提下，在中国大陆架享有铺设海底电缆和管道的自由。但铺设海底电缆和管道的路线，必须经中国主管机关的同意。⑥中国对在大陆架违反中国法律、法规的行为，有权采取必要措施，依法追究法律责任，并可行使紧追权。

从以上各节中讨论的涉及中国与相邻和相向国家的领海、专属经济区和大陆架的划界问题，可以看出我国的立场很明确，在国际法的基础上，通过协商求得公平解决。我国与越南在北部湾的划界就是这一立场的成功实践。

众所周知，中国与越南是陆地相邻，并在北部湾的海域既相邻又相向。北部湾是个比较狭窄的海湾，其最宽处只有180海里。涉及中越在该湾的领海、专属经济区和大陆架的划界问题，对此，两国经过长期多次谈判和协商后，于2000年12月25日签订了《中华人民共和国和越南社会主义共和国关于两国在北部湾领海、专属经济区和大陆架的划界协定》（简称《中越北部湾划界协定》）。按该协定规定，北部湾是指北面为中国和越南两国陆地领土海岸，东面为中国雷州半岛和海南岛海岸，西面为越南大陆海岸所环抱的半封闭的海湾，其南部界限是自地理坐标为北纬18°30′10″、东经108°41′17″的中国海南岛莺歌嘴最外缘突出点、经越南昏果岛至越南海岸上地理坐标为北纬16°57′40″、东经107°08′42″的一点之间的直线连接。以上区域是中越两国划界范围。两国在北部湾的领海、专属经济区和大陆架的分界线由21个界点以直线顺序连接，北起中越界河北仑河的入海口，南至北部湾的南口，全长约500公里。第1界点至第9界点的分界线是两国在北部湾的领海界限。第9界点至第

---

[1]　大陆架的自然资源包括海床和底土的矿物和其他非生物资源，以及属于定居种的生物，即在可捕捞阶段在海床上或者海床下不能移动或者躯体须与海床或者底土保持接触才能移动的生物。

21 界点的分界线是两国在北部湾的专属经济区和大陆架的分界线。按这样划界后，中国和越南各在北部湾所得的海域面积大体相等。

《中越北部湾划界协定》的缔结和付诸执行不仅有助于我国与越南更好地合作开发和利用北部湾的资源，促进两国友好关系的发展，而且为我国与其他国家的谈判解决海洋划界问题积累了经验，提供了借鉴。

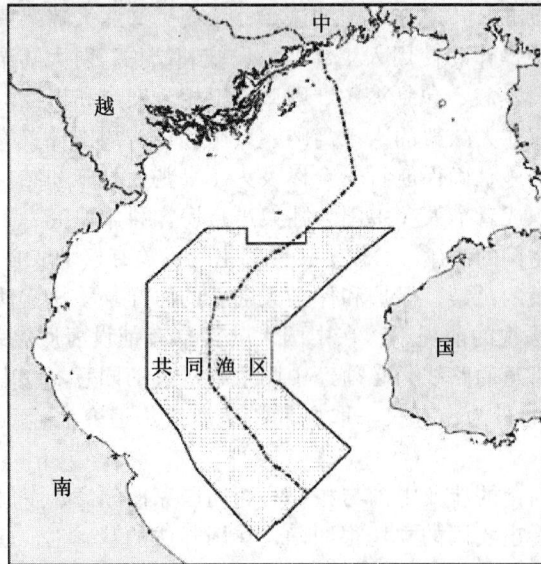

图 6 - 3　北部湾划界示意图

第八节　公　海

一、公海的概念和法律地位

（一）公海的概念

随着公海自由原则和领海主权在 19 世纪得到了一般的接受，公海（high seas）的概念也得到了确立。在相当长的时间内，公海是指国家领海或内水之外的海域。1958 年《公海公约》第 1 条规定，公海是指不包括在一国领海或内水的全部海域。该约签订之后，由于沿海国对海洋的权利和管辖范围的要求逐渐扩大，如各国相继宣布专属经济区，一些群岛国家要求群岛水域，从而使公海的范围有了变化。《海洋法公约》确认了专属经济区和群岛水域制度，对传统的公海的概念也作了相应的修改。其第 86 条规定，公海是指不包括在国家的专属经济区、领海或内水或群岛国的群岛水域内的全部海域。

（二）公海的法律地位

公海属于不受任何国家权力支配和管辖的国际海域。任何国家不得对公海的任何部分主张主权或行使主权或主权权利。公海是向所有国家开放的，因此也称"开放海"（open seas），所有国家在遵守国际法律规章的条件下都可自由利用公海，这是长期形成的习惯法规则。因为公海是各国的海洋通道，对国际通商与航海及其他活动具有极为重要的意义。希金斯和哥伦伯斯在他们所著的《海上国际法》中指出："今天大家普遍地承认公海是不能加以占有的，没有一个国家能够对公海作在法律上必然发生财产权的要求的占有。公海不能受主权的限制，因为它是各国往来的必要工具，对它的自由使用构成国际贸易与航海的不可缺少的条件。"[1]《奥本海国际法》指出："公海自由原则的意思是公海属所有国家共有，任何国家不得声明将公海的任何部分置于其领土主权的支配之下。因此，公海不是国家领土，任何国家通常没有在公海的任何部分行使立法、行政、管辖或警察的权利。其次，因为公海永远不能属于任何国家主权之下，任何国家就没有通过占领而取得公海的一部分的权利，因为，就领土的取得而言，公海是罗马法上所谓的'非交易物'。但是，虽然公海不是任何国家的领土，然而它是国际法的客体。公海不属于任何国家的主权这个规则的存在本身，就说明了这一点。但是还有其他理由。如果国际法只有使公海不可能成为国家财产这一条规则，其结果就将使公海成为无法律、无政府的状态。为了避免这样一种无法律状态，国际习惯法包含有若干规定，保证公海即使不是任何国家的领土，却有一定的法律秩序；而且，为了同样的目的，各国已经订立了一些重要的国际公约。"[2]

《海洋法公约》第87～89条对公海的法律地位规定了以下内容：

1. 公海对所有国家开放，不论其为沿海国或内陆国。公海自由是在本公约和其他国际法规则所规定的条件下行使的。公海自由对沿海国和内陆国而言，除其他外，包括：①航行自由；②飞越自由；③铺设海底电缆和管道的自由，但受大陆架制度的限制；④建造国际法所允许的人工岛屿和其他设施的自由，亦受大陆架规定的限制；⑤捕鱼自由，但受本约规定的公海生物资源的养护和管理的原则和规则的限制；⑥科学研究自由，但受本公约关于大陆架和海洋科学研究规定的限制。所有国家在行使上述自由时，须适当顾及其他国家行使公海自由的利益，并适当顾及本公约所规定的同"区域"内活动有关的权利。

2. 公海只用于和平目的。公海只用于和平目的意味着国家在根据《海洋法公约》行使其权利和履行其义务时，应不对任何国家的领土完整或政治独立进行任何

---

〔1〕 参见［英］希金斯、哥伦伯斯：《海上国际法》，王强生译，法律出版社1957年版，第52页。

〔2〕 参见［英］詹宁斯、瓦茨修订：《奥本海国际法》（第1卷第2分册），王铁崖等译，中国大百科全书出版社1998年版，第159～160页。

武力威胁、使用武力，或以任何其他与《联合国宪章》所载国际法原则不符的方式进行威胁或使用武力。[1] 一般来说，并不排除公海上与《联合国宪章》和其他国际法规则一致的军事用途。1985 年，联合国秘书长在一篇报告中结论性地指出，《海洋法公约》不禁止与《联合国宪章》所载国际法原则，特别是《联合国宪章》第 2 条第 4 款和第 51 条规定相一致的军事活动。报告还指出，在行使集体自卫权时，集体安全当事国显然以国际法规定的限制下，在公海上使用武力，以保护集体军事力量、公务船舶和飞机。海湾战争后，在联合国安理会的授权下，军舰用于执行经济封锁。[2]

3. 不得对公海主张主权。任何国家不得有效地声称将公海的任何部分置于其主权之下，即任何对公海主张主权的行为都是无效的和不能得到国际承认的。这是公海自由原则的必然结果。

二、公海自由制度

如上所述，公海自由原则在 19 世纪就得到了一般承认，但各国在公海中享有自由的事项是随着科学技术的发展和国际社会的需要而逐步扩大的。《海洋法公约》签订之前，海洋自由只包括航行自由、捕鱼自由、铺设海底电缆和管道的自由和公海上空的飞越自由。第三次海洋法会议根据各国公海活动的需要，在《海洋法公约》中增加了建造国际法允许的人工岛屿和其他设施的自由、科学研究自由。为了更好地开发和利用、养护和管理公海——这种人类的共同资源，使各国有序地行使各种自由权，《海洋法公约》为公海自由规定了一系列的原则和规则，形成了较为完善的公海自由制度。

（一）航行自由制度

航行自由（freedom of navigation）是公海自由的一项最基本的制度，包括各国的航行权、船舶的国籍及其地位、船旗国的义务等内容。

1. 航行权。按《海洋法公约》第 90 条规定，每个国家，不论是沿海国或内陆国，均有权在公海上行驶悬挂其旗帜的船舶。这一规定确认各国（包括沿海国和内陆国）的船舶，包括军舰和其他公共船舶及商船，在公海上享有自由航行的权利；并且在行使这一权利时除本国外，不受任何他国的管辖和支配，任何国家不得对别国在公海上航行的船舶进行干扰或阻碍；另外，各国船舶在公海上航行没有强制性礼节限制。船舶在公海上相遇，没有受敬礼的权利。一切所谓在公海上的海上礼节都是一种礼让或惯例的问题，或者是船旗国的特殊条约和国内法所规定的问题。任何国家都无权要求外国商船对其军舰致敬。船舶在公海上航行不纳通行税。[3]

2. 船舶的国籍及其地位。航行在公海上的船舶必须在一个国家进行登记，具有

---

〔1〕 参见《海洋法公约》第 301 条的规定。

〔2〕 参见张海文主编：《〈联合国海洋法公约〉释义集》，海洋出版社 2006 年版，第 163 页。

〔3〕 参见［英］希金斯、哥伦伯斯：《海上国际法》，王强生译，法律出版社 1957 年版，第 57～58 页。

该国国籍并须悬挂其国旗。船舶还必须与其国籍国有真正的联系。无国籍的船舶在公海上航行不受任何国家的保护。在公海上航行的船舶若是悬挂两国或两国以上的旗帜或视方便而更换旗帜,可视其为无国籍的船舶。对于公海上航行的船舶的国籍和地位问题,《海洋法公约》作了具体规定。其第91条规定:①每个国家应确定对船舶给予国籍、船舶在其领土内登记及船舶悬挂该国旗帜的权利的条件。船舶具有其有权悬挂的旗帜所属国家的国籍。国家和船舶之间必须有真正联系。②每个国家应向其给予悬挂该国旗帜权利的船舶颁发给予该权利的文件。第92条规定:①船舶航行应仅悬挂一国的旗帜,而且除国际条约或本公约明文规定的例外情形外,在公海上应受该国的专属管辖。除所有权确实转移或变更登记的情形外,船舶在航程中或在停泊港内不得更换其旗帜。②悬挂两国或两国以上旗帜航行并视方便而换用旗帜的船舶,对任何国家不得主张其中的任一国籍并可视同无国籍的船舶。第93条规定,以上各条规定不影响用于联合国、其专门机构或国际原子能机构正式服务并悬挂联合国旗帜的船舶问题。

另外,军舰和为政府服务的非商业性的国家船舶在公海上享有完全的豁免权。《海洋法公约》第95条规定,军舰在公海上有不受船旗国以外任何其他国家管辖的完全豁免权。第96条规定,由一国所有或经营并专用于政府非商业性服务的船舶,在公海上应有不受船旗国以外任何国家管辖的完全豁免权。

3. 船旗国的义务。按《海洋法公约》第94条规定,船旗国(flag State)的义务主要有下列各项:

(1)应对悬挂其旗帜的船舶有效地行使行政技术及社会事项上的管辖和控制。

(2)保持船舶登记册,载列悬挂其旗帜的船舶的名称和详细情况;就悬挂其旗帜的船舶的行政、技术和社会事项,对该船及其船长和船员行使管辖权。

(3)为保证海上航行安全,对悬挂其旗帜的船舶构造、装备、船员的劳动条件和训练以及信号的使用、通信的维持和碰撞的防止等采取必要的措施。在采取这些措施时必须遵守一般接受的国际规章、程序和惯例,并应采取保证这些规章、程序和惯例得以遵行的步骤。

(4)对悬挂其旗帜的船舶在公海上对别国公民、船舶或设施或海洋环境造成损害的事件应与有关国家合作调查,并应责成其航行的船舶的船长,救助碰撞的另一国船舶、船员、乘客及其他海上遇到生命危险的人以及需要救助的船舶人员。

另外,按第98条规定,各国均有救助义务。应责成于公海航行的本国船舶的船长救助遇险遇难的船舶。

(二)公海上的捕鱼制度

捕鱼自由(freedom of fishing)是公海自由的一项重要制度。按照《海洋法公约》第116~120条规定,所有国家均有权由其公民在公海上捕鱼。但各国在行使捕鱼权时,也应履行相关义务,其内容有如下方面:

1. 各国在公海上捕鱼要遵守其缔结的双边或多边的国际条约所规定的义务。

2. 对同时出现在专属经济区和专属经济区外的邻接区域内的种群和有关鱼种的捕捞应与沿岸国达成协议进行。另外，在邻接区内捕捞高度洄游鱼种，溯河产卵种群和降河产卵鱼种时应与有关沿岸国或通过有关国际组织进行合作以确保这些鱼种的合理捕捞和养护。

3. 为本国公民采取或与其他国家合作采取养护生物资源的措施，包括：①对公海生物资源确定可捕量和捕捞方式，使捕捞的鱼种数量能维持或恢复到能够生产最高持续产量的水平和使有关联或依赖的鱼种的数量维持在或恢复到其繁殖不会受到严重威胁的水平上。②在适当情况下，应通过各区域、分区域或全球性主管国际组织，经常提供和交换可获得的科学情报、渔获量和渔捞努力量统计及其他有关养护鱼的种群的资料。

4. 在养护海洋动物方面加强国际合作，以期养护海洋哺乳动物，在有关鲸类动物方面，尤应通过适当的国际组织致力于这种动物的养护、管理和研究。

（三）铺设海底电缆和管道的自由制度

早在1851年于多佛和加莱间就铺设了电缆。1866年大西洋中第一条联系欧美两洲的海底电缆铺设之后，国际上逐渐形成了在公海海底铺设海底电缆和管道的自由制度（freedom to lay submarine cables and pipelines）。1884年缔结了《国际保护海底电缆公约》。《公海公约》和《海洋法公约》等都对这一制度给予了确定。按《海洋法公约》第112～115条规定，这项公海自由制度的主要内容有：

1. 所有国家均有权在大陆架以外的公海海底铺设海底电缆和管道。但是，各国在行使这项权利时，应适当顾及已经铺设的电缆和管道。特别是，修理现有电缆和管道的可能性不应受妨害。

2. 各国应制定必要的法律规章，规定受其管辖的公海海底电缆或管道的所有人对于其在铺设或修理该电缆或管道时使另一电缆或管道受到破坏或损害，应负责修理的费用。

3. 各国应制定必要的法律和规章，规定悬挂该国旗帜的船舶或受其管辖的人故意或因重大疏忽而破坏或损害公海海底电缆，致使电报或电话通信停顿或受阻的行为以及类似的破坏或损害海底管道或高压电缆行为，均为应予处罚的罪行。

4. 各国应制定因避免损害海底电缆或管道而遭受的损失的赔偿的法律和规章。

这项自由的行使要受大陆架制度的限制。

（四）建造人工岛屿和其他设施的自由制度

《海洋法公约》第87条规定，所有国家都有在公海上建造人工岛屿和其他设施的自由（freedom to construct artificial islands and other installations）权利，但这项自由受以下限制：

1. 受本公约关于大陆架规定的限制。大陆架上的人工岛屿等设施比照适用公约第60条，因此，大陆架上的人工岛屿、设施和结构的建造以及授权管理建造、操作和使用的权利专属于沿海国。[1]这就排除了其他国家在公海海域下的大陆架上建造人工岛屿和其他设施的自由权利。

2. 各国在公海建造人工岛屿和其他设施必须为国际法所容许。一般指应为和平目的建造和建造的位置合法，不得建造在国际航道上。人工岛屿和其他设施的建造还应符合有关国际组织制定的国际标准。

3. 在公海上建造人工岛屿和其他设施应顾及其他国家行使公海自由的利益，并适当顾及与国际海底区域内活动有关的权利。

4. 公海上所建造的人工岛屿和其他设施不具有岛屿的地位。

关于公海上的科学研究见本章第十节，公海上空的飞越自由问题适用航空法。

三、公海上的管辖权

国家对公海虽不具有管辖权，但是为维护公海上的良好秩序，保证各国更好地利用公海，行使公海上的自由权利，国际法承认国家在公海上对特定的人、物和事具有管辖权。对此，《海洋法公约》作了规定，不仅明确了对发生在公海的碰撞或其他航行事故及船长或其他服务人员的刑事或纪律责任事项由船旗国及有关人员所属国管辖，而且规定各国为防止和惩治违反国际法及破坏公海秩序的行为而行使管辖权。

（一）船旗国的管辖

按照《海洋法公约》第92条规定，除国际条约或本公约明文规定的例外情形外，在公海上航行的船舶受其船旗国的专属管辖。第97条对船舶的碰撞事项或任何其他航行事故的刑事管辖权作了三项规定：①遇有船舶在公海上碰撞或任何其他航行事故涉及船长或任何其他船舶服务人员的刑事或纪律责任时，对此种人员的任何刑事诉讼或纪律程序，仅可向船旗国或此种人员所属国的司法或行政当局提出。②在纪律事项上，只有发给船长证书或驾驶资格证书或执照的国家，才有权在经过适当的法律程序后宣告撤销该证书，即使证书持有人不是发给证书的国家的国民也不例外。③船旗国当局以外的任何当局，即使作为一种调查措施，也不应命令逮捕或扣留船舶。

（二）各国的管辖

《海洋法公约》第99～109条规定，各国对于公海上发生的违反人类利益的国际罪行以及违反国际法的行为应予管辖，加强合作采取措施。这样的行为主要有海盗行为、贩运奴隶、贩运毒品和从事未经许可的广播等。

1. 海盗行为。按《海洋法公约》第101条规定，下列行为中的任何行为构成海盗行为（piratical acts）：

（1）私人船舶或私人飞机的船员、机组人员或乘客为私人目的，对下列对象所从事的任何非法暴力或扣留行为，或任何掠夺行为：①在公海上对另一船舶或飞机，

---

[1]　参见《海洋法公约》第80条规定。

或对另一船舶或飞机上的人或财物；②在任何国家管辖范围以外的地方对船舶、飞机、人或财物。例如，近几年来索马里海盗在公海等海域的猖狂掠夺就非常典型。[1]

（2）明知船舶或飞机成为海盗船舶或海盗飞机的事实而自愿参加其活动的任何行为。

（3）教唆或故意便利上述（1）或（2）项所述行为的任何行为。

《海洋法公约》第102条规定，军舰、政府船舶或政府飞机由于其船员或机组成员发生叛变并控制该船舶或飞机而从事海盗行为，视同私有船舶或飞机从事的行为。第103条规定，如果居于主要控制地位的人员意图利用船舶或飞机从事海盗行为，则该船舶或飞机视为海盗船或飞机。

海盗行为是国际罪行，海盗是人类的公敌。《奥本海国际法》指出："海盗一直被认为是逐出法外之人，一种违反人类的罪行者。按照国际法，海盗行为使海盗丧失他本国的保护，因而丧失他的国家属性；而且他的船舶或者飞机，虽然过去可能具有悬挂某一国家旗帜航行的权利，也丧失了这种权利。国际法上的海盗行为是一种国际罪行；海盗被认为是一切国家的敌人，他可以被落入其管辖的任何国家加以法办。"[2] 为维持公海上的安全，《海洋法公约》第100条和第105条规定，所有国家应尽最大可能进行合作，以制止在公海上或在任何国家管辖范围以外的任何其他地方的海盗行为。海盗和他的船舶由于海盗行为的事实而丧失船旗国的专属管辖和他们的国家属性。各国均可将海盗拿捕，交付本国法院审判和处罚。对海盗船或飞机及其上的财物可扣押并可由扣押国的法院决定应采取的行动，但受善意第三者的权利的限制。

2. 贩运奴隶。贩运奴隶（transport of slaves）是奴隶贩卖的行为之一，也是一种国际犯罪行为，是国际法所禁止的。1926年《废除奴隶制及奴隶贩卖的国际公约》第1条规定，奴隶贩卖包括一切涉及俘获、置有或处理一切人，使其贬为奴隶之行为；一切涉及出售或交换为目的而置有奴隶的行为，总之，包括贩卖或运输奴隶之每一种行为。1956年《废止奴隶制、奴隶贩卖及类似奴隶制之制度与习俗补充公约》第3条规定，以任何运输方式将奴隶从一国运至他国之行为或企图，或为此等行为从犯之行为，应由本公约当事国法律规定为刑事罪，罪犯应受极严厉之刑罚。各当事国应采取各种有效措施以制止准悬各该国旗帜之船舶与飞机从事运输奴隶，并将犯有此等罪行或为此目的而利用该国国旗之人予以惩罚。《公海公约》第13条和

〔1〕 由于《海洋法公约》规定了专属经济区制度而产生海盗行为是否发生在该区域问题。作者认为是可能发生的，因为公约规定沿海国只有特定的经济权利和管辖事项，且其他国家仍享有公海中有关自由权及相关权利，它不属国家领土，所以对其中发生的海盗行为应属国际法概念，各国均可拿捕海盗。

〔2〕 参见［英］詹宁斯、瓦茨修订：《奥本海国际法》（第1卷第2分册），王铁崖等译，中国大百科全书出版社1998年版，第174页。

《海洋法公约》第99条都规定，每个国家都应采取有效措施，防止和惩罚准予悬挂该国旗帜的船舶贩运奴隶，并防止为此目的而非法使用其旗帜。在任何船舶上避难的任何奴隶，不论该船悬挂何国旗帜，均当然获得自由。

3. 未经许可的广播。按《海洋法公约》第109条规定，未经许可的广播（unauthorized broadcasting）是指船舶或设施违反国际规章在公海上播送旨在使公众收听或收看的无线电传音或电视广播，但遇难呼号的播送除外。所有国家应进行合作，以制止在公海上从事这种未经许可的广播。对从事未经许可的广播的任何人，其船旗国、设施登记国、所属国、可以收到这种广播的任何国家或得到许可的无线电通信受到干扰的任何国家都有管辖权。这些国家可逮捕从事未经许可的广播的任何人或船舶，并扣押广播器材。

4. 贩运毒品。贩运毒品指违反国际公约规定，在公海上从事贩运麻醉药品和精神调理物质（illicit traffic in narcotic drugs and psychotropic substances）。按照1961年《麻醉品单一公约》和1972年《修改麻醉品单一公约的议定书》规定，非法种植、制造、贩卖、购买和运输麻醉品即构成犯罪。《海洋法公约》第108条规定，任何国家如有合理根据认为一艘悬挂其旗帜的船舶从事非法贩运麻醉药品或精神调理物质，可要求其他国家合作，制止这种贩运。所有国家都应进行合作，以制止这种贩运。

四、公海上的登临权和紧追权

（一）登临权

为了维护公海上的安全和正常秩序，制止和惩治公海上的犯罪和其他违反国际法的行为，国际法赋予各国军舰登临权（right of visit）。按《海洋法公约》第110条规定，登临权是指军舰在公海上有合理根据认为外国船舶（享有豁免权的除外）有从事海盗行为、奴隶贩运、从事未经许可的广播（且军舰的船旗国对此种广播有管辖权）、没有国籍或虽然悬挂外国旗帜或拒不展示其旗帜而事实上却与该军舰属同一国籍的嫌疑时，可命令该船舶停船并派人登临检查的权利。检查国旗之悬挂权，必要时可进一步检查，但应慎重进行。若嫌疑经证明属无根据，而且被登临的船舶并未从事嫌疑的任何行为，则军舰的船旗国对该船可能遭受的损失或损害应予赔偿。

关于登临权的上述规定比照适用于军用飞机和经正式授权并有清楚标志可以识别的为政府服务的任何其他船舶或飞机。

（二）紧追权

为了保护沿海国的权益，国际法还赋予了各沿海国在公海上一项紧追权（right of hot pursuit）。紧追权是沿海国主管当局有充分理由认为外国船舶违反该国法律和规章时，可对该外国船进行追逐，继续进行到公海将其拿捕和交付审判的权利。按照《海洋法公约》第111条规定，沿海国行使紧追权必须遵守如下规则：

1. 紧追须在外国船舶或其小艇之一在追逐国的内水、群岛水域、领海或毗连区内开始，而且只有追逐未曾中断，才可在领海或毗连区外继续进行。但是，如果外国船舶在毗连区内，追逐只有在设立该区所保护的权利遭到侵犯的情形下才可进行。

对于专属经济区内或大陆架上，包括大陆架上设施周围的安全地带内，违反沿海国有关专属经济区或大陆的法律规章的行为比照适用紧追权。

2. 紧追权在被追逐的船舶进入其本国领海或第三国领海时立即终止。

3. 追逐只有在外国船舶视听所及的距离内发出视觉或听觉的停驶信号后才可开始。

4. 紧追权只可由军舰、军用飞机或其他有清楚标志可资识别的为政府服务并经授权紧追的船舶或飞机行使。

5. 沿海国如无正当理由而行使紧追权，则应对其在领海以外命令外国船舶停驶或逮捕外国船而使外国船遭受的损失或损害负赔偿责任。

第九节　国际海底区域

一、国际海底区域的概念和法律地位

（一）国际海底区域的概念

国际海底区域（international sea - bed area）也是《海洋法公约》确立的一个新概念，指国家管辖范围以外的海床和洋底及其底土。

在海洋法中确立国际海底区域的概念是因为在这个区域发现了有开采价值的矿物资源，尤其是锰结核。早在 19 世纪后期，英国考察船就发现了大西洋、太平洋和印度洋底蕴藏着锰结核。1959 年，美国科学界认为，从锰结核中可提取大量的铜、钴、镍等金属，这便引起了各国对这个区域的广泛关注。自 20 世纪 60 年代开始，主要工业发达国家加紧了对该区域的勘探活动，并初步查明全球大洋底锰结核的总藏量有 3 万亿吨，此外，还蕴藏有其他金属矿产。实践还证明，这些工业大国海洋采矿技术达到了相当水平，而且深海海底的矿物资源即有被它们占有和瓜分的可能。对此，广大发展中国家不能坐视不理，它们积极争取在该地区的权益，要求建立国际制度控制区域及其资源的活动，防止被大国强国瓜分和控制，使之为各国人民谋福利。1967 年，马耳他驻联合国代表阿维德·帕多（Avid Pardo）向秘书长建议，在第 22 届联合国大会议程里补充一个议题，制定"关于专为和平目的的保留目前各国管辖范围以外海洋下海床洋底及为人类利益而使用其资源的宣言和条约"，并附有一个解释性的备忘录，在备忘录中建议宣布国家管辖范围以外的海床洋底为人类共同继承财产，其资源的开发和利用应为人类的利益，区域将保留专为和平目的而利用，并建立一个国际机构对区域行使管辖权。[1] 联合国大会第 22 届会议对马耳他代表团的建议进行讨论并决议设立特设委员会，以研究国家管辖范围以外的海床和洋底的

---

〔1〕　参见赵理海：《海洋法的新发展》，北京大学出版社 1984 年版，第 140 页。

和平使用。经过三年调查研究，联合国大会于 1970 年第 25 届会议通过《关于各国管辖范围以外海床洋底及其底土的原则宣言》，该宣言首次宣告国家管辖范围以外的海床洋底和底土及其资源是人类共同继承财产；任何国家或个人，不论自然人或法人，均不得以任何方式将该区域据为己有，任何国家不得对该区域的任何部分主张或行使主权或主权权利；任何国家和个人，不论是自然人或法人均不得对区域及其资源主张、行使或取得与行将建立的国际制度及本宣言各项原则相抵触的权利；所有关于探测及开发区域资源的活动及其他有关活动均应受行将建立的国际制度的管制；该区域向所有国家开放，各国应按照将建立的国际制度为和平目的使用区域；区域的勘探及资源开发应为全人类谋福利，同时，应特别顾及发展中国家的利益和需要。这些原则明确了区域及其资源的性质、地位和开发活动的目的以及管制等，也阐明了国际海底区域这一新概念的含义，这个概念及其有关制度经过了第三次海洋法会议的协商被写入了《海洋法公约》第十一部分。

（二）国际海底区域的法律地位

按照《海洋法公约》第 136 条规定，区域及其资源[1]是人类的共同继承财产[2]（common heritage of mankind）。这是确定区域及其资源法律地位的总原则。以此为基础，第 137 条对区域及其资源的法律地位作了三方面规定：

1. 不得对区域及其资源主张权利和据为己有。任何国家不应对区域的任何部分或其资源主张或行使主权或主权权利，任何国家或自然人或法人，也不应将区域或其资源的任何部分据为己有。任何这种主权和主权权利的主张或行使，或这种据为己有的行为，均应不予承认。

2. 区域及其资源属于全人类。对区域内资源的一切权利属于全人类，由管理局代表全人类行使。这种资源不得让渡。

3. 不得对区域的矿物主张、取得和行使权利。此指任何国家或自然人或法人除按本公约关于区域部分的规定外，不应对区域矿物主张、取得或行使权利。否则，对于任何这种权利的主张、取得或行使，应不予承认。

二、国际海底区域的法律制度

按照公约的规定，国际海底区域的法律制度主要有以下方面：

（一）区域活动的原则

《海洋法公约》第 138～143 条及其他有关条款规定，区域内的活动应遵循以下

---

[1] 国际海底区域的"资源"是指区域内在海床及其下原来位置的一切固体、液体或气体矿物资源，其中包括多金属结核。

[2] 关于人类共同继承财产之含义有不同的学理解释，如荷兰哥迪斯、王铁崖教授等学者都撰文释义，参见布莱德雷、勃利、李适时："国际法中的人类共同继承财产原则"，载《国外法学》1984 年第 4 期。王铁崖："论人类的共同继承财产的概念"，载《中国国际法年刊（1984）》，中国对外翻译出版公司 1984 年版。

诸原则：

1. 区域应开放给所有国家，不论是沿海国或内陆国，专为和平目的利用，且不加歧视。

2. 各国对区域的一般行为应符合本公约关于区域部分的规定、《联合国宪章》所载原则及其他国际法规则，以利于维持和平与安全，促进国际合作和相互了解。

3. 缔约国应有责任确保区域内活动一律依照本公约关于区域部分的规定进行。国际组织对其所进行的区域内活动亦应有同样责任。缔约国或国际组织对其未履行公约关于区域部分规定的义务而造成的损害负有赔偿责任。

4. 区域内的活动应为全人类的利益而进行，不论各国的地理位置如何，也不论是沿海国或内陆国，并特别考虑发展中国家和尚未完全独立的或联合国决议承认的其他自治地位的人民的利益和需要以促进发展中国家有效地参加区域内的活动。

5. 区域内海洋科学研究应专为和平目的并为谋全人类的利益而进行。

6. 区域内的活动应确保切实保护海洋环境。

7. 区域内活动应顾及沿海国的权利和合法利益。

8. 区域内发现的考古和历史文物，应为全人类的利益予以保存或处置，但是应特别顾及来源国，或文化上的发源国，及其历史和考古上的来源国的优先权利。

（二）区域资源的开发制度

《海洋法公约》第 153 条规定，区域内资源的开发活动应由管理局代表全人类统一安排、进行和控制。区域资源的开发制度采取"平行开发制"（panelled system），即由企业部直接开发，同时也允许由缔约国或国营企业，或在缔约国担保下的具有缔约国国籍或由这类国家或其国民有效控制的自然人或法人，或符合公约有关规定的条件的上述各方的任何组织，与管理局以协作方式进行勘探和开发。具体做法是，在一海底区域被勘探后，开发申请者要向管理局提供两块商业价值相等的矿址和提交关于矿址的制图、试验、锰结核丰度及其金属含量的资料。管理局选择其中一块作为保留区，留给企业部开发或与发展中国家合作开发；另一块为合同区，由申请者与管理局签订合同进行开发。

（三）区域活动的管理机构

按照《海洋法公约》的规定，建立对国际海底区域内的活动负责组织和控制，特别是管理区域资源的机构——国际海底管理局，该组织设在牙买加。

管理局具有公约明示授予的权力和职务，并有为行使关于"区域"内活动的权力和职务所包含的必要的并符合公约的各项附带权力。管理局的机关有大会、理事会、秘书处和企业部。

1. 大会。大会是最高决策机关，有权对管理局权力范围内的问题或事项制定一般政策；选举理事会成员和秘书长、企业部董事会董事和总干事；决定会费的摊派、审议核准区域活动的财政和其他经济利益以及审核理事会和企业部的报告。

2. 理事会。理事会是管理局的执行机关，主要负责制定管理局的具体政策；核准工作计划和生产许可的申请；领导企业部，发布调整海底作业的命令；代表管理局提起诉讼。

3. 秘书处。秘书处负责执行管理局的行政事务以及大会和理事会及其他机关交办的行政事务。

4. 企业部。企业部是从事区域资源的勘探、开采的机关。

管理局的各有关机关和附属机构的设立和运作应按照关于执行《海洋法公约》第十一部分的《协定》的规定采取渐进的方式，以便能在"区域"内活动的各个发展阶段有效地履行各自的职责。

第十节　海洋科学研究

海洋科学研究是自然科学的组成部分，一般包括对海洋水文气象、海洋地质、海洋生物、海洋化学和海洋物理等方面的研究。长期国际实践形成的海洋自由原则包含了海洋科学研究的自由。人类在从事航海活动中就常伴随着或专门进行不同的海洋科学研究活动，这些活动随着时间的推移而逐步深入，如 1872～1876 年，英国巡洋舰"格·挑战者"号曾对大西洋、印度洋和太平洋进行了历时 3 年多的考察，对海洋水文气象、海洋生物研究作出了重要贡献。但海洋科学研究迅速发展和有关法律制度的建立还是第二次世界大战之后的事情。

自 20 世纪 50 年代开始，海洋调查和研究活动技术迅速更新，不仅船舶调查技术更新，而且把外空技术逐步应用于海洋研究。技术的更新使海洋科学研究的范围迅速扩大，内容由进行地理的描述发展到了环境和资源的调查研究，不断开辟新的领域。由于各国经济和科学技术的进步，使得参加海洋科学研究的国家增多，海洋科学研究向着国际化发展，要求专门的法律予以调整。所以，海洋科学研究发展的同时，海洋的法律制度也发生了新的变化，特别是《海洋法公约》的签订，扩大了沿海国的海洋权，确立了专属经济区、大陆架等制度，打破了传统的领海之外属公海的概念，对领海之外的海洋科学研究自由也产生了影响。所以公约在规定海洋其他制度的同时对海洋科学研究也作了规定，其内容主要有两方面：

一、海洋科学研究的一般原则

按《海洋法公约》第238、241条规定，所有国家，不论其地理位置如何，以及各主管国际组织，均有权进行海洋科学研究。但海洋科学研究活动不应构成对海洋环境任何部分或其资源的任何权利主张的法律根据。第240条规定，各国或国际组织进行海洋科学研究应遵守以下原则：①海洋科学研究应专为和平目的而进行；②海洋科学研究应以适当的科学方法和工具进行；③海洋科学研究不应对符合本公约的海洋其他正当用途有不当干扰，而这种研究在上述用途过程中应当适当地受到尊重；④海洋科学研究的进行应遵守依照本公约制定的一切有关规章，包括关于保护和保全海洋环境的规章。

另据《海洋法公约》第242～244条规定，从事海洋科学研究还应加强国际合作。要求各国和各主管国际组织在尊重主权和管辖权和互利的基础上促进合作，如向其他国家提供合理的机会，使其取得防止和控制对人身健康和安全以及对环境的损害的必要情报；通过双边或多边协定创造海洋科学研究的有利条件；通过适当途径以公布和传播的方式，提供关于拟议的主要方案及其目标的情报以及海洋科学研究所得的知识。为此目的各国应个别地并与其他国家或主管国际组织合作，积极促进科学资料和情报的流通以及所得海洋科学研究知识的转让，特别是向发展中国家流通与转让。

二、各类海域科学研究的法律制度

《海洋法公约》第245、246、256、257条对领海、专属经济区、大陆架以及国际海底区域和公海中的海洋科学研究作了规定。

（一）领海内的海洋科学研究

因为沿海国对领海具有领土主权，所以，它们对领海中的海洋科学研究有规定、准许和进行的专属权利。领海内的海洋科学研究，应经沿海国明示同意并在沿海国规定的条件下才可进行。

（二）专属经济区内和大陆架上的海洋科学研究

专属经济区和大陆架受本公约规定的特定法律制度的支配，所以，它们中的海洋科学研究应按以下规定进行：

1. 沿海国基于对专属经济区和大陆架的特定管辖权，有权规定、准许和进行在该区域的海洋科学研究。

2. 外国或主管国际组织在专属经济区和大陆架上的海洋科学研究应经沿海国同意。

3. 在正常情况下，沿海国应对其他国家或主管国际组织专为和平目的和为了增进海洋环境知识以谋求人类利益而在其专属经济区和大陆架上进行海洋科学研究的计划给予同意。但遇下列情形可拒绝同意：该计划与生物或非生物自然资源的勘探和开发有直接关系；涉及大陆架的钻探、炸药的使用或将有害物质引入海洋环境、操作或使用；含有本公约第248条提出的关于计划的性质和目标的不正确情报，或进行研究的国家或主管国际组织由于先前进行研究计划而对沿海国负有尚未履行完的义务。

4. 国家和主管国际组织在专属经济区和大陆架上进行海洋科学研究应对沿海国承担下列义务：

（1）向沿海国提供资料，包括计划的性质和目标、使用的方法和工具、进行计划的精确地理区域研究船、最初到达和最后离开的预定日期、主持人的名称以及沿海国能参加或参与计划的程度等。

（2）遵守某些义务，包括在沿海国同意的情况下，确保其参加或参与海洋科学研究计划；经沿海国要求，尽快向其提供初步报告，研究完成后提供所得的成果和结论；提供从海洋科学研究计划所得的一切资料和样品及研究成果的评价，或协助沿海国评价或解释；将研究方案的重大改变立即通知沿海国；研究完成后立即拆除研究设施或装备。

（三）国际海底区域和公海内的海洋科学研究

各国和主管国际组织在国际海底区域和公海内享有科学研究的自由，但是要遵守海洋科学研究的一般原则。

第七章

航空法和外层空间法

第一节　航空法的历史发展和空气空间的法律地位

一、航空法的历史发展

航空法（air law）是规范各国从事国际民用航空活动的原则、规则和制度。它的历史发展是与航空技术和国际关系的发展密切相关的。1783 年，法国蒙特高尔费兄弟（Montgolfier Brothers）制造的可用于运载的热气球升空，是人类第一次航空活动。1784 年，巴黎市政当局颁布一项治安法令，规定气球放飞须经批准。1785 年，由人驾驶的"蒙特高尔费"式的热气球飞越了英吉利海峡。1855 年出现了重于空气的非机动飞行器——滑翔机。1849 年，奥地利人把定时炸弹挂装在热气球上对意大利的威尼斯进行轰炸。1870 年普法战争期间，法国人曾乘坐热气球飞离了普军对巴黎的封锁，到外省组织抵抗活动。不过，从 18 世纪人类首次航空活动到 20 世纪前，整个航空技术没有突破性的发展，人们在空中的活动基本上是以热气球为工具，所以国际社会没有产生航空法。虽然 1889 年法国政府曾邀请欧洲 19 个国家在巴黎开了讨论航空法的会议，之后还曾开过几次会议，但由于在航空自由和领空主权问题上的意见分歧，未产生任何成果。

到了 20 世纪，航空技术和国际关系有了很大的发展，为国际航空法的产生与发展创造了条件。1903 年，美国赖特兄弟（Wright Brothers）用重于空气的飞机做了乘人飞行，并在美国北卡罗来纳州的幼鹰海滩上空飞行成功，开创了人类利用空气空间的新时代。这样的航空器很快得到改进并被各国制造和使用。1906 年，布莱里奥驾驶飞机飞越了英吉利海峡，震惊了世界。1910 年，欧洲 19 国再次于巴黎召开讨论航空立法会议，并起草了一个"国际航空法典"，由于在航空自由和领空主权问题上的意见分歧，未能达成协议。

第一次世界大战中，飞机作为一种轰炸、运输和侦察的有效工具被广泛地应用，并得到了进一步的改良和发展。仅以英国为例，它在战前只有 12 架军用飞机，而到 1918 年战争结束时已拥有 22 000 架飞机。战争结束后，飞机开始被用于商业性的运输，且从国内发展到国际。如 1918 年开始了柏林—汉诺威/科伦之间的邮政航空运输和巴黎—布鲁塞尔间的邮政航空运输。1919 年开始了伦敦—巴黎间的旅客运输。同年 6 月 14 日~15 日，成功进行了飞机飞越大西洋的不降停飞行。这些事实表现出了航空运输的巨大潜力和美好前景，使国际社会认识到制定航空法势在必行。故 1919 年初，国际上召开了航空立法的巴黎会议，与会者在参考 1916 年圣地亚哥泛美航空会议创立的原则的基础上[1]制定了一部国际航空法典，即《巴黎航空管理公约》（简称《巴黎航空公约》）。公约确立的国家领空主权原则奠定了航空法的基石。它还引入了一些海洋法规则，如规定了领空的无害通过权、航空器的适航证及国籍制度等，并建立了国际航空委员会，是后来国际民航组织的前身。至此可以说国际航空法已经产生。

第二次世界大战结束的前夕，根据国际关系和国际航空的需要，1944 年 52 个国家在芝加哥召开了国际航空会议，签订了《芝加哥国际民用航空公约》（简称《芝加哥航空公约》），[2]并有 18 个技术性的附件。同时还签订了《国际航空过境协定》和《国际航空运输协定》。《芝加哥航空公约》对空中航行、国际民用航空组织、国际航空运输等都作了具体规定。按其第 80 条规定，该约生效后即取代 1919 年《巴黎航空公约》和 1928 年的哈瓦那《泛美商业航空公约》。[3]该约是现行关于国际民用航空法的最基本文件。中华人民共和国于 1974 年承认其对我国的效力。国际上除了订立确定一般国际民用航空制度的公约外，还为解决航空运输民事责任的需要而缔结了一些公约，如 1929 年《华沙统一国际航空运输某些规则的公约》，我国于 1958 年加入。之后，还制定了一系列修改或补充该公约的文件。[4]

第二次世界大战后，危害国际民用航空安全的行为屡屡发生，严重损害国际民用航空的安全和声誉。为了防止和惩治这样的行为，以维护国际民用航空安全和促进其发展，在国际民用航空组织的主持下召开多次国际会议，并于 1963 年订立了《关于航空器内犯罪和某些其他行为的公约》（简称《东京公约》）[5]，于 1970 年订立了《制止非法劫持航空器的公约》（简称《海牙公约》），[6]于 1971 年订立了

----

〔1〕　1916 年美洲国家在智利首都圣地亚哥举行的泛美航空会议上通过的原则主要有：各国对其领土上空具有主权；飞机必须具有国籍和涂有本国标记；美洲国家间飞机可自由飞行。

〔2〕　该约于 1844 年 12 月 7 日订立，1947 年 4 月 4 日生效。我国国民党政府曾是其当事国，1974 年中华人民共和国于 1974 年 2 月 15 日承认其对我国有效。

〔3〕　由于美国对巴黎和会不满，没有参加巴黎航空公约，而于 1928 年在哈瓦那与一些美洲国家签订了《泛美商业航空公约》，内容基本上与巴黎航空公约相同，并且该公约的当事国又接受了《芝加哥航空公约》，故前者被后者取代。

〔4〕　这样的文件有：1955 年《海牙议定书》、1961 年《瓜达拉哈拉公约》、1966 年《蒙特尔协议》和 1971 年《危地马拉议定书》。中国 1975 年加入《海牙议定书》，1979 年参加《蒙特尔协议》。1975 年还签订了 4 个《蒙特尔议定书》。

〔5〕　该约于 1969 年 12 月 4 日生效。我国于 1978 年 11 月 14 日交存加入书，并对其第 24 条保留，1979 年 2 月 12 日对我国生效。

〔6〕　该约于 1971 年 10 月 14 日生效。我国于 1980 年 9 月 10 日交存加入书并声明对其第 12 条第 1 款保留，同年 10 月 10 日对我国生效。

《制止危害民用航空安全的非法行为的公约》(简称《蒙特利尔公约》),[1] 于 1988 年订立了《制止在用于国际民用航空机场发生的非法暴力行为以补充 1971 年 9 月 23 日订于蒙特利尔的制止危害民用航空安全的非法行为的公约的议定书》(简称《补充蒙特利尔公约议定书》)[2]。此外,国际上还于 1991 年签订了《关于注标塑性炸药以便探测的公约》,1998 年 6 月 21 日生效。

从上述可见,第一次世界大战后,国际航空法不仅形成了一个国际法的新分支,而且随着国际关系的发展而不断得到了完善,它的内容不仅包括了一般国际民航的原则、规则和制度,还涉及了国际私法方面和国际刑法方面的一些规则。但本章只研究国际公法涉及的航空法原则、规则和制度以及相关的刑事法律规则。

二、空气空间的法律地位

从空间物理学角度,空间可分为空气空间和外层空间。空气空间(air space)指大气层,即有空气的空间。它分为两部分,一部分是国家领空,另一部分是国家领空以外的空气空间。这两部分空气空间的法律地位是不同的,前者是国家主权支配下的空气空间,后者是各国自由航行的空气空间。

(一) 国家领空的法律地位

国家领空是国家的领陆和领水之上的空气空间。它是国家领土的组成部分,国家对它有完全的排他的主权,亦称领空主权。国家领空主权早被《巴黎航空公约》和《芝加哥航空公约》所确立。《巴黎航空公约》第 1 条规定:"缔约各国承认每一国家对其领土上空具有完全的和排他的主权。本公约所指一国的领土应理解为包括本国和殖民地的国土以及毗连的领水。"《芝加哥航空公约》第 1 条规定:"缔约各国承认每一个国家对其领土上空具有完全的和排他的主权。"第 2 条规定:"本公约所指领土是在该国主权、宗主权、保护或委任统治下的陆地区域及其邻接的领水。"

国家的领空主权包含了国家对领空资源的排他的占有、使用、处分权和对领空及其内的人、物、事的管辖权。这种领空主权具体表现在以下方面:

1. 领空资源的开发利用。每个国家对本国领空资源都有排他的开发和利用的主权。任何外国的航空器未经地面国家的允许不得飞经或飞入该国领空。《芝加哥航空公约》第 3 条第 3 款规定:"一缔约国的国家航空器,未经特别协定或其他方式的许可并遵照其规定,不得在另一缔约国领土上空飞行或在此领土上降落。"按该约第 5 条和第 6 条规定,民用航空器在缔约国领空从事航班飞行也需得到缔约国的允许。非航班飞行虽然在遵守公约规定的条件下无需事先获准可以飞经或飞入缔约国,但这实际上也是缔约国同意的结果。不过,国家对领空资源的利用权要受用于国际航

---

[1] 该约于 1973 年 1 月 26 日生效。我国于 1980 年 9 月 10 日交存加入书并声明对其第 14 条第 1 款保留,同年 10 月 10 日对我国生效。
[2] 该议定书于 1989 年 8 月 6 日生效。我国于 1998 年 11 月 14 日决定批准,1999 年 4 月 4 日对我国生效。

行的海峡的过境通行制度和群岛水域中群岛海道的通过制度的限制。[1]

国家对于未经允许而飞入其领空的外国航空器有权采取适当措施，如警告、拦劫、迫降、驱逐等。对于侵入领空的军用航空器还可以采取武力攻击措施。例如，1960 年 5 月苏联就将侵入其领空的美国 U_2 型侦察机击落，并抗议美国侵犯其领空的行为。但这并不意味着国家在任何情况下都可以毫无限制的攻击侵入其领空的航空器。早在 1953 年里斯特兹扬（Lissitzyn）就指出："各国实践推出以下习惯规则：国家有权尽一切能力控制侵入其领空的航空器，无须是该航空器入侵达到特别危险的理由，特别危险是侵入关系到危害达到拿捕理由。这是一项弹性原则。它表明，一个国家不应攻击入侵的航空器，除非它有理由认为该航空器已构成对其安全的实际威胁（军用航空器的威胁要大于民用航空器）；它还表明对一架航空器攻击之前应警告它降落或改航，除非该航空器已立即构成对该国安全的严重威胁，或已来不及警告了。"[2] 1983 年苏联击落韩国非法入境的客机事件[3]发生后，是否应对非法入境的民航机动武的问题，引起了国际社会的强烈反映。同年 9 月，应一些国家的要求，安理会开会提出一项谴责苏联的行为和要求秘书长调查的议案，虽然获得 9 个赞成票，但由于苏联反对未获通过。

而后国际民航组织通过了谴责苏联的决议，并于 1984 年 5 月 10 日国际民航组织的会议上，各国代表一致通过了一项《芝加哥航空公约》的修正案，增加为该公约的第 3 条规定，其内容有：①每一个国家必须避免对飞行中的民用航空器使用武器，如拦截，必须不危及航空器内人员的生命和航空器的安全。②每一国家在行使其主权时，对未经允许而飞越其领土的民用航空器，或者有合理根据认为被使用于与本公约宗旨不相符的目的的航空器，有权要求其在指定的机场降落；该国也可以给该航空器任何其他指令，以终止此类侵犯。为此目的，缔约各国可采取符合国际法有关规则，包括本公约的有关规定，特别是本条第 1 款规定的任何适当手段。每一缔约国同意公布关于拦截民用航空器的现行规定。③任何民用航空器必须遵守根据本条第 2 款发出的命令。为此目的，每一缔约国应在本国法律或规章中作出一切必要的规定，以便在该国登记的或者在该国有主要营业所或永久居所的经营人所使用的任何航空器必须遵守上述命令。每一缔约国应使任何违反此类现行法律或规章的行为受到严厉惩罚，并根据本国法律将这一案件提交其主管当局。④每一缔约国应采取适当措施，禁止将在该国登记的或者在该国有主要营业所或永久居所的经营人所使用的任何民用航空器肆意用于与本公约宗旨不符的目的。

---

[1] 参见本书第六章中关于用于国际航行的海峡过境通行制和群岛水域中群岛海道的通过制。

[2] Peter Malanczuk, *Akehurst's Modern Introduction to International Law*, Seventh Revised Edition, TJ International Ltd, Padstow, Cornwall, 1997, pp. 198~199.

[3] Peter Malanczuk, *Akehurst's Modern Introduction to International Law*, Seventh Revised Edition, TJ International Ltd, Padstow, Cornwall, 1997, pp. 199~200.

该修正案的规定说明，国家依据国际法的规则虽有权对侵入其领空的民用航空器采取措施，但不得危及航空器内人的生命和航空器的安全，更不得使用武器攻击；同时要求缔约国，应在国内法中作出相应的规定，要求在本国登记的或在本国有主要营业所或永久居所的经营人所使用的民用航空器遵守其侵入的国家的命令、禁止从事与公约宗旨相悖的飞行并惩处违法者。

2. 制定航空法律规章。各国有权制定航空法律和规章，以维护正常的航空秩序，规范有关外国航空器飞入或飞经其领空的条件和入境、离境及飞行的活动。如指定航站降停或离去，以便进行海关或其他检查；规定航空器内发报机的使用、禁止运载军火或武器、禁止航空摄影、侦察等。国家对违法者有权依法实施管辖，予以处罚。但国家的立法和执法措施的采取应对外国民用航空器的航行安全予以适当注意，并应无差别地平等适用于任何国家的航空器。

3. 保留国内载运权。国家为了保护本国国民的经济利益和促进其航空事业的发展，有权保留国内载运权，拒绝外国航空器为取酬或出租在其领土内装载前往其领土内另一地点的乘客、邮件和货物。把国内运输业务留给本国飞机。但此项保留权利的行使对外国航空器应是平等的。国家不得缔结协议在排他的基础上特准任何其他国家或任何其他国家的航空运输企业享有此项特权。[1]

4. 设立空中禁区。国家基于公共安全或军事需要之理由有权在其领空设立禁飞区，一律限制或禁止外国航空器飞经或飞入。但这种禁飞区设立的范围和位置应当合理，以免空中航行受到不必要的阻碍，且应对外国航空器平等适用。国家还有义务将这种禁区的说明及其变更通知他国和国际民用航空组织。[2]

（二）领空以外空气空间的法律地位

各国领空以外的空气空间是指公海、南极地区（在南极条约有效期间）和各国专属经济区之上的空气空间。这个空间不属任何国家管辖范围，各国在其中享有自由飞行权。但这种自由飞行权的行使要遵守国际法律规章，包括国际航空法的有关规章、制度和公海自由制度、专属经济区制度和南极法律制度等。

第二节　国际民用航空制度

一、航空器的分类与国籍

（一）航空器的分类

航空器（aircraft）是指可以依靠空气的反作用（但不是空气对地球表面的反作用）从大气中取得支撑力的任何机器。《芝加哥航空公约》为了该公约目的，将航空

---

〔1〕　参见《芝加哥航空公约》第7条之规定。
〔2〕　参见《芝加哥航空公约》第9条之规定。

器分为国家航空器（state aircraft）和民用航空器（civil aircraft）。凡用于军事、海关和警察部门的航空器应认为是国家航空器。它们从事的是非商业性的公共业务的航空。国家航空器以外的航空器属民用航空器。民用航空器从事的是商业性的航空运输。[1] 国际民用航空法只适用民用航空器，不适用国家航空器。[2]

（二）航空器的登记与国籍

按《芝加哥航空公约》第 17～21 条的规定，航空器只应在一个国家进行有效的登记并具有登记国的国籍。在一个以上国家登记的不得认为有效，但其登记可以由一个国家转移到另一个国家。航空器的登记或转移登记，应遵行登记国的法律办理。凡在一个国家进行有效登记的从事国际飞行的航空器应带有适当的国籍标志（nationality mark）和登记标志（registration mark）。[3] 国家应将其航空器的国籍标志通知给国际民用航空组织，并将在其国家登记的经常从事国际飞行的航空器的所有权和控制权的有关资料报告给该组织。规定航空器的登记并确定国籍的目的之一在于确定航空器登记国对航空器的管辖权，登记国对航空器及其内发生的事故或事件均有管辖的权利。另外，为国家间的通航需要，航空器也需具有国籍。

二、国际航空运输制度

（一）国际航空运输飞行的类别

《芝加哥航空公约》把国际航空运输的飞行分成了两类，即航班飞行（scheduled flight）和非航班飞行（non‑scheduled flight），并规定了它们在缔约国领空的不同飞行权。

1. 航班飞行。航班飞行也称定期航班飞行，其特点是按班期时间表飞行，每次班期都向公众开放以供使用，定期和频繁地飞行，成为公认的有规律的系列飞行。《芝加哥航空公约》第 6 条规定："国际航班飞行，非经一缔约国的特准或给予其他许可并遵守此项特准或许可的条件，不得在该国领土上空飞行或飞入该国领土。"从事国际航班飞行的特许或许可可以通过国家参加 1944 年《国际航班过境协定》和《国际航空运输协定》[4] 确定，也可以通过国家间的双边航空协定规定。根据国际实践，国家间的民用航空飞行的允许主要是通过双边航空协定实现的。例如，我国就与数十个国家签订了双边航空协定。

---

〔1〕 参见［韩］柳炳华：《国际法》（下卷），朴国哲译，中国政法大学出版社 1997 年版，第 127 页。

〔2〕 《芝加哥航空公约》第 3 条第 1 款称本公约仅适用于民用航空器，不适用于国家航空器。

〔3〕 按《芝加哥公约》附件七规定，国籍标志是由一组字母组成，从国际电信联盟分配给各国的无线呼叫信号中的国籍代号系列选用。登记标志是登记国指定的字母或数字或二者组合，列于国籍标志之后。

〔4〕 《国际航班过境协定》规定了缔约国间给予航班飞行两项自由：不作降落而飞越其领土的特权和非业务性降落的特权。《国际航空运输协定》规定了缔约国间给予航班飞行五项自由：不降停而飞越其领空的特权；非业务降落的特权；卸下自航空器所属国领土装载的客、货、邮件的特权；装载前往航空器所属国领土的客、货、邮件的特权；装卸前往或来自任何其他缔约国领土的客、货、邮件的特权。这两个多边协定的缔约国较少。

2. 非航班飞行。非航班飞行是指航班飞行以外的国际飞行，即不定期的飞行，不按公布的班期表运输，也不受正常航班运费与费率的约束，如包机飞行。《芝加哥航空公约》第 5 条规定，"缔约国的一切不从事定期国际航空业务的航空器，无需事先获准有权飞入或飞经其他缔约国的领土而不降停或作非运输业务性的降停。但飞经国有权命令它降落"。"此项航空器如为取酬或出租而运载乘客、货物、邮件但非从事定期国际航班飞行，在遵守第 7 条规定的情况下亦有上下乘客、货物或邮件的特权，但对上下的地点所在国家有权规定其认为需要的规章、条件或限制。"

（二）国际航空运输的义务

为了保障国际航空运输的安全和顺利进行，促进国际航空运输事业的发展，按《芝加哥航空公约》的规定，各国对国际航空运输应承担以下方面的义务：

1. 不得滥用民用航空。《芝加哥航空公约》第 4 条规定："缔约各国同意民用航空不得用于与本公约宗旨不相符合的任何目的。"该约的前言称："鉴于国际民用航空的发展对创造和维持各国人民的友好和谅解极有帮助，为了促进各国人民的合作和世界和平，签字各国政府同意了若干原则和办法，使国际民用航空得循照安全和有序的方式发展，国际航空业务得建立在机会均等的基础上健全地和经济地进行经营。"所以，凡从事违反公约上述宗旨的国际民用航空都属滥用民用航空的行为。例如利用国际民用航空从事违反国际法的活动危及世界和平与安全，进行间谍、侦察、搜集情报等活动制造国家间的磨擦，破坏国家间的友好关系等，都是滥用国际民用航空的表现。

2. 采取便利航空运输的措施。对各国采取便利国际航空运输措施的义务，《芝加哥航空公约》第 22～28 条作了具体规定。内容有：①采取一切可能的措施，便利和加快航空器在各国间的航行，特别是在执行关于移民、检疫、海关、放行等法令时，防止对航空器、空勤人员、旅客和货物的不必要的延误。②按照依本公约随时制定或建议的措施，制定有关国际航行的海关和移民程序。③凡航空器飞抵、飞离或飞越另一国领土时，在不违反该国海关规章的条件下，应准予暂时免纳关税；一缔约国的航空器在到达另一缔约国领土时所载的必备物品在该航空器飞离时，如仍留置航空器上应免纳关税、检验费或类似的国家或地方税款和费用。④对在其境内遇险的航空器应采取援救措施，并应允许相关国家对外国航空器在其境内失事的事件进行调查。⑤不因专利权而扣押他国航空器，即国家不得以航空器的结构、机件和操作等违反该国专利权的规定而扣押别国航空器。⑥在可能的情况下，根据本公约随时建议或制定的标准和措施，在其领土内提供航站、无线电、气象及其航行设备服务，以便利国际航空运输；采取和实施根据本公约建议或制定的有关通信程序、简码、标志、信号、灯光的标准制度，及其他操作规程和规则；进行国际合作，以便航空地图、航行图能按本公约建议或制定的标准出版。

3. 防止疾病传播。按《芝加哥航空公约》第 14 条的规定，各国应采取有效措施防止经由空中航行传播霍乱、斑疹、伤寒、天花、黄热病、鼠疫及其他传染病。为此，应与管理航空器卫生措施的国际规章的有关机构保持密切磋商。

4. 遵守无差别对待原则。各国对民用航空施加的条件和限制，应对本国的和外国的，以及外国间的航空器、航空企业一视同仁，实行无差别对待。这项原则反映在公约的有关缔约国的权利条款中。例如，在国内载运权、禁区飞行的禁止和限制、航空规章的适用、机场和航行设备的使用及提供服务、禁止运载的货物等事项上，都应无差别地对待外国航空器和航空企业。[1]

5. 促进国际统一标准和措施的采用。航空活动的国际性特点要求国际航空应尽可能采取统一的国际航空规则，以避免或减少各国国内立法的差异或冲突。如《芝加哥航空公约》第 12 条规定，缔约国制定的国内法律规章应最大限度地与国际航空规则保持一致。第 37 条规定缔约国应在关于航空器、人员、航路及各种辅助服务的规章、标准程序及工作组织方面进行合作，凡采用统一办法而能便利、改进空中航行的事项，尽最大努力采用国际标准及程序。按照第 54 条第 12 款的规定，国际民用航空组织制定了公约的 18 个附件，规定的国际标准及建议措施涉及人员执照、空中规则、国际航空航行的气象服务、航空图表、空中与地面作业使用的计量单位、航空器的营运、航空器的国籍与登记标志、航空器的适航性、航行设备、航空电讯、空中交通服务、搜寻与救助、航空事故调查、机场、航空情报服务、航空器噪音、安全——反对非法干扰行为保卫国际民用航空、危险货物的航空安全运输等。这些附件的规定对缔约国是有准法律拘束力的。所以缔约国在制定航空规章、标准和程序时应力求与上述附件规定的国际标准和建议措施一致。

三、国际民用航空组织

国际民用航空组织（The International Civil Aviation Organization，ICAO）是根据《芝加哥航空公约》规定，于 1947 年 5 月 13 日建立，总部设在蒙特利尔。截止到 2010 年 6 月底它已有 190 个成员。[2] 我国 1974 年通知承认该公约时，也决定参加该组织的活动，自 1977 年开始当选为该组织理事会的二类理事国。自 2004 年开始连续当选为一类理事国。

该组织的宗旨和目的在于：①发展国际航空的原则和技术，并促进国际航空运输的规划和发展，以保证全世界国际民用航空安全和秩序的发展；②鼓励为和平用途的航空器的设计和操作艺术；鼓励发展供国际民航应用的航路、航站和航行设备，满足世界人民对安全、正常、有效和经济的空运的需要；③防止因不合理的竞争而造成经济上的浪费；④保证缔约各国的权利充分受到尊重，每一缔约国具有开辟国际航线的均等机会；⑤避免缔约国间的差别待遇；⑥促进国际航空的安全；⑦普遍促进国际民用航空在各方面的发展。[3]

---

〔1〕 参见《芝加哥航空公约》第 7、9、11、15 和 35 条规定。

〔2〕 http：//www.icao.int/cgi/statesDB4.pl? en，2010 年 6 月 10 日访问。

〔3〕 参见《芝加哥航空公约》第 44 条。

该组织由大会、理事会和其他机构组成。

1. 大会。大会由《芝加哥航空公约》的全体缔约国组成，每三年举行一次会议。公约第 49 条虽然规定它有 11 项职权，但主要的是决定该组织的财务安排，选举理事会的成员，审查理事会的报告，对报告采取行动，并就理事会向大会提出的有关事项作出决定，决定赋予或撤销理事会的职权。

2. 理事会。理事会由 36 个缔约国代表组成，任期 3 年。该公约第 54 条规定理事会必须履行的职权有 14 项，第 55 条规定可以行使的职权有 5 项。但概括起来主要有准立法权、准司法权和管理权。其一，准立法权主要表现在它有制定并随时修改公约附件的权力。这些附件作为"国际标准和建议措施"，对缔约国有准法律拘束力。[1] 其二，准司法权是指理事会按公约第 84 ~ 87 条的规定，遇有处理这些条款涉及的问题时，可依国际法进行裁决，但它又不是法院，故理事会的这种特定裁判权被称准司法职权。其三，管理权是指理事会的行政管理职能，除按公约第 67 条的规定审查缔约国提交的运输、成本统计及财务报告外，主要是公约第 69 ~ 76 条规定的有关航行设备的改进、提供航行设备费用、对设备的供给和维护、土地的取得和使用、开支和经费的分摊、技术援助和收入的利用、从理事会接受设备、款项退还等事项。

国际民用航空组织除上述两个主要机构外，还有秘书处（是该组织的常设机构）和各专门委员会，包括航空委员会、航空运输委员会和法律委员会。这些专门委员会都是设于理事会之下，协助理事会工作的。

四、中国《民用航空法》的规定

中华人民共和国政府成立后不仅努力发展国际航空事业，而且积极采取法律措施，规范中国的民用航空活动。在 1974 年承认《芝加哥航空公约》后，还陆续制定了一些国内法律规章，如 1979 年《外国民用航空器飞行管理规则》、1986 年《通用航空管理的暂行规定》和《民用机场管理暂行规定》、1987 年《民用航空器适航管理条例》、1989 年《国内航空运输旅客身体损害赔偿暂行规定》和《民用航空运输不定期飞行管理暂行规定》、1992 年《搜寻援救民用航空器规定》。在总结执行这些法律规章的基础上，为满足国际民用航空发展的需要，1995 年颁布了《民用航空法》。该法是我国规定民用航空的一部基本法。1996 年公布了《民用航空器安全保卫条例》，2000 年公布了《飞行基本规则》。这些法律和法规对国际民用航空规定的内容主要有：

（一）领空主权

中国对其领陆和领水之上的空域（即领空）具有完全的、排他的主权。外国民

---

〔1〕 因为理事会制定的关于国际标准和建议措施的附件虽对缔约国有拘束力，但缔约国可根据《芝加哥航空公约》第 38 条实行不同于国际标准的措施，因此公约的这种附件被认为有准法律拘束力，理事会制定这种附件的权力称为"准立法权"。

用航空器根据其国籍登记国政府与中国政府签订的协定、协议之规定，或者经中国国务院民航主管部门批准或者接受，方可飞入、飞出中国领空和在中国境内飞行、降落。对擅自飞入、飞出中国领空的外国民用航空器，中国有关机关有权采取必要措施，令其在指定机场降落；中国有关机关在有合理根据认为需要对合法进入或飞出中国领空的外国民用航空器进行检查的，有权令其在指定的机场降落。

（二）外国民用航空器的航空运输

外国民用航空器飞入、飞出或在中国领空飞行必须遵守中国的法律、规章和条件。例如，其经营人应提供已投保地面第三人责任险或已取得相应的责任担保；外国民用航空器的经营人经其本国政府指定，并取得中国民用航空主管部门颁发的经营许可证，方可经营中国与该国政府签订的协定、协议规定的国际航班运输；外国航空器的经营人经其本国政府和中国民用航空主管部门批准，方可经营在中国境内一地和境外一地之间的不定期航空运输；外国航空器经营人应依照中国法律、法规之规定，制定相应的安全保卫方案，报中国民用航空主管部门备案；外国民用航空器的经营人不得经营中国境内两点之间的航空运输；外国民用航空器应按中国民用航空主管部门批准的班期时刻或飞行计划飞行，变更班期时刻或飞行计划的，其经营人应报中国民用航空主管部门批准，因故变更或取消飞行的，其经营人亦应报中国民用航空主管部门；外国航空器应当在中国民用航空主管部门指定的设关机场起飞或者降落。

（三）查验和处罚

中国民用航空主管部门和其主管机关有权在外国民用航空器降落或者飞出中国时查验它的飞行必备文件。外国民用航空器及其所载人员、行李、货物，应当接受中国主管机关依法实施的入境、出境、海关、检疫等检查。对违反中国法律、法规者依法给予处罚，对构成犯罪的则追究其刑事责任。

第三节　惩治危害国际民用航空安全的非法行为

第二次世界大战后，随着国际航空事业的不断发展和国际关系的变化，以及各国的国内政治、经济等矛盾的原因，危害国际民航安全的恐怖行为不断发生，且越演越烈。第二次世界大战结束至20世纪50年代，危害国际民航安全的事件只是零星地发生，据统计，劫持飞机事件发生了22起，且主要发生于东西欧国家间。而到了20世纪60年代，劫持飞机和其他危害国际民航安全的行为则开始屡屡发生。仅劫持飞机事件，1968年发生35起，1969年发生87起，1970年发生82起，1969～1977年总计发生了550余起。另外，还有炸毁机场、毁坏飞机及其他危害国际民航安全的事件发生。它们已波及世界各国，严重危及国际民用航空安全和人民的生命财产。

为了惩治这些行为，在联合国和国际民用航空组织的努力下，国际社会签订了

1963 年《东京公约》、1970 年《海牙公约》、1971 年《蒙特利尔公约》及 1988 年《补充蒙特利尔公约议定书》等法律性文件，对危害国际民用航空安全的非法行为、管辖、引渡及起诉等问题作了规定。

一、危害国际民用航空安全的非法行为

(一)《东京公约》规定的非法行为

按《东京公约》第 1 条第 1 款规定，有两种行为是危害国际民用航空安全的非法行为：一种是违反刑法的罪行，即依某特定行使管辖权的国家的刑法规定属于犯罪的行为。另一种是可能或确实危害航空器或其所载人员或财产的安全，或危害航空器上的良好秩序和纪律的行为，无论此种行为是否构成罪行。

公约规定适用于在一个缔约国登记的任何航空器上的人在航空器内所犯的罪行或行为，无论该航空器是在飞行中，或在公海海面上，或在不属于任何国家领土的其他地区。所谓航空器的"飞行中"，是指三种情况：①航空器从其开动马力起飞到着陆滑跑完毕止；[1]②从航空器装载完毕，机舱外部各门均已关闭时起，直至打开任一机舱门以便卸载时为止。此三者也属于航空器的飞行中；③航空器迫降时，应继续适用于在航空内发生的罪行和行为，直至一国主管当局接管对该航空器及其所载人员和财产的责任时为止。此三者均属机长对机内已犯或将犯第 1 条罪行或行为人行使权力的范围。[2] 但这个时间标准并不限制机长行使权力。[3]

(二)《海牙公约》规定的非法行为

《海牙公约》对非法劫持航空器的犯罪行为作了明确规定，其第 1 条规定：凡在飞行中的航空器内的任何人用暴力或用暴力威胁，或用任何其他恐吓方式，非法劫持或控制该航空器，或这类行为的任何未遂行为，或是从事这类行为或者从事这类行为的任何未遂行为的共犯即为犯有罪行。该条所称的"飞行中"是指航空器从装载完毕，机舱外部各门均已关闭时起，直至打开任一机舱门以便卸载时为止。航空器强迫降落时，在主管当局接管对该航空器及其所载人员和财产的责任前，应被认为仍在飞行中。[4]

(三)《蒙特利尔公约》及《补充蒙特利尔公约议定书》规定的非法行为

《蒙特利尔公约》第 1 条规定，任何人如果非法地和故意地从事下述行为，即是犯罪：①对飞行中的航空器内的人采取暴力行为而足以危及该航空器安全；②破坏使用中的航空器或使其受损坏，以致不能飞行或足以危及其飞行安全；③用任何方法在使用中的航空器内放置或使他人放置某种装置或物质，可能破坏该航空器或使其受损坏以致不能飞行或足以危及其飞行安全；④破坏或损坏航行设备或妨碍其工

---

〔1〕　参见《东京公约》第 1 条第 3 款。
〔2〕　参见《东京公约》第 5 条第 2 款。
〔3〕　关于机长的权利请参见《东京公约》第 5～10 条的规定。
〔4〕　参见《海牙公约》第 3 条第 3 款的规定。

作，如任何此种行为将危及飞行中的航空器的安全；⑤故意传送虚假情报，从而危及飞行中的航空器的安全。上述犯罪的未遂行为，或从事上述犯罪或从事这类犯罪的未遂行为的共犯即为犯有罪行。

公约所称的"飞行中"同于《海牙公约》的规定。所称的"使用中"是指从地面人员或机组为某一特定飞行而对航空器进行飞行前的准备时起，直到降落后 24 小时止。使用期在任何情况下都应包括航空器在飞行中的整个期间。[1]

《补充蒙特利尔公约议定书》把危及国际民用航空机场[2]安全的暴力行为定为犯罪。其第 2 条规定，在公约第 1 条中增加第 1 分款，该分款规定：任何人如果非法地和故意地使用任何装置、物质或武器实施下列行为，以致危及或足以危及该机场安全的，即为犯罪：①对用于国际民用航空机场内的人实行暴力行为，造成或足以造成重伤或死亡；②破坏或严重损坏用于国际民用航空的机场的设备或停在该机场上未在使用中的航空器，或中断机场服务。上述两种犯罪的未遂行为，以及此类犯罪或其未遂行为的共犯亦为犯罪。

二、危害国际民用航空安全非法行为的管辖权

国际社会要惩治危害国际民用航空安全的非法行为，除了确定何为危害国际民用航空安全的非法行为外，还要确定对这类行为的管辖权，这是惩治的关键。所以上述三个公约和议定书对此也作了规定。

（一）《东京公约》规定的管辖权

《东京公约》主要确定了航空器登记国对航空器内发生的危害国际民用航空安全的非法行为的管辖。其第 3～4 条对管辖权规定的内容有：①航空器的登记国对在该航空器内所犯的罪行和行为有权行使管辖；②每一缔约国都应采取必要措施，以确立其作为登记国对在该国登记的航空器上的犯罪的管辖权；③本公约不排斥按照本国法行使任何刑事管辖权。但非登记国的缔约国不得为对航空器内所犯的罪行行使其刑事管辖权而干预飞行中的航空器，除非存在下列情形：①罪行在该国领土上具有后果；②罪行是由该国国民或在该国有永久居所的人所犯或是针对该国国民或在该国有永久居所之人的；③罪行危及该国的安全；④罪行违反该国现行的有关航空器飞行或操作的任何规定或条例；⑤为确保该国遵守根据某项多边国际协定所承担的任何义务而有必要行使管辖权。

（二）《海牙公约》规定的管辖权

《海牙公约》针对非法劫持航空器的犯罪，在其第 4 条对管辖权作了如下规定：各缔约国应采取必要措施，对罪行和对被指称的罪犯对旅客或机组所犯的同该罪行

---

〔1〕　参见《蒙特利尔公约》第 2 条的规定。

〔2〕　国际机场是国家在本国领土内指定作为国际飞行的航空器出入境并办理有关海关、移民、卫生、检疫等手续的任何机场。

有关的任何其他暴力行为，[1] 实行管辖权：①罪行是在该国登记的航空器内发生的；②在其内发生罪行的航空器在该航空器降落时被指称的罪犯仍在该航空器内；③罪行是在租来时不带机组的航空器内发生的，而承租人的主要营业地，或如承租人没有这种营业地，则其永久居所地是在该国；④当被指称的罪犯在缔约国领土内，而该国未将此人引渡给上述所指的任一国家时，该缔约国应同样采取必要措施，对这种罪行实施管辖权。另外，本公约不排斥根据本国法行使任何刑事管辖权。

《海牙公约》对管辖权的上述规定有两个突出特点：①它首先规定了与非法劫持航空器的罪行及该罪行相关的其他非法行为有密切法律联系的国家，如航空器的登记国、航空器的降落地国、承租人的主要营业地国或其永久居所地国都有管辖权。一般认为这三种管辖权是主要的管辖权。[2] ②它规定了含有普遍管辖因素的管辖权或是准普遍管辖权，如规定罪犯的发现地国若不将其引渡给别国应实施管辖权。因为这样的罪犯发现地国从法律上与犯罪没有密切联系，它既不是罪行发生地国或受害国，也不是罪犯的国籍国，对罪犯的管辖往往持消极立场，一般国内法不规定这种情况下的管辖权，这样就无法对罪犯诉讼和惩罚。所以，公约规定了含有普遍管辖因素的管辖权就可以保证最终总有一个国家对非法劫持航空器的犯罪行为实施管辖，从而实现公约防止和惩治这种罪行，维护国际民用航空安全的宗旨。

（三）《蒙特利尔公约》及《补充蒙特利尔公约议定书》规定的管辖权

《蒙特利尔公约》及《补充蒙特利尔公约议定书》对该两个文件界定的各种危害国际民用航空安全的罪行的管辖权作了以下规定：

公约第 5 条规定，在下列情况下，各缔约国应采取必要措施对罪行实施管辖权：①罪行是在该国领土内发生的；②罪行是针对在该国登记的航空器，或在该航空器内发生的；③在其内发生犯罪行为的航空器在该航空器降落时被指称的罪犯仍在航空器内；④罪行是针对租来时不带机组的航空器，或是在该航空器内发生的，而承租人的主要营业地，或如承租人没有这种营业地，则其永久居所是在该国；⑤当被指称的罪犯在缔约国领土内，而该国未按第 8 条的规定将此人引渡给上述有管辖权的国家时，它应对本公约第 1 条规定的前三种罪行及这些罪行的未遂行为或共同犯罪行为实行管辖。此外，本公约不排斥根据本国法行使任何刑事管辖权。

《补充蒙特利尔公约议定书》对公约第 5 条补充规定了第 2 分款，该分款规定，当补充议定书规定的犯罪嫌疑人在缔约国领土出现，该国如不将此人引渡给罪行发生地国时，它亦应实行管辖。

从上述规定可以看出，《蒙特利尔公约》及其补充议定书规定的管辖权基本上与《海牙公约》相同。但由于《蒙特利尔公约》及其补充议定书规定的危害国际民用航

---

〔1〕 案文中所称罪行，是指非法劫持航空器的行为，案犯实施的同该罪行有关的其他暴力行为是指他在劫持航空器过程中，对旅客或机组人员所做的不法行为或犯罪行为，如打死打伤机组人员或旅客。

〔2〕 参见赵维田：《论三个反劫机公约》，群众出版社 1985 年版，第 183 页。

空安全及危及用于国际民用航空的机场安全的罪行大多发生在地面，因而增加了罪行发生地国的管辖权。

三、危害国际民用航空安全犯罪嫌疑人的引渡和起诉

（一）危害国际民航安全犯罪嫌疑人的引渡

《东京公约》对引渡和起诉问题未作出具体规定，只在其第16条规定：

1. 在某一缔约国登记的航空器内所犯的罪行，为引渡的目的，应看作不仅发生在所发生的地方，而且也是发生在航空器登记国领土上。

2. 在不妨碍上述规定的情况下，本公约的任何规定不得解释为同意给予引渡义务。

《海牙公约》和《蒙特利尔公约》对犯罪嫌疑人的引渡作了明确具体的规定。根据两公约的共同第8条规定，处理犯罪嫌疑人的引渡和起诉问题应遵守以下规则：

1. 将危害国际民用航空安全的罪行定为条约可引渡的罪行。即将公约规定的罪行确定为引渡条约的可引渡罪行（排除于政治性犯罪之列）。一方面，这些罪行应被视为缔约国现有引渡条约中的可引渡的罪行；另一方面，缔约国应将这样的罪行作为一种可引渡的罪行列入它们之间将要缔结的每一项引渡条约中。

2. 以公约为引渡的法律根据。此指，若是缔约国规定只有在订立引渡条约的条件下才可以引渡，而彼此间未订有引渡条约的缔约国可根据该两项公约进行引渡。

3. 危害国际民用航空安全罪是缔约国间可引渡的罪行。这是指缔约国若没有规定只有在订有引渡条约时才可引渡，则在遵守被请求国法律规定的条件下，承认公约和议定书规定的罪行是它们之间可引渡的罪行。

4. 为引渡而确立危害国际民用航空安全罪的发生地国。这是指为在缔约国间引渡的目的，危害国际民用航空安全的罪行应被视为不仅是发生在所发生的地方，而且也视为发生在航空器的登记国、航空器的降落地国和承租人的主要营业地或者永久居所地国。

（二）对危害国际民用航空安全犯罪嫌疑人的起诉

按《海牙公约》和《蒙特利尔公约》的有关条款规定，缔约国对危害国际民用航空安全的犯罪嫌疑人应予起诉。为此，要求缔约国对在其领土内发现的犯罪嫌疑人，如不将其引渡给其他有管辖权的国家，则应对其实施管辖，[1]其主管机关应对该嫌疑人提起诉讼。此被称为"或引渡或起诉原则"（aut dedere aut judicare）。两公约的共同第7条规定："在其境内发现被指称的罪犯的缔约国，如不将此人引渡，则不论罪行是否在其境内发生，应无例外地将此案件提交其主管当局以便起诉。该当局应按照本国法律以对待任何严重性质的普通罪行案件的同样方式作出决定。"

公约规定这一原则的主旨在于加诸发现犯罪嫌疑人的缔约国之国际义务，即如

---

[1] 参见该两公约共同第4条第2款的规定。

不将犯罪嫌疑人引渡，应将他交付其主管机关进行起诉，并且主管机关应按本国法律，以对待任何严重的普通罪行案件的同样方式进行审判。这里的普通罪行是相对政治罪而言，它意味着对危害国际民用航空安全的犯罪不得以政治罪论处，应以严厉的刑罚予以惩治。[1]

第四节　外层空间法的历史发展与外层空间的法律地位

一、外层空间法的历史发展

从空间物理学的角度讲，外层空间（outer space）亦称宇宙空间或太空，是指空气空间以外的空间（简称外空）。目前，虽然尚未从法律上划定外层空间与空气空间的界线，对二者划界的主张也莫衷一是，[2]但一般认为人造卫星或其他空间物体运行的轨道及其之上的空间和天体应属于外层空间范围。人类在这个空间活动应遵守的国际法之原则和规则总称为外层空间法（outer space law）。外层空间法的产生与发展是与外层空间科学技术的发展和人类的外层空间活动的需要紧密联系的。

人类进入外层空间探索的理想早已产生，并且努力将这一理想付诸实践，19世纪末和20世纪初就曾涌现出一批富有探索精神的航天先驱者。例如，俄国的齐奥尔科夫斯基（K·Tsiolkovsky）是最先提出用多级火箭冲破地球引力进入太空的科学家。美国的戈达德（Goddard）提出火箭必须以每秒7.9公里的速度才能冲破地球引力。第二次世界大战期间，德国开始研制V2火箭，并于1942年发射成功，最大射程320公里。但真正把人类进入太空探索并利用这个空间的理想变成现实，是在20世纪50年代。第二次世界大战后，美国和苏联在德国V2火箭研制成功的基础上都建立了火箭和导弹工业。经过了艰苦探索和试验，苏联于1957年10月4日首先成功地发射了第一颗人造卫星，开创了人类历史的太空时代。[3]此后，各国探索和利用外层空间的活动便迅速发展。1958年，美国亦发射了人造卫星。1961年4月12日，苏联宇航员加加林乘宇宙飞船首次遨游太空。1962年，美国的载人宇宙飞船也成功地飞入了太空。1969年7月20日，美国两名宇航员阿姆斯特朗（Armstrong）和奥尔德林（Aldrin）乘阿波罗11号宇宙飞船登上了月球，并带回了一些月球的岩石和沙。美国

---

〔1〕　参见梁淑英主编：《国际公法》，中国政法大学出版社1993年版，第190页。
〔2〕　对于外层空间与空气空间的划界，在理论上有两种主张：功能论和空间论。前者主张空气空间和外层空间是连续的空间，只需要按照空间的活动和飞行器的性质来区别适用法律即可。后者主张以空间的某一高度划界，以便确定适用航空法和外空法的范围。在划界高度上，提出了各种不同主张，主要有：以航空器上升的最高限度为界；以不同的空气构成为界；有效控制高度为界；以卡曼管辖线为界；以卫星轨道最近地点为界，即以人造卫星轨道离地面最低高度为界，一般在距离地面100～110公里的高度。较多国家倾向以后一高度划分外层空间和空气空间的界线。
〔3〕　参阅《中国大百科全书》（航空航天卷），中国大百科全书出版社1985年版，世界航天史的有关条目。

目前正积极准备重返月球的探测活动。1982 年起，美国还数次成功地发射了航天飞机。俄罗斯在苏联外空活动的基础上也成功地发射了航天飞机。目前，除俄罗斯和美国频繁地进行外空活动外，法国、日本、英国、印度、西欧各国共同组织的欧洲航天局和我国都已发射了人造卫星等空间物体，进行着外空的探索与利用活动。我国从 20 世纪 70 年代开始跻身人类的外空探索与利用的活动之中，[1] 1970 年 4 月 24 日，成功地发射了中国第一颗人造卫星"东方红一号"，成了继苏联、美国、法国和日本之后世界上第五个用自制的火箭发射自制的卫星的国家。[2] 截至 2010 年，我国已成功发射了百余颗人造卫星，成了世界上一线多星的第四个外空大国，并且分别于 2003 年、2005 年和 2008 年成功发射了"神舟五号""神舟六号"和"神舟七号"飞船，进行了载 1～3 人的外空飞行，2007 年发射成功"嫦娥一号"卫星开始了探月活动，[3] 2010 成功发射了"嫦娥二号"，2013 年成功发射了"嫦娥三号"并成功着陆月球。为了弘扬和纪念我国航天事业的发展，2016 年 3 月 8 日国务院决定，自 2016 年起将每年的 4 月 24 日设立为"中国航天日"。2016 年更是中国航天的大发展元年，该年 7 月我国成功发射了火箭七号。并且已准备在 10 中旬发射神舟十一号载人飞船，将开展航天医学、空间科学实验和空间技术、车轨维修技术、空间站技术实验及科普活动。[4] 8 月成功发射世界首颗量子卫星，将首次实现卫星和地面之间的量子通信。[5]

　　据统计，目前世界上已有 50 多个国家在研究外空技术，自 1957 年至 2000 年，已发射了 5000 余个空间物体。从加加林开始至今，已有 800 多人次到达了外空。现在仍有发射的 1000 多个空间物体在运行中。[6] 外空技术的发展不仅表现在人类发射成功的人造卫星和其他空间物体的数量和种类上，还表现在这些空间物体的应用上。就人造卫星来讲，它们被普遍地应用于通信、广播、气象、遥感及其他领域，为人类创造了极大的福利和利益。其他空间物体被用于对月球及其他星球的探索，并可在外空进行各种生物、物理、化学及其他方面的试验，将给人类创造无尽的利益。例如，在地球的能源和资源日趋减少的情况下，人们可以通过在外空建立的基地获取地球以外的太阳能、宝贵的物资，并制造高质量的药品、合金、半导体材料、光学产品等。在采掘地球以外的资源方面，除月球等星球蕴藏丰富的可利用的资源外，

〔1〕　我国自 1956 年开始建立机构，进行火箭和卫星的研制工作。
〔2〕　参见贺其治：《外层空间法》，法律出版社 1992 年版，第 12 页。
〔3〕　http：//baike. baidu. com/view/1423479. ntml？tp = 9_11 和 http：//baike. baidu. com/view/997494. ht-ml？tp = 3_11，2010 年 6 月 7 日访问。
〔4〕　参见"安全运抵发射场开展总装和测试工作神舟十一号载人飞船 10 中旬发射"，载《人民日报》2016 年 8 月 14 日，第 1 版。
〔5〕　参见"我国成功发射世界首颗量子卫星"，载《人民日报》2016 年 8 月 16 日，第 1 版。
〔6〕　参见中央电视台于 2000 年 10 月 6 日的报道。

许多小行星上也蕴藏有大量的价值 2 万美元一镑的铂金属物质可供开发和利用。[1]

各国在外空活动的频繁和外空技术的发展，必然引起相关的法律问题，需要建立外层空间法去调整和规范。外层空间法的建立和发展主要是通过国际实践中形成的习惯国际法和缔结国际条约逐步实现的。而在促进外层空间法的建立与发展中，联合国起了非常重要的作用。在苏联第一颗人造卫星成功发射后，联合国大会于 1958 年就通过决议指出，为了保障外层空间物体的发射用于科学及和平目的，应制定一套监督制度。同年，还作出第 1348（XⅢ）号决议，决定成立"和平利用外层空间特设委员会"。1959 年联合国大会通过决议，决定将"和平利用外层空间特设委员会"改为常设机构，即"和平利用外层空间委员会"（简称外空委员会，United Nations Committee on the Peaceful Uses of Outer Space，UNCOPUOS），专门负责审查、研究和促进外空领域的合作，以及负责研究外空活动的法律问题，逐步拟订和编纂外层空间法。

该委员会通过其积极工作，已向联合国大会提出了一系列有关外空法的国际法律文件，经联合国大会审议通过的有：1963 年《各国探索和利用外层空间活动法律原则宣言》（简称《外空宣言》）、1967 年《关于各国探索和利用外层空间包括月球和其他天体活动的原则条约》（简称《外层空间条约》）[2]、1968 年《营救宇航员、送回宇航员和归还发射到外层空间物体的协定》（简称《营救协定》）、[3] 1972 年《空间物体造成损害的国际责任公约》（简称《国际责任公约》）、[4] 1975 年《关于登记射入外层空间物体的公约》（简称《登记公约》）[5]、1979 年《指导各国在月球和其他天体上活动的协定》（简称《月球协定》）、[6] 1982 年《各国利用人造卫星进行国际直接电视广播所应遵守的原则》、1986 年《关于从外层空间遥感地球的原则》、1992 年《关于在外层空间利用核动力源的原则》、1996 年《关于开展探索和利用外层空间的国际合作，促进所有国家的福利和利益，并特别要考虑到发展中国家的需要的宣言》。

联合国大会通过的上述国际文件中，有的是国际条约，它们通过各国的签署和批准之后均已生效，其所规定的外空活动的原则和规则对当事国具有拘束力。另外，

---

[1]　参见缪勒："2000 年空间活动状况"，载《第 26 届外空法学术会议论文集》，1983 年版，第 338 页。

[2]　该约于 1967 年 1 月 27 日开放签字，同年 10 月 10 日生效。我国于 1983 年 12 月 8 日决定加入，同年 12 月 30 日对我国生效。

[3]　该协定于 1968 年 4 月 22 日开放签字，同年 12 月 3 日生效。我国于 1988 年 11 月 8 日决定加入，同年 12 月 14 日对我国生效。

[4]　该约于 1972 年 3 月 29 日开放签字，次年 10 月 9 日生效。我国于 1988 年 11 月 8 日决定加入该约，同年 12 月 14 日对我国生效。

[5]　该约于 1975 年 1 月 14 日开放签字，次年 9 月 15 日生效。我国于 1988 年 11 月 8 日决定加入该约，同年 12 月 12 日对我国生效。

[6]　该协定于 1979 年 12 月 18 日开放签字，1984 年 7 月 11 日生效。

这些条约和联合国大会通过的其他文件中所规定的原则和规则若是通过各国的实践表明已被各国接受，并从而形成了国际习惯法，也是对各国具有法律拘束力的。例如，国家主权不得扩展到外空、外空不得据为己有、外空对所有国家开放、在平等的基础上对外空进行自由探索和利用等原则，都属于国际习惯法原则。因为当第一颗人造卫星在飞行任何国家领空时，没有一个国家对其飞行提出抗议或阻拦。在此后，有发射空间物体能力的国家都进行了发射活动，而无发射空间物体能力的国家对这样的行动采取了默许或合作的立场。所以，一般结论是，在国际书面文件出现之前，外空领域就已形成了一些习惯法。[1] 联合国大会通过的决议及国际条约的规定更可佐证国际习惯法的存在。除上述国际条约和习惯法规定外，其他有关国际条约和法律文件的规定亦可按它们的规定适用于外空活动。例如《国际电信公约》和《无线电规则》的有关规定就适用于外空，也当属外空法的内容。

外层空间法是国际法的新分支，它的发展历史只有几十年。随着外空技术的发展和人类外空活动的拓展，还会产生新的法律原则、规则和制度，使这个部门法律更加完善，从而更有力地保障和促进外空活动的有序进行，造福于全人类。

二、外层空间的法律地位

外层空间的法律地位早就被国际习惯法和国际条约所确立。被称为具有外空宪章地位的《外层空间条约》[2] 和《月球协定》等法律文件对外层空间包括月球和其他天体的地位作了如下规定：

（一）外层空间的探索和利用自由

外层空间包括月球和其他天体向人类开放，各国均可自由地探索和利用这个空间和天体，但要为全人类谋福利和利益，并在平等的和遵守国际法的基础上进行这样的活动。《外层空间条约》第1条规定："探索和利用外层空间，包括月球和其他天体，应为所有国家谋福利和利益，而不论其经济或科学发展程度如何，并应为全人类的开发范围；所有国家可在平等、不受歧视的基础上，根据国际法自由探索和利用外层空间，包括月球和天体，自由进入天体的一切区域；应有对外层空间，包括月球和其他天体进行科学考察自由；各国要促进并鼓励这种考察的国际合作。"第3条规定："各缔约国在进行探索和利用外层空间，包括月球和天体的各种活动方面，应遵守国际法和联合国宪章，以维护国际和平与安全，促进国际合作和了解。"《月球协定》第2、3、4、6条也作了类似的规定。

（二）外层空间不得据为己有

《外层空间条约》第2条规定："各国不得通过主权要求、使用或占领等方法，

---

〔1〕 参见贺其治：《外层空间法》，法律出版社1992年版，第24～25页。

〔2〕《外层空间条约》规定了外空活动的基本原则，它不仅将联合国大会1963年通过的《各国探索和利用外层空间活动的法律原则宣言》中的各项原则转变成国际条约原则，而且对这些原则的内容作了更加充实和精确的规定，成了其后的外空条约或协定制定的指导性原则和基石，故被称为外层空间宪章。

以及其他任何措施，把外层空间，包括月球和天体据为己有。"《月球协定》第11条第2款作出相同规定。这是外层空间，包括天体自由探索和利用的必然结果，因为确定外层空间和天体是全人类自由探索和利用的范围，就必须排斥对它的独占性和专属性，才能保障自由探索和利用。所以，1976年8个赤道国家发表了《波哥大宣言》，宣布它们对其领土上空高达近36 000公里的地球同步轨道享有主权时，遭到国际社会反对，而放弃此等主张。

（三）外层空间应用于和平目的

《外层空间条约》第4条规定："各缔约国必须把月球和其他天体绝对用于和平目的。禁止在天体上建立军事基地、设施和工事；禁止在天体试验任何类型的武器以及进行军事演习。不禁止使用军事人员进行科学研究或把军事人员用于任何其他和平目的。不禁止使用为和平目的探索月球和其他天体必需的任何器材设置。"该条还规定："各缔约国保证：不在绕地球轨道放置任何携带核武器或任何其他类型大规模毁灭性武器的实体，不在天体配置这种武器，也不以任何其他方式在外层空间布置此种武器。"《月球协定》第3条也作了类似的规定。关于何为和平目的？公约没有规定，但是违反《联合国宪章》第2条第4款和第51条规定，使用威胁或武力，或进行其他军事活动不应认为属于和平目的的。

（四）天体及其资源属于人类共同财产

目前人类到达的唯一天体就是月球，继1969年美国宇航员登月之后，其他国家也对月球进行了探索。苏联已发射了无人登月车在月球上巡游考察，采集样品，然后自动返回。俄罗斯在苏联的外空科学基础上早已具有了载人登月能力，一旦需要，即付诸实施。日本1990年发射了一颗重195公斤的"缪斯－A"月球卫星，对月球进行探测。我国2007年发射了"嫦娥一号"卫星，开始探测月球。欧洲航天局亦准备向月球进军。国际上正在加强合作积极准备重返月球，对它做进一步地探索和利用。各国除加紧对月球的探索和利用外，还在探索其他天体，并且将会在未来开发月球的基础上，对其他天体进行开发。为了使各国更好地进行这种活动，并保障它服务于人类的福利和利益，《月球协定》对月球及其资源的地位作了特别规定。按其第11条规定，月球及其自然资源均为全体人类的共同财产；月球不得由国家依据主权要求，通过利用或占领或以任何其他方法据为己有；月球表面或表面下层或其他任何部分或其中的自然资源均不应成为任何国家、政府间或非政府的国际组织、国家组织或非政府实体或任何自然人的财产；各国承诺一俟月球的自然资源开发即将可行时，建立指导此种开发的国际制度，其中包括适当程序在内。

该协定的第1条第1款规定："本协定内关于月球的条款也适用于太阳系内地球以外的其他天体，但如果任何此类天体已有现已生效的特别法律规则，则不在此限。"这说明其他天体及其资源的地位若无有效的特别法律规则加以规定，应与月球及其资源的地位相同。

第五节　外层空间活动的原则和制度

一、外层空间活动的原则

早在 1963 年联合国大会一致通过的《外空宣言》中就宣示各国在外空活动应遵守的九项法律原则。《外层空间条约》在《外空宣言》的基础上，对外空活动的原则作了更加明确的规定。依该条约规定，各国从事外层空间，包括月球和其他天体的探索和利用活动必须遵守的原则有：

（一）共同利益原则

所谓共同利益原则，是要求各国对外层空间（包括天体）的探索和利用活动应旨在为一切国家的人民谋福利（benefit）和利益（interests），造福于全人类。正如美国研究外层空间法的专家戈罗夫（Groeve）指出的，这种探索和利用必须带来建设性的利益。[1] 外空大国或强国从事的外空活动所获利益应顾及其他国家的利益，尤其应照顾到没有外空活动能力的广大发展中国家的利益。《外层空间条约》第 1 条第 1 款规定："探索和利用外层空间，包括月球和其他天体，应为所有国家谋福利和利益，不论其经济或科学发展程度如何，并应为全人类的开发范围。"《月球协定》第 4 条第 1 款不仅重申了这一规定，而且还强调应"充分注意今世与后代人类的利益，以及提高生活水平与促进经济和社会进步和发展的需要"。

（二）自由探索和利用原则

自由探索和利用原则是指各国都有权自由、平等地探索和利用外层空间，包括月球和其他天体；从事这种活动除遵守国际法外，不受任何别国的管辖和支配。贺其治教授指出：这项原则首先肯定所有国家，不论大小或强弱，都有在平等的基础上，不受任何歧视地自由地探索和利用外层空间，包括月球及其他天体的权利，并可自由地进入天体的一切领域，同时也加诸各国在从事这种活动时应遵守国际法以及不得阻碍别国的外空探索和利用活动的义务。[2] 这是确立外空法律地位的一项重要原则，也是各国从事外层空间，包括月球和其他天体的探索和利用活动应遵守的原则。《外层空间条约》第 1 条第 2 款规定："所有国家应在平等的基础上，不受任何歧视，根据国际法自由探索和利用外层空间，包括月球和其他天体，并自由进入天体的一切领域。"《月球协定》第 6 条第 1 款也对此作了重申。

---

〔1〕　参见［美］戈罗夫："《外层空间条约》中的自由探索和利用的文义和解释"，载《国际法和政策学报》（英文版）第 7 卷。

〔2〕　参见贺其治：《外层空间法》，法律出版社 1992 年版，第 64 页。

（三）不得据为己有原则

《外层空间条约》第2条规定："各国不得通过主权要求、使用或占领等方法，以及其他任何措施，把外层空间，包括月球和其他天体，据为己有。"《月球协定》第10条重申这一规定，并且强调月球和其他天体的自然资源也不得为任何国家和其他实体据为己有。《国际电信公约》第33条明确规定，地球静止轨道是外层空间的一部分，对这样的资源不得据为己有。从这些条约和协定的规定可见，外层空间，包括月球及其他天体（包括它们的资源），不论是否人类已经到达，均不得成为任何国家或政府及其他实体，包括政府间或非政府的国际组织、国家组织或非政府实体或任何自然人据为己有的对象。各国应严格遵守这项义务。

（四）限制军事化原则

为保障外层空间，包括月球及其他天体能为各国自由探索和利用，就必须防止外层空间，包括月球和其他天体成为各国军事纷争的场所，限制这个空间的军事化，[1]使外空向着非军事化的利用方向发展。为此，《外层空间条约》第4条一方面对各国在这个空间放置和配置武器作了限制性规定。要求各缔约国保证不在绕地球轨道放置任何携带核武器或任何其他类型大规模毁灭性武器的物体，不在天体配置这种武器，也不以任何其他方式在外层空间部署此种武器。另一方面规定禁止各国在这个空间进行军事活动，或使用武力或以武力相威胁。要求各缔约国必须把月球和其他天体专用于和平目的。禁止在天体建立军事基地、设施和工事；禁止在天体试验任何类型的武器以及进行军事演习。《月球协定》第3条不仅重申了上述规定，还特别强调在月球上使用武力或以武力相威胁，或从事任何敌对行为或以敌对行为相威胁均在禁止之列。利用月球对地球、月球、宇宙飞行器或人造空间物体的人员采取任何此类行为或从事任何此类威胁，也应同样禁止。

（五）援救宇航员原则

宇航员（astronaut）是指乘空间发射物体到达外层空间包括天体的人员。他们的宇航活动是为全人类谋福利和利益的，可以说他们是人类在外空的使者（envoys of mankind in outer space）；同时他们所从事的外空活动又带有极大的危险性。所以《外层空间条约》规定了一项援救宇航员原则，要求各国应对遇险遇难的宇航员给予援救。其第5条规定："各缔约国应把宇航员视为人类派往外层空间的使节。在宇航员

---

[1] 对何为外空军事化？贺其治认为："外空军事化是指外空军事利用的不断增加，其结果将导致外空军备竞赛和军事对抗。其内容包括两个方面：首先它是指为军事目的而对人造地球卫星的利用的增加以支持和增强以地球（包括陆地、海洋和大气层）为基地的武器系统和地面部队的效能；其次是指外空武器的发展，既指以外空为基地的武器系统的发展，以打击或摧毁对方在陆地、海洋、大气层以及外空中的目标，或损害其正常功能，也包括以陆地、海洋、大气层为基地的武器系统的发展，以打击或摧毁对方的外空物体或损害其正常功能。"参见贺其治："空间军事化和有关法律问题"，载中国空间法学会：《国际法和空间法论文集》，2000年版。

发生意外、遇难或在另一缔约国境内、公海紧急降落等情况下，各缔约国应向他提供一切可能的援助。宇航员紧急降落后，应被迅速、安全地交还他们所乘的空间物体的登记国。在外层空间和天体进行活动时，任何一个缔约国的宇航员应向其他缔约国的宇航员提供一切可能的援助。各缔约国应将其在外层空间，包括月球和其他天体，所发现的可能对宇航员的生命或健康构成危险的任何情况，立即通知给其他缔约国或联合国秘书长。"《营救协定》还将该原则具体为一项制度加以规定。

（六）承担国际责任原则

由于各国发射的空间物体（space objects）因各种原因会给地球表面或地球表面以外的生命、财产等造成损害，所以《外层空间条约》第6条就确定了各国应对其从事的外空活动所造成的损害承担国际责任的原则，并且按第7条规定，要求国家对损害予以赔偿。《国际责任公约》把这项原则具体规定为一项制度。

（七）登记国对其发射的空间物体具有管辖、控制和所有权原则

《外层空间条约》第8条规定，登记发射到空间的物体的国家对留置于外层空间或天体的该物体及其所载人员保持管辖和控制权。射入空间的物体及其组成部分，无论在何处，它的所有权始终归属登记发射空间物体的国家。对此，《营救协定》还规定得更为具体。

（八）保护环境原则

人类进行外空活动的结果之一，会损害外层空间的环境和地球的环境。例如，外空发射物的自行毁灭或碰撞后，产生大量空间碎片[1]于外层空间，就造成外空环境的污染。外空发射物坠毁在地球表面，会对地球造成污染。所以，《外层空间条约》第9条规定："各缔约国从事研究、探索外层空间，包括月球和其他天体，应避免使其遭受有害的污染，以及地球以外的物质使地球环境发生不利的变化。如必要，各缔约国应为此目的采取适当措施。若缔约国有理由相信，该国或其国民在外层空间，包括月球和其他天体计划进行的活动或实验，会对本条约其他缔约国和平探索和利用外层空间，包括月球和天体的活动，造成潜在的有害干扰，该国应保证于实施这种活动前或实验前进行适当的国际磋商。若一国有理由相信另一国计划的外空活动有此种性质，得要求就这种活动或实验进行磋商。"以上规定的目的，一是避免使外层空间，包括月球和其他天体遭受有害的污染；二是避免使地球之外的物质污染地球环境。为达此目的，要求各国采取适当防止措施，并在进行外空活动前与有关国家进行磋商，以防止潜在的有害干扰。

---

[1]　从技术角度讲，空间碎片产生于：①完成任务后的卫星以及运载火箭末级直接成为空间碎片；②火箭剩余燃料、卫星高压气瓶中的剩余气体、未用完的电池，都可能因为偶然的因素爆炸，而产生空间碎片；③用液态金属钠钾作为冷凝剂的核动力卫星失效后，冷凝剂向外泄露的小液滴产生的碎片；④固体火箭燃料中添加的铝粉燃烧产生的氧化铝颗粒。参见高国柱："空间碎片的若干法律问题研究"，载《河北法学》2006年第5期。

（九）国际合作原则

外空活动的国际合作原则广泛贯穿在《外层空间条约》的许多条款中。例如，其第1条第1款规定的共同利益原则就是要求国际合作共享外空活动的利益。该条第3款规定，各国有对月球和其他天体进行科学考察的自由，各国应促进并鼓励这种考察的国际合作。第3条规定，各国在从事外空活动方面应"促进国际合作和了解"。第5条规定了援助宇航员原则。第9条规定，各国进行外空活动"应以合作和互助原则为准"并"应妥善照顾其他缔约国的同等利益"且应为防止污染而采取国际磋商。第10条规定，为提倡国际合作，"各缔约国应在平等的基础上，考虑其他缔约国的要求，给予观察这些国家射入空间的物体飞行的机会"。第11条规定，为提倡国际合作，凡在外层空间，包括月球和其他天体进行活动的缔约国"同意最大的可行程度，将活动的性质、进行状况、地点及结果，通知给联合国秘书长、公众和国际科学界"。第12条规定："月球和天体上的所有站所、设施、设备和宇宙飞行器，应在互惠基础上对其他缔约国开放。"

二、外层空间活动的制度

为了实现上述原则和外空活动的实际需要，《外层空间条约》和其他相关的国际文件规定了以下几种外空活动的制度，即责任制度、援救制度和登记制度。

（一）责任制度

尽管各发射国及有关国际组织对它们的外空物体的发射活动采取各种预防性措施，但这些物体仍会偶然造成损害。为了使这种损害的受害者能够得到有效的国际救济，在《外层空间条约》确定责任原则的基础上，《国际责任公约》将这项原则具体规定为一项责任制度，明确了责任的主体、范围和受害人的途径。

1. 责任的主体。按《外层空间条约》第6条和《国际责任公约》第2~5条和第22条的规定，空间物体[1]造成损害的责任承担者是发射国。政府间的国际组织进行发射造成的损害比照发射国承担责任。此处所称的发射国（launch state or launching state）是指发射或促使[2]发射[3]（procures the launching）空间物体的国家和从其领土或设施发射空间物体的国家。国家不仅要对其本身发射的空间物体造成损害承担责任，而且对其控制下的非政府实体，如私人企业、团体发射的空间物体造成的损害也要承担责任。《外层空间条约》第6条规定，各缔约国对本国在外空的活动，不论是由政府部门还是非政府实体进行，均应承担国际责任。非政府实体进行的外空活动，应由有关缔约国批准，并连续加以监督。

在外空活动的初期，空间物体的制造、发射、经营和拥有通常是同一个国家，

---

〔1〕 按《国际责任公约》第1条第4款规定，空间物体包括空间物体的组成部分以及该物体的运载工具及运载工具的部件。

〔2〕 "促使"有委托或托付的意思，故空间物体的所有人、经营人所属的国家或登记国也是发射国。

〔3〕 此处的发射包括为成功的在内。

因此只有该国对空间物体的发射和运行的全过程中造成的损害承担责任。但随着外空科学技术的发展和外空活动的商业化发展，出现了空间物体的制造、发射、经营和拥有属于两个或更多国家，因此出现了发射国之间对空间物体的损害共同和分别承担责任的问题。为此《国际责任公约》第5条规定："①两个或两个以上国家共同发射空间物体时，对所造成的任何损害应共同及分别承担责任。②发射国在赔偿损害后，有权向共同参加发射的其他国家要求补偿。参加共同发射的国家应就共同及分别负有赔偿责任而分担的财政义务缔结协定，但这种协定不得妨碍受害国向共同及分别承担赔偿责任的发射国的任何一国或全体索取根据本公约的规定应予偿付的全部赔偿的权利。③从其领土或设施上发射空间物体的国家，应视为参加共同发射的国家。"若是空间物体造成的损害是在相当长的时间之前所为，因而无法辨认发射国和空间物体的关系时，可以由该物体的登记国提供帮助。下文要讲到的发射空间物体的登记制度的目的之一就是向各国提供辨认发射国的便利。

2. 责任范围。责任范围包括损害和责任的范围及责任的不适用。

（1）损害范围。发射国承担责任首先是因为其发射（包括未成功的发射在内）的空间物体已经对别国或国际组织造成了物质损害。《国际责任公约》第1条第1款规定的损害"是指生命丧失，身体受伤或健康的其他损害；国家或自然人、法人的财产，或政府间的国际组织的财产的损失或损害"。

（2）责任范围。对发射国发射的空间物体造成的物质损害承担责任的地理范围，《国际责任公约》第2条规定："发射国对其空间物体在地球表面，或给飞行中的飞机造成的损害，应负有绝对赔偿责任。"亦称绝对责任原则，只要有损害，发射国就应承担责任。例如，苏联1977年9月18日发射成功的（并通知联合国秘书长）核动力卫星"宇宙-954号（COSMOS954）"于1978年1月24日重返大气层时，进入了加拿大西海岸夏洛特皇后群岛北部上空。在重返和解体过程中，卫星碎片坠落到加拿大境内西北部的阿尔伯塔（Alberta）和萨斯卡切温（Saskatchewan）。加拿大由于担心卫星残骸中的放射性残片，故其武装部队和原子能控制委员会采取措施，查找、恢复和清除残片，并清理受影响的区域。这些措施的目的是确定损害的性质和程度、限制损害范围、将未来的损害最小化、恢复到损害发生前的状态。事后，加拿大政府向苏联提出索赔共计6 000 000加拿大元。加方认为根据《国际责任公约》第2条，苏联是"宇宙-954号"卫星的发射国，对卫星造成的损害应负绝对赔偿责任。在加拿大广泛领土上散落的卫星的放射性碎片，导致某些领土不适合使用，构成《国际责任公约》中的"财产损害"。而且《国际责任公约》第6条，要求赔偿国有义务遵守外空物体造成损害谨慎标准。加拿大还以《外层空间条约》第7条作为索赔根据。经过两国的多次磋商，于1981年4月2日签订了《解决加拿大关于宇宙-954号卫星所致损害请求的议定书》，苏联向加拿大支付3 000 000加拿大元，以全面和最终解决了加拿大的请求。[1]《国际责任公约》第3条规定："任一发射国的空间物体在地球表面以外的地方，对另一发射国的空间物体，或其所载人员或财产造成损害时，只有损害是因前者的过失或其负责人员的过失而造成的条件下，该国才对损害负有赔偿责任。"这一规定被称为过失责任原则，即以发射国过失作为确定损害责任的标准。

（3）责任的不适用。按《国际责任公约》第7条规定，以上条款所规定的空间物体发射国的责任范围不适用于其空间物体对下列人员所造成的损害：①该发射国的国民；②在空间物体从发射至降落的任何阶段内参加操作的或在空间物体从发射至降落后的任何阶段内参加操作的，或在空间物体从发射至降落后的任何阶段内应发射国的邀请而留在紧接预定发射或回收区地带的外国国民。另据《国际责任公约》第6条规定，公约第2条规定的绝对责任，在发射国证明，全部或部分是因为要求赔偿国，或其所代表的自然人或法人的重大疏忽，或采取的行动或不行动蓄意造成损害时，是可以依其证明的程度予以免除的。但发射国进行的不符合国际法，特别是不符合《联合国宪章》和《外层空间条约》的活动而造成的损害，是绝对不免除其责任的。

3. 求偿的提出和途径。依《国际责任公约》第8、9条规定，遭受损害的国家或其自然人或法人遭受损害的国家，可向发射国提出损害赔偿的要求；若原籍国未提出赔偿要求，则任何自然人或法人遭受损害的所在地的国家可就所受的损害向发射国提出赔偿要求；若原籍国或在其境内遭受损害的国家均未提出赔偿要求，或均未通知有意提出赔偿要求，则永久居民的居住国可就该永久居民所受的损害向发射国提出赔偿要求。赔偿损害的要求应通过外交途径向发射国提出。要求赔偿国若与发射国无外交关系，可请另一国代其向发射国提出赔偿要求，或以其他方式代表其在本公约的所有利益。要求赔偿国也可通过联合国秘书长提出赔偿要求。另外，根据《国际责任公约》第14~20条的有关规定，若从求偿国向发射国提出要求赔偿的文件发出1年内，赔偿问题仍未通过外交谈判得到解决，有关各方应于任一方的要求，成立求偿委员会[2]进行裁决。若双方同意，委员会的决定应是最终的，并具有拘束力；否则委员应提出最终的建议性裁决，由各方认真考虑。

（二）救助、送回和归还制度

为了落实《外层空间条约》规定的援救宇航员的原则和关于登记国对其发射的空间物体具有的管辖、控制和所有原则，《营救协定》对宇航员的援救和归还空间物体等作了具体规定。其内容可概括为各缔约国的通知、救助与送还宇航员、归还空间物体等方面的义务。

---

[1]　See *International Leagal Material*, 1979, vol. 18, No. 4 and vol. 20, No. 3.

[2]　求偿委员会由三人组成，一人由要求赔偿国指派，一人由发射国指派，第三人由双方共同选派，并担任主席。若双方就选任主席达不成协议，也可请求联合国秘书长指派。

1. 关于通知。根据《营救协定》第 1 条规定，缔约国获悉或发现空间物体上的人员在其管辖的区域、公海上或不属于任何国家管辖的其他地方发生意外、处于危险状态、进行紧急或非预定的降落时，应立即通知发射当局。[1] 在不能判断发射当局或不能立即通知的情况下，应立即用其所具有的一切适当通信手段公开此情况，同时应立即通知联合国秘书长，后者要立即使用其具有的一切适当通信手段传播这个消息。根据该协定第 5 条第 1 款规定，缔约国获悉或发现空间物体或其组成部分返回地球，并落在它所管辖的区域内、公海或不属于任何国家管辖的其他地方时，亦应通知发射当局和联合国秘书长。

2. 救助与送还宇航员。根据《营救协定》第 2 条规定，宇航员如因意外事故、遇难和紧急的或非预定的降落，降落在任何一缔约国管辖的区域内，该国应立即采取一切可能的措施救助宇航员并给予他们一切必要帮助。该国还应将其采取的救助措施及结果通知发射当局和联合国秘书长。若对救助宇航员有利，还可在该缔约国的领导和监督下，由发射当局与该国合作救助宇航员。根据第 3 条规定，如获悉或发现宇航员在公海或不属于任何国家管辖的其他地方降落，缔约国在必要时在其能力所及范围内应协助寻找和救助宇航员，并将其采取的措施和结果通知发射当局和联合国秘书长。根据第 4 条规定，缔约国对于在其管辖区内着陆的，或在公海及不属于任何国家管辖的其他地方发现的宇航员，应将他们安全、迅速地交还给发射当局的代表。

3. 归还空间物体。按《营救协定》第 5 条规定，缔约国若在其管辖区内发现空间物体或它的组成部分，应依发射当局要求，在该当局协助下采取措施，寻获该空间物体或它的组成部分；缔约国对于在其管辖区域之外发现的空间物体或其组成部分，应根据发射当局的要求并在该当局提供证明，证实空间物体属于它的情况下，归还给发射当局。另外，如果缔约国有理由认为其所发现的空间物体或其组成部分，具有危险和有害的性质，则可通知发射当局，该当局应立即采取有效措施。

缔约国履行寻获和归还空间物体或其组成部分的义务所花费用，应由发射国支付。

（三）空间物体的登记制度

为了将《外层空间条约》规定的原则付诸实施，国际社会还缔结了《登记公约》，规定发射空间物体的国家及国际组织将其发射的空间物体进行登记的制度，以便更好地进行外空活动的合作和有助于辨认空间物体归属的发射国家或国际组织，确定有关国家或国际组织的权利、义务和责任，并促进探索和利用外层空间的国际法的实施和发展。登记制度主要涉及登记的责任和内容。

1. 登记的责任。按照《外层空间条约》和《登记公约》的规定，发射外空物体

---

[1]　根据《营救协定》第 6 条规定，"发射当局"系指对发射负责的国家，或是指对发射负责的政府间国际组织。

的国家（包括政府间的国际组织）应将其发射的空间物体进行登记。《外层空间条约》第 11 条规定："为提倡和平探索和利用外层空间，包括月球和其他天体的国际合作，凡在外层空间，包括月球和其他天体进行活动的缔约国，同意以最大的可能和可行程度，将活动的性质、进行状况、地点及结果，通知联合国秘书长、公众和国际科学界。联合国秘书长接到上述情报后，应准备立即切实分发这种情报资料。"

按《登记公约》第 2 条和第 3 条规定，发射国在发射的空间物体进入或越出地球轨道时，应以登入其所保持的适当登记册的方式登记该空间物体。每一发射国应将其设置此种登记册一事通知联合国秘书长。秘书长应保持一份登记册并应将其内容充分公开，听任查阅。若是此种空间物体有两个或两个以上的发射国时，各该国共同决定由其中的一个国家登记该空间物体。这说明空间物体的发射国要将其发射的空间物体在国内进行登记（登记的项目和条件由登记国决定），而且应将此登记册报告联合国秘书长，秘书长要保持此登记册。

2. 登记的内容。关于空间物体的登记内容，虽然《登记公约》第 2 条规定可由登记国决定，但其第 4 条第 1 款规定："每一登记国应在切实可行的范围内尽速向联合国秘书长供给有关登入其登记册的每一个空间物体的下列情况：发射国或各发射国的名称；空间物体的适当标志或其登记号码；发射的日期和地区或地点；基本的轨道参数（包括交点周期、倾斜角、远地点和近地点）；空间物体的一般功能。"第 2 款规定，登记国可随时向联合国秘书长提供其登记册中所载空间物体的补充情况。第 3 款规定，登记国应尽速将其之前曾提供情况的原在地球轨道上但现已不在地球轨道上的空间物体通知联合国秘书长。另据第 5 条规定，当射入或越出地球轨道的空间物体具有适当标志和登记号码，或二者兼有时，登记国应将此情况通知秘书长，以便秘书长将其载入登记册。

三、外层空间活动的其他规则

所谓外空活动的其他规则，是指专为特定的外空活动而规定的规则。它们有关于卫星国际直接电视广播、卫星遥感和外层空间使用核动力源等方面的规则。这样的规则是由联合国大会决议规定的。一般说，联合国大会的决议是不具有法律拘束力的，但它也反映了国际社会的立场或实践，有必要作些介绍。

（一）卫星国际直接电视广播规则

卫星国际直接电视广播（direct broadcasting by satellite）是指通过人造卫星把节目传送到地面集体接受站，再由接受站传送用户的电视广播和由卫星直接把节目传送到家庭用户的电视广播。这种广播对国际广播电视事业的发展和促进各国人民的交流有很大的益处，但同时也可能出现滥用电视直接广播而产生不良或有害影响。制定有关国际规则，规范如何进行这种广播是十分必要的。为此，和平利用外层空间委员会法律小组委员会自 1974 年就开始审议该问题。1976 年，法律小组委员会拟定了九项原则，于 1979 年提出了一个《关于各国利用人造地球卫星进行国际直接电视广播应遵守的原则草案》，并在草案中附有三个尚未解决的问题。但由于法律小组委员会未能就草案的原则达成一致协议，故巴西等 20 个国家于 1982 年自行将该草案提给联合国大会，该草案在同年的第 37 届联合国大会上获得通过。

按照联合国大会通过的《关于各国利用人造地球卫星进行国际直接电视广播应遵守的原则》，各国利用人造卫星进行国际直接电视广播活动应遵守以下规则：

1. 利用卫星进行国际直接电视广播活动，不得侵犯各国主权包括不得违反不干涉原则，并且不得侵犯人人有寻求、接受和传递情报和思想的权利。此类活动的进行应促进文化、科学领域情报和知识的自由传播，促进各国人民的相互了解与合作。

2. 遵守国际法，包括《联合国宪章》《外层空间条约》《国际电信公约》及其他无线电规则之规定和关于各国间友好合作及有关人权的国际文件之规定。

3. 国家及其授权的个人或实体从事卫星国际直接电视广播活动，权利一律平等。所有国家及其人民均有权享有这种活动带来的利益和有权按议定的条件，不受歧视地取得这方面的技术。

4. 开展各级别的卫星国际直接广播电视活动的国际合作。

5. 和平解决进行卫星国际直接广播电视活动的国际争端。

6. 各国对其本身或其管辖范围内所从事的卫星国际直接电视广播活动应承担国际责任。

7. 同一国际直接电视广播服务范围的任何广播国家或接收国家有要求协商的权利和迅速与之协商的义务。

8. 缔结适当协定，保障版权和邻接权。

9. 利用和授权利用进行卫星国际直接电视广播的国家，应尽量将这些活动的性质通知联合国秘书长。

10. 拟议设立或授权设立国际直接电视广播卫星服务的国家应将此意图立即通知收视国，如后者提出要求，应迅速与之协商。国际直接电视广播卫星服务的建立，必须事先做到通知收视国家和经要求与之协商，并根据国际电信联盟有关文书规定的协议和（或）安排，以及遵照这些文书的规定进行。这项规定突出强调拟建立或授权建立国际直接电视卫星服务的国家通知收视国家和经要求与收视国家协商之后进行这种服务，并遵守国际电信联盟的有关协议。

（二）卫星遥感规则

遥感（remote sensing）是指为了改善自然资源管理、土地利用和环境保护的目的，利用被感测物所发射、反射或折射的电磁波的性质从外空感测地球表面。遥感活动（remote sensing activites）是遥感空间系统、原始数据收集和储存站的操作，以及处理、解释和传播处理过的数据的活动。[1] 这种活动是从 20 世纪 60 年代开始的，1960 年美国发射了第一颗观测地球大气的卫星，揭开了从外空探测地球的序幕，

---

[1]　参见《关于从外层空间遥感地球的原则》第 1 条。

1972 年美国发射了陆地卫星 1 号，更进一步地对地球进行遥感活动。之后，美国就陆续发射这种卫星进行遥感活动。苏联曾利用其发射的"联盟"和"礼炮"号宇宙飞船进行遥感活动。印度也在苏联的协助下于 1979 年发射了一颗地球观测卫星，还于 1986～1987 年发射了地球资源卫星。法国于 1985 年发射了地球观测卫星。欧洲航天局、日本、印尼（与荷兰合作）均已发射了观测陆地、海洋和热带地区的卫星从事遥感活动。并且这种遥感活动的成果被许多国家采用和受益。[1]

遥感技术的广泛应用要求在法律方面制定相应的规则，以保证有关国家的利益和遥感活动继续发展。为此，1969 年联合国大会作出决议，由外空委员会进行研究。1971 年，外空委员会法律小组委员会开始了这项工作。该小组委员会经过长期积极努力，于 1986 年提出了《关于从外层空间遥感地球的原则方案》，并于同年获得联合国大会通过。根据该原则方案规定，各国从事遥感活动应遵守的原则主要有：

1. 应为所有国家谋福利和利益，并应尊重国家主权和权益。这里要求，一是遵守《外层空间条约》第 1 条所载原则，尤其是该条特别规定的探索和利用外层空间应为所有国家谋福利和利益，并在平等基础上自由探索和利用外层空间的原则；二是进行这种活动时应尊重所有国家和人民对其财富和自然资源享有的完全的和永久的主权，同时应适当顾及其他国家及其管辖下的实体依国际法享有的权益；三是这种活动的进行不得损害被感测国家的合法权益。

2. 应遵守国际法。此处所称国际法包括《联合国宪章》《外层空间条约》和国际电信联盟的有关文件。

3. 遥感国家应与受感国家协商，以提供参与机会和增进由此而产生的相互利益。

4. 有关受感国家领土的原始数据和处理过的数据一经制就，该国可在不受歧视的基础上依照合理费用条件取得这些数据。受感国家还可以按同样基础和条件取得任何参与遥感活动的国家所拥有的关于其领土的分析过的资料。

5. 参加遥感活动的国家有义务促进地球自然环境的保护和促进人类免受自然灾害的侵袭。这些国家若拥有经确认能防止有害于地球环境的现象的资料或对受自然灾害侵袭的国家可能有助益的数据和资料，应提供给有关国家。

（三）外层空间使用核动力源规则

1964 年，美国一颗核动力卫星在重返地球时于太平洋上烧毁，其燃料铀 - 238 在高空中放射了 17 000 千居里。1978 年，苏联的核动力卫星"宇宙 - 954 号"失控，在重返大气层时烧毁，其放射性残片坠落在加拿大境内西北部。1983 年，苏联发射的另一颗核动力卫星"宇宙 - 1402 号"失控后在稠密的大气层中烧毁。这些事件引起了国际社会对外空使用核动力源问题的严重关注。外空委员会及其科技小组委员会和法律小组委员会自 1979 年就将这一问题列入了议程，以期规定有关的法律原则。

---

〔1〕 参见贺其治：《外层空间法》，法律出版社 1992 年版，第 157～159 页。

法律小组委员会经过多年工作，在其第 30 届会议上终于通过了一个原则草案。该草案于 1992 年的联合国大会获得通过，成为《关于在外层空间使用核动力源的原则》。按其规定，各国在外层空间使用核动力源应遵守的原则主要有：

1. 涉及在外层空间使用核动力源的活动应按照国际法，尤其是《联合国宪章》和《外层空间条约》进行。

2. 在外层空间使用核动力源应限于用非核动力源无法合理执行的航天任务。

3. 载有核动力源的空间物体的设计和使用应确保危害低于国际辐射防护委员会建议的防护标准。核反应堆可用于行星际航天任务、足够高度的轨道，如在低地球轨道上使用，航天任务执行完毕后，必须将其放到足够高的轨道上。核反应堆的燃料只能用高浓缩铀 235，并应有一个极可靠的安全操作系统。使用放射性同位素发电机应用封闭系统加以保护，应保证其再入高层大气时可承受热力和空气的动力，一旦发生碰撞，应确保没有放射性物质散入环境。

4. 对载有核动力源的空间物体拥有管辖和控制权的国家，应在发射前进行彻底和全面的安全评价，并公布评价结果。

5. 发射载有核动力源的空间物体的国家在该空间物体发生故障而产生放射性物质重返地球的危险时，应及时通知有关国家，通知的内容包括系统参数和核动力源的放射危险性的资料。发射国也应将该资料送交联合国秘书长。如其他国家要求索取进一步的资料，发射国应尽速答复。

6. 在载有核动力源的空间物体及其组件重返地球大气层之后，发射国应根据受影响国家的要求，立即提供必要的协助，以消除实际的和可能的有害影响；除发射国以外的所有拥有有关技术能力的国家以及拥有这种技术能力的国际组织，均应在可能情况下，根据受影响国家的要求，提供必要协助。

7. 各国应依照《外层空间条约》和《国际责任公约》的规定为其涉及使用核动力源的外空活动承担责任。在损害赔偿方面，除应按公平合理原则确定赔偿外，还应包括偿还有适当和足够依据的搜索、回收和清理工作的费用，其中包括第三方提供的援助的费用。

第八章

国际环境法

第一节 国际环境法概述

国际环境法是国际法的一个新分支。当代环境问题真正被纳入国际视域是从1972 年联合国人类环境会议开始的,这次会议的召开被认为是国际环境法诞生的标志。[1] 此后历经 40 余年的发展,国际环境法已形成了初具规模的法律原则和规则。当然,面对层出不穷且纷繁复杂的环境问题,制定更加具有针对性兼具操作性的法律规则也已成为一项国际共识。本节将从国际环境法的概念和渊源、国际环境法的产生与发展以及国际环境法的参与者等三个方面阐述。

一、国际环境法的概念和渊源

(一) 国际环境法的概念

国际环境法是一套复杂且巨大的法律体系,单就国际环境条约而言,它包含了大量国际性、区域性的国际条约以及为数不少的双边协定,但是在这众多法律规范中,目前并不存在一个全球性的条约或协定对"国际环境法"本身进行定义,原因之一在于"环境"这一概念的范畴是难以统一界定的。不同的环境条约、协定针对不同的环境保护领域,例如大气环境保护、海洋环境保护、生物资源的保护以及极地环境保护等都有它特定的保护对象,另外,具体到这些条约本身,它们一般不会直接给环境下定义,而可能是规定一个总括性的义务,例如 1982 年《海洋法公约》规定,缔约国"有保护和保全海洋环境的义务";[2] 或者根本就不提及环境一词,而是直接对其所保护的对象进行界定,例如 1992 年《生物多样性公约》规定,"'生物多样性'是指所有来源的形形色色生物体,这些来源除其他外包括陆地、海洋和其他水生生态系统及其所构成的生态综合体:这包括物种内部、物种之间和生态系统的多样性"。[3] 它们都未直接提及环境的定义,事实上,环境在不同的语境或场合中,人们的理解是不同的,它既可以被描述为一个有限的范围,也可以被看作涵

---

[1] See Daniel Bodansky, *The Art and Craft of International Environmental Law*, Harvard University Press, 2010, p. 28.

[2] 参见 1982 年《海洋法公约》第 192 条。

[3] 参见 1992 年《生物多样性公约》第 2 条。

盖一切物质要素的无限空间;它既可以被认为只包括自然要素,也可以被认为还包含人类社会。然而,这并不意味着对环境进行统一界定没有意义,相反,概括一般意义上的环境对明确国际环境法的规制范围十分必要。例如,2006年国际法委员会在其第58届会议上通过的《关于危险活动造成的跨界损害案件中损失分配的原则草案》规定,"'环境'包括生物性和非生物性自然资源,例如空气、水、土壤、动物和植物,以及这些因素之间的相互作用,以及地貌的特征部分"。[1] 国内环境法对环境的描述可能更加宽泛,例如中国《环境保护法》规定:"本法所称环境,是指影响人类生存和发展的各种天然的和经过人工改造的自然因素的总体,包括大气、水、海洋、土地、矿藏、森林、草原、湿地、野生生物、自然遗迹、人文遗迹、自然保护区、风景名胜区、城市和乡村等。"[2]

作为国际法的一个分支,国际环境法适用一般国际法的规则、原则,传统国际法所面对的问题在国际环境法领域同样存在,同时,它与国际法内部的其他领域,如海洋法、国际人权法、国际经济法等在涉及环境事项时存在交集和互动;同时,国际环境法规制的对象是环境问题,它与国内环境法在内容和方法等多数层面上是一致或相近的,事实上早期的国际性环境问题适用的法律规则、原则就是来源于国内环境法,国际环境法在其自身的发展过程中也同样对国内环境法的发展起着推动作用,两者在某些原则、概念上还相互借鉴,如可持续发展原则、风险预防原则,等等。虽然不同的学科根据自己的学科特点对国际环境问题有不同的研究路径和认知模式,但是作为国际公法的研究对象,国际环境法是调整国际法主体在保护和改善环境、防治环境损害以及合理利用自然资源过程中形成的各种原则、规则和制度的总和。

(二) 国际环境法的渊源

国际环境法的渊源有国际条约、国际习惯和一般法律原则以及确定法律原则的辅助资料。

1. 国际条约。国际条约是国际环境法最主要的法律渊源,它包括全球性和区域性多边条约及双边条约,它们数量众多,涉及的主题事项广泛,形成了一个较为有层次的条约体系。[3] 环境保护条约的特点主要表现在它的条约形式和缔结模式上与众不同,尤其是全球性和区域性的多边环境保护条约,它们的条约形式多采用"框架条约(Framework Treaty)+ 议定书(Protocol)+ 附件(Annexes/Appendices)"的模式,其中框架条约一般是最早缔结的,缔约国就共同面临的环境问题预先作一些原

---

〔1〕 2006年《关于危险活动造成的跨界损害案件中损失分配的原则草案》原则2(b)。

〔2〕《中华人民共和国环境保护法》第2条,该法于2014年4月24日修订通过,于2015年1月1日起施行。

〔3〕 有关国际环境法主要的国际文件,如国际环境条约、宣言、决议等,可参见 Philippe Sands, Paolo Galizzi, *Documents in International Environmental Law*, Cambridge: Cambridge University Press, 2004.

则性安排，规定一般性义务，促使各国在某些基本问题上达成共识；而后续的议定书则是在前面框架条约的基础上为各缔约国设置具体的义务；通常情况下，框架条约及其后续的议定书都会包含一个或多个附件，这些附件一般会包括科学、技术条款以及争端解决或者信息交换等执行条款。[1] 比较有代表性的例如1992年《联合国气候变化框架公约》及其后的1997年《京都议定书》。

环境保护条约按照其内容或主题事项划分，大致可以分为两类，即专门性的和包含环境保护事项的其他国际条约。前者如1972年《防止倾倒废弃物和其他物质引起海洋污染公约》、1972年《南极海豹保护公约》、1979年《保护野生动物迁徙物种公约》、1985年《保护臭氧层维也纳公约》以及1992年《保护东北大西洋海洋环境公约》等；而后者主要是指那些并非直接针对环境问题订立的，其主题事项是针对国际法其他领域的，只是在涉及环境问题时才作出相应安排的国际条约。例如1982年《海洋法公约》就在其第十二部分共计10节46条对"海洋环境的保护和保全"作出了相应规定，除此以外，诸如1959年《南极条约》和1967年《外层空间条约》等都有涉及环境保护或防止污染的条款规定，这些条约的规定同样是国际环境法的重要组成部分。

2. 国际习惯。相比传统国际法中的其他领域，国际环境法的形成和发展时间不长，还没有积累出较为丰富的国家实践，并且哪些资料可以构成确定国家实践和法律确信的证据一直是一般国际法研究中需要解决的理论问题，[2] 因此究竟哪些规则或原则已经形成为国际环境保护领域的习惯法在学者之间也存在争议。

即便如此，现在的国际环境法中仍有习惯法存在，"不损害管辖范围以外环境的原则"就是习惯法的例证，对此，国际文件的规定和司法判例可以作为有力的证据。例如，1972年《斯德哥尔摩宣言》原则21规定："按照联合国宪章和国际法原则，各国具有根据其环境政策开发其资源的主权权利，同时亦负有责任，确保在它管辖或控制之内的活动，不致损害其他国家的或在国家管辖范围以外地区的环境。" 1985年《保护臭氧层维也纳公约》序言称："……回顾联合国人类环境会议宣言里的有关规定，特别是第21项原则，其中规定'依联合国宪章和国际法原则，各国具有按其环境政策开发其资源的主权权利，同时亦负有责任，确保在它管辖或控制范围内的活动，不致对其他国家的环境或其本国管辖范围以外地区的环境引起损害'……" 1992年《生物多样性公约》第3条规定："以联合国宪章和国际法原则，各国具有按

---

[1] See Philippe Sands, Jacqueline Peel et al., *Principles of International Environmental Law*, 3rd edition, Cambridge: Cambridge University Press, 2012, p. 98.

[2] 截至目前，特别报告员迈克尔·伍德（Micheal Wood）已经向国际法委员会提交了第四次"关于习惯国际法的识别"的报告，对于哪些资料可以构成国家实践和法律确信这两个要素的证据仍处于讨论和研究中。伍德的最新一次报告（A/CN. 4/695），可参见 http: //legal. un. org/docs/? symbol = A/CN. 4/695，2016年5月4日访问。

照其环境政策开发其资源的主权权利，同时也负有责任，确保在它管辖或控制范围内的活动，不致对其他国家的环境或国家管辖范围以外地区的环境造成损害。"1992年《里约宣言》的原则2对该原则给予了重述。1997年《国际水道非航行使用法公约》则是依据该原则直接为缔约方规定了具体的义务，该公约第7条第1款规定，"水道国在自己的领土内利用国际水道时，应采取一切适当措施，防止对其他水道国造成重大损害"。关于国际判例的确认，以下两例足以说明：①1938年和1941年"特雷尔冶炼厂仲裁案"（Trail Smelter Arbitration case）中，仲裁庭认为，"根据国际法原则以及美国法律，如果某一情况导致重后果且损害被明确而可信的证据所证明，任何国家都没有权利以在或朝另一国领土上引致烟雾而对该领土或其上的财产或人类带来损害的方式使用或允许使用其领土"。[1] ②1996年国际法院发表的"以核武器相威胁或使用核武器的合法性问题"（Legality of the Threat or Use of Nuclear Weapons）的咨询意见中，法院再次确认"……国家确保其管辖和控制范围内的活动尊重其他国家或国家控制外区域的环境的一般义务现在已是有关环境的国际法的一部分"。[2]

除此以外，学者还归纳了一些可能具有习惯国际法性质的规则或原则，但它们是否已经形成习惯国际法仍待进一步考察。例如，采取一般性措施防止海洋环境遭受重大损害的义务；采取措施保护或保存濒危动植物物种的义务；不得从事商业捕鲸的义务；等等。[3]

3. 一般法律原则。作为国际环境法渊源的一般法律原则可以诚信原则和禁止反言原则为例说明其存在。在1974年的核试验案（Nuclear Tests case）中，法国通过"单方声明"宣称它将停止在大气层进行核试验，在对法国的这项声明是否符合澳大利亚的诉求作出判断之前，国际法院认为有必要首先确定这些声明在国际法上的地位和范围。[4]法院认为"通过单方行为的方式对有关法律或事实的情势作出的声明会产生创造法律义务的效果……当作出某种声明且将受到这些声明的拘束是出于国家意愿时，这种意愿将赋予该声明以法律义务的性质……即便它不是在国际谈判的范围内作出的，也具有拘束力"。[5]法院在后面进一步指出，这样的法律义务来源

---

[1] 转引自马尔科姆·N. 肖：《国际法（下）》，白桂梅、高建军等译，北京大学出版社2011年版，第673页。

[2] Legality of Threat or Use of Nuclear Weapons case, Advisory Opinion of 8 July 1996, *ICJ Reports* 1996, pp. 241 ~ 242, para. 29.

[3] See Philippe Sands, Jacqueline Peel et al., *Principles of International Environmental Law*, 3rd edition, Cambridge: Cambridge University Press, 2012, p. 116.

[4] See Nuclear Tests case (Australia v. France), Judgment of 20 December 1974, *ICJ Reports* 1974, p. 267, para. 42.

[5] Nuclear Tests case (Australia v. France), Judgment of 20 December 1974, *ICJ Reports* 1974, p. 267, para. 43.

于一个基本原则，即"诚信"，并且强调了在国际合作中信任（trust and confidence）十分重要。[1] 又如，在 2011 年的边界活动案（Certain Activities Carried Out by Nicaragua in the Border Area）中，哥斯达黎加请求法院指示与环境保护相关的临时措施，但是尼加拉瓜代表人员在庭审中作出口头保证，并在后来确认"不会向争议地区派驻军队或者其他人员，将来也不会在那里建立军事基地，不会再进行树木砍伐和沉淀物的倾倒"。[2] 基于这种承诺，国际法院认为"没有指示与此有关的临时措施的必要"。[3] 然而，尼加拉瓜后来却在争议地区进行建造两条新的运河的活动，与其 2011 年作出的保证相悖，于是法院在 2013 年的临时措施中指令"这些保证和命令并不令法院信服，法院不认为其足以排除无法挽回的损害的紧迫风险……它与 2011 年所指令的临时措施也不符"。[4] 很明显，尼加拉瓜的行为违反了诚信原则、禁止反言等一般法律原则。

4. 辅助资料。关于国际环境法的辅助资料，主要是国际组织有关环境保护的方针建议和决议；有关全球环境保护的原则宣言；有关环境保护的行动计划等。[5] 例如，1972 年《斯德哥尔摩宣言》和《人类环境行动计划》、1982 年《世界自然宪章》、1982 年《内罗毕宣言》、1992 年《里约宣言》和《21 世纪议程》，等等。

二、国际环境法的产生与发展

国际环境法的产生和发展大致可以分为三个阶段：[6] 第一阶段从 19 世纪末开始至 20 世纪上半叶。这一阶段的关注重点是界河、国际河流、沿海渔业资源的管理以及野生动物的保护，因此这一阶段也可称为"自然资源保护阶段"。第二阶段被称为"污染—防治阶段"，它从 20 世纪 60 年代开始至 20 世纪 80 年代初。这一阶段以 1972 年联合国人类环境会议（或称"斯德哥尔摩会议"）的召开以及联合国环境规划署（United Nations Environment Program, UNEP）的建立为标志，同时这一阶段也产生了大量多边环境协定。第三阶段从 20 世纪 80 年代中期开始至今。因 1987 年

---

〔1〕 See Nuclear Tests case（Australia v. France），Judgment of 20 December 1974，*ICJ Reports*1974，p. 268，para. 46.

〔2〕 Certain Activities Carried Out by Nicaragua in the Border Area case（Costa Rica v. Nicaragua），Provisional Measures，Order of 8 March 2011，*ICJ Reports*2011，p. 23，para. 71.

〔3〕 Certain Activities Carried Out by Nicaragua in the Border Area case（Costa Rica v. Nicaragua），Provisional Measures，Order of 8 March 2011，*ICJ Reports*2011，p. 24，para. 74.

〔4〕 Certain Activities Carried Out by Nicaragua in the Border Area case（Costa Rica v. Nicaragua）；Construction of a Road in Costa Rica along the San Juan River case（Costa Rica v. Nicaragua），Provisional Measures，Order of 22 November 2013，*ICJ Reports* 2013，pp. 366 ~ 367，para. 50.

〔5〕 参见何志鹏、孙露："国际软法何以可能：一个以环境为视角的展开"，载《当代法学》2012 年第 1 期。

〔6〕 这三个阶段的划分，参考了丹尼尔·博丹斯基教授（Daniel Bodansky）的划分方法。See Daniel Bodansky，*The Art and Craft of International Environmental Law*，Harvard University Press，2010，p. 21.

"世界环境与发展委员会"发表了题为《我们共同的未来》的报告，"可持续发展"这一概念和原则被明确提出并在之后得到长足发展，因此这一阶段又被称为"可持续发展阶段"。[1]需要说明的是，以上三个阶段虽然是在时间上不断发展但并非是后者取代前者的关系，相反，当代国际环境保护依然包括自然资源的保护与保存、污染的防治以及环境与社会其他各要素之间可持续发展等三个方面。

（一）自然资源保护阶段

自然资源的保护和保全的发端可以追溯到19世纪末、20世纪初的欧洲和北美，例如在1872年，美国建立了第一个国家公园，其他国家也随之效仿。这一时期，在瑞典建立了"保护自然社团"，在瑞士建立了"保全自然联盟"，等等。最早的国际环境保护条约是19世纪缔结的关于多国河流的管理制度的条约，如1815年《关于保护国际河道的规定》和1885年《莱茵河捕鱼协定》。20世纪上半叶的环境保护条约则主要集中在野生动物物种的保护，如1900年《保护非洲的野生动物、鸟类和鱼类的伦敦公约》、1902年《保护对农业有益鸟类的公约》、1933年《保护自然环境中动植物公约》以及1940年《西半球自然保护和野生动物保全的华盛顿公约》等。这些条约的制定对当时处于初始阶段的国际环境保护非常重要，但同时又有它不可避免的局限性，这一时期的环境保护具有如下几方面特点：其一，环境保护的"聚焦点"较窄。虽然它们都以保护或保全"自然"为目的，但从条约的制定和国家具体实践来看，整体和一般意义上的环境保护并没有得到重点关注，而是与国家管辖权覆盖的领域，如界河、国际河道、沿海渔业等密切相关。并且此时的环境保护，尤其是在自然资源的利用和保全方面有着强烈的功利主义和人类中心主义的色彩，未将其他种类的鸟类纳入保护范围，只关注"对农业有益"的鸟类的1902年《保护对农业有益鸟类的公约》就是明显的例证。其二，环境保护主要针对的是"直接威胁"，又尤其表现为人类对野生动物的猎杀和捕获所造成的威胁等方面。例如1946年的《国际捕鲸管制公约》在其序言中提到"鉴于捕鲸历史表明，由于一区接着一区、一种鲸接着一种鲸地滥捕，因而有必要保护一切种类的鲸，以免继续滥捕"。相反，对于栖息地的丧失、污染以及外来物种的侵入等可造成间接环境损害的威胁并没有得到足够重视。其三，没有形成环境保护的长效机制。1909年在巴黎召开的"保护自然国际大会"提议建立一个国际性的自然保护组织，1913年在伯尔尼签订了《关于建立保护自然国际咨询委员会的文件》，但这方面的努力均因两次世界大战的爆发而中断了。

这一时期国际环境问题争端的解决仍然是采用传统国际法的模式，即与主权、

---

[1] 关于国际环境法的产生与发展还可参见 Alexandre Kiss，Dinah Shelton，*International Environmental Law*，3rd edition，Transnational Publishers，Inc.，2004，pp. 25~40. See Philippe Sands，Jacqueline Peel et al.，*Principles of International Environmental Law*，3rd edition，Cambridge：Cambridge University Press，2012，pp. 22~49.

领土使用、管辖权的行使等传统概念密切相关，表现为一种"共存"（co - existence）而非"合作"（co - operation）的模式。例如污染国是否可以依其主权权利在其领土上任意行为或活动，即便这样的活动会对另一国造成损害，或者说受害国是否享有一种"领土完整权"，这种权利可以限制污染国在其领土上任意行为或活动，又或者是国家是否有权在公海上任意捕猎而不受任何限制，沿海国是否可以为了保护某种海洋物种而采取行动，即便这种物种并不在其领土管辖范围之内。这些问题是这一时期两个著名仲裁案需要解决的核心问题，即 1893 年"白令海海豹仲裁案"（Bering Sea Fur Seals Arbitration）[1] 和 1938 年、1941 年的 "特雷尔冶炼厂仲裁案"，[2] 这两个案例对国际环境法中相关习惯国际法规则的阐明和发展起到了重要的推动作用。

（二）污染—防治阶段

第二次世界大战结束之后，国际法律秩序得以重新建立。虽然可以从总体上说 1945 年联合国的成立对国际环境保护事业的发展起着推动作用，然而，由于当时特殊的历史情境，1945 年《联合国宪章》的起草者们并未将环境保护纳入他们的考虑范围，联合国系统成立之初也没有建立针对环境保护的专门机构。可以说，直到 20 世纪 60 年代末之前，国际环境作为一个"议题"在国际社会的讨论热度是相对低迷的。但在这一期间，环境保护并非停步不前，例如，在 1948 年建立了第一个以环境保护为宗旨的国际组织——世界自然保护联盟，紧接着从 20 世纪 50 年代开始，海上石油污染开始成为国际关注的问题之一，各国在 1954 年通过的《国际防止海上油污公约》成为这一领域最早的多边国际条约，该公约还于 1962 年、1969 年和 1971 年进行过三次修订。随后是 1958 年联合国在日内瓦召开的第一次海洋法会议，会议通过了"日内瓦海洋法四公约"，即《领海与毗连区公约》《公海公约》《大陆架公约》和《捕鱼与养护公海生物资源公约》，"四公约"对海洋生物资源的养护和海洋环境的保护进行了初步规范。同时，在国际法的其他领域也都不同程度地涉及了国际环境和资源的保护，例如 1959 年的《南极条约》、1967 年的《外层空间条约》以及与核武器、核能使用和核事故相关的 1963 年《部分禁止核试验条约》、1963 年《核损害民事责任维也纳公约》和 1968 年《不扩散核武器条约》，等等。

从 20 世纪 60 年代末开始，环保主义思潮兴起，各国国内环境立法速度加快，国际环境法也逐渐进入长足发展时期。最具代表性的就是 1972 年 6 月 5 日 ~ 16 日，在瑞典首都斯德哥尔摩召开的当时规模最大的国际会议——联合国人类环境会议，它是世界各国政府在联合国的组织下召开的第一次以主题形式讨论当代环境问题，共

---

〔1〕　See Suzanne Lalonde, "Bering Sea", Max Planck Encyclopedia of Public International Law, http：//opil. ouplaw. com/view/10. 1093/law：epil/9780199231690/law‐9780199231690‐e1256？rskey = fiYBgd &result = 1&prd = EPIL，2016 年 3 月 31 日访问。

〔2〕　关于"特雷尔冶炼厂案"的案情简介和相关分析，可参见 [美] 伊迪丝·布朗·韦斯等：《国际环境法律与政策》，中信出版社 2003 年版，第 245 ~ 263 页。

同商议全球环境战略的国际会议。会议最为重要的成果之一便是通过了《联合国人类环境会议宣言》，该宣言包括七项共同声明和二十六项原则，"以鼓舞和指导世界各国人民保护和改善人类环境"，其次还通过了《人类环境行动计划》和其他若干建议和决议。[1] 会议另一个重要成果是建议成立一个专门协调和处理全球环境事务的机构，1972 年 12 月联合国大会通过决议决定建立"联合国环境规划署"，其总部之后设在了肯尼亚首都内罗毕。《斯德哥尔摩宣言》对于国际环境法的发展产生的影响是不言而喻的：它第一次阐明了国际环境保护的原则和规则，其中部分原则和规则被后来的国际环境条约所采纳，成为具有法律拘束力的原则和规则；尽管宣言本身没有法律拘束力，但它为各国今后采取行动提供了重要指引和道义依据；同时，它也为各国国内环境立法提供了指导和借鉴。这一时期，还通过了一些全球性、区域性的多边国际条约，如 1972 年《防止倾倒废弃物和其他物质引起海洋污染公约》、1972 年《保护世界文化和自然遗产公约》、1973 年《濒危野生动植物种国际贸易公约》、1976 年《保护地中海免受污染公约》、1979 年《远程越界空气污染公约》以及 1979 年《保护野生动物迁徙物种公约》。十年后，为了纪念斯德哥尔摩会议，1982 年 5 月联合国在内罗毕召开了人类环境特别会议并通过了《内罗毕宣言》。会议审议了各国为执行《斯德哥尔摩宣言》和行动计划而采取的各项措施，并要求各国政府和人民巩固与发展迄今已取得的成果。该宣言明确了环境、发展、人口和资源紧密而复杂的相互关系，强调进行环境管理和评价的必要性，同时该宣言重申了各国对《斯德哥尔摩宣言》和行动计划所承担的义务，并要求进一步加强和扩大在环境保护领域内的各国努力和国际合作。同年 10 月，联合国大会通过了《世界自然宪章》，宣布了若干养护原则，以指导和判断人类一切影响自然的行为。

这一时期有关环境与资源保护的国际司法案例也逐渐增多，如 1974 年"渔业管辖权案"（Fisheries Jurisdiction case）[2]、1974 年"核试验案"和涉及《关税及贸总协定》的 1991 年"墨西哥诉美国金枪鱼/海豚纠纷案"（Tuna Dolphin case）等。[3] 这一阶段的国际环境法发展迅速，关于国际环境保护的原则和规则也得到进一步确定。

（三）可持续发展阶段

20 世纪 80 年代中期开始，国际环境法进入新的发展时期。这其中至少有两个事

---

[1]　有关 1972 年联合国人类环境会议通过的若干文件，可参见 http://www.unep.org/Documents. Multilingual/Default.asp? DocumentID = 97，2016 年 3 月 31 日访问。

[2]　See Fisheries Jurisdiction case（Federal Republic of Germany v. Iceland），Judgment of 25 July 1974，*ICJ Reports* 1974.

[3]　该案源于 1972 年美国颁布的《海洋哺乳动物保护法》，根据美国这一国内法规定，如果捕捞被该法禁止的海洋哺乳动物或者使用如拖网围捕的捕捞方法获取海洋产品，将被美国禁止进口。该法的实施影响了包括墨西哥、澳大利亚和加拿大等多个国家。该案涉及环境与贸易邻域中的多个问题，如贸易单边主义、国内环境法的域外效力、GATT 中环境例外措施的适用等问题。

件引起了国际社会的巨大关注，在很大程度上刺激了国际环境法的发展。一是1985年在南极上空发现的臭氧层空洞。这一事实旋即引起了整个国际社会的广泛关注，臭氧层的减少导致太阳紫外线辐射量增加，直接威胁到人类的生存和健康，并破坏生态环境。二是全球变暖问题。由于人类近一个世纪的矿物燃料的大量使用，所排放的二氧化碳等温室气体导致全球变暖。全球平均温度明显攀升，全球变暖的直接危害是极端气候频繁出现、极地冰川加速融化导致全球海平面上升等自然灾害，它的间接、长期危害则是导致全球性的、大范围的自然和社会系统的改变，涉及人类生存的各个方面。

在面对诸多全球性环境问题的同时，国际社会积极应对，1987年"世界环境与发展委员会"通过了《我们共同的未来》[1]的报告（又称《布伦特兰报告》），该报告共分为共同的关切、共同的挑战和共同的努力三个部分，它将注意力主要集中在人口、粮食、物种和生态系统、能源和资源等方面，并且提出了"可持续发展"的概念，"可持续发展是既满足当代人的需要，又不对后代人满足其需要的能力构成危害的发展"。[2]在这一时期又通过了一些多边环境保护条约，例如针对臭氧层减少问题制定的1985年《保护臭氧层维也纳公约》和1987年《蒙特利尔议定书》，关于危险废物越境转移的1989年《控制危险废物越境转移及其处置的巴塞尔公约》、1991年《禁止向非洲进口危险废物和在非洲内控制危险废物的越境转移和管理的巴马科公约》）。

1992年6月3日~14日在巴西里约热内卢召开了"联合国环境与发展会议"，会议通过了三个文件和两个公约：《里约环境与发展宣言》《21世纪议程》《关于森林问题的原则声明》《联合国气候变化框架公约》和《生物多样性公约》。里约会议对国际环境法的发展起到了新的推动作用，在《里约宣言》共二十七条原则中，多次提及并强调了"可持续发展"的概念，使其渗入政治、经济、社会和法律等各个领域，成为当今国际社会的焦点问题。里约会议结束十年后，2002年8月在南非约翰内斯堡召开了"可持续发展世界首脑会议"，会议广泛涉及了政治、经济、环境与社会问题并通过了《约翰内斯堡可持续发展宣言》和一个《执行计划》，会议还全面审议了十年来《里约宣言》《21世纪议程》等重要文件和其他一些主要环境条约的执行情况，积极推进全球可持续发展。里约会议结束二十年后，2012年6月联合国再次在里约举行了"联合国可持续发展会议"，会议讨论的两个主题是绿色经济在可持续发展和消除贫困方面的作用和可持续发展的体制框架，并继续强调"共同但有

---

[1]　中文版翻译，可参见世界环境与发展委员会：《我们共同的未来》，王之佳、柯金良等译，吉林人民出版社1997年版。

[2]　世界环境与发展委员会：《我们共同的未来》，王之佳、柯金良等译，吉林人民出版社1997年版，第52页。

区别的责任"原则，会议通过了其成果文件《我们憧憬的未来》,[1]"再次承诺实现可持续发展，确保为我们的地球及今后世代，促进创造经济、社会、环境可持续的未来"。

这一时期国际环境法的发展不同于之前两个阶段，这是因为：其一，国际社会需要应对的环境问题更加复杂。相对于之前较为简单的"污染—防治"模式，或者单纯针对某一或某些物种的特定保护，如今应对气候变化问题、生物多样性问题需要的很可能是经济、社会模式的根本改变。其二，全球共同参与环境治理。之前的环境问题存在区域性、特定性，而现在的环境问题是全球性、普遍性的，之前的环境治理或许主要还是发达国家发挥作用，而现在的环境问题想要得到解决绝非发达国家单独能够完成，发展中国家在环境治理机制的建立方面同样扮演重要角色，甚至是不可或缺的。其三，环境问题中"科学的不确定性"愈发突出。一个突出案例便是转基因技术的大量使用，例如经过基因改造的"转基因作物"（Genetically Modified Organisms，GMOs）在抗病虫害、营养成分增加方面比传统作物有较为明显的优势，但大范围地使用转基因技术是否会对自然环境造成损害，或者长期食用转基因作物制作的食品是否会对人类健康造成威胁，至今在科学上是不确定的。

面对愈发复杂、难以应对的环境问题，对于国际环境法的发展而言既是机遇也是挑战。更为重要的是应对全球环境问题需要发挥全球智慧、促进合作、调和分歧，进一步推进国际环境法进入新的发展阶段，努力实现可持续发展。

三、国际环境法的参与者

国际环境法的参与者是指在国际环境法律、政策的制定、执行与实施等方面，在不同程度上、不同领域中发挥作用，同时又受到国际环境法的规制或影响的各种行为体。这样的参与者最主要的是国家，此外还有政府间国际组织以及其他实体。

（一）国家

国家是国际环境法最主要的参与者，也是国际环境法最主要的制定者和实施者，同时也是国际环境法律义务的直接承受者。按照传统国际法——"国家中心主义"（State - Centralism）的观点，国际环境法至少在三个方面表现出了国家中心主义：

1. 当一国政府参与并接受了一项国际环境法律义务，那么"国家"作为一个抽象的实体就受到该项义务的约束，并且它有义务制定相关的国内法律、政策以履行相应的国际义务。一般情况下，国际环境法只对国家课以义务，而不会直接作用于国家内部的私主体，如公司、企业，甚至是个人，例如《京都议定书》也只是对国家规定减排义务，而不针对其内部的碳排放企业。

2. 如果违反了一项国际环境法律义务，那么引致的是国家责任，而不是个人责任。在特雷尔冶炼厂仲裁案中，冶炼厂排放的大量硫化物使得美国华盛顿州遭受大

〔1〕《我们憧憬的未来》英文版本，可参见 http：//www. uncsd2012. org/content/documents/727The%20Future%20We%20Want%2019%20June%201230pm. pdf，2016 年 4 月 1 日访问。

规模损害，此时美国援引的是加拿大，而非冶炼厂的责任。

3. 只有国家才是争端的诉请方。同样是特雷尔冶炼厂仲裁案，虽然污染损害事件发生在加拿大的冶炼厂和美国华盛顿州的受害者两方私主体之间，但仲裁的诉请方是美国，而不是那些遭受严重损害的受害者，或者他们成立的"保护受害者协会"。虽然随着一些情况的改变以及国际环境法的发展，政府间国际组织或者非政府组织等也在国际环境条约的谈判、制定甚至实施过程中日益发挥作用，但很明显，相比其他非国家行为者，国家会继续扮演国际环境治理过程中的最重要的角色，因为大量国际环境条约依然是国家间谈判的结果且这些条约要得到履行离不开各个国家在其国内层面的执行与实施。

（二）政府间国际组织

国际组织在全球环境治理中愈来愈发挥着不可或缺的作用。这里的国际组织不仅指那些由其基本文件，如条约、协定等建立起来的国际组织，如联合国，还包括多边、双边安排或机制，如20国集团。但是，在国际环境法领域发挥重要作用的主要是政府间的国际组织，它们包括三类：

1. 联合国系统的全球性国际组织及其专门机构。如联合国环境规划署、联合国开发计划署（UNDP）、国际货币基金组织（IMF）以及国际农业发展基金（IFAD）等。

2. 区域性国际组织。如欧洲联盟（EU）和非洲联盟（AU）。

3. 根据多边环境协定建立的条约机构（treaty bodies）。根据不同的环境协定建立的条约机构名称不尽相同，如《联合国气候变化框架公约》《濒危野生动植物国际贸易公约》《生物多样性公约》等建立的"缔约方大会"（COPs 或 MOPs），但作为《国际捕鲸管制公约》执行机构就称"国际捕鲸委员会"。缔约方大会通常是每年召开一次，一般情况下，它具有最高的决策权，可以通过新的约束所有缔约方的环境规则，建立附属机构，审议、监督缔约国对公约的履约和执行情况。

（三）其他参与者

其他参与者主要是非政府组织，此外有公司和企业。

1. 非政府组织。近些年来，非政府组织（NGOs）的数量大量增长，它们不仅在国内层面越来越得到政府、公众的认可，并积极参与公共决策事务，在国际层面，尤其是在环境保护领域也发挥着不可忽视的作用。非政府组织相对其他行为体在全球环境治理过程中有着非常独特的优势，主要表现在三个方面：一是专业知识。非政府组织在信息提供、政策分析、科学技术方面能够为决策者提供非常专业的智力支持，例如世界自然保护联盟提供的濒危物种红色名录（或称 IUCN 红色名录）是全球动植物物种保护现状最全面的名录，被认为是生物多样性状况最权威的指标。二是"公共利益"的代表。几乎所有有关环境保护的非政府组织都会宣称其代表的是公共利益、全球利益，例如"世界自然基金会"就宣称其使命是致力于保护世界生物多样性；确保可再生自然资源的可持续利用；推动降低污染和减少浪费性消费的活动。[1] 三是资金支持。某些非政府组织还会单独或联合相关国家共同出资资助一些环境保护项目，例如自"世界自然基金会"1961 年成立以来，它在超过 150 个国家投资超过 13 000 个项目，资金近 100 亿美元，而"大自然保护协会"在 1988 年花费 24 万美元买下哥斯达黎加所欠的部分债务，完成了其首宗"以减免债务换取自然保护"的交易，以支持该国国家公园的保护。[2]

需要指出的是，目前无论是政府间国际组织还是非政府组织，它们在环境保护领域虽然都有着不可或缺的作用，但在发挥作用的同时存在职能相互重叠、缺乏系统安排和监督，甚至在某些环境保护领域还留有空白等问题，对于这些问题还有待国际社会努力解决。

2. 公司、企业。虽然国家是国际环境义务的直接承受者，但事实上，公司、企业本身及其活动才是国际环境法谋求规制的最终目标，因为进行大量温室气体排放，实施捕鲸行为，砍伐开采原木，交易野生动植物制品，造成跨境空气污染的并不是国家这个抽象实体，而是具体的公司、企业甚至是某些个人。一方面，作为国际环境法的参与者之一，公司、企业的活动不受国际环境法的直接规范，而是由履行国际义务的国家通过制定国内法加以调整，不过对于大型跨国企业，情况稍显复杂，其行为可能受到母国和驻在国的共同管辖或者国籍国管辖或者由驻在国属地管辖。另一方面，作为环境治理的参与者，公司、企业本身及其活动并非总是扮演"被动规制"的角色，它们同时也能够在整个环境保护过程中发挥积极能动的作用，同样推动国际环境法的发展和实施。在这其中，基于各种原因，公司、企业可能出于自愿，积极推进环保事业，原因可能是企业文化、提升企业形象的公关行为、成本收益的考虑，等等，在某些时候公司、企业的环保标准甚至高于国际标准；它们也可能出于非自愿的原因，例如整个行业标准的提高，要求普遍采用更加环保、清洁的技术手段和生产工艺，受到来自其他主体如政府的压力或环保组织的游说等。美国苹果公司（Apple Inc.）在这方面是较为典型的例子，在其履行"环境责任"[3] 方面，它与美国一家非盈利环保组织"保护基金会"合作，培育和保护用于制造包装用纸的森林种类，在影响气候变化的"碳排放量"的测量、验证和披露方面，采用全面的产品生命周期分析方法，即对产品制造、运输、使用和循环利用等整个生命周期内的碳排放量进行测量分析，并采用可再生清洁能源以降低能耗，减少碳排放。[4]

---

[1]　参见 http：//www.wwfchina.org/aboutus.php，2016 年 5 月 4 日访问。

[2]　参见 http：//www.tnc.org.cn/#TNC#events，2016 年 5 月 4 日访问。

[3]　有关苹果公司"环境责任"的信息，可参见 http：//www.apple.com/cn/environment/，2016 年 4 月 7 日访问。

[4]　有关苹果公司"气候变化问题"的信息，可参见 http：//www.apple.com/cn/environment/climate - change/，2016 年 4 月 7 日访问。

在全球环境治理过程中，各类参与者，如国家、政府间国际组织、非政府组织以及公司、企业等都在不同程度上发挥其作用，一方面推进环境保护事业的进一步发展，另一方面也有力地促进了国际环境法的遵守和执行。

第二节　国际环境法的一般原则

一、国际环境法一般原则的概念

按照菲利普·桑斯教授的观点，国际环境法的一般原则是指那些"潜在地可适用于国际社会所有成员的，囊括了它们所实施的或授权实施的活动以及与保护环境有关的所有方面的活动",[1] 这些一般原则包括国家主权与不损害管辖范围以外环境的原则、防止环境损害原则、国际合作原则、风险预防原则、污染者付费原则、共同但有区别责任原则以及可持续发展原则等,[2] 它们多被规定或反映在具有普遍参与性的多边环境协定、国际组织的有拘束力或无拘束力的决议、国家实践、司法判例或者一些其他文件中。对于国际环境法一般原则的国际法地位问题，即它们是否具有法律拘束力的问题一直是学者讨论的重点。需要说明的是，其一，讨论一般原则的国际法地位问题不应当笼而统之，而应该具体到某一特定原则的实际适用上，同时需要考虑的因素包括该原则的历史与发展现状、其文字表述、特定的活动或争议的案件情况、相关的国家实践，等等；其二，就某些特定原则而言，它们可能已经被写入条约约文之中，或者已经发展成为习惯国际法或者是正在形成中的习惯国际法而具有了相应的国际法地位。从最一般的意义上说，既然是"原则"，那么它至少能为"实在法提供其必须遵守的一般方向和指引，为法律提供一种理念，而不必

---

[1] Philippe Sands, Jacqueline Peel et al. , *Principles of International Environmental Law*, 3rd edition, Cambridge: Cambridge University Press, 2012, p. 187.

[2] 对于国际环境法究竟有几项或哪些一般原则的问题。首先应当坚持发展的眼光看待，随着国际环境法的不断发展，其一般原则的数量可能会进一步增加，某些原则也可能因不能适应环境保护的需求而不再作为"一般原则"；其次国际社会并不存在任何有拘束力的文件规定哪些是国际环境法的一般原则，反而这些原则通常是经学者的归纳、总结产生的，又因为不同学者归纳的方式和标准不同，导致一般原则在数量上、名称使用上有所差异，例如上述7项原则是菲利普·桑斯教授的总结，See Philippe Sands, Jacqueline Peel et al. , *Principles of International Environmental Law*, 3rd edition, Cambridge: Cambridge University Press, 2012, pp. 190～237. 亚历山大·基斯教授则归纳了5项原则，其中不同的一项是"保护、保存和保全原则"（Protection, Preservation and Conservation）, See Alexandre Kiss, Dinah Shelton, *International Environmental Law*, 3rd edition, Princeton: Transnational Publishers, Inc. , 2004, pp. 113～122. 白桂梅教授将"全人类共同遗产原则"列为国际环境法的"原则"之一，参见白桂梅：《国际法》，北京大学出版社2015年版，第438页。See also Song Ying, *International Environmental Law*, Beijing: China Environment Press, 2014, pp. 50～63.

然使自身成为一项有拘束力的规范"。[1]

二、国际环境法的各项一般原则

（一）国家主权与不损害管辖范围以外环境的原则

"国家主权与不损害管辖范围以外环境的原则"可谓是国际环境法比较基础性的原则。它已被规定在国际条约和其他国际文件中，并有国际判例佐证。对此可参见本章第一节中关于国际环境法渊源之国际习惯法的论述。根据国际文件的规定，该原则包括两部分内容：一是指国家对其管辖范围内的自然资源享有永久性的主权权利，可对本国资源进行自由地勘探、开发和处置。一国对其领土内的自然资源享有永久主权是比较明显的国家主义、主权原则的体现。传统的"共存"国际法强调主权国家之间管辖权的划分以及相互之间的和平共存，只要一国的活动不危及这种共存关系，那么就是被国际法所接受的行为。联合国建立之后，这种共存的国际法仍然得以延续，例如1952年联合国大会通过了《自由开发天然财富及资源之权利》决议，[2]"建议各会员国为自身之进展及经济发展，在彼等认为必要之任何处所行使自由运用及开发各该国天然财富与资源之权利时，在不妨害其主权的限度内，充分顾及于安全，各国间互相信赖、经济合作……并建议各会员国避免以直接或间接行为妨碍任何一国对其自然资源行使主权"。第二次世界大战以后以及随着20世纪60年代反殖民运动的兴起，大量前殖民地成为主权国家。它们迫切想要发展本国经济，摆脱贫困落后的局面，不受任何外国干涉地开发本国自然资源成为一种现实要求，这些新兴的发展中国家要求国际社会以制度的形式确认国家对其自然资源拥有永久主权。例如，在1960年联全国大会通过的《关于准许殖民地国家及民族独立之宣言》[3]中提到"声明各民族均可为其本身之目的自由处置其天然财富与资源……"，1962年联合国大会通过了《天然资源之永久主权》的决议，[4]进一步宣布"各民族及各国行使其对天然财富与资源之永久主权，必须为其国家发展着想，并以其人民之福利为依归"，"此种资源之查勘、开发与处置……均应符合各民族及各国自行认为在许可、限制或禁止此等活动上所必要或所应有的之规则及条件"。二是不得损害国家管辖范围以外的环境。这也是"使用自己的财产不应损害他人财产"法律谚语在环境领域的一种表述，要求国家行使其自然资源的主权权利，进行各种开发利用活动时不得造成他国或者国家管辖以外领域的环境损害。从这种意义上说，国际环境法为国家施加了一项"消极义务"。

---

[1] Alexandre Kiss, Dinah Shelton, *International Environmental Law*, 3rd edition, Transnational Publishers, Inc., 2004, p. 113.

[2] See UN Doc. A/Res/626（VII）(1952).

[3] See UN Doc. A/Res/1514（XV）(1960).

[4] See UN Doc. A/Res/1803（XVII）(1962).

（二）防止环境损害原则

"防止环境损害原则"又称为"损害预防原则""预防原则"，被认为是环境保护领域的"黄金规则"[1]。某些环境损害，如物种灭绝、核泄漏与核辐射或者倾倒可对海洋环境造成持续性污染的物质等，一方面，这些损害可能是不可逆转、不可修复的，超出了"环境自我消解能力"（Environment Assimilative Capacity），即环境无法通过其自身的吸收和消解能力修复这些污染或损害。另一方面，对这些损害的事后修复可能需要巨大的成本，不符合"成本—收益"考量，当然也存在即使花费巨大也无法修复的可能性。基于这些原因，提前对将会造成环境损害的活动进行规制和引导，将大大降低发生损害的概率甚至避免其发生。防止环境损害原则背后的理念是预防优于治理。

在国际环境治理领域，防止环境损害原则是国家主权与不损害管辖范围以外环境原则的必然延伸，国家在其管辖范围内进行资源开发、处置或者实施其他活动，尤其是那些具有跨境影响性的活动时，为了不对他国或者其他管辖范围以外领域造成重大损害，国家有采取相应"损害预防措施"的义务，为此目的，国家可事先进行环境影响评价（EIA），采用最佳可得技术（BAT），设置、提高行业标准，活动过程中加强监督、管理并定期核查，如果有必要还需要将相关情况、信息告知可能受影响的国家，甚至在事前就应当与相关国家进行沟通、协商和信息交换。事实上，要求国家防止造成环境损害就是要求国家在活动过程中履行应有的勤勉和注意义务，几乎所有的多边环境协定都规定了这样的一般义务，例如1992年《工业事故跨界影响公约》第3条第1款规定，"……在本公约框架下缔约国应采取适当措施，进行合作，尽可能预防（preventing）工业事故，降低事故频率和严重程度，减轻事故影响，以保护人类和环境免受工业事故影响。为此目的，应采取预防（preventive）、准备和应对措施，包括修复措施"。又如1997年《国际水道非航行使用法公约》第7条第1款规定，"水道国在自己的领土内使用国际水道时，应采取一切适当措施，防止（prevent）对其他水道国造成重大损害（significant harm）"，第2款规定，"如对另一个水道国造成重大损害，而又没有关于这种使用的协定，其使用造成损害的国家应同受到影响的国家协商……采取一切适当措施，消除或减轻这种损害，并在适当的情况下，讨论补偿的问题"。

（三）风险预防原则

"风险预防原则"也称"预警原则"或"谨慎原则"。"风险预防"这一概念最早出现在欧洲国家的国内法中，尤其是德国国内环境法将其作为一项原则加以规定，

---

[1] Alexandre Kiss, Dinah Shelton, *International Environmental Law*, 3rd edition, Transnational Publishers, Inc., 2004, p. 113.

即德语 Vorsorgeprinzip。[1] 该原则的出现与"风险社会"这一概念或理论的提出不无关系,[2] 环境保护领域中的"环境风险"是指某项活动的进行,是否会造成某种环境影响或损害不确定,即因果关系不明;或者是损害结果已经出现,但它是由何种原因引起的不确定,即原因不明等情况,换句话说,风险意味着某种不确定性。环境风险的出现与科学技术的发展密切相关,由于科学发展本身的规律、人类认知水平的局限性以及环境问题的复杂性和多变性导致在特定时间段里总会存在某种"科学的不确定性"(scientific uncertainty)。

举例说明,滴滴涕(DDT)是一种有机化合物,于 1874 年被首次合成,瑞士化学家米勒(Paul Hermann Müller)在 1939 年发现这种化合物具有杀虫剂的效果。在第二次世界大战期间,滴滴涕被广泛用于平民和作战人员以对抗疟疾和痢疾,挽救了不少人的生命。第二次世界大战结束以后,滴滴涕作为农业杀虫剂被大量使用,增加农业产量。为此,1948 年米勒被授予了"诺贝尔生理学或医学奖"。1962 年美国海洋生物学家蕾切尔·卡逊(Rachel Carson)在她的著作《寂静的春天》[3] (Silent Spring)一书中指出,滴滴涕的广泛使用将大量危险化学物质释放到环境之中,但它对环境以及人类健康的长远影响却无从知晓,并且已经有部分证据显示滴滴涕具有致癌的作用,对野生动物,尤其是鸟类,甚至是整个生物链都产生了重大威胁。经过科学家多年的研究,证明了滴滴涕因其累积和持久的特性,在自然状态下极难降解,确实会对人类健康和生态环境造成危害。因此 2001 年国际上通过了《关于持久性有机污染物的斯德哥尔摩公约》,旨在减轻或限制有机污染物(POPs)的生产和使用,其附件 B 对滴滴涕的生产和使用严加限制,只允许疾病媒介物的控制使用(Disease Vector Control Use),这主要是出于针对疟疾、痢疾、登革热等疾病还没有找到更好替代防治方法的考虑。值得注意的是,该公约在其第 1 条明确规定,"本公约

[1] See Meinhard Schroder,"Precautionary Approach/Principle",*Max Planck Encyclopedia of Public International Law*. http://opil. ouplaw. com/view/10. 1093/law:epil/9780199231690/law - 9780199231690 - e1603? rskey = x9UYs4&result = 1245&prd = EPIL,2016 年 4 月 14 日访问。

[2] 作为现代社会回应风险的一种方式,"风险社会"这一概念或理念在 20 世纪 80 年代被提出,其代表人物是德国社会学家乌尔里希·贝克(Ulrich Beck)和英国社会学家安东尼·吉登斯(Anthony Giddens)等人。按照贝克的观点,"风险可以被界定为系统地处理现代化自身引致的危险和不安全感的方式。风险,与早期的危险相对,是与现代化的威胁力量以及现代化引致的怀疑的全球化相关的一些后果",[德]乌尔里希·贝克:《风险社会》,何博闻译,译林出版社 2004 年版,第 19 页。贝克在书中系统地论述了科技发展、后工业化、财富分配带来的风险,是对现代化的一种反思,在这过程中,他表达了对环境,如切尔诺贝利核事故(Chernobyl Disaster)的深刻关注。

[3] 该书中文版可参见,[美]蕾切尔·卡逊:《寂静的春天》,邓延陆编选,湖南教育出版社 2009 年版。《寂静的春天》一书具有重要的社会效应,从某种意义上说,正是该书的出版引发了 20 世纪 60 年代开始的环保主义思潮的兴起,极大地推动了全球对环境保护问题的思考和应对。经过卡逊的努力,1972 年 DDT 在美国被全面禁止生产和使用。

的目标是，铭记《环境与发展的里约宣言》之原则 15 的风险预防方法（precautionary approach），保护人类健康和环境免受持续性有机污染物的危害"。科技的发展在为人类创造福祉的同时，也带来了风险，而某些风险一旦成为现实，将是不可挽回的，不仅对人类健康造成巨大危害，还可能引发生态灾难，为此，强调风险防控显得极为重要。"风险预防"反映的理念正是基于"如有疑虑，环境受益"（in dubio pro natura）的考虑，在某种意义上，风险预防体现了较为强烈的"环境中心主义"思想。

风险预防原则被首次引入国际层面是因三次"保护北海国际会议"的召开得以实现的，1987 年第二次保护北海国际会议通过了部长宣言（《伦敦宣言》），其序言 7 提到，"为了防止北海遭受最危险物质可能造成的损害影响，一种风险预防的方法（precautionary approach）是必要的，它可以要求在没有明确的科学证据证明因果关系的情况下，采取行动控制此类物质的排放"。1992 年《里约宣言》原则 15 是对风险预防原则最为凝练的表述，得到了国际社会的广泛认可，"为了保护环境，各国应根据它们的能力广泛适用风险预防方法（precautionary approach）。遇有造成严重或不可逆转的损害威胁时，不得以缺乏充分的科学确定性为理由，延迟采取符合成本效益的措施防止环境退化"。与此同时，国际条约也将"风险预防"纳入其约文。如 1992 年《联合国气候变化框架公约》第 3 条第 3 款，1992 年《生物多样性公约》序言第 9 段，1992 年《跨界水道和国际湖泊保护与利用公约》第 2 条第 5 款 a 项，2000 年《卡塔赫纳生物安全议定书》第 1 条，等等，都作了规定。

虽然一些环境保护的国际文件规定了风险预防原则，相关国家的实践也不断丰富，但就风险预防原则的国际法地位，如它是否是一项习惯国际法的问题在理论和实践中也引发了争议。[1] 国际法院在其几个比较著名的与环境相关的判例，如 1997 年的"加布奇科沃—大毛罗斯项目案"（Gabcikovo – Nagymaros Project case）以及 2006 年的"纸浆厂案"（Pulp Mills case）中均未认可风险预防原则已经获得习惯国际法的地位。然而，国际海洋法法庭却在这个问题上作出了有益的尝试，如 2001 年法庭在"MOX 工厂案"（The MOX Plant case）指示的临时措施中提到，"法庭认为，谨慎和小心（prudence and caution）要求爱尔兰和英国应当采取合适的措施，对 MOX 工厂的运行导致的风险或影响在信息交换方面进行合作，并且设计方案以处理这些

---

[1] 某些学者认为，风险预防原则已经被广泛地纳入到条约规定中，大量国际环境软法也对此不断重申，它已经成为一项习惯国际法原则，或者至少是一项正在形成中的习惯国际法，但是对此提出质疑的观点认为，风险预防原则本身的规范内容仍旧模糊不清，表达形式多样，相关国家实践不一致，它还不存在形成国际习惯法的基础。对该问题的讨论，See Malgosia Fitzmaurice, *Contemporary Issues in International Environmental Law*, Cheltenham：Edward Elgar Publishing Limited, Northampton：Edward Elgar Publishing, Inc., 2009, pp. 1 ~ 66. 或参见 ［英］帕特莎·波尼、埃伦·波义尔：《国际法与环境》，那力、王彦志等译，高等教育出版社 2007 年版，第 108 ~ 114 页。

风险或影响"。[1] 这被认为是用不同的语词对风险预防原则概念进行的同一表述和适用。[2] 需要说明的是，无论风险预防原则是否具有何等国际法地位，它至少意味着国家在面对或处于不确定性的情况时，就风险识别以及在为此采取风险应对措施时，应当更加审慎。另外需要强调的一点是，风险预防原则和防止环境损害原则虽然都有"预防"之意，但二者在诸多方面存在区别，[3] 最为重要的一点区别在于前者适用的前提是存在科学的不确定性，如果环境损害可以确定或者导致损害的原因可以查明，那应当采取的是损害预防措施。

（四）国际合作原则

"国际合作原则"首先是国际法的一项基本原则。《联合国宪章》第 1 条第 3 款规定，"促进国际合作，以解决国际上属于经济、社会、文化及人类福利性质之国际问题，且不分种族、性别、语言或宗教，增进并激励对于全体人类之人权及基本自由之尊重"。加强国际合作是"合作的国际法"的本质要求。它"与传统的'共存'国际法不同，合作国际法以国际主义为价值导向，以国际社会的稳定、安全与发展为主要诉求，在承认和保护国际社会整体利益的原则下，主要规定国家对国际社会的普遍义务，要求让渡国家行使主权的权利，因此，它本质上是一种'对一切'义务的法律，属于具有公法性质的国际法规则体系"。[4] 国际合作原则是现今合作的国际法最为基础的一项原则。

同样，在国际事务广泛合作的大背景之下，国际合作原则对于全球环境治理也至关重要，它是国际环境法的基石。没有各国的合作，任何国际环境保护目标的实现都是不可能的。一方面，国际环境问题具有全方位、全因子、整体问题与局部问题交叉和互相促进、既有当前症状又有滞后效应等的特点。另一方面，国际社会在政治、经济、科技、文化、历史等方面又存在巨大的差异，[5] 这些现实问题都要求各国在应对全球环境问题时通力合作。《斯德哥尔摩宣言》原则 24 声明："有关保护和改善环境的国际问题应当由所有国家，不论其大小，在平等的基础上本着合作精神来加以处理，必须通过多边或双边的安排或其他合适途径的合作，在正当地考虑所有国家的主权和利益的情况下，防止、消灭或减少和有效地控制各方面的行动所造成的对环境的有害影响。"《里约宣言》的原则 7、9、12、14 和 27 等数次重申国际合作的重要性，促进各国在环境保护各领域的合作，如原则 7 声明，"各国应本着

[1] The MOX Plant case (Ireland v. United Kingdom), Request for Provisional Measures, Order, 3 December 2001, *ITLOS Reports*2001, para. 84.

[2] Malgosia Fitzmaurice, *Contemporary Issues in International Environmental Law*, Cheltenham：Edward Elgar Publishing Limited, Northampton：Edward Elgar Publishing, Inc., 2009, p. 12.

[3] 参见王曦编著：《国际环境法》，法律出版社 2005 年版，第 111 页。

[4] 古祖雪："联合国与国际法结构的现代变迁——纪念联合国成立 70 周年"，载《政法论坛》2015 年第 6 期。

[5] 参见王曦编著：《国际环境法》，法律出版社 2005 年版，第 112 页。

全球伙伴关系的精神进行合作，以维持、保持和恢复地球生态系统的健康和完整"。

国际合作原则还为国家创制了一些具体的义务，例如1991年《跨界环境影响评价公约》为缔约国设置它们在进行某些活动的早期阶段要进行环境影响评价的义务，其第8条规定了双边和多边合作的义务，"缔约方可以继续现有的或达成新的双边或多边协议或其他安排，以履行本公约规定的义务"，同时在其"附件六"还规定了"双边和多边合作的基本原则"。国际合作原则项下的具体义务包括对环境突发事件立即通知、协商和互助的义务，为可能受到跨界环境污染或损害的国家提供相关资料的义务以及交换情报、早期磋商、尽早预防等义务。

（五）污染者付费原则

"污染者付费原则"是指污染者应当为因其行为造成的环境污染承担责任，并以直接或间接的方式支付费用用以治理环境污染。不难发现，"污染者付费"本质上是一种经济政策或经济手段，目的是分配环境污染的治理开销。[1] 该原则在国内环境保护领域已经有相当的实践，并且成为国内环境法一项确定的法律原则。例如在我国环境保护实践中就积累出一项与此类似的原则，即"谁开发、谁保护，谁污染、谁治理"。2015年1月1日起施行的《中华人民共和国环境保护法》第43条规定，"排放污染物的企业事业单位和其他生产经营者，应当按照国家有关规定缴纳排污费。排污费应当全部专项用于环境污染防治，任何单位和个人不得截留、挤占或者挪作他用"。在国际环境保护领域，也有不少关于该原则的规定，《里约宣言》原则16声明，"考虑到污染者原则上应承担污染费用的观点，国家当局应该努力促使内部负担环境费用，并且适当地照顾到公众利益，而不扰乱国际贸易和投资"。此外，1992年《保护东北大西洋海洋环境公约》第2条第2款b项，1992年《工业事故跨界影响公约》序言、附件3的第10条第1款等都对污染者付费原则加以规定。

（六）共同但有区别责任原则

如果说污染者付费原则是从相对微观的角度要求污染者承担相应责任，那么"共同但有区别的责任原则"则是在宏观上要求各国承担全球环境治理的责任，即要求各国在保护和改善全球环境问题上承担着共同的责任，但各国之间，尤其是发达国家和发展中国家之间所承担的环境保护责任是有区别的，并不均等。

共同但有区别的责任原则是一般国际法中"公平原则"的具体体现，它包含两个方面的内容：共同责任和有区别的责任。

1. 共同责任。由于全球生态系统的整体性和不可分割性，保护和改善环境并不是某一个国家或者某一类国家的个别义务，它要求各国不论大小、强弱，在全球环境保护事业上都贡献一分力量，共同参与全球环境治理，守护我们共同的家园，这

---

〔1〕　See Alan Boyle, "Polluter Pays", Max Planck Encyclopedia of Public International Law, http：//opil. ouplaw. com/view/10. 1093/law：epil/9780199231690/law-9780199231690-e1602? rskey =BNTVyi&result = 1& prd = EPIL, 2016 年 4 月 18 日访问。

就是"共同的责任"。共同的责任维护的是人类的共同利益，它在相关国际文件中有所体现，如 1967 年《外层空间条约》序言中称，"确认为公平目的发展探索和利用外层空间，是全人类的共同利益"，1972 年《保护世界文化和自然遗产公约》序言提及，"……考虑到部分文化或自然遗产具有突出的重要性，因而需作为全人类世界遗产的一部分加以保护……整个国际社会有责任（强调为引者所加）……保护具有突出的普遍价值的文化和自然遗产……"，1994 年《关于执行 1982 年 12 月 10 日〈联合国海洋法公约〉第十一部分的协定》的序言提及，"重申国家管辖范围以外的海床和洋底以及底土（以下简称'区域'）以及'区域'的资源为人类共同继承财产"，1992 年《生物多样性公约》序言提及，"确认生物多样性的保护是全人类共同关切的事项"。

　　需要说明的是，虽然"共同"意味着大范围、整体性、全局性，但它并不是指所有环境问题都需要得到全球性的关注，对于空气污染、水污染等跨界环境问题，迁徙动物的保护，生物多样性的保护，自然遗产的保护，"没有一个环境问题在单纯意义上能够被描述为'国际的'：它可能是全球的、区域的、跨界的、国内的，或是所有这些或任何这些层面的结合"。[1] 因此，共同的责任不意味着对于"某个特定环境问题"，世界各国都需承担责任。

　　2. 有区别的责任。即世界各国在整体承担环境保护责任的前提下，又有差别地承担环境保护的责任。因为，虽然世界各国都对整体意义的环境保护负有责任，但这种责任因历史和现实的原因存在差别。历史上，发达国家的工业化和经济的高速增长并逐渐成为高福利国家是依赖于高度消耗地球自然资源、以严重污染地球环境为代价实现的，而这些国家如今拥有雄厚的资金、先进的技术以及革新的生产方式。相反，发展中国家，包括那些最不发达的国家还在为自身经济、社会发展，甚至是解决最基本的贫困、饥饿问题做努力，现实中这种巨大的差异要求各国在环境保护过程中承担的责任和义务不应当、也不可能是均等的。发达国家理应为其历史上的污染行为买单，负更大的责任，并对发展中国家提供更多的、不附加商业条件的资金和技术以帮助它们提高保护环境的能力。同时，发展中国家也应当借助先进技术和资金努力改革自身生产方式，实现可持续发展。1992 年《里约宣言》原则 7 声明，"鉴于导致全球环境退化的各种不同因素，各国负有共同但有区别的责任。发达国家承认，鉴于他们的社会给全球环境带来的压力，以及它们所掌握的技术和财力资源，他们在追求可持续发展的国际努力中负有责任"，与此同时，许多国际环境条约都对该原则有所体现或加以具体规定，如 1992 年《联合国气候变化框架公约》第 4 条规定，"所有缔约方，考虑到它们共同但有区别的责任，以及各自具体的国家和区域发展优先顺序、目标和情况，应……"；1997 年《京都议定书》是共同但有区别责任

---

〔1〕　〔英〕帕特莎·波尼、埃伦·波义尔：《国际法与环境》，那力等译，高等教育出版社 2007 年版，第 5~6 页。

原则重要的法律实践，它明确了发达国家的减排义务并为其设置了减排的具体目标和时间表，相反，对于发展中国家却暂缓采取实质性限控行动。2012 年，在联合国可持续发展会议上，发展中国家再次强调共同但有区别的责任原则，要求发达国家率先改变其不可持续的消费和生产方式，并在资金、技术等方面继续给予发展中国家帮助。

（七）可持续发展原则

"可持续发展"这一概念是由世界环境与发展委员会，在其 1987 年发表的《我们共同的未来》中被系统提出的，而后"可持续发展"这一理念被广泛应用于社会、经济、环境等诸多领域。对可持续发展的内涵进行界定的尝试有很多，例如国际法协会在其 2002 年第 70 届会议上通过的一项决议，认为"可持续发展"应包括以下七项原则：国家有义务确保自然资源的可持续使用；公平和消除贫困原则；共同但有区别的责任原则；对人类健康、自然资源和生态系统适用风险预防方法的原则；公众参与和信息公开与司法公正原则；良治（good governance）原则以及尤其是与人权和社会、经济、环境目标相关的整合与代内公平（integration and interrelationship）原则。[1] 菲利普·桑斯教授将可持续发展原则细化为代际公平原则、可持续利用原则、代内公平原则以及环境与发展一体化原则。[2] 但是，目前能得到广泛接受的定义仍然是《我们共同的未来》中的表述，"既满足当代人的需要，又不对后代人满足其需要的能力构成危害的发展。它包括两个重要的概念：'需要'的概念，尤其是世界贫困人民的基本需要，应将此放在特别优先的地位来考虑；'限制'的概念，技术状况和社会组织对环境满足眼前和将来的需要的能力施加的限制"。由此表述不难发现，可持续发展强调环境与发展的关系，环境保护应与经济、社会等其他方面的发展相互协调、兼顾。《里约宣言》原则 4 声明，"为了实现可持续的发展，环境保护应成为发展进程中一个整体组成部分，不能脱离这一进程来考虑"。

在国际环境法领域，因为可持续发展原则至今并没有一个确切的含义或统一的范围，以至于"可持续发展"究竟是一个纯粹的概念，还是已经发展成为一项"法律原则"尚无定论。[3] 国际法院在"加布奇科沃—大毛罗斯项目案"中援引了可持续发展的概念，但也仅仅是以"概念"的方式使用，它认为"经济发展和环境保护

---

[1] 转引自 Alexandre Kiss, Dinah Shelton, *International Environmental Law*, 3rd edition, New York：Transnational Publishers, Inc., 2004, p. 120.

[2] See Philippe Sands, Jacqueline Peel et al., *Principles of International Environmental Law*, 3rd edition, Cambridge：Cambridge University Press, 2012, pp. 207, 209～217.

[3] 对"可持续发展原则"的法理分析，可参见 Malgosia Fitzmaurice, *Contemporary Issues in International Environmental Law*, Cheltenham：Edward Elgar Publishing Limited, Northampton：Edward Elgar Publishing, Inc., 2009, pp. 67～109.

应相互协调这种必要性在可持续发展的概念（concept）中被恰当地表达了出来”,[1]
法院并未就“可持续发展原则”本身的法律地位问题作任何阐释，但该案法官威拉
曼特利却持有不同意见，他认为“法院必须在环境考量和发展考量之间寻求平衡，
使得法院可以这样做的原则正是可持续发展原则……它不仅仅是一个概念，而是一
项对于决定该案至关重要的具有规范价值的原则”,[2] 菲利普·桑斯教授也认为,
“很难质疑‘可持续发展’的概念已经成为国际习惯法的一部分”,[3] 否定观点认
为，可持续发展原则缺乏“规范因素”，甚至“无论它是否是一项国际条约的一部
分，它不是行为导向的（action - oriented）规则而是指导国家作决策的原则”,[4] 它
仅仅是一种政治理念。这里需要说明的是，无论“可持续发展”是一种概念、理念
抑或是成为一项法律原则，都不能抹灭它在当今国际环境保护过程中发挥的引领
作用。

第三节　大气、海洋和淡水的环境保护

一、大气环境保护

大气环境保护是国际环境法较早关注的领域，早期的跨界环境污染主要就是大
气污染。污染物质进入大气后会产生多重效应，“因为空气本质上是一个传播介质：
气体或颗粒物只是暂时在空气中停留，只有在这些污染物重新进入土壤、植物、海
洋、湖泊或者河流之后，它们的诸多影响才会表现出来，而有毒的空气则会直接损
害生物和物体。污染物在进入大气之后，其组成成分还会发生变化。最终也是最为
重要的是空气污染物移动迅速并且比起在水中或者海洋环境中，其蔓延的距离更
远”。[5] 这里的大气环境保护主要是指预防和治理跨界空气污染、保护臭氧层和气
候变化问题。

---

[1]　Case Concerning the Gabcikovo - Nagymaros Project（Hungary v. Slovakia）, Judgment of 25 September
　　　1997, *ICJ Reports*1997, para. 140, p. 74.

[2]　Case Concerning the Gabcikovo - Nagymaros Project（Hungary v. Slovakia）, Separate Opinion of Vice -
　　　President Weeramantry, *ICJ Report*s 1997, p. 85.

[3]　Philippe Sands, Jacqueline Peel et al. , *Principles of International Environmental Law*, 3rd edition, Cam-
　　　bridge: Cambridge University Press, 2012, p. 208.

[4]　Ulrich Beyerlin, "Sustainable Development", Max Planck Encyclopedia of Public International Law,
　　　para. 17. http: //opil. ouplaw. com/view/10. 1093/law: epil/9780199231690/law-9780199231690 - e1609? rskey =
　　　jpKJXI&result =1&prd =EPIL, 2016 年 4 月 20 日访问。

[5]　Alexandre Kiss, Dinah Shelton, *International Environmental Law*, 3rd edition, New York: Transnational
　　　Publishers, Inc. , 2004, p. 307.

（一）预防和治理跨界空气污染

欧美国家率先进入工业化阶段，大规模的工业生产导致有毒有害气体的排放并随着大气传播，如果这些气体跨界进入他国，造成了严重的空气污染和损害，就会引起国际争端。1938 年和 1941 年的"特雷尔冶炼厂案"便是这方面的典型案例。早期应对预防和治理跨界空气污染多采取双边模式，即签订双边条约或者争端当事国提交仲裁加以解决，直到 1979 年才制定了第一个旨在解决跨界空气污染的区域性多边条约《远程越界空气污染公约》，它是在联合国欧洲经济委员会（UNECE）的主持下制定的，旨在限制、逐渐减少和防止长距离跨界污染的排放，尤其是在控制二氧化硫和酸雨等方面，该公约也是目前在防治空气污染方面唯一的多边国际公约。

按照《远程越界空气污染公约》第 1 条第 1 款的规定，"'空气污染'是指由人类直接地或间接地对空气引入具有威胁人类健康，损害生物资源、生态系统和物质财产，并危害或干扰环境的舒适和其他合理用途的具有有害影响的物质或能量"，该条 2 款规定，"'远程越界空气污染'是指其物质起源完全地或部分地位于一国管辖之下的区域，在位于一般不可区别个别排放源或排放源群的促成作用的距离之外的另一国的管辖之下的区域发生有害作用的空气污染"。[1]

《远程越界空气污染公约》是一个框架性国际公约，主要是在通过资料交换、协商、研究和监测，制定防治空气污染的政策和策略，在主要空气污染物的控制技术、监测技术、对健康和环境的影响，社会经济评价以及传输机制的模型方面进行合作研究等，进行原则规定，缔约国的具体义务是通过后来的议定书加以规定的。迄今，在该公约之下已经有 8 个议定书和 4 项对相关议定书的修正案，[2] 它们分别是：1984 年《关于长期资助远程越界空气污染检测和评价的日内瓦议定书》、1985 年《关于至少削减硫排放或其越界流动 30% 的赫尔辛基议定书》、1988 年《关于氮氧化物排放及其越界流动的索菲亚议定书》、1991 年《关于挥发性有机物及其越界流动的日内瓦议定书》、1994 年《关于进一步减少硫排放的奥斯陆议定书》、1998 年《关于持久性有机污染物的奥尔胡斯议定书》及其 2009 年的两项修正案、1998 年《关于重金属的奥尔胡斯议定书》及其 2012 年的一项修正案以及 1999 年《关于减轻酸化、富营养化和地面臭氧的哥森堡议定书》及其 2012 年一项修正案，这些议定书和修正案将公约义务进一步细化，并陆续增加规定了需要严格监控和减排的大气污染物。其他一些全球性条约也会涉及跨界大气污染问题，如 1982 年《海洋法公约》第 212、222 条分别规定了"来自大气层或通过大气层的污染"和"对来自大气层或通过大气层的污染的执行"，以防止、减少和控制大气对海洋环境的污染。

---

〔1〕　《远程越界空气污染公约》的英文文本，可参见 http://www.unece.org/fileadmin/DAM/env/lrtap/full%20text/1979.CLRTAP.e.pdf，2016 年 4 月 25 日访问。

〔2〕　关于《远程越界空气污染公约》的 8 个议定书和 4 个修正案英文文本、签署情况、生效时间等，可参见 http://www.unece.org/env/lrtap/status/lrtap_s.html，2016 年 4 月 25 日访问。

（二）保护臭氧层

1. 臭氧层的严重损耗。从 20 世纪 50 年代开始，人类已经开始对臭氧进行观察，当时由英国考察队对南极上空的臭氧含量做常规监测。直到 20 世纪 70 年代，人类开始关注臭氧层问题，1973 年美国化学家马里奥·莫利纳（Mario Molina）首次提出氟氯烃（CFCs）会对臭氧层产生影响，1974 年科学家发现氟氯化碳的排放正在消耗平流层中的臭氧。20 世纪 80 年代，科学家观测到南极上空的臭氧层变得稀薄，进一步研究显示，各大洲均存在臭氧消耗问题，而造成臭氧层破坏的原因正是包括全氟氯烃、哈龙、四氯化碳、甲基溴等化合物的使用，这些臭氧消耗物质（Ozone Depleting Substances，ODS）主要被用于哈龙（Halon）[1] 行业、清洗行业、泡沫行业、制冷行业和汽车行业等。臭氧层的主要作用是吸收太阳光中的短波紫外线，而臭氧层的损耗甚至出现空洞会造成严重的人体健康危害和生态破坏，例如因过多的紫外线辐射会造成人体免疫机能减退、皮肤组织变性和角质化甚至癌变以及白内障等，对生态的破坏表现在浮游生物的生产力下降影响整个海洋生物链，另外，臭氧层的损耗也会对城市环境和建筑材料产生一定影响。换句话说，"臭氧层的变化，可使达到地面的具有生物学作用的太阳紫外线辐射量发生变化，并可能影响人类健康、生物和生态系统以及对人类有用的物质；臭氧垂直分布的变化，可使大气层的气温结构发生变化，并可能影响天气和气候"。[2]

2. 保护臭氧层的措施。为应对臭氧层耗损问题，1985 年 3 月 22 日各国通过了《保护臭氧层维也纳公约》，该公约是一个框架性公约，并未给缔约国设置具体的行动目标和时间表，只规定了一些"一般义务"：①"通过有系统的观察、研究和资料交换从事合作，以期更好地了解和评价人类活动对臭氧层的影响，以及臭氧层变化对人类健康和环境的影响；②采取适当的立法和行政措施，从事合作，协调适当的政策，以便在发现其管辖或控制范围内的某些人类活动已经或可能由于改变或可能改变臭氧层而造成不利影响时，对这些活动加以控制、限制、削减或禁止；③进行合作，制定本公约的商定措施、程序和标准，以期通过议定书和附件；④同有关的国际组织合作，有效地执行它们加入的本公约和议定书"。[3] 公约的附件一主要规定了要求缔约国应就与臭氧层相关的科学问题进行研究和系统观察的义务，附件二是对科学、技术、社经和商业以及法律等方面的资料进行交换作了规定。

1987 年 9 月 16 日各国在蒙特利尔召开的第一次缔约方大会上通过了《关于消耗臭氧层物质的蒙特利尔议定书》（简称《蒙特利尔议定书》）。该议定书于 1989 年 1

---

[1] 哈龙是英文 Halon 的音译，是一种卤代烷的化学品，主要用于灭火剂的制作，曾被广泛用于消防行业。哈龙的大量使用，还会引起温室效应。臭氧消耗物质对臭氧层的破坏是巨大的，一个单位的消耗物质与臭氧发生化学连锁反应之后，对臭氧的消耗是其本身的十万倍。

[2] 《保护臭氧层维也纳公约》附件一第 1 条。

[3] 《保护臭氧层维也纳公约》第 2 条第 2 款。

月 1 日生效，与《保护臭氧层维也纳公约》一样，截至目前，它们的缔约方都是 197
个。[1] 从 1990 年起至今，《蒙特利尔议定书》一共进行了 4 次修正，它们分别是
1990 年《伦敦修正》、1992 年《哥本哈根修正》、1997 年《蒙特利尔修正》和 1999
年《北京修正》。[2] 另外，根据议定书第 2 条第 9 款和第 6 条的规定，缔约国按照程
序，可对议定书附件中所载臭氧消耗物质进行调整，从 1991 年开始至 2008 年的最近
一次，公约和议定书的缔约国会议一共作了 13 次调整。[3] 此处的调整（adjust-
ments）只需要在缔约国会议上通过协商一致或特定多数的方式通过，即可对缔约国
生效。《蒙特利尔议定书》在其附件 A 中规定了两类 8 种受控物质，在之后的修正
中，又不断增加受控化学品，议定书对控制物质的消费和生产作了具体的规定，有
明确的时间表和消费、生产削减量。值得注意的是，议定书第 5 条还专门规定发展
中国家可以有条件地享有 10 年宽限期，并有资格享受《蒙特利尔议定书》多边基金
提供的技术和资金援助。根据联合国环境规划署臭氧秘书处的一份报告显示，"截至
2010 年底，《蒙特利尔议定书》的 197 个缔约方总共淘汰了 98% 的臭氧消耗物质，
臭氧消耗物质年产量从 1987 年的 180 多万吨下降至 2010 年的 4.5 万吨左右"，[4] 成
绩斐然。

（三）气候变化问题

气候变化已经成为如今全球环境问题中最重要、影响范围最广、最受国际社会
关注的公共治理问题。全球气候变化的主要原因是人类大量燃烧化石燃料，导致大
气层中的温室气体过度排放和聚集，它是大气环境恶化的表现之一。气候变化对人
类社会和自然界的影响是巨大的，它几乎涉及了人类生活的各个方面，甚至改变人
类的生产和生活方式，在某种程度上它对自然界也发挥着"重塑"的作用。20 世纪
80 年代中后期，国际社会开始着手应对气候变化问题，1988 年联合国环境规划署和
世界气象组织合作成立了"政府间气候变化专家组"（Intergovernmental Panel on Cli-
mate Change，IPCC），该组织旨在提供有关气候变化的科学技术和社会经济认知状
况、气候变化原因、潜在影响和应对策略的综合评估。[5] 1990 年 12 月，联合国大

---

[1] 参见 http：//ozone. unep. org/en/treaties – and – decisions，2016 年 4 月 25 日访问。

[2] 参见 http：//ozone. unep. org/en/handbook – montreal – protocol – substances – deplete – ozone – layer/
27608，2016 年 4 月 26 日访问。

[3] 参见 http：//ozone. unep. org/en/handbook – montreal – protocol – substances – deplete – ozone – layer/
27594，2016 年 4 月 26 日访问。

[4] 联合国环境规划署臭氧秘书处：《平流层臭氧保护工作的成就——进展报告（1987～2012 年）》，第
12 页，参见 https：//ozone. unep. org/new_site/en/about_the_secretariat. php，2016 年 4 月 26 日访问。

[5] 截至目前，政府间气候变化专家组（IPCC）已经发表了 5 份评估报告（Assessment Reports），前 4 次
分别于 1990 年、1995 年、2001 年和 2007 年发表，最近一次是在 2013～2014 年间发表的。该 5 份报
告的详细内容，可参见 http：//www. ipcc. ch/publications_and_data/publications_and_data_reports. shtml
#1，2016 年 4 月 27 日访问。

会第 45 届会议通过决议设立关于气候变化框架公约的政府间谈判委员会，1992 年 6 月 4 日，在里约会议上《联合国气候变化框架公约》开放签署，该公约于 1994 年 3 月 21 日正式生效。[1]

按照该公约第 1 条第 2 款的规定，"'气候变化'是指除在类似时期内所观测的气候的自然变异之外，由于直接或间接的人类活动改变了地球大气的组成而造成的气候变化"，公约排除了纯自然原因导致的气候变化的情况，将其关注点聚焦在人类活动上，因此该公约的目标是"将大气中温室气体的浓度稳定在防止气候系统受到危险的人为干扰的水平上。这一水平应当在足以使生态系统能够自然地适应气候变化、确保粮食生产免受威胁并使经济发展能够在可持续地进行的时间范围内实现"。[2] 作为一个框架公约，该公约同样没有给缔约方设置任何具体减排的行动义务和时间表，只是作了一些原则性规定，值得强调的是，其第 3 条列举的 5 项"原则"对该公约本身的履行和它后续的议定书的缔结具有指导作用，它们是：①在公平的基础上，根据共同但有区别的责任和各自的能力保护气候系统；②充分考虑发展中国家缔约方的具体需要和特殊情况；③应当采取预防措施（precautionary measures），预测、防止或尽量减少引起气候变化的原因，并缓解其不利影响；④应当促进可持续的发展；⑤应当合作促进有利的和开放的国际经济体系。

同时，公约通过其附件一和附件二罗列了两类发达国家，[3] 并要求它们作出不同的承诺，例如第 4 条第 3 款规定："附件二所列的发达国家缔约方和其他发达缔约方应提供新的和额外的资金，以支付经议定的发展中国家缔约方为履行第 12 条第 1 款规定的义务而招致的全部费用"，同条第 4 款规定："附件二所列发达国家缔约方和其他发达缔约方还应帮助特别易受气候变化不利影响的发展中国家缔约方支付适应这些不利影响的费用"，这些规定都是上述原则的具体体现。

为了促进《联合国气候变化框架公约》第 2 条"目标"的实现，1995 年，第一次缔约方会议上通过了"柏林授权"（Berlin Mandate），根据这一授权，1997 年 12 月 11 日，在公约的第三次缔约方大会上通过了《京都议定书》，该议定书于 2005 年 2 月 16 日生效。《京都议定书》在其附件 A 中列明了 6 种温室气体，即二氧化碳、甲

---

[1]　参见 https：//treaties. un. org/pages/showDetails. aspx？objid ＝08000002800431ce，2016 年 4 月 27 日访问。

[2]　《联合国气候变化框架公约》第 2 条。

[3]　按照 1992 年《联合国气候变化框架公约》中的规定，附件一中的所列的国家共计 36 个，其中有 11 个"正在朝市场经济过渡的国家"（强调为注者所加），包括：澳大利亚、奥地利、白俄罗斯、比利时、保加利亚、加拿大、捷克斯洛伐克、丹麦、欧洲经济共同体、爱沙尼亚、芬兰、法国、德国、希腊、匈牙利、冰岛、爱尔兰、意大利、日本、拉脱维亚、立陶宛、卢森堡、荷兰、新西兰、挪威、波兰、葡萄牙、罗马尼亚、俄罗斯联邦、西班牙、瑞典、瑞士、土耳其、乌克兰、大不列颠及北爱尔兰联合王国、美利坚合众国。附件二中所列的国家即除去附件一中"正在朝市场经济过渡"的 11 个国家以外，剩余的 25 个发达国家。

烷、氧化亚氮、氢氟碳化物、全氟化碳和六氟化硫，以及产生温室气体的"部门/源"[1]的类别，如能源工业、制造业和建筑、化工业、农作物残留物的田间燃烧、陆地固体废物处置等，其附件 B 列出了承诺排放量，量化限制或减少的 39 个公约附件一缔约方名录。按照《京都议定书》第 3 条第 1 款的规定，"附件一所列缔约方应个别地或共同地确保其在附件 A 中所列温室气体的人为二氧化碳当量排放总量不超过按照附件 B 中所载其量化的限制或减少排放的承诺和根据本条的规定所计算的其分配数量，以使其在 2008～2012 年承诺期内这些气体的全部排放量从 1990 年水平至少减少 5%"，据此，议定书为公约附件一缔约方设置了明确的减排任务和时间表（2008～2012 年期间，即《京都议定书》第一承诺期），其中美国承诺减排 7%，[2]加拿大承诺减排 6%，[3]欧洲共同体承诺减排 8%，英国承诺减排 8% 以及日本承诺减排 6%，俄罗斯[4]等向市场经济过渡的国家可以维持在 1990 年的水平。除了自身承诺减排以外，在《京都议定书》体制之下，还有三种灵活履约机制：①"联合履约机制"（Joint Implementation），议定书第 6 条规定"附件一所列任一缔约方可以向任何其他此类缔约方转让或从它们获得任何经济部门旨在减少温室气体各种源的人为排放或增强各种汇[5]的人为清除的项目所产生的减少排放单位"；②"清洁发展机制"（Clean Development Mechanism），即公约附件一缔约方可以选择任何非公约附件一缔约方作为合作伙伴，资助非公约附件一缔约方进行减排，减排的份额抵销公约附件一缔约方的减排额度，这一机制被规定在议定书第 12 条；③"排放贸易机制"（Emissions Trade），即根据"《京都议定书》第 17 条的排放量贸易的方式、规则和指南"，在附件一国家的国家登记处之间，进行包括"排放减量单位""排放减量权证""分配数量单位"和"清除单位"等减排单位核证的转让或获得的一种机制。

《京都议定书》的第一承诺期至 2012 年截止，"后京都时代"的第二期减排安排是历次缔约方大会谈判的重点。自 1995 年至 2015 年底，公约缔约方会议（Confer-

[1] 根据 1992 年《联合国气候变化框架公约》第 1 条第 9 款的规定，"源"（source）是指"向大气排放温室气体、气溶胶或温室气体前体的任何过程或活动"。

[2] 美国曾于 1998 年 11 月 12 日签署了《京都议定书》，但在 2001 年却拒绝批准《京都议定书》，美国至今不是该议定书的缔约方。

[3] 加拿大于 1998 年 4 月 29 日签署了《京都议定书》，并于 2002 年 12 月 17 日批准了该议定书，但根据《京都议定书》第 27 条第 1 款和第 2 款的规定，加拿大于 2011 年 12 月 15 日向联合国秘书长发出通知，宣布退出《京都议定书》，于 2012 年 12 月 15 日正式退出该议定书。

[4] 俄罗斯于 1999 年 3 月 11 日签署《京都议定书》，2004 年 11 月 18 日批准该议定书。正是俄罗斯的加入，议定书才能根据其第 25 条第 1 款的规定，于 2005 年 2 月 16 日生效。需要说明的是，俄罗斯在其交存批准书的同时作出的声明中表示，俄罗斯是否加入 2012 年以后京都议定书第二期承诺，将视谈判结果而定。

[5] 根据 1992 年《联合国气候变化框架公约》第 1 条第 8 款的规定，"汇"（sink）是指"从大气中清除温室气体、气溶胶或温室气体前体的任何过程、活动或机制"。

ence of the Parties，COP）已经召开了 21 次，自 2005 年至 2015 年，议定书缔约方会议（Meeting of the Parties to the Kyoto Protocol，CMP）已经召开了 11 次。

表 8－1 缔约方会议

会议时间	会议地点	会议届数	会议主要成果
1995. 3. 28 ～ 4. 7	德国·柏林	COP － 1	"柏林授权"
……	……	……	……
1997. 12. 1 ～ 12. 10	日本·京都	COP － 3	通过《京都议定书》
……	……	……	……
2005. 11. 28 ～ 12. 9	加拿大·蒙特利尔	COP － 11/CMP － 1	第一次《京都议定书》缔约方会议
……	……	……	……
2007. 12. 3 ～ 12. 14	印度尼西亚·巴厘岛	COP － 13/CMP － 3	"巴厘岛路线图"
2008. 12. 1 ～ 12. 12	波兰·波兹南	COP － 14/CMP － 4	会议决定启动"适应基金"
2009. 12. 7 ～ 12. 18	丹麦·根本哈根	COP － 15/CMP － 5	通过不具有法律拘束力的《哥本哈根协议》
2010. 11. 29 ～ 12. 10	墨西哥·坎昆	COP － 16/CMP － 6	通过《坎昆协议》
2011. 11. 28 ～ 12. 9	南非·德班	COP － 17/CMP － 7	"德班一揽子协议"
2012. 11. 26 ～ 12. 7	卡塔尔·多哈	COP － 18/CMP － 8	从法律上确定《京都议定书》第二期承诺
2013. 11. 11 ～ 11. 22	波兰·华沙	COP － 19/CMP － 9	进一步加强德班平台
2014. 12. 1 ～ 12. 12	秘鲁·利马	COP － 20/CMP － 10	"利马气候行动呼吁"
2015. 11. 30 ～ 12. 11	法国·巴黎	COP － 21/CMP － 11	《巴黎协定》

自 2005 年开始，缔约方会议虽然每年召开，但就"后京都时代"应对气候变化达成新安排的谈判工作进展并不顺利，这样的谈判历经近十年，其前期并没有取得实质性成果，即没有形成有法律拘束力的国际文件，例如在公约缔约方第 15 次会议上通过的《哥本哈根协议》是一份近乎宣言性的国际文件，因其不具有任何法律拘束力而备受批评。2012 年 12 月 8 日，在卡塔尔·多哈通过了《对〈京都议定书〉的多哈修正》，该《修正》从法律上确定了《京都议定书》第二承诺期（2013 ～ 2020年）的减排任务，将《京都议定书》中附件 B 的各发达国家缔约方的减排要求进一步提高，并从整体上规定"附件一所列缔约方应个别或共同确保……其在 2013 ～2020 年承诺期内将这些气体的全部排放量从 1990 年水平至少减少 18%"，但是《多哈修正》至今未生效。[1]

---

〔1〕 参见 https：//treaties. un. org/pages/ViewDetails. aspx？src = TREATY&mtdsg_no = XXVII － 7 － c&chapter = 27&lang = en，2016 年 4 月 28 日访问。

2015 年 12 月 12 日，在第 21 次公约缔约方会议之后，通过了《巴黎协定》，该协定于 2016 年 4 月 22 日在纽约的联合国总部开放签署，开放当日就有 175 个缔约方（包括 174 个国家和欧盟）签署了《协定》，[1] 并有 15 个国家交存了批准书。[2] 需要注意的是，《巴黎协定》是《联合国气候变化框架公约》体系下一个新的协定，与《京都议定书》是相互独立的。按照《巴黎协定》第 2 条第 1 款第 1 项的规定，缔约方承诺"把全球平均气温升幅控制在工业化前水平以上低于 2℃ 之内，并努力将气温升幅限制在工业化前水平以上 1.5℃ 之内"。如果将"通过议定书给缔约方设置具体的减排任务和明确的时间表以完成削减目标"称为"自上而下"的减排模式，那么与《京都议定书》的减排模式不同，《巴黎协定》首先设置了一个不能触碰的"天花板"（全球平均气温升幅要控制在 1.5℃ ~2℃ 之内），然后通过"国家自主贡献"（Nationally Determined Contributions，NDCs）的方式，[3] 即各缔约方（不区分发达国家和发展中国家）根据自身情况确定应对气候变化行动的目标，并"为了实现第 2 条规定的长期气温目标，缔约方旨在尽快达到温室气体排放的全球峰值……"，[4] 以期实现该协定第 2 条的规定目标，把这种全球气候治理的模式相对应地称为"自下而上"的模式。另外，为了督促和监督各缔约方对"国家自主贡献"的履行情况，"公约缔约国会议应定期盘点本协定的履行情况，以评估实现本协定宗旨和长期目标的集体进展情况〔称为'全球盘点'（global stocktake）〕"。[5]

《巴黎协定》的智慧创新在某种程度上弥合了发达国家和发展中国家长期以来关于各自责任分担的矛盾和分歧，该协定本身具有更高的参与度，对各缔约方具有更

---

〔1〕 参见 http：//newsroom. unfccc. int/paris – agreement/175 – states – sign – paris – agreement/，2016 年 4 月 28 日访问。

〔2〕 参见 https：//treaties. un. org/pages/ViewDetails. aspx？ src = TREATY&mtdsg_no = XXVII –7 – d&chapter =27&lang = en，2016 年 4 月 28 日访问。这 15 个国家包括：巴巴多斯、伯利兹、斐济、格林纳达、马尔代夫、马绍尔群岛、毛里求斯、瑙鲁、帕劳、萨摩亚、索马里、圣基茨和尼维斯、圣卢西亚、巴勒斯坦国以及图瓦卢，不难发现，除了索马里和巴勒斯坦国以外，其余 13 个国家均是"小岛屿国家联盟"（Alliance of Small Island States，AOSIS）的成员国，它们不仅是发展中国家，同时由于地理原因，也是最易受到因气候变化导致的极端天气影响、海平面上升威胁的国家，它们对《巴黎协定》积极批准的态度也不难想象。

〔3〕 在第 21 次公约缔约方会议召开之前，所有缔约方均被邀请向秘书处呈交其"国家自主贡献预案"（Intended Nationally Determined Contributions，INDCs），以备各国审阅，2015 年 2 月 27 日，瑞士成为第一个提交"国家自主贡献预案"的国家。需要注意的是，除非当国家在批准《巴黎协定》的同时，重新提交新的"国际自主贡献"，否则在批准之前提交的"国家自主贡献预案"即成为有效承诺。中国也在 2015 年 6 月 30 日提交了"国家自主贡献预案"。关于各国提交的"国家自主贡献预案"案文文本，可参见 http：//www4. unfccc. int/submissions/indc/Submission% 20Pages/submissions. aspx，2016 年 4 月 28 日访问。

〔4〕 《巴黎协定》第 4 条第 1 款。

〔5〕 《巴黎协定》第 14 条第 1 款。

大的吸引力。至于《巴黎协定》究竟能否得到充分有效履行，它又能为全球温室气体排放的控制提供多少贡献，我们拭目以待。

二、海洋和淡水的保护

（一）海洋环境的保护

根据《海洋法公约》第 192 条的规定，"各国有保护和保全海洋环境的义务"，海洋环境保护的主要任务是防治海洋污染。1996 年《防止倾倒废物及其他物质污染海洋的公约的 1996 年议定书》（简称《1996 年议定书》）第 1 条第 10 款的规定，污染"系指人类活动将废物或其他物质直接或间接地引入海洋中，造成或可能造成诸如损害生物资源和海洋生态系统、危害人体健康、妨碍包括捕鱼和对海洋的其他合法利用在内的海洋活动、影响海水使用质量和降低环境舒适性之类的有害影响"，[1] 造成海洋污染的污染源主要有：船舶源污染、倾倒源污染、海上事故源污染以及陆地源污染。

1. 船舶源污染。针对海上船舶源污染，1954 年在伦敦签订了《国际防止海上油污公约》，该公约于 1958 年生效，公约旨在采取措施以防止海水被船舶所排出的油类污染，它是第一个防止船舶源污染，也是第一个旨在防止海洋污染的国际公约。1973 年国际社会签订了《国际防止船舶造成污染公约》，1978 年 2 月 17 日在伦敦签订了一个该公约的议定书（简称《1978 年议定书》），而后二者被简称为《73/78 船污公约》，《73/78 船污公约》取代了 1954 年的《国际防止海上油污公约》，并于 1983 年 10 月 2 日生效。公约的宗旨是预防、控制和消除船舶作业过程中可能因排放石油、液态有害物质、有包装的有害物质、污水、垃圾和空气污染物造成的海洋污染，"本着彻底消除有意排放油类和其他有害物质污染海洋环境并将这些物质的意外排放减至最低限度的愿望"，[2] 该公约成为防止船舶污染最主要的国际公约。

此外，1982 年《海洋法公约》第 211 条共用了 7 款来对"来自船只的污染"作了一般性的规定，如其第 1 款规定："各国应通过主管国际组织或一般外交会议采取行动，制定国际规则和标准，以防止、减少和控制船只对海洋环境的污染，并于适当情形下以同样方式促进对划定航线制度的采用，以期尽量减少可能对海洋环境，包括对海洋造成污染和对沿海国的有关利益可能造成污染损害的意外事件的威胁。这种规则和标准应根据需要随时以同样方式重新审查。"[3]

2. 倾倒源污染。国际上防止海上倾倒源污染的文件主要是 1972 年的《防止倾倒废物及其他物质污染海洋的公约》（简称《防止倾废公约》）以及 1996 年《议定书》。按照《防止倾废公约》的规定，"倾倒"包含两层含义：①任何从船舶、航空

---

〔1〕　参见中国人大网，http：//www.npc.gov.cn/wxzl/gongbao/2006 - 07/21/content_5350738.htm，2016 年 4 月 29 日访问。

〔2〕　1973 年《国际防止船舶造成污染公约》序言。

〔3〕　其他款规定参见《海洋法公约》。

器、平台或其他海上人工构筑物上有意地在海上倾弃废物或其他物质的行为；②任何有意地在海上弃置船舶、航空器、平台或其他海上人工构筑物的行为。[1] 1996 年议定书对公约进行了全面的修改，对于"倾倒"的含义，增加了"从船舶、航空器、平台或其他海上人工构造物将废物或其他物质在海床及其底土中作的任何贮藏"和"仅为故意处置目的在现场对平台或其他海上人工构造物作的任何弃置或任何颠覆"[2] 两种情况。该议定书要求缔约国应单独和集体地保护和保全海洋环境，使其不受一切污染源的危害，应按其科学、技术和经济能力采取有效措施防止、减少并在可行时消除倾倒或海上焚烧废物或其他物质造成的海洋污染。[3]

同样，《海洋法公约》在其第 210 条"倾倒造成的污染"共用 6 款对此进行规定。强调各国应制定法律和规章，以防止、减少和控制倾倒对海洋环境的污染。其第 5 款还规定，"非经沿海国事前明示核准，不应在领海和专属经济区内或在大陆架上进行倾倒，沿海国经与由于地理处理可能受倾倒不利影响的其他国家适当审议此事后，有权准许、规定和控制这种倾倒"。

3. 海上事故源污染。从发生概率和污染程度上看，因海上事故所造成的污染虽不及其他种类污染源造成的污染比重大，然而一旦发生污染事故，会对特定海域造成严重的生态破坏并且危及沿海国居民健康，尤其以油轮原油泄漏、爆炸燃烧或者海上钻井平台发生井喷等情况最为严重。1967 年 3 月 18 日，美国托雷·坎荣号（Torrey Canyon）巨型油轮在英吉利海峡触礁沉没，其载运的 11 万吨原油倾入海洋，造成英吉利海峡广泛污染，大量海洋生物死亡。2010 年 4 月 20 日，位于美国墨西哥湾由英国石油公司租赁的石油钻井平台发生爆炸，爆炸当场造成 7 人重伤，11 人失踪，大量原油泄漏，直到 7 月 15 日才宣布封住漏油点，这次事故被认为是美国历史上最严重的漏油事故。为防止海上重大油污事故，国际社会签订了 1969 年《国际干预公海油污事故公约》（简称《干预公约》）、1973 年《干预公海非油类物质污染议定书》（简称《干预议定书》）以及 1990 年《国际油污防备、反应和合作公约》。

此外，为建立防止、减少海上运输污染损害及其赔偿机制，使污染受害方得到及时、充分和有效的赔偿，国际社会分别于 1969 年签订了《国际油污损害民事责任公约》，于 1971 年签订《关于设立油污损害赔偿基金公约》以及 1996 年的《海上运输危险和有毒物质损害责任及赔偿的国际公约》。

4. 陆地源污染。陆地源污染是海洋污染的主要污染源，来源于陆地的污染物质种类繁多，对海洋环境造成了越来越严重的破坏，但对该问题的解决，目前除了《海洋法公约》存在一些原则性规定以外，并没有全球性的国际公约加以规范，只在部分海域存在一些区域性公约。

---

〔1〕 1972 年《防止倾倒废物及其他物质污染海洋的公约》第 3 条第 1 款第 1 项。
〔2〕 1996 年《防止倾倒废物及其他物质污染海洋的公约的 1996 年议定书》第 1 条第 4 款。
〔3〕 1996 年《防止倾倒废物及其他物质污染海洋的公约的 1996 年议定书》第 2 条。

《海洋法公约》第 207 条共计 5 款对防止陆地来源的污染规定了五点原则要求：①各国应制定法律和规章，以防止、减少和控制陆地来源，包括河流、河口湾、管道和排水口结构对海洋环境的污染，同时考虑到国际上议定的规则、标准和建议的办法及程序。②各国应采取其他可能必要措施，以防止、减少和控制这种污染。③各国应尽力在适当的区域一级协调其在这方面的政策。④各国特别应通过主管国际组织或外交会议采取行动，尽力制定全球性和区域性规则、标准和建议的办法及程序，以防止、减少和控制这种污染。⑤第 1、2 和 4 款提及的法律、规章、措施、规则、标准和建议的办法及程序，应包括旨在最大可能范围内尽量减少有毒、有害或有碍健康的物质，特别是持久不变的物质，排放到海洋环境的各种规定。

《海洋法公约》第 213 条还要求各国应按照第 207 条的规定制定法律和规章，以实施通过主管国际组织或外交会议制定的各种国际规则和标准。此外，国际上还于 1995 年通过了虽没有法律拘束力，但为区域组织和各国制定其有关陆地源污染的规则具有指导意义的《保护海洋环境免受陆源活动影响的全球行动计划》。除此，关于治理陆地源污染还有区域公约，例如 1992 年《保护东北大西洋海洋环境公约》，它部分地吸收了 1974 年《防止陆源物质污染海洋公约》。

（二）淡水的保护与利用

国际环境法中的"淡水"（Fresh Waters）是指江河、湖泊、地下水和水库等。对于淡水环境的保护包括两方面，一方面是合理开发、利用淡水资源；另一方面是防止淡水污染。在淡水环境保护领域，早期的国际法规则主要与跨界河流、湖泊的利用、航行等有关，是通过国家间的双边或区域安排加以规范。1966 年，国际法协会在其第 52 届大会上通过了《国际河流利用规则》（简称《赫尔辛基规则》），该文件虽不具有法律拘束力且只是对国际流域内水域的法律规则进行了编纂，但却对后面相关国际公约的制定具有指导意义。国际法协会在 2004 年又编纂了《柏林水资源规则》，同样，该规则也是没有法律拘束力的。

1992 年 3 月 17 日，联合国欧洲经济委员会主持并通过的《跨界水道和国际湖泊保护与利用公约》在赫尔辛基开放签署后，于 1996 年 10 月 6 日生效，其缔约国主要是欧洲国家。[1] 公约旨在防止、控制及削减对跨界水体造成跨国影响，其第 1 条第 2 款规定，"跨国影响"指的是"人类活动所引起的跨界水体状况的改变在某缔约方的管辖区内对环境产生的重大负面影响，而其物理源头全部或部分位于另一缔约方管辖地区内。这些对环境的影响包括对人类健康和安全、植物、动物、土壤、空气、水、气候、地貌和历史纪念物或其他物理结构的影响或这些因素之间的互动；它们也包括上述因素的变化对于文化遗产或社会经济状况而产生的影响"，公约还以"风险预防原则""污染者付费原则"和"可持续发展原则"作为缔约各方采取措施的

―――――――――――――

〔1〕　英国于 1993 年 3 月 18 日签署了该公约，但至今未批准，是目前所有签署方中，唯一没有批准的国家。

指导原则。

目前在全球淡水环境保护领域最重要的多边条约是由国际法委员会起草并在联合国主持下通过的 1997 年《国际水道非航行使用法公约》，它已于 2014 年 8 月 17 日生效，其缔约方目前共有 36 个。[1] 该公约适用于国际水道及其水为航行以外目的的使用，并适用于同这些水道及其水的使用有关的保护、保全和管理措施。公约的第二部分为缔约方规定了应当遵守的"一般原则"。包括"公平合理的利用和参与""不造成重大损害的义务""一般合作义务"以及"经常地交换数据和资料"等，其第三部分共计 9 条对缔约方采取可能对国际水道状况产生影响的"计划措施"进行了规定，第四部分则主要是有关国际水道的保护、保全和管理的规定。需要注意的是，该公约未规定缔约方大会作为公约的最高权力机构，也没有相应的执行机构。

第四节　生物多样性的保护和危险废物与有毒有害物质的管控

一、生物多样性的保护

为生物资源和生物多样性提供保护的国际文件包括两类，一类是 1992 年《生物多样性公约》及其 2000 年的"议定书"以及一些其他国际条约中涉及生物资源保护与利用的一般性规定；另一类是为特定物种提供保护的其他专门性国际条约。

（一）生物多样性的保护

1992 年的《生物多样性公约》是生物资源和生物多样性保护和利用方面的基础性文件。按照公约的规定，"生物多样性"是指"所有来源的形形色色生物体，这些来源除其他外包括陆地、海洋和其他水生生态系统及其所构成的生态综合体：这包括物种内部、物种之间和生态系统的多样性"。"生物资源"是指"对人类具有实际或潜在用途或价值的遗传资源、生物体或其部分、生物群体，或生态系统中任何其他生物组成部分"。[2] 该公约旨在保护生物多样性、持久使用其组成部分以及公平合理分享由利用遗传资源而产生的惠益。此外，《生物多样性公约》在生物多样性的保护和持久使用方面要求缔约国按照其特殊情况和能力，制定国家战略、计划或方案，或为此目的变通其现有战略、计划或方案；尽可能并酌情将生物多样性的保护和持久使用订入有关的部门或跨部门计划、方案和政策内。[3]

---

〔1〕　除英国于 2013 年 12 月 13 日加入该公约以外，其他安理会常任理事国均未签署该公约。参见 https：//treaties. un. org/Pages/ViewDetails. aspx？src ＝ TREATY&mtdsg_no ＝ XXⅦ － 12&chapter ＝ 27&lang ＝ en#1，2016 年 4 月 30 日访问。

〔2〕　《生物多样性公约》第 2 条。

〔3〕　《生物多样性公约》第 6 条。

虽然《生物多样性公约》已经就"生物安全"问题作出了一些规定,[1] 但为了保护人类卫生和环境免受现代生物科技产品对其可能造成的有害影响,同时在认可现代生物科技在提高人类生活质量方面具有的极大潜力的前提下,国际社会于2000年1月29日在蒙特利尔通过了《〈生物多样性公约〉的卡塔赫纳生物安全议定书》,该议定书于2003年9月11日生效。它的目标是"依循《关于环境与发展的里约宣言》原则15所订立的预先防范办法(即风险预防方法,引者注),协助确保在安全转移、处理和使用凭借现代生物技术获得的、可能对生物多样性的保护和可持续使用产生不利影响的改性活生物体[2]领域内采取充分的保护措施,同时顾及对人类健康所构成的风险并特别注重越境转移问题"。[3] 据此,该议定书特别强调在适用风险预防原则的前提下,在转移、处理和使用改性活生物体过程中要尤其谨慎,降低对人类和环境可能造成的风险。因此,它不仅要求缔约方采用已得到公认的技术进行风险评估,还要进行风险管理,即制定并保持适宜的机制、措施和战略,用以制约、管理和控制因改性活生物体的使用、处理和越境转移而构成的各种风险。由于其核心问题是处理在现代生物科技方面存在的科学不确定性,因此该议定书又被称为"风险预防原则的宣言"。

(二) 特定物种的保护

国际社会对特定物种的保护较早出现在海洋生物资源的养护与利用方面,例如1911年在美、英、日、俄之间签订的《北太平洋海豹公约》,也是第一个野生动物保护领域的国际条约。其后国际社会又陆续签订了1946年的《国际捕鲸管制公约》、1957年《保护北太平洋海豹临时公约》[4]、1966年《养护大西洋金枪鱼国际公约》、1972年《保护南极海豹公约》、1980年《南极海洋生物资源保护公约》等。另外,《海洋法公约》在其不同的海域制度之下为海洋生物资源的保护与利用提供了一些一般性的规定。例如,其第61条第2款规定:"沿海国参照其可得到的最可靠的科学证据,应通过正当的养护和管理措施,确保专属经济区内生物资源的维持不受过度开发的危害。"第62条第1款规定:"沿海国应在不妨害第61条的情形下促进专属经济区内生物资源最适度利用的目的。"第117条规定:"所有国家均有义务为各该国国民采取,或与其他国家合作采取养护公海生物资源的必要措施。"为确保跨界鱼类种群和高度洄游鱼类种群的长期养护和可持续利用,在联合国主持下,于1995年

---

〔1〕 如《生物多样性公约》第16条、第19条。

〔2〕 根据《卡塔赫纳生物安全议定书》第3条g项规定,"改性活生物体"是指"任何具有凭借现代生物技术获得的遗传材料新异组合的活生物体"。

〔3〕 《卡塔赫纳生物安全议定书》第1条。

〔4〕 同样,该公约是限于特定国家参加的"有限性多边公约",它的缔约国只有加拿大、日本、苏联和美国。参见 https://treaties.un.org/pages/showDetails.aspx?objid=0800000280140008,2016年5月1日访问。

通过了《执行 1982 年 12 月 10 日〈联合国海洋法公约〉有关养护和管理跨界鱼类种群和高度洄游鱼类种群的规定的协定》（简称《洄游鱼类种群协定》）。

除了海洋生物资源以外，国际社会还为一些特定野生动物、植物订立了诸多国际条约。如 1950 年的《国际鸟类保护公约》、1971 年《关于特别是作为水禽栖息地的国际重要湿地公约》（简称《拉姆萨公约》）、1973 年《濒危野生动植物物种国际贸易公约》、1978 年《国际植物新品种保护公约》、1979 年《保护野生动物迁徙物种公约》（简称《波恩公约》）、1983 年和 1994 年的《国际热带木材协定》，以及与生物多样性有关的防止土地荒漠化的 1994 年《联合国关于在发生严重干旱和/或荒漠化的国家特别是在非洲防止荒漠化的公约》等。

二、危险废物与有毒有害物质的管控

人类生活方式的改变在很大程度上依赖于工业生产，但工业生产在满足人类物质需求、提高生活质量的同时，也附带产出了大量工业废弃物和其他有毒有害物质，这些物质如果得不到适当处理，将对环境和人类健康造成严重危害。[1] 20 世纪 70 年代开始，发达国家国内环境立法对这些物质的管控愈发严格，其国内处置费用也越发高昂，与此同时，发展中国家和一些欠发达国家为了发展本国经济，迫切需要引进外资，这些国家便成了发达国家处置危险废物和有毒有害物质的理想场所。国际环境法在这方面主要关注的便是废物的越境转移问题。另外，随着国家对核技术的依赖程度不断提高，核活动的规制、核材料的使用也成为国际环境法关注的重要领域。

（一）危险废物越境转移的管控

在危险废物越境转移管制领域最重要的国际条约是 1989 年 3 月 22 日开放签署的《控制危险废物越境转移及其处置巴塞尔公约》（简称《巴塞尔公约》），该公约于 1992 年 5 月 5 日生效。公约旨在通过最有效的方法把危险废物产生的数量和潜在危害程度减至最低限度。公约的附件一至三分别规定了"应加控制的废物类别""须加特别考虑的废物类别"和"危险特性的清单"。附件四则规定了各种处置作业的方式。按照该公约的规定，"废物"是指处置的或打算予以处置的或按照国家法律规定必须加以处置的物质或物品，[2] 而"危险废物"则是"①属于附件一所载任何类别的废物，除非它们不具备附件三所列的任何特定和②任一出口、进口或过境缔约国的国内立法确定为或视为危险废物的不包括在①项内的废物"，[3] 据此，危险废物不仅包括附件一所列的废物，还包括缔约国国内立法规定的任何危险废物。"越境转移"是指"危险废物或其他废物从一国的国家管辖地区移至或通过另一国的国家管

---

〔1〕 See UNEP, Minimizing Hazardous Wastes: A Simplified Guide to the Basel Convention, 2002. http://ar-chive. basel. int/pub/simp – guide. pdf, 2016 年 5 月 1 日访问。

〔2〕《巴塞尔公约》第 2 条第 1 款。

〔3〕《巴塞尔公约》第 1 条第 1 款。

辖地区的任何转移，或移至或通过不是任何国家的国家管辖地区的任何转移，但该转移须涉及至少两个国家"。[1]

《巴塞尔公约》要求各缔约国应认为危险废物或其他废物的非法运输为犯罪行为。[2] 另外，缔约国在行使其禁止进口危险废物或其他废物的权利时，应将其通知其他缔约国，其他缔约国在接获此通知后，应禁止或不许可向禁止这类废物进口的缔约国出口危险废物和其他废物，对于尚未禁止进口危险废物和其他废物的进口国，在该进口国未以书面同意某一进口时，其他缔约国应禁止或不许可此类废物的出口。此外，《巴塞尔公约》还就通过非缔约方的越境转移、非法运输、国际合作、资料的递送、缔约方大会及争端解决等方面作了规定。1995年《巴塞尔公约》作了修正，该修正增加了附件七，列明了属于经济合作与发展组织的公约缔约方以及该组织中其他成员，禁止这些国家向非附件七中的国家进行任何越境转移，不过该修正尚未生效。[3] 1999年12月10日，公约缔约方签订了《危险废物越境转移及其处置所造成损害的责任和赔偿问题议定书》，该议定书的目的是确保在危险废物及其他废物越境转移和处置造成损害时，作出充分和迅速的赔偿，该议定书尚未生效。[4]

除《巴塞尔公约》外，在危险废物越境转移方面另一个比较重要的国际条约是于1991年1月30日签订的《禁止对非洲出口并控制和管理非洲内部的危险废物跨界转移公约》（简称《巴马科公约》），该公约参照使用了与《巴塞尔公约》相似的条款规定，但在危险废物的进口管控方面更加严格，例如对《巴塞尔公约》未作规定的放射性物质也予规定其中。

（二）有毒有害物质的管控

有毒有害物质主要是指危险化学品、农药以及持久有机污染物等。这方面的国际管制主要是在联合国环境规划署、联合国粮食及农业组织、世界卫生组织或机构的主持或参与下制定的国际文件。20世纪80年代，就一些常用但毒性较大的化学品和农药，联合国环境规划署和粮农组织建立了自愿性的"事先知情同意"（Prior Informed Consent）制度，这一制度在1998年的《关于在国际贸易中对某些危险化学品和农药采用事先知情同意程序的鹿特丹公约》（简称《鹿特丹公约》）中作了详细规定。《鹿特丹公约》旨在"通过便利就国际贸易中的某些危险化学品的特性进行资料交流、为此类化学品的进出口规定一套国家决策程序并将这些决定通知缔约方，以促进缔约方在此类化学品的国际贸易中分担责任和开展合作，保护人类健康和环境

---

[1] 《巴塞尔公约》第2条第3款。

[2] 《巴塞尔公约》第4条第3款。

[3] 参见 http://www.basel.int/Implementation/LegalMatters/BanAmendment/Overview/tabid/1484/Default.aspx，2016年5月1日访问。

[4] 参见 http://www.basel.int/Countries/StatusofRatifications/TheProtocol/tabid/1345/Default.aspx，2016年5月1日访问。

免受此类化学品可能造成的危害，并推动以无害环境的方式加以使用"。[1] 该公约适用于"禁用或严格限用的化学品"和"极为危险的农药制剂"，公约附件三列明了27 种"适用事先知情同意程序的化学品"，其中包括 17 种"农药"、5 种"极为危险的农药制剂"以及 5 种"工业用化学品"。

2013 年 10 月 10 日在联合国环境规划署的主持下，在日本熊本通过了《关于汞的水俣公约》，该公约的目标是保护人体健康和环境免受汞及其化合物的人为排放和释放的影响。公约阐明了旨在实现这一目标的一整套措施，这些措施包括：对于汞的供应和贸易实行控制，其中规定对诸如源自初级采矿业的汞等某些特定的汞来源实行限制；对添汞产品和那些使用汞化合物的制造工艺以及手工和小规模采金活动采取控制措施；针对汞的排放和释放订立了不同的条款，规定在采取控制措施减少汞含量的同时，亦允许在顾及国家发展计划方面保持灵活性。此外，还针对汞和对汞的环境无害化临时储存，以及针对汞废物和受到污染的场地订立了不同的应对措施。因缔约方数量[2]未满足该公约第 31 条的生效条件，该公约目前尚未生效。

在持久性有机污染物的国际管制方面，比较重要的国际条约是于 2001 年签署的《关于持久性有机污染物的斯德哥尔摩公约》，该公约的目标是在《里约宣言》之原则 15 声明的风险预防方法（precautionary principle）的指导下，保护人类健康和环境免受持久性有机污染物的危害。持久性有机污染物具有毒性、难以降解、可产生生物蓄积的特性，它们可以通过空气、水和迁徙物种实现跨境迁移并沉积在远离其排放地点的地区，对当地陆地生态系统和水域生态系统产生影响，持久性有机污染物甚至可以通过生物放大作用致使北极生态系统、特别是该地区的土著居民受到尤为严重的威胁，危及人类健康。公约的附件 A 列明了应予"消除"的化学品，但保留了"特定的豁免"，附件 B 则列明了应予"限制"的化学品，同样保留了"可接受的用途或特定的豁免"，公约还以附件 C 对"无意的生产"（unintentional production），即对某些涉及有机物质处理过程中无意形成或排放的化学品进行了规定。对于有意生产和使用的排放，公约要求缔约方禁止和/或采取必要的法律和行政措施，消除附件 A 所列化学品的生产和使用、进口和出口，并限制附件 B 中化学品的生产和使用，对于特定豁免，应建立一个登记簿，以列明享有附件 A 或附件 B 所列特定豁免的缔约方，该登记簿还应向公众开放。该公约已于 2004 年 5 月 17 日生效，目前有 180 个缔约方。[3]

（三）核活动与核材料的安全管控

众所周知的关涉核活动与核材料安全管控的两个重大事故，一个是 1986 年 4 月

---

[1]《鹿特丹公约》第 1 条。

[2] 参见 http：//www. mercuryconvention. org/Convention/tabid/3426/Default. aspx，2016 年 5 月 1 日访问。

[3] 参见 http：//chm. pops. int/Countries/StatusofRatifications/PartiesandSignatoires/tabid/4500/Default. aspx# CN5，2016 年 5 月 3 日访问。

26 日，苏联切尔诺贝利核电站爆炸泄漏事故（Chernobyl Nuclear Plant Accident），其被认为是人类历史上最严重的核事故；[1]另一个是 2011 年 3 月 11 日发生于日本福岛县的福岛第一核电站事故（Fukushima Daiichi Nuclear Disaster）。切尔诺贝利核事故发生之后，国际社会旋即在国际原子能机构[2]的主持下签订了两个国际公约，即 1986 年 9 月 26 日通过的《及早通报核事故公约》和《核事故或辐射紧急情况援助公约》。《及早通报核事故公约》旨在通过迅速交换信息的机制加强对核事故的国际响应，以最大程度减少超越国界的放射性后果。该公约要求，一旦发生事故，缔约方必须立即直接或通过国际原子能机构将该事故、事故的性质、发生的时间及其确切地点酌情通知实际受影响或可能实际受影响的国家和国际原子能机构；而国际原子能机构则应将其所收到的任何通报通知缔约方、成员国、实际受影响或可能实际受影响的其他国家以及相关国际组织。《核事故或辐射紧急情况援助公约》则是提供一种国际框架，以便在核事故和放射紧急情况下及时提出援助请求和迅速提供援助，促进、便利和支持缔约方为此开展合作。

在上述两个公约之前和之后，除上述两公约外，国际上还订立了诸多其他与核能利用安全管控有关的国际条约，例如 1979 年通过的《核材料实物保护公约》，该公约是 13 项反对恐怖主义的文书之一，也是核材料实物保护领域唯一具有约束力的国际文件，其目的是在世界范围内实现和维护对用于和平目的的核材料和核设施的有效实物保护；防止和打击与这种材料和设施有关的犯罪；促进缔约方之间开展合作。该公约 2005 年通过了《〈核材料实物保护公约〉修订案》，修订案对缔约方在国内和平使用、贮存和运输中的核设施和核材料具有法律约束力，它还规定国家之间在迅速采取措施查找和追回被盗和被偷运的核材料、减轻蓄意破坏所导致的任何放射性后果以及打击有关犯罪行为方面扩大合作。1994 年通过的《核安全公约》是涉及核装置安全的第一个有法律约束力的国际条约，其谋求确保以安全、监管充分并对环境无害的方式运行这种装置，该公约主要适用于缔约方管辖下的陆基民用核电厂。1997 年通过的《乏燃料管理安全和放射性废物管理安全联合公约》旨在提供对潜在危害的有效防御措施，以便保护个人、社会和环境免受电离辐射的有害影响，防止发生具有放射性后果的事故和一旦发生事故时减轻事故后果，该公约适用于民用核反应堆运行所产生的乏燃料管理安全、民事应用产生的放射性废物管理安全以及某些排放。

在核损害民事赔偿责任方面，1963 年 5 月 19 日通过了《关于核损害民事责任的

〔1〕 2016 年 4 月 26 日正值切尔诺贝利核事故 30 周年，当地的经济、社会以及环境因 30 年前核灾难引起的创伤和破坏至今没有得到修复。参见 https：//www.iaea.org/node/3286，2016 年 5 月 3 日访问。
〔2〕 关于国际原子能机构的历史和其他详细情况，See David Fischer, *History of the International Atomic Energy Agency：the First Forty Years*, VIC Library Cataloguing in Publication Data, IAEA 1997. http：//www-pub.iaea.org/MTCD/publications/PDF/Pub1032_web.pdf，2016 年 5 月 3 日访问。

维也纳公约》，公约旨在通过制定对核能的某些和平利用造成的损害提供财政保护的一些最低标准，实现缔约方国家法律的统一。1997 年通过了《修正〈关于核损害民事责任的维也纳公约〉的议定书》，议定书扩大了公约的适用范围、提高了核装置运营者的责任金额以及加强了取得充分和公平的赔偿手段。需要注意的是，《关于核损害民事责任的维也纳公约》规定的国际核损害民事责任制度在很大程度上照搬了区域性的《核能领域第三方责任巴黎公约》[1]（简称《巴黎公约》），但《巴黎公约》的缔约方并不是《维也纳公约》的缔约方，反之亦然。两公约缔约方之间缺乏条约的关系造成了特别是与该制度属地范围有关的问题，因此，旨在建立两公约各自缔约方的条约关系，并消除两公约同时适用于同一核事件可能引起的冲突，1988 年 9 月 21 日通过了《关于适用〈维也纳公约〉和〈巴黎公约〉的联合议定书》。此外，1997 年 9 月 12 日，国际社会又通过了《核损害补充赔偿公约》，该公约旨在建立所有国家都可以参加的全球性核损害民事责任和补充赔偿制度，公约规定了最低的国家赔偿额，以及在该国家赔偿额不足以弥补核损害的情况下基于将由缔约方提供公共资金的补充赔偿制度。

第五节　文化遗产的保护

　　国际环境保护的其他领域还包括对土壤的保护，除前面提及的土地荒漠化治理以外，一般性的土壤、土地，尤其是对农业用地的保护显得尤为重要，土地退化、土壤侵蚀以及水土流失直接关系到粮食安全、食品安全以及作物基因资源问题，进而影响可持续发展，另外，极地环境保护、外层空间环境保护（如外层空间垃圾的清理问题）等方面也是国际环境法应予关注的领域。然而，上述诸多领域一方面可能因为其内部法律制度发展不甚完善或过于分散或它们本身首先属于国际法其他领域的研究问题（如海洋法、极地法、外层空间法等），另一方面这些问题又与前述内容，如生物多样性的保护、废物倾倒的管制或者淡水环境的保护存在交叉或重叠，在此不再赘述。这里需要简要介绍的是有关文化遗产、自然遗产的国际保护，对文化遗产和自然遗产的保护虽不直接涉及环境保护和资源利用问题，但二者并非不存在联系，尤其是在涉及"自然遗产"保护方面，例如被列入《世界遗产目录》（World Heritage List）的位于刚果民主共和国境内的"维龙加国家公园"（Virunga National Park）占地 79 万公顷，拥有沼泽地、稀树大草原、鲁文佐里雪山等多样地貌，同时还有丰富的生物多样性，[2] 毫无疑问，对它的保护同时也是国际环境保护

---

〔1〕　该公约签订于 1960 年 7 月 29 日，是第一个规范核损害民事责任的国际公约，但其缔约方主要是欧洲国家。

〔2〕　参见 http://whc.unesco.org/en/list/63，2016 年 5 月 3 日访问。

的一部分。

1972 年 11 月 16 日，在联合国教科文组织（UNESCO）的主持下，通过了《保护世界文化和自然遗产公约》，按照该公约的规定，"文化遗产"[1] 包括三方面，即"文物：从历史、艺术或科学角度看具有突出的普遍价值的建筑群、碑雕和碑画、具有考古性质成分或结构、铭文、窟洞以及联合体"；"建筑群：从历史、艺术或科学角度看在建筑式样、分布均匀或与环境景色结合方面具有突出的普遍价值的单立或连接的建筑群"；"遗址：从历史、审美、人种学或人类学角度看具有突出的普遍价值的人类工程或自然与人联合工程以及考古地址等地方"。"自然遗产"[2] 也包括三个方面，即"从审美或科学角度看具有突出的普遍价值的由物质和生物结构或这类结构群组成的自然面貌；从科学或保护角度看具有突出的普遍价值的地质和自然地理结构以及明确划为受威胁的动物和植物生境区；从科学、保护或自然美角度看具有突出的普遍价值的天然名胜或明确划分的自然区域"。据此，无论是文化遗产还是自然遗产，它们具有的共性是"具有突出的普遍价值"（Outstanding Universal Value）。据公约第 8 条第 1 款的规定，设立"世界遗产委员会"（World Heritage Committee）作为该公约的执行机构。公约第 4 条规定，"本公约缔约国均承认，保证第 1 条和第 2 条中提及的、本国领土内的文化和自然遗产的确定、保护、保存、展出和遗传后代，主要是有关国家的责任……"，据此，缔约国自身首先承担其本国领土内的文化和自然遗产的确定和保护等方面的义务，另外，各缔约国应尽力向世界遗产委员会递交一份关于本国领土内适于列入《世界遗产目录》的、组成文化和自然遗产的财产的清单，委员会根据各缔约国递交的清单，制定、更新和出版该目录，在必要时，委员会应在《世界遗产目录》所列的财产中制定、更新和出版一份《处于危险的世界遗产目录》。需要强调的是，世界遗产委员会有权制定标准以确定可以列入《世界遗产目录》或《处于危险的世界遗产目录》的文化和自然遗产。[3] 目前，共计有 1031 处[4]被列入《世界遗产目录》的文化和自然遗产，其中 802 处文化遗产、197 处自然遗产以及 32 处混合遗产。[5]

根据公约第 15 条的规定，设立"世界遗产基金"（World Heritage Fund），该基金的资金源主要包括缔约国的义务捐款和自愿捐款、其他国家或相关国际组织（特别是联合国开发计划署）或一些机构或个人的捐款、赠款或遗赠以及利息和活动所得收入等。按照公约第 20 条的规定，除一些其他情况外（指第 13 条第 2 款、第 22

---

[1]　《保护世界文化和自然遗产公约》第 1 条。

[2]　《保护世界文化和自然遗产公约》第 2 条。

[3]　参见《保护世界文化和自然遗产公约》第 4 条、第 11 条第 1、2、4、5 款的规定。

[4]　参见 http：//whc. unesco. org/en/list/，2016 年 5 月 3 日访问。

[5]　"混合遗产"是指兼具文化和自然遗产性质的、具有突出的普遍价值的财产。例如中国的泰山、黄山、峨眉风景区（包括乐山大佛风景区）以及武夷山。

条 c 项以及第 23 条所规定的情况），本公约提供的国际援助仅限于世界遗产委员会已决定或可能决定列入第 11 条第 2 款和第 4 款所述目录（即《世界遗产目录》和《处于危险的世界遗产目录》）的文化和自然遗产的财产。委员会所能提供的援助形式包括：研究保护、保存、展出和恢复"目录"所确定的文化和自然遗产方面所产生的艺术、科学和技术性问题；提供专家、技术工人和熟练工人；培训用于鉴定、保护、保存、展出和恢复方面的工作人员和专家；提供有关国家不具备或无法获得的设备；提供可长期偿还的低息或无息贷款以及在例外和特殊情况下提供无偿补助金。中国于 1985 年 12 月 12 日批准了该公约，目前，共有 48 处列入《世界遗产目录》的文化和自然遗产，其中 34 处文化遗产、10 处自然遗产和 4 处混合遗产。[1]

---

〔1〕 参见 http：//whc. unesco. org/en/statesparties/cn，2016 年 5 月 3 日访问。

第 九 章

外交和领事关系法

第一节　外交和领事关系法概述

一、外交关系和外交关系法

外交（diplomacy）一词是 18 世纪英国的埃德门·伯尔首先使用的。对什么是外交，学者有不同的解释，但英国的尼科尔森对外交下的定义比较确切地揭示了它的内涵。他在其所著的《外交学》中称："外交就是用谈判的方式来处理国际关系，是大使和特使用来调整和处理国际关系的方法，是外交官的业务或技术。"[1] 这一定义既适用于外交学，也可适用于国际法，因为国际法和国际惯例有关外交关系公认的规则，如 1961 年《维也纳外交关系公约》的内容所表现的，主要也就是有关上述定义中包括的外交谈判、外交使节和外交业务等类事项。[2] 外交活动是国家交流与合作的必不可少的手段，也是各国都打的和平战，正如美国穆尔教授指出的，外交即战争，是和平时期的战争，只是武器不同而已。[3] 外交关系（diplomatic relations）是指国家通过外交活动与别国或其他国际法主体之间形成的关系。如国家之间通过访问、谈判、缔结条约、外交移文、派设常驻外交代表机关、参加国际会议或国际组织的活动等形成的关系。外交关系是国家对外关系的重要方面。国家的对外关系有政治、经济、文化和外交等方面的关系。外交关系与其他方面的对外关系是相互影响和促进的，外交关系主要是通过法律形式为国家的对外政策服务的。

根据国际实践，外交关系有多种形式。一般常见的是正式的外交关系，即全面的外交关系。这种外交关系以国家间互派常驻使节为主要特征。此外，还有不完全的外交关系和非正式外交关系。不完全的外交关系也称半外交关系，其特点是双方互派的常驻使节的等级是代办级，即常驻外交使节的最低等级。如中国与英国、中国与荷兰曾在 1954~1972 年间保持这种代办级的外交关系。非正式的外交关系是指两个没正式建交的国家直接进行外交谈判，并设立某种联络机构。如中美在未建交

---

〔1〕　参见［英］哈罗德·尼科尔森：《外交学》，眺伟译，世界知识出版社 1957 年版，第 23 页。

〔2〕　参见周鲠生：《国际法》（下册），商务印书馆 1976 年版，第 505~506 页。

〔3〕　参见顾维钧：《顾维钧回忆录》（第 1 册），中国社会科学院近代史研究所译，中华书局 1983 年版，第 396 页。

前就曾进行了长期的大使级外交谈判，并在正式建交前夕在双方的首都互设了联络处。国家间除了通过官方的外交活动建立正式的或不完全的或非正式的外交关系外，还可以通过国民或民间团体进行外交活动，即国民外交来促进国家外交关系的建立和发展。

外交关系法（Law of Diplomatic Relations）主要是指调整国家之间外交关系的国际法原则、规则和制度。其内容主要涉及国家间建交、常驻外交代表机关的设立、使节的派遣、外交代表机关的职务、特权与豁免及义务等。

长期历史中，外交关系法的渊源主要是国际习惯，只在个别方面曾订有条约，如规定外交使节的等级及位次的 1815 年《维也纳议定书》和 1818 年《亚琛议定书》，以及 1928 年区域性的《哈瓦那外交官的公约》。第二次世界大战之后，在联合国的组织，特别是国际法委员会对外交关系法进行了积极的编纂的情况下，于 1961 年通过了《维也纳外交关系公约》（简称《外交关系公约》），[1] 该公约是目前最重要的确定外交关系法律原则、规则和制度的法律文件。虽然在很大程度上它是对国际习惯法的编纂，但也不能认为它完全是现行法律的编纂，因为它还包含了向前发展的因素。公约没有明白规定的事项，应继续适用国际习惯法规则。[2] 此外，1969 年还通过了《特别使团公约》，[3] 1973 年通过了《关于防止和惩处侵害应受国际保护人员包括外交代表罪行的公约》，[4] 1991 年通过了《关于外交信使和没有外交信使护送的外交邮袋的地位条款草案》。除上述确立外交关系法的文件外，国际上还签订了一些关于国际组织的特权与豁免的公约，它们是：1946 年《联合国特权与豁免公约》，[5] 1947 年《联合国专门机构特权与豁免公约》（简称《专门机构特权与豁免公约》），[6] 1975 年《维也纳关于国家在其对普遍性国际组织关系上的代表权公约》（尚未生效，简称《代表权公约》）等。

---

[1] 该约于 1964 年 4 月 24 日生效。我国于 1975 年 11 月 25 日交存加入书，并对其第 14、16 条和 37 条第 2、3、4 款提出保留，同年 12 月 25 日对我国生效。我国政府于 1980 年 9 月 15 日撤回对第 37 条的保留。

[2] 参见［英］詹宁斯、瓦茨修订：《奥本海国际法》（第 1 卷第 2 分册），王铁崖等译，中国大百科全书出版社 1998 年版，第 490 页。

[3] 该公约于 1985 年 6 月 21 日生效。

[4] 该公约自 1973 年 12 月 14 日在纽约开放签字，1977 年 2 月 20 日生效。我国于 1987 年 6 月 23 日决定加入该约，并声明对第 13 条第 1 款保留，同年 9 月 4 日对我国生效。

[5] 该公约于 1946 年 9 月 17 日生效。我国 1979 年 9 月 11 日交存批准书并声明对公约第 8 条第 30 节保留，同日对我国生效。

[6] 该约于 1948 年 12 月 2 日生效。我国于 1979 年 9 月 11 日交存加入书并声明对其第 9 条第 32 节保留，同日对我国生效。我国于 1979 年 9 月 11 日和 1981 年 6 月 30 日通知联合国秘书长，将公约适用联合国粮食及农业组织、国际民用航空组织、联合国教育、科学及文化组织、万国邮政联盟、国际电信联盟、世界气象组织、国际海事组织、国际货币基金组织、国际复兴开发银行、国际金融公司和国际开发协会。

二、领事关系和领事关系法

领事关系（consular relations）是指国家间通过协议互设领事机关和派遣领事官员执行领事职务形成的关系。依 1963 年《维也纳领事关系公约》第 2 条规定，国家间领事关系的建立以协议为之。除另有声明外，两国同意建立外交关系亦即同意建立领事关系。但断绝外交关系并不意味着亦断绝领事关系。实践中，国家根据需要，可于外交关系建立之前建立领事关系，或者在特定情况下建立领事级正式外交关系。这说明领事关系与外交关系有着密切联系，但又有区别。就二者的联系方面来看，其一，它们都属于国家的对外关系范畴，服务于国家对外政策；其二，领事机关和领事官通常受驻在国的本国使馆和外交代表的领导，在国内，领事部门属外交部门的机构；其三，使馆可以执行领馆职务。在特殊情况下领馆也可以执行使馆的外交职务工作。就区别方面讲，其一，外交关系是代表着国家间全面的政治、经济、军事、文化等方面全局性的交流与合作关系，并涉及国家的重大利益；而领事关系只是国家在商务、经济、文化及科学方面的局部的交流与合作关系，通常不涉及国家的重大利益；其二，外交关系是国家间的往来关系，领事关系是国家间地方性的交往关系。

领事关系法（Law of Consular Relations）是调整国家间领事关系的原则、规则和制度的总称。其内容包括领事馆的建立、领事的派遣和接受、领事职务、领事馆及其人员的特权与豁免等。领事关系长期以来受国际习惯法调整。联合国成立后，国际法委员会对领事关系法进行了编纂，并于 1961 年向联合国大会提出了《领事往来和豁免条款草案》，1963 年在联合国主持召开的维也纳国际会议上通过了以该条款草案为基础的《维也纳领事关系公约》（简称《领事关系公约》），[1] 该公约对领事关系的习惯法进行了编纂且有发展，是一个普遍性公约。但它也并不是对所有习惯法的编纂，所以公约序言称"确认凡未经本公约明文规定之事项应继续适用国际习惯法之规则"。该公约第 73 条还规定："本公约之规定不影响当事国间现行有效之其他国际协定。本公约并不禁止各国间另订国际协定以确认，或补充、推广，或引申本公约之各项规定。"公约这样规定可以更好地协调该公约与国家间双边领事条约的关系。

三、外交和领事机关

（一）外交机关

国家为了实现其外交政策，进行外交活动，需要通过特定的机构和人员去做具体的工作，这些代表国家执行外交政策，从事外交活动的机构和人员总称为外交机关。外交机关是国家机关的重要组成部分。

国家外交机关分为两类：国内外交机关和驻外外交机关。国内外交机关（指负

---

[1]　该公约于 1967 年 3 月 19 日生效。我国于 1979 年 7 月 3 日交存加入书，同年 8 月 1 日对我国生效。

责国家外交事务的中央机关）包括国家元首、政府和外交部。驻外外交机关有常驻使团（包括驻外国的使馆和驻国际组织的使团）和临时性的使团或特别使团（包括派往别国或参加国际组织会议或国际会议的临时使团）。关于驻外外交机关，在以后各节中详细论述，本节只讲国内外交机关的地位和职权。

国内外交机关在处理外交事务中的地位和职权由各国国内法规定，但由于外交活动往往是遵循对等原则，在长期的国际实践中也形成了一些国际习惯规则。

1. 国家元首。国家元首（head of state）是国家的最高首领，它在外交关系中是国家的最高代表。国家元首可以是个人，也可以是一个集体。前者如共和国的总统或主席，或是君主国的国王或皇帝；后者如瑞士联邦委员会。各国宪法通常规定国家元首有以下外交职权：派遣和接受外交代表；批准和废除国际条约；宣战和讲和；还有的国家宪法规定国家元首有参加国际会议、进行国际谈判和签订国际条约等职权。例如，根据我国 1982 年《宪法》，我国的外交职权由全国人民代表大会常务委员会和国家主席行使。其第 67 条规定："全国人民代表大会常务委员会……⑬决定驻外全权代表的任免；⑭决定同外国缔结条约和重要协定的批准和废除……⑱在全国人民代表大会闭会期间，如果遇到国家遭武装侵犯或者必须履行国际共同防止侵略的条约的情况，决定战争状态的宣布……"第 80 条规定："中华人民共和国主席根据全国人民代表大会和全国人民代表大会常务委员会决定……宣布战争状态……"第 81 条规定："中华人民共和国主席代表中华人民共和国，进行国事活动，接受外国使节；根据全国人民代表大会常务委员会的决定，派遣和召回驻外国全权代表，批准和废除同外国缔结的条约和重要协定。"

国家元首在外交活动中代表国家，其行为对它的国家具有拘束力。国家元首在外国时享有最高的尊荣和完全的外交特权与豁免。

2. 政府。政府是国家的最高行政机关，有的国家称国务院，有的称内阁，还有的称部长会议等。政府是国家外交事务的领导机关。各国法律一般都规定政府有制定国家外交政策、决定重大的国际关系、同外国政府签订条约或协定、签发某些谈判或国际会议代表的全权证书、任免一定等级的外交人员等外交职权。如按我国1982 年《宪法》第 89 条规定，国务院有权管理对外事务，同外国缔结条约和协定，保护华侨的正当权利和利益。

政府首脑（head of government）在外交活动中代表国家，对制定外交政策和开展外交工作负有重大责任，有直接进行外交谈判、参加国际会议、签订条约、发表对其国家具有拘束力的宣言或声明等职权。政府首脑参加国际谈判、出席国际会议或签订条约等，无须出示或提供全权证书。他在外国时享有尊荣和完全的外交特权与豁免。

3. 外交部门。现代国家的政府中一般都设有主管外交事务的部门，通称外交部（foreign ministry）。也有些国家冠以不同名称，如美国称国务院，日本称外务省，瑞士称政治部。外交部是处理国家外交关系的主管机关，它负责执行政府的外交政策，处理外交业务，如指导和监督驻外使馆、领事馆的工作和活动，保护本国和本国侨民在外国的合法权益，代表国家与外国政府和国际组织进行经常的联系。

外交部部长领导外交部的工作，是与外国和国际组织进行联系的主要代表。他可进行外交谈判，签署或副署重要的外交文件，派遣和接受代办级的外交代表。外交部部长进行国际谈判、参加国际会议或签订国际条约，无须出示或提供全权证书。他在外国期间享有全部外交特权与豁免以及应有的尊荣。

中国正式设立专门主管外交事务的机关始于清朝咸丰十一年（1861 年），称总理各国事务衙门（该机关初建时曾称为"总理各国通商事务衙门"）。及至光绪二十七年，即 1901 年《辛丑条约》订立，将总理各国事务衙门改称外务部。辛亥革命后，中华民国元年（1911 年）把外务部改称外交部。[1] 中华人民共和国成立后仍采用外交部之称。

（二）领事机关

执行领事职务的机关称领事机关，即常驻接受国一定地区的领事馆。它们在国内一般属外交部的部门。关于领馆的地位和职权将在本章第七节论述。

第二节　使馆制度

一、使馆制度的产生与发展

使馆（embassy）是国家常驻外国的外交使团（diplomatic mission），也是国家驻外外交代表机关之主要部分。使馆制度的内容主要包括使馆的设立、馆长的等级、使馆人员的组成及其派遣和接受、使馆的职务等，使馆制度是外交关系法的重要组成。

使馆制度的产生是欧洲近代才开始的，在此之前，国家间虽有使节往来，交涉办理某些外交事宜，但这样的使节均属临时性的外交使团，它一旦完成特定使命即告解散。15 世纪开始，由于文艺复兴的潮流、基督教改革以及工业革命改变了欧洲面貌，导致欧洲各国间的联系日趋频繁。工业的发展需要为它寻找市场，这就使得派遣常驻使节或使团显得至关重要。首先认识到派遣常驻使团的有利之处的是意大利各城邦，它们之间互派使节。例如，1450 年米兰大公委任蓬特雷莫利为其代言人驻在佛罗伦萨 17 年。[2] 特别是威尼斯于 15 世纪首先向意大利的其他共和国派遣常驻使团，其他国家竞相模仿。而后意大利各国又向西班牙、德国、法国和英国派驻使团，欧洲其他国家也逐渐仿效。1648 年的威斯特伐里亚公会之后，由于独立国家

---

〔1〕　参见《中国外交机关历任首长衔名年表》，商务印书馆 1967 年版，第 3 页。

〔2〕　参见［英］戈尔·布思主编：《萨道义外交实践指南》，杨立义等译，上海译文出版社 1984 年版，第 6 页。

的增多，国际交往扩大，常驻使团制度遂在 17 世纪末形成了一项普遍的制度，以致形成了两项公认的规则：①大使必须被接受；②他们不得遭受伤害。[1]

17、18 世纪，欧洲各国与世界其他地区国家发生联系，派出使节谈判条约的事例并不鲜见。但在它们的扩张过程中，列强们如英国、法国、西班牙、荷兰、葡萄牙等逐渐征服了几乎整个亚、非大陆以及美洲的已发现地区并实行殖民开拓。结果，外交关系实际上只存在于欧洲国家之间及其与土耳其之间。后来随着美国的独立和殖民势力从美洲大陆的逐渐消失，常驻使团制度也在美洲国家得以建立。

在亚洲和非洲国家建立使馆制度就更晚一些，如外国在中国设立使馆是在 1858 年《中英天津条约》签订后，清政府才允许的。1861～1862 年，英、法、美、俄等相继在清朝京都设立使馆。而清政府一直拖至 1877 年才开始向外国派设使馆。中国清政府派设的第一个使馆是驻英国伦敦公使馆（1877 年建立），馆长郭嵩涛为第一任公使，也是中国的第一位常驻外交使节。此后，清政府陆续向其他国家派驻了公使。到了 20 世纪，尤其是第二次世界大战后，亚洲和非洲的殖民地纷纷独立，新兴国家相继出现，世界各地区国家间普遍建立了外交关系，使馆制度也自然成了一项普遍的国际法律制度，它的内容也更加充实和完善，1961 年《外交关系公约》的签订并获得各国的广泛支持就是有力的证明。

二、使馆的建立和使馆人员

（一）使馆的建立

一国是否与他国建立外交关系和互设外交代表机关，是该国主权范围内的事情。国际法并没加诸各国派遣和接受外交使节的义务。实践表明，国家间设立使馆和派遣使节一般都是通过协议决定的。《外交关系公约》第 2 条规定："国与国之间外交关系及常设使馆之建立，以协议为之。"国家达成建立外交关系和互设使馆的协议后，它们就可以依据协议规定设立使馆。

（二）使馆人员

使馆人员包括使馆馆长和职员。

1. 使馆馆长。使馆馆长（head of mission）是指派遣国委派担任此项职位的人，也就是使馆的首长。使馆馆长对一切涉及使馆的事务负责，并有权授权使馆的其他工作人员处理使馆的不同事务。但在执行外交使命时，只有使馆馆长对派遣国和接受国负责，他是派遣国在接受国的代表。

关于使馆馆长的等级，在 19 世纪之前，国际法上并没有统一的规定，因而经常在国际会议上或驻在一国的许多使馆馆长同席的场合，为席次的安排发生争执。为了解决这个问题，1815 年签订了《维也纳议定书》，规定使馆馆长的等级为：特命全权大使、教廷大使；特命全权公使、教廷公使和代办三个等级。1818 年签订的《亚

---

[1] 参见［印度］B. 森：《外交人员国际法与实践指南》，周晓林等译，中国对外翻译出版公司 1987 年版，第 6 页。

琛议定书》又规定在公使和代办之间设立一个驻办公使级，但在国际实践中几乎没有国家派设这个等级的馆长。事实上，关于驻办公使的规定早已成为具文，故《外交关系公约》未列这个馆长等级。

按照《外交关系公约》第 14 条第 1 款规定，使馆馆长分为三个等级：①向国家元首派遣的大使（ambassador）或教廷大使（nuncios）及其他同等级位使馆馆长[1]；②向国家元首派遣的使节、公使（minister plenipotentiary）及教廷公使（internuncios）；③向外交部部长派遣的代办（charged' affaires）。[2]

各等级的使馆馆长，除关于优先地位和礼仪事项外，不应因其所属等级而有任何差别。这意味着在礼仪和位次方面大使地位优于公使，公使优于代办。例如，大使可随时请求谒见接受国的国家元首，进行直接谈判，其他等级的馆长没有这种地位。同级的馆长优先地位的决定，除教廷使节外，应以其到职日期先后决定。《外交关系公约》第 16 条规定，使馆馆长在其各个等级中之优先地位应按其开始执行职务之日期及时间先后定之。使馆馆长之国书有变更而对其所属等级并无更动时，其优先地位不受影响。本条规定不妨碍接受国所采行关于教廷代表优先地位之任何办法。

国家之间互派哪个等级的使馆馆长由关系国协议确定。现在国际实践中一般都派设大使级的馆长，鲜有派设公使级馆长。派设代办级馆长通常发生在两国关系不正常的特殊情况下。

我国自清政府于 19 世纪后半叶开始与外国建立外交关系，到 1924 年，接受和派遣的都限于公使级馆长。这是因为西方列强歧视中国，只准中国与之互派公使级的使馆馆长。1924 年 7 月，苏联政府将其派驻中国的外交代表等级升格为大使。之后，西方列强由于不甘心它们的使节位次后于苏联，才相继把公使级馆长升为大使级。中华人民共和国政府成立之后，一贯主张国家不分大小或强弱一律平等。在与外国建交和互派使节上也坚持了这一原则。截至 2016 年 5 月，同我国建立并保持外交关系的 172 个国家，经双方协商均可互设大使馆。现在我国已在外国设立了 163 个大使馆。[3] 但在特定情况下我国也曾与个别国家保持代办级外交关系。如与英国、荷兰自 1954 年至 1972 年一直互派代办级馆长，因为它们承认中华人民共和国政府之后，还在联合国阻挠恢复我国政府的合法代表权，英国还曾与台湾当局保持领事关系。当该两国改变了它们的非法作为后，我国与之分别协商达成协议，于 1972 年将代办

---

[1] 公约规定的其他相当级别的使馆馆长一般指英联邦国家间互派的外交代表，称为高级专员。教廷使节是罗马教廷派驻那些承认教皇在精神上至高无上的国家。目前教廷使节不被视为使馆馆长。

[2] 代办与临时代办不同，代办是馆长的最低等级，而临时代办是指使馆馆长空缺，或馆长不能执行职务时，被委任暂时代行馆长职务的人（一般是使馆的有高级职位之外交人员）。委任临时代办应由使馆馆长或派遣国的外交部将临时代办的姓名通知接受国外交部（《外交关系公约》第 19 条）。

[3] 此外还在一些国家设立了相关机构，http://www.fmprc.gov.cn/web/ziliao = 674904/2193_674977/，2016 年 5 月 20 日访问。

级外交关系升格为大使级。1981 年，由于荷兰政府批准向我国台湾地区出售海军潜艇，破坏了 1972 年中荷两国使馆升格的公报原则，故在我国要求下，把互派的大使级馆长降格到代办级。1983 年荷兰政府改变了其非法行为，双方又协商决定自 1984 年 2 月起恢复大使级外交关系。

2. 使馆职员。使馆职员有外交职员、行政及技术职员及事务职员。

外交职员是指馆长之外的其他具有外交官职位的使馆职员。包括参赞，如政务参赞、文化参赞、新闻参赞、商务参赞，他们是协助馆长办理外交事务的高级外交官，在未设公使的使馆中其地位仅次于馆长；秘书，有一等秘书、二等秘书和三等秘书，他们是按馆长旨意办理外交事务和文书的外交官；武官（包括陆、海、空军武官），他们是负责与接受国进行军事联系的人员；[1] 随员，是使馆中最低级的外交官，在馆长的领导下办理外交事宜。

行政及技术职员是指承办使馆行政和技术事务的人员，包括办公室人员、财会人员、译员、打字员、无线电技术人员、登记员等。

事务职员是从事使馆服务工作的职员，如司机、传达人员、维修工、清洁工、厨师等。

3. 使馆人员的人数。关于使馆人员的人数由关系国协议规定。《外交关系公约》第 11 条规定，如无协议，接受国得酌量本国环境与情况及特定使馆的需要，要求使馆构成人数不超过该国认为合理及正常限度。接受国也可拒绝接受某一类的官员，在实践中若接受国的要求不合理，则派遣国可请求其重新考虑或采取对抗行动。

（三）使馆人员的派遣与接受

国家间通过谈判达成建交和互设使馆的协议后，即可建馆并派遣使馆人员。但使馆馆长和使馆中的武官的派遣和接受要遵守一定的程序。

1. 征求同意。派遣国向接受国正式派遣使馆馆长和使馆的陆、海、空军武官之前，必须先将其拟派的人选通知接受国，征得接受国同意后，正式任命派遣。《外交关系公约》第 4 条规定：派遣国对于拟派驻接受国之使馆馆长人选务须查明其确已获得接受国之同意。接受国无须向派遣国说明不予同意之理由。第 7 条规定："……关于陆、海、空武官，接受国得要求先行提名，征求该国同意。"

对于使馆其他职员的派遣无须事先征得接受国的同意。《外交关系公约》第 7 条规定，除使馆馆长和武官外，派遣国可自由委派使馆职员。但第 8 条规定，若委派属接受国国籍的人或属第三国国籍的人为使馆的外交职员仍须经接受国的同意，方得派遣。

规定征得同意的程序，是因为接受国基于主权有权宣布使馆馆长和其他外交职员为不受欢迎的人（persona non grata）和宣布其他使馆职员为不能接受的人（not ac-

---

〔1〕 武官（military attache）通常是现役军人，不属职业外交官，在使馆中受馆长领导。充任派遣国武装部队的代表与接受国的武装部队进行联络。

ceptable staff），遇此情形派遣国得终止该人职务。这在国际实践中不乏实例，如1891年，美国任命的驻华公使布莱尔（Blair）在其赴任途中就被中国清政府宣布为不受欢迎的人。[1]《外交关系公约》第9条规定："接受国得随时不具解释通知派遣国宣告使馆馆长或使馆任何外交职员为不受欢迎人员或使馆任何其他职员为不能接受。"遇此情形，派遣国应斟酌情况召回该员或终止其在使馆中之职务。任何人得于其到达接受国境之前，被宣布为不受欢迎或不能接受。为了避免接受国将其不喜欢的外交使节宣布为不受欢迎的人而影响两国关系，各国应遵守征得同意的程序。这样，既保护了派遣国的委任权，又维护了接受国的利益。

2. 递交国书。使馆的武官及其他人员得到任命后就可赴任了，但使馆馆长还须履行递交国书的程序。国书（letter of credence）是前往接受国赴任的使馆馆长携带的外交信件。其内容主要介绍馆长的品德才能、忠于职守和可以信赖等，同时表示派遣国的国家元首或外交部部长对发展两国关系的良好愿望。由于大使和公使级馆长是由国家元首向接受国元首派遣的，所以，他的国书由其派遣国的国家元首签署，发给接受国国家元首。代办级馆长是其派遣国的外交部向接受国外交部派遣的，因此，他的国书（介绍书）由外交部部长签署，向接受国外交部部长发出。

使馆馆长得到任命后，可携带国书前往接受国赴任。到达接受国后，首先拜会接受国的外交部部长。大使和公使将国书副本交给外交部，约定正式递交国书的日期，然后按约定日期把国书正本递交接受国的国家元首。代办只将其介绍书交给接受国的外交部部长。递交国书是接受国确认使馆馆长身份，使其履行职务的依据。

三、使馆的职务及其开始和终止

（一）使馆的职务

使馆是派遣国在接受国的常驻外交代表机关，具有广泛的职务，但主要是代表派遣国与接受国谈判和行使调查、保护的职能，以发展两国的友好关系。

1. 代表。使馆是派遣国的常设外交代表机关，馆长是派遣国的全权代表。因此，使馆或其馆长有在接受国的全国范围内，代表派遣国处理与接受国的所有外交事务的代表职权。

2. 谈判。谈判是指使馆作为派遣国的代表经常地与接受国就两国关系或共同关心的国际问题进行洽谈、协商或交涉。例如，与接受国政府进行缔结条约的意向性协商；对接受国侵犯派遣国合法权利或其他违反国际法行为提出抗议性交涉；解释派遣国的观点寻求谅解和接受国的支持；共同磋商国际问题等。

3. 调查。调查是指使馆在遵守国际法和接受国法律的前提下，以一切手段调查接受国的政治、经济、文化、社会等诸方面的状况和发展情形，以及可能影响派遣国权益的情事。并随时将调查的情况报给派遣国政府，以便派遣国就两国关系的发

---

〔1〕 参见［英］戈尔·布思主编：《萨道义外交实践指南》，杨立义等译，上海译文出版社1984年版，第136页。

展及有关国际问题作出正确决策。

4. 保护。保护是指在国际法许可的范围内，保护派遣国和派遣国国民在接受国的合法权益。当派遣国或派遣国国民的合法权益可能或者遭到侵害时，使馆有权向接受国政府提出交涉，使其有关当局采取防止或停止侵害措施，并给予合理的救济。因为使馆是全权代表机关，所以它有保护派遣国的政治、经济和侨民利益等方面的责任。故此，它应保持警惕，首先是发现侵害苗头后，采取措施防止侵害本国国家和国民利益的事情发生；对已发生的侵害进行交涉，以求得到救济。此外，使馆还有帮助和协助国民的职责，如提供经济资助和法律协助等。

5. 促进。使馆通过其成功的外交，发展派遣国与接受国的友好关系，促进两国间政治上的友好和在经济、文化、科学等方面的交流与合作，以谋共荣。

《外交关系公约》第3条对使馆的职务作了原则规定：①在接受国中代表派遣国；②在接受国中保护派遣国及其国民之利益；③与接受国政府办理交涉；④以一切合法手段调查接受国之状况及发展情形，向派遣国政府具报；⑤促进派遣国与接受国之友好关系及发展两国之经济、文化与科学关系。

使馆除主要执行上述职务外，还可执行国际法许可的其他职务。例如，根据《外交关系公约》第3条、第45条和第46条的规定，可以执行领事职务；在接受国的同意下受第三国的委托照管该国的使馆及其财产，代为保护该国及其国民的利益。

(二) 使馆和外交代表职务的开始与终止

1. 使馆和外交代表职务的开始。使馆的职务是由外交代表[1]执行的，因此，外交代表（此处指馆长）开始执行职务就是使馆职务的开始。关于使馆馆长职务的开始，《外交关系公约》第13条规定："使馆馆长依照接受国应予划一适用之通行惯例。在呈递国书后或向接受国外交部或另经商定之其他部门通知到达并将所奉国书正式副本送交后，即视为已在接受国内开始执行职务。"例如，我国规定以使馆馆长正式递交国书的日期为其在华执行使馆职务的开始日期。

除使馆馆长外，使馆的其他外交官的职务是以其到达接受国担任使馆职务为开始。

2. 使馆和外交代表职务的终止。使馆职务一般因派遣国与接受国断绝外交关系或暂时中断外交关系，或者因派遣或接受国的主体资格消失，以及因革命产生新政府等原因而终止。

关于外交代表（包括使馆馆长和其他外交官）职务的终止，《外交关系公约》第

---

〔1〕 按《外交关系公约》第1条规定，外交代表指使馆馆长或使馆外交职员。就享有外交特权与豁免而言，外交代表应包括馆长及使馆的所有外交职员。第38条规定，外交代表若是接受国国民或在该国永久居留者，除非接受国特许享受其他特权及豁免外，他仅就执行职务行为，享有管辖豁免及不得侵犯权。

43 条规定: "除其他情形外, 外交代表之职务遇有下列情形之一即告终止: ①派遣国通知接受国谓外交代表职务业已终止; ②接受国通知派遣国谓依第 9 条第 2 款之规定该国拒绝承认该外交代表为使馆人员。" 所称第 9 条第 2 款规定系指外交代表被宣布为不受欢迎的人。除公约规定的两种情形外, 外交代表的职务也还因使馆的职务终止而终止。

四、外交团

按照外交惯例, 外交团 (diplomatic corps) 是由驻在一国的各国外交使节全体组成的团体。国际实践中, 外交使节的配偶也参加外交团的一些活动。外交团的团长 (doyen) 一般由到任最早的一位大使担任, 在无大使的情形下由公使馆长担任。在天主教国家, 传统上由教廷大使为团长。

外交团的作用主要在礼仪方面, 例如, 参加接受国举行的庆典或国宴, 由团长代表各国使节致辞; 参加接受国的迎送宾朋或吊唁活动; 应新任使馆馆长请求向其介绍接受国的风俗习惯; 向接受国政府转达外交团成员的有关日常事务方面的要求或应接受国政府请求向外交团成员传达或通知一些事情。外交团不具有任何法律职能, 不得从事任何政治性的活动或干涉接受国的内政。

第三节 外交特权与豁免

一、外交特权与豁免的根据

对于外交特权与豁免的根据, 传统国际法学上有两种解说, 一种是代表说 (representative character); 另一种是治外法权说 (exterritorial jurisdiction or exterritoriality)。代表说认为外交代表是国家的代表, 是派遣国的化身, 代表着国家的尊严。另外, 主权国家是平等的, 平等者之间无管辖权。因此, 外交代表应享有特权与豁免。这样的主张并不错, 但是不全面, 因为它不能解释外交代表的非公务行为的豁免。治外法权说认为, 外交代表所在地应视为派遣国领土的延长, 外交代表身处接受国, 但在法律上假设他仍在派遣国, 所以不受接受国的管辖。这是与事实不符的拟制说, 因为无论它是用以说明外交代表的特权与豁免, 还是表示使馆的地位, 它并不意味着外交官在法律上不居住在接受国内, 也不意味大使馆是外国领土。[1] 不能作为外交特权与豁免的根据。此说在第一次世界大战之后已很少有人支持, 成了衰退的主张。

现今形成了一种通行的学说, 即职务需要说 (functional necessity)。此说认为外交特权与豁免的根据是由于外交代表履行职务的需要。但也有的法学家认为应把代

---

[1] 参见 [英] 戈尔·布思主编:《萨道义外交实践指南》, 杨立义等译, 上海译文出版社 1984 年版, 第 157 页。

表说与职务需要说结合起来作为解释外交代表享有外交特权与豁免的根据。

我们认为，给予外交代表特权与豁免的根据，一方面表示对其所代表的国家尊严和主权的尊重，另一方面是外交代表执行使馆职务的需要。为了保障外交代表有效地执行职务，保护他的特殊地位，必须为其创造一个安全而无干扰的环境。所以，必须给予他们特权与豁免。《外交关系公约》在其序言中指出："确认此等特权与豁免之目的不在于给予个人以利益而在于确保代表国家之使馆能有效执行职务。"由此可见，公约把外交代表的代表性和职务工作需要作为外交特权与豁免的基础，也就是外交特权与豁免的根据。

二、外交特权与豁免的内容

使馆和外交代表在接受国享有的特殊的权利和优遇总称为外交特权（diplomatic privileges），有时也称为外交特权与豁免（diplomatic privileges and immunities），其实豁免也是一种特权。

（一）使馆的特权与豁免

使馆的特权与豁免主要有以下内容：

1. 使馆馆舍不得侵犯。根据《外交关系公约》第 22 条规定，使馆馆舍（premises of the mission）[1] 的不可侵犯包括三个方面：

（1）接受国官员非经使馆馆长许可，不得进入使馆馆舍。这意味接受国的官员未经使馆馆长或其代理人的同意，不得擅自进入使馆馆舍执行公务，如政府官员、司法人员、警察、税务人员、消防人员等，在得到馆长许可之前，一律不得进入使馆馆舍。即使是送达司法文书或遇火灾以及流行病发生，均无例外。因为馆舍是外交代表办公场所，是他有效执行职务所必需之地。国际法委员会认为它的不可侵犯是派遣国的属性。[2]

（2）接受国对使馆馆舍负有特殊的保护责任。为此，接受国应采取一切适当步骤保护使馆馆舍免受侵入或损害，并防止一切扰乱使馆安宁或有损使馆尊严的情事。如采取警卫措施，以防止侵害或扰乱使馆尊严和安宁的情事以及驱逐侵入使馆者。特别是当使馆的派遣国的政策或行为引起公众不满时，接受国应采取特殊预防措施保护使馆安全。

（3）使馆馆舍、设备以及馆舍内其他财产和使馆的交通工具免受搜查、征用、扣押或强制执行。

2. 使馆的档案和文件不得侵犯。《外交关系公约》第 24 条规定："使馆的档案及文件无论何时，亦不论位于何处，均属不得侵犯。"这是指接受国的有关当局不得要

---

〔1〕《外交关系公约》第 1 条第 9 款规定，使馆馆舍是供使馆使用及供使馆馆长寓邸之用的建筑物或建筑物之各部分，以及其所附属之土地，至所有权谁属，则在所不问。

〔2〕参见［印度］B. 森：《外交人员国际法与实践指南》，周晓林等译，中国对外翻译出版公司 1987 年版，第 87 页。

求使馆交出其档案和文件，也不得对使馆的档案和文件采取搜查、查封、扣押、没收或销毁等措施。

使馆档案和文件的这种不可侵犯的特权不论在任何时候都是适用的。即不论派遣国与接收国保持外交关系，还是断绝了外交关系；不论派遣国与接收国发生战争或武装冲突；也不论这种档案和文件位于何处，即不论它位于使馆馆舍内，还是在馆外被外交代表携带以及是否被装在外交邮袋内。接收国对使馆的此项特权应予尊重和保护。《外交关系公约》第45条规定："遇有两国断绝外交关系或遇使馆馆长长期或暂时撤退时，接收国务应尊重并保护使馆馆舍财产与档案，纵有武装冲突情事，亦应如此办理。"

3. 使馆享有通讯自由。通讯自由是使馆执行职务所必需的，按《外交关系公约》第27条规定，此项特权包括以下内容：

（1）接收国应允许使馆为一切公务目的自由通讯并予保护。如允许使馆与派遣国政府及无论何处的该国其他使馆及领事馆通讯。对使馆的这种通讯，接收国非但不得干扰或妨碍，而且应予保护。

（2）使馆为了通讯的需要可采用一切适当方法，包括外交信使（diplomatic courier）、外交邮袋（diplomatic bag）及明密码电信在内。但非经接收国同意不得装置并使用无线电发报机。

（3）使馆的来往公文不得侵犯。来往公文指有关使馆的一切来往文件。

（4）接收国对外交邮袋不得予以开拆或扣留，应提供便利以保障迅速传递。但外交邮袋的包裹须附有可资识别的外部标记，以装载外交文件或公务用品为限。

（5）外交信使在执行职务时应受到接收国的保护。但外交信使应持有载明其身份及构成邮袋的包裹件数的官方文件。外交信使享有人身不受侵犯权，不受任何方式的逮捕或拘禁。派遣国或其使馆还可派特别外交信使。这种信使亦享有外交信使的豁免，但当其将负责携带的外交邮袋送交收件人后即不再享有此等豁免。

（6）外交邮袋可托交预定在准许入境地点降落的商业飞机机长转递。机长应持有载明构成邮袋的邮包件数的官方文件，但机长不能视为外交信使。使馆得派遣馆员一人向飞机机长自由取得外交邮袋。

4. 使馆免纳捐税。按《外交关系公约》第23条和第28条规定，使馆的捐税免除包括：

（1）使馆馆舍免纳国家的、区域的或地方的捐税，如房地产税。但此项免除不包括为使馆提供的特定服务所收的费用，如水、电费和清洁费等；

（2）使馆办理公证、认证、签证、护照等公务所收的规费及手续费免纳捐税；

（3）本国公民的出生、死亡和婚姻登记等收费，一律免征捐税；

（4）使馆的公务用品，如办公室家具、打字机、车辆等免纳关税和其他课征。但贮存、运送及类似服务费不在此列。

5. 使馆人员有行动和旅行自由。使馆人员在接收国应享有行动和旅行自由的权利,他们不仅为执行公务享有这项自由,而且私人的活动也是自由的。接受国不得对使馆人员的行动予以妨碍或干涉,不得侵犯他们的自由权。但这种自由也不是绝对的,是受国际法的原则和接受国法律规定限制的。如使馆人员不得进行间谍和颠覆破坏活动,不得搜集接受国法律禁止公开的情报和资料,也不得进入接受国法律禁止进入的区域。

对于使馆的此项特权,《外交关系公约》第 26 条规定:"除接受国为国家安全设定禁止或限制进入区域另订法律规章外,接受国应确保所有使馆人员在其境内行动及旅行之自由。"

6. 使用国旗国徽。使馆及其馆长有权在使馆馆舍、馆长寓所及交通工具上使用派遣国的国旗或国徽。

(二)外交代表的特权与豁免

外交代表的特权与豁免包括:

1. 人身不可侵犯。《外交关系公约》第 29 条规定:"外交代表的人身不得侵犯。外交代表不受任何方式的逮捕或拘禁。接受国对外交代表应特示尊重并应采取一切适当步骤以防止其人身、自由或尊严受到任何侵犯。"从这条规定可见,外交代表的人身不可侵犯包含两方面的意义。

(1)接受国对外交代表的尊严应予尊重,不得侮辱其人格,不得对外交代表的人身实施搜查、逮捕或拘留。但这并不排斥接受国对外交代表的犯罪行动采取防止或制止措施的实施,也不排除由于外交代表本人的挑衅行为而引起的他人自卫措施的实施。

(2)接受国有责任保护外交代表的人身不受侵犯。接受国应采取适当的保护措施,保障外交代表的安全,防止任何侵犯外交代表人身、自由和尊严的行为发生,并对侵犯外交代表人身、自由和尊严的犯罪行为予以制裁。1973 年《关于防止和惩处侵害应受国际保护人员包括外交代表的罪行的公约》明确规定缔约国应将对包括外交代表在内的受国际保护人员进行谋杀、绑架,或其他侵害其人身或自由的行为,以及攻击馆舍、私人住所或交通工具的,因而可能危及这样人员人身或自由的行为定为犯罪并予以惩罚。[1]

2. 寓所、财产、文书和信件不可侵犯。按照《外交关系公约》第 30 条的规定,外交代表的此项特权包括两方面内容:

(1)外交代表的私人寓所一如使馆馆舍应享有同样的不可侵犯权及保护。接受国的官员、司法人员等未经外交代表的许可不得进入。接受国亦应采取适当措施保护外交代表的寓所安全,防止和制止对寓所的侵犯。外交代表的寓所指外交代表的住所,包括临时住所,如旅馆的房间。

---

[1]　参见该公约第 2 条的规定。

（2）接受国不得侵犯外交代表的文书、信件以及财产。一般不得命令外交代表交出文书和信件，不得对外交代表的文书和信件采取开拆、扣留、检查或查封等措施。对外交代表的财产，包括交通工具，不得实施搜查、查封、扣押、征用或强制执行。但在外交代表不得主张豁免的民事诉讼案件中，在不侵犯外交代表的人身和寓所的情况下，不排除执行处分。

3. 管辖豁免。外交代表享有的管辖豁免是其外交特权与豁免的重要部分，向来被认为是外交代表的尊严和执行职务自由的绝对不可缺少的权利。依《外交关系公约》第31条规定，管辖豁免包括刑事、民事和行政管辖豁免。

（1）刑事管辖豁免。这是指外交代表触犯了接受国的刑律，接受国的司法机关不得对其进行审判和处罚。这种豁免是绝对的。但这并不排斥接受国根据具体情况采取必要措施，包括在案情严重的场合要求派遣国放弃此等豁免，以便审判和处罚。另外，外交代表享有刑事管辖豁免权并不意味他可以不尊重接受国的法律，可以犯罪而不承担责任。只是接受国法院不得直接追究外交代表的刑事责任，而他的刑事责任只能通过外交途径解决。如我国《刑法》第11条和《刑事诉讼法》第16条规定，享有外交特权与豁免的外国人的刑事责任问题，通过外交途径解决。

（2）民事和行政管辖豁免。这是指对外交代表卷入的民事纠纷，接受国的法院不得对其实行审判和处罚，也不得采取强制执行，其责任通过外交途径解决。在行政管辖事项上，接受国有关机关不得对外交代表实行管辖，如免除外交代表的户籍和婚姻登记，对其违警事件不得实行制裁。

外交代表的民事和行政管辖豁免有三种例外情形：①外交代表在接受国境内私有不动产之物权诉讼，但其代表派遣国为使馆用途置有的不动产不在此列；②外交代表以私人身份并不代表派遣国而为遗嘱执行人、遗产管理人、继承人或受赠人之继承事项的诉讼；③关于外交代表于接受国内在公务范围以外所从事的专业或商务活动的诉讼。另外，外交代表还不得对其主动起诉引起的对其主诉直接相关的反诉主张豁免。

一般情况下不得对外交代表执行处分，但在上述民事和行政管辖的三种例外情形的案件中，如执行处分又无损于其人身或寓所之不得侵犯者，不在此限。

（3）免除作证义务。与管辖豁免相关的，外交代表还被免除作证义务，不仅被免除在法律程序中作为证人出庭作证，而且没有提供证词的义务。但接受国可请求派遣国同意外交代表作证。

4. 免税免验。依《外交关系公约》第34条规定，外交代表免除一切对人对物课征的国家的、区域的或地方的捐税。主要是免纳个人所得税和其他直接税。但对通常计入商品或劳务价格内的间接税；在接受国境内私有不动产课征的捐税（除非是代表派遣国为使馆用途而拥有的）；遗产税、遗产所得税或继承税；自接受国境内获得的私人所得或投资课征的捐税；为提供特定服务所收的费用；不动产的登记费、法院手续费、抵押税及印花税等不在免除之列。

《外交关系公约》第36条还规定，外交代表或与之构成同一户口的家属的私人用品，包括其定居所用的物品在内免除一切关税及贮存、运送及类似服务费用以外的一切其他课征。外交代表的私人行李免受查验，但是接受国当局有重大理由推定其中有非免税物品或有接受国法律禁止的进出口物品或检疫条例加以管制的物品时，可在外交代表或其代理人在场时查验。

5. 其他豁免。根据《外交关系公约》第33条和第35条规定，外交代表就其对派遣国所为的服务而言，应免于适用接受国施行的社会保险办法；免除一切个人劳务和各种公共服务，如不服兵役，不担任陪审员，不承担个人捐赠等法律义务并免除关于征用、军事募捐及屯宿等军事义务。

（三）其他人员的特权与豁免

按《外交关系公约》第37条规定，外交代表的同户家属，若非接受国国民，则享有与外交代表相同的特权与豁免。使馆的行政与技术职员及与其构成同一户口的家属，如非接受国国民且不在该国永久居留者，[1]也享有外交代表享有的特权与豁免，但其执行职务范围以外的行为不享有民事和行政管辖的豁免；除其最初定居时所输入的物品外不能免纳关税及其他课征；其行李不免除海关查验。使馆的事务职员如非接受国国民且不在该国永久居留者，就其执行公务行为享有豁免；其受雇所得报酬免纳捐税；免于适用接受国所施行的社会保险办法。使馆人员的私人仆役，如不是接受国国民且不在该国永久居留者，其受雇所得报酬免纳捐税，其他方面仅得在接受国许可范围内享有特权与豁免，但接受国对此等人员所施的管辖应妥为行使，以免对使馆职务的执行有不当的妨碍。

三、外交特权与豁免的开始与终止

《外交关系公约》第39条对外交特权与豁免的开始和终止的规定如下：

（一）使馆特权与豁免的开始与终止

使馆的特权与豁免是从它被占用之时起至它全部被让出为止。

（二）使馆人员外交特权与豁免的开始和终止

凡享有外交特权与豁免的人员，自其进入接受国国境前往就任之时起享有此等特权与豁免，其已在该国境内者，自其委派通知外交部或另经商定之其他部门之时开始享有。

享有特权与豁免人员之职务如已终止，此项特权与豁免通常是在该员离境之时或听任其离境之合理期间终了之时终止，纵有武装冲突情事，亦应继续有效至该时为止。但是，关于其以使馆人员资格执行职务的行为，豁免应始终有效。遇使馆人员死亡，其家属应继续享有其应享有的特权与豁免，至听任其离境之合理期间终了之时为止。

---

〔1〕 按《外交关系公约》第38条的规定，外交代表之外的其他使馆馆员及私人仆役为接受国的国民或在该国永久居留者仅得在接受国许可范围内享有特权与豁免。

四、管辖豁免的放弃

外交代表及与之构成统一户口的家属、使馆的行政和技术人员及与之构成同一户口的家属等人享有的管辖豁免之放弃得由派遣国明示。

在民事或行政诉讼程序上管辖豁免的放弃，不得视为对判决执行之豁免亦默示放弃，后项放弃须分别为之。

五、外交代表在第三国的地位

按《外交关系公约》第40条规定，遇外交代表前往就任或返任或返回本国，道经第三国国境或在该国境内，而该国曾发给所需的护照签证时，则该国应给予不得侵犯权及确保其过境或返回所必需的其他豁免。享有外交特权与豁免的家属与外交代表同行时，或单独旅行前往会聚或返回本国时享有与外交代表同样的特权。另外，遇有上述类似情形，第三国不得阻碍使馆的行政及技术或事务职员及其家属经过该国国境。

六、使馆及享有外交特权与豁免人员的义务

权利和义务是统一的，使馆和外交代表及其他人员在接受国内享有特权与豁免的同时，也应承担相应的义务。《外交关系公约》第41条和第42条规定，使馆及享有外交特权与豁免的人员对接受国的义务有如下方面：

（一）尊重接受国的法律规章

外交代表及其他享有外交特权与豁免的人员，在不妨碍外交特权与豁免的情形下，均应尊重接受国的法律和法规。这是对接受国主权表现的管辖权之尊重的结果之一。

（二）不得干涉接受国的内政

外交代表及其他享有特权与豁免的人不得以任何直接的或间接的方式干涉接受国的内政。如在与接受国政府的交往中应平等相待，尊重接受国的主权独立，不得介入接受国的党派斗争，不得公开指责接受国政府的行为和政策，不得支持旨在反对接受国政府的集会、游行示威活动等。这是国际法基本原则之一，不干涉内政原则在处理外交关系中之实践。

（三）使馆馆舍不得用于与使馆职务不相符合的用途

这项义务要求使馆或其人员不得利用使馆馆舍从事与使馆职务不符合的活动。如不得利用使馆馆舍庇护接受国所追诉的人或罪犯或其他人，也不得利用馆舍关押使馆以外的人，即使是使馆的本国国民也无例外。因为这样做是将派遣国的法权实施于接受国，从而侵犯了接受国的属地优越权，是一般国际法所不允许的。正如国际法院1950年对"庇护案"判决中指出的："与领域庇护不同，在外交庇护的情况下，避难者身于罪行发生地国境内。决定对避难者给予外交庇护有损领土国的主权，它使犯罪者逃脱领土国的管辖，并构成对纯属该国管辖事项的干涉。如果庇护国有权单方面规定避难者所犯罪行的性质，则将对领土国的主权造成更大损害。因此，不能承认这种有损领土主权的外交庇护，除非在某一特定情况下，它的法律依据得

到了确立。"〔1〕更不得将使馆馆舍充作进行颠覆、破坏或任何其他危害接受国活动的场所。利用使馆馆舍进行危害接受国的活动是违反国际法基本原则的非法行为。

（四）不得擅自与外交部门以外的部门进行公务活动

使馆与接受国洽谈公务，概应经与或经由接受国外交部门或另经商定之其他部门办理。未经与主管外交部门商定，使馆不得与接受国的其他部门进行公务活动。

（五）外交代表不应在接受国内为私人利益从事任何专业或商业活动

因为外交代表是派遣国的使节，他们是执行使馆公务的人员，并因此享有外交特权与豁免。所以不应为私人利益在接受国从事专业或商业活动，如果进行这样的活动，则不得对此活动主张管辖豁免。

接受国对违反上述义务的使馆及有关人员可根据具体情形采取适当的措施。如对派遣国政府提出抗议并要求其承担国际责任；宣布使馆人员为不受欢迎的人，要求派遣国召回，对实施严重危害接受国安全的行为或犯罪行为的人，还可以采取适当强制措施和请求派遣国放弃他的豁免权，以便对其实行审判和处罚等。如我国清朝驻伦敦公使团于1896年非法关押中国民主革命的先驱者孙中山先生，就遭到了英国政府的抗议并在英政府的要求下释放了孙中山先生。我国政府对美国驻华使馆于1989年利用使馆馆舍保护方励之和李淑娴的行为提出了严重抗议。1973年，伊拉克驻巴基斯坦使馆内非法藏匿大量武器。为此，巴基斯坦向伊拉克政府提出了严重抗议并宣布该使馆馆长为不受欢迎的人。

第四节　特别使团制度

特别使团制度长期以来是习惯法，《特别使团公约》使这一制度得以法典化，其内容亦更加明确。按该公约规定，特别使团制度主要包括使团的组成、派遣、职务、特权与豁免等内容。

一、特别使团的组成、派遣和职务

依《特别使团公约》规定，特别使团是一国经另一国的同意或邀请，派往该另一国进行谈判或完成某项特别外交任务的代表派遣国的临时使团。特别使团应由一名或几名代表组成，其中一人为团长。特别使团可以包括外交人员、行政技术人员和服务人员。派遣国的代表和外交人员原则上应具有派遣国的国籍。凡任命接受国的国民或第三国国民为代表或外交人员，应征得接受国的同意，接受国亦可随时撤销此项同意。

特别使团的派遣需一国在事先通过外交途径或者其他双方同意或共同接受的途

---

〔1〕　梁淑英主编：《国际法教学案例》，中国政法大学出版社1999年版，第171页。

径取得另一国同意。派遣同一特别使团前往两个或两个以上国家，应在征得每一个接受国家的同意时说明此事。两个或两个以上国家派遣联合特别使团，应在征求该接受国的同意时说明此事。

特别使团的职务由派遣国与接受国协议约定。通常是进行谈判或完成某项特定的任务，例如，参加接受国的重要庆典，促进两国友好关系的发展。特别使团一经同接受国的外交部或经商定的其他机构正式接触，即开始执行职务。遇有关系国协议终止、任务完成、为其指定的期限届满、派遣国通知它正在结束或召回特别使团、接受国通知已结束特别使团等情形，特别使团的职务应即终止。

二、特别使团及其人员的特权与豁免和义务

特别使团及其代表和其他人员在接受国亦享有《外交关系公约》规定的使馆及其各类人员的特权与豁免。但也有所不同，例如《特别使团公约》第 25 条规定，特别使团的房舍不可侵犯，但在发生火灾或其他严重灾难而无法获得使团团长同意的情况下，接受国可推定获得同意而进入房舍。第 31 条第 2 款规定，特别使团的代表及外交人员享有的民事和行政管辖豁免。但也有例外，如除《外交关系公约》中规定的三种例外，又增加了一种关于有关人员在公务范围之外由于使用车辆肇事造成损害的诉讼。另外，第 21 条还规定，国家元首、政府首脑、外交部部长和其他高级职员在率领或参加特别使团时，在接受国或第三国内，除享有本公约规定的外交特权与豁免外，还应享有国际法所赋予的便利、特权和豁免。

特别使团及其人员对接受国的义务也与使馆及其人员的义务基本相同。

第五节　联合国及其专门机构的特权与豁免

如本书第一章所述，国际组织具有国际法律人格之地位，为保障国际组织活动的正常运行以实现其宗旨，国家在创建各国际组织时一般都通过约章规定各该组织享有特权与豁免并通过其后的条约作出具体规定。《联合国宪章》及其后的《联合国特权与豁免公约》《专门机构特权与豁免公约》的规定就是重要例证。《联合国宪章》第 105 条规定，联合国在每一会员国领土内应享有为达成其宗旨所必需的特权与豁免；联合国会员国的代表和本组织的职员，亦应同样享有于其独立行使关于本组织之职务所必需之特权及豁免。《联合国特权与豁免公约》《专门机构特权与豁免公约》和《代表权公约》对联合国和联合国各专门机构的特权与豁免作了具体明确的规定。下面根据这些公约规定对联合国及其专门机构之特权与豁免的内容作一概括介绍。

一、联合国及其专门机构和职员的特权与豁免

（一）联合国及其专门机构的特权与豁免

根据《联合国特权与豁免公约》第 2、3 条和《专门机构特权与豁免公约》第

3、4 条规定，联合国及其专门机构的特权与豁免的内容主要有：

1. 联合国免除会员国的法律管辖，即联合国不受任何会员国的法律管辖和支配。

2. 会所、财产和资产、档案和文件不受侵犯。就会所不可侵犯而言，不仅公约原则上规定联合国的房舍不可侵犯，而且 1947 年联合国与美国签订的《关于联合国会所的协定》中更进一步规定联合国对会所区有管理权，除经秘书长同意并依照秘书长所许可的条件外不得进入会所区执行任何公务；联合国的财产和资产不论位于何处，亦不论由何人管理，应享有法律程序之豁免和免于搜查、征用、没收、征收和任何其他方式的干扰，不论是由于执行、行政、司法或立法等行为；联合国的档案和文件无论置于何处，均不可侵犯。

3. 不受会员国的财政管制、财政条例和延期偿付令的限制。联合国可持有款项、黄金或任何货币，并可以任何货币使用账款；可自一国至其他国家，或在一国境内自由移转其款项、黄金或货币，并可将其所持有的任何货币兑为其他货币。但联合国行使这些权利时，在其认为不损害它的利益情况下，应适当顾及会员国政府的要求。

4. 免除税收和进出口限制。联合国、联合国的资产、收入及其他财产免除直接税；进出口的公务用品免除关税和进出口的禁止或限制；出版物亦免除关税和进出口的禁止及限制。

5. 享有通讯便利。联合国在会员国境内的公务通讯在邮件、电脑和其他通讯的优先权、收费、捐税及提出新闻电报收费等方面享有不低于该国给予任何其他国家（包括某使馆）的待遇；对联合国的公务邮件和其他公务通讯不得检查；联合国有使用电码、信使或邮袋通讯的权利，这种信使和邮袋享有外交信使和邮袋同样的特权与豁免。

（二）联合国及其专门机构职员的特权与豁免

根据《联合国特权与豁免公约》第 5、6 条和《专门机构特权与豁免公约》第6、8 条规定，联合国及其专门机构职员的特权与豁免主要有：

1. 一般职员的特权与豁免。联合国及其专门机构的一般职员为执行公务而发表的言论和所实施的行为享有法律程序的豁免；自联合国或自联合国专门机构所得的薪金和津贴免除捐税；免除公共服务义务；免受移民限制和外侨登记；享有汇兑方便；新到任时的进口家具及个人用品免除关税；个人行李一般免于查验；有使用联合国通行证旅行权。

2. 官员的特权与豁免。联合国秘书长、副秘书长和各专门机构的官员，如总干事等高级官员除享有上述一般职员的特权与豁免外还享有外交代表所享有的特权与豁免。此外，执行联合国使命的专家在执行使命期间，包括执行其使命的全部旅行时间，享有独立执行职务所必需的特权与豁免，其人身不受逮捕或拘禁，私人行李不受扣押；执行使命期间所发表的言论和实施的行为豁免一切法律程序；文书和文件不受侵犯；为了与联合国通讯有使用密码、信使或邮袋收发文书或信件的权利；

在货币或外汇限制方面享有与临时执行公务使命的外国政府代表同样的便利；其私人行李享有与外交代表同样的豁免与便利。

关于联合国及其专门机构人员特权与豁免的放弃，联合国秘书长在认为联合国的任何职员或专家的豁免足以妨碍司法进行，而放弃他的豁免又不损害联合国利益时，有权也有责任放弃该项豁免。安理会有权放弃秘书长的豁免。联合国各专门机构也有权并有责任放弃其职员的豁免。

二、驻联合国及其专门机构的代表团及其人员的特权与豁免

（一）代表团的特权与豁免

派驻联合国及其专门机构的代表团有常驻的和临时的代表团。常驻代表团是驻在各该组织的常设代表团。它们由常驻代表（团长）、外交职员、行政和技术职员以及服务人员组成。对常驻代表团的特权与豁免问题，《联合国特权与豁免公约》和《专门机构特权与豁免公约》都没有规定，但按照《代表权公约》规定，它们的特权与豁免基本上同于使馆的特权与豁免。

（二）代表团人员的特权与豁免

1. 常驻代表团人员的特权与豁免。对于常驻代表团人员的特权与豁免，《联合国特权与豁免公约》和《专门机构特权与豁免公约》只规定了会员国代表的特权与豁免（略低于使馆外交代表的特权与豁免）。但按联合国和美国《关于联合国会所的协定》规定，凡由会员国指派为常驻联合国的首席代表或大使或全权公使的常任代表和经秘书长、美国政府与有关会员国同意的驻会所常任职员，享有驻美国外交使节所享有的特权与豁免。1948年联合国秘书长、有关国家和美国达成协议，规定使团中的全体外交人员享有外交特权与豁免。《代表权公约》规定常驻使团及其人员享有《外交关系公约》关于使馆及其各类人员的便利、特权和豁免。

2. 临时代表团人员的特权与豁免。临时代表团是指出席联合国及其专门机构活动或参加会议的临时性的代表团。它们的人员有团长（抑或有其他代表）、外交职员、行政和技术职员及服务员。对于临时代表团的特权与豁免，《联合国特权与豁免公约》和《专门机构特权与豁免公约》亦同样未作规定。按照《代表权公约》的规定，它们的特权与豁免基本上同于国家间派遣的特别使团的特权与豁免。

对于它们的人员的特权与豁免，根据《联合国特权与豁免公约》第4条和《专门机构特权与豁免公约》第5条的规定，出席联合国各主要机关和辅助机关及联合国召开的会议之会员国代表和出席联合国专门机构所召集会议的各会员国代表，在执行职务期间和往返开会处所的旅程中享有与使馆及其人员大体相同的特权与豁免，包括：①人身免受逮捕或拘禁；②其私人行李不受扣押；③其以代表资格发表的口头或书面的言论和所实施的一切行为豁免各种法律程序；④文书和文件不可侵犯；⑤有使用密码及经由信使或用密封邮袋收发文书或信件的权利；⑥在他们为执行职务而访问或经过的国家，其本人及配偶免除移民限制、外侨登记或国家公共服务的义务；⑦关于货币或外汇限制，享有负临时公务使命的外国政府代表的同样便利；

⑧私人行李享有与外交使节同样的豁免和便利，以及为外交使节所享有而与上述各项不相冲突的其他特权、豁免和便利，但他们无权要求对于运入物品（除私人行李中携带进口的私人用品外）免除关税，也无权要求免除消费税和销售税。

《代表权公约》第 28～36 条对临时代表团人员的特权与豁免作了较为全面的规定。按其规定，临时代表团团长及其他的代表和外交人员享有与使馆外交代表基本相同的特权与豁免，有些方面略低于外交代表的特权。例如，在民事和行政管辖的豁免上，只限于他们的公务行为享有豁免。他们所用或所有的车船、飞机发生事故所造成的损害赔偿不得免除东道国的管辖。临时代表团的行政技术人员的特权与豁免，除个人行李不免除查验外，其他与代表团的外交人员相同。服务人员的职务行为享有豁免权，因受雇所得报酬免纳捐税。

关于常驻使团和临时代表团人员的特权与豁免的放弃问题，如果派遣国认为援用豁免权有碍司法的进行而放弃豁免又不损害执行国际组织职务时，则有权也有责任放弃此等人员的豁免。

第六节　中华人民共和国关于外交特权与豁免的规定

中华人民共和国成立后，曾于 1951 年 9 月 4 日由政务院通过了《中华人民共和国对各国外交官及领事官优遇暂行办法》，1952 年 7 月 27 日开始供内部掌握实施。此外还有关于外交特权与豁免方面的单行规定，如 1961 年公布的《对各国外交官和领事官的行李物品进出国境优待暂行办法》、1957 年公布的《中华人民共和国海关对进出国境的中国和外国信袋及外交信使个人行李物品放行办法》等。

仅以上述办法或规定处理来华使节和驻华使馆的外交特权与豁免，是远不能适应我国外交关系发展的需要的。一则，到 20 世纪 80 年代，与我国建交的国家从 20世纪五六十年代的十几个、几十个跃至 160 多个；我国还参加了许多国际组织或与一些国际组织建立了关系，这使得驻华使馆、国际组织机构以及外交使节和其他人员大幅度增多，而我国没有保护他们特权与豁免的基本法律。二则，我国加入了《外交关系公约》《联合国特权及豁免公约》《专门机构特权及豁免公约》，但是没有相应的国内法保证公约的规定在我国得到执行。三则，在与我国建立外交关系的国家中，尚有一些非《外交关系公约》的当事国，我国与这些国家的交往中只能遵循某些习惯规则，国内的行政和司法机关并无可遵循的国内法律。为了改变我国外交立法的空白状况，适应国际交往的需要，全国人民代表大会常务委员会于 1986 年 9 月5 日颁布了《中华人民共和国外交特权与豁免条例》（简称《外交条例》）。该条例以《外交关系公约》的规定为基础，结合我国实践，全面规定了驻华使馆及其人员、驻华国际组织机构及其人员以及临时来华外国使节、官员的特权与豁免。

按《外交条例》的规定，驻华使馆的特权与豁免与《外交关系公约》规定的内容相同。外交代表的特权与豁免也基本上与公约规定一致，但又根据我国的实践作了些不同规定，如《外交条例》第 14 条规定外交代表享有的民事和行政管辖的例外只有两种情形，而未包括关于外交代表之私有不动产物权的诉讼。第 19 条规定了使馆和使馆人员携运自用的枪支、子弹入境，必须经我国政府批准并按我国的有关规定办理。

关于外交特权与豁免适用的人员范围，按《外交条例》第 20 条的规定，包括：①与外交代表共同生活的配偶及未成年子女享有与外交代表相同的特权与豁免；②使馆的行政技术人员和与其共同生活的配偶及未成年子女享有与外交代表基本相同的特权与豁免，只在民事和行政管辖豁免方面限于公务行为；③私人行李不免于查验、安家物品限于到任后半年内免于交纳关税和其他捐税；④使馆服务人员的公务行为享有豁免，其到任半年内运进的安家物品免税；⑤使馆的私人服务人员受雇所得报酬免纳所得税。

按《外交条例》第 22 条的规定，途经中国的外国驻第三国的外交代表及其共同生活的配偶和未成年子女，持有中国外交签证或持有外交护照（限互免签证的国家）来我国的官员及其他来我国访问的外国人士，在我国过境或逗留期间享有必要的不受侵犯和豁免。第 23 条规定，来中国访问的国家元首、政府首脑、外交部部长及其他具有同等身份的官员享有与外交代表同等的特权与豁免。第 24 条规定，来中国参加联合国及其专门机构召开的国际会议的外国代表、临时来中国的联合国及其专门机构的官员和专家、联合国及其专门机构驻中国的代表机构和人员的待遇按我加入的有关国际公约和我国与有关国际组织签订的协议办理。

《外交条例》在第 26 条特别规定了对等原则，即如果外国给予中国驻该国使馆及其人员以及临时赴该国的有关人员的外交特权与豁免，低于本条例给予该国驻我国使馆及其人员以及临时来我国的有关人员的外交特权与豁免，我国政府根据对等原则可以给予该国驻外使馆、使馆人员以及临时来我国的有关人员相应的特权与豁免。另外，《外交条例》第 27 条声明，我国缔结或参加的国际条约另有规定的，按国际条约规定办理，但我国保留的条款除外。

根据《外交条例》第 25 条的规定，在华享有特权与豁免的使馆或其他机构及人员应尊重中国的法律和法规；不得干涉中国内政；不得在中国境内为私人利益从事任何职业或商业活动；不得将使馆馆舍和使馆工作人员寓所充作与使馆职务不相符合之用途。对违反上述义务者，我国有权采取适当措施。如，宣布他为不受欢迎的人、采取必要强制措施、对使馆提出抗议，严重情形下还可采取报复或断交措施。如外交人员在我国从事商业或专业活动是为私人利益者即不享有民事和行政管辖豁免。[1]

---

〔1〕　参见梁淑英主编：《外国人在华待遇》，中国政法大学出版社 1997 年版，第 160～161 页。

第七节　领事制度

一、领事制度的产生与发展

领事（consul）是一国根据协议而派驻他国的特定城市或地区，以保护本国和本国国民在当地合法权益和执行其他领事职务的官员，他们是职业领事（professional consul）。此外，派遣国还可以从当地选任名誉领事（honorary consul）办理领事职务。

领事制度的发展具有久远的历史。早在古希腊、古罗马时期就已有了领事制度的萌芽。中世纪后期，在欧洲一些商业发达的国家（如意大利、西班牙和法国）的一些城镇，商人在他们同行中推选一些人解决他们之间的商业纠纷，这类人被称为"仲裁领事"或"商人领事"。经过十字军之战后，西方国家的商人来到中东定居并开办商业，也把上述领事制度带到了中东国家。同一国家的商人选出自己的领事，监督商务，审议争端以保护商人利益，并且西方战胜国还与中东回教君主签订《领事裁判权条约》，把领事权利从解决商人纠纷扩大到保护本国公民特权和生命财产以及管辖本国公民间的民、刑事案件，这就是最早出现的领事裁判权（consular jurisdiction）制度。到了 15 世纪，这种领事制度传到西方国家。16 世纪，国家开始派任领事。但由于属人主义的影响，领事仍对其本国公民的案件具有管辖权。到了 17 世纪，因为近代国家主权观念的增强，西方国家把领事裁判权取消了，领事只负责照管本国的通商航海事务和保护侨民利益。及至 19 世纪，由于航海贸易的发展，领事的重要性也日益增长，国家在它们签订的通商航海条约或领事条约中，对领事的地位、职能和特权等作了规定，使领事制度形成了比较系统的习惯规则。

随着西方列强的侵略扩张，领事制度也被推行到远东国家，并且在西方国家早已取消了的领事裁判权被强加于这些国家，中国就是受害最深者。鸦片战争后，列强通过一系列不平等条约向我国派驻领事，如 1843 年《中英五口通商章程》和 1844 年《中美望厦条约》等都规定了派遣领事。[1] 至 1949 年，有 33 个国家在我国设有领事馆 196 个，遍及 47 个城市，[2] 有 19 个国家曾在我国享有领事裁判权。[3] 直到 1943 年，英国才最后一个取消这种侵犯我国主权的特权。我国向外国派设的第一个领事馆于 1877 年建于新加坡，由当地华侨商人胡璇泽任馆长。中华人民共和国成立后一贯重视与外国发展领事关系，20 世纪 50 年代，外国驻华领馆曾有 31 个，我国在外国设领馆 14 个。但由于"文化大革命"的破坏，到 1978 年，我国派驻的领馆

---

[1] 参见王铁崖编：《中外旧约章汇编》（第 1 卷），生活·读书·新知三联书店 1957 年版，第 40、52 页。

[2] 参见《新中国领事实践》编写组编著：《新中国领事实践》，世界知识出版社 1991 年版，第 11 页。

[3] 参见梁淑英主编：《外国人在华待遇》，中国政法大学出版社 1997 年版，第 62 页。

仅剩下 4 个，外国在我国的领馆也只有 4 个了。进入 20 世纪 80 年代，我国与外国的领事关系得到了恢复和发展，截至 2010 年 4 月，我国已与 48 个国家签订了领事条约或协定建立领事关系。我国在外国建有 70 个总领事馆、6 个领事馆和 2 个领事办公室。截至 2008 年，外国在我国设立有 140 个总领事馆、4 个领事馆、1 个领事代理处和 7 个领事办公室。[1]

二、领事关系的建立

国家之间领事关系的建立是以协议确定的。除另有声明外，两国间同意建立外交关系亦即同意建立领事关系。但断绝外交关系并不当然断绝领事关系。国家之间达成协议后就可以依协议设立领馆，派遣领事以执行其职务。

（一）领事馆及其人员

1. 领馆的类别及其设立。领馆（consulate or consular）是领事执行职务的机关，其类别有总领事馆、领事馆、副领事馆和领事代理处。关于领事馆的设立，《领事关系公约》第 4 条规定："①领馆须经接受国同意始得在该国境内设立。②领馆之设立地点、领馆类别及其辖区由派遣国定之，惟须经接受国同意。③领馆之设立地点、领馆类别及其辖区确定后，派遣国须经接受国同意始得变更。④总领事馆或领事馆如欲在本身所在地以外之地点设立副领事馆或领事代理处亦须经接受国同意。⑤在原设领馆所在地以外开设办事处作为该领馆之一部分，亦须事先征得接受国之明示同意。"

2. 领馆人员。领馆人员包括领事官员、领事雇员及服务人员。领事官员是指派任此职承办领事职务的任何人员，包括领馆馆长在内。领馆馆长是奉派任此职位之人员。馆长分四个等级：总领事、领事、副领事、领事代理人。领事官员分职业的和名誉的。职业领事官员是由派遣国任命的专职的政府工作人员，不从事其他职业。名誉领事官员是执行领事职务的非专职官员，一般是从接受国境内的本国侨民或接受国国民的商人或律师中聘任执行某些领事职务。领事雇员是受雇担任领馆行政或技术事务的人员，如书记员、速记员、办公室助理员、档案员。服务人员是指受雇担任领馆杂务的人员，如司机、清洁工、传达人员。

（二）领馆馆长及领馆馆员的派遣与接受

1. 领馆馆长的派遣和接受。按照《领事关系公约》第 10 ~ 13 条规定，领馆馆长由派遣国委派并由接受国承认准予执行职务。委派及承认领馆馆长的手续各依派遣国及接受国的法律规章与惯例办理。领馆馆长每次奉派任职，应由派遣国发给委任书（consular provision）或类似文书以充其职位的证书，载明馆长的全名、职类与等级、领馆辖区及领馆设置地点。派遣国应通过外交途径或其他适当途径将此等委任文凭或类似文书转送给接受国政府。获接受国准许后领馆馆长可执行职务。此项准

许由接受国发给领事证书（consular exequatur）确定。领事证书可以是特别颁发的特别文件，也可以在领事任命书上批写"领事证书"。但在领事证书未送达前，馆长可暂时准予执行职务。

2. 领馆馆员的派遣和接受。称领馆馆员者，是指除馆长以外的领事官员、领馆雇员及服务人员。按《领事关系公约》第 19 条规定，领馆馆员的委派可由派遣国自由决定。但若委派具有接受国国籍的人或第三国国民充任领馆馆员须经接受国明示同意。此外，还不得委派被接受国宣布为不受欢迎的或不能接受的人充任领馆馆员。对领馆馆员中的领事官员的委派，派遣国应在充分时间前将他们的全名、职责及等级通知接受国，接受国可于其到达该国国境前或其就职前宣布他为不能接受。派遣国可要求接受国对馆长之外的领事官员发给领事证书或接受国认为必要而发给他们领事证书。

关于领馆馆员的人数，如国家间无协议，接受国得酌量领馆辖区内的环境与情况及领馆需要，要求馆员人数不超过其认为合理及正常之限度。

（三）领事职务

一般说来，领事职务主要有：保护本国和本国侨民（个人和法人）在接受国的利益，尤其是监督有关条约或协定的执行和保护侨民的生命财产不受非法侵害；促进本国与接受国的贸易和文化关系的发展；给予本国侨民以及入港入境的本国船舶、飞机和其人员以所需要的协助和援助；调查接受国当地的商业、经济、文化和科学发展状况并报告给本国或有关人士；办理公证、签证、认证、护照以及户籍登记等法律手续。《领事关系公约》第 5 条对领事的职务规定了以下项目：

1. 于国际法许可之限度内，在接受国内保护派遣国及其国民——个人与法人的利益。

2. 依本公约之规定，增进派遣国与接受国间之商业、经济、文化及科学关系的发展，并在其他方面促进两国之友好关系。

3. 以一切合法手段调查接受国商业、经济、文化及科学活动之状况及发展情形，向派遣国政府具报并向关心人士提供资料。

4. 向派遣国国民发给护照及旅行证件；并向拟赴派遣国旅行人士发给签证及其他适当文件。

5. 帮助及协助派遣国国民——个人与法人。

6. 担任公证人、民事登记员及类似之职司并办理若干行政事务，但以接受国法律规章无禁止的规定为限。

7. 依接受国法律规章在接受国境内之死亡继承事件中，保护派遣国国民的利益。

8. 在接受国法律规章所规定的限度内，保护为派遣国国民之未成年人及其他无充分行为能力人之利益，尤以须对彼等施以监护或托管之情形为然。

9. 以不抵触接受国内施行之办法与程序为限，遇派遣国国民因不在当地或由于其他原因不能于适当期间自行辩护其权利与利益时，在接受国法院及其他机关之前担任其代表或为其安排适当之代表，依照接受国法律规章取得保全此等国民之权利之临时措施。

10. 依现行国际协定之规定或于无此种国际协定时，以符合接受国法律规章之任何其他方式，转送司法书状与司法以外文件或执行嘱托调查书或代派遣国法院调查证据之委托书。

11. 对具有派遣国国籍的船舶，在该国登记之航空机以及其航行人员，行使派遣国法律规章所规定之监督及检查权。

12. 对上述所称之船舶与航空机及其航行人员给予协助，听取关于船舶航程之陈述，查验船舶文书并加盖印章，于不妨害接受国当局权力之情形下调查航行期间发生之任何事故及在派遣国法律规章许可范围内调解船长、船员与水手间的任何争端。

13. 执行派遣国责成领馆办理而不为接受国法律规章所禁止，或不为接受国反对，或派遣国与接受国间现行国际协定所订明之其他职务。

领事官员执行上述职务应限于领馆辖区范围内，在领馆辖区外执行职务须经接受国同意。在第三国中执行领事职务或代表第三国在接受国内执行领事职务，应当通知关系国或接受国，并以关系国或接受国不反对为限。

14. 领馆人员职务的终止。领馆人员职务的终止通常是由于本人被派遣国召回；领事证书被撤销；接受国通知派遣国不复承认该员为领馆人员；被宣告为不受欢迎的人或不能接受的人。《领事关系公约》第 23 条规定，接受国得随时通知派遣国，宣告某一领事官员为不受欢迎人员或任何其他领馆馆员为不能接受。遇此情事，派遣国应视情形召回该员或终止其在领馆中之职务。若派遣国拒绝或不在合理期间内召回有关人员，接受国得撤销关系人员之领事证书或不复承认该员为领馆馆员。除此之外，领馆关闭或领事关系断绝可使领馆人员的职务当然终止。

第八节　领事特权与豁免

一、领事特权与豁免的内容

领事虽不具有外交代表的身份，但他毕竟是外国派驻的官员，并且是在执行有限的地方性任务上代表其派遣国家。所以，为了使他们能正常执行职务工作的需要而给予领馆和领事官员一定的特权与豁免。对领事特权与豁免之内容，《领事关系公约》作了以下规定：

（一）领馆的特权与豁免

1. 领馆馆舍不受侵犯。按照《领事关系公约》第 31 条的规定，领馆馆舍[1]的

---

[1]　据《领事关系公约》第 1 条第 10 款规定，领馆馆舍是指专供领馆使用的建筑物或建筑物之各部分，以及其所负数之土地，至所有权谁属，则在所不问。

不可侵犯包括：

（1）接受国官员非经领馆馆长或其指定人员或派遣国使馆馆长同意，不得进入领馆馆舍中专供领馆工作之用部分。唯遇火灾或其他灾害须迅速采取保护行动时，得推定馆长已同意。

（2）接受国负有特殊责任，采取一切适当步骤保护领馆馆舍免受侵入或损害，并防止任何扰乱领馆安宁或有损领馆尊严的情事。

（3）领馆馆舍、馆舍设备以及领馆的财产与交通工具应免受为国防或公务目的而实施的任何方式的征用。如为此目的确有征用之必要时，接受国应采取一切可能步骤以免妨碍领馆执行职务，并应向派遣国作出迅速、充分及有效的赔偿。

2. 领馆档案及文件不得侵犯。按《领事关系公约》第 33 条的规定，领馆的档案和文件无论何时，亦不论位于何处，均不得侵犯。

领馆的档案包括一切文书、文件、函电、簿籍、胶片、胶带和登记册、明密电码、记录卡片及供保护或保管这些文卷之用的任何器具以及单行的文件。[1]

3. 通讯自由。按《领事关系公约》第 35 条的规定，接受国应允许并保护领馆为一切公务目的的自由通讯。通讯自由的内容包括：

（1）领馆有权与派遣国政府及无论何处的该国使馆及其他领馆自由通讯。接受国对此不得干扰或阻碍。领馆为通讯可使用外交或领馆信差，外交或领馆邮袋及明密码电信在内之一切适当方法。但装置及使用无线电发报机须经接受国许可。

（2）领馆的来往公文不受侵犯。领馆的邮袋不得予以开拆或扣留，但如有重大理由可在派遣国授权代表在场下开拆邮袋。若派遣国拒绝开拆，邮袋应退回原发送地。

（3）领事信差在执行职务时，应受接受国的保护，其人身不受侵犯，不受任何方式的逮捕或拘禁。

4. 行动自由。按《领事关系公约》第 34、38 条规定，领馆人员在接受国境内有行动自由及旅行自由。但接受国为国家安全而禁止或限制进入的区域除外。

5. 免纳关税和捐税。按《领事关系公约》第 39、50 条规定，领馆馆舍免纳国家、区域或地方性捐税；领馆执行职务所收的规费和手续费免除捐税；领馆的公务用品免除关税及其他课税，但贮存、运送等服务费不在免除之列。

领馆除享有以上特权外，还有权使用派遣国的国旗、国徽，与派遣国国民通讯及联络及与领辖区内的接受国地方主管当局和于接受国允许下与其中央主管当局接洽联系等。[2]

（二）领事官员的特权与豁免

按《领事关系公约》第 40~50 条的规定，领事官员的特权与豁免的内容主要有

---

[1] 参见《领事关系公约》第 1 条第 11 款。

[2] 参见《领事关系公约》第 36~38 条。

以下方面：

1. 人身不受侵犯。接受国对领事官员不得予以逮捕候审或羁押候审，不得监禁或以其他方式拘束领事的人身自由，但对犯有严重罪行或司法机关已裁判执行的除外。接受国有关当局对领事官员应予尊重并采取适当的步骤防止其自由或尊严受到侵犯。

2. 管辖豁免。领事官员执行职务行为，不受接受国的司法和行政管辖。但有两种例外：①因领事官员并未明示或默示以派遣国代表身份而订立契约所发生的诉讼；②第三者因车辆、船舶或航空器在接受国内所造成的意外事故而要求损害赔偿之诉讼。此外，领事官员主动起诉引起的与本诉直接有关的反诉不享受豁免。

在与管辖有关的作证义务方面，领事享有一定的豁免。这是指领事对其执行职务所涉的事项没有作证或提供有关公文或文件的义务。除上述情形外领事官员不得拒绝作证。但如果领事拒绝作证也不得对他施以强制或处罚。另外，要求领事作证的机关应避免妨碍领事执行职务，在可能情况下得在领事寓所或领馆录取证言或证词。

3. 免税免验。领事免纳一切对个人和物的课税，包括国家的、区域的和地方的捐税，但间接税、遗产税、服务费等不在免除之列。领事及其同户家属初到任所需物品和消费品免纳关税；其行李免受查验，但有重大理由需要查验，应于领事或其家属在场时进行。

除上述特权外，领事还被免除外侨登记、居留证、工作证及社会保险办法的适用；免除个人劳务及捐献义务等。

（三）名誉领事的特权与豁免

根据《领事关系公约》第58～68条的规定，由名誉领事[1]任馆长的领馆和名誉领事享有的特权与豁免在程度和范围上均不及职业领事任馆长的领馆和职业领事的特权与豁免。

名誉领事任馆长的领馆特权与豁免的内容有：通讯自由；领馆人员有行动和旅行自由；领馆的档案和文件不受侵犯。以上特权与职业领事任馆长的领馆相同。接受国也应对领馆采取必要的保护措施，防止其受到侵害。另外，此等领馆所收的规费与手续费免除捐税；馆舍如以派遣国为所有人或承租人也免除国家、区域或地方的捐税；领馆公务用品免征关税；并享有使用派遣国的国旗或国徽等特权。名誉领事享有与职业领事相同的管辖豁免以及免除职务行为的作证义务。对名誉领事亦免征因其执行领事职务自派遣国支领的薪酬的一切捐税；免除个人劳务及捐献；除为私人利益从事专业或商业活动者外，应免除关于外侨登记及居留证的法律义务。

（四）领馆其他人员的特权与豁免

领馆的其他人员有雇员、服务人员和家属。为了执行领事职务工作的需要，职

---

[1]　名誉领事是派遣国聘任的兼办领事职务的人员，他们一般是在接受国内的有名望的商人或律师。派遣国一般不付给他们国家薪金，而是从领事业务收费中获取报酬。

业领事任馆长的领馆的雇员及服务人员及他们的家属也享有一定的特权与豁免。按《领事关系公约》第46~51条有关款条的规定，领事雇员的职务行为享有与领事官员相同的司法和行政管辖的豁免。领馆雇员和服务人员就其执行职务所涉事项无作证或提供有关来往公文或文件的义务，他们还有权拒绝以鉴定人身份就派遣国之法律提供证言；免除有关工作证的法律义务。领馆雇员免纳初到任时的安家物品及个人消费品的关税以及贮存、运送等类似服务费之外的课征。雇员及他们的同户家属和领事官员的同户家属免除外侨登记和社会保险办法的适用和免纳国家、区域或地方性捐税，但间接税和服务费不免除。服务人员就其服务的工资免纳捐税。领事官员的同户家属、领事雇员和服务人员及他们的同户家属免除个人劳务、公共服务和捐献等。领馆人员的私人服务人员免除社会保险办法的适用和工作证义务。其工资如不在接受国免除所得税时，应履行该国关于所得税的法律义务。名誉领事官员之家属及名誉领事为馆长的领馆雇用的雇员的家属，按《领事关系公约》第58条第3款的规定，不享有特权与豁免。

（五）领事特权与豁免的放弃

根据《领事关系公约》第45条的规定，派遣国得就某一领馆人员的人身不得侵犯、管辖豁免及作证义务的特权与豁免之放弃，概须以示并以书面通知接受国。民事或行政诉讼程序上管辖豁免之放弃，不得视为对司法判决执行处分之豁免亦默示放弃；放弃此项处分之豁免，须分别为之。

二、领事特权与豁免适用的时间范围

按《领事关系公约》第53条的规定，各领馆人员自进入接受国国境前往就任之时起享有特权与豁免，其已在该国境内者，自其就任领馆职务之时起开始享有。领馆人员的同户家属及其私人服务人员依其进入接受国国境时起，或自其成为领馆人员的家属或私人服务人员之日起享有特权与豁免，以在后之日期为准。领馆人员的职务如已终止，其本人的特权与豁免以及其同户家属和私人服务员的特权与豁免通常应于各该人员离开接受国国境时或其离境之合理期间终了时停止，以在先时间为准，纵有武装冲突情事，亦应继续有效至该时为止。领馆人员的同户家属或私人服务人员于其不为家属或不为服务人员时终止其特权与豁免，但如其想在稍后合理期间内离开接受国国境，其特权与豁免应继续有效，至其离境之时为止。唯领事官员和领事雇员为执行职务所实施的行为，其管辖和豁免应继续有效，无时间限制。遇领馆人员死亡，其同户家属应继续享有特权与豁免至其离开接受国国境时或离境之合理期间终了时为止，以在先之时间为准。以上规定也适用于名誉领事官员。

领馆的特权与豁免应从其被占用之时起，至其被让出之时止。纵有领事关系之断绝或暂时及长期闭馆亦应享有。

三、领馆及享有特权与豁免人员的义务

按《领事关系公约》第55条和第57条的规定，领馆和享有特权与豁免的人员对接受国负有下列义务：①尊重接受国的法律规章；②不得干涉接受国的内政；

③不得将领馆馆舍充作任何与执行领事职务不相符合的用途；④职业领事不应在接受国内为私人利益从事任何专业或商业活动。

以上第②项和第③项义务也适用于名誉领事为馆长的领馆。

领馆及享有特权与豁免的人若是违犯上述义务或滥用特权与豁免，接受国有权采取国际法许可的适当措施，如宣布领事官员为不受欢迎的人或宣布其他领馆人员为不能接受的人。在此情形下，派遣国应召回该人或终止其在领馆中的职务，否则接受国可撤销其领事证书或不承认该人的领馆人员之身份。此外，接受国还可视情形而采取强制措施。

四、中华人民共和国关于领事特权与豁免的规定

中华人民共和国成立后，于 1952 年开始实施了一个供内部掌握的《中华人民共和国对各国外交官及领事官优遇暂行办法》，1961 年公布了《对各国外交官和领事官的行李物品进出国境优待暂行办法》，没有制定全面规定驻华领事地位的法律。这种情况不能适应我国与外国领事关系发展的需要，所以，我国于 1990 年 10 月 30 日颁布了《中华人民共和国领事特权与豁免条例》。

按该条例的规定，外国驻华领馆及其人员享有的特权与豁免的内容与《领事关系公约》的规定基本相同。但是，根据我国的政策和实践作了些稍宽于公约的规定，如《领事特权与豁免条例》第 4 条规定，中国国家工作人员进入领馆馆舍须获得该馆馆长或派遣国驻华使馆馆长或他们授权人的同意，而公约只规定接受国官员进入领馆馆舍中专供领馆工作部分才须征得同意。第 13 条规定了领事官员的寓所、文书和信件以及财产不受侵犯的特权，而公约对此未规定。这种放宽的规定不仅加强了驻华领馆及领事官员的安全，有利于其执行职务，而且依据对等原则也有利于保护我国驻外领馆和领事的安全。在管辖豁免方面，第 14 条规定，领事和行政技术人员的职务行为享有司法和行政管辖豁免（与公约规定一致），同时还规定了领事官员执行职务以外的行为的管辖豁免应按照中国与外国签订的双边条约、协定或者根据对等原则办理。

条例除作了宽于公约的规定以外，也根据我国现行法律和实践作了个别的限制性规定。如《领事特权与豁免条例》第 20 条规定："使馆和使馆成员携带自用的枪支、子弹入境，必须经中国政府批准，并且按照中国政府的有关规定办理。"（这是公约未规定的。）另外，条例中把享有特权与豁免的领馆人员的家属均明确限定为共同生活的配偶及未成年子女，这比公约使用的"同一户口的家属"更为明确。

关于领事及其他领馆职员对我国的义务有：尊重中国法律法规；不得干涉中国内政；不得将领馆馆舍和领馆人员的寓所用于与领馆职务不相符合之用途。

第十章

条约法

第一节　条约和条约法概述

一、条约的定义和特征

据考证，国家间的缔约活动已有悠久的历史，例如早在公元前 3100 年美索不达米亚的拉加什城邦和鸟马城邦就缔结了疆界条约，公元前 1291 年埃及法老和赫梯王缔结了同盟条约。[1] 但在条约中明确对条约下定义则是 20 世纪之事。首先是 1969 年《维也纳条约法公约》（简称 1969 年《条约法公约》）第 2 条中规定："称'条约'者，谓国家间以国际法为准缔结的书面国际协定，不论其载于一项单独文书或两项以上相互有关的文书内，亦不论其特定名称如何。"其后的 1986 年《维也纳关于国家和国际组织间或国际组织相互间条约法公约》（简称 1986 年《条约法公约》）的第 2 条也作了类似规定，称："条约指一个或更多国家和一个或更多国际组织间或国际组织相互间以国际法为准缔结的书面国际协定，不论其载于一项单独的文书或两项或更多有关的文书内，也不论其特定的名称如何。"两公约对条约的规定概括了条约的基本理念或含义，为人们理解条约之特性具有指导意义。虽然这两公约对条约的界定都限于公约本身目的之解释，没有将公约目的之外的国际协定涵盖，但它们并不能否定国家或国际组织与其他国际法主体相互间或其他国际法主体相互间以国际法为准缔结的国际协定之条约性质。[2] 因此，我们以两公约对条约的界定为基础并兼顾国际实践，可以说，条约是国际法主体（主要是国家）间以国际法为准缔结的书面国际协定。这样的协定具有如下特征：

（一）条约是国际法主体之间的协定

条约的特征之一就是其为国际法主体之间的国际协定。这一特征反映在两方面：

---

〔1〕　参见李浩培：《条约法概论》，法律出版社 2003 年版，第 32 页。

〔2〕　1969 年《条约法公约》第 3 条规定，本公约不适用于国家与其他国际法主体间所缔结之国际协定或其他国际法主体间的国际协定或非书面的国际协定，此一事实并不影响此类协定之法律效力。1986 年《条约法公约》第 3 条规定，本公约不适用于国家或国家与非国家组织的国际法主体相互间的国际协定；国际组织与既非国家也不是国际组织的国际法主体之间的国际协定；国家与国际组织间或国际组织之间的非书面之国际协定；国家和国际组织之外的国际法主体间的国际协定。这一事实不影响这些协定的法律效力。

一方面是缔约者必须是国际法的主体。因为只有国际法主体才有缔结条约的能力，以条约的形式成立、改变或废止相互间的国际法上的权利和义务关系。国家不仅是国际法的主要主体，也是条约的主要缔结者。国际实践表明，国家间缔结的条约向来是条约中的最主要部分。此外还有国家与其他国际法主体间以及其他国际法主体相互间缔结的条约。而任何国际法主体与非国际法主体间或非国际法主体之间缔结的协定都没有条约的特性。国际法院的判例对此具有实践的支持，例如1952年7月22日国际法院对"英伊石油公司案"的判决指出："1933年伊朗和英伊石油公司之间的特许协定，只是一个政府同一个外国公司的特许合同，并未规定直接有关两国政府的公共事项，不能构成两国间缔结的条约。"[1] 条约这一特征的另一方面表现是缔约者须是两个或两个以上的国际法主体。因为条约是国际协定，即是国际协定当属两个或两个以上的国际法主体之间相互达成的协定。若只是一个国家或一个其他国际法主体单方的声明或宣言，即使它承诺了国际义务或放弃了权利，也不构成条约。这样单方的行为只是单方的立场或承诺而不是国际协定。《阿库斯特国际法》指出："无论如何，条约不是只通过一个国家承担法律义务，即使一个国家的单方发出的受国际法拘束的承诺，也只是类似一个国家通过明白地放弃而丧失一项法律权利。"[2]

另需说明的是，实践中有少数国家间的协定允许某些非国家实体为其当事方，如《世界贸易组织协定》就有中国香港、中国澳门和中国台湾为缔约方。但这不影响该协定的条约地位。[3]

（二）条约是以国际法为准的协定

前一个特征说明，条约必须是由两个或两个以上国际法主体缔结国际协定，但这并不意味国际法主体之间的协定都是条约，一项协定是否构成条约还要看它是否以国际法为准（governed by international law）。两个条约法公约对条约的界定都规定了条约必须是以国际法为准的协定。这就是说，纵然一项协定的缔约者都是国际法主体，但该协定不是受国际法制约而是受国际法之外的法律（如国内法或国际私法）制约，它就不是条约。例如，第二次世界大战时，南斯拉夫与瑞士订立了一个关于南斯拉夫租给瑞士的船舶的保险协定。战后，两国对租给瑞士的船舶的保险问题发生争议，经协商两国同意将该协定按国际私法仲裁。[4] 显然这个协定不受国际法制约，而受国际私法和国内法制约，故不是条约。

---

〔1〕　参见梁淑英主编：《国际法教学案例》，中国政法大学出版社1999年版，第175~177页。

〔2〕　Peter Malanczak，*Akehurst's Modern Introduction to International Law*，Seventh Revised Edition，printed by TJ International Ltd，Padstow，Cornwall，1997，p. 130.

〔3〕　参见［英］安托尼·奥斯特：《现代条约法与实践》，江国青译，中国人民大学出版社2005年版，第16页。

〔4〕　参见凌岩："论维也纳条约法公约关于条约的定义"，载《政法论坛》1989年第2期。

关于何为以国际法为准，两个条约法公约未作规定，国际法委员会也只解释为"其成立和执行都是受国际法制约"，[1] 而未作详细说明。根据缔约的实践，许多学者认为判断一个协定是否以国际法为准的一个实质要素是考查其是否规定了缔约者之间的国际法上的权利和义务关系，这种权利和义务关系的规定包括建立、修改或终止现有权利和义务，以及解释现行规定。[2]《奥本海国际法》称："某一特定文件是否以国际法为准之国际协定，据认为，关键因素仍然是该文件是否意图在当事方之间创设法律权利和义务——国际法委员会认为包含在以国际法为准之中的一个因素。这样的意思是否存在需要参照每一个事例的一切情况加以决定，一项文件向联合国登记，可能包含着它是有意思而且被理解为一项条约。"[3] 若是数国发表或签署的政策性声明的文件，并非意在规定其权利和义务，如1943年11月1日苏、美、英三国首脑关于惩罚战争犯罪的莫斯科宣言，就不是条约。

（三）条约是具有法律拘束力的协定

既然条约是国际法主体以国际法为准达成的协定，协定的内容无论是确立、修改或消灭缔约者的权利和义务，还是解释一项协定，都是对缔约者有法律拘束力的。因为它规定的是缔约者间的国际法的权利和义务关系，这种协定规则本身就是国际法规则，对当事方有法律效力。当事方必须履行条约的规定，否则要承担违约责任。《奥本海国际法》指出："条约在法律上有拘束力，是因为国际法有一项习惯规则规定：条约是有拘束力的。这个规则的拘束力归根到底是建立在国际法具有客观拘束力的基本假定之上，而这个基本假定既不是共同同意的假定，也不一定是法律的假定。"[4] 这就是条约与那些没有法律拘束力的国际约定之根本区别。例如数个国家或政府首脑或外交部部长之间订立的君子协定（gentleman's agreement），虽然协定者承诺从事或不从事某些行为的义务并且可能得到国家的遵守，但这样的义务不是法律义务，没有法律拘束力。故当事国违反了也不负法律责任。如1975年欧洲33国及美国和加拿大的代表在赫尔辛基举行安全与合作会议后，制定的最后文件内容涉及欧洲安全、经济和人道诸方面合作的重要问题，但与会代表团均意在制定只有道义效力的文件。此乃典型君子协定，不是条约。由此可见，一项条约的实质要素应规定当事方的权利和义务关系，但并不是规定了权利和义务的协定都是条约，条约规定的权利和义务是法定的有拘束的。而有些协定虽然规定了当事方的权利和义务，

---

[1] 参见《国际法委员会年刊》，1962年第2卷，第32页。

[2] See *American Journal of International Law*, 1960, pp. 247~248.

[3] 参见［英］詹宁斯、瓦茨修订：《奥本海国际法》（第1卷第2分册），王铁崖等译，中国大百科全书出版社1998年版，第627页。

[4] 参见［英］劳特派特修订：《奥本海国际法》（上卷第2分册），王铁崖、陈体强译，商务印书馆1981年版，第312页。

但这样的权利和义务对当事者没有法律拘束力，它得到执行是基于国际信义或道义。[1] 它们也不是条约。

（四）条约通常是书面形式的协定

长期的国际实践表明，国家或其他国际法主体缔结的条约，绝大多数都是以书面形式存在的，尤其是确立一般国际法规则的条约，都采用了书面形式。[2] 虽然某些条约是口头协定，也得到了遵守，但这是罕见的。口头协定不易证明，且容易引起争议，故现代国际法非但不提倡，甚至持否定或排除的立场。《国际联盟盟约》第18条规定："嗣后联盟任何会员国所订条约或国际协定应立送秘书处登记，并由秘书处从速发表。此项条约或国际协定未经登记以前不发生效力。"1928年《关于条约的公约》第2条规定："书面形式是条约必备的条件。"《联合国宪章》第102条规定："联合国任何会员国所缔结之一切条约及国际协定应尽速在秘书处登记，并由秘书处公布之。当事国对于未经依本条第1款规定登记之条约或国际协定，不得向联合国任何机关援引之。"两条约法公约对条约的定义都限定条约是书面形式的国际协定。1978年《关于国家在条约方面的继承的维也纳公约》第2条对条约的定义与1969年《条约法公约》的定义完全相同。

二、条约的名称和种类

（一）条约的名称

条约从广义上讲包括所有国际法主体以国际法为准缔结的书面国际协定，它们被冠以各种名称，而狭义的条约只是其中的一种称呼而已。

实践中，广义上的条约名称很多，但主要有以下几种：

1. 条约，是条约中最通用的名称，一般用于称谓规定重要政治、经济、领土等法律问题且有效期较长的国际协定。如1959年《南极条约》及大量的国家间缔结的边界条约等。

2. 公约（convention），通常都是通过国际会议或国际组织主持制定的，规定特定事项的多边国际协定。除区域性公约外，它们的内容多属造法性的，即制定一般国际法规则。如1961年《外交关系公约》、1982年《海洋法公约》。

3. 协定（agreement），多用于称呼政府或行政部门之间缔结的关涉行政或技术事务之协定。如贸易协定、司法协助协定等。

---

[1] 参见［韩］柳炳华：《国际法》，朴国哲、朴永姬译，中国政法大学出版社1997年版，第69页。

[2] 所谓书面形式，一般是指将条约的原始文本打印或印刷出来，但也应包括电报、电传、传真或电子邮件的形式，或者以这些通信的交换形式构成。只要这种文本可以归结为一种长期的和可读的形式（即使是从电脑中下载或打印出来的），它就可视为一种书面形式。没有原始签署的复制文本不是问题，只要有一种认证签名的方法即可。如1998年9月，美国总统克林顿（Clinton）和爱尔兰首相亚赫恩（Ahern）以电子方式发表了一个有关电子商务的联合公报。他们就是通过各自操作的一台单独的计算机终端并使用电子签名发表的这个公报。

4. 宪章（constitution or charter）、盟约（Covenant）、规约（Statue），通常是国际组织章程的名称。如《联合国宪章》《国际联盟盟约》《国际刑事法院罗马规约》。

5. 议定书（protocol），多为一项主条约之附属文件的名称，内容关涉补充、说明或解释主条约的规定。如1988年《制止在用于国际民用航空机场发生的非法行为以补充1971年蒙特利尔制止危害民用航空安全的非法行为的公约的议定书》。议定书有时也是一个独立的条约，如1925年《和平解决国际争端总议定书》。

6. 宣言（declaration）和声明（statement），国家间缔结规定特定事项的条约用宣言或声明的名称。如1868年《圣彼得宣言》、1984年中英《关于香港问题的联合声明》。

7. 换文（exchange of notes），是缔约国用相互交换照会（note）就有关问题达成的协定之名称。如1955年中国和印度尼西亚《关于双重国籍问题的条约实施办法的换文》。

8. 谅解备忘录（memorandum of understanding），是国家间处理较小事务的协定之名称。如1963年美苏《关于建立直接通信联络的谅解备忘录》。

9. 文件（act）、总文件或最后文件（general act or final act），通常是某些多边国际协定采用的称谓。如1890年《关于禁止非洲奴隶贸易的布鲁塞尔总文件》、1815年《维也纳公会总文件》。

除上述条约名称外，还有专约（convention）、联合公报（joint communique）、临时协定（modue vivendi）等也时有被采用。

从条约的不同名称人们可以了解它们在缔结方式、程序或生效等形式上有所差异，但它们的法律性质和特征并无二致。

（二）条约的分类

关于条约的分类，国际法上并没有统一的标准，学者从条约的实际情况并结合国际法理论提出了各种分类方法。主要有以下几种：

1. 双边条约和多边条约。按缔约方的数目，可将条约分为双边条约（bilateral treaties）和多边条约（multilateral treaties）。双边条约是只有两个缔约方，每个缔约方可以是一个国家或一个其他国际法主体，也可以是若干国家或其他国际法主体。例如1947年的《对意和约》就是一方为意大利，另一方是20个国家。多边条约是由两个以上的缔约方或众多缔约方缔结的条约。如1959年《南极条约》。

2. 造法性条约和契约性条约。以条约的法律性质，可将条约分为造法性条约和契约性条约。关于造法性条约和契约性条约的含义，已于本书第一章的"国际法渊源"中阐明，此不赘述。

3. 按条约的内容，可将条约分为政治类、经济类、法律类、领土类、文化类、科技类、金融类及其他。

4. 从对缔约者的限制，将条约分为开放性和非开放性。开放性条约是指开放给特定国家或所有国家或其他国际法主体，即允许单方面加入并规定专门的接纳程序。

非开放性条约则不接纳非缔约国或非谈判国及其他国际法主体。

三、条约法的概念及其编纂

随着人类的进步和发展的需要，国家之间的政治、经济、文化和科学技术诸方面的交流与合作是必然的，国家为了保障这样的交流与合作的有序进行，以签订条约的方式制定相互遵守的原则和规则。据记载，国家间自公元前就开始缔结条约，经历了古代、中世纪、近代和现代。国家间缔结的条约既有双边的，也有多边的，其内容既有政治的，也有经济的、文化的、科技的、法律的。其数量逐渐增多，据统计自 1815 年的维也纳公会起至 1924 年，国家间就缔结了 16 000 个条约。《国际联盟条约集》所刊载的双边条约达 4100 个，多边条约有 426 个，[1] 而截至 2003 年 4 月，在联合国登记的条约数目已达 40 000 余个。[2] 国家间缔结条约的增多和发展，产生国家间的条约关系，而这种关系也需要共同遵守的法律原则和规则加以调整，以使发生这种关系的目的能顺利达到。这样的法律原则和规则称条约法。从上述两个条约法公约的规定看，条约法的主要内容有关于条约的缔结、生效、遵守、适用、解释、修正与修改、无效、终止和停止实施等。李浩培教授指出："一旦产生条约，就进一步需要一些法律规则来决定条约是否已经有效地缔结并发生效力，发生了哪些效力，以及在条约规定有疑义时应该怎样解释，在什么条件下条约可以暂停施行、终止或宣告无效，等等。"[3]

条约法的渊源与国际法一样，主要是国际习惯和国际条约，但它也吸收了各国法律体系中共有的一些原则，如约定必须信守原则、情势不变原则。有关国际判例和学说对条约法的发展也作出了贡献。但在 20 世纪前条约法的主要渊源是国际习惯。因为虽然自 19 世纪就开始了国际法的官方编纂，但长期以来并没有对条约法进行官方编纂，只有某些个人的编纂而已。如 1876 年美国学者菲尔德编的《国际法典大纲草案》、1891 年瑞士的伯伦智理编的《国际法典草案》中有条约法规则。

历史进入 20 世纪，国际关系有了重大的变化和发展，国家间的缔约活动成了它们之间交往中必需的法律保证，因此，把条约法的规则法典化，使之更加清楚和便于遵循是一件亟待解决的事情。这项工作虽然民间仍在进行，如 1918 年意大利学者费奥勒编的《国际法汇编》、1935 年美国哈佛大学国际法研究部编的《条约法公约草案》。但 20 世纪已经开始了官方的编纂活动并且取得了丰硕成果。第一次世界大战后，国际联盟组织首先尝试过对条约法的编纂，虽未有成果，但也不能说它对条约法的编纂毫无意义。其后，美洲国家于 1928 年以 1927 年泛美联盟理事会通过的《关于条约法草案》为基础，制定了《关于条约的公约》，但它对条约法的编纂并没

[1]　参见李浩培：《条约法概论》，法律出版社 2003 年版，第 35 页。
[2]　http://untreaty.un.org/English/overview.asp，2003 年 6 月 10 日访问。
[3]　李浩培：《条约法概论》，法律出版社 2003 年版，第 40 页。

有实质性的影响。李浩培教授认为该公约的规定对阐明条约法的贡献似不很大。[1]条约法的编纂取得实质性进展是联合国进行的编纂工作。

联合国成立后积极进行条约法的编纂。国际法委员会于其 1949 年的第一届会议上就作出决定，首先将国家间条约法的编纂作为它的最优先的工作，还选举了著名英国国际法学家布赖尔利为条约法专题报告员[2]开始了实际工作。历经 18 载的努力，国际法委员会于 1966 年提出了《条约法公约草案》。联大根据其第六委员会的建议，于 1968 年和 1969 年举行了两次维也纳外交会议对该草案进行讨论。1969 年 5 月 23 日，与会者通过了《条约法公约》，公约规定向各国开放。该约于 1980 年 1 月 27 日生效。我国于 1997 年 5 月 9 日加入。[3]

从国际法角度讲，《条约法公约》的功绩是它对习惯法进行了系统编纂，规定的更为明确并且适当地发展了条约法，使之更加适应当代国际社会的需要。公约序言声明，尚有一些问题公约没有规定，它们仍继续适用国际习惯法规则。

嗣后，国际法委员会还拟具了《关于条约的国家继承的公约草案》，草案被 1978 年 8 月 23 日的外交会议通过为《关于国家在条约方面继承的维也纳公约》。由于《条约法公约》只适用于国家间遵守的缔约原则和规则，而不适用国家与国际组织间及国际组织相互间的缔约，故国际法委员会又拟制了《关于国家和国际组织间或国际组织相互间条约法公约草案》，该草案于 1986 年 3 月 21 日维也纳外交会议通过为《维也纳关于国家和国际组织间或国际组织相互间的条约法公约》。该公约内容和条文的文字及序号与《条约法公约》基本相同，对涉及国际组织的事项做了相应的调整。该公约目前虽未生效，但这并不妨碍国家与国际组织间或国际组织相互间缔结条约时依据该约的规定。

至此，可以说，上述公约对条约法的规定是可以满足国家、国际组织等国际法主体的缔约之需要。

本章后边的各节将对条约法的规则研究和阐明，在介绍这些规则时以《条约法公约》之规定作准。这是因为，国际条约关系主要是国家间的条约关系，条约法也主要是调整国家间条约关系的部门法。与之相比，国家与国际组织间或国际组织相互间的条约关系及调整这种关系的法律规则是次要的，再者 1986 年公约尚未生效，即使生效，它的规定与《条约法公约》规则相同，因此阐明前一个公约规定，实际上就说明了后一个公约的规则。

---

[1]　参见李浩培：《条约法概论》，法律出版社 2003 年版，第 42 页。

[2]　1952 年劳特派特接任布赖尔利的工作，1955 年弗兹穆利斯接任劳特派特，1960 年沃尔多克接任了弗兹穆利斯。

[3]　我国加入公约时，对公约第 66 条提出保留，同时声明台湾当局于 1970 年 4 月 27 日以中国政府的名义对公约的签署是非法和无效的。

第二节　条约的缔结

一、缔约能力和缔约权

（一）缔约能力

条约的缔结者必须具有缔结条约的能力（treaty making capacity）。没有缔约能力者不得缔结条约。缔约能力是指依国际法具有能够独立缔结条约的资格或地位。它是一个政治实体独立自由地参加国际法律关系的一种表现，也是与国际法主体资格直接联系的。从本书第一章阐述的国际法主体特征可以看出，国家和国际组织及其他国际法主体都具有缔结条约的能力或资格。因此，《条约法公约》第 6 条规定："每一个国家皆有缔结条约之能力。"

（二）缔约权

条约的缔结不仅要求缔约者具有缔约能力，还要求符合缔约者的内部法律关于缔约权的规定。缔约权（treaty making power）与缔约能力不同，它是有缔约能力者的内部法律规定的某机关具有的缔结条约的职权。例如，各国的宪法或相关法律都规定其缔约权的行使机关。没有这种职权的机关不得对外缔结条约，否则，条约就不能生效。由此可见，缔约权的确定虽属一个国家或其他缔结者的内部法律规定的问题，但它直接影响着条约的缔结。因此也是一个条约缔结中必须满足的条件。

二、条约缔结程序

国际实践中，因条约的名称和重要性不同，它们的缔结程序也会有所差别，例如国家间的换文程序就比较简单，而公约或条约的缔结程序就比较复杂。我们讲条约的缔结程序是指一般条约缔结的程序规则。按《条约法公约》的规定，条约的缔结一般通过约文的议定、认证和表示接受条约约束等程序。

（一）约文之议定

条约缔结的第一个步骤就是要议定条约约文（adoption of the text）。条约约文的议定通常是通过缔约方派代表进行谈判。对国家来说，它可以由国家元首，政府首脑或外交部部长进行议定约文的谈判，但通常都是由国家的主管当局委派全权代表参加谈判。全权代表要有全权证书（fall Powers），即缔约国主管当局签发给缔约代表的证明文件。《条约法公约》第 2 条解释："称全权证书者，谓一国主管当局颁发，指派一人或数人代表该国谈判、议定或认证条约约文，表示该国同意受条约拘束，或完成有关条约之任何其他行为之文件。"缔约代表参加谈判时须出具全权证书以表示其议定、认证的约文或同意受条约拘束的表示是代表其国家的并对国家有效的。[1] 但根据《条约法公约》第 7 条规定，国家之首、政府首脑、使馆馆长、国家派往国际会议或国际组织，或该国际组织某一机关之代表，为议定在该会议、组织或机关内议定之条约约文无须出具全权证书。因为他们所任职务有代表国家的资格。

谈判代表为议定条约约文，一般应就缔约的主题事项进行磋商，以达成各方满意的权利和义务的平衡，并起草或拟制约文草案。草案通常包括条约的名称、序言、条约的主文、生效方式、期限、修改和使用的文字，以及条约的附件之内容等。具体由谁起草约文，则据情决定，双边条约可由一方或双方共同起草。多边条约可由与会的代表共同起草，也可以由专门设立的委员会起草。如联合国组织的国际会议讨论的公约草案一般由国际法委员会拟具，谈判代表对约文草案经过反复讨论和协商予以议定。实践中，双边或少数国家缔结的条约约文应得到代表的一致同意得议定。广泛国家参加的条约约文议定也须取得基本一致或一致同意。这样的条约约文议定一般由与会代表按多数表决程序决定，如以投票的 2/3 多数通过。[2]

议定后的约文将作为缔约国认证或接受条约拘束的条约正式文本。

（二）约文之认证

1. 约文认证的意义。缔约各方代表议定条约约文之后就进入第二个程序，即认证约文的阶段。所谓认证条约约文（authentication of treaty text），是指缔约国代表确认共同议定的条约文本是正确的和标准的（authentic text），应作为缔约国接受其拘束的文本。认证约文的意义在于当经过谈判议定了约文之后，谈判各方在决定是否承受条约约束之前，还需要最后了解该约约文的确定内容，如果认为约文反映了各方的谈判成果，则可共同认可该约文是正确和不再改变的作准文本，以便供各方正式签署或批准。[3]

2. 约文认证的方式。对于认证条约约文的方式，《条约法公约》第 10 条规定："依约文所载或经参加草拟约文国家协议之程序；或倘无此项程序，由此等国家代表在条约的约文上，或在载有约文之会议最后文件上签署，作待核准之签署或草签。"这说明谈判国可以在条约中规定认证的程序，或由参加起草约文的国家约定程序。若没有规定或约定程序，可采用以下方式：

（1）签署（signature or full signature）。签署是指缔约国的全权代表将其姓名签于约文之下。广义上的条约签署有三种意义：①认证条约约文；②表示签署人所代表的国家已经确定接受该条约，受其拘束；③认证条约约文，同时含有签署人所代表

---

[1]《条约法公约》第 8 条规定，关于缔结条约的行为依第 7 条不能视为经授权为此事代表一国人员所实施缔约行为，非经该国事后确认，不发生法律效力。

[2]《条约法公约》第 9 条规定：①除依第 2 项规定外，议定条约约文应以所有参加起草约文国家之同意为之。②国际会议议定条约之约文应以出席及参加表决国家 2/3 多数表决之，但此等国家以同样多数决定适用另一规则者不在此限。

[3] 参见万鄂湘等：《国际条约法》，武汉大学出版社 1998 年版，第 45 页。

的国家已初步同意缔结该条约，虽然最终受条约约束尚待批准，但这样的签署之后，签署国不得做出损害条约宗旨和目的的行为。具体到每个条约中的签署有何作用是各有其意的，但从约文的认证程序上讲，签署无疑是认证条约的重要方式。

（2）待核准的签署（signature ad referendum）。待核准的签署也称暂签，是指等待政府确认的条约之签署。这种签署在签署人所代表的国家确认之前，只有认证约文的效力。暂签后无须再行正式签署，一经政府随后确认，即成为正式签署，具有溯及的效力，使得代表的国家自暂签之日起成为"签字国"（signatory state）。

（3）草签（initialing）。草签是由全权代表将其姓名之首姓签于约文的下边，是正式签署前的签署。在签署人的姓名后有时还加上拉丁文"ne varietur"（不再更改），表示其认证约文的效力。不过它又与暂签有别，草签之后继之以正式签署，以正式签署的日期作为签署人之国家成为条约签署国的日期。草签通常用于约文认证后须经过一定时间才进行正式签署的条约之认证。例如，1984年《中英关于香港问题的联合声明》和1987年《中葡关于澳门问题的联合声明》都经过了草签。

（三）表示同意接受条约拘束

条约约文经过认证后，就进入一个国家最终接受条约拘束的阶段。只有国家作出同意接受条约拘束的表示，它才是条约的缔约国（contracting state）并能成为当事国（state to a treaty），[1] 从而受条约拘束。国家表示接受条约拘束的方式有多种，《条约法公约》第11条规定有签署、交换构成条约之文书，批准、接受、赞同或加入，或任何其他表示方式。

1. 签署。此处的签署作用与认证约文的签署不同，它是国家正式表示接受条约拘束的方式。国家采用这种方式表示同意受条约拘束发生在以下情形：①条约规定签署有此效果；②谈判国协议签署有这样效果；③国家在其代表的全权证书中或已于谈判时表示其赋予了签署有这种效果。此外，在适用上述情形下，谈判国协定约文之草签和经国家同意待核准的签署都有表示同意接受条约拘束的效果。

2. 交换构成条约之文书（an exchange of instruments constituting a treaty）。国家可以用彼此交换构成条约的文书表示其同意受条约的拘束。这种方式表现在两种情况：①文书中规定这种交换有此效果；②国家另经协议文书交换有这种效果。

3. 批准、接受和赞同。

（1）批准（ratification）。原则上重要的条约一般需要用批准的方式表示国家同意受其拘束。所谓批准，是指国家的权力机关依宪法对其代表签署的条约之最终认可，以表示对缔约他方确定同意缔约的表示。以这种方式同意受条约拘束之表示发生在以下情形：①条约规定以批准的方式表示同意；②谈判国家另经协议需要批准；

---

[1] 按1969年《条约法公约》第2条解释，条约的谈判国是参加草拟及议定条约约文的国家。缔约国是指已经同意受条约拘束的国家，无论条约是否生效。当事国是同意接受条约拘束并且条约已经对其生效的国家。

③国家代表已对条约作了须经批准的签署；④在国家代表的全权证书上或谈判时表示了须经批准的意思。

实践中须经批准的条约通常关涉国家的重大利益，采用这种方式可以使国家的权力机关对已签署的条约进行慎重的审查，权衡利弊作出是否缔结条约的抉择。李浩培教授认为，批准的"最主要作用是使缔约国的主管行政当局有时间对已经签署而事关重要的条约进行进一步的审查，借以对缔结条约的利弊得失，作出深思熟虑的结论。而且，在该约按照缔约国的宪法或惯例需要议会认可的情形，它也使该当局有时间将该约提请议会认可，因为在条约签署和批准之间，一般须经过一定的时间。其次，有的作者如法国卢梭认为它的作用在于避免代表由于主观上的某种错误而进行签署。……最后，批准是严肃的要式行为，因而它会引起缔约国的当局必须遵守条约的情感"[1] 国家经过慎重考虑后作出拒绝批准条约的决定是屡有发生的。例如，美国参议院就曾拒绝批准威尔逊总统亲自签署的 1919 年《凡尔赛和约》。

（2）接受和赞同。接受（acceptance）和赞同（亦称核准，英文为 approval）都是晚近国际法出现的替代约批准的方式。由于很多国家的宪法规定批准条约属于立法机关，行政当局签署条约后要取得立法机关的批准需要经过复杂的程序，甚至还不能获得批准。为了避开这种国内复杂程序，避免立法机关参与时所发生的迟延，对一些条约可采用接受或赞同的方式表示同意其拘束。另外，在实践中，有些国家的法律已明确规定某类条约无须批准，经政府接受或赞同即可。对于没有签署条约的国家，单纯以接受或赞同的方式成为缔约国的，其接受或赞同的效果类似于加入。对于签署并经接受（signature subject to acceptance）条约的国家，以接受或赞同方式接受条约拘束的效果，类似于批准。

按《条约法公约》第 14 条第 2 款规定，接受和赞同方式的采用的条件同于适用批准者。

4. 加入（accession）。加入一般是指没有签署条约的国家表示同意条约拘束的方式，也有的条约规定未参加谈判议定约文的国家以加入的方式接受条约拘束。《奥本海国际法》称加入是未参加起草和议定条约的国家据以成为条约当事方的通常程序。[2] 这种方式通常适用多边的开放性的条约之缔结，虽然不排除适用双边条约，但双边条约之加入是罕见的。一国在三种情况下采用加入的方式：①条约规定的以这种方式；②谈判国协议该国可以用此方式；③全体当事国嗣后协议该国可用此方式。

从对条约的生效和对参加条约的国家来讲，加入与批准是没有实质区别的。①它的批准或加入一个未生效的条约都可促成条约的生效，许多条约都作了这样的

---

[1] 参见李浩培：《条约法概论》，法律出版社 2003 年版，第 68 页。

[2] 参见［英］詹宁斯、瓦茨修订：《奥本海国际法》（第 1 卷第 2 分册），王铁崖等译，中国大百科全书出版社 1998 年版，第 646 页。

规定。例如，1966 年《经济、社会、文化权利国际公约》第 27 条和《公民权利和政治权利国际公约》第 49 条都规定，各该公约应自第 35 件批准书或加入书交存联合国秘书长之日起 3 个月生效。②国家加入一个已生效的条约和批准一个已生效的条约都使该国成为该约的当事国。如，中国于 1996 年批准了已于 1994 年生效的《海洋法公约》和没有签署该约而以加入方式参加该公约的国家一样，都是它的当事国。

（四）交换或交存批准书

国家以批准、接受、赞同或加入的方式表示接受条约拘束，须履行交换或交存其批准书、接受书、赞同书或加入书的程序。因为这样的文书是缔约国最终表示接受条约拘束的证明。按《条约法公约》第 16 条规定，这样的文书可由缔约国互相交换；交存保管机关；或经协议通知缔约国或保管机关。[1] 缔约国互相交换上述文书一般在双边条约的场合，而将这样文书交给一个保管机关通常适用多边条约的情形。因为多边条约的缔约国一般是众多的而不便交换。

三、条约的保留

（一）保留的含义和目的

1. 保留的含义。《条约法公约》第 2 条第 4 款将条约的保留（reservations to a treaty）界说为"一国于签署、批准、接受、赞同或加入条约时所作的单方面声明，不论措词或名称如何，其目的在摒除或更改条约中若干规定对该国适用时之法律效果"。这一界说告诉我们，条约保留有三层意义：①国家对条约提出保留限于其签署、批准、接受、赞同或加入时。若是一国于谈判条约时提出保留，则不属于保留，仅是未来保留的事先通知而已。②不论提出保留的措词或名称是何并不改变保留的性质。因此，国家不能由于给予保留以另名称而使其单方面声明不构成保留。③衡量国家的一项声明是否构成保留的实质要素是其目的。如果一项声明目的在于摒弃或更改条约中的规定，不论其摒除或更改的内容多少，都达到其希望的目的，即排除或改变有关条款对其适用的法律效果。

2. 保留的目的。构成对条约保留的实质要素说明，国家对条约提出保留的目的在于排除或改变条约某些规定对该国适用时的法律效果。从排除的意义上讲，保留能够排除保留国于保留范围的条约义务。因为排除的条款不对保留国产生拘束力，所以其他缔约国也就无权要求该国履此款义务。从更改的意义讲，保留改变了保留条款的规定，从而更改了该条款对保留国的义务。它可以通过限制条约的某项义务范围，使该义务只适用原规定情形的一部分，或者修改条款的规定，使条约义务适用的范围缩小。还可以用新的情形代替保留条款规定的情形。总之，保留会使保留的条款不适用保留国，或改变了保留国的义务范围。例如，中国于 1975 年 11 月 25

---

[1] 谈判国协议确定条约的保管机关，它可以是一个国家，也可能是国际组织，保管机关在接到缔约国交存的批准书、接受书、赞同书或加入书或通知后，立即对已存放或通知这类文书的国家发生法律效果。这是多边条约通常实行的国际习惯。

日加入 1961 年《外交关系公约》时，对其第 14 条和第 16 条提出声明，摒除其中教廷使节之规定对中国的适用。印度和斯里兰卡在加入 1966 年《公民权利和政治权利国际公约》时，对公约第 1 条民族自决权的规定声明称："自决权只适用在外国统治下的人民，不适用于主权独立国家或一个人，或一个民族整体的一部分，这是国家统一的根本。"[1]

条约法上规定保留是基于国家的主权平等。国家有自由决定缔结条约的权力，它可以拒绝接受条约的规定，其他国家不得将一国不同意的条款强加于它。事实上，国家间缔结一项条约是它们的利益平衡结果，但要在条约的每项规定达到完全平衡或一致同意几乎是不可能的。对于不同意条约某些规定的国家如不允许保留，它们则不参加条约，使条约缔结不成或没有广泛性，这对国际交流与合作是不利的。为使条约能够缔结并吸收更多国家参加，规定保留是很多条约都需要的。尤其是多边条约或国际公约，在遇到少数国家不同意某些条款而又愿意成为条约的缔约国时，可允许它们保留。实际上条约的保留经常发生在多边条约上，双边条约一般不发生保留问题。周鲠生教授指出："如有时双边条约在签署时提出保留，这就等于对条约的条款提出新的建议，重开两个缔约国的谈判，在这种场合，如双方达成协议或采纳保留，或取消保留，条约订成，则无所谓保留；反之如不能达成协议，则条约也就订不成，更谈不上保留。对双边条约的保留，如果在批准条约时提出，就等于附条件的批准，或者如一位西方国际法学家所说，只能认为一种附带重新谈判的提议的拒绝批准，因此这种保留是无效的，除非缔约他方给予明示接受。"[2]

（二）保留规则

既然条约法确立条约可允许保留，但保留也要遵守一定的规则，它们涉及保留的提出、成立、法律效果及保留与反对保留的撤回等。

1. 保留的提出。每个国家都可以在其签署、批准、接受、赞同或加入条约以示接受条约约束时提出保留。但保留须以书面提出并送缔约国及有权成为条约当事国的其他国家。另外，保留若是在签署须经批准、接受或赞同的条约时提出的，必须由保留国在表示同意承受条约拘束时正式确认。遇此情形，此项保留应视为在其确认之日提出。[3]

虽然对条约提具保留是各国主权决定的权力，但这种权力的行使要根据每个条约的情况受到限制。《条约法公约》对此作了概括，按第 19 条规定，有下列情况之一者不得提具保留：

（1）条约规定禁止保留。如《海洋法公约》第 309 条规定"除非本公约其他条

---

[1] The Human Rights Committee, *It's Role in the Development of the International Convention Civil and Political Rights*, Dominic Mcgold Rich Clarendon Press OX, 1991, p. 248.

[2] 参见周鲠生：《国际法》（下册），商务印书馆 1976 年版，第 633 页。

[3] 参见《条约法公约》第 23 条。

款明示许可，对本公约不得作出保留或例外"。

（2）条约仅准许特定之保留，而有关保留不在其内者。如 1957 年《已婚妇女国籍公约》第 8 条规定，可以"对本公约第 1 条和第 2 条以外的任何条款提出保留"。这说明缔约国不得对公约第 1 条和第 2 条提出保留。

（3）不属前两种情形，保留与条约的目的和宗旨不符者。例如 1980 年《消除对妇女一切形式歧视公约》第 28 条规定："不得提出与本公约目的和宗旨抵触的保留。"[1]

2. 保留的成立及法律效果。

（1）保留的成立。对于保留的成立，长期的国际法理论与实践坚持的一项原则是保留须得到其他缔约国的同意，否则不能成立。这是基于保持多边条约完整性的考虑。但这个原则自 20 世纪 50 年代开始发生变化，引起变化的一个重要案例是 1948 年《关于防止和惩治灭种罪公约》的保留是否有效问题。对这个问题，首先在第三届联合国大会上进行讨论并发生激烈争论而未得结果，形成三种相持不下的主张：第一种主张认为，国家根据主权原则，有对条约提出保留的权利，除保留的部分外，条约在保留国与其他缔约国间有效；第二种主张认为国家有权保留，其他国家也有权决定是否接受该国保留的拘束；第三种主张认为保留须得到其他缔约国的一致同意才成立。[2]因此大会于 1950 年 11 月 16 日作出决议，请国际法院发表咨询意见。

1951 年国际法院发表的咨询意见主要说明了两点：①遇有一国对条约提出保留受到一个或数个缔约国反对，但不为其他国家所反对，该国可以被认为是缔约国，但保留应符合该公约的目的和宗旨，否则该国不能被认为是缔约国。②如果一个缔约国仅对一项它认为不符合该公约目的和宗旨的保留，它可以在事实上认为保留国不是该公约的缔约国。如果一个缔约国认为保留符合该公约的目的和宗旨并予以接受，它可以承认保留国是公约的缔约国。[3]法院虽强调它的意见严格地限于适用《防止和惩治灭种罪公约》，但对一项条约保留是否成立的规则发展不能说没有影响。事实上《条约法公约》关于保留的成立和效果的规定已经吸收了法院的意见。

《条约法公约》第 20 条对保留之成立规定："①凡为条约明示准许保留，无须其他缔约国事后予以接受，除非条约规定须如此办理者，不在此限。②倘从谈判国的有限数目及条约的目的和宗旨，可见在全体当事国间适用全部条约为每一个当事国同意承受条约拘束的必要条件时，保留须经全体当事国接受。③若条约是国际组织约章，除另经规定外，保留须经该组织主管机关接受。④凡不属上述情形，除条约另有规定外：一是保留经另一缔约国接受，就该另一缔约国而言，保留国即成为条

---

[1]　条约的目的和宗旨（object and purpose）一般由条约的序言表述，有时在条约约文中作明确规定。

[2]　参见梁淑英主编：《国际公法》，中国政法大学出版社 1993 年版，第 323 页。

[3]　参见梁淑英主编：《国际法教学案例》，中国政法大学出版社 1999 年版，第 188 页。

约之当事国，但须将条约对各国均已生效；二是保留经另一缔约国反对时，则条约在反对国与保留国间并不因此而不生效，但反对国确切表示相反之意思不在此限；三是表示一国同意受条约拘束而附以保留之行为，一旦至少有另一缔约国接受保留，即发生效力。⑤在适用上述第2项与第4项时，除条约另有规定外，如果一国在接到关于保留之通知后12个月期间届满时或至其表示同意承受条约拘束之日为止，两者中以较后之日期为准，迄未对保留提出反对，此项保留即视为业经该国接受。"

（2）保留的法律效果。《条约法公约》第21条对保留的法律效果作了如下规定：①依第19、20、23条对一当事国成立之保留，则在保留国与接受保留国之间，按保留的范围，改变该保留涉及条约规定；②在非保留国之间，不改变条约的规定，无论它们接受或反对保留国的保留；③在保留国与反对保留的国家之间，若反对保留国并不反对条约在它与保留国之间生效，则保留所涉及的规定在保留范围内于该两国间不生效。

3. 保留和反对保留之撤回。缔约国基于主权，可以对条约提具保留，或反对保留，也有权撤回保留或反对保留。但此等撤回，必须以书面形式提出。除条约另有规定或另经协议外，保留的撤回，在对另一缔约国的关系上，自该国收到撤回保留的通知时才开始发生效力；而反对的撤回自提出保留的国家收到撤回反对的通知时才开始发生效力。[1]

四、条约的生效和暂时适用

（一）条约的生效

条约的生效（entry into force）是指一个条约在法律上成立，因而对当事国发生拘束力。李浩培教授认为，"条约生效的正确意义是指：一个条约在法律上成立，因而发生拘束各该当事国的法律效果，该约的规定即成为各当事国的法律，各当事国必须予以善意履行的那种法律状态而言"。[2]王铁崖教授认为，条约生效是"条约已经合法缔结从而对当事国产生拘束的效力"。[3]至于条约采用什么样的生效方式和具体的生效日期，要由各条约的谈判国作出决定，国际法没有也不可能作统一的规定。所以《条约法公约》第24条规定："条约的生效方式及日期，依条约之规定或谈判国之协议；倘无规定或协议，条约一俟确定所有谈判国同意承受条约之拘束，即行生效；除条约另有规定外，一国承受条约拘束之同意如系于条约生效后之一日期确定，则条约自该日起对该国生效。"

实践中，条约生效的方式和日期主要有以下情形：①签署后生效，如有的条约规定自条约签署之日起生效，有的条约规定自签署后一定的时间开始生效，还有的条约规定签署后经过缔约国相互通知已完成使条约生效的法律程序后生效。这样生

---

〔1〕　参见1969年《条约法公约》第22和23条。

〔2〕　参见李浩培等：《条约法概论》，法律出版社2003年版，第171页。

〔3〕　参见王铁崖主编：《中华法学大辞典》（国际法学卷），中国检察出版社1996年版，第547页。

效的方式和日期一般用于双边条约。②批准、接受、核准或加入后生效，如有的条约是自全体缔约国批准或表示同意接受条约拘束之日起生效。有的条约要求一定数量的缔约国批准或表示同意受条约拘束之日起或其后的一定时间始得生效。③特定国家批准或特定事件发生后生效，如按《联合国宪章》第 110 条第 3 款规定，要中、苏、英、美、法以及其他签字国过半数国家交存批准书时，宪章生效。1925 年《洛加诺公约》规定，该公约于德国加入国际联盟时生效。

（二）条约的暂时适用

条约的暂时适用（provisional application），一般是需要批准的条约。当一个条约一方面需要批准，同时又有某种急需付之执行的原因，为解决燃眉之急，缔约国就采取适当措施，使条约暂时适用。如有的条约规定须经批准，但又规定自签署之日起全部或部分立即暂时适用。1948 年《欧洲经济合作组织公约》第 24 条就规定，该公约至少有 6 个签署国交存批准书后生效。但在公约生效前，签署国为了避免执行上的任何迟延，同意以临时名义自签署之日起并按照其各自的宪法程序予以适用。一个条约是否需要暂时适用都由谈判国据情决定的，国际法并无要求。因此《条约法公约》第 25 条规定：“条约或条约的一部分在条约生效前于下列情形下暂时适用：①条约本身如此规定；②谈判国以其他方式协议如此办理。”

五、条约的登记及公布

条约的登记（registration of treaty）和公布（publication of treaty）就是缔约国将已生效的条约送交国际组织记载于为此而设置的登记簿中并公之于国际社会。这项制度产生于第一次世界大战后。首先是《国际联盟盟约》第 18 条规定：“嗣后联盟任何会员国所订条约或国际协议应立送秘书处登记并由秘书处从速发表。此项条约或国际协议未登记以前不生效力。”国联规定此项条款之目的在于废除秘密条约的实践，以确保条约之公开，和建立公开外交的原则，以利于舆论对外交谈判的监督。虽然在实际上仅此规定不可能完全制止秘密条约的缔结，但毕竟对条约的登记和公布制度的建立开创了先例，据统计，在国联秘书处登记的条约有 4834 件。秘书处还出版了《国际联盟条约集》205 册。联合国组织的谈判国参照了《国际联盟盟约》的规定并作了调整后，将条约的登记和公布制度规定于《联合国宪章》中。《联合国宪章》第 102 条规定：“本宪章发生效力后，联合国任何会员国所缔结之条约及国际协定应尽速在秘书处登记，并由秘书处公布之。当事国对于未经依本条第 1 项规定登记之条约或国际协定，不得向联合国任何机关援引之。”联合国秘书处按照联合国大会 1946 年通过的决议（1949 年和 1950 年修正）还制定了《条约登记和公布规则》，对条约登记和公布制度作了详细规定。如前所述，自联合国成立之后在秘书处登记的条约已达 5 万余件。实际上，非联合国会员国也时常向秘书处登记条约。可以说联合国的条约登记和公布制度的成绩和作用已远超过国际联盟，并且成了国际社会的一项中心制度，现在的联合国会员国就已有 193 个。为了维护和发展这一制度，1969 年《条约法公约》第 80 条和 1986 年《条约法公约》第 81 条都规定，条约应于生效后送请联合国秘书处登记或存案及记录，并公布之。

条约登记制度的确立，不仅对避免秘密外交，维护世界和平与安全有益，而且使条约国际法能为国际法的实务家和理论家知悉，为各国人民了解，对它的执行和遵守受益匪浅。

六、中华人民共和国关于缔结条约程序的规定

关于我国缔结条约的程序问题，宪法早就作了原则规定。按 1982 年《宪法》第 67、81 和 89 条规定，全国人民代表大会常务委员会决定同外国缔结的条约和重要协定的批准和废除；中华人民共和国主席根据全国人民代表大会常务委员会的决定，批准和废除条约。国务院管理对外事务，同外国缔结条约和协定。

1990 年我国颁布了《缔结条约程序法》。该法依据宪法的原则规定，对我国缔结条约的程序作了具体规定，其内容主要有：

1. 国务院行使缔约权，外交部在国务院领导下管理缔结条约或协定的具体事务。同外国缔结条约或协定可以中华人民共和国、中华人民共和国政府，以及政府部门名义。

2. 谈判和签约代表的委派和全权证书的签署。凡以中华人民共和国或中国政府名义缔结条约或协定，由外交部或国务院有关部门报请国务院委派代表，其全权证书由国务院总理或外交部部长签署。以中华人民共和国政府部门名义缔结的协定，由部门首长委派代表和签署授权证书，需出具全权证书的，全权证书仍由国务院总理或外交部部长签署。

3. 关于条约的批准、加入、接受、核准。凡我国缔结的条约和重要协定，包括双边的和多边的条约和重要协定均由全国人民代表大会常务委员会决定批准或加入。[1] 中华人民共和国主席根据全国人民代表大会常务委员会的决定予以批准或加入。凡无须全国人民代表大会常务委员会决定批准或加入的条约或协定，由国务院作出加入、接受、核准的决定。须经全国人民代表大会决定批准和加入的条约或协定的批准书由中华人民共和国主席签署，外交部部长副署。加入书由外交部部长签署。国务院决定加入、接受和核准的条约或协定的加入书、接受书和核准书由外交部部长签署。

4. 条约的登记与公布。中国缔结的条约和协定由外交部按联合国宪章规定向联合国秘书处登记。需要向其他国际组织登记的，由外交部或国务院有关部门按各该组织章程规定办理。经全国人民代表大会常务委员会决定批准或加入的条约和协定，由全国人民代表大会常务委员会公告公布；其他条约或协定的公布由国务院决定。

我国缔结条约程序法规定的上述程序规则，适用于我国与别国或国际组织缔结

---

[1] 这样的条约和重要协定包括：友好合作条约、和平条约等政治性条约；有关领土和划定边界的条约、协定；有关司法协助、引渡的条约、协定；同中国法律有不同规定的条约、协定，缔约各方议定须经批准或加入的条约或协定；其他须经批准或加入的条约和协定。

条约或协定。

另外，根据我国 1990 年《香港特别行政区基本法》第 151 条和 1993 年《澳门特别行政区基本法》第 136 条规定，香港特别行政区和澳门特别行政区可分别以中国香港名义和中国澳门名义，在经济、贸易、金融、航运、通信、旅游、文化、体育及科技等方面与外国或地区或国际组织签订和履行有关协议。

第三节　条约的效力

国家间依据国际法缔结的条约生效后即发生法律拘束力，这种拘束力涉及条约之遵守、适用、解释和修订等方面的原则和规则。

一、条约的遵守

（一）条约对当事国的效力

条约生效后即对当事国[1]发生法律拘束力，从国际法角度要求当事国必须遵守条约规定，履行条约义务。这是条约必须信守原则（pacta sunt servand），也是条约法的一项最基本的准则。因为条约是主权国家在平等和充分表达自己意愿的基础上，经过充分协商而缔结的，所以应予遵守，并且应善意严格地履行条约。当事国不仅要按照条约的文字、条约的精神去执行条约的规定，包括条约在国内的执行和在国际关系中遵守，而且不得以任何行为去违反。只有如此，才能保证条约的目的和宗旨得以实现，维护国家间正常的条约关系。否则就会失去了缔约意义，无法保持正常的国际交流与合作，甚至危及世界和平与安全。

条约必须信守原则是一项古老的条约法准则，它在远古就被认为是现实法。如公元前 1291 年的埃及法老拉姆西斯（Rameses）二世同赫梯国王哈图西里（Hattusili）三世缔结的那个友好同盟条约中就规定要遵守该约，否则要受众神将之制裁。[2] 经历了古代，中世纪、近代到现代的几千年历史，这项原则得到了坚持和发展。许多条约中作了明确规定，并见诸国际实践。例如，1870 年正值普法战争期间，沙俄违反 1856 年《巴黎条约》关于黑海中立化和限制其在黑海中的军舰数目的规定后，就遭到了有关国家的谴责和制裁。该约签署国奥、英、法、德、意、俄、土等国在 1871 年的伦敦会议上还以议定书形式宣告："任何国家，非经以友好协商一致的方法取得缔约各方的同意，不得解除其条约义务，或改变条约的规定，这是国际法的一个重要原则。"[3] 1910 年国际常设仲裁院对北大西洋渔业案的仲裁裁决和国际常设法院对温勃登号案及霍茹夫工厂案的判决中也都重申了这项原则。第二次世界大战

---

〔1〕 按《条约法公约》第 2 条第 7 款的规定，当事国是指同意承受条约约束及条约对其有效之国家。

〔2〕 参见李浩培：《条约法概论》，法律出版社 2003 年版，第 274 页。

〔3〕 参见李浩培：《条约法概论》，法律出版社 2003 年版，第 277 页。

后，《联合国宪章》在其序言中宣布："尊重由条约与国际法其他渊源所起义务。"1970 年《国际法原则宣言》中阐明"每一国家均有责任一秉善意履行其依公认国际法原则与规则系属有效之国际协定下所负之义务"。《条约法公约》第 26 条规定："凡有效之条约对其各当事国有拘束力，必须由各该当事国善意履行。"第 27 条规定："一个当事国不得援引其国内法规定为理由而不履行条约。"

从当事国的角度，它亦应严格地信守条约，履行条约义务。因为国际关系是相互的，国家履行了条约义务，保护了其他当事国的合法权利，才会使本国的合法权益在其他当事国内得到保护。《联合国宪章》第 2 条第 2 款规定："各会员国应一秉善意，履行其依本宪章所负之义务，以保证全体会员国由加入本组织而发生之权益。"有的国家法律还明确规定其缔结的条约在国内执行是以对方缔约国予以适用为条件。例如 1958 年《法国宪法》第 55 条规定："依法批准或通过的条约或协定一经公布，具有高于法律的效力，但对每一条约或协定，均以缔约对方的执行与否作为保留条件。"[1]

（二）条约对第三国的效力

有些条约为第三国（third states），即非当事国创立了义务或权利，在得到非当事国同意的情况下，条约之规定也对该非当事国发生效力，它同样应履行条约。但若是条约本身无此规定，或者虽有这样规定，但未得到第三国的同意，也不得拘束该国，除非条约规定是国际习惯法规则。这是一项"约定对第三国无损益"（pacta tertiis nec nocent nec prosunt）原则。国际法委员会认为：对于这样的规则似乎有着普通一致的意见，因为它不仅是依据契约法的一般概念，而且是以国家的主权和独立为根据的。[2]《条约法公约》第 34 ~ 37 条规定，条约非经第三国同意，不为该国创设义务或权利。若条约当事国有意以条约之一项规定作为确立一项义务之方法，且该项义务经一第三国以书面明示接受，则该第三国即因此项规定而负有义务。如果条约当事国有意以条约之一项规定对一个第三国，或一个国家集团的所属国，或所有国家给予一项权利，而这类第三国对此表示同意，则它因此规定而享有该项权利。若这样的第三国无相反表示，应推定其同意，但条约另有规定者不在此限。

在国际实践中，条约为第三国创设义务或赋予权利的情况是时有发生的。例如，《南极条约》规定，所有国家都有到南极考察之自由，但这样的活动应为和平目的和进行国际合作，还冻结了南极的领土及其相关权利的主张和要求。有关苏伊士运河、巴拿马运河及其他国际水道的条约，几乎都为各国创设了航行权，同时也规定了这样水道的中立化或非军事化义务。第三国同意条约之规定，该约之有关规定即对其发生效力。其实，条约的权利和义务是很难截然分开的，第三国行使条约权利的同

----

〔1〕 参见［日］木下太郎编：《九国宪法选介》，康树华译，群众出版社 1982 年版，第 219 页。

〔2〕 参见［英］詹宁斯、瓦茨修订：《奥本海国际法》（第 1 卷第 2 分册），王铁崖等译，中国大百科全书出版社 1998 年版，第 658 ~ 659 页。

时，必定要履行它规定的义务。除非条约仅特意加诸第三国义务。如1919年《凡尔赛和约》第227条要求荷兰将前德皇威廉二世引渡给同盟国组织的特别法庭接受审判。荷兰拒绝了该义务，而使审判德皇的规定成为泡影。

二、条约的适用

条约的适用（application of treaty）涉及条约适用的时间和空间范围、条约冲突如何适用，在当事国出现领土或政府变更时条约适用的规则等。

（一）条约适用的时间和空间范围

1. 条约适用的时间范围。关于条约适用的时间范围，除非条约另有规定外，没有溯及既往的效力。一个条约只有当它对当事国生效时，才开始拘束该当事国的行为或事实，而对条约生效前该国的行为或事实没有拘束力。这是一项普遍的法律原则，得到了国际判例和国际条约的支持。例如，国际法院1952年对安巴蒂洛斯求偿案的判决中，就支持了英国的主张，1926年《英希商务条约》不能追溯适用于1922年和1923年发生的事实。从而否定了希腊的关于1926年《希英商务条约》适用于1922和1923年的情况之主张。[1]《条约法公约》第28条规定："条约不溯及既往，除条约有不同意思表示，或另经确定外，关于条约对一当事国生效之日以前所发生之任何行为或事实或已不存在之任何情势，条约之规定不对该当事国发生拘束力。"

条约在时间上的适用范围，实际上是条约之时际法问题。条约是国际法，这种国际法产生时（条约生效时）只对其规定的国际法的权利和义务的承受者有效，该条约产生前的行为或存在的事实，只受当时的法律规则调整。如果当事国同意将现在的条约规定适用于条约生效前发生的行为或事件，也不是本条约有溯及力的结果，而是当事国选择适用法律的结果。它们愿意将现行法适用以往，那么现在的条约规定即已成为发生过去的行为或事实时的法律。关于时际法的含义，著名的休伯（Max Huber）法官在其对"帕尔马斯岛案"的仲裁裁决中作了精辟的阐释。[2]

2. 条约适用的空间范围。对于条约适用的空间范围每个条约都可由谈判国作出决定，如《南极条约》第6条规定，该条约适用南纬60°以南的地区。当然就拘束国家在该地区的活动。就条约适用的领土范围而言，《条约法公约》第29条规定："除条约有不同意思表示或另经确定外，条约对每个当事国的拘束力及于其全部领土。"这一规定表明两层意思：一层是，条约对当事的领土适用范围，可以由谈判国协商作出规定，也可以另外由缔约国确定。显然，这是尊重国家主权的表现。国家基于主权在参加一个条约时可以坚持条约对该国领土的适用范围，可表示适用其全部领土或适用它的特定领土。例如，《中英关于香港问题的联合声明》附件I第11条规定："中华人民共和国缔结的国际协定，中央人民政府可根据香港特别行政区的情况

---

〔1〕 参见梁淑英主编：《国际法教学案例》，中国政法大学出版社1999年版，第155页。

〔2〕 Louis Henkin, Richard C. Pugh, Oscar Schachter, Hans Smit, *International Law Cases and Materials*, West Publishing Co. 1980, pp. 256～262.

和需要，在征询香港特别行政区政府的意见后，决定是否适用于香港特别行政区。"《香港基本法》第 153 条也作了同样规定。这一原则也规定在《中葡关于澳门问题的联合声明》的附件 I 和《澳门基本法》中。[1] 另一层是在条约没有不同规定或经商定外，则推定缔约国同意该条约适用其全部领土。因此，条约一经生效便适用于当事国的全部领土。

公约关于条约适用的领土范围之上述规定，顾及了缔约国之实际需要，满足了它们的各种正当要求。

（二）条约冲突时的适用

在实践中，时常出现就同一事项先后订立的两个或两个以上的条约规定相互冲突。例如 1958 年《大陆架公约》和《公海公约》的规定与《海洋法公约》关于大陆架的范围和公海自由的规定是不同的。遇到这种情况应适用哪个条约的规定？对此，《联合国宪章》和《条约法公约》作了原则规定。为了保障《联合国宪章》的遵守，其第 103 条规定："联合国会员国在本宪章下之义务与其依任何其他国际协定所负之义务有冲突时，其在本宪章下之义务应居优先。"

《条约法公约》不仅确认宪章的这项原则，而且规定了更为具体的解决条约冲突时适用的规则。该约第 30 条规定，以不违反《联合国宪章》第 103 条为限，就同一事项先后所订约当事国之权利和义务应以下列各项确定之：①如果条约明文规定须不违反先订或后订条约，或不得视为与先订或后订条约不合，该先订或后订条约之规定应居优先。②遇先订条约的全体当事国亦为后订条约当事国时，并在后订条约没有终止或停止施行先订条约的情形下，先订条约仅在其规定与后订条约相符合的范围内适用。也就是后约优先适用原则。③遇后订条约的当事国不包括先订条约之全体当事国时，在同为两个条约之当事国间，后约优先适用；在为两个条约之当事国与仅为其中一个条约之当事国间彼此的权利和义务依两国均为当事国之条约定之，即适用它们共同参加的条约。

（三）国家领土变更和政府更迭对条约适用之影响

国家间由于某种情况出现而引起领土主权的改变。领土的变更导致国际法上的权利和义务的变化，即国家继承，其中也包括条约的权利和义务的变化。有的条约终止适用，有的条约继续有效。处理领土变更时条约适用的规则，1978 年《关于国家在条约方面的继承的维也纳公约》作了规定。本书第二章国家继承一节已阐述，故在此略去。

一国内由于某种原因出现政府的变更，通常不影响条约的适用，但一国内经过革命或叛乱产生新政府时，即可出现对新政府的承认，也存在条约是否继续适用问题。对此并没有国际法规则，可由当事国据情决定（参见本书第二章有关政府的继

---

[1]　参见《中葡关于澳门问题的联合声明》附件 I 第 8 条和《澳门基本法》第 138 条。

承实践）。

三、条约的解释

条约生效后，往往出现当事国在履行中对条约规定之意义的不同理解而产生歧义。为了消除分歧，使条约得到善意履行，就需对当事国有争议的条文规定给予合理的解释，也就是按照国际法的规则对条约规定的确切含义给予的阐明。这样合理地阐明或剖析条约约文的确切含义称为条约的解释（interpretation of treaties）。对条约的解释涉及解释的机关和规则。

（一）解释条约的机关

要使条约的解释发生法律效力，就要求解释者具有权力或者官方的权威。对国家缔结的条约之解释的官方权威，首先是条约的当事国，因为谁有权立法，谁就有权解释法律。当然这并不是说当事国单方或几个当事国就可以解释条约，而是要缔约双方或各方当事国共同的解释。因为条约是当事国共同缔结的，只有合意的解释才能对缔约各方发生效力，才有权威。所以，除条约有特别规定，当对条约规定的意义理解发生分歧时，应尽先由当事国协商，对争议的内容取得一致认识达成协议，并通过发表解释性的声明、议定书或换文等方式表达这种共识。如果当事国达不成协议，它们可按条约的规定，或通过订立协定，或依《国际法院规约》第 36 条规定[1]，将条约解释之争议交付国际权威机关解决。例如，交付海牙常设仲裁院或国际法院、国际海洋法法庭。在这种情况下，国际权威机关的解释对当事国具有法律效力。

（二）解释条约的规则

不论是当事国还是国际机构，解释条约都应依据国际法。国际法对解释条约设定的规则，由《条约法公约》第 31~33 条规定作了基本的总结。按照这些条款的规定，解释条约应遵循以下规则：

1. 按上下文并考虑缔约目的善意解释。按条约的上下文并参照条约目的和宗旨对条约用语作通常意义解释，并且善意解释是解释条约的一项最基本规则，它包含三方面意义：

（1）按条约用语在其上下文中的通常意义解释。意即解释条约用语的含义不能孤立地或片面地解释，尤其是当一个用语含有多种意义时，应寻求其最通常的意义。这样才能正确阐明条约规定之确切含义。这个规则早在常设国际法院和国际法院的有关咨询意见中就被阐明。[2] 要寻求通常意义仅依争议条款或用语本身是困难的，因此还要结合该条款或用语的上下文之规定一并探究，对整个条约及相关文件作全面分析。条约的上下文是指除连同该约的序言和附件在内的约文外，还包括全体当

---

〔1〕指声明接受《国际法院规约》第 36 条第 2 款规定的当事国可将条约解释争议交付国际法院审判。

〔2〕参见 1925 年常设国际法院关于但译的波兰邮政问题的咨询意见和 1950 年国际法院关于接纳联合国会员国的咨询意见。

事国之间就该条约的缔结所订立的与该约有关的任何协定，或几个当事国间缔结的并经其他当事国接受的与该条约有关的任何文书。此外，还应与上下文一并考虑的有：各当事国嗣后订立的关于该条约的解释或其规定之适用的任何协定；嗣后在条约适用方面确定各当事国对该条解释的意见一致的任何惯例；适用各当事国之间关系的有关国际规则。[1] 这样解释条约的方法不适用以下情形：一种情形是已经确定各当事国同意把一个用语使用在某一特殊意义，就应认其为具有该特殊意义。另一种情形是这样解释导致不合理，产生与条约的精神或目的与宗旨不符的结果，则不应再依靠这种方法。[2]

（2）参照条约的目的和宗旨解释。每个条约都有它的目的和宗旨，它的精神贯穿在条约的具体条款中，并关涉条约的全局。所以解释条约之用语或约文含义不仅要按其上下文及相关文书的规定全面地考查找出其通常意义，还要参照各该条约的目的和宗旨进行，使这种解释最贴切条约的目的和宗旨。以避免解释的结果背离当事国缔结条约之初衷或动机，影响条约总体执行。

（3）善意解释。条约的解释者对条约进行善意解释也就是诚实地尊重条约规定的本意，解释的公正、合理、合法（符合国际法原则和条约法），不损害任何一方当事国的权益，使条约达到依其目的和宗旨产生应有的法律效力。这不仅是《条约法公约》第 31 条的规定，也是条约必须信守原则之引申。正如《奥本海国际法》指出的，"条约应善意解释。除了这一点作为一般原则的必要外，它是从公约（指 1969 年《条约法公约》，作者注）第 26 条引申而来的，该条对条约当事国加以善意履行条约的义务"。[3] 只有善意地解释才能使条约得到善意履行。

2. 使用补充资料。按《条约法公约》第 32 条的规定，当采用上述方法解释条约，其意义仍不明确，或难以解释，或所得结果显属荒谬或不合理时，可使用解释之补充资料帮助证实条约规定的意义。补充资料主要有：①缔约的准备资料。即缔结条约前的谈判记录，通过条约的国际会议和委员会的记录、条约的草案，等等。②缔结条约的情况。缔约情况也可以帮助弄清条约规定的含义。

需要说明的是，使用有关的补充资料解释条约是对采用基本解释规则的辅助，并非替代或抛弃基本规则。相反，它是在运用解释条约的基本规则的基础上采用的方法。

3. 两种或两种以上文字之条约的解释。若一个条约以两种或两种以上文字认证为作准者，其解释应以何种文字为准？《条约法公约》第 33 条规定：①除约规定

---

〔1〕 参见《条约法公约》第 31 条第 2、3 款的规定。

〔2〕 参见［英］詹宁斯、瓦茨修订：《奥本海国际法》（第 1 卷第 2 分册），王铁崖等译，中国大百科全书出版社 1998 年版，第 664 页。

〔3〕 ［英］詹宁斯、瓦茨修订：《奥本海国际法》（第 1 卷第 2 分册），王铁崖等译，中国大百科全书出版社 1998 年版，第 664 页。

或当事国另有协议规定遇意义分歧时以某种约文为根据外，每种文字的约文应同一作准。②其他文字的条约之译本，只有在条约规定或当事国有协议为作准的约文时，才能视为作准的约文。③在各个作准约文中，条约的用语被推定为有相同意义。④除按规定以某一约文作准外，在几个作准约文中存有意义分歧，而适用公约第31～32条的规则不能消除这样的分歧时，应采用顾及条约目的和宗旨之最能调和各约文之意义的方法解释。

四、条约的修订

条约的修订（revision of treaties）指条约的当事国于条约有效期间改变条约的某些规定的行为。这和缔结条约一样，是当事国间的政治、经济、文化及科学等方面关系发展变化的需要决定的。如1919年《国际联盟盟约》第19条规定："大会可随时请联盟会员国重新考虑已经不适用以及长此以往危及世界和平之国际局势之条约。"修订条约也是国家的缔约行为，同样须以协议为之并按条约的缔结与生效规则进行。《条约法公约》第39条规定："条约修订得以当事国协议为之，除条约另有规定外，此种协议适用条约订立之规则。"一般情况下，双边条约的修订与订立一项新的条约适用的规则无何区别，无需论及。而多边条约的修订与订立条约的情况不完全相同。《条约法公约》将多边条约的修订表述为两种情形，即修正和修改。

（一）条约的修正

多边条约的修正（amendment）是指在条约的全体当事国之间修订条约。按《条约法公约》第40条规定，多边条约的修正规则有：①修正条约的提议必须通知全体缔约国，每个缔约国均有权参加条约的修正，包括对提议采取行动的决议和修正条约的任何协定之谈判及缔结。此项规定允许全体缔约国参加修正，是鉴于原缔约国与该条约的修正都有利害关系，它们即成为修正后的条约的当事国。②凡有权成为条约当事国的国家，也应有权成为修正后的该约当事国。③修正条约的协定对于条约的当事国而非为该协定当事国之国家无拘束力。④凡在修正条约的协定生效后成为条约当事国的国家，若无相反的表示，应视为修正后的条约当事国；在该国与不受修正条约协定拘束的当事国之间，适用未修正的条约。

多边条约，特别是众多国家参加的条约，通常都规定其修正程序、条件和生效的事项。例如，《联合国宪章》第108条规定："本宪章之修正案经大会会员国2/3表决并由联合国会员国2/3、包括安全理事会全体常任理事国，各依其宪法程序批准后，对于联合国所有会员国发生效力。"第109条规定："①联合国会员国，为检讨本宪章得以大会会员国2/3表决，经由安全理事会任何9理事国之表决，确定日期及地点举行全体会议。联合国每一会员国在全体会议中应有一个投票权。②全体会议以2/3表决所建议对于宪章之任何更改，应经联合国会员国2/3、包括安理会全体常任理事国、各依其宪法程序批准后，发生效力。"

（二）条约的修改

多边条约的修改（modification）是指在条约的若干当事国之间修改条约的规定。

修改规则主要涉及两方面：

1. 修改条约的前提是该多边条约规定允许修改，而且该修改不为条约所禁止。《条约法公约》第41条规定："多边条约两个或两个以上当事国得于下列情形下缔结仅在彼此间修改条约的协定：①条约内规定可作此修改；②有关之修改非为条约所禁止，并且不影响其他当事国享有条约权利或履行条约义务，也不涉及对有效实施该整个条约的目的和宗旨至关重要的规定。"

2. 有关当事国应将它们缔结修改协定的意思和对条约修改的协定通知其他当事国。

第四节　条约的无效、终止和停止施行

一、条约的无效

（一）条约无效原因

国家因在某种情势下缔结的条约，或所缔结的条约违反国际法的强行规范等都是导致条约无效（invalidity of treaties）的原因。所称条约无效是指条约自始就无法律拘束力，纵然它实际发生了效力，得到了履行，当事国或第三国仍可主张撤销它，恢复原状。主张条约无效不同于终止条约，终止的条约原本是有法律拘束力的，因此终止的效果通常是不溯及既往，已执行的也不恢复原状。

按《条约法公约》第46～53条的规定，以下情形或事实可作为主张条约无效的理由：

1. 违反国内法关于缔约权限的规定。所称违反国内法缔约权限的规定，是指一个条约之缔结，按缔约国国内法关于缔约权的规定，该国缔约机关或缔约代表超越了其缔约的权限。若一个条约是在这种情况下缔结的，事后缔约国不愿认可该条约，则它可主张该条约无效。但主张条约无效的缔约国应证明违反国内法关于缔约权限的规定是明显的，且涉及具有根本重要性国内法规定，如违反国家法律关于缔约权限的规定。[1]

《条约法公约》第46条规定："①一国不得援引其同意承受条约拘束之表示为违反该国国内法关于缔约权限之一项规定的事实以撤销其同意，但违反之情事明显且涉及其具有基本重要性之国内法之一项规则者不在此限。②违反事情如对任何在该事项上依通常惯例并善意地行动的任何国家明显的，即是明显的违反。"另外，公约第47条还规定："如果一缔约国代表表示该国同意承受某一条约拘束之权力附有特别的限制，除非在其表示同意前已将此限制通知其他谈判国，该国不得援引该代表

---

[1] 常设国际法院在1933年"东格陵兰案"和1932年"上萨瓦自由区和节克斯区案"的判决中都从严适用了这一规则。

未遵守该项限制的事实以撤销其所表示的同意。"

2. 意思表示不真实。条约的缔结是缔约国自由的真实意思的表示，若是一个条约不是缔约国真实自由意思的表示，该国有权主张条约的无效。这个原则是源于各国国内民法中关于契约因错误、诈欺、贿赂、胁迫等原始瑕疵（vitia originis）而无效的规定。《条约法公约》在吸收国内法原则并加以改造后，将这种同意的瑕疵，即错误、诈欺、贿赂、强迫规定为导致条约无效的原因。

（1）错误。条约的错误（error）是指缔约时假定存在并构成一国受条约拘束的必要根据的事实或情势有错误。[1]当一个条约存有这种错误时，缔约国可主张该条约无效。例如，按照1738年9月3日美、英关于美国东北部国界的巴黎条约第12条规定，该国界线（与加拿大的分界线）应从圣十字河的河源沿着分隔一些河流，即流入圣劳伦斯河的一些河流和流入大西洋的一些河流的高地划出。但是，后来负责划界的委员会发现条约中所指的高地根本不存在，实际上那里存在一片大平原，其面积在1.2万平方英里以上，两方都争为己有。很明显，高地与平原不同，两方缔约时有排除同意的关于要素的错误。[2]《条约法公约》第48条规定："①一国得援引条约内之错误以撤销其承受条约拘束之同意，但此错误以关涉该国于缔结条约时假定为存在且构成其同意承受条约拘束之必要根据之事实或者情势者为限。②如错误由关系国家本身行为所助成，或如当时情况足以使该国知悉有错误之可能，第①项不适用……"

这说明，当作为构成缔约国接受条约拘束的事实或情势有错误时，该国虽然可以主张条约无效，但若是该错误是缔约国自己助成，或当时情况足以使它知悉有关错误的可能时，则该国不得援引条约错误而主张条约无效。例如，1962年国际法院对"隆端寺庙案"的判决中就阐明了这个规则。指出是由泰国本身的过错使它接受了其与法国划分泰、柬边界条约附件之地图的错误，故不得撤销条约，驳回了泰国要求。[3]

（2）诈欺。《条约法公约》第49条规定："如果一国因另一谈判国之诈欺行为（fraud）而缔结了条约，该国得援引诈欺为理由撤销其承受条约拘束的同意。"因为这样的条约是一个国家在另外国家欺骗下缔结的。如它接受了另一谈判国代表的故意虚假陈述或提供的虚假事实，[4]而并非该国真实意思表示下缔结的。但引用诈欺主张条约无效，要求此诈欺必须是诈欺一方的故意诈欺、实行了诈欺行为和该行为

---

〔1〕　仅与条约约文用字有关的错误，如专有名词之拼写错误，不影响条约效力。在此情况下可以改正。

〔2〕　两国的关于这一地区的领土争端交由荷兰国王威廉二世仲裁。但是，美国以其越权为由对他在1831年1月10日作出的裁决拒绝执行。结果，两方于1842年8月9日缔结的《韦伯斯特—阿什伯顿条约》解决了这个争端。参见李浩培：《条约法概论》，法律出版社2003年版，第211页。

〔3〕　参见梁淑英主编：《国际法教学案例》，中国政法大学出版社1999年版，第68~69页。

〔4〕　如故意提供与事实不符的地图、照片、图表、文件等。

有足够的严重、受诈欺方必须是可以原谅的。

在现代国际社会中，用诈欺的手段使一国接受条约拘束的情形是罕见的。早时被认为诈欺的例子是 1889 年 5 月 2 日意大利与阿比西尼亚（现在的埃塞俄比亚）订立的友好条约。该条约由意大利文和阿比西尼亚官方文字写成。意文本把阿比西尼亚在对外关系方面"可以"请求意大利的帮助，改为"必须"请求意大利的帮助。意大利政府据此宣布对阿比西尼亚的保护关系。[1]

（3）贿赂。如果一个条约的缔约国是在其代表接受另一国贿赂（corruption）情况下承受条约拘束的，则该国可以贿赂为由主张条约无效。《条约法公约》第 50 条规定："倘一国同意承受条约拘束之表示系经另一谈判国直接或间接贿赂其代表而取得，该国得援引贿赂为由撤销其承受条约拘束之同意。"贿赂实际上是一个国家用直接或间接办法给予或约许给予别国谈判代表的不正当利益，以诱使他不顾本国利益而签订条约。也可以说是通过贿赂谈判代表欺骗缔约国的行为。而被贿赂的缔约国代表的缔约行为没有真实表达其国家的意思。

（4）强迫。一国如果是在别国的强迫（cocercion）下缔结的条约，无论条约是在该国代表被强迫下缔结的，还是国家在别国的威胁或使用武力情况下接受的，都是没有法律效力的。因为一国强迫别国缔结条约本身不仅违反缔约国的意志，而且是违反了国家主权平等的国际法原则。若是使用威胁或使用武力强迫别国缔结条约，还违反禁止使用威胁或武力的国际法原则，是国际法所不容的。《条约法公约》第 51 条规定："一国同意承受条约拘束之表示系以行为或威胁其代表之强迫而取得者，应无法律效果。"第 52 条规定："条约系违反联合国宪章所含国际法原则以威胁或使用武力而获缔结者无效。"

实践中，一国强迫别国缔约的情况是不乏实例的。例如，我国在鸦片战争失败后，进入了一个"不平等条约时期"。在百年的外国侵华史中，中国清政府乃至国民党政府，被强迫接受了许多损害中国主权、独立和领土的条约。涉及香港割让和租借的 1842 年《南京条约》、1860 年《北京条约》和 1898 年《展拓香港界址专条》等三个条约就是典型的在英国使用武力或威胁下缔结的。此外，1939 年捷克总统和外长在希特勒的强迫下签订了《德国保护波希米亚和摩拉维亚条约》，1968 年《苏捷驻军条约》，也是在苏联入侵和占领捷克斯洛伐克的情况下缔结的。

3. 条约与一般国际强行法抵触。何为一般国际强行法，本书第一章第五节中已作了说明。如果一个条约的内容与一般国际强行法的原则或规则抵触或是违反强行法的，它就是无效的。因为国际强行法是得到整个国际社会公认，是为满足国际社会整体利益而建立的。任何国家非但不得以其他行为破坏它，抑损它，也不得以缔结条约来排除它的适用或损害它。《条约法公约》第 53 条规定："条约在缔结时与一

---

〔1〕　参见梁淑英主编：《国际公法》，中国政法大学出版社 1993 年版，第 316 页。

般国际强行规律抵触者无效。"第 64 条规定:"遇有新一般国际法强制规律产生时,任何现有条约之与该项规律抵触者即成无效而终止。"

(二)条约无效的程序和后果

1. 条约无效的程序。根据《条约法公约》第 65~68 条的规定,条约无效应遵循的程序有:①通知。即要求主张接受条约拘束的同意有误或非难条约效力的当事国必须将其主张通知其他当事国,并在通知中说明对条约采取的措施和理由。②在收到此通知至少 3 个月届满后,若无其他当事国提出反对,则发出通知的当事国可实施其通知中拟定的措施。③争端解决。如若其他当事国对通知的事项提出反对,则通知国与该反对的当事国应按《联合国宪章》第 33 条规定的和平方法解决。但这不影响当事国约定的其他有效权利和义务。倘在当事国的反对提出后 12 个月内没有按《联合国宪章》第 33 条的规定获得解决,则应当事国的请求将涉及与强行法抵触之条约的适用或解释之争议(《条约法公约》第 53、64 条之适用与解释)提交国际法院裁判之(当事国同意提交仲裁者例外);涉及本公约条约无效的其他条款的适用和解释之争端的任一当事国向联合国秘书长提出请求,交付按本公约附件设立的和解委员会解决。

2. 条约无效的后果。按《条约法公约》第 69 条的规定,条约无效后果有:①条约经确定无效后,即无法律效力。②对于已依该条约规定实施的行为,则每一当事国可要求其他当事国在彼此关系上尽可能恢复到未实施此项行为之前原应有的状况;在援引条约无效之理由以前善意实施的行为并不仅因条约无效而成为不合法。但此规则对于以欺诈、贿赂或强迫别国缔结条约的当事国不适用。③遇某一国家承受多边条约拘束之同意成为无效的情形适用以上规则。

按《条约法公约》第 71 条第 1 款的规定,条约与一般国际强行法抵触无效之后果有二:①条约缔结时与一般国际强行法抵触而无效者,当事国应尽量消除依据与任何一般国际强行规律抵触之规定所实施行为之后果;②当事国应使彼此关系符合一般国际强行法规定。按该条第 2 款规定,现行条约与新的一般国际法强行规律抵触而无效的后果也有二:①解除当事国继续履行条约之义务;②不影响当事国在条约终止前经由实施条约而产生之任何权利、义务或法律情势,但嗣后此等权利、义务或情势之保持仅以与一般国际法新的强行法规律不抵触者为限。

二、条约的终止和停止施行

(一)条约的终止和停止施行的原因

1. 条约终止的原因。条约的终止(termination of treaty)是指一个有效的条约由于出现了法定的原因而结束其法律效力。对条约终止的法定原因,《条约法公约》第 54~64 条作了规定,概括起来有下列各种:

(1)条约的有效期届满。实践中,很多条约都规定有它的有效期间。因此,待到有效期间届满时,条约便终止。例如,1950 年《中苏友好同盟互助条约》第 6 条规定:"本条约有效期为 30 年,如在期满前一年未有缔约国任何一方表示愿意废除时，则将延长 5 年，并依此法顺延之。"故 1979 年由于中华人民共和国全国人民代表大会决定不再延长，使该约在它有效期 30 年届满时，即 1980 年 4 月 11 日终止。

（2）条约的规定执行完毕。有的条约专为特定事项或解决特定问题而订立的，一旦这样的事项或问题，按照条约规定得以执行完毕或得到了解决，则该条约之效力即告结束，这种条约多属国家间缔结的有关偿还债务、撤出驻军的协定或建立关于国际临时法庭的协定等。例如，苏、美、英、法四国于 1945 年订立的《关于惩处欧洲各轴心国家主要战犯协定》及其附件《欧洲国际军事法庭宪章》，在欧洲军事法庭于 1946 年对有关被告审判和处罚结束后，也就自动终止效力。

（3）当事国数目不能满足条约继续有效的条件。有的条约规定，必须有特定数目的缔约国才能保持它的效力。当这样的条件得不到满足时，条约自动失效。例如，1948 年《防止和惩治灭种罪公约》第 15 条规定："如因退约结果，致公约的缔约国数目不满 16 国时，本公约应于最后的退约通知生效之日起失效。"

（4）条约被代替。在不少情形下，一个条约的全体当事国就同一事项为满足当时的国家政治、经济、文化、科学技术等方面交流与合作的需要，而缔结一项新的条约。如果当事国约定或有意受后约支配，或是后约与前约的不相容达到了使两个条约不可能同时适用的程度，则后约取代先约，使先约终止效力。例如，1944 年《芝加哥航空公约》第 80 条规定："缔约各国约定如该国系 1919 年 10 月 13 日在巴黎签订的关于航空管理的公约或 1928 年 2 月 20 日在哈瓦那签订的关于商业航空的公约的缔约国时，则在本公约生效后，立即声明废弃该公约，而在缔约国间，本公约即行替代上述巴黎公约和哈瓦那公约。"

（5）废止或退出条约。此处的条约废止（denunciation of treaty）或条约退出（withdrawal from the treaty）并无实质区别，都是缔约国的单方解除条约拘束的行为。国家的单方废止或退约行为如若是条约本身规定允许，自然是合法的。如果条约没有关于其终止、废止或退出的规定，则不得废止或退出。在这种场合，只有经确定当事国愿意为容许有废止或退出的可能，或由条约的性质可认为会有废止或退出的权利。当一个国家废止或退出一个条约后，该条约的效力对其终止。

（6）全体当事国同意终止条约。如果一项条约由其全体当事国同意，或在需要时由条约全体当事国在咨商其他各缔约国后表示同意结束该条约的效力，则该约终止。因为国家有缔结条约的自由，也有共同终止一项条约的权利。

（7）条约履行不可能。条约缔结后，发生意外情况，倘使实施条约所必不可少的标的物永久消失或毁坏以致不可能履行条约时，当事国可以此为由终止或退出条约。例如一个条约实施所不可少的岛屿沉没了、河流干涸了，堤坝或水电设施塌毁了等都可作为终止条约的理由。但是，如果条约不可能履行是一个当事国违反国际义务的结果，则该国不得援引不可能履行之理由终止或退出条约。

（8）条约与新产生的国际强行法抵触。任何现行条约如果与新产生的一般国际强行法规则抵触，即成为无效条约而终止。因为这样的条约虽在其产生时是合法的有效的，不属原始无效。但在其有效期间已出现了为新的一般国际强行法规所不容的情形，同样属于无效的条约而必须终止。

（9）外交或领事关系断绝。一般情况下，国家之间断绝外交或领事关系不影响它们之间的条约关系。但在外交或领事关系的存在为一个条约适用所必不可少的情况下，断绝外交或领事关系会使该条约终止。

（10）违约。由于当事国违约（breach of treaty）使条约终止有两种情形：一种是，双边条约当事国一方有重大的违约情事时，他方有权援引违约为理由终止条约。另一种是，多边条约的当事国之一有重大违约情事时，其他当事国有权一致协议决定在与违约国关系上或在全体当事国之间终止该条约。按《条约法公约》第 60 条第 3 款规定，所谓重大违约，系指废弃条约，而此种废弃非本公约准许者；或违反条约规定，而此项规定为达成条约目的或宗旨所必要者。以上关于因违约而终止条约的规定不适用于各人道性质的条约中关于保护人身的规定，尤其是关于禁止对受此种条约保护之人采取任何方式之报复的规定。

（11）情势变迁。对条约而言，情势变迁（fundamental change of circumstances）是指缔约时构成当事国接受条约拘束之必要根据的情况发生了根本的变化，而这种变化是当事国不可预见的，并且将根本改变尚待履行的条约义务范围。在这种情形下，当事国可援引情势变迁为由终止或退出条约。例如，1926 年中国曾以情势变迁为据宣布废除 1865 年包含领事裁判权的《中比通商条约》。

按《条约法公约》第 62 条第 2 款的规定，有两种情形不适用援引情势变迁为由废除或退出条约：①条约是确定国家边界的；②情况的基本改变是援引此项理由的当事国违反条约义务或违反对条约任何其他当事国所负任何其他国际义务的结果。

2. 条约停止施行的原因。条约的停止施行（suspension of operation of treaty）是指由于某种法定的原因而停止条约发生的法律效力。待到停止的原因消失后可再行恢复条约的施行。按《条约法公约》第 57～63 条规定，条约停止施行的原因有：

（1）依条约规定或经当事国同意而停止施行条约。即按条约本身的规定暂时停止施行条约的规定，或者由条约的全体当事国在咨商其他各缔约国后表示同意停止施行条约。

（2）经由若干当事国协议停止实施。这是指一项多边条约的两个以上当事国暂时并仅于彼此间缔结协定停止施行条约的规定。但这种协定应在条约内有此停止的规定或非为条约所禁止，并且不影响其他当事国享有条约之权利和义务的履行和非与条约的目的及宗旨不符情形下订立。订立这种协定的国家还应将此协定通知条约的其他当事国。

（3）违约。双边条约的当事国一方如有重大的违约情事，他方有权援引违约为由全部或局部停止施行条约。对多边条约若有当事国之一实施重大违约行为，其他当事国有权一致协议在它们各与违约国间或在全体当事国间全部或局部停止施行条约。

（4）情势变迁。情势变迁可作为当事国停止施行条约的理由。援引的限制与以情势变迁为由终止条约的限制相同。

（5）条约履行不可能。如果实施条约的标的物被毁坏，使得条约暂时不能履行，可以此为由停止履行条约。

有的学者还将战争作为援引条约终止和暂停施行的一种理由。[1]但《条约法公约》没有将其列入该公约中。因国际法委员会认为有两个理由：一是国家间战争爆发，在现代国际法上必须被认为是完全不正常的情况，从而规定法律后果的规则不应被认为适用于国家之间正常关系的国际法一般规则的组成部分；二是研究这问题，将必须考虑《联合国宪章》关于禁止武力的威胁或使用的规定对诉诸一些特定战争行为的合法性的影响问题，委员会认为这个问题也不便在条约法编纂中予以涉及。[2]笔者认为《条约法公约》未作规定，并不妨碍有的条约因战争终止或停止施行。因为事实上战争开始后会使交战国间的一些条约终止或停止实行。例如，交战国间的和平友好条约的废除。某些商业性条约，如航空运输协定停止施行。并且《条约法公约》第75条规定："本公约之规定不妨碍因依照联合国宪章对侵略国侵略行为所采取措施可能引起的该国任何条约义务。"

（二）条约终止和停止施行的程序及后果

条约终止和停止施行的程序与条约无效程序相同，此不重述。关于条约终止的后果，按《条约法公约》第70条和第71条第2款的规定，包括：①条约依其规定或依本公约终止时，解除当事国继续履行条约的义务，但不影响当事国于条约终止前经由实施条约而产生的任何权利、义务或法律情势。一国废止或退出多边条约，自废除或退出生效之日起，在该国与条约每个当事国的关系上亦适用上述规定。②对于已经生效而与新产生的一般国际强行法抵触而无效的条约，则解除当事国继续履行条约义务，但不影响当事国在条约终止前经由实施条约而产生的任何权利、义务或法律情势。嗣后此等权利、义务或情势之保持仅以与一般新国际强行法不抵触者为限。

关于条约停止施行的后果，《条约法公约》第72条规定：①当条约按其本身规定或依本公约规定停止施行时，解除停止施行条约的当事国于停止施行期间在彼此关系上履行条约的义务，但不影响条约所确定的当事国间的法律关系。②在停止施行期间，当事国应避免足以阻挠条约恢复施行之行为。

---

[1] 参见［英］安托尼·奥斯特：《现代条约法与实践》，江国青译，中国人民大学出版社2005年版，第264页；王铁崖主编：《国际法》，法律出版社1995年版，第442页；李浩培：《条约法概论》，法律出版社2003年版，第468～470页；等等。

[2] 参见《国际法委员会年刊》，1966年第2册（英文版），第267～268页。

第十一章
国际组织

第一节　概　述

一、国际组织的形成和发展

国际组织产生于 19 世纪后半叶。国际组织的出现完全出于国际交往的需要。国际组织的形成和发展经历了政府间的国际会议、非政府组织和行政组织以及现代国际组织几个阶段。

（一）政府间的国际会议

国家间的交往起先都是双边的，通过外交代表或常驻使馆进行。以后随着国际政治、经济关系的发展，国家间的交往加深，出现了一些涉及多个国家的问题，仅靠双边关系已解决不了，于是召开国际会议解决国际问题的方法便应运而生。尤其在经历了多国卷入的战争之后，更需要召开由战胜国、战败国乃至中立国普遍参加的国际会议，进行谈判协商，以解决战争遗留的诸多问题。17 世纪欧洲 30 年战争后的威斯特伐利亚会议开创了召开大型国际会议解决重大国际问题的先例。1815 年拿破仑战争后的维也纳会议之后，以国际会议处理国际问题已成为国际生活中的一种正常制度。

1815 年至第一次世界大战前，欧洲出现了"欧洲协商"时期。在此期间，欧洲国家以举行会议的方式处理欧洲或与欧洲有关的重大问题。"欧洲协商"是一种准制度化的体系，对国际组织的形成发展起了颇大的作用。然而这种制度也存在一些问题。首先，它不是常设性机构，每次会议的召开都由一国或数国发起，是否有召开会议的必要容易引起争执，影响问题的尽快解决。其次，会议参加者均受邀请参加，而没有参加会议的主动权。最后，会议采取严格的全体一致的表决规则，不利于解决国际政治问题和制定法律文件。

（二）国际组织的出现

19 世纪，欧洲产业革命播下的种子结出丰硕成果。交通运输，通信业进步，工商业发展，货物、劳务的流动和思想、消息交流频繁，要求国际合作更为扩大和有效。19 世纪后半叶，为满足时代的要求，签订了一些国际公约，并基于这些公约相继建立了一些以专门的、行政的和技术性的国际协作为职能的政府间常设机构，它们是：1865 年成立的国际电报联盟，1874 年的邮政总联盟（后更名为万国邮政联盟），1875 年的国际度量衡组织，1883 年的国际保护工业产权联盟等。这些国际联盟建立了比较完善的常设机构，为现代国际组织的三重结构开创了范例。

几乎在政府间行政组织出现的同时，非政府国际组织也如雨后春笋般涌现。19世纪以后，民间国际交往扩大到人类活动的各个领域。民间团体频繁召开国际会议导致民间团体建立起常设性的联合机构——非政府国际组织，例如红十字国际委员会（1863年），国际法协会（1873年），国际议会联盟（1889年）等。从1840年到第一次世界大战前，非政府常设国际组织有400个之多。这些组织定期举行会议，很多组织还设立了小型的常设秘书处。非政府国际组织的活动一方面受到各国政府的影响和制约，另一方面也推动了同一领域中政府间国际组织的形成和发展，例如合法保护劳工国际协会是国际劳工组织的前身，非官方的国际气象组织（1878年）于1947年成为政府间的世界气象组织。

（三）现代国际组织的发展

第一次世界大战后，建立了第一个普遍的一般性国际组织——国际联盟。在集体安全和和平解决国际争端原则基础上，维持国际和平和发展国际合作，虽然它只存在了短短的19年，但在组织的形式、结构、活动程序等方面，对现代国际组织的发展具有重要影响，现在联合国的形式和结构与国联基本是一样的。

第二次世界大战后，国际组织的发展进入了新阶段，除建立了几乎包括世界上一切国家的普遍性一般性国际组织——联合国外，一批普遍性专门国际组织相继建立。大多数普遍性专门组织与联合国发生联系，成为联合国的专门机构。此外，还大量涌现了一般性区域组织，如阿拉伯国家联盟、欧洲经济共同体、非洲统一组织等，这些区域性组织都兼有政治性和非政治性的职能。现代国际组织发展的特点是：国际组织的数量急剧增加，国际组织的活动范围已包罗万象，国际社会各个领域都有专业组织在进行活动，国际组织间的协调亦日益加强。

二、国际组织的概念和类型

国际组织（International Organization）有广义和狭义之分。狭义的国际组织仅指政府间的国际组织（Governmental International Organization），是数国为达到特定目的，依条约建立，并有专门机关履行其职能的团体。例如国际民航组织、联合国等。广义的国际组织还包括非政府的国际组织（Non‑Governmental International Organization），它们是由若干国家的民间团体或个人组成的团体。例如红十字国际委员会，国际奥林匹克委员会等。

非政府组织，按照1950年联合国经社理事会通过的288B（X）号决议，"凡不是根据政府间协议而成立的国际组织都可以归为非政府组织"。具体地说，非政府组织是指非经政府间协议建立的，而是由各国的民间组织团体或个人为追求共同的目的而建立的一种非官方组织。非政府组织包括国际的、区域的、次区域的和国内的非政府组织。简称为NGOs。本章只讲有关政府间国际组织的法律规则。

目前，政府间国际组织有数千个，其目的和宗旨、组织结构、活动程序各有不同，可以按照不同的标准分为不同的种类。

国际组织若按其职能来划分，可分为政治性和非政治性的，一般性和专门性的。政治性的组织一般包括那些具有集体安全、维持和平、和平解决争端和同盟职能的国际组织。没有这些职能的就是非政治性国际组织。现在很多国际组织的职能往往不限于单纯的政治职能，还包括经济、社会、文化等其他职能。因而也有将国际组织按其职能作一般性国际组织和专门性国际组织之分。一般性国际组织有广泛的职权，是以政治、经济、社会等活动为主的组织，如联合国、非洲联盟等。专门性的国际组织具有较专门的权限，是以某种专业技术活动为主的组织，例如国际海事组织、世界气象组织等。

国际组织按其是否向其他国家开放来划分，可分为开放式和封闭式国际组织。开放式国际组织除了最初创建组织的成员外，还接纳新的成员。封闭式国际组织则在组织创建后不再接纳成员，如荷比卢经济联盟、北欧理事会等。

按照地域特点来划分，国际组织可分为世界性的与区域性的两类。世界性的国际组织对一切国家开放，世界上大多数国家均为其成员，如国际电信联盟、世界卫生组织等。区域性组织只允许某一地区的国家参加，其职权也以这个地区为限，例如阿拉伯国家联盟、美洲国家组织、东南亚国家联盟等。

在国际上还有把国际组织作传统的国际组织和超国家的国际组织之分。传统国际组织中，主要机构由成员国代表组成，成员国不同意的决定对成员国无拘束力，国际组织也不能直接对成员国国民行使职权。超国家的国际组织有不受国家左右的非由成员国代表组成的机构，有权作出拘束成员国及其人民的决定，还能不依成员国的合作执行其决定。事实上，没有一个国际组织完全符合超国家国际组织的特征，超国家国际组织的分类并未被普遍接受。

三、政府间国际组织的特征

政府间国际组织具有下列特征：

（一）政府间国际组织的主要成员是国家

政府间国际组织的成员主要是国家，但有时也接纳非主权实体，如尚未独立的殖民地、附属土地、正在争取独立的民族，但国际组织的正式成员一般都是国家。成员国之间的关系以主权平等为原则，成员国不分大小强弱一律在法律上平等，并有权平等地参加国际组织的活动、决策和管理。在国际组织与成员国的关系上，国际组织本身无权超越成员国政府，对成员国的地方、法人或人民直接行使职权，也无权干涉成员国的内部事务。

（二）国际组织是根据成员国之间的多边条约建立的

《条约法公约》关于条约的生效和终止的规则适用于国际组织的成立和解散。建立国际组织的多边条约是国际组织的基本文件，一般包含国际组织的目的和宗旨，国际组织的主要机构及其职权范围、议事程序，并对成员资格的取得、丧失，成员国的权利义务以及国际组织职员等事项作出规定。国际组织的建立和工作都以创建这个组织的国际条约为根据，不能超过条约的规定。

（三）国际组织具有常设的机构

国际组织都有常设的机构处理日常事务。因而国际组织与国际会议有所区别，国际会议是为了解决某些国际问题举行的临时性集会，会议结束后，不需要常设机构继续工作。

（四）国际组织具有一定的自主权

国际组织为了一定的宗旨和目的建立起来，成员国为了实现国际组织的目的和宗旨，在一定范围内赋予国际组织若干职权和法律行为能力。国际组织一旦建立，就能够通过它的机关独立自主地开展活动或进行国际交往。

四、国际组织对国际法发展的影响

国际组织对国际法的影响涉及国际法的各个方面。

1. 国际组织的发展使国际法的主体范围扩大。如前所述，政府间的国际组织在某种程度上具有国际人格，已被普遍承认为部分的国际法的主体。

2. 国际组织在创立普遍性国际法规则方面起着重要作用。在创立普遍性国际组织的多边条约中，常有国际社会需要共同遵守的一般性规则，其中某些重要规则有可能产生一般国际法的效力。特别是《联合国宪章》，由于目前几乎世界上所有的国家都是联合国的会员国，宪章的规定对世界所有国家都产生影响。宪章所规定的一些原则已被世界各国公认为国际法的基本原则。另外，一些专门性机构如国际民航组织、世界卫生组织等也规定了对成员国有拘束力的国际标准和规则，要求普遍适用，有某种立法的效果。

3. 国际组织的决议在证明国际习惯法形成方面的作用。国际组织，特别是普遍性国际组织全体会议通过的有关法律问题的决议，集中表达了成员国政府的共同意愿和信念，在不同程度上阐明、确认或宣示国际法原则与习惯的作用，能起到国际法辅助渊源的作用。例如 1946 年 12 月 11 日联合国大会通过 95（Ⅰ）号决议，确认了《欧洲国际军事法庭宪章》所包含的个人承担国际刑事责任的原则等。1970 年《关于国际法原则宣言》阐明了国际法的基本原则。再如，联合国大会的一系列重要决议，如《世界人权宣言》《关于外层空间活动的法律原则宣言》等，直接促成了相关国际公约的签订。此外，联合国大会一些一致通过的有关法律原则的决议在一定条件下，也可用作对某法律问题达到了法律确信的证据，促使国际习惯规则的形成。

4. 国际组织的发展促进了国际组织法的逐步完善。在国际关系中，国际组织与国家之间以及国际组织相互之间必然发展关系，并建立和发展了它们之间关系的法律规则和制度，为此还专门缔结了有关的国际公约，如 1947 年《联合国专门机构特权与豁免公约》、1975 年《维也纳关于国家在其对普遍性国际组织关系上的代表权公约》、1986 年《关于国家与国际组织或国际组织相互间条约法公约》等。此外，国际组织的运作还发展起了规范组织内部各种关系的内部制度和规则，包括国际组织成员国的资格和代表权、主要机关和职能、表决程序和其他程序规则，内部管理制度，等等。由这两部分组成国际法的新分支——国际组织法。

第二节　国际组织法

一、国际组织法的概念

国际组织法是用以规范和调整国际组织的创立、法律地位、内外活动及有关法律关系问题的所有法律原则、规则和制度的总称。[1] 国际组织法可以分为外部法和内部法。外部法指调整国际组织同成员国、非成员国以及其他国际组织关系的准则，例如有关国家在其对国际组织关系上的代表权方面的规则，国家与国际组织或国际组织间缔结条约方面的规则等。内部法则指调整组织内部关系的准则，如各机构间的关系规则、议事规则、财务规则等。国际组织法中以涉及政府间国际组织的原则和准则为主，也包括一些调整非政府国际组织的地位与活动的国际法准则。

二、政府间国际组织的法律地位

国际组织的法律地位主要涉及国际组织的法律人格问题，它包括国际组织对内和对外关系两方面的内容，即国际组织是否具有与其成员国交往的法律人格，国际组织是否具有与非成员国以及其他国际组织交往的法律人格。[2]

一个国际组织是否具有法律人格，首先应根据创立该组织的条约的明文规定。有些国际组织在其章程中明确规定了该组织在对内对外关系上的法律人格。例如，《建立欧洲煤钢共同体条约》第 6 条规定：共同体具有法人资格。共同体在国际关系中享有为行使其职责和实现其目的的必要的权利能力。共同体在各成员国内享有各本国法人享有的最广泛的权利能力。但是大多数国际组织的章程中或概括性地说明该组织具有法律人格，而并没有提及是否在组织内部和对外关系上均有法律人格，或对组织的法律人格问题没有明文规定。在这种情况下，该国际组织的法律地位只能从其组织章程的规定和组织的实践中作出推断。

以联合国为例，《联合国宪章》中未明文规定它的法律人格，但是在《联合国特权和豁免公约》中明确规定"联合国具有法律人格"。它在与成员国关系上的法律人格可以从《联合国宪章》第 104 条的规定中看出，该条规定："本组织于每一会员国的领土内，应享受于执行其职务及达成其宗旨所必需的法律行为能力。"这些法律行为能力主要包括：

（一）缔约能力

《联合国宪章》第 43 条规定，授权联合国同各会员国缔结特别协定，使会员国供给为维持国际和平及安全所需的军队。第 105 条第 3 款规定，联合国大会有权向会

---

〔1〕　参见王铁崖主编：《国际法》，法律出版社 1995 年版，第 522 页。

〔2〕　Max Planck, *Encyclopedia of Public International Law* (1981～1990), vol. 7, Oxford University Press, p. 454.

员国提议缔结关于特权和豁免的协定。联合国与非成员国以及其他国际组织也可以缔结协定，《联合国宪章》第 57 条和第 63 条规定，经济及社会理事会与政府间的专门机关订立协定，订明专门机关与联合国发生关系的条件。

（二）国际求偿的能力

这项能力是国际法院在 1949 年作出的咨询意见中确认的。1948 年 9 月，联合国派往中东调停巴勒斯坦问题的人员惨遭犹太恐怖主义团体的杀害。联合国请求国际法院就联合国有无向责任国求偿的能力问题发表咨询意见。国际法院在其咨询意见中承认，联合国的国际人格应包括能够为组织本身受到的损失提出国际求偿，以及能够为组织的代表所受损失提出国际求偿的"隐含权力"。

一个国际组织是否具有法律人格，主要依据该组织章程的规定。能够独立地与成员国、非成员国以及其他国际组织进行交往的国际组织具有法律人格，否则，就不具有法律人格。一般来说，国际组织的建立是为了达到一定的目的，国际组织如果没有一定的法律行为能力，就不能行使其职能和达到其目的。多数国际组织具有这种法律行为能力，因而具有法律人格。

国际组织的法律人格是国际组织的成员赋予的，是有限的和不完全的。国际法上的很多内容，如领土、居民及其法律制度，对国际组织是不适用的。这种法律人格的局限性是国际组织法律地位的重要特征。

三、国际组织的成员

国际组织的成员主要是国家。在国际实践中有时也有一些例外，有些国际组织的成员不是国家，而是政府的某个部门，例如，国际销售结算银行是由各国的中央银行组成的。有的国际组织吸收一些非自治领土为其成员，还有一些国际生产组织集体接纳某种产品生产国或进口国集团。

（一）国际组织成员的种类

国际组织的成员是由该组织规约规定的，每个组织成员的种类也由其章程或相关文件决定。根据各国际组织的文件规定的总括，国际组织的成员有以下几种：

1. 完全成员，或称正式成员。它是指在国际组织中享有全部权利和承担全部义务的成员。完全成员是国际组织的最主要成员。有的国际组织只有正式成员。国际组织的完全成员在组织内一律主权平等，但根据成员国的实际情况，以及该组织章程的规定，他们可以承担不同的财政义务，甚至享有加重投票权。

2. 部分成员。它是指非整个国际组织的正式成员。它们不参加该国际组织的所有机关工作，而只参加一个或数个机关工作，是该组织某部分的成员。它们对整个国际组织来说是非成员，对该组织某机关来说是完全成员。例如，阿拉伯国家联盟规定，非联盟成员国的阿拉伯国家可参加该组织的特别委员会。

3. 联系成员或准成员。它是指在国际组织中只享有有限的权利，承担有限义务的成员。一般来说，联系成员享有出席组织的会议和参加讨论的权利，但没有表决权，不能在主要机构中任职。他们可以接受国际组织提供的服务、便利和利益，并承担一定的财政义务，缴纳较低的摊款。一些不符合正式成员条件的国家以及对某组织的活动不十分感兴趣，又愿意在一定程度上参与该组织事务的国家，可根据该组织的章程成为该组织的联系成员。有些国际组织允许非主权实体，多为未获独立的殖民地，成为该组织的联系成员，世界卫生组织、联合国教科文组织、国际海事组织都有这样的规定。

4. 附属成员。世界旅游组织有此类成员，这种成员资格被赋予对该组织及其活动有特殊兴趣的国际政府间团体或非政府间团体。附属成员委员会是它们的集体代表。它们也有权单独地参加组织的活动，有义务缴纳一定的会费。

5. 观察员。国际组织的非正式成员，能够和愿意致力于某组织的工作，被邀请或接纳参加该组织的工作，在该组织取得观察员的地位。在实践中，有些国家与某个国际组织有密切的联系，但不是该组织的成员国，该组织通常给予该国观察员的地位。如前南斯拉夫和芬兰因与经济合作和发展组织有密切的联系而取得在该组织观察员的地位。自 20 世纪 70 年代初起，联合国及其一些机构给予民族解放运动观察员地位。1971 年一些非洲解放运动的代表被接纳为联合国非洲经济委员会的观察员。1974 年，联合国大会邀请巴勒斯坦解放组织以观察员身份参加联大会议和工作。2012 年 11 月 29 日巴勒斯坦称为联合国的观察员。有时国际组织的非全体成员组成的机构接纳成员国中非该机构成员国作为观察员，参加会议。国际组织之间也经常互派观察员。通常，观察员有权参加该组织的会议，有权取得该组织的正式文件和它们所参加会议的全部文件，有权散发文件，有时可以提出正式的提议，除与该国有直接利害关系的问题，并且得到有关组织的许可外，一般没有发言权，也没有表决权。

（二）国际组织成员资格的取得和丧失

1. 国际组织成员资格的取得。国际组织的成员一般都有创始成员和纳入成员，两者取得成员资格的条件不尽相同。创始成员是创建国际组织的成员。国际组织的章程中一般规定取得创始成员资格的条件有：①应是出席创建国际组织的会议的国家；②是特定国际组织的成员；③有些国际组织在其章程或附件中列出可成为创始成员的名单。创始成员资格的取得一般是通过签署、批准建立组织的国际条约（组织章程），在组织章程生效时取得成员资格的。

纳入成员是国际组织成立后接纳的成员。取得纳入成员资格的条件有：①对一切国家开放的国际组织要求纳入成员必须是国家；② 区域性组织要求必须是某一区域的国家；③ 是某特定国际组织的成员；④ 能够和愿意履行该组织规定的义务。纳入成员一般须通过申请、接纳的程序成为组织的成员，由国际组织的权力机关或由权力机关和执行机关共同作出接纳成员的决定。

2. 国际组织成员资格的丧失。国际组织成员资格可因一个成员的退出和被开除而丧失，也可由于某种特殊原因而自动丧失。

（1）退出。大多数国际组织的章程中都允许成员国自愿退出。有些组织章程规定，成员国如不同意章程的修改，可以退出该组织。退出国际组织一般附有一定的条件，例如规定在组织创建一定期限后才允许退出，大多数国际组织要求成员国向组织提前通知，很多组织都规定财政义务履行完毕退出方能生效。有少数国际组织的章程中规定，强制那些不履行义务或不遵守章程的成员退出组织。

有些国际组织的章程未对成员国的退出作任何规定，成员国是否有权退出这样的国际组织在理论上有不同的意见。一种观点从国家主权原则出发，认为国家有权退出国际组织。另一种观点认为组织章程是一项多边条约，不得单方面任意终止。[1] 实践中，在组织章程中未规定成员国可自愿退出的组织，一般不接受或承认成员国单方面所作的退出决定。

（2）开除。很多国际组织将不履行其义务或违反章程的成员开除出组织。开除是对成员不遵守该组织规章的一种制裁手段，也可用以反对那些阻碍组织工作的成员从而保护组织的正常运转。例如，《阿拉伯国家联盟章程》规定："联盟理事会得考虑以全体成员国一致通过的决议，使不履行公约义务的任何国家离开联盟。"有些国际组织将开除本组织的成员与其他组织开除成员联系在一起，例如联合国教科文组织和国际海事组织根据各自的章程开除那些被联合国开除的成员。[2]

在组织章程中没有开除成员的规定时，国际组织也可以采取其他方法将成员排除在外，例如 1962 年美洲国家组织通过的决议规定，古巴政府以自己的行为将自己排除于美洲体系，从而将古巴从美洲国家组织除名。

（3）国际组织成员资格的自动丧失。在以是某特定国际组织成员为取得一国际组织成员资格的条件的组织中，丧失前者的成员资格，就自动丧失后者的成员资格。国际组织的成员资格也可因成员国不再作为一个独立国家存在而终止。例如捷克和斯洛伐克自 1993 年 1 月 1 日起分立为两个国家，原捷克斯洛伐克在联合国的成员资格终止，捷克和斯洛伐克都必须各自申请成为联合国成员国。

国际组织解散导致该组织的成员资格全部丧失，即使一个新国际组织继承了前组织的全部责任，前组织的成员也不能自动成为新组织的成员。

（三）国际组织成员的权利和义务

1. 成员的权利。国际组织的成员在国际组织中一般具有代表权、发言权和表决权、组织章程赋予的权利。

（1）代表权。代表权是取得组织成员资格所产生的必然后果。一个国家一旦取得国际组织的成员资格，就有权派遣代表出席组织的会议，参加组织的活动，并有权被选举为组织各机关的成员。一个成员只能有一个代表权。然而有时国际组织中的一个成员地位有两个自称是该成员代表的要求，由谁来代表的问题一般由国际组

---

[1] Max Planck, *Encyclopedia of Public International Law* (1981 ~ 1990), vol. 5, Oxford University Press, p. 150.

[2] 《联合国教育、科学及文化组织组织法》第 2 条第 5 款，《国际海事组织公约》第三章第 10 条。

织依各自章程规定的程序予以解决。例如20世纪70年代，很多国际组织都相继作出决议，承认中华人民共和国政府的代表权。

（2）发言权和表决权。国际组织的成员有权在组织会议上发言，表示本国的意见和态度。国际组织的成员也有权参与决策过程，对组织权限范围内的各种问题以提案的形式提出意见和建议，然后通过对提案的表决参与制定政策。

国际组织一般是建立在主权平等的基础上的，只要是主权国家，不论大小强弱，人口多寡，在国际组织中的地位平等，各成员国有相同的表决权，即一国一票，并且每一票的效力相同。但也有例外的情况，有些国际组织，采取加权表决制。例如国际货币基金组织和世界银行等国际金融机构，采取股份制的组织形式，成员国除有相同的基本表决票外，每认缴一定数量的基金份额或股份，就增加一票，这样，向组织认缴的份额或股份越多，票数就越多。这种加权表决制受到发展中国家的抨击，认为它有利于发达国家，没有考虑发展中国家的利益，不利于发展中国家参与组织的决策。

此外，在一些国际组织中，虽然每个国家都有相同的投票权，但其投票权的效力不同，有些国家享有否决权。例如在石油输出国组织中，接纳新成员必须得到3/4多数的支持，其中包括全体（5个）创始成员国的赞成。若5个创始成员国之一不同意，就否决多数成员的决定。

（3）组织章程赋予的权利。国际组织成员有权按照组织章程规定的条件，享受组织提供的服务、便利等实质性权利。例如，国际货币基金组织的成员有使用基金的提款权和特别提款权，世界银行的成员可以从该组织得到贷款，国际原子能机构的成员可以得到该机构提供的材料、设备和援助，世界气象组织的成员有权得到该组织提供的地面与高空的气象观测资料。

国际组织成员的权利可因其违犯组织的规定而被停止，例如国际劳工组织和世界卫生组织有停止严重和持续执行种族歧视或种族隔离政策的成员参加大会的权利。国际金融公司有权停止不履行对公司的任何义务的成员的全部权利和特权。国际货币基金组织对于不符合基金目的使用其资金的成员，有权限制或剥夺其使用基金的权利。

2. 成员的义务。国际组织成员的义务一般有合作义务、财政义务、履行组织章程规定的义务。

（1）合作义务。一国取得一个国际组织成员的资格，就有义务与该国际组织合作，特别是有义务执行国际组织有拘束力的决议。

（2）财政义务。国际组织的成员必须履行财政义务，以保证组织的正常活动。对于拖欠款项的成员，国际组织往往给予制裁。例如停止成员国的表决权，或停止向会员国提供服务或援助，有些国际组织甚至将其开除出组织。

（3）履行组织章程规定的义务。履行组织章程规定的义务是组织成员的最基本的义务。不言而喻，如果成员国不遵守组织的章程，组织便无法存在和运转。有些国际组织要求申请加入组织的国家必须接受组织章程所载的义务，并能够和愿意履行这些义务。各组织除规定成员国都必须遵守的义务外，有时还为不同类别的成员国规定不同的义务，成员国都应遵守。国际组织只能通过章程修改程序为成员国增加新的义务。

四、国际组织的主要机关

国际组织根据组织活动的需要设立各种机构，其数目名称各异，但一般都拥有三个主要的机构：最高机关、执行机关和行政机关。

（一）最高机关

最高机关由组织的全体成员组成。其组成人员一般是各成员派遣的全权代表。有少数国际组织的最高机关的组成人员是成员国的国家元首、政府首脑或政府部长。最高机关的名称大多为"大会"，也有些称为"首脑会议"或"部长会议"，还有些国际组织称最高机关为"理事会"。最高机关不是常设的，一般定期举行会议，有的1年举行一次，也有的间隔的时间长些，如世界气象组织的大会每4年召开一次，国际电信联盟的大会每5年召开一次。最高机关可以下设各种委员会。

最高机关一般被赋予较重要的权力，其职能有制定组织的方针政策、审核预算，选举执行机关的成员、制定及修改有关规章、实行内部监督等。

（二）执行机关

执行机关由少数成员组成。一般称为执行局或理事会，也有的称为执行委员会或执行董事会。其成员一般由最高机关选举产生，但也有由成员国按定额委派的，例如国际货币基金组织的执行机关执行董事会。有些执行机关的成员是不经选举委派，而是永久担任的，如联合国安理会中的五个常任理事国。执行机关一般是常设机构，其职能主要是执行最高机关的决议，监督秘书处的工作，在最高机关休会期间对现实问题作出决定。有些执行机关被委以特别的职责，能够独立于最高机关并代表整个组织行事，例如联合国安理会即如此。不少国际组织的执行机关兼有上述两种职能，如国际原子能机构和国际民航组织的理事会等。

（三）行政机关

行政机关是国际组织处理日常工作的常设机构，称为秘书处，由从事专门工作的人员组成，他们不代表任何国家，属于国际职员。领导秘书处的工作的一名行政长官称为秘书长或总干事，秘书处的成员向秘书长负责，秘书长对组织的其他主要机构负责。秘书处的主要职能是行政管理方面的，如提供会议场所，复制和翻译文件，临时雇用大型会议所需的工作人员，准备组织的预算，对外传播组织的情况，记录组织的工作，收集成员提交的报告和情报，协调组织各机构的活动，帮助组织成员，对外代表组织，执行组织某些决定，保管和登记条约等。

五、国际组织的决策方式

国际组织的各个机构，除秘书处外，必要时都需对机构职权范围内的有关事项作出决议或决定，通常采取投票表决，或不进行投票的协商一致程序进行。

国际组织的表决程序有全体一致和多数表决。

（一）全体一致表决

它是指需要参加表决的成员全体同意，才能通过一项决议或作出一项决定。这种表决方式是以国家主权平等为理论依据的，在19世纪和20世纪初一直作为国际会议的表决原则。这种表决程序作出的决定，成员国一般都能执行。另一方面，由于不易达到全体一致，讨论或谈判的时间会拖得很长，并且一个或极少数国家可以否决大多数的意见，因而经常最后作不出决定。现今，大多数普遍性国际组织都已不使用全体一致的表决方式。

（二）多数表决

多数表决可分为：简单多数和特定多数。

1. 简单多数，即以出席并参加表决的成员过半数作出决定。以简单多数表决，比较容易通过一项决议。另一方面，简单多数表决通过的决议有时只能代表微弱多数国家的意志，国际组织一般不将此表决程序用于重要的问题上，而只在程序问题上使用这种表决，例如选举会议的工作人员等。

2. 特定多数。它要求达到多于简单多数的票数，最普通的是达到参加投票国的2/3多数。特定多数的表决方式多适用于对重要问题的决策，例如联合国大会对重要问题作决议时，需经2/3多数同意。国际海底管理局理事会对某些实质问题的决定，以出席并参加表决的成员的3/4多数作出。有的国际组织要求达到更多的特定多数。

（三）协商一致

很多国际组织尽管在章程中规定了多数表决程序，而在实践中经常使用协商一致程序进行决策。协商一致是指经过协商，没有正式反对意见，无须投票，达成基本一致。协商一致要求对协商的问题在基本点上达成一致，在非基本点上不同的意见，允许以解释或保留的方式提出，并予以记录。协商一致无须投票表决，一般由在场参加协商的主席确定。[1]

六、国际组织的决议

国际组织的主要机构，根据组织章程的规定作出决议，处理其职权范围内的事务。国际组织的决议名目繁多，它可以是国际组织的机构对其本身作出的，也可以对组织的其他机构、组织的全部、部分或个别成员以及其他国际组织作出。国际组织的决议可以采取决定、命令、建议、宣言、规则、标准等不同的形式，各种决议的法律效力也有所不同。从法律效力上来分，国际组织的决议大致可分为三类：

（一）有拘束力的决议

1. 国际组织的内部规则的决议。内部规则指使国际组织能够运转和工作的规则。国际组织及其机构有权制定此种规则，包括制定程序规则；根据组织章程设立辅助

〔1〕　参见李浩培："条约法的一个突破：多边外交中的协商基本一致决定程序"，载黄炳坤主编：《当代国际法》，广角镜出版社1988年版，第48～68页。

机构，规定其任务；选举组织机构的成员；接纳、停止或开除成员；制定预算和财政规则；制定调整组织内部关系的司法和行政法等。国际组织作出的决议大多数属于内部规则，对组织本身、下属机构和组织成员有拘束力。

2. 其他有拘束力的决议。国际组织所作的其他决议一般都不具有拘束力，除非国际组织的章程作了明确的规定。有些国际组织的章程规定，除内部规则外，国际组织可以在某些方面对成员作出有拘束力的决议。这类决议的名称有决定、命令等。例如联合国安理会和美洲国家组织可以作出有关维持和平的有拘束力的决定。欧洲共同体可以制定一般适用的规则，完全和直接适用于全体成员国。

（二）限制性拘束力的决议

有些国际组织可以作出对成员国有拘束力的决议，但这些决议的拘束力受一定条件的限制。例如，有关世界卫生组织大会通过的规章的通知转送各会员后，规章即生效，但在通知规定的期限内提出保留或拒绝接受的会员不受拘束。如国际民航组织的理事会可以以 2/3 多数的决议通过有关国际航空的"国际标准"规章，经过 3 个月或更长的时间，开始对成员国生效，如果过半数成员表示不能接受，则对成员国无拘束力。

（三）无拘束力的决议

国际组织所作的名为建议的决议，一般是没有法律拘束力的，只有欧洲煤钢联营的"建议"是例外。国际组织的建议多数是对成员作出的，有时也对组织的其他机构或其他国际组织作出，旨在希望改变一种存在的情况。"建议"一般是建议性的，只有政治上、道义上的力量，没有拘束力。在实践中，当被建议者正式接受建议，接受建议的行为就为其创设了法律义务。例如，联合国关于维持和平部队的决议无例外地被有关国家正式接受。有些国际组织规定，建议一旦被正式接受就有法律拘束力。

第三节　联合国体系

一、联合国的建立及其宗旨和原则

（一）联合国的建立

联合国（United Nations）是继国际联盟之后，又一个在集体安全和和平解决国际争端原则基础上的维持国际和平和发展国际合作的普遍性组织。联合国成立于第二次世界大战后（但《联合国宪章》的谈判和签字是在第二次世界大战结束前）的 1945 年，是全世界人民反法西斯战争胜利的产物。

联合国的建立基本反映了深受帝国主义战争灾难的各国人民反对侵略，要求国际和平的愿望。在战后建立一个"广泛而永久的普遍安全制度"，"重建和平，使各国都能在其疆土内安居乐业"的希望，最早是在 1941 年 8 月 14 日英、美两国首脑共同宣布的《大西洋宪章》中提出的。1942 年元旦，正在对德、意、日轴心国作战的26 个国家，为了共同合作，制止法西斯的疯狂侵略，在华盛顿签署了《联合国家宣言》，声明赞同《大西洋宪章》内所载的宗旨和原则，并宣告全力以赴对轴心国作战，决不与敌人缔结单独停战协定或和约。这个宣言第一次使用了联合国家的名称。1943 年 10 月 30 日，中、苏、美、英四国代表在莫斯科签署了一项普遍安全宣言，声明："他们承认有必要在尽速可行的日期，根据一切爱好和平国家主权平等的原则，建立一个普遍性的国际组织，以维护国际和平与安全，所有爱好和平的国家，无论大小，均得加入这一组织"，从而确定了战后建立普遍安全组织的共同方针和基本原则。

1944 年秋，中、苏、美、英四国代表在华盛顿敦巴顿橡树园召开会议，开始着手创建联合国。四国代表根据莫斯科宣言精神，在组织的宗旨和原则、成员、主要机构等问题上取得了共识，作成了"关于建立普遍性国际组织的建议案"，即《联合国宪章草案》，并建议该组织命名为"联合国"。在这次会议上虽然确定了作为联合国中维持国际和平的中心机构安理会的主要职权，以及中、苏、美、英、法五大国在安理会中担任常任理事国的地位，但未解决安理会的表决程序问题。1945 年 2 月，英、美、苏三国首脑在雅尔塔会议上，就安理会关于非程序性事项需"五大国一致同意"的表决程序达成了协议，即"雅尔塔公式"。会议同时决定，由中、苏、美、英四国作为发起国，邀请在 1945 年 3 月 1 日前加入《联合国家宣言》并已对联合国家的一个敌国宣战的国家，在旧金山举行制宪会议。

1945 年 4 月 25 日，50 个国家出席了旧金山联合国制宪会议。包括中国共产党代表董必武及无党派代表在内的中国代表团也出席了会议。在会议上，代表们对关于建立普遍性国际组织的建议案，雅尔塔协定及各国提出的修正案进行了研究讨论，完成了《联合国宪章》的起草工作。6 月 25 日在旧金山歌剧院举行的全体会议上，全体代表一致通过了《联合国宪章》。第二天举行宪章签字仪式，中国代表团亦在宪章上签了字。《联合国宪章》于 1945 年 10 月 24 日生效，联合国组织正式成立，总部设在纽约。10 月 24 日被定为联合国日。

（二）联合国的宗旨和原则

1. 联合国的宗旨。联合国的宗旨规定在《联合国宪章》的第一章第 1 条，共四项：

（1）维持国际和平与安全。维护国际和平与安全是联合国的首要宗旨。为避免后世再度遭受这一代人类两度经历的惨不堪言的战祸，当危及国际和平与安全的情势存在时，联合国可采取集体办法。《联合国宪章》规定，"采取有效集体办法，以防止且消除对于和平的威胁，制止侵略行为或其他和平的破坏；以和平方法且依正义及国际法的原则，调整或解决足以破坏和平的国际争端或情势"。对此宗旨所述的解决国际争端的和平方法以及应付威胁和平，破坏和平及侵略行为的集体办法在《联合国宪章》的第六章和第七章中分别作了详细具体的规定。

（2）发展各国间的友好关系。《联合国宪章》规定，"发展国际上以尊重人民平等权利及自决原则为根据的友好关系，并采取其他适当办法，以增强普遍和平"。发展各国间友好关系与维持国际和平与安全是紧密相关的，各国间的友好关系发展了，维护国际和平就有了保障；有了国际和平与安全的环境，才能发展国家间友好关系。

（3）促成国际合作。《联合国宪章》规定，"促成国际合作，以解决国际上属于经济、社会、文化及人类福利性质的国际问题，且不分种族、性别、语言或宗教，增进并激励对于全体人类的人权及基本自由的尊重"。国际上进行合作解决经济、文化、社会方面的问题，消除种族歧视，增进对人权的尊重，有利于消除引起国际社会不安的经济原因和其他原因。《联合国宪章》的第九至十三章中的许多条款为实现本宗旨作了具体安排。

（4）构成一协调各国行动的中心，以达成上述共同目的。

2. 联合国的原则。为了实现联合国的宗旨，《联合国宪章》在第 2 条中规定了本组织及其会员国应遵行的七项原则：

（1）联合国系基于各会员国主权平等的原则。

（2）各会员国应一秉善意，履行其依宪章所担负的义务。

（3）各会员国应以和平方法解决国际争端。

（4）各会员国在其国际关系上不得使用武力或以武力威胁，或以与联合国宗旨不符的任何其他方法，侵害任何会员国或国家的领土完整或政治独立。

（5）各会员国对于联合国依本宪章规定采取的行动，应尽力予以协助；联合国对任何国家正在采取防止或执行行动时，各会员国对该国不得给予协助。

（6）联合国在维持国际和平及安全的必要范围内，应保证非会员国遵行上述原则。

（7）宪章中的任何规定都不得视为授权联合国干涉在本质上属于任何国家国内管辖的事项。

二、联合国的成员和主要机关

（一）联合国会员国

《联合国宪章》的第二章规定了联合国成员资格的取得和丧失。截至 2016 年 5 月底，联合国有会员国 193 个。其中 51 国为创始会员国，它们是参加旧金山制宪会议或者以前曾签署《联合国家宣言》，并签署和依法批准了宪章的国家。其余国家都是接纳会员国。根据宪章的规定，凡爱好和平，接受宪章所载的义务，经联合国认为能够并愿意履行这些义务的国家，都可成为联合国会员。接纳的程序是：由安理会推荐，联合国大会决定，申请加入的国家自大会接受申请之日起正式成为联合国会员国。20 世纪 60 年代，涌现出大批新独立的国家，它们参加联合国后，第三世界国家在联合国中占了绝大多数，大大改变了联合国内的力量对比。现在只有梵蒂冈和巴勒斯坦是联合国的观察员，库克群岛和纽埃不是联合国的会员国。

按照《联合国宪章》的规定，拖欠组织财政款项的会员国，其拖欠数目如等于或超过前两年所应缴纳之数目时，即丧失在大会的投票权。安理会对其采取防止或执行行动的会员国，大会经安理会建议，得停止其会员权利及特权之行使，对屡次违反宪章所载之原则的会员国，大会经安全理事会的建议，得将其除名，在实践中，联合国曾停止拖延缴纳会费的数成员国在联合国大会的投票权。由于南非推行种族隔离、种族歧视政策，1970～1974 年联合国各届常会都不接受南非代表的全权证书，停止它参加联合国大会的权利，1974 年联合国大会还建议，只要南非继续推行种族隔离和歧视政策，就应该完全不允许南非参加一切国际组织和联合国主持下的一切国际会议。

　　《联合国宪章》未规定会员国是否有权退出组织，在实践中很少发生退出联合国的情况，只有印度尼西亚曾于 1965 年 1 月 20 日正式通知联合国秘书长退出联合国，1966 年 9 月 19 日印尼又通知联合国秘书长，决定恢复与联合国的全面合作，从第 21 届联合国大会议起恢复在联合国的活动，并补交其退出期间所应缴纳经费的 1/10。联合国对此事的态度正如联大主席所说，印尼并未退出联合国，只是暂停与联合国的合作。

　　中国参加了联合国的全部组建工作，是联合国的创始会员国，并且是安理会的常任理事国之一。1949 年建立的中华人民共和国政府，是代表全中国人民的唯一合法政府，当然应立即享有在联合国的一切合法权利，可是中华人民共和国在联合国的合法权利却长期遭到无理剥夺。中华人民共和国成立以后，外交部部长即通知联合国大会主席、秘书长和安理会，不承认"蒋介石集团"的代表在联合国和安理会的代表权。1950 年苏联在安理会提议作出不承认"蒋介石集团"的代表的全权证书，并将其逐出的决定和将"承认中华人民共和国中央人民政府的代表为中国代表"的事项列入议程，但均遭到否决。此后，在每届联合国大会上都提出中国代表权问题。在 20 世纪 50 年代，美国挟持联合国以"时机不成熟"为由，"暂不讨论"中国代表权问题。20 世纪 60 年代，美国又操纵联合国，把中国代表权问题当成"重要问题"审议，需要得到参加大会的 2/3 会员国的同意，才能作出决定，阻挠恢复我国在联合国的合法地位。这种公然破坏宪章和敌视中华人民共和国的行径，遭到越来越多的会员国的抵制。1971 年 10 月 25 日，第 26 届联合国大会以 59 票反对、55 票赞成、15 票弃权否决了所谓"重要问题"案，继而又以 76 票赞成，35 票反对，17 票弃权作出恢复中华人民共和国在联合国的合法权利的决议。该决议决定恢复中华人民共和国的一切权利，承认其政府的代表为中国在联合国的唯一合法代表，并立即把蒋介石的代表从它在联合国及其所属一切机构中非法占据的席位上驱逐出去。1971 年我国恢复了在联合国及其各机关的一切合法权利。

　　（二）联合国的主要机关

　　联合国为实现其宗旨，设立了六个主要机关：大会、安全理事会、经济及社会理事会、托管理事会、国际法院和秘书处。

　　1. 大会。

　　（1）大会的组成和会议。大会（The General Assembly）由联合国全体会员国派代表组成。每个会员国在大会的代表不得超过 5 人，联合国大会每年举行一届常会，每年 9 月的第三个星期二召开。大会还可以召开特别会议和紧急特别会议。如果安理会或者过半数会员国提出召开特别会议的请求，或者某一会员国提出请求后经多数会员国同意，可以在 15 天内召开特别会议。紧急特别会议的召开是根据 1950 年联合国大会的《联合一致共策和平决议》确立的制度，在遇有威胁和平，破坏和平或侵略行为的发生，五大国不能达成一致决议时，经安理会九个理事国的同意提出请求，或经多数会员国的请求，则可以在 24 小时之内召开紧急特别会议。联合国大会曾对苏伊士运河危机、巴勒斯坦问题、纳米比亚问题和苏联入侵阿富汗等问题召开过紧急特别会议。[1]

每届大会设立主席 1 人，副主席 21 人，并设立 6 个主要委员会和 2 个程序委员会。六个主要委员会是：裁军与国际安全委员会（第一委员会）；经济与财政委员会（第二委员会）；社会、人道与文化委员会（第三委员会）；特别政治和非殖民化委员会（第四委员会）；行政与预算委员会（第五委员会）；法律委员会（第六委员会）。程序委员会有两个：总务委员会负责审查大会临时议程和补充项目表，安排议程项目的优先次序。全权证书委员会负责审查出席会议代表的全权证书是否符合规定，并向大会报告。大会为行使其职能，还设有若干特别委员会，使大会的工作得以继续不断进行。

2006 年 3 月 15 日，第 60 届联合国大会以压倒性多数通过决议，决定在联合国大会之下设立人权理事会取代在联合国经济和社会理事会管辖下的人权委员会。

（2）大会的职权。联合国大会具有广泛的职权，概括地说，大会可以讨论宪章范围内，或者有关联合国任何机关的职权的任何问题或事项，除安理会正在处理的外，它可以就这些问题和事项向会员国或安理会提出建议。

大会的职权侧重于促进各国的政治、经济、社会、文化等方面的国际合作，促进国际法的发展和编纂，促进人权的实现。大会在组织监督方面和内部行政方面有重要的职权，大会接受并审议联合国其他机构的报告；选举安理会的非常任理事国、经济及社会理事会的理事国以及托管理事会的须经选举的理事国；与安理会各自投票选举国际法院的法官；根据安理会的推荐委任秘书长；根据安理会的建议通过决议接纳新会员国、中止会员国的权利或开除会员国。大会还负责审议和批准联合国的预算，分派各会员国应缴纳的经费，审查各专门机构的行政预算等。

根据宪章的规定，大会在维持国际和平与安全方面主要是协助安理会进行工作。它可以提请安理会注意足以危及国际和平与安全的情势，可以讨论安理会、会员国和非会员国向它提出的有关国际和平与安全的任何问题。但提出要求的非会员国应予以接受宪章所载关于和平解决争端的义务。大会讨论关于维持国际和平与安全的

---

[1] 有关联合国大会紧急特别会议的情况和记录见联合国相关网站，http：//www.un.org/chinese/ga/sessions/emergency.shtml.

问题时，对于其中需要采取行动的问题，应在讨论前或后提交安理会。已经列入安理会议事日程的问题，非经安理会请求，大会不得提出任何建议。

（3）大会的表决程序。每个会员国在大会享有一个投票权。对于重要问题的决议须由出席并投票的会员国以 2/3 的多数决定。重要问题有：修改宪章，关于和平与安全的建议，安全理事会、经社理事会和托管理事会理事国的选举，接纳新会员国，中止会员国的权利和开除会员国，实施托管制度问题和预算问题等。其他问题只需以简单多数通过。在实践中，大会常以协商一致通过决议。大会对联合国组织内部事务通过的决议对组织及会员国有拘束力，对维持国际和平和安全问题作出的决议只有建议的性质。

2. 安全理事会。

（1）安全理事会的组成。安全理事会（The Security Council），简称安理会，由 5 个常任理事国（中、俄〈原为苏联〉、美、英、法）和 10 个非常任理事国组成（1965 年修改宪章前是 6 个非常任理事国）。每个理事国有 1 名代表。常任理事国是不经选举和永久担任的，非常任理事国由联合国大会采取竞选方式选举产生，席位按地域公勾分配：拉美国家 2 席，亚非国家 5 席，东欧国家 1 席，西欧和其他国家 2 席。非常任理事国任期两年，每年改选 5 个，不得连选连任，但必须由同一地区的国家接替。安理会主席，由理事国按国名的英文字首的排列次序轮流担任，任期 1 个月。安理会可以设立为执行其职务所必需的辅助机关。联合国的会员国已几乎涵盖世界各国，但安理会的成员却长期未变，所以，联合国自 20 世纪 90 年代开始就一直在讨论安理会的改革问题，以使其更具代表性和工作得更为有效。

安理会一年举行两次定期会议，此外，安理会主席认为必要时可以随时决定召开会议。安理会任何理事国可以请求召开会议，联合国大会、秘书长和任何会员国都可以因出现国际争端或危及国际和平与安全的情势，请求安理会举行会议。

（2）安理会的职权。安理会根据宪章规定有权作出全体会员国都有义务接受并执行的决定。安理会对维持国际和平与安全负主要责任，总括为以下方面：

第一，和平解决国际争端的职权。在和平解决会员国之间的争端方面，安理会对于任何争端或可能引起国际摩擦或争端的任何情势可以进行调查，以断定其继续存在是否足以危及国际和平与安全。任何联合国会员国、预先声明接受宪章所规定的和平解决争端义务的非会员国，大会或秘书长都可以提请安理会注意可能危及国际和平与安全的争端或情势。对于上述性质的争端，安理会可以促请争端当事国采取和平方法予以解决。安理会也可以在任何阶段，建议适当程序或调整方法来解决争端，安理会在行使和平解决国际争端职能时所作的建议，对当事国无法律拘束力，安理会实际起着一种斡旋和调停的作用。

第二，制止侵略的职权。在维持和平与制止侵略方面，安理会应断定任何对和平的威胁、和平的破坏和侵略行为是否存在。它可以促请当事国遵行安理会认为必要或适当的临时措施。安理会也可以决定采取非武力的措施以实施其决议，包括局部或全部停止经济关系、铁路、海运、航空、邮电、无线电及其他交通工具，以及断绝外交关系，并促请会员国执行这些措施。1993 年和 1995 年，安理会根据这一职权分别建立了前南斯拉夫国际刑事法庭和卢旺达国际刑事法庭以审判自 1991 年以来在前南斯拉夫境内和1994 年在卢旺达发生的对严重违反国际人道主义法负责任的人。如果认为上述措施还不够，可以采取必要的海陆空军事行动，包括会员国的海、陆、空军示威、封锁及其他军事行动，以维持或恢复国际和平与安全。安理会在联合国组织体系中是唯一有权采取行动来维持国际和平与安全的机关。安理会为制止对和平的威胁、和平的破坏和侵略行为时作出的决定对当事国和所有成员国有拘束力，必须予以执行。

第三，其他职权。安理会除上述职权外，还负责拟定军备管制方案，在战略性地区行使联合国的托管职能，建议或决定应采取的措施以执行国际法院的判决，选举国际法院法官，向大会推荐新会员国和联合国秘书长，向大会建议中止会员国的权利或开除会员国等。

（3）安理会的表决程序。安理会的每个理事国有一个投票权。程序问题，由 15 个理事国中 9 个理事国的可决票决定。非程序的实质问题，以 9 个理事国的可决票包括全体常任理事国的同意票决定。即任何一个常任理事国的反对票都可否决提案。但是常任理事国不参加投票或者弃权，不构成否决。

程序问题有：通过或修改安理会的议事规则；确定推选安理会主席的方法；组织安理会本身使其能持续行使职能；选定安理会会议的时间和地点；设立执行其职能所必需的机构；邀请在安理会中没有代表的会员国在对该国利益有特别关系时参加安理会的讨论；邀请在安理会正在审议的争端中为当事国的任何国家参加关于该争端的讨论。

实质问题有：解决争端，调整足以引起争端的情势，断定对和平的威胁，消除对和平的威胁，制止对和平的破坏。关于和平解决争端的决议，作为争端当事国的理事国不得投票，但是关于采取执行行动的决议，可以投票，常任理事国可行使否决权。此外，安理会在作出关于建议大会接纳新会员国、中止会员国的权利、开除会员国和向大会推荐秘书长人选等问题时，也需要包括 5 个常任理事国在内的 9 个理事国的可决票来决定。

如果对某一事项是程序性的还是实质性的发生争执，需先决定该事项是否属于程序性时，常任理事国可行使否决权，否决其为程序问题。在对作为实质问题的该事项表决时，常任理事国还可行使否决权，这即所谓"双重否决"权。但是从 20 世纪 50 年代起，通常由安理会主席裁定有疑问的事项是程序性事项，非经 9 个以上理事国推翻，主席的裁定有效。[1]

---

[1] 梁西：《现代国际组织》，武汉大学出版社 1984 年版，第 123 页。

安理会常任理事国的否决权是个历史的产物，第二次世界大战后，各大国认为它们在维持和平，防止帝国主义发动新的战争方面肩负着重任，因此对维护国际和平安全一类重要事项，不能要求常任理事国遵守自己不赞成的决定而去承担行动义务，大国取得一致是必要的。此外，美国和苏联为维护本国的利益，主张必须在安理会中拥有否决权。当时为使大国都能参加联合国，否决权这一规定是必要的。但是，在联合国已成立了半个多世纪的今天，发展中国家已经占了多数，为贯彻所有会员国主权平等的原则，取消或限制否决权的行使，已成为发展中国家在修改联合国宪章问题上的一项重要主张。

3. 经济及社会理事会。

（1）经济及社会理事会概况。经济及社会理事会（The Economic and Social Council），简称经社理事会，由 54 个理事国组成（最初为 18 国，1965 年修改宪章后改为为 27 国，1973 年修改宪章后改为 54 国）。理事国由联合国大会选举，任期 3 年，每年改选 1/3，可连选连任。理事国的席位按地域分配，非洲 10 名，亚洲 11 名，拉丁美洲 10 名，东欧 6 名，西欧及其他国家 13 名。每个理事国有一名代表，从 1972 年起，中国一直当选为理事国。

经社理事会是在大会权力之下，协调联合国及专门机构的经济和社会工作的机构，其职权有：① 作为或发动关于国际经济、社会、文化、教育、卫生及其他有关事项的研究和报告，并得向大会、联合国会员国及有关专门机关提出关于此种事项的建议。② 为增进全体人类的人权和基本自由的尊重和遵守，得提出建议。③ 得就其职权范围内的事项拟定公约草案，提交大会。④得就其职权范围内的事项召开国际会议。⑤ 与政府间专门机构订立协定，确定这些机构与联合国的关系，并通过磋商和提出建议，协调各专门机构的活动。⑥ 采取适当办法，同与其职权范围内的事项有关的非政府性组织磋商。

经社理事会每年举行两次常会，每次会期 1 个月。两次会议分别讨论社会与人权问题和经济与发展问题。经社理事会的每个理事国有一个投票权，理事会以简单多数进行表决。

经社理事会根据《联合国宪章》第 57 条和第 63 条规定，与 16 个专门性国际组织签订了协定，使这些组织成为联合国的专门机构。此外，8000 个非政府组织在经社理事会取得了咨询地位。

（2）经社理事会与非政府组织。冷战结束后，非政府组织作为国际组织与各国民众之间的桥梁，在许多重大国际事务中发挥重要作用。联合国的重要会议和重大问题的决策，都需要听取非政府组织的意见。为此，《联合国宪章》第 71 条明确规定了联合国处理与非政府组织关系的原则，经社理事会设立了专门的辅助机关——非政府组织委员会处理与非政府组织的关系。该委员会由 19 个成员组成，每年开会。

1996 年 7 月，经社理事会通过了第 1996/31 号决议，修改了非政府组织与经社理事会的咨商安排，简化了对经社理事会咨商地位的申请，规定了给予非政府组织咨商地位的标准，扩大了非政府组织的范围，即从过去的只承认国际非政府组织改为也承认各国和各地区的非政府组织，还制定了规范非政府组织参与联合国行动的具体规则。该决议构成了目前联合国与非政府组织间合作关系的基础。

非政府组织取得经社理事会咨商地位的条件是：①该组织必须已向有关政府当局注册为非政府组织或非营利组织，并成立了至少 2 年；②该组织应与经社理事会及其附属机构职权范围内的事项有关；③该组织的宗旨和目的应与《联合国宪章》的精神、宗旨和原则相符；④该组织应承诺支持联合国的工作，促进对联合国的原则和活动的认识；⑤该组织在其职权范围的特点领域内应有公认的地位或代表性；⑥该组织应有会所、执行人员、民主通过的章程；⑦该组织应有权通过其授权的代表为其会员发言；⑧该组织应有完善的组织结构、适当的责任机制和民主透明的决策程序；⑨该组织的基本经费应主要来自其国内分支机构的捐助或会员的会费。非政府组织委员会在审查咨商地位的申请时，要尽可能保证所有地区非政府组织的参与，尤其是来自发展中国家的、致力于公平、公正的非政府组织应予优先考虑，使来自所有地区和世界所有地方的非政府组织真正有效地参与联合国组织的活动。

在经社理事会取得咨商地位的非政府组织分为三类：①"一般咨商地位"给予那些与经社理事会及其辅助机关议程上多数问题有关的组织，它们大多为大型的、地理范围较广的国际非政府组织。②"专门咨商地位"给予那些仅与经社理事会少数问题有关的非政府组织，这些组织有专门的职能，规模比较小，成立得较晚。③而对那些不属于上述两类、职能范围更窄的技术类的组织，若经社理事会认为有时可对其工作作出贡献的非政府组织，则将其列入"名册"。

按照联合国经社理事会 1996/31 号决议，取得咨商地位的组织可建议将与其有关的项目列入理事会议程，可得到经社理事会及附属机构会议议程，并可指派受权代表以观察员身份列席理事会及其附属机构的公开会议。可就其专长的议题，提出与经社理事会工作有关的书面陈述，由秘书长视具体情况分送理事会各理事国。可申请参加联合国召开的有关国际会议及其筹备机关会议，经理事会同意可在会议上做口头陈述。取得咨商地位的组织也有权与经社理事会的委员会和其他附属机构以及秘书处协商，每 4 年应经秘书长向经社理事会非政府组织委员会提出简要的工作报告，具体说明其对联合国工作支持帮助的情况。

非政府组织的咨商地位在三种情况下可以被取消：①如果该组织直接或通过其附属机构或代表谋取自身利益，从事对抗联合国宪章、宗旨与原则的活动，包括进行与联合国成员国宗旨和原则不相容的政治活动，严重滥用了咨商权利；②如果有确凿的证据表明其从事了像贩毒、洗钱或其他非法武器贸易等国际公认的犯罪活动；③如果连续 3 年内没有对联合国工作，尤其是没为经社理事会及其附属机构作出过积极有效的贡献。

经社理事会根据非政府组织委员会的推荐来决定非政府组织的咨商地位。

4. 托管理事会。托管理事会（The Trusteeship Council）是联合国负责监督非战略地区托管领土行政管理的机关，联合国设立托管制度，目的是管理和监督置于该制度下的非自治领土（共 11 块，其中 10 块由托管理事会负责，1 块由安理会负责），增进托管领土居民"趋向自治或独立之逐渐发展"。托管理事会没有固定的理事国名额，由管理托管领土的联合国会员国、未管理托管领土的安理会常任理事国和由联合国大会选举的必要数额的其他会员国组成，在托管理事会中管理国和非管理国的理事国名额各半，中国于 1989 年 5 月 15 日决定参加托管理事会工作。

托管理事国的职权是：审查管理当局提交的报告，会同管理当局接受和审查个人和团体就有关托管领土情况提出的请愿书，与管理当局商定时间，按期视察各托管领土及依托管协定的条款采取其他行动。联合国成立以来，托管领土人民行使民族自决权，相继获得独立，或与他国合并。随着联合国最后一个托管领土帕劳于 1994 年 10 月 1 日取得独立，托管理事会于 1994 年 11 月 1 日停止运作。

5. 国际法院。国际法院（The Tnternational Court of Justice）是联合国的主要司法机关。关于它的组织、职权和程序等规则，请参见本书第十二章的论述。

6. 秘书处。秘书处（The Secretariat）是联合国的行政管理机关，由秘书长 1 人，副秘书长、助理秘书长若干人及其他行政工作人员组成。秘书长由大会根据安理会的推荐而任命，任期 5 年，得连选连任。秘书长是联合国组织的行政首长，监督联合国几千名工作人员的工作，在联合国大会、安理会、经社理事会及托管理事会的一切会议中，以秘书长的资格行使职权，并执行这些机关委托的其他职务。例如 1982 年联合国大会作出决议，要求秘书长对英阿马尔维那斯群岛争端进行斡旋。秘书长也有政治方面的职务，根据《联合国宪章》第 99 条，秘书长可将其认为可能威胁国际和平与安全的任何事件，提请安理会注意。1979 年秘书长瓦尔德海姆曾将伊朗扣留美国外交官事件提请安理会注意。联合国自成立以来，已有 8 位秘书长：特里格夫·赖伊（挪威人，1946～1953 年）；达格·哈马舍尔德（瑞典人，1953～1961 年）；吴丹（缅甸人，1961～1971 年）；库尔特·瓦尔德海姆（奥地利人，1972～1981 年）；佩雷斯·德奎利亚尔（秘鲁人，1982～1991 年）；布特罗斯·加利（埃及人，1992～1996 年）；科菲·安南（加纳人，1997～2006 年）；现任秘书长潘基文（韩国人，2007 至今）。

秘书处的工作人员，由秘书长依大会所定章程委派。雇用的条件主要考虑工作效率高、有才干和对事业的忠诚，在征聘时，还应注意地域上的普及。秘书长及秘书处工作人员是国际公务员只对联合国负责，各会员国承诺尊重他们的国际性，决不设法影响他们对职责的履行。

三、联合国的集体安全机制

（一）集体安全制度

集体安全是对均势可以维持国际和平观念质疑的产物，也是对第一次世界大战以前国际形势反思的结果。集体安全包含了两个基本原则：威慑原则和普遍性原则。

威慑原则是指，试图使用武力者将立即遭到一个反侵略国际联盟的反击。普遍性原则是指，所有国家对侵略者的认识一致，所有国家都有义务以适当的方式加入到反侵略的行动中。第一次世界大战后建立的国际联盟首次体现了集体安全的原则，但并不成功。在吸取国际联盟经验与教训的基础上，第二次世界大战结束后，国际社会建立了以集体安全为原则的联合国，以期"维持国际和平及安全；并为此目的，采取有效之集体办法，以防止且消除对于和平之威胁，制止侵略行为或其他行为之破坏"。

联合国的集体安全制度是以集体的力量威慑或制止主要是来自内部可能出现的侵略，从而维护每一个国家安全的国际安全保障机制。集体安全制度是建立在人类是一个整体的思想基础上，现代战争的残酷不仅关系到参战者，还关系到人类的生存和发展。因此，集体安全是从整体角度来防止或控制战争的国际制度。它所保障的不是个别国家或若干国家的安全，而是普遍的和平和各国的安全。[1]

集体安全保障的核心是对在国际关系中使用武力实行法律管制，禁止非法使用武力和诉诸战争，要用和平的方法解决国际争端，而对这种使用武力的管制有集体强制力作后盾。遇有破坏和平和对和平的威胁以及侵略行为，安理会可以依据《联合国宪章》第六章的规定，采取和平解决国际争端的措施；依据第七章的规定，为制止对和平的破坏或侵略行为，发动集体采取非武力的或武力的措施，对破坏和平或实施侵略的国家予以制裁。对此，所有国家都有义务进行合作，支持和执行安理会的措施，而且不得支持被制裁者。此外，安理会还可以按《联合国宪章》第八章的规定，支持采用区域办法以维持国际和平与安全。

但是，由于安理会常任理事国的意见很难达成一致，联合国少有采取集体的武力措施，只有 1991 年就伊拉克入侵科威特和 2011 年就利比亚严重、有系统地侵犯人权构成对国际和平的威胁分别对伊拉克和利比亚采取了武力措施。

（二）维持和平行动

冷战时期的集体安全制度无法发挥作用，这促成了联合国预防外交思想的产生。联合国不再关注于惩罚侵略者，而认为联合国不能也不宜介入两大阵营冲突范围内的问题。为避免冷战中两大对立集团对地区冲突的介入，应把来自独立国家的军队部署在冲突双方的中间地带，负责监督停火以及分隔交战方等事项，以制止敌对行动，防止冲突再发生，促使恢复正常秩序。于是，1956 年，联合国秘书长创设了"维持和平行动"。维持和平行动可分为两类：观察团和维持和平部队。维持和平部队的主要任务是观察、调查、报告被派驻地区的局势；监督该地区的停火、休战或停战；维护中立的非军事区域；执行脱离接触的协议；督促有关方面的撤军；防止外来干涉；阻止非法越界和渗透；维护当地法律和秩序等。其特点为：非强制性、

---

〔1〕　参见黄惠康：《国际法上的集体安全制度》，武汉大学出版社 1990 年版，第 9～10 页。

中立性和严格限制使用武力。

冷战后期，联合国消极维持和平的情形有所改变，联合国在某些维和行动中不仅维持和平还尝试解决冲突，在冲突各方已就冲突的解决达成协议后，授权联合国部队监督协议的执行，包括协助营造有利于国内和解的气氛、安排或监督选举以便成立新政府，甚至暂时代行政府的管理权。维持和平行动部队的种类有所扩大，包括传统维持和平的部队、维持治安的警察部队和监督选举的观察团。

冷战结束后，联合国维和模式向执行行动发展，1993年联合国创建了维持和平行动部。安理会根据《联合国宪章》第七章行使权力，不征求冲突有关各方或主权国家的同意，强制执行安理会所交代的任务，强制恢复或重建法律及和平秩序，并且授权这些维和部队除自卫外，为执行其使命必要时可以使用武力。维和干预的规模和范围进一步扩大，涉及法治、民政管理、经济发展、人权等内容。

四、联合国的改革

联合国成立后，由于非殖民化运动和东欧一些国家的解体，联合国成员国已从51个原始会员国发展到了193个。广大发展中国家通过不结盟运动、七十七国集团和区域组织在联合国内发挥着日益显著的作用。冷战结束后，联合国内部从两极对抗逐步走向缓和，超级大国在联合国中已很难随心所欲地操控它了。

随着联合国会员国的增加，联合国的组织机构也需要进行改革，以适应联合国的发展和有效地进行工作。在安理会和经社理事会理事国数目和席位分配方面的不足和不均衡，早在20世纪60年代就已显现。根据《联合国宪章》第108条规定，联合国大会于1963年12月17日通过了宪章修正案，将安理会原来的11个理事国增加到15个，经社理事会原来的18个理事国增加到27个（修正案1965年8月31日生效）。1971年12月20日联合国大会再次通过修改宪章方案，将经社理事会理事国增加到54个（修正案自1973年9月24日生效）。

1974年，联合国大会通过决议，设立了一个由42个会员国组成的"联合国宪章问题特设委员会"。其任务包括讨论各国政府对审查《联合国宪章》的意见，讨论在不需修改宪章的情况下如何提高联合国工作效能的建议。1975年，该委员会改为"《联合国宪章》和加强联合国作用特别委员会"，成员国增加到47国。该委员会成立后一直根据联大交付的任务进行工作。

1995年，在联合国成立50周年的特别纪念会上，许多国家元首、政府首脑及代表在会议上发表演讲，总结联合国的经验，展望其未来，并提出一系列具体改革建议。1997年7月，新当选的联合国秘书长科菲·安南向第51届联合国大会提交了一份题为"更新联合国：改革方案"的报告，提出了需要优先考虑的一些领域，目的是"缩小愿望与成果之间的差距""尽量提高联合国体制的效率，使联合国能更有效地完成赋予它的任务，从而能够以它的声誉来提倡并承担更广大的使命，成为推动世界上国家和人民逐步改革的一股力量"。[1] 2004 年 12 月 1 日，联合国秘书长任命的"威胁、挑战和改革问题高级别小组"提出报告，在报告中建议，[2] 安全理事会的改革应依循下列原则：

1. 改革应遵循《联合国宪章》第 23 条，让那些在财务、军事和外交方面对联合国贡献最大的国家更多地参与决策。具体地说，这些国家在联合国分摊预算的缴款、参加已授权的和平行动、赞助联合国在安全和发展领域开展的自愿活动和支持联合国的目标和任务规定的外交活动等方面对联合国的贡献最大。对发达国家来说，这种贡献的一个重要标准应是实现把国产总值的 0.7% 用于官方发展援助的商定目标和在这方面取得重大进展。

2. 应让更能代表广大会员国、特别是代表发展中国家的国家，参加决策进程。

3. 改革不应损害安全理事会的效力。

4. 改革应加强安理会的民主性和责任性。

对于安理会的改革，该小组提出了两个明确的方案供联合国大会的会员国选择。第一个方案是增加 6 个没有否决权的常任理事国席位和 3 个任期两年的非常任理事国席位，按主要区域分配。主要区域是指非洲、亚洲及太平洋、欧洲和美洲。第二个方案不增加常任理事国席位，但新增 8 个任期四年并可以连任的理事国席位，并新增 1 个任期两年不可连任的非常任理事国席位，按主要区域分配。

在这两个方案中，常任理事国或较长任期理事国的选举应优先考虑以下国家：本区域财务缴款最多的三个国家，或本区域自愿捐款数额最多的三个国家，或本区域为联合国维持和平行动派遣部队最多的三个国家。

该小组建议，任何改革提案都不应扩大安理会中的否决权。但是建议对否决权的使用应予限制，应采用一个意向性表决制度，安理会成员国可以据此要求公开表明对拟议行动的立场。安理会议事规则应列入提高透明度和加强问责制的程序并使之制度化。

此外，该小组还建议安理会应该与经济和社会理事会协商，成立一个建设和平委员会，建设和平委员会的核心职能应该是：确定哪些国家正处于困境，哪些国家有可能陷入暴力冲突；协同有关国家政府预先安排援助，以防止情况的进一步发展；协助制订从冲突过渡到冲突后建设和平计划；尤其是推动和维持国际社会为冲突后建设和平做出的努力，不管这一阶段可能需要多长时间。

关于区域组织的和平行动，该小组建议，在任何情况下，都应先征得安理会的批准。有防止冲突和维持和平能力的区域组织应把这种能力置于联合国特命安排制

---

〔1〕 秘书长报告：《改革联合国：改革方案》，第八段。UN Doc. A/51/960/，14 July 1997.

〔2〕 威胁、挑战和改革问题高级别小组的报告：《一个更安全的世界：我们的共同责任》，第四部分："为 21 世纪建立一个效率更高的联合国"，UN Doc. A/59/565，2004 年 12 月 13 日，中文本第 82~86 页。

度的框架内。

除了对联合国机关的改革，《联合国宪章》中一些条款已经过时，或不起作用，这些条款是：第53和107条提到敌国的条款、第十三章关于托管理事会、第47条关于军事参谋团，需要删除。提及军事参谋团的第26、45和46条也应将提及军事参谋团的字句删除。

对于修改《联合国宪章》和涉及扩大安理会的理事国或常任理事国的联合国改革都必须按照《联合国宪章》的修正程序进行。《联合国宪章》规定了两种修正程序：①第108条规定的联合国大会对《联合国宪章》的个别修正，个别修正案应经过大会会员国2/3表决通过并包括安全理事会全体常任理事国，各依其宪法程序批准后，才对联合国全体成员国发生效力。1963年和1971年增加安理会和经社理事会理事国都是依照这一程序对《联合国宪章》的第23、27和61条等条文进行了修正。②《联合国宪章》第109条规定的联合国会员国全体会议对《联合国宪章》进行重新审查和更改的修正程序。根据该条规定，可以在大会2/3会员国和安理会任何9个理事国（含5个常任理事国）的表决所确定的日期与地点举行联合国会员国全体会议，全体会议以2/3所建议的对《联合国宪章》的任何更改，都应经过联合国会员国，包括安理会全体常任理事国，依照各自的宪法程序批准后，发生效力。因此联合国的改革和修改宪章并非容易的事。

五、联合国的专门机构

（一）联合国专门机构的定义和特征

联合国的专门机构（the Specialized Agencies of the United Nations）是根据政府间缔结的协定或根据联合国的决定建立的，在经济、社会、文化、教育、卫生及其他有关领域负有广泛国际责任，并根据与联合国经社理事会缔结的协定，与联合国发生联系的专门性国际组织。联合国的专门机构有以下基本特征：

1. 其职能限于经济、社会等某一专门领域的普遍性国际组织。只有在经济、社会、文化、教育、卫生及其他有关方面的某一专门领域负有广泛责任的国际组织才可以成为联合国的专门机构。一般性国际组织、政治性、军事性的国际组织，以及区域性国际组织不能成为联合国的专门机构。

2. 同联合国具有法律联系，联合国的专门机构与经社理事会签订协定，订明与联合国发生关系的条件，并经联合国大会核准，因而它们与联合国具有法律联系。联合国通过经社理事会与各专门机构会商，向专门机构提出建议，协调它们之间以及它们与联合国之间的合作。专门机构每年向经社理事会提交报告。

3. 联合国的专门机构仍是独立的国际组织，不是联合国的附属机构。它们有自己的组织章程、成员、机构、议事规则、预算等。

目前，成为联合国的专门机构的有：①国际电信联盟；②国际劳工组织；③世界卫生组织；④世界气象组织；⑤世界知识产权组织；⑥国际货币基金组织；⑦世界银行集团；⑧万国邮政联盟；⑨联合国粮食及农业组织；⑩联合国教育、科学及文化组织；⑪国际民用航空组织；⑫国际海事组织；⑬国际农业发展基金；⑭联合国工业发展组织；⑮世界旅游组。另外，国际原子能机构取得类似于联合国专门机构的地位，该机构不是严格意义上的联合国专门机构，因为它未与经社理事会缔结关系协定，而是直接与联合国大会缔结关系协定，与联合国大会和安理会合作，[1]但在实践中，它与其他专门机构一起参加联合国体系内的协调合作活动，被作为专门机构来对待。同样，世界贸易组织也不是联合国的专门机构，但是，1995 年 11 月 3 日世界贸易组织的秘书长与联合国秘书长缔结了关系协定，与联合国密切合作。2002 年 7 月 1 日成立的国际刑事法院于 2004 年 10 月 4 日与联合国签订了关系协定，双方"酌情在彼此之间密切合作，并就共同关心的事项咨询对方"。我国参加了除国际刑事法院外的所有 17 个国际组织。

(二) 各专门机构简介

1. 国际电信联盟 (International Telecommunication Union, ITU)。国际电报联盟成立于 1865 年，1932 年该组织更名为国际电信联盟，并通过了《国际电信联盟公约》，1947 年国际电信联盟通过新公约，重新调整了组织机构，并同联合国订立了关系协定，于 1949 年 1 月 1 日成为联合国的专门机构，总部由瑞士的伯尔尼迁至日内瓦。此后，曾数次修订过《国际电信公约》。中国于 1920 年加入国际电信联盟。1972 年，该组织通过决议驱逐了台湾当局的代表，恢复了中华人民共和国政府的合法权利。1973 年中国被选为该组织的理事国。

该组织的主要职能和活动是：实施无线电频谱的分配和无线电频率指配的登记，消除各国无线电台之间的有害干扰和改进无线电频谱的利用，向发展中国家提供技术援助和在发展中国家建立、发展和改进电信设备和网路，使各种电信设施和谐发展，对电信问题进行研究，制定规则等。

该组织的主要机构有：①全权代表大会，5 年召开一次大会。② 行政大会，包括世界性行政大会和区域性行政大会，审议特种电信问题。③ 行政理事会，负责促进会员国对公约和行政规则、大会决定的履行，确定技术援助政策，协调电联工作，促进向发展中国家提供技术援助的国际合作。国际电信联盟的常设机构有：总秘书处、国际频率登记委员会、国际无线电咨询委员会和国际电报电话咨询委员会。

2. 万国邮政联盟 (Universal Postal Union, UPU)。万国邮政联盟原名邮政总联盟，于 1875 年 7 月 1 日正式成立，总部设在瑞士的伯尔尼，1878 年改为本名。我国于 1914 年加入万国邮政联盟。1972 年 4 月恢复在万国邮政联盟的合法席位，1984 年当选为研究咨询理事会理事。

邮联的活动主要是通过定期修改邮联法规，协调成员国邮政管理在国际邮政服务方面的工作。

---

[1] Max Planck, *Encyclopedia of Public International Law* (1981～1990), vol. 5, Oxford University Press, p. 55.

邮联的主要机构有：大会，是邮联的最高机构；执行理事会，在两届大会之间，根据邮联法规的规定，主持邮联的工作；邮政研究咨询理事会，负责研究有关邮政业务的技术、经营管理和经济方面的问题；国际局，是各邮政主管部门的联络、情报和咨询机构。

3. 国际海事组织（International Maritime Organization，IMO）。国际海事组织（原名政府间海事协商组织）成立于 1958 年 3 月 17 日，总部设在伦敦。我国于 1973 年加入该组织。

国际海事组织的主要活动是制定有关航运技术方面和海事方面的国际公约、建议、守则，向发展中国家提供技术援助以达到本组织制定的高标准。

国际海事组织的主要机构是大会、理事会、秘书处以及四个主要委员会：海上安全委员会、法律问题委员会、海洋环境保护委员会和技术合作委员会。大会是决策机构，确立海事组织的工作计划。理事会由 32 个成员组成，审议组织的工作计划草案。四个委员会通过理事会向大会提出报告和建议。

4. 国际民用航空组织。参见本书第七章的介绍。

5. 世界卫生组织（World Health Organization，WHO）。世界卫生组织于 1948 年 4 月 7 日成立，总部设在日内瓦。我国是该组织创始成员国之一，1972 年 5 月我国恢复了在该组织的合法席位。我国还当选为执委会委员。

世界卫生组织充当国际卫生工作的指导和协调机构，协助各国政府加强卫生业务，提供适当的技术援助和必要的救济，促进消灭流行病、地方病及其他疾病，提议国际公约、协定和规章的签订，提供卫生领域的情报、咨询及协助，发展建立食品、药物等的国际标准。

世界卫生组织的主要机构是世界卫生大会、执行委员会、秘书处。大会是决策机构。执行委员会由 24 个会员组成，是执行机构。

6. 世界气象组织（World Meteorological Organization，WMO）。世界气象组织于 1950 年 3 月 20 日成立，总部设在日内瓦。我国是该组织创始成员之一。1972 年 2 月 24 日该组织恢复了我国的合法席位。自 1973 年起，我国是执行理事会成员。

世界气象组织的宗旨是：促进设置站网方面的合法和提供气象及其有关的服务，促进有关气象情报的快速交换，气象及有关观测的标准化，以及推动气象学的应用，鼓励气象学方面的研究和培训。

气象组织的主要机构是：世界气象大会、执行委员会、区域气象协会、技术委员会和秘书处。世界气象大会是决策机构，执行委员会是执行机构，区域协会负责促进大会和执委会决议在本区域内的实施，技术委员会负责研究本组织宗旨范围内的问题。

7. 联合国教育、科学及文化组织（United Nations Educational, Scientific and Cultural Organization，UNESCO）。联合国教科文组织成立于 1946 年 11 月 4 日，总部设在巴黎。我国是该组织的创始会员国之一。1971 年 10 月 29 日我国的合法席位得到恢复。

该组织的宗旨和职能是：通过教育、科学及文化促进各国之间的合作，对和平与安全作出贡献，以增进正义、法治和人权与基本自由的普遍尊重。该组织建议订立必要的国际协定，以促进思想的自由交流，与会员国协作开展各种教育活动，以推动教育的普及和文化的传播，通过保护世界文化遗产、文化交流，维护、增进及传播知识。

该组织的主要机关为大会、执行局和秘书处。

8. 世界知识产权组织（World Intellectual Property Organization，WIPO）。世界知识产权组织于 1970 年 4 月 26 日正式成立。其前身是国际保护知识产权联合局。我国于 1980 年 6 月 3 日加入该组织，从 1983 年起是该组织协调委员会成员。

该组织的宗旨是：通过国家之间的合作并与其他国际组织配合促进在全世界保护知识产权，保证各联盟之间的行政合作。其主要职责是协调各国在知识产权保护方面的立法措施，鼓励缔结保护知识产权的国际协定，提供知识产权方面的法律和技术援助，收集和传播保护知识产权的情报，维持有助于知识产权国际保护的服务。

该组织的主要机构有理事会、成员国会议、协调委员会和国际局。

9. 国际劳工组织（International Labour Organization，ILO）。该组织成立于 1919 年，1946 年成为同联合国建立关系的第一个专门机构。总部设在日内瓦。我国是该组织的创始成员国。1971 年该组织通过决议恢复我国合法权利。1983 年我国开始恢复在该组织的活动。

该组织的活动是组织政府、劳工和雇主三方共同对有关劳工的国际最低限度标准提出建议，并起草国际劳工公约。

该组织由大会、理事会和国际劳工局组成。大会由每个国家的 2 名政府代表、1 名雇主代表、1 名工人代表组成，主要负责规定国际劳工标准。理事会决定政策和工作方案，并监督国际劳工局和劳工组织各委员会的工作。国际劳工局是秘书处。

10. 联合国工业发展组织（United Nations Industrial Development Organization，UNIDO）。联合国工业发展组织是根据联合国大会 1966 年 11 月 17 日一致通过的决议建立的，原为联合国的一个机构，1975 年工发组织第二次大会在其利马宣言和行动计划中向大会建议将该组织转变为联合国的一个专门机构。1979 年 4 月 8 日，新的联合国工业发展组织的章程通过了，该章程 1985 年 6 月 21 日生效，该组织成为联合国的专门机构，总部设在维也纳。自 1972 年以来，我国当选为该组织理事会成员。

该组织的职能是：鼓励向发展中国家提供援助，发起和协调联合国系统的活动并检查其进行情况，创造新的和发展现有的关于工业发展的概念和实施办法，为发展中国家和工业化国家的接触、协商提供讲坛，帮助发展中国家建立和经营各种工业；从事工业情报交换所的工作，促进技术转让，组织和支持工业培训计划，向发展中国家提供咨询意见并给予帮助，促进发展中国家间和发展中国家与发达国家间的合作，帮助发展中国家的具体工业项目筹取外来资金等。

该组织的主要机构有：大会、工业发展理事会和秘书处。

11. 联合国粮食及农业组织（Food and Agriculture Organization，FAO）。该组织于 1945 年 10 月正式成立，总部设在罗马，我国是创始会员国之一。1973 年我国恢复参加该组织的活动，并当选为理事国。

该组织的宗旨是：提高人民的营养水平和生活标准，改进农产品的生产和分配的效率，改善农村人口状况，促进世界经济的发展，该组织担负的主要任务为：收集、分析、阐明和传播关于营养、粮食和农业的情况；促进各国采取有关营养、粮农科学技术和经济方面的国际合作和国际行动，并向各国提出适当建议；提供技术援助；组织考察团。

该组织的主要机构是：大会、理事会和秘书处。大会是最高的权力机关。理事会在大会休会期间行使大会委托给它的权力。

12. 国际农业发展基金组织（International Fund for Agricultural Development，IFAD）。该组织创立于 1977 年 11 月，总部设在罗马。我国于 1980 年 1 月加入该组织。

该组织的宗旨是筹集更多的资金，以优惠条件用于发展中成员国的农业发展。其资金专用于加强粮食生产体系和有关政策和机构的项目和计划。对增加最贫穷的缺粮国家的粮食生产力和其他发展中国家粮食生产潜力的项目优先分配资金。

该组织设一个管理理事会和一个执行局。全部权力归管理理事会，执行局负责主持基金的一般活动，并行使管理理事会授予的权力。

13. 国际货币基金组织（International Monetary Fund，IMF）。国际货币基金组织是根据 1944 年的国际货币基金协定建立起来的，总部设在华盛顿。我国是该组织的创始会员国，1980 年 4 月 7 日该组织恢复了我国的代表权。

该组织的宗旨是：通过国家货币合作和汇兑的稳定与自由化，谋求国际贸易的平衡发展；通过贷款，调节会员国的国际收支的暂时不平衡。

该组织的主要活动是，当会员国出现暂时的收支困难时，给予财政、资金的援助，来帮助会员国克服它的困难，国际货币基金组织还向那些受出口收入变动影响、生产初级产品的国家提供特别的补偿贷款。

该组织的主要机构有：理事会、执行董事会。理事会是该组织的最高决策机构，其职权有：接纳新会员国、决定会员国认缴份额、分配特别提款权等。执行董事会由 22 名执行董事和总裁组成，总裁是主席。执行董事会负责处理基金组织的日常业务，行使基金协定和理事会赋予的权力。总裁是基金组织行政人员的首脑，在执行董事会的指导下处理基金组织的日常业务，任免职员和组织他们进行工作。

14. 世界银行集团。世界银行集团由五个紧密相关的机构组成，包括国际复兴开发银行、国际开发协会、国际金融公司、多边投资担保机构和国际投资纠纷解决中心。"世界银行"具体指其中的国际复兴开发银行和国际开发协会。

（1）国际复兴开发银行（International Bank for Reconstruction and Development，IBRD）成立于 1945 年 12 月 27 日，1946 年 6 月 25 日开业，总部设在华盛顿。其成

员限于参加国际货币基金组织的国家，我国是该组织的成员国。国际复兴开发银行旨在通过提供贷款、担保和非贷款服务（包括分析和咨询服务）来促进可持续的发展，以此减少中等收入国家和有信誉的较贫穷国家的贫困。它向会员国提供发展经济的中长期贷款。贷款对象为会员国政府、国营企业和私营企业。非政府的借款者必须由政府担保。

国际复兴开发银行的主要机构有：理事会，是最高权力机构；执行董事会，是办理日常工作的业务机构，行长是执行董事会的主席和银行工作人员的首脑。

（2）国际开发协会（International Development Association，IDA）。国际开发协会成立于 1960 年 9 月。凡是国际复兴开发银行的成员都可以参加协会，我国是该协会的成员国。国际开发协会主要向较穷的发展中国家，对公共工程和发展项目提供比世界银行贷款条件稍宽的长期贷款。协会的负责人和工作人员与国际复兴开发银行的相同。

（3）国际金融公司（International Finance Corporation，IFC）。国际金融公司于 1956 年 7 月 24 日正式成立，公司的成员必须是国际复兴开发银行的成员，国际金融公司的宗旨是：鼓励经济不发达地区会员国的生产性私营企业的增长，以促进经济发展。金融公司为私营企业提供贷款，不要求有关国家政府的担保。公司的组织机构与世界银行相同。

（4）多边投资担保机构。多边投资担保机构成立于 1988 年。它通过向外国投资者提供担保，使其免受因非商业风险（如征收、货币不可兑换、转移限制以及战争和内乱）造成的损失，以此鼓励对发展中国家的外国投资。此外，多边投资担保机构还提供技术援助，帮助有关国家传播关于其投资机会的信息。该机构还应要求提供投资纠纷调解。

（5）国际投资纠纷解决中心。国际投资纠纷解决中心成立于 1966 年。它通过对投资纠纷提供国际调解和仲裁，鼓励外国投资，以此增进各国与外国投资者之间的相互信任。许多国际投资协议都援引该中心的仲裁条款。

15. 世界旅游组织（World Tourism Organization，WTO）。世界旅游组织的前身是国际官方旅游联盟，1975 年改为现名，总部设在西班牙首都马德里。其宗旨是促进和发展旅游事业，使之有利于经济发展、国际相互了解、和平与繁荣。主要负责收集和分析旅游数据，定期向成员国提供统计资料、研究报告，制定国际性旅游公约、宣言、规则、范本，研究全球旅游政策。

世界旅游组织的组织机构包括全体大会、执行委员会、秘书处及地区委员会。其中全体大会为最高权力机构，每两年召开一次，审议该组织重大问题。执行委员会每年至少召开两次。执委会下设五个委员会：计划和协调技术委员会、预算和财政委员会、环境保护委员会、简化手续委员会、旅游安全委员会。秘书处负责日常工作，秘书长由执委会推荐，大会选举产生。地区委员会系非常设机构，负责协调、组织本地区的研讨会、工作项目和地区性活动，每年召开一次会议。共有非洲、美洲、东亚和太平洋、南亚、欧洲和中东六个地区委员会。

1975 年 5 月，世界旅游组织承认中华人民共和国政府为中国唯一合法代表。1983 年 10 月 5 日，该组织第五届全体大会通过决议，接纳中国为正式成员国，成为它的第 106 个正式会员。1987 年 9 月，在第七次全体大会上，中国首次当选为该组织执行委员会委员，并同时当选为统计委员会委员和亚太地区委员会副主席。1991 年，再次当选为该组织执委会委员。

16. 国际原子能机构（International Atomic Energy Agency，IAEA）。国际原子能机构于 1957 年 7 月 29 日成立。总部设在维也纳。1984 年 1 月 1 日我国经申请被接纳为该组织的正式成员。

该组织的宗旨在于谋求加速和扩大原子能对全世界和平、健康及繁荣的贡献，确保由其提供的援助不致用于推进任何军事目的。该组织有权鼓励和援助全世界和平利用原子能的研究、发展和实际应用；提供研究、发展和实际应用原子能所需的材料、服务、设备和设施；促进原子能和平利用的科学及技术情报的交换；鼓励科学家和专家的交流和训练；制定并执行保障措施和安全标准。

国际原子能机构由大会、理事会和秘书处组成。理事会由 34 个成员组成，有权执行该机构的职能，是该组织的最重要的机构。

17. 世界贸易组织（World Trade Organization，WTO）。世界贸易组织的前身是关税和贸易总协定。1995 年 1 月 1 日，该组织正式成立，同年 11 月 15 日与联合国签订了关系协定，与联合国经社理事会进行合作。该组织的总部设在日内瓦，主要机关有：部长会议、总理事会、理事会和秘书处。

世贸组织的主要职能是，制定和规范国际多边贸易规则，组织多边贸易谈判和解决成员之间的贸易争端。该组织的基本原则包括：非歧视原则、市场开放原则、公平竞争原则和透明度原则。世贸组织是当今世界唯一处理国家或地区之间贸易关系的国际组织。其宗旨是通过实施非歧视原则，削减贸易壁垒，促进贸易自由化，在可持续发展的基础上，充分利用世界资源，扩大商品的生产和交换。2001 年，中国加入世界贸易组织，成为第 143 个成员。

18. 国际刑事法院（International Criminal Court，ICC）。国际刑事法院于 2002 年 7 月 1 日正式成立，根据 1998 年 7 月 17 日通过的《国际刑事法院规约》（又称《罗马规约》）建立，法院设在荷兰海牙。

国际刑事法院是一个永久性的国际刑事司法机构，对国家在对犯罪管辖方面起补充作用。国际刑事法院受理缔约国和安理会提交的 2002 年 7 月 1 日以后发生的种族灭绝罪、战争罪、危害人类罪和侵略罪的国际犯罪案件。国际刑事法院的主要机关是由 18 位法官组成的预审分庭、审判分庭和上诉分庭，检察官办公室和书记官处。缔约国大会选举法官、任命检察官和书记官长，还负责制定《程序和证据规则》和《犯罪要件》等法庭文件。

第四节　区域性国际组织

一、概述

区域性国际组织是国际组织的一种类型，除具有国际组织的全部特征外，最显著的特征是它的区域性。区域性组织的成员国处于特定的区域内，但不一定包括该区域内的全部国家。这些国家领土疆界相连，在历史、文化、语言、宗教信仰等诸方面发生种种联系，在社会政治或经济方面亦有着共同关心的问题或共同的利益，也经常会产生一些矛盾，为解决区域内国家间的问题、维持本区域内的和平与安全、发展经济文化关系，有必要建立常设的组织，以利于进行广泛的合作。

《联合国宪章》以专门条款确认了存在可用以解决国际和平和安全问题的区域组织以及区域组织与联合国的特殊关系。《联合国宪章》第 52 条规定，用区域组织应付有关国际和平和安全的问题，以这种区域组织及其活动符合联合国的宗旨和原则为限。参加区域组织的联合国成员国，在将地方争端提交安理会之前，应先依区域组织力求和平解决。安理会应鼓励发展依区域组织解决国际和平安全问题。安理会可利用此区域组织实施执行行动，但是没有安理会的授权，区域组织不得采取执行行动。区域组织已采取或正在考虑的维持国际和平和安全的活动，不论何时应向安理会充分报告，可见，《联合国宪章》已把区域组织纳入联合国维持和平和安全的体制。然而，区域组织并不构成联合国的组成部分，区域组织仍有其独立的法律地位。

二、区域国际组织简介

（一）美洲国家组织（Organization of American States，OAS）

美洲国家组织是现存区域组织中历史最悠久的组织，成立于 1889 年，原名"美洲共和国国际联盟"，1910 年改称为"美洲共和国联盟"（泛美联盟）。1948 年在波哥大召开的第九届美洲国家会议上，通过了《美洲国家组织章程》并将该组织确定为现名，即"美洲国家组织"。总部设在华盛顿，现有 34 个成员，古巴自 1962 年起一直被拒绝参加该组织的活动。比外，还有 56 个国家或组织在该组织中派有观察员。

美洲国家组织的宗旨是：加强美洲大陆的和平与安全；解决成员国之间的政治、司法和经济问题；促进成员国的经济、社会和文化的发展；安排对付侵略的共同行动。该章程重申了集体安全原则，规定"对任何一个美洲国家的任何侵略，应认为是对其他美洲各国的侵略行动"。并且强调和平解决争端，规定"美洲国家可能发生的一切国际争端在提交联合国安理会之前，必须交由章程所规定的和平程序处理"。

美洲国家组织的主要机构是：成员国大会是最高权力机构；常设理事会为执行机构；还有外长协商会议、秘书处以及咨询机构和专门机构。

美洲国家组织自成立后长期受美国的控制，成为美国对拉美国家实行政治控制、经济扩张和干涉他国内政的工具。20 世纪 60 年代以后，拉美国家日益团结起来，维护自身的权益，反对霸权主义，使该组织成为它们合作的工具。

（二）阿拉伯国家联盟（League of Arab States，LAS）

1945 年 3 月，叙利亚、约旦、伊拉克、沙特阿拉伯、黎巴嫩、埃及、也门等 7 个阿拉伯国家的代表在开罗举行会议，签订了《阿拉伯国家联盟公约》，阿拉伯国家联盟正式成立。总部原设在开罗，1979 年 3 月迁到突尼斯，现有成员国 22 个。巴勒斯坦解放组织也是成员国之一。埃及因同以色列签订和约，其成员资格于 1979 ~ 1989 年间曾被暂停。

该联盟的宗旨为：加强成员国之间的联系，协调彼此间的政治活动，捍卫独立与主权，全面考虑阿拉伯国家的事务和利益，促进会员国彼此间在经济、财政、交通、文化、国籍、社会福利和卫生等方面的国际合作。

阿拉伯国家联盟的主要机构有：理事会，是该组织的最高机构；秘书处，负责执行理事会的决议；此外，还设有经济理事会、阿拉伯联合军事指挥部、联合防御理事会等机构。

（三）非洲联盟（African Union，AU）

非洲联盟是继欧盟之后成立的第二个重要的国家间联盟，是集政治、经济、军事等为一体的全洲性政治实体。总部设在埃塞俄比亚首都亚的斯亚贝巴。截至 2011 年 8 月，已有 54 个成员。它的前身是 1963 年 5 月成立的非洲统一组织（简称"非统组织"）。1999 年 9 月，非统组织第四届特别首脑会议通过《苏尔特宣言》，决定成立非洲联盟。2000 年 7 月，第三十六届非统组织首脑会议通过了《非洲联盟章程》。2002 年 7 月 9 ~ 10 日，非洲联盟举行第一届首脑会议，并宣布非盟正式成立。非洲联盟的主要任务是维护和促进非洲大陆的和平、稳定，推行改革与减贫战略，实现发展与复兴。

非洲联盟的主要机构有联盟大会、执行理事会、泛非议会、常驻代表委员会、非洲联盟委员会、非洲法院、特别技术委员会、经济、社会和文化理事会和非洲银行。联盟大会由成员国元首或政府首脑或其代表组成，是联盟的最高权力机构，其主要职责是制定联盟的共同政策、监督政策和决议的执行情况、向执行理事会和委员会下达指示等。联盟大会每年在联盟总部召开一次。在成员国提出要求并经 2/3 成员国同意后，可召开特别大会。执行理事会由成员国外长或其他部长组成，每年举行两次会议，负责实施大会决议和对成员国的制裁。

2004 年 3 月 18 日，非洲联盟成立了泛非议会，履行协商与建议的职能，从 2009 年起行使其立法职能。2004 年 5 月 25 日，联盟的和平与安全理事会成立，其职责是负责非洲地区的和平与安全，具有强大的干预和协调能力。作为非洲大陆新的地区性组织，非洲联盟成立以来为消除地区贫困、促进非洲大陆经济发展、维护地区和平作出了积极努力。

（四）东南亚国家联盟

东南亚国家联盟（Association of South East Asian Nations, ASEAN）是 1967 年 8 月，由印度尼西亚、马来西亚、菲律宾、新加坡和泰国的外交部部长在泰国曼谷举行会议，签订了《东南亚国家联盟宣言》，8 月 8 日正式成立的。秘书处设在雅加达。现有 10 个成员。

该组织的宗旨是：通过共同努力来加速东南亚区域的经济增长、社会进步和文化发展，促进区域的和平稳定；促进经济、社会、文化、科学、技术和行政方面的合作和互助；在教育、专业、技术和行政方面相互提供援助；加强合作以求扩大贸易和提高人民生活水准；促进东南亚的研究；加强与其他国际组织和区域组织的合作。

该组织的主要机构有：部长会议，为最高机构；常务委员会，在部长会议休会期间进行联盟的工作；还设有专家和官员组成的有关特别问题的特别委员会和常设委员会以及秘书处。

（五）欧洲联盟

欧洲联盟（European Union, EU）的前身为欧洲共同体，欧洲共同体是欧洲煤钢共同体（欧洲煤钢联营）、欧洲原子能共同体（欧洲原子能联营）和欧洲经济共同体（共同市场）的总称。欧洲煤钢共同体依 1951 年 4 月 18 日，比利时、西德、法国、荷兰、卢森堡、意大利六国在巴黎签订的建立该组织的条约而成立。1957 年 3 月 25 日，六国又签订了建立欧洲经济共同体和欧洲原子能共同体的《罗马条约》，1958 年 1 月两共同体正式成立。三个共同体的所属机构依 1965 年 4 月 8 日六国签订的《布鲁塞尔条约》，决定合并为单一的机构，统称为欧洲共同体，但三个共同体仍各自存在。欧洲共同体的宗旨是以三个共同体为基础，推动欧洲的统一行动，以关税同盟为基础，由经济贸易的一体化向政治一体化发展。

1991 年 12 月欧洲共同体成员国首脑在荷兰马斯特里赫特开会，通过《政治联盟与经济、货币联盟条约》（即《马斯特里赫特条约》），该条约于 1993 条 11 月 1 日生效，欧洲共同体更名为欧洲联盟。总部设在布鲁塞尔。1999 年 1 月 1 日欧洲联盟正式启用欧洲的统一货币欧元。2004 年欧洲联盟通过了《欧盟的宪法条约》。截至 2016 年 4 月 30 日，已有 28 个成员。

欧洲联盟的主要机构有：欧洲理事会、欧盟理事会、欧盟委员会、欧洲议会、欧洲法院和欧洲审计院。①欧洲理事会，即首脑会议，由成员国国家元首或政府首脑及欧盟委员会主席组成；负责讨论欧洲联盟的内部建设、重要的对外关系及重大的国际问题。每年至少举行两次会议。欧洲理事会是欧盟的最高权力机构，在决策过程中采取协商一致通过的原则。理事会下设总秘书处。②欧盟理事会原为部长理事会，由成员国的部长组成，自 1993 年 11 月 8 日起称为"欧盟理事会"。③欧盟委员会由各国政府提名、部长理事会指定的 25 人组成，是常设的执行机构，执行部长理事会的决议。④欧洲议会是欧盟的监督、咨询机构。自 1979 年起，欧洲议会由各成员国根据分配的名额，通过直接普选产生的各自议员组成。欧洲议会有部分预算决定权，并可弹劾委员会。⑤欧洲法院，是欧洲联盟的仲裁机构，由部长理事会任命，现有 15 名法官，还有 9 名检察官，负责审理和裁决在执行共同体条约和有关规定中发生的各种争执。⑥欧洲审计院成立于 1977 年，由 12 人组成，负责审计欧共体及其各机构的账目，审查欧共体收支状况，并确保对欧共体财政进行正常管理。

1975 年 5 月，我国同欧洲经济共同体正式建立外交关系，1983 年 11 月同煤钢共同体和原子能共同体也建立了外交关系。1988 年 5 月，欧共体委员会在华设立代表团。

（六）上海合作组织（Shanghai Cooperation Organisation，SCO）

上海合作组织的前身是由中国、俄罗斯、哈萨克斯坦、吉尔吉斯斯坦和塔吉克斯坦组成的"上海五国"会晤机制。2001 年 6 月乌兹别克斯坦加入"上海五国"。6 月 15 日，六国元首签署了《上海合作组织成立宣言》，宣告上海合作组织正式成立。2002 年 6 月，六国元首又签署了《上海合作组织宪章》。2004 年 1 月，上海合作组织秘书处在北京正式成立。现有 6 个成员，即哈萨克斯坦、中国、吉尔吉斯斯坦、俄罗斯、塔吉克斯坦和乌兹别克斯坦。阿富汗、白俄罗斯、蒙古、巴基斯坦、伊朗和印度获得观察员地位。

上海合作组织的主要宗旨是：加强各成员国之间的相互信任与睦邻友好；鼓励成员国在政治、经贸、科技、文化、教育、能源、交通、旅游、环保及其他领域的有效合作；共同致力于维护和保障地区的和平、安全与稳定；推动建立民主、公正、合理的国际政治经济新秩序。上海合作组织对内遵循"互信、互利、平等、协商、尊重多样文明、谋求共同发展"的"上海精神"，对外奉行不结盟、不针对其他国家和地区及开放原则。

上海合作组织的机构有：最高机构是成员国元首理事会，每年举行 1 次会议，就组织所有重大问题作出决定和指示；成员国政府首脑（总理）理事会，每年举行 1 次例会，重点研究组织框架内多边合作的战略与优先方向，解决经济合作等领域的原则和迫切问题，并批准组织年度预算。在元首和政府首脑理事会下面，还分别设有外长、经济、交通、文化、国防、执法安全、监察、民政、边防等年度定期会晤机制。上海合作组织的基层协调机制是成员国国家协调员理事会，每年至少举行 3 次。常设行政机构秘书处，设在北京。主要职能是：为组织活动提供组织、技术保障；参与组织各机构文件的研究和落实；就编制组织年度预算提出建议。秘书长由元首会议任命，由各成员国按国名的俄文字母顺序轮流担任，任期 3 年，不得连任。2004 年 6 月在塔什干正式启动了地区反恐怖机构。2006 年 5 月成立了上海合作组织论坛，它是对该组织长期进行评审和科研的机构。

第十二章
和平解决国际争端

第一节　概　述

一、国际争端的概念和种类

（一）国际争端的概念

在国际社会中，国际法主体之间相互交往，有时会不可避免地在某些问题上发生争端。按照 1924 年国际常设法院在"马弗罗马提斯特许权案"的判决中所作的解释，国际争端（international dispute）是两个主体间关于法律上或事实上的论点的分歧，法律上的见解或利益的矛盾对立。虽然国际争端既涉及国家，也涉及其他国际法主体，但由于国家是国际法的基本主体，国际争端也主要是国家之间的争端，因此，本章仅将国家之间的争端及其和平解决方法作为研究的对象。

（二）国际争端的种类

按照传统的分类方法，国际争端一般分为法律性质的争端和政治性质的争端。前者关系国家权利问题，后者起因于政治利益的冲突。[1]法律性质的争端是指当事国各自的主张是以国际法所承认的理由为根据的，即所谓法律上的权利之争议。《联合国宪章》第 36 条第 3 款规定："……凡具有法律性质之争端，在原则上，理应由当事国依法院规约之规定提交国际法院。"这说明法律性质的争端是可以提交国际法院进行裁判的。《国际法院规约》第 36 条第 2 款规定："本规约当事国得随时声明关于具有下列性质之一切法律争端，对于接受同样义务之任何其他国家，承认法院之管辖为当然而具有强制性，不须另订特别协定。"该款将法律性质的争端概括为四种情形的争端：①条约之解释；②国际法之任何问题；③任何事实之存在，如经确定即属违反国际义务者；④因违反国际义务而应予赔偿之性质及其范围。

政治性质的争端是由于当事国政治利益的冲突而发生，但不涉及或不直接涉及法律问题的争端。此类争端的范围比较广泛，可以说法律性质争端以外的一切国际争端都是政治性质的争端。政治性质的争端属于不可裁判的争端，不能按现行的法律加以解决，只能采取政治或外交的方法解决。

对国际争端按其性质作出上述划分在理论上是可行的，但在实践中，由于国际

---

[1]　参见周鲠生：《国际法》（下册），商务印书馆 1976 年版，第 756 页。

争端产生的原因、争端的内容和性质十分复杂，法律性质的争端中往往包含有政治因素，政治性质的争端又常常以法律争端的形式表现出来，因此，严格区分这两类争端并非易事。例如，现代国际社会经常发生的边界或领土争端，许多起因于对条约解释的分歧，因此应该属于法律性质的争端，但是，此类争端又涉及国家安全、领土完整、民族感情、经济利益等方面，甚至还可能演变成军事冲突或者战争，所以其又具有政治争端的性质。不过一般来说，每一项具体的争端总是主要地具有某种性质，可以由此来确定解决争端的方法。

划分法律性质的争端和政治性质的争端的主要目的，就是为了对不同的国际争端采取不同的解决方法。法律性质的争端作为"可裁判的争端"，可以通过仲裁或司法程序解决；政治性质的争端作为"不可裁判的争端"，应采取政治或外交方法处理。但是，由于国际争端的性质不易确定，因此，解决争端的方法也没有确定的模式。对于同一类型的争端，不同国家可能采取不同的解决方法，甚至对同一争端也可能同时采取两种解决方法。例如，国家有关大陆架划界的争端一般通过外交谈判解决，但英国和法国大陆架划界的争端，一部分通过外交谈判解决，一部分则提交仲裁裁决；利比亚和马耳他之间的大陆架划界的争端，则通过国际法院的判决获得解决。

总之，在理论上对国际争端的性质进行区分是必要的，在实践中也有一定的意义。但这种区分不能绝对化，更不能认为某种类型的争端必须采取某一特定的解决方法。国际争端的当事者是具有主权的国家，作为国际法的平等主体，它们有权按照自己的意愿，通过协议选择适当的和平解决方法。《联合国宪章》第33条第1款规定："任何争端之当事国，于争端之继续存在足以危及国际和平与安全之维持时，应尽先以谈判、调查、调停、和解、公断、司法解决、区域机关或区域办法之利用，或各该国自行选择之其他和平方法，求得解决。"这项规定表明，国家有自行选择和平解决国际争端方法的权利。

二、和平解决国际争端的原则和方法

（一）和平解决国际争端的原则

随着历史的进步，现代国际法确立了和平解决国际争端的基本原则。按这项原则要求，国家之间遇有任何国际争端都应以和平的方法解决，禁止使用武力威胁或使用武力以及其他非和平的或与《联合国宪章》不符的方法。足见，确立这项原则的根本目的是禁止国家用武力甚至战争手段解决争端。[1] 因为这类手段会破坏国际和平，危及世界安全，违反《联合国宪章》的宗旨和原则。和平解决国际争端原则的详细论述参见本书第一章第五节。

---

〔1〕　参见朱建民：《国际组织新论》，正中书局1967年版，第506页。

（二）和平解决国际争端的方法

传统国际法解决国际争端的方法可分为强制的方法和非强制的方法。

1. 强制的方法。强制方法是一国为使另一国同意其所要求的对争端的解决和处理而单方面采取的带有某些强制性的做法。这种方法包括反报、报复、平时封锁和干涉。过去，一些西方国际法学者还把战争和非战争的武力方法也列为强制方法。[1]

（1）反报（retortion）是指一国以相同或类似的行为对另一国采取的不礼貌、不友好或不公平的行为作出的反应。在国际实践中，引起反报的行为通常包括禁止或限制商品进口或对进口商品征收高关税、歧视外国侨民、禁止移民或实行过分严格的护照条例、禁止外国船舶进入海港、宣布外交官员为不受欢迎的人并驱逐出境以及拒绝给予外国政府通常应给予的协助等。引起反报的行为并不是国家的不法行为，但由于它给对方造成实际损害，所以对方可以采取同样或者类似的行为作为回报。反报的目的是迫使对方停止其不礼貌、不友好或不公平的行为，或者对其行为造成的损害提供补偿。目的一经达到，反报即应停止。

（2）报复（reprisal）是指一国针对另一国的国际不当行为而采取的相应措施，以迫使对方停止其不当行为或为其不当行为造成的损害提供赔偿。报复措施通常包括停止执行某些双边条约，扣押对方的船舶、飞机，冻结对方的资产等。传统国际法认为，报复措施还可以包括使用武力，如炮轰或军事占领对方部分领土等。这种使用武力的报复手段，历史上往往被西方国家用以欺凌弱小国家。现代国际法禁止首先使用武力处理国际关系，1928年《非战公约》就明确废除国家将战争作为对外政策的工具，当然否认了武力报复的合法性。《联合国宪章》第2条第4款规定，禁止国家在处理国际关系中使用武力威胁或武力。1970年《国际法原则宣言》明确宣布："各国皆应避免涉及武力之报复行为。"现代国际法允许的非武力的报复行为必须在谈判破裂之后方可施行，而且不能损害第三国的利益。目的达到后，报复即应停止。对此，国际法委员会2001年通过的《国家对国际不法行为的责任条款草案》第49~52条规定的国家实施反措施之条件限制便可参考。

（3）平时封锁（pacific blockade）是指国家在和平时期以武力封锁他国港口或海岸，以迫使他国接受其所提出的要求或者停止某种行为。平时封锁始于19世纪，以后，封锁别国海岸或港口的情况不断出现。但由于它是一种以武力来实现的具有严重后果的强制措施[2]，是对被封锁国的主权的侵犯，并且是单方的武力行为，所以是现代国际法所不容的，因为它是与《联合国宪章》和其他国际文件确立的禁止在国际关系中使用威胁和武力的原则相悖的。

（4）干涉（intervention）是指争端当事国以外的国家对争端的干预，目的是迫

---

〔1〕　参见王铁崖主编：《国际法》，法律出版社1981年版，第453页。

〔2〕　参见［英］劳特派特修订：《奥本海国际法》（下卷第1分册），王铁崖、陈体强译，商务印书馆1981年版，第106页。

使当事国按照干涉国提出的方式解决争端。干涉可以由一个国家单独进行，也可以由几个国家集体进行，其方式可能是向争端当事国提出警告或威胁，也可能是采取封锁、军事示威等涉及武力的行动。例如，1885 年保加利亚和塞尔维亚发生战争，奥匈帝国进行干涉，迫使保加利亚撤军和接受恢复战前状态的议和条件。这种由第三国干涉当事国解决争端的行为，违反《联合国宪章》确立的国家主权平等和不干涉原则，是现代国际法所不允许的。

2. 非强制的方法。所谓非强制的方法，是指由当事国双方自愿选择的和平解决争端的方法，即使是有第三者参与或由第三者裁判，也是基于当事国的自由同意。非强制的方法可以分为政治的方法和法律的方法。政治的方法包括谈判、斡旋、调停、和解和国际调查；法律的方法有国际仲裁和国际司法。非强制解决争端的方法经历了比较长的发展过程。19 世纪末之前，属于此类方法的只包括谈判、斡旋、调停和仲裁。1899 年第一次海牙会议创立了国际调查委员会解决争端的方法。第一次世界大战前夕，通过美国国务卿布赖恩与其他一些国家签订了所谓的《布赖恩和平条约》，建立了常设调查委员会制度。1922 年正式成立的常设国际法院标志着国际争端的司法解决制度的确立。1928 年的《日内瓦和平解决争端总议定书》又规定了由争端当事国双方组织特设或常设的和解委员会解决争端的制度。

现代国际法解决国际争端的方法延续了所有传统国际法中的非武力和非干涉方法。但又有了新的发展，出现了国际组织的解决办法。根据《联合国宪章》第 33 条规定和《国际法原则宣言》第 3 条及其他国际文件的规定，和平解决国际争端的方法主要有谈判、调查、调停、和解、公断、法律解决方法、区域机关或办法之利用或当事国选择的其他和平方法等。

第二节　国际争端的政治解决方法

国际争端的政治解决方法，亦被称为外交方法，是指争端当事国双方自行解决或由第三方协助当事国解决争端的方法。政治方法适用于解决各种不同类型的争端。同时，由于政治方法是在争端当事国享有充分自由的情况下提出和采用的，因此，当事国的主权得到了充分的尊重，而且采用任何一种政治解决方法都不影响当事国同时或今后采用其他方法解决它们之间的争端。[1]

一、谈判与协商

（一）谈判（negotiation）

谈判一般是指当事国为使它们之间的有关问题得到解决或获得谅解而进行国际

---

〔1〕　参见王铁崖主编：《国际法》，法律出版社 1995 年版，第 573 页。

交涉的方法。谈判与协商是和平解决国际争端的基本方法，也应是争端发生后应首先采用的方法。在国际实践中，大量的国际争端都是通过当事国直接进行谈判和协商解决的。

古代国际交往过程中就已经出现了外交谈判解决争端的方法。到近代，外交谈判的实践更为普遍并逐步形成一套比较固定的程序。现代许多重要的国际公约都规定谈判是解决国际争端的首要方法。除《联合国宪章》和《国际法原则宣言》外，1907 年《海牙和平解决国际争端公约》、1919 年《国际联盟盟约》、1928 年《日内瓦和平解决国际争端总议定书》、1963 年《非洲统一组织宪章》等国际法律文件都作了这样的规定。

根据参加国的数量，谈判可以分为双边谈判和多边谈判。参加谈判的代表由有关国家任命，国家一般指定驻外使节或者组成特别使团进行谈判。有关国家重大利益的问题，则由外交部部长、政府首脑，甚至国家元首担任谈判代表。谈判可以通过口头或书面进行，口头谈判是指当事国代表在一起进行的直接谈判；书面谈判则是指有关国家通过互致照会或信件进行的谈判。

（二）协商（consultation）

协商作为解决国际争端的一种方法，其形成的时间还不长。传统国际法并不认为协商是一种单独的方法，而是把它包括在谈判之中。第二次世界大战以前，各国之间很少签订关于以协商方式解决争端的条约或条款，《联合国宪章》第 33 条中也没有关于协商方法的规定。从 20 世纪 50 年代开始，协商方法作为外交谈判的一种特殊形式，在国际实践中逐渐运用并得到重视。1953 年 8 月，中国政府在和平解决朝鲜问题的政治会议的声明中建议，政治会议应采取由朝鲜停战双方在其他有关国家参加之下共同协商的方式，而不采取朝鲜停战双方单独谈判的方法。中国政府主张的协调方法具有不同于一般外交谈判方法的特点：协商不受谈判双方的限制，可以扩大参加协商的成员；会议的表决程序和决议以及议事规则的确定都按协商一致原则处理。协商由于更富有灵活性，更能体现和解精神，因此成为国家广泛采用的解决国际争端的方法之一。中国政府在和平共处五项原则的基础上与有关国家进行协商，顺利解决了许多有关边界或国籍方面的争端。20 世纪 60 年代以后，一些重要的国际文件规定了以协商的方法解决争端的制度，如 1978 年《关于国家在条约方面的继承的维也纳公约（草案）》和 1983 年《关于国家财产、档案和债务的继承的维也纳公约》都将"协商和谈判"与"调解""司法解决和仲裁"并列为解决争端的正式方法。在现代国际法中，用协商的方法解决国际争端已经为国家的实践和国际文件所确认。

谈判和协商是和平解决国际争端的重要方法，因为国家通过直接谈判和友好协商可以当面澄清事实真相，消除不必要的误会，在增进相互了解和信任的基础上，使争端得到合理的解决。谈判和协商必须遵守国家主权平等原则，参加谈判和协商的当事方具有平等的地位，反对由于政治、经济或军事实力的差别造成的国家之间事实上的不平等。中国政府一贯主张通过谈判和协商解决中国与有关国家之间的争端，认为国际争端无论多么复杂重大，只要争端各方抱有诚意，都可以经过谈判和协商获得解决。中英两国政府经过两年的谈判和协商，于1984年9月26日共同发表了《中英关于香港问题的联合声明》，圆满地解决了两国之间历史上遗留下来的香港问题，这是在当代国际关系中用谈判和协商的方式解决复杂问题的突出范例。

二、斡旋与调停

斡旋与调停是在争端当事国不愿意谈判或者虽经谈判但未能解决争端时，由第三方协助当事国解决争端的方法。

（一）斡旋（good offices）

斡旋是指由第三方为争端当事国提供有利于它们接触和谈判的便利条件，转达各方的信息和意见，从而促使当事国开始谈判或者重开业已停止的谈判。但斡旋者不参加当事国的谈判。

（二）调停（mediation）

调停是比斡旋更进一步的解决争端的方法。在调停中，作为调停人的第三方不仅在当事国之间进行斡旋，以促使它们开始或重开谈判，还要向当事国提出解决争端的实质性的建议作为谈判的条件，努力调和争端各方对立的主张或要求，而且要主持或参加谈判，促使它们达成解决争端的协议。

进行斡旋和调停的第三方可以是国家或国际组织，也可以是个人。在斡旋和调停的情况下，争端当事国有完全的自由。斡旋和调停结束后，无论争端是否解决，第三方的任务即告完成，其不担任何法律责任。由于斡旋和调停有许多相同之处，只是介入争端解决过程的程度不同，因此在外交实践和国际公约中对两者总是不加以严格区分的。

斡旋与调停的方法在近代国际法上即已存在。1899年和1907年两次海牙和平会议上通过的《海牙和平解决国际争端公约》对这一制度作了详细的规定，其要点包括：①争端当事国在诉诸武力之前，在情况许可的范围内，应请求友好国家进行调停；其他国家可以不待请求主动出面调停，当事国对此不得视为不友好的行为。②斡旋与调停只具有劝告的性质，没有法律拘束力。争端当事国没有请求调停的义务，第三方也没有进行调停的义务。③调停人提出的解决争端的方法为争端当事国一方宣布不予接受，调停即告终止。不论调停的结果如何，调停人不负任何法律责任。

三、调查与和解

（一）调查（investigation）

调查是指根据争端当事国的协议组成国际调查委员会，协助当事国解决因事实问题引起的争端的方法。在国际争端中，有些是由于基本事实不清，双方无法达成共识而不能通过谈判解决的。在这种情况下，查清事实是解决争端的关键。争端各方应通过协议成立调查委员会，对发生争议的事实进行调查，提出调查报告，为双方解决争端准备条件。调查委员会提出的报告只限于说明事实真相，对当事国没有法律拘束力。当事国是否接受委员会的调查结果有完全的自由。

调查的方法由 1899 年海牙《和平解决国际争端公约》最早确立。该公约规定：凡遇有不涉及国家荣誉或根本利益而只起因为对事实有意见分歧的国际争端，如争端当事国不能以外交手段解决，则于情况许可范围内，设立国际调查委员会，进行公正认真的调查，辨清事实，以促进争端的解决；国际调查委员会应由争端当事国订立专约组成；调查专约应载明调查的事件并规定组成委员会的方法、期限以及委员会的权限等。在当代国际实践中利用调查方法时，更加强调扩大实地调查和设立实地调查机关或中心。1967 年 12 月 18 日，联合国大会通过一项决议，赞成把实地调查作为一种可以充分利用的和平解决争端的方法，并责成秘书长提供可以由当事国经过协议选择的帮助调查事实的专家名单。

早期利用调查的方法解决争端的范例是 1904 年日俄战争期间发生的英俄"北海渔船事件"（Doger Bank case）。当时，俄国波罗的海舰队开赴远东作战途经北海时，于 10 月 21 日将英国一队渔船误认为日本鱼雷艇予以炮击，造成英国渔船受损，一船沉没，渔民多人受伤，5 人死亡。事后，英国政府要求俄国道歉、惩罚俄舰队指挥人员和赔偿损失，遭俄拒绝，两国对事件的事实发生争执。后经法国出面调停，双方同意设立一个由英、俄、美、法、奥五国各派一名军官组成的国际调查委员会，负责事件的调查工作。后经查明，当时并无日本舰艇在场，事件完全是由于俄国舰队司令官的判断错误所致。委员会于 1905 年 2 月作出报告，双方和解，英国放弃道歉要求，俄国向英国赔偿 65 000 英镑，争端得到了解决。[1]

（二）和解（conciliation）

和解又称调解，是比调查更进一步的解决争端的方法。采用这种方法时，当事国将争端提交一个有若干成员组成的委员会，委员会在调查的基础上提出报告，阐明事实并提出解决争端的建议，以设法使争端当事国达成协议。和解委员会的报告和建议没有法律拘束力，争端当事国没有必须接受的义务。

和解是从两次海牙会议通过的《和平解决国际争端公约》确立的国际调查委员会制度和 1914 年《布赖恩和平条约》规定的常设调查委员会的有关规则中发展起来的。1928 年国际联盟主持制定的《日内瓦和平解决国际争端总议定书》首次把和解委员会作为一种通行的国际和解制度以国际公约的形式规定下来。1949 年联合国大会对该总议定书进行修订时，再次确认了和解制度，其主要内容有：①凡不能以外交方式解决的争端，除对纯属国内管辖事项及领土的法律地位的争端等所作的保留外，均应提交和解程序；②和解委员会设委员 5 人，当事国双方各提名 1 人，得在其本国国民中选任，其余 3 人由双方协议，委派第三国国民充任，委员任期 3 年，可以

---

〔1〕 本案参见周仁主编：《国际法》，中国政法大学出版社 1985 年版，第 358 页。

连任；③委员会的任务是用调查或其他方法搜集一切必要的情报以明确争端中的问题并设法使当事各方达成协议。

据统计，第一次世界大战以后，各国缔结了数以百计的和解条约，并且成立了100多个常设和解委员会。但在现代国际关系中，利用和解制度解决争端并取得成效的却为数甚少。然而，在联合国制定的一些重要公约中，仍然保留了有关和解程序的规定，如1969年《维也纳条约法公约》第66条及其附件、1982年《联合国海洋公约》第284条及附件五等。这些公约规定的和解程序的共同特点是：缔约国之间有关公约的解释和适用的争端可提交和解程序解决；联合国秘书长应保持一份由各缔约国提交的和解员名单，以备争端当事国从中选任和解委员会组成人员；和解委员会应就和解事项作出报告书，报告书由联合国秘书长保存并转达各当事国，但报告书对当事国没有拘束力。

第三节　国际争端的法律解决方法

国际争端的法律解决方法是指争端当事国利用法律程序解决争端，包括国际仲裁和国际司法解决两种形式。与政治方法相比，法律方法具有四个特点：①用于解决法律性的争端。因为只有法律性的争端是可依国际法裁判的。②由临时设立或者常设的并具有相对完善的组织或程序规则的机关进行。③仲裁裁决和法院判决对当事国有法律拘束力，当事国有义务遵守，且不得上诉。④属于最后的解决方法，当事国在采用法律方法后，一般不再诉诸其他程序。[1]

一、国际仲裁

（一）国际仲裁的概念

国际仲裁（international arbitration）又称国际公断，此处特指当国家间发生争端时，经各当事国同意，将争端交付给由它们自己选任的仲裁人处理，并相互约定服从其裁决。

国际仲裁是仲裁人或仲裁法庭按照仲裁程序，依据国际法的原则和规则对国家之间的争端进行审理并作出裁决。当事国在自愿将争端交付仲裁时，就约定服从仲裁裁决，因而仲裁裁决对当事国具有约束力，当事国有履行仲裁裁决的义务。这是仲裁区别于上述政治解决方法的根本之点，因为无论是斡旋或调停，或是国际调查委员会或常设和解委员会的结论，对于争端当事国都不具有约束力，当事国接受第三国的调停建议或国际委员会的报告与否，全系当事国的自由。[2]仲裁具有下列特点：①仲裁具有自愿管辖的性质，争端当事国自愿将争端提交仲裁，并选择仲裁人

---

〔1〕　参见端木正主编：《国际法》，北京大学出版社1997年版，第456~457页。

〔2〕　参见周鲠生：《国际法》（下册），商务印书馆1976年版，第68页。

组成仲裁法庭。②仲裁裁决对争端当事国有拘束力，当事国把争端交付仲裁，即意味着愿意服从仲裁裁决。③仲裁裁决是依据法律作出的，仲裁所适用的法律，一般由当事国在仲裁协定中规定，若未规定，仲裁庭应确定其适用的法律。但一般都适用国际法。

不过，虽然仲裁裁决对当事国有拘束力，但没有法律制裁的性质，仲裁裁决的拘束力源于当事国提交仲裁时达成的相互服从仲裁的协议。因此，当事国对仲裁裁决是必须执行的，除非仲裁人明显超越仲裁协议规定的权限或有其他恶意行为。

（二）国际仲裁制度的历史发展

作为近代解决国家间争端的仲裁制度，一般认为是从 1794 年英国和美国签订的《英美友好通商航海条约》（又称《杰伊条约》）开始的。根据该条约，英美两国同意把美国独立以来发生的有关两国划分国界的争端和其他争端提交混合委员会进行仲裁。为达此目的，条约规定设立三个混合委员会，分别负责处理边界争端、英国债权人对美国提出的赔偿要求和美国公民因在涉及英国的海战中遭受损失而提出的主张。条约要求委员会必须以公正、衡平和国际法原则裁判案件，其裁决对当事国有拘束力。到 1804 年，三个委员会分别对英美两国间的 12 个案件作出了裁决。委员会的工作证明了仲裁方法在解决国际争端方面的有效性。后来，美国与英国及南美洲国家之间签订了大量类似的条约，使仲裁成为它们之间经常采用的争端解决方法。

19 世纪以来，以仲裁方法解决国际争端的案件不断增加。特别是 19 世纪后期，仲裁已成为西方国家之间解决争端的一种重要方法。在诸多仲裁案件中，"阿拉巴玛号"仲裁案是当时最有影响的案件之一。"阿拉巴玛号"是美国南北战争期间英国为南部邦联制造的一艘供战争所用的船舶。在该船建造时，美国即提请英国注意避免有违反该国中立义务的事件发生，但英国政府仍将该船交给了美国南部邦联。在1862～1864 年间，"阿拉巴玛号"先后击沉 70 多艘美国联邦政府的船只，使美国蒙受重大损失。战争结束后，美国以英国违反其中立义务为由向英国索赔，英国则以该船驶离英国时并无武器而拒绝赔偿。1871 年，美英双方达成协议，将此案交付仲裁。1872 年仲裁庭裁决英国政府因"疏于防范"而违反了中立义务，应向美国支付1550 万美元的损失赔偿。[1] "阿拉巴玛号"仲裁案显示了用仲裁方法解决国际争端的可行性，促进了国际仲裁制度的进一步发展。

1899 年和 1907 年两次海牙会议制定的《和平解决国际争端公约》和 1928 年日内瓦《和平解决国际争端总议定书》都将仲裁作为一项解决争端的方法明确规定下来。1900 年成立的常设仲裁法院为利用仲裁方法解决争端提供了便利条件。1958 年，联合国国际法委员会制定了一项《仲裁程序示范规则（草案）》，对仲裁制度的原则和程序作了明确具体的规定，使仲裁制度更加完善起来。

---

〔1〕 参见梁淑英主编：《国际法教学案例》，中国政法大学出版社 1999 年版，第 310～312 页。

从《联合国宪章》第 33 条将仲裁作为和平解决争端的方法之一以来，越来越多的国际条约中规定了仲裁条款，如 1984 年《美洲国家组织宪章》、1957 年《欧洲和平解决国际争端公约》、1964 年《非洲统一组织宪章》、1978 年《关于国家在条约方面继承的维也纳公约草案》等。1982 年的《海洋法公约》对于通过仲裁解决缔约国之间因对公约的解释或适用产生的争端给予高度重视。《海洋法公约》第 287 条第 1 款规定设立仲裁法庭和特别仲裁法庭，并有 2 个附件详细规定了仲裁程序和特别仲裁程序。实践中，有一些仲裁案件解决了国家之间的重要争端，并且产生了较大的影响。例如，1978 年特别仲裁庭对英法大陆架划界争端作出的裁决，对确定大陆架划界规则有一定的指导意义。再如，1988 年，一个由 5 人组成的国际仲裁委员会对埃及和以色列关于塔巴地区的归属和划界产生的争端所作的裁决，为两国最终通过协议解决争端奠定了基础。总之，利用仲裁制度解决国际争端在现代国际关系中仍然具有重要的意义。

（三）常设仲裁法院

1899 年第一次海牙会议制定的《和平解决国际争端公约》确定建立常设仲裁法院（the Permanent Court Of Arbitration），次年，法院在荷兰海牙正式成立。根据 1907 年第二次海牙会议修订的《和平解决国际争端公约》，常设仲裁法院的目的和任务是："为便利将不能用外交方法解决的争议立即提交仲裁起见，各缔约国承允保留第一次和平会议所设立的常设仲裁法院。该法院随时受理案件，除当事国另有规定外，按照本公约所载之程序规则办事。""除非当事国协议成立特别法庭，常设仲裁法院有权受理一切仲裁案件。"在以前的仲裁中，由于仲裁人的选任和组织方式没有一定的规则，因此给争端当事国运用仲裁解决争端带来一些困难，常设仲裁院的建立，为国家间争端的仲裁解决提供了方便。

根据公约规定，常设仲裁法院设立国际事务局和常设行政理事会两个机构。国际事务局是仲裁法院的书记处，负责该院的联系事项、保管档案并处理一切行政事务。常设行政理事会由各缔约国驻海牙的外交代表和荷兰外交大臣组成，荷兰外交大臣为主席。理事会的任务主要是制定议事规则和其他必要程序，指导和监督国际事务局的工作，决定仲裁法院可能产生的一切行政问题。除上述两个机构之外，常设仲裁法院并没有设立由固定的常任仲裁法官组成的法庭，只有一份仲裁员名单和一部可供采用的程序规则。

按照公约规定，每个缔约国应选定至多 4 名被公认为"精通国际法问题，享有最高道德声誉"并自愿担任仲裁职务的人作为仲裁员，列入仲裁员名单。每个缔约国的仲裁员组成一个团体，称各国团体。仲裁员任期 6 年，可连选连任。[1] 遇有缔约国发生争端并愿意提交仲裁法院解决时，由各当事国在名单中选定 2 名仲裁员，

---

[1] 中华人民共和国恢复联合国合法地位后，曾有李浩培、王铁崖、端木正担任仲裁员，现任仲裁员有邵天任、许光建、刘楠来、薛捍勤。

再由它们共同选定 1 名仲裁员，组成仲裁法庭审理争端。此外，公约并不禁止缔约国通过协议在海牙常设仲裁法院以外另行选任人员组成特别仲裁法庭，处理争端案件。

常设仲裁法院从成立到 1932 年的 30 多年期间，共审理了 20 个案件，对国际争端的解决发挥了一定作用。但此后提交仲裁法院审理的案件越来越少，从 1932 年到 1972 年的 40 年间，仅仅处理了 5 起案件。为了对法院的工作进行必要的调整，以适应国际社会在和平解决国际争端方面的需要，常设仲裁法院于 1993 年 9 月 10 ~ 11 日在荷兰海牙和平宫召开了该院历史上第一次全体仲裁员大会。会议主要讨论了两项议题：①常设仲裁法院的未来；②关于制定第三个海牙和平解决国际争端公约的建议。1994 年，第 49 届联合国大会一致同意接纳常设仲裁法院为联合国大会的观察员。

（四）国际仲裁的基本规则

现行国际仲裁制度的内容主要规定在两次海牙会议订立的《和平解决国际争端公约》、1928 年国际联盟通过的《日内瓦和平解决国际争端总议定书》和 1958 年联合国国际法委员会制定的《仲裁程序示范规则草案》中。其中，示范规则只具有参考的作用，只有在当事国选用的情况下才有拘束力。根据以上文件规定，仲裁的基本规则有以下方面：

1. 缔结仲裁协议。仲裁属于自愿管辖，因此，仲裁成立的前提是必须由争端当事国缔结仲裁协议，包括仲裁条约、仲裁协定和仲裁条款的形式，以表明它们同意把争端提交仲裁并承担服从仲裁裁决的义务。

仲裁条约或协定一般于争端发生之后订立，也可以为解决以后可能发生的争端事先订立。两个或两个以上国家可以缔结仲裁条约或协定，规定缔约国之间将来发生的争端以仲裁方法解决，如 1957 年《欧洲和平解决国际争端公约》、1964 年非洲统一组织《调停、和解与仲裁委员会议定书》等。除专门的仲裁条约和协定以外，许多国家在条约或公约中规定仲裁条款，或者作为条约或公约的附件，约定日后对条约的解释或条约适用中发生的争端提交仲裁解决。

争端当事国有关仲裁的协议至少应该包括以下内容：①交付仲裁的争端的主要问题；②仲裁法庭的组成方式和适用的法律；③仲裁程序、仲裁地点、仲裁费用的分担等。

在一般性或永久性的仲裁条约中，缔约国的保留问题十分重要。一般凡属国内管辖事项、缔约前发生的争端或有关领土地位问题等特别指明的事项，缔约国均可保留。即使在没有明文保留的情况下，仲裁的范围也只限于法律性质的可裁判的争端。

2. 仲裁的目的和范围。1907 年海牙《和平解决国际争端公约》第 37 条规定："国际仲裁之目的在于由各国自行选择法官并在尊重法律的基础上解决各国间的争端。提交仲裁就意味着诚心遵从裁决的义务。"

对仲裁的范围，《和平解决国际争端公约》第 38 条规定："关于法律性质的问题，特别是关于国际公约的解释或适用问题，各缔约国承认仲裁是解决外交手段所未能解决的争端的最有效而且也是最公平的方法。因此，遇有关于上述问题的争端发生时，各缔约国最好在情况许可的范围内将争端提交仲裁。"该条的规定既明确了仲裁审理的范围是所有国际法的问题，同时又不认为上述范围的争端必须提交仲裁，充分体现了仲裁的自愿管辖的性质。其他有关的国际条约对仲裁目的和范围的规定也大致如此。

3. 仲裁法庭的组织。仲裁法庭的组织对争端的解决有重要的意义。1928 年《日内瓦和平解决国际争端总议定书》规定："仲裁法庭设仲裁员 5 人，当事国双方各提名 1 人，得由其本国国民中选任，其余 2 人及首席仲裁员应由双方协议选派第三国国民充任，他们属于不同国籍并且不是经常居住在当事国领土内或为当事国服务者。"1958 年联合国国际法委员会《仲裁程序示范规则草案》规定，在当事国一方请求把争端提交仲裁或决定争端的仲裁性质后，当事国各方应立即采取必要的步骤，以协议或特别协定，组织仲裁法庭，仲裁员人数必须是单数并且最好是 5 名。仲裁法庭一经建立直至作出裁决时止，其组成应保持不变。如程序尚未开始，当事国可更换由它委派的仲裁员。程序开始后，除非取得当事各方同意，一方不得更换其所委派的仲裁员。

4. 仲裁法庭适用的法律和程序。在国际实践中，当事国应事先就仲裁适用的法律规则达成协议。如果当事国间未就此达成协议，仲裁法庭可以适用国际法院适用的法律，也可以依照"公允及善良"原则作出裁决。

仲裁程序一般也由当事国事先达成协议，如果事先没有协议或所定规则不够具体，仲裁法庭有权确定或完善程序规则。各当事国应委派代理人出席法庭，并可聘请律师和辅助人在法庭上维护本国权益。

仲裁程序一般包括两个步骤，即书面程序和口头辩论。书面程序指各方代理人将案件或反诉案件的书状以及必要的答辩状送达仲裁法庭和当事国他方，各当事国应将案件所依据的一切文件和公文附于各该书状内，以便法庭进行书面审理；口头辩论是指当事国在法庭上进行的辩论。口头辩论由法庭庭长主持，非经法庭决定并征得各当事国同意，不公开进行。

为使仲裁便于进行，《和平解决国际争端公约》还规定了简易程序的仲裁。由争端当事国双方各选任仲裁员 1 人，再由这两个仲裁员共同选定 1 名总仲裁员组成法庭。法庭只按书面程序进行审理，但也可以传唤证人和鉴定人到庭进行口头解释和陈述。

5. 仲裁裁决。书面程序和口头辩论结束后，法庭进行评议并作出裁决。法庭评议应秘密进行，全体仲裁员均应参加。仲裁裁决应在仲裁协定规定的期限内由仲裁员多数作出，裁决时仲裁员不得弃权。仲裁裁决一经宣布，即构成对争端的确定性解决，各当事国应善意执行。在必要的情况下，当事国可以申请法庭对裁决做必要的解释和复核。

仲裁裁决对当事国具有法律拘束力，但是，有下列情况之一发生，当事国可以拒绝承认裁决的效力：①仲裁协议无效；②仲裁法庭逾越其权限；③某一仲裁员犯有欺诈行为；④裁决理由不足或严重违反基本程序规则。在这些情形下，当事国可将争端提交新的仲裁法庭裁决或提交司法解决。

二、国际司法

国际司法解决（international judicial settlement）是指争端当事国把争端提交给一个已事先成立的、由独立法官组成的国际法院或国际法庭，根据国际法对争端当事国作出具有法律拘束力的判决。

司法解决是指由常设的国际司法机关来解决国际争端，而不像仲裁法庭那样是临时组成的。世界上第一个国际司法机关是国际联盟建立的国际常设法院，现在则有联合国建立的国际法院和依《海洋法公约》建立的国际海洋法法庭。

（一）国际法院

1. 国际法院的建立。建立国际常设法庭的建议，早在 1899 年第一次海牙会议上即已提出，但会议的结果只是设立了一个常设仲裁法院。1907 年第二次海牙会议又提出一个设立"仲裁审判法院"的公约草案，但由于未获通过而没能实现。

国际社会建立真正的国际性常设司法机关的计划在第一次世界大战以后随着国际联盟的创立而得以实现。《国际联盟盟约》第 14 条规定："行政院应制订设立国际常设法院之计划，交联盟各会员国采用。凡各方提出属于国际性质之争端，该法院有权审理并判决之。凡有争议或问题，经行政院或大会有所咨询，该法院亦可发表意见。"1920 年 12 月 13 日，国际联盟通过《国际常设法院规约》。1921 年，国际联盟大会和行政院选出法官 11 名和候补法官 4 名（1929 年，法官增至 15 名，取消候补法官名额）。1922 年 2 月 15 日，国际常设法院（Permanent Court of International Justice）在海牙正式成立。

国际常设法院成立后，共受理案件 65 件，其中作出判决的 33 件，发表咨询意见的 28 件。1940 年夏季德国军队占领海牙，法院迁至日内瓦，实际上已停止活动。1946 年 1 月 1 日，国际常设法院以全体法官提出辞职的方式宣告解散。

国际法院（International Court of Justice）是联合国的主要司法机关。它是在第二次世界大战以后成立的。按照《联合国宪章》第 92 条规定，建立国际法院作为解决国际争端的世界性司法机构。《国际法院规约》是《联合国宪章》的组成部分，并且以《国际常设法院规约》为根据。因此，国际法院在组织、管辖权、适用的法律以及程序等方面与国际常设法院几乎没有区别。根据《联合国宪章》规定，联合国大会和安全理事会于 1946 年 2 月 6 日分别选出了国际法院的首任法官。法院于 4 月 3 日在海牙举行第一次集会，国际法院正式成立。同年，法院制定了执行职务的规则，即《国际法院规则》，1978 年 4 月 14 日，法院通过新的规则，该规则于同年 7 月 1 日生效。按《联合国宪章》的有关规定和《国际法院规约》及《国际法院规则》之规定，对法院的组成、职权、适用的法律、审判程序、判决等阐述于下。

2. 国际法院的组成。

（1）法官。根据《国际法院规约》第一章的规定，国际法院由 15 名独立的法官组成，法官应具备的条件是"品格高尚并在各本国具有最高司法职位之任命资格或公认的国际法之法学家"。法官不论属于哪一国的国籍，均可以当选，但是，在 15 名法官中不得有两人具有同一国家的国籍。就充任法院法官而言，一人可视为一个国家以上之国民者，应认为属于其通常行使公民权利和政治权利之国家或会员国之国民。

法官经选举产生。选举程序分两个阶段进行。首先，由各国根据常设仲裁法院的"各国团体"名单提出候选人，在常设仲裁法院没有本国代表的国家，可由本国的法学家专门团体提名。每一团体所提候选人不得超过 4 名，其中属于本国国籍者不得超过 2 名。然后，由联合国大会和安全理事会从提出的候选人名单中分别进行独立选举，获得绝对多数票者当选。安理会的理事国既参加大会的选举投票，也参加安理会的选举投票。根据《国际法院规约》的规定，法院法官的全体应能代表世界各大文化及各主要法系。所以，法官的席位是按地区分配的。按照目前的方案，亚洲 3 人，非洲 3 人，美洲 3 人，欧洲 6 人。按照惯例，联合国安理会各常任理事国在国际法院均应有本国的法官。中国当选国际法院第一任法官的是徐谟，其后是顾维钧。中华人民共和国于 1971 年恢复在联合国的合法席位后，于 1984 年推选我国著名国际法学家倪征燠为国际法院法官的候选人。同年 11 月 7 日，倪征燠顺利当选（任期 1985～1994 年）。1993 年底，史久镛继倪征燠之后当选为国际法院法官（任期 1994～2010 年），我国现任国际法院法官是薛捍勤（2010 年当选，9 月就任）。

国际法院法官任期 9 年，每 3 年改选 1/3,[1] 法官可连选连任。法官是专职的，不得行使任何政治、行政职务或执行任何其他职业性质的任务，也不得充任任何案件的代理人、律师或辅助人。但法官列名于常设仲裁法院仲裁员名单或充任仲裁员是允许的。法官不论年龄大小、当选先后或任职时间长短，在执行职务方面一律平等。法官除由其余法官一致认为不再适合必要条件外，不得免职。法官于执行法院职务时，应享有特权与豁免。法院设正、副院长各 1 人，由法官自行选举，任期 3 年，可连选连任。[2]

法院在审理案件时，法官对本国为当事一方的案件，有权参加审理，不适用回避制度，只是法官以前曾经参与过的案件才不得参加审理。在法院受理的案件中，如当事国双方或一方在法院没有本国国籍的法官，则可以选派 1 名法官参与案件的

[1] 1946 年曾以抽签的方式决定，在第一次选举选出的法官中，有 5 人任期 3 年，5 人任期 6 年，其余 5 人的任期为 9 年。
[2] 国际法院第一任院长是巴德万。我国史久镛法官也曾担任院长。

审理。这种临时选派的法官称为"专案法官"(ad hoc judge)。[1] 专案法官在参与案件的审判时，与其他法官享有完全平等的地位。法院开庭时，全体法官应出席，但可准许法官 1 人或数人免予出席。法官 9 人为构成法院开庭的法定人数。上一年度国际法院报告期间（2008 年 8 月 1 日~2009 年 7 月 31 日），当事国选定的专案法官名额为 25 名，实际担任此职的有 20 人；有时同一人被指派担任多于一个案件的专案法官。[2]

法院为采取简易程序迅速处理案件或为处理特别案件，可以设立分庭。分庭由 5 名法官组成，其中应包括院长和副院长。分庭作出的裁判，应视为法院的裁判。

（2）书记处。法院设书记处，由书记官长、副书记官长和其他工作人员组成。书记官长和副书记官长从法院成员提议的候选人中选出。书记官长在执行职务时代表法院并对法院负责，处理一切日常行政事务工作以及执行法院随时委托的其他职务。副书记官长协助书记官长，在书记官长职位出缺时行使书记官长职务至新书记官长就任时止。

3. 国际法院的职权。国际法院的职权包括诉讼管辖权和咨询管辖权。

（1）诉讼管辖权。国际法院的诉讼管辖权（contentious jurisdiction）是指国际法院审理争端当事国提交的诉讼案件的权利。

据《联合国宪章》第 93 条和《国际法院规约》第 34 条第 1 款规定：国际法院的诉讼当事者只限于国家。能向国际法院诉讼的国家有三类：① 联合国会员国。因为联合国会员国同时也是《国际法院规约》的当事国，自然是国际法院的诉讼当事国；② 非联合国会员国但为《国际法院规约》的当事国者可向国际法院诉讼；③ 既非联合国的会员国也非《国际法院规约》的当事国者，可以根据联合国安全理事会决定的条件，预先向国际法院书记处交存一项声明，表明该国愿意按照《联合国宪章》《国际法院规约》和《国际法院规则》的规定，承认国际法院的管辖权，保证执行法院的判决，并且承担《联合国宪章》第 94 条规定的义务，也可以向国际法院诉讼。

按上述规定，法院的诉讼管辖只适用于国家之间的争端，不能审理私人与国家之间的争端，尤其不能审理私人之间的争端，也不能审理国家与其他国际法主体间的或其他国际法主体间的争端。

至于争端当事国是否将争端提交国际法院审判，完全由其自由选择。只有在各当事国同意的情况下，法院才能审理它们的争端。曾任国际法院法官的克雷洛夫指出："法院对各国的管辖权是非强制性的，而不是强制的。关于国际法院只有非强制性管辖权的这个决议，是在旧金山会议的第四专门委员会第一委员会上经过与许多

---

〔1〕 按《国际法院规约》第 31 条规定，"专案法官"的条件和产生程序与正式法官条件和程序相同。

〔2〕 参见联合国文件 A/64/4，《国际法院报告》。

主张法院有强制管辖权的代表进行尖锐争论之后，以多数票通过的（30 票对 14票）。"[1]

按照《国际法院规约》第 36 条的规定，国际法院受理的诉讼案件有：① 各当事国提交的一切案件。这类案件应在当事国双方同意的基础上，签订一个特别协定，提交国际法院审理。当事国双方的相互同意构成法院管辖权的依据。由于此类案件是由当事国自愿提交的，因此，法院对这些案件的管辖通常称为自愿管辖。如 1969年"北海大陆架案"、1982 年美加"缅因湾划界案"等，都是当事国以特别协定方式提交法院审理的。②《联合国宪章》或其他现行条约及协定中所特定的一切事件。这是指国家按照《联合国宪章》或现行条约和协定的规定，把它们的争议提交法院审判。如有的条约规定遇有该条约的解释或适用问题的争议，接受国际法院的管辖。这种规定可以是条约的一项争端解决条款，也可以是与条约同时签订的一个任择议定书。条约或协定的缔约国如果根据争端解决条款或解决争端的任择议定书事先接受了法院的管辖权，将来在其接受法院管辖权的范围内因条约的解释或适用发生争端时，一方向法院起诉，另一方就不能拒绝法院的管辖。法院对此类案件的管辖通常称为协定管辖。③ 根据《国际法院规约》第 36 条第 2 款提交的案件。《国际法院规约》第 36 条第 2 款规定："本规约各当事国得随时声明关于具有下列性质之一切法律争端，对于接受同样义务之任何其他国家，承认法院之管辖为当然而具有强制性，不须另订特别协定：①条约之解释；②国际法之任何问题；③任何事实之存在，如经确定即属违反国际义务者；④因违反国际义务而应予赔偿之性质和范围。"

根据上述规定，规约的某一当事国一旦作出该款要求的声明，则其与承担同样义务的其他国家之间发生以上法律性质的争端时，必须接受法院的管辖。如果一方起诉，另一方有义务应诉，否则，法院有权作出缺席判决。国际法院对此类案件的管辖虽然有强制性，但当事国是根据其所作的声明任意承担的，因而通常称为"任意强制管辖"。

由于国际法院的管辖可能涉及各种不同的事件，因此，在法院对有关争端案件进行实质性审理之前，可能出现法院对当事国提交的案件是否有管辖权的问题。《国际法院规约》第 36 条第 6 款规定："关于法院有无管辖权的争端，由法院裁决之。"

截至 2016 年 5 月 31 日，联合国的 193 个会员国均为《国际法院规约》缔约国，其中 66 个国家根据《国际法院规约》第 36 条第 2 款向秘书长交存了承认法院强制管辖权的声明。联合国的 5 个常任理事国中，目前只有英国还承认国际法院的强制管辖权。此外，约有 300 份双边或多边条约规定，在解决这些条约的适用或解释所引起的争端方面，法院具有管辖权。[2]

---

〔1〕 ［苏联］谢·波·克雷洛夫：《联合国国际法院》，国际关系学院翻译组译，世界知识出版社 1961 年版，第 8 页。

〔2〕 参见联合国文件 A/64/4，《国际法院报告》。

（2）咨询管辖权。国际法院除行使诉讼管辖权外，还可以行使咨询管辖权（advisory jurisdiction）。《联合国宪章》第96条规定："大会或安全理事会对于任何法律问题得请国际法院发表咨询意见。联合国其他机关及各种专门机关，对于其工作范围内之任何法律问题，得随时以大会之授权，请求国际法院发表咨询意见。"从本条规定可见，联合国大会、安全理事会可就任何法律问题请求国际法院发表咨询意见，经联合国大会授权的联合国机关及各专门机构只有权请求国际法院对其职权范围的法律问题发表咨询意见，如超越其职权范围请求法院发表咨询意见，法院有权拒绝。例如，1994年世界卫生组织请求国际法院就"关于威胁或使用核武器是否合法问题"发表咨询意见，就遭到法院的驳回。法院认为世界卫生组织有权处理使用核武器以及其他有危害的活动对健康带来的后果，而它要求咨询的是使用核武器的合法性问题，不是这种使用对健康的后果，此问题不是该组织章程规定的职权范围。[1] 任何联合国会员国无权请求，亦不得阻止国际法院发表咨询意见。

法院行使咨询管辖权的目的，是对有关法律问题提供权威性的意见，以使联合国机构更好地遵照《联合国宪章》和其他组织约章进行工作和活动。法院的意见是咨询性的，原则上没有法律拘束力。但法院对重大问题发表的咨询意见，往往被作为权威性的解释而受到重视和采纳，对解决国际争端有很大影响。此外，有些国际条约规定法院的咨询意见具有法律拘束力而应予执行，如《联合国特权与豁免公约》《联合国行政法庭规约》《国际劳工组织行政法庭规约》等条约都有此类规定。

截至2010年7月，国际法院共受理了26项咨询意见案。

4. 国际法院适用的法律。根据《国际法院规约》第38条第1款规定，国际法院应根据国际法裁判案件，裁判时应该适用：①国际条约，即不论普遍或特别国际协定，确立诉讼当事国明白承认之规条者；②国际习惯，即作为通例之证明而经接受为法律者；③文明各国承认的一般法律原则；④作为确定法律原则补充资料的司法判例及权威最高的公法学家学说。

另外，在当事国同意的基础上，法院也可以适用"公允及善良"原则裁决案件。

5. 国际法院的诉讼程序。根据《国际法院规约》和《国际法院规则》第三章的规定，国际法院的诉讼程序主要包括以下几个步骤：

（1）起诉。当事国向国际法院起诉有两种情况：一种是由争端当事国一方将请求书送达法院书记官长；另一种是全部或部分争端当事国将所订的特别协定通知法院书记官长。在前一种情况下，书记官长应将请求书副本转送被告当事国；在后一种情况下，如果特别协定通知书不是全体争端当事国联合提交的，书记官长应将通知书副本送达其他当事国。此外，国际法院书记官长应将向法院提交的任何请求书或特别协定通知书的副本转送联合国秘书长、联合国各会员国和有权出席法院的其

---

[1] Peter Malanczuk, *Akehurst's Modern Introduction to International Law*, Chapter 18, Routlege, 1997, pp. 273~305.

他国家。请求书或特别协定通知书应载明争端当事国、争端事由及其他必要的事项。

各当事国应由代理人代表其进行诉讼并得派律师或辅助人予以协助。各当事国的代理人、律师及辅助人应享受关于独立行使其职务所必要的特权和豁免。

（2）书面程序和口述程序。书面程序是指将诉状、辩诉状以及必要时的答辩状连同可资佐证的各种文件及公文书送达法院及各当事国。原告国提出的诉状应包括有关事实和法律的陈述及其诉讼主张。被告国的辩诉状应包括对诉状中所述事实的承认或否认、必要的补充事实、对诉状中关于法律陈述的意见、答辩的法律陈述和诉讼主张。如果法院准许原告国提出答辩状或被告国提出复辩状，其内容不应仅仅重述各方的争论，而应着重指明各方仍然对立的争论点。

口述程序是指法院询问证人、鉴定人、代理人、律师及辅助人。法院的审讯在院长主持下进行。除非法院另有决定或当事国有相反主张，审讯应该公开。法院在审讯时得向代理人、律师和辅助人提出问题并要求他们解释。每一法官有提出问题的同等权利。如果有必要，法院可以安排证人和鉴定人出庭作证，各当事国的代理人、律师、辅助人和法院的法官可以向他们提出问题。口述程序结束后，法院院长应宣告辩论终结。

（3）附带程序。附带程序包括：①临时保全办法。在诉讼程序进行中的任何时候，当事国一方可就该案件以书面请求指示采取临时保全办法，法院得就此作出裁决。例如，在"美国驻德黑兰的外交和领事人员案"中，美国在起诉后请求法院指示临时保全措施。法院在应美国方面的请求指示的临时措施中，要求伊朗方面立即交还被占领的美国使馆和领事馆，释放被扣押的美国外交和领事人员，并保证他们安全离开伊朗领土。②初步反对主张。被告国可对原告国请求书的准许、法院的管辖权及关于下一步程序的确定，在限定期限内以书面形式提出反对意见，被告国以外的其他当事国也可以提出反对主张。法院对初步反对主张应以判决形式作出裁定，或支持或驳回其主张，或宣布该反对主张在该案中不具备完全初步性质。如法院驳回其主张或宣布该反对主张不具备完全初步性质，则应规定下一步程序的期限。③反诉。如果与原告国的诉讼标的直接有关并且属于法院的管辖范围之内，被告国可以提出反诉。反诉应在被告国提出的辩诉状中作出并应作为其诉讼主张的一部分。法院应裁定是否将该问题并入本案的程序之中。④第三国的参加。如果某一国家认为某一案件的判决将影响该国具有法律性质的利益时，可以向法院申请参加该案的诉讼程序，是否准许参加，由法院裁决。此外，如果法院受理的案件属于条约解释方面的争端，而且除诉讼当事国之外还有其他国家是条约的缔约国，则法院书记官长应将诉讼事项通知未参加诉讼的缔约国。被通知国有参加诉讼的权利，它一旦行使此项权利，则法院判决中有关条约的解释即对其具有同样的拘束力。⑤中止。在法院宣告最后判决前的任何时间内，如果各当事国联合或单独以书面形式通知法院，它们已经达成协议不再继续诉讼，则法院应颁布命令，记录诉讼的终止并指示将该案件从案件表中注销。

(4) 分庭程序。分庭程序除受法院规约和规则关于分庭的特别规定的限制外，应按适用于法院诉讼案件的规则第一至三章的规定办理。分庭的书面程序应包括当事国每一方的单一书状。如以请求书开始诉讼，则其书状应在相继的期限内提出；如以特别协定通知书开始诉讼，除非当事国各方同意在相继期限内提出书状，应在同一期限内提出。分庭还应进行口述程序，除非当事各国同意取消并得到分庭同意。即使不进行口述程序，分庭仍可要求各当事国提供情况和口头解释，分庭所作的判决应在该分庭的公开庭上宣读。

(5) 判决及其解释与复核。辩论终结后，由法官评议和讨论判决。评议应秘密进行，一切问题应由出席法官的过半数作出决定，票数相等时，由院长或代理院长投决定票。任何法官对判词的全部或一部分有不同意见，有权发表其意见，这称为"异议意见"；任何法官如赞成法院的判决，但是对判决所依据的理由有不同看法，亦有权发表其意见，这称为"个别意见"。任何法官如赞成或反对多数意见，均可以将个人意见附于判决之后，法官可不说明其理由而表示其赞成或反对的意见。

法院完成评议和作出判决后，应将宣读判决的日期通知各当事国。判决在法庭上公开宣读并自宣读之日起对各当事国具有拘束力。

法院的判决属于确定性的终局判决，不得上诉。但是，如果当事国对判决词的意义或范围发生争议，任何一方均可请求法院作出解释。此外，如果当事国发现在判决宣告时为其与法院所不知而又具有决定性的新事实时，可以申请法院复核判决，但以该事实非因申请复核国的过失而不知者为限，而且申请应在新事实发现后 6 个月内和至判决之日起不超过 10 年内提出。法院对请求解释或复核的决定，应以判决的形式作出。当事国请求解释的情况并不多见。最近发生的要求解释判决书的请求是 2008 年 6 月 5 日墨西哥提出要求解释法院于 2004 年 3 月 31 日对阿韦纳和其他墨西哥国民（墨西哥诉美利坚合众国）案所作判决的请求。[1]

对于国际法院的判决，作为案件的当事国必须承诺遵行。遇有一方不履行依法院判决应负之义务时，他方可向安理会申诉。安理会认为必要时，可以提出建议或者决定采取的办法以执行判决。不过，由于当事国是自愿接受法院管辖的，因此，出现诉讼当事国拒绝执行法院判决的情况很罕见。

6. 咨询程序。根据《国际法院规约》第 65 ~ 68 条的规定，咨询的主要程序有：

(1) 递交声请书。凡请求国际法院发表咨询意见的机构，应向法院递交声请书，确切叙述咨询的问题，并附送足以释明该问题的所有文件。

(2) 通知。书记官长应将咨询意见的声请通知有权在法院出庭的国家；书记官长以特别并直接的方式通知法院所认为对咨询问题能提供情报并有权在法院出庭的任何国家，或能提供情报的国际团体，声明法院在院长所定的期限内准备接受该问

---

[1]　参见联合国文件 A/64/4,《国际法院报告》。

题的书面和口头陈述；对未接到法院特别通知的国家，其愿意表示书面或口头陈述，由法院裁决之；已提出书面或口头陈述的国家或团体可以相互评论，书记官长负责将书面陈述通知已提出此类陈述的国家或团体。

（3）宣告咨询意见。法院应将其咨询意见当庭公开宣告并先期通知秘书长、联合国会员国及有直接关系的其他国家和国际团体的代表。

另外，法院执行关于咨询意见的职务时，应参照《国际法院规约》关于诉讼案件各条款的规定的可适用之范围。

国际法院自其成立至今已审理了100多个案件，其中80%多是诉讼案件，咨询案件不足20%。[1] 可见国际法院为国际争端的和平解决贡献之大。

（二）国际海洋法法庭

1982年在联合国主持下签订的《海洋法公约》规定建立一个国际海洋法法庭，作为解决缔约国之间因《海洋法公约》的解释和适用而产生的争端的司法程序之一。因此可以说它是一个专门性法庭。《国际海洋法法庭规约》作为《海洋法公约》的附件六，对法庭的组织、职权、程序和分庭的设立等事项作出了明确的规定。1996年10月，国际海洋法法庭在德国汉堡正式成立。下面对法庭作简要介绍。

1. 法庭的组成。国际海洋法法庭由21名独立法官组成，法官的条件是享有公平和正直的最高声誉，并在海洋法领域具有公认的资格。法官的第一次选举应由联合国秘书长召开《海洋法公约》的缔约国会议举行，以后的选举应按缔约国协议的程序进行，在选举中得票最多并获得出席和参加表决的缔约国2/3多数票者即当选为法官。[2] 但该法庭的法官中不得有2人为同一国家的国民，1人可视为一个以上国家的国民者，视为其通常行使公民和政治权利的国家的国民。法官任期9年，可连选连任。1996年8月1日，《海洋法公约》第五次缔约国大会选出首任21位法官。我国著名国际法学家赵理海教授当选为首任法官，之后许光建曾当选法官。我国现任该法庭法官是高之国。

此外，如果在审理一项争端时，法庭上没有属于当事国一方或各方国籍的法官，则当事每一方均可派选一人为法庭法官参与审理。法官地位平等，于执行职务时享有外交特权与豁免。

2. 法庭的管辖权。根据《国际海洋法法庭规约》第21和22条规定，法庭对下列争端案件有管辖权：①有关《海洋法公约》的解释或适用的任何争端。②与《海洋法公约》的目的有关的其他国际协定的解释或适用的任何争端。③如果与《海洋法公约》主要事项有关的现行条约的所有缔约国同意，有关这些条约的解释或适用产生的争端也可以提交法庭解决。

---

〔1〕　http：//www. un. org/chinese/law/icj/ch6. htm#24，2010年7月15日访问。

〔2〕　该法庭的法官任期9年，每三年更换1/3。第一次当选的法官由联合国秘书长采取抽签的方式决定有7人任期3年，7人任期6年，7人任期9年。

　　国际海洋法法庭的诉讼当事方原则上是《海洋法公约》的缔约国。但是，缔约国以外的实体或个人也可以按照《海洋法公约》第十一部分的规定或者协定将争端案件提交法庭审理。例如，公约的缔约国、国际海底管理局及其企业部、缔约国的公、私企业以及自然人，在作为有关"区域"内活动的合同当事各方的情形下，他们之间关于该合同的解释或适用等的争端可以提交法庭下设的海底争端分庭解决。

　　3. 分庭。《海洋法公约》规定，国际海洋法法庭得设立分庭审理案件，其中最重要的是海底争端分庭。海底争端分庭由法庭法官以过半数票从全体法官中选派 11 名法官组成，每三年改选一次，分庭法官可连任一次。海底争端分庭已在 1996 年法庭成立的同时建立。

　　法庭还根据需要设立了一些特别分庭，包括简易分庭、渔业争端分庭和海洋环境争端分庭。简易分庭应当事各方的请求，以简易程序审讯和裁判案件。渔业分庭负责处理当事各方同意提交的涉及养护和管理海洋生物资源方面的争端。海洋环境分庭则受理当事各方同意提交的与保护和保全海洋环境有关的争端。

　　4. 法庭适用的法律。法庭审理案件适用《海洋法公约》的规定及其他与公约不相抵触的国际法规则，例如有关的公约和习惯。此外，还可以在当事各方的同意下适用公允和善良原则。[1]

　　5. 法庭的程序。

　　（1）案件的提交。当事方可根据情况以将特别协定通知书记官长或以将申请书通知书记官长的方式将争端提交法庭。书记官长应立即将特别协定或申请书通知有关各方和缔约国。

　　（2）案件的审理。法庭为审理案件，应发布命令，决定当事各方终结和作出有关接受证据的安排辩论的方式和时间；法庭审理除当事各方要求或法庭决定外，应公开进行；公约的缔约国如认为任何争端的裁判可能影响法律性利益可请求法庭允许参加案件的审理，如获准参加，则在其参加有关事项范围内，该案的判决对其有拘束力。

　　（3）判决。法庭以法官的半数决定对案件的判决，如票数相等，由庭长投决定票。法庭作出判决并向当事方宣布即发生终局效力。如当事方要求解释判决的意义或范围，法庭应予解释。

　　国际海洋法法庭自成立以来至 2016 年 5 月已受理了包括咨询请求在内的 25 个案件，[2] 对解决《海洋法公约》的解释和适用及相关的争端起了重要作用。[3]

---

〔1〕　参见《海洋法公约》第 293 条规定。

〔2〕　https：//www. itlos. org/en/casses/list － of － casses/，2016 年 5 月 31 日访问。

〔3〕　http：//www. itlos. org/start2_en. html，2010 年 7 月 17 日访问。

第十三章

战争法

第一节 战争和战争法概述

一、战争的概念及其在国际法上的地位

（一）战争的概念

国家之间的关系一般都是和平关系，但在特定情况下会出现敌对关系，如表现为战争敌对、非战争的武装冲突及其他形式的敌对。战争是最严重的敌对。

国际法上的战争（war）主要是国家间武力争斗和由此而产生的法律状态。每个交战国的最终目的在于击败敌方并使其接受自己的和平条件。《奥本海国际法》称："战争是两个或两个以上国家通过武装部队的争斗，其目的在于彼此制服并由战胜国对他方强加以它所任意要求的和平条件。战争是国际法所承认的并在许多方面的国际法所规定的事实，然而不是国际法所确立的事实。"[1] 除了国家间的战争外，还有被压迫民族反对殖民主义统治或种族主义统治的解放战争及国内战争。从国际法上讲，战争通常具有如下特征：

1. 战争主要是国家之间的武装争斗。传统国际法一向认为国家间的战争才是国际法上的战争。内战并不从其开始就被承认为国际法上的战争，而且可能自始至终都不具有这种战争的地位。只有当这种争斗中的叛军被合法政府或外国承认为交战团体时，这种争斗才被认可为战争。现代国际法除承认上述武装争斗为战争外，还承认被压迫民族反对殖民主义统治和种族主义统治的武装争斗为战争。[2]

2. 战争主要是敌对国家之间武装部队的武力争斗。战争主要是国家武装部队的武力纷争，而且通常是大规模的、持续时间较长的武力冲突。石本太雄认为："战争就是政治集团之间，特别是主权国家之间，持续相当时间并以相当规模进行的，以使用武力为中心的斗争形式。"[3] 当然战争也不限于武装部队的行为。现代战争不仅涉及交战国的武装部队，也波及着人民。如第二次世界大战中交战国向对方实施

---

〔1〕 ［英］劳特派特修订：《奥本海国际法》（下卷第1分册），王铁崖、陈体强译，商务印书馆1972年版，第145页。

〔2〕 参见王铁崖主编：《中华法学大辞典》（国际法学卷），中国检察出版社1996年版，第662页。

〔3〕 日本国际法学会编：《国际法辞典》，陆国忠等译，世界知识出版社1985年版，第648页。

的经济及财政压力，其重要性仅次于武力争斗；大规模的宣传和心理战扮演着重要角色；空中轰炸和食品控制，以平民首当其冲。但无论如何，没有国家的武装部队的争斗，而仅是国家间的经济战，则不称为战争。

3. 战争是一种法律状态。法律状态也就是战争状态（status of war），即敌对国家间出现的具有一定法律后果的状态，主要指国家的交战关系。这种状态的存在不仅取决于武装冲突（armed conflict）的事实存在，而且要看冲突的双方是否有"交战意思"（拉丁文 animas belligerendi），即冲突的双方或一方对发生或将发生的武装冲突是否认定为战争。只要冲突的双方或一方有战争意思就存在战争状态。"交战意思"一般以宣战的形式表示。但国家为逃避战争责任也有不宣而战的情形。

凡不构成战争状态的国家间的武装冲突均属非战争的武装冲突。这种冲突一般表现为局部的或有限度的武力行为。区分国家间的武装冲突是战争状态还是非战争的武装冲突，一般取决于三个因素：①冲突的规模。战争和非战争的争斗虽然都表现为武力冲突，但是它们的规模是不同的。构成战争的武力冲突波及的范围广、持续的时间较长，且具有相当规模。而非战争的武装冲突仅限于特定区域并且是有限度的武力行为，冲突的时间也较为短暂。②冲突意图。如武装冲突仅与当事国有关而未影响到其他国家，则冲突的意图对区分战争与非战争的武装冲突具有决定作用。凡冲突双方或一方有战争意思，它们之间的武装冲突则为战争。若双方均无交战的意思，决心视冲突为非战争的敌对行为并将武力冲突局限在一定规模上，则这种冲突为非战争的武装冲突。③非冲突方的态度和反应。就非冲突方的态度和反应而言，凡武装冲突业已影响到第三国的权益或危及国际和平与安全时，第三国或国际组织判断战争已经存在，必然要考虑其应采取的立场，如第三国宣布中立，联合国采取措施。在这种情况下，不论冲突方的意图如何，或是否宣战，非冲突方的态度反应就成了区分战争和非战争的武装冲突的重要因素。

在国际法上区分战争与非战争的武装冲突具有重要的意义，如果国家间处于战争状态，全部战争法包括战时中立法开始适用。如果国家间的武力冲突仅限于非战争的武装冲突状态，则只适用有关的战争法规，如有关人道法的原则和规则[1]（即本章第三节的内容）；其后果与战争的后果也不同，如非战争的武装冲突状态一般不断绝外交关系和影响条约关系。

---

[1] 国际人道法（international humanitarian law）是红十字国际委员会 1953 年才提出的术语，对它并没有条约界定。但是根据 1996 年国际法院发表的"关于核武器的威胁或使用是否合法的咨询意见"，可以认为它是指交战者应遵守的敌对行为规则和对战争受难者的保护规则。其主旨是使战斗员免遭不必要的痛苦和非战斗员免受攻击，保护平民、战俘、伤病员和民用物体。这是战争法的主要部分和核心内容。参见 Legality of the Threat or Use of Newclearweapons, Advisor Opinion of 8 July 1996, para75, http：//www.icj‐icj.org/icjwww/idecisions/isummaries/iunanaummary960708.htm.

（二）战争在国际法上的地位

战争在国际法发展的不同历史阶段上的地位也是不同的。传统国际法并不否认战争是国家推行政策的工具，是解决国际争端的合法手段。"诉诸战争权"（war power）是主权国家的合法权利。随着国际法的发展，国家的"诉诸战争权"逐渐受到了限制，现代国际法确立了禁止侵略战争和非法使用武力的原则，但仍承认国家有自卫或合法使用武力的权利。

国际法发展到 19 世纪末期之后有了很大的进步，其重要标志之一就是对国家"诉诸战争权"的限制。1899 年和 1907 年两个海牙《和平解决国际争端公约》都规定：各缔约国应尽量用和平方法解决争端。遇严重争议或争端时，在诉诸武力之前，应酌情请一个或数个友好国家出面斡旋或调停。1907 年《限制使用武力以索偿契约债务公约》第 1 条明确规定："各缔约国同意不得因一国政府向另一国政府索偿拖欠其国民的契约债务而诉诸武力。但是，当债务国对交付仲裁的提议表示拒绝或不予答复，或在接受仲裁提议后使仲裁协议不能成立，或仲裁后不服从裁决，则上述约定不能适用。"第一次世界大战后订立的《国际联盟盟约》对国家的战争权作了进一步的限制，联盟会员国原则上接受了不诉诸战争之义务。盟约序言中称："为增进国际合作并保持其和平与安全起见，特允承受不从事战争之义务。"第 12 条规定："倘联盟会员国间发生争议，势将决裂者，当将此事提交仲裁裁决或法院判决或交行政院审查，无论如何，非俟裁决或法院判决或行政院报告后 3 个月届满以前，不得从事战争。"国际联盟于 1927 年还一致通过了一项决议案，宣布一切侵略战争应当禁止。虽然国联盟约的规定并未禁止战争，它的决议也不具有法律效力，但毕竟于国际法限制战争权的里程中前进了一步。

嗣后，国际上签订了一系列重要文件，宣布废弃战争作为实现国家政策的工具，这当然是指废弃侵略战争。宣布废弃战争的第一个重要文件是 1928 年签订的《关于废弃战争作为国家政策工具的一般条约》（简称《巴黎非战公约》），该约序言宣称："相信断然地废弃战争作为实行国家政策工具的时机已经到来。"第 1 条规定："缔约各方以它们各国人民的名义郑重声明，它们斥责用战争来解决国际纠纷并在它们的相互关系上废弃战争作为实行国家政策的工具。"[1] 第 2 条规定："缔约各方同意，它们之间可能发生的一切争端或冲突，不论其性质或起因如何，只能用和平的方法加以处理或解决。"公约的上述声明不仅宣布把战争作为推行国家政策的工具为非法，而且宣布侵略战争是非法的、犯罪的。第二次世界大战后签订的《欧洲国际军事法庭宪章》和《远东国际军事法庭宪章》的规定以及这两个法庭的审判实践已确认了这一原则。纽伦堡国际军事法庭判决书称："依本法庭之见解：郑重地斥责战争为推行国策之工具，其中必须包括承认战争在国际法上是违法的原则；凡从事于策

---

〔1〕　所谓"实行国家政策的工具"之战争，依《巴黎非战公约》谈判者（白里安）自己的说明，是指国家一切主动的利己主义的战争而言，则所有罪恶的最容易被国家滥用的战争，都包括在内。

划和执行这种产生不可避免的可怕结果的战争者，都应视为犯罪行为。被当为解决国际纠纷中推行国策工具的战争，其中必然包括侵略战争，因此，侵略战争正是公约所视为违法的。"[1]公约和两个军事法庭所禁止和反对的侵略战争，只是对国家战争权的限制，而对非战争的武力使用并没规定。其与第二次世界大战后的国际文件规定相比，后者有更大的进步。

第二次世界大战后的一些重要国际文件不仅明确禁止战争，同时宣布禁止一切非法使用武力。《联合国宪章》序言开宗明义地宣布："……非为公共利益，不得使用武力。"第2条规定："各会员国应以和平方法解决其国际争端，避免危及国际和平、安全及正义。各会员国在其国际关系上不得使用威胁或武力，或以与联合国宗旨不符之任何其他方法，侵害任何会员国或国家之领土完整或政治独立。"据此规定可见，凡是违反上述规定的使用武力行为均在禁止之列。1974年联合国大会通过的《关于侵略定义的决议》宣称："一个国家违反宪章的规定而首先使用武力，就构成侵略行为的显见证据。""侵略战争是破坏国际和平的罪行。侵略行为引起国际责任。"

上述国际文件对战争权的限制和禁止侵略战争的规定，尤其是1928年《巴黎非战公约》和《联合国宪章》的规定及欧洲国际军事法庭和远东国际军事法庭对轴心国首要战犯的审判，具有普遍的权威性和实践意义。因此可以说，现代国际法禁止在处理国际关系中首先使用武力或发动侵略战争，发动侵略战争是最严重的国际犯罪行为。但现代国际法并非禁止一切战争和使用武力，而是承认国家的自卫战争，或其他符合联合国宗旨和原则的战争和使用武力。对此，《联合国宪章》第51条规定："联合国任何会员国，因受武力攻击时，在安全理事会采取必要办法，以维护国际和平及安全以前，本宪章不得认为禁止行使单独或集体自卫之自然权利……"为了维护国际社会的集体安全，联合国也有权采取武力措施，《联合国宪章》第39条规定："安理会应断定任何和平之威胁、和平之破坏或侵略行为之是否存在，并应作成建议或抉择依第41条及第42条规定之办法，以维持或恢复国际和平及安全。"第42条规定："安理会如认为第41条所规定之办法为不足或已经证明为不足时，得采取必要之空海陆军行动，以维持或恢复国际和平及安全。此项行动得包括联合国会员国之空海陆军示威、封锁，及其他军事举动。"第48条规定，根据安理会的决定，武力措施的采取可由所有会员国或个别会员国执行。第53条还规定经安理会授权利用区域办法和区域机关采取强制执行行动。此外，被外国压迫或奴役的民族反抗殖民主义统治而进行的民族解放战争或武力行为也是符合《联合国宪章》的宗旨和原则的。《联合国宪章》、1952年联合国大会《关于人民和民族的自决权》的决议、1960年《给予殖民地国家和人民独立宣言》、1970年《国际法原则宣言》等文件都

---

[1] 参见《国际军事法庭审判德国首要战犯判决书》，汤宗舜、江左译，世界知识出版社1955年版，第65页。

承认殖民地人民有自决权，依据自决权，它们可以自由决定其政治地位并为此目的有权进行民族解放战争或采取武力行动对抗殖民主义国家对独立运动的武力镇压。

因此，可以说国家的自卫权已得到了各国公认为合法。正如奥斯卡·斯克矢可特所说："国际层面上的自卫已得到一般确认，至少国际法专家都认为它是一项国际法确定和认可的合法权利，获得了各国政府的赞同。"[1]

二、战争法及其编纂

战争法（laws of war）是在战争中调整交战国（belligerent power/state）之间、交战国与非交战国（non-belligerent power）之间关系的原则、规则和制度。其内容主要有战争的开始和结束的规则；交战国应遵守的作战原则、作战手段和方法及对战俘、伤病者和平民的保护制度；中立法；惩治战犯等。战争法的原则、规则和制度主要是习惯法和条约法。国家间签订条约规定战争法的原则和规则是 19 世纪才开始的，这与国际上对战争法的编纂是分不开的。

战争法的官方编纂从 19 世纪中后期才开始进行。为了把战争法的习惯规则法典化并创立和发展新的原则和规则，国际上召开了一系列的国际会议，如 1865 年的巴黎会议、1864 年的日内瓦会议、1868 年的圣彼得堡会议、1899 年和 1907 年的海牙和平会议、1929 年、1949 年和 1977 年的日内瓦会议。这些会议编纂了许多条约，主要有以下各项：

1856 年《关于海战的巴黎宣言》，1864 年《改善伤病员待遇的日内瓦公约》，1868 年《禁止在战争中使用某些爆炸性子弹的圣彼得堡宣言》（简称《圣彼得堡宣言》），1899 年海牙诸公约和宣言，包括《陆战法规和惯例公约》（海牙第二公约）及附件《陆战法规和惯例章程》《关于 1864 年 8 月 22 日日内瓦公约的原则适用于海战的公约》（即海牙第三公约，简称《日内瓦原则推行于海战公约》）、《禁止自气球上或其他类似方法投掷炮弹及爆炸物宣言》（海牙第一宣言）、《禁止使用以散布窒息性或有毒气体之投射物宣言》（海牙第二宣言）、《禁止使用入人体内易涨或变形之弹丸宣言》（海牙第三宣言），1904 年《战时医院船免税的公约》，1906 年《改善伤病员境遇的公约》，1907 年海牙诸公约与宣言，包括《战争开始公约》（海牙第三公约）、《陆战法规和惯例公约》（海牙第四公约）及附件《陆战法规和惯例章程》《陆战时中立国及人民的权利义务公约》（海牙第五公约）、《开战时敌国商船之地位公约》（海牙第六公约）、《商船改充战舰公约》（海牙第七公约）、《敷设自动触发水雷公约》（海牙第八公约）、《战时海军轰击公约》（海牙第九公约）、《关于 1906 年 7 月 6 日日内瓦公约原则适用于海战的公约》（简称《日内瓦公约原则推行于海战公约》即海牙第十公约）、《海战时限制捕获权公约》（海牙第十一公约）、《设立国际捕获法庭公约》（海牙第十二公约）、《海战时中立国之权利义务公约》（海牙第十三

公约）、《禁止自气球上投掷炮弹及爆炸物宣言》，1909 年《伦敦海战宣言》，1922 年
《关于在战争中使用潜水艇和有毒气体的公约》，1925 年《关于禁止使用窒息性毒气
或类似毒气及细菌作战方法的议定书》（我国于 1952 年 7 月 13 日声明承认该议定书
对我国的效力），1929 年《关于改善战地伤病员待遇的日内瓦公约》和《关于战俘
待遇的日内瓦公约》，1930 年《关于海军作战的伦敦条约》，1936 年《关于潜艇作战
规则的伦敦议定书》，1937 年《关于把潜艇作战规则推行于水面舰只和飞机的尼翁协
定》（简称《尼翁协定》），1945 年《关于控诉和惩处欧洲轴心国主要战犯的伦敦协
定》及附件《欧洲国际军事法庭宪章》，1946 年《远东盟军最高统帅总部发布成立
远东国际军事法庭的特别通告》及附件《远东国军事法庭宪章》，1949 年日内瓦四
公约[1]：《改善战地武装部队伤病员待遇的日内瓦公约》（日内瓦第一公约)[2]、
《改善海上武装部队伤病员及遇船难者待遇的日内瓦公约》（日内瓦第二公约)[3]、
《关于战俘待遇的日内瓦公约》（日内瓦第三公约)[4]、《关于战时保护平民的日内瓦
公约》（日内瓦第四公约)[5]，1954 年《关于发生武装冲突时保护文化财产的公
约》，1971 年《禁止在海床、洋底及其底土安置核武器和其他大规模毁灭性武器条
约》，1972 年《禁止细菌（生物）及毒素武器的发展、生产及储存以及销毁这类武
器公约》[6]，1977 年《禁止为军事或任何其他敌对目的使用改变环境的技术的公约》
和《1949 年 8 月 12 日日内瓦四公约关于保护国际性武装冲突受难者的附加议定书》
（亦称第一议定书)[7]、《1949 年 8 月 12 日日内瓦四公约关于保护非国际性武装冲突
受难者的附加议定书》（亦称第二议定书)[8]，1980 年《禁止或限制使用某些可被
认为具有过分伤害力或滥杀滥伤作用的常规武器公约》（简称《过分伤害武器公
约》)[9] 并附三个议定书：《关于无法检测的碎片的议定书》（第一议定书）、《禁止
或限制使用地雷（水雷）、铒雷和其他装置的议定书》（第二议定书）、《禁止或限制
使用燃烧武器议定书》（第三议定书）、1995～1996 年通过修正的第二议定书和《关
于激光武器的议定书》（第四议定书），1988 年《反对招募、使用、资助和训练雇佣
军国际公约》，1992 年《禁止研制、生产、贮存和使用化学武器以及销毁此种武器公
约》，[10] 1997 年《禁止反步兵地雷公约》。

---

〔1〕　该四公约均于 1949 年 8 月 12 日订立，故称日内瓦四公约。

〔2〕　我国于 1956 年加入该公约并对第 10 条保留。

〔3〕　我国于 1956 年加入该公约并对第 10 条保留。

〔4〕　我国于 1956 年加入该公约并对第 10、12、85 条保留。

〔5〕　我国于 1956 年加入该公约并对第 11 条和第 45 条保留。

〔6〕　我国于 1984 年加入该公约。

〔7〕　我国于 1983 年加入该议定书。

〔8〕　我国于 1983 年加入该议定书。

〔9〕　我国于 1982 年加入该公约。

〔10〕　我国于 1996 年批准该公约。

第二节　战争的开始及其法律后果

一、战争的开始

战争的开始意味着交战国之间的关系从和平状态进入战争的敌对状态。它可以以宣战（declaration of war）为标志，也可以以实行武力行为达到战争状态为标志。战争通过宣战的程序而开始，曾是一项古老的惯例（usage），如古希腊、罗马时代国家间就常以宣战方式表明敌对关系的开始。格劳秀斯还认为宣战是战争开始的必要方式。1907 年《关于战争开始的公约》第 1 条也规定："缔约国承认，除非有预先的和明确无误的警告，彼此间不应开始敌对行为。警告的形式应是说明理由的宣战声明或是有条件的最后通牒。"所谓最后通牒，是指用断然的词句撰拟的对一个国家的警告，其目的通常是在很短的期限内得到某些满足（积极的作为或不作为），如果限期届满时，这些要求得不到满足，战争状态就自动产生。[1] 如 1914 年 8 月 4 日英国对德国发出的照会。德国于 1940 年 4 月 7 日对丹麦和挪威的声明。

虽然自古就有用宣战作为战争开始的方法之惯例，1907 年《关于战争开始的公约》规定了宣战原则，但该公约的缔约国只有 28 个，都不足以作为宣战是战争开始的一项必须遵守的习惯法规则的证据。[2] 而国际实践中存有许多不宣而战的情形，特别是《非战公约》《联合国宪章》及其他法律文件规定禁止侵略战争和非法使用武力后，一些国家为了逃避此项义务，纵欲从事战争，也不宣战。如，1935 年意大利进攻阿比西尼亚、德国 1938 年入侵奥地利、1939 年入侵捷克和阿尔巴尼亚、1941 年入侵苏联、1931 年和 1937 年日本入侵中国、1980 年的伊朗和伊拉克的战争、1982 年英国和阿根廷之战等均未事先宣战。对这样的武力冲突是否就一概不认为是战争呢？对此，国际上虽有分歧意见，但一般认为，如果发生了大规模的全面的敌对行动，无论是否经过宣战程序均应视为战争。其实，从战争法规的适用上讲，武装冲突发生后，不论其是否属战争状态，战争法规均应得到遵守。

二、战争开始的法律后果

战争开始使交战国之间的法律关系发生重大变化，产生一系列的法律后果，主要有以下方面：

（一）外交和领事关系的断绝

战争开始后，交战国之间一般就断绝外交关系和领事关系。交战国关闭其在敌国的使、领馆，外交代表和领事官员以及使、领馆的其他有关人员有返回派遣国的

---

〔1〕　参见［法］夏尔·卢梭：《武装冲突法》，张凝等译，中国对外翻译出版公司 1987 年版，第 21 页。

〔2〕　参见［英］劳特派特修订：《奥本海国际法》（下卷第 1 分册），王铁崖、陈体强译，商务印书馆 1981 年版，第 213～214 页。

权利。但在特定情况下，接受国政府可于他们返回派遣国之前暂予扣留，至其本国使、领馆人员返国为止。[1] 如在第二次世界大战中，各国就极其严格地实施了双方同时撤离原则。一个交战国只有在得知本国代表确实离开敌国的领土时，才放行敌国委派的使节。[2] 派遣国对其使、领馆的档案、馆舍、寓所、财产以及侨民的权益可委托接受国认可的第三国（一般是中立国）保管和保护。即使没有保护国，交战国也必须保全使馆和领馆的馆舍及其财产和档案。[3]

（二）条约关系发生变化

战争开始对与之相关的条约效力发生重大影响。因为战争开始会使某些条约的标的永久消失以致条约不能履行或因战争使情况发生变化，故某些条约的义务范围会受到影响。条约效力的变化必然影响到交战国之间条约关系变化。根据国际实践，这种变化主要有三种情况：[4]

1. 交战国间的条约效力。仅以交战国为当事国的条约效力据以下情况决定：①凡以维持共同政治行动或友好关系为前提的条约，如同盟条约、互助条约或和平友好条约立即废止，因为两国关系已经变成了战争敌对关系，根本不存在友好关系，也不可能维持共同的政治行动。②一般法律性和经济性条约，如引渡条约、商务条约等，除条约另有规定外，应停止施行，战后是否自动恢复效力或重订，由缔约国在条约中明确。有些国家的法院认为合理可行的经济性条约应予执行，纯属私法性质而与敌对行为进行无关的条约不因战争开始而停止实行。③关于规定缔约国之间固定或永久状态的条约，如边界条约、割让条约等应继续有效。

2. 交战国与非交战国参加的多边条约的效力。以交战国与非交战国为当事国的多边条约的效力有两种情况：①普遍性的多边条约或有关卫生、医疗的条约不因战争开始而终止，但是其中与交战行为相冲突的条款可停止执行，待到战争结束后恢复效力。②条约明文规定战时停止效力，如1944年《芝加哥航空公约》规定该约战时可停止效力。[5]

3. 规范战争行为的条约。凡规范战争行为的条约于战争开始即开始实施，当事国应严格遵守。例如1899年和1907年两次海牙和平会议缔结的一些关于战争的公约，1949年日内瓦四公约等。

（三）断绝通商往来

战争开始，交战国之间的政治、经济、军事等诸方面活动都处于敌对状态，因

---

〔1〕 参见丘宏达主编：《现代国际法》，三民书局1992年版，第686页。

〔2〕 参见［法］夏尔·卢梭：《武装冲突法》，张凝等译，中国对外翻译出版公司1987年版，第24页。

〔3〕 参见《外交关系公约》第45、46条。《领事关系公约》第27条规定和［苏联］科热尼科夫主编：《国际法》，刘沙等译，商务印书馆1985年版，第432页。

〔4〕 关于战争对条约的影响，参见李浩培：《条约法概论》，法律出版社2003年版，第468～471页。

〔5〕 参见1944年《芝加哥航空公约》第89条规定。

此断绝通商往来是情理之中的事。人民的贸易和商务往来也是不允许的，国家对于资敌或与敌国人民的通商一般都予以禁止。但对已履行的契约或已结算的债务并不废除。

（四）对敌产的影响

关于战争开始对敌产（enemy property）的影响涉及对敌产的处理问题，交战国在战争中对敌产的处理应区分公产和私产。

1. 公产的处理。交战国对于其境内的敌国的国家财产，即公产，除使、领馆外可予没收。对占领区内属军事性的敌国国家的动产可征用，对不动产可以使用，但不得取得、变卖或作其他处置，唯对具有军事性的不动产，如对桥梁、要塞等可于必要时予以破坏。

2. 私产的处理。交战国对其境内的敌国人民的私产可予以限制，如禁止转移、冻结或征用，但不得没收；对占领区内的敌国人民之私产不应以任何方式干涉或没收，禁止掠夺和报复，如1949年《关于战时保护平民的日内瓦公约》第33条规定："禁止掠夺和对被保护人及其财产实施报复行为。"但对可供军事需要的财产则可征用。

另外，交战国对在海上遇到敌国公、私船舶及货物可予拿捕没收。但对从事探险、科学、宗教或慈善以及执行医院任务的船舶不应采取此种措施。对中立国商船上的敌国私产，除可用于战争目的外，一般不应拿捕没收。对敌国的公、私航空器及其所载货物均可拿捕没收。

（五）对敌国公民的影响

战争开始，交战国对其境内的敌国公民（enemy alien）可实行各种限制，如进行敌侨登记、强制集中居住或拘禁等。但采取指定居住或拘禁要在国家安全绝对需要时，并且国家的司法或行政机关应予定期审查和重新考虑这种措施。1949年《关于战时保护平民的日内瓦公约》第27条规定，冲突各方对被保护人得采取由于战争而有必要之管制及安全措施。第42条规定，对被保护人之拘禁或安置于指定居所，仅于拘留国之安全有绝对需要时方可实施。第43条规定，任何被保护人被拘禁或被安置于指定居所者，有权请拘留国为该项目的所指定之主管法庭或行政审议机关对于该项举措尽速重新考虑。交战国在战争许可范围内应尽量给予敌国公民人身、财产和尊荣上的宽免。

交战国对占领区的敌国公民的处理参见本章第三节中关于军事占领法规的论述。

（六）关于敌性的确定

战争开始，交战国为达战争之目的，有权采取对敌人和敌产不利的行为，如前所述的没收、破坏、限制、拿捕以及使用等，但在采取此种行为前首先须明确实施对象的敌性（enemy character）。敌性的确定是采取此等行为的依据。确定敌性的对象包括个人、公司、船舶和货物等。[1]

1. 个人敌性的确定。国际实践中对个人敌性的确定标准，在第一次世界大战前曾采用住所制和国籍制。如英、美等国认为，居住在敌国境内或其占领区内的人，不论其国籍所属均具有敌性，这是以住所作为确定敌性的标准。法国等欧洲大陆国家以国籍为标准，凡具有敌国国籍者，无论其居住于何地均具有敌性。第一次世界大战后，国际实践趋向于把居住地制与国籍制结合确定敌性。凡敌国的战斗员和其他从事敌对行为的人，以及居住在敌国境内的敌国国民均具有敌性。就此目的而言，住在敌军有效占领下的领土范围内的人视同住在敌国领土。中立国人民若对交战国一方采取敌对行为，也具有敌性。

2. 公司敌性的确定。国际实践对公司法人敌性的确定有三种制度：①设立登记制。凡在敌国设立并登记的公司具有敌性。②营业地制。凡在敌国境内或其占领区营业的公司，或主要营业地在敌国境内或其占领区的公司，不论它在何国登记，均具有敌性。③经理人制。凡公司的经理或代理人住在敌国、依附敌国或接受敌国指示、控制，该公司虽不是在敌国登记，也不在敌国营业，但具有敌性。现在各国都程度不同地把上述三种制度兼用来确定公司的敌性。

3. 船舶敌性的确定。船舶包括公、私船舶。船舶敌性均以其悬挂的旗帜来决定。凡悬挂敌国国旗的船舶都具有敌性。悬挂中立国国旗的，不具敌性。但若此种船舶本无悬挂中立国旗的权利或直接参与敌对行动，或接受敌国指挥控制，或完全为敌国运输军队或传递情报，或武力抵抗交战国军舰的合法临检、搜索、拿捕，或受敌国特许经营平时不能经营的贸易，或全部或部分所有人具有敌国国籍的，均具有敌性。至于船舶转让是否可以丧失敌性，各国主张不一。欧洲大陆国家认为只有开战前转让才可排除敌性。英、美认为只要转让出于诚意且不是在航程中转让都可以丧失敌性。

4. 货物敌性的确定。按照传统惯例，确定货物敌性有两项原则：一项是，凡在敌性船上的货物，均被推定具有敌性；其中经确切证明属中立国人民的，可恢复中立性。另一项原则是，如货主具有敌性，其货物亦具有敌性。

三、非战争武装冲突的开始及其后果

非战争的武装冲突没有正式开始的宣告程序。只要实际武力行为存在，就视为开始了非战争武装敌对。这种武装争斗引起的后果与战争开始的后果不同，如交战国之间外交关系和条约不一定断绝，但可根据冲突的特殊情势调整它们的关系或按联合国安理会或大会决议或建议办理。

---

〔1〕　关于个人、公司、船舶和货物敌性确定的标准与实践，参考了丘宏达主编：《现代国际法》，三民书局1992年版，第691～693页。

第三节　战争法规

战争法规（law of war）是对国家战争行为所规定的若干限制。凡为制服敌国所使用的武力均须受战争法规的拘束，同时还要对交战者，平民和其他战争受难者给予人道保护。制定和遵守战争法规的目的在于防止和惩治战争中实施的野蛮和残酷行为，减少战争的灾难。菲德罗斯等著的《国际法》指出："在研究战争中伤害法（狭义的战争法）的界限以前，必须先注意战争法的主导原则，即战争伤害法本身。这个原则是在战争中，所有对击溃敌人有用而不违反国际法禁止规定的方法，都是许可的。但是国际法禁止的规定不仅包括具体禁止战争的规定，而且也包括战争法的一般原则。这些禁止规定的总和构成狭义的战争法。这些规定的基本思想是在可能范围内使战争人道主义化。这样，这些规定，正如海牙陆战规则所说，旨在在军事利益容许的范围内，减轻战争的苦难。"[1] 这部分战争法的原则和规则也被称为国际人道主义法，国际法院在其 1996 年 "关于核武器的威胁或使用是否合法" 的咨询意见中称：可以认为，国际人道主义法是指交战者应遵守的敌对行为规则和对受难者的保护规则。它们不仅是习惯国际法，还有强行法的性质。是交战者必须遵守的。这已被众多学者阐明并付诸惩治违反者的实践。[2] 战争法规的内容有以下几方面：

一、交战者、战区和战场

（一）交战者

按照 1907 年海牙第四公约附件《陆战法规和惯例章程》、1949 年《日内瓦改善武装部队伤病员待遇和战俘待遇公约》和 1977 年《日内瓦公约第一议定书》的有关规定，合法交战者（lawful belligerent）包括武装部队、民兵和志愿军、居民抗敌军和有组织的抵抗人员等，因为它们都须是遵守战争法，享有战争法规定的权利和承担战争法规定的义务。

1. 武装部队。武装部队（armed forces）是国家的正规部队。1977 年《日内瓦公约第一议定书》第 43 条规定：冲突一方的武装部队是由一个为其部下的行为向该方负责的司令部统率下的有组织的武装部队、团体和单位组成，即使该方是以敌方所未承认的政府或当局为代表。该武装部队应受内部纪律制度的约束，该制度除其他

---

[1]　[奥] 阿·菲德罗斯等：《国际法》（下册），李浩培译，商务印书馆 1981 年版，第 523 页。

[2]　参见 [英] 劳特派特修订：《奥本海国际法》（下卷第 1 分册），王铁崖、陈体强译，商务印书馆 1981 年版，第 168 页；[奥] 阿·菲德罗斯："国际法上禁止的条约"，载《美国国际法杂志》第 31 卷，1937 年。另外，第二次世界大战后的两个国际军事法庭的审判实践亦足以证明战争法规有强行法性质。

外应强制遵守适用于武装冲突的国际法规则。冲突一方的武装部队人员（除医务人员和随军牧师外）是战斗员。换言之，这类人员有权直接参加敌对行动。无论何时，冲突一方如果将准军事机构或武装执法机构并入其武装部队内，应通知冲突其他各方。

2. 民兵和志愿军。按 1907 年《陆战法规和惯例章程》第 1 条的规定，民兵（militia）和志愿军（volunteer army）也具有交战者资格，但以他们由一个对部下负责的人指挥，具有从一定距离可以识别的固定的和明显的标志，公开携带武器，遵守战争法规和惯例为条件。在民兵或志愿军构成军队或军队的一部分的国家中，民兵和志愿军应属武装部队范围。

3. 居民自发抵抗军。居民自发抵抗军是指未被占领地的居民在敌人迫近时，自动拿起武器以抵御敌人的义勇军（volunteers）。他们只要公开携带武器并原则上遵守战争法规和惯例，就有合法交战者资格。

4. 有组织的抵抗运动人员。有组织的抵抗运动人员是在其本国领土内外活动的游击队（guerrilla force），只要他们有一个负责的人指挥，具有从一定距离可以识别的固定的和明显的标志，公开携带武器、遵守战争法规和惯例，就具有合法交战者资格。

合法交战者中包括战斗员（combatant）和非战斗员（non-combatant）。战斗员是指持有武器直接参加武力战斗的人员。非战斗员是以协助军队从事医疗、卫生、财务、邮政、补给、兵站、宗教等方面的活动为目的所属人员，他们不参加武力争斗。战斗员在作战中是敌方杀伤的对象，非战斗员不可作为杀伤或攻击的对象。但无论是战斗员还是非战斗员，只要是合法交战者都应受到保护，他们落入敌手均应享有战俘待遇，并且军使还享有特别的地位。按照 1907 年《陆战法规和惯例章程》第 32 条的规定，军使是奉交战一方之命令，前往敌方进行谈判的代表，他们应持白旗。军使及伴随他们的号手或鼓手、旗手和译员均享有不受侵犯的权利。但如果军使滥用其职权，便丧失其不可侵犯的特权。军使被派遣的敌方指挥官没有接受军使的义务，并且有权采取措施，防止军使利用其地位刺探情报。遇有军使滥用权利的情况，指挥官还有权暂时扣留他。

在讲合法交战者时，应明确间谍和外国雇佣兵的地位。间谍（spy）是指秘密地或者借助于虚伪的口实在交战者一方领土上搜集或者企图搜集情报并蓄意送给敌方的人。按 1977 年《日内瓦公约第一议定书》第 46 和 47 条规定，间谍被捉到只能根据法庭审判受到惩处，其返回本国军队而后又成为俘虏的，对以前从事的间谍行为不负责任，可以享受战俘待遇。雇佣兵（mercenary）是指交战国在当地或外国特别征募以便在武装冲突中作战，事实上直接参加敌对行动，主要以获得私利而参加敌对行动的人。雇佣兵由冲突一方允诺给予远超过对该方武装部队内具有类似等级和职责的战斗员所允诺或付给的物质报偿，既不是冲突一方的国民又不是冲突一方所控制的领土的居民，既不是冲突一方武装部队人员，也不是非冲突一方的国家所派遣作为其武装部队人员执行官方职务的人。雇佣兵不具有合法交战者的地位，不享有作为战斗员的权利，被俘后不享有战俘待遇。

（二）战区和战场

战区（region of war）是指交战国可以为进行战争而实施伤害敌方手段的区域，即从法律上允许进行伤害敌方行为的地区。原则上，战区可以是交战国的领土、专属经济区、大陆架（但在中立国的专属经济区和大陆架上进行战争行为应顾及中立国的权利和义务）和公海。中立国的领土和已经取得中立化地位的交战国领土或交战国协定确定的非军事化地带不得作为战区。1967年的中东战争中，以色列把战争行为扩大到苏伊士运河区，就侵犯了运河区的中立地位。[1] 战场（theatre of war）是在战争（或武装冲突）中实际进行武力行为的陆、海、空区域。它包括在战区内，但又与战区有区别，因为战区中不一定发生武力争斗。

二、作战手段和方法

国家在战争中实行武力争斗就要制服敌方，为此，就会使用各种作战手段和方法去攻击敌人，但这不意味着交战者可以肆无忌惮地攻击或消灭敌人，它们实施的作战手段和方法要受战争法规定的原则和规则的限制。1868年《圣彼得堡宣言》指出：战争之行为应服从人道原则，故需限制技术使用之范围。1899年和1907年的两个《陆战法规和惯例的章程》第22条均规定：交战者在损害敌人的手段方面，并不拥有无限的权利。1977年《日内瓦公约第一议定书》第35条也作了重申。战争法不仅要限制交战者选择使用作战手段和方法的权利，而且规定了限制的具体原则和规则。这些限制性的原则和规则有以下内容：

（一）作战的基本原则

所谓作战的基本原则，是指交战者在战争中使用的作战手段和方法必须符合的原则，它们有：

1. 限制原则。限制原则（principle of restriction）要求交战国对作战方法和手段的选择遵守战争法的限制，不得实施法律所禁止或限制的方法和手段。如，不得使用不分皂白的、背信弃义的、给人造成极度痛苦或改变人类环境的作战手段和方法。

2. 区分原则。区分原则（principle of distinction）要求在武力争斗中要将平民和交战者、战斗员与非战斗员、有战斗能力的战斗员和丧失战斗能力的战争受难者区分开来；还要将军用物体和民用物体、军事目标和民事目标区分开。不得把平民、非战斗员和丧失战斗能力的战争受难者和民用物体及民事目标作为攻击的对象。

3. 相称原则。相称原则（principle of proportionality）要求交战者所使用的作战手段和方法应与预期的、具体的和直接的军事利益相称。不得进行过分的或不成比例的攻击，不得使用引起过分伤害和不必要痛苦的作战手段和方法。

---

〔1〕 1888年《苏伊士运河自由通航公约》第4～7条规定，运河区具有中立地位，各国不得在其内进行军事行动。但第10条规定自卫措施除外。

4. 军事必要和条约无规定不得免除国际法义务原则。此项原则的意义在于要求交战者在进行武力争斗时要遵守战争法所加诸它的国际义务。一方面不得以"军事必要"(military necessity)来诋毁或破坏战争法规的义务。因为战争法规的规定就是以承认军事必要为前提的，所以就不得再以"军事必要"为由而解除其应遵守的义务，使用战争法规禁止的作战方法和手段。即使是一些规则提供了军事情况许可时的条件，但在法律上对这种条件也必须从严解释，只适用于那些明文提出这一限制的规定。另一方面是不得以条约无规定为由违反战争法规的义务。这就要求交战者在武力争斗中不仅要遵守现行条约义务，而且在条约没有规定的情况下也不得实施战争法规禁止或限制的作战手段和方法。因为除条约规定外，还有习惯法在约束交战者。再者，由于科学技术的不断发展，任何条约都不可能将一切新的方法和手段规定穷尽。对此，1899 年和 1907 年的两个《陆战法规和惯例公约》的序言中指出：现在还不可能对实践中所出现的一切情况制定一致协议的章程，但另一方面，缔约各国显然无意使没有预见到的情况由于缺乏书面的规定就可以听任指挥官任意武断行事。在颁布更完整的战争法规之前，缔约各国认为有必要声明：凡属它们通过的章程中所没有包括的情况，平民和交战者仍应受到国际法的保护和管辖，因为这些原则是来源于文明国家之间制定的惯例、人道主义法规和公众良知的要求。这一规定被称为马尔顿斯条款（Martens Clause）。[1] 1977 年的《日内瓦公约第一议定书》第 1 条第 2 款规定："在本议定书或其他协定所未包括的情形下，平民和交战者仍受来源于既定习惯、人道原则和公众良知要求的国际法原则的保护和支配。"这一规定同样反映了马尔顿斯条款的意思。

（二）禁止使用的作战手段和方法

战争中为击败敌方，交战者可以使用现有的或可能发明的作战手段和方法，但是不得使用战争法所禁止使用的作战手段和方法，并且要符合上述基本原则。现行的国际条约规定禁止使用的作战手段和方法有：

1. 极度残酷和过分伤害的武器。为了减少战争的残酷性，国际上自 19 世纪起就在一些条约中规定禁止在战争中使用极度残酷的或过分伤害的武器，因为这样的武器会使人在遭受极度痛苦后死亡，或引起不必要的或过分的损害，具有极强的野蛮和残酷性。1868 年《圣彼得堡宣言》提出，缔约国在发生战争时放弃使用任何轻于400 克的爆炸性弹丸或是装有爆炸性或易燃物质的弹丸，因为这类弹丸会给战斗员造

---

〔1〕 马尔顿斯是俄国著名国际法学者，1899 年海牙和平会议时曾任第二委员会第二小组委员会主席。在该会议第 11 次会议上，他以主席身份宣读了一项声明，声明的第三节内容被纳入《陆战法规和惯例公约》的前言，因此称"马尔顿斯条款"，这一条款的内容还被写入 1907 年《陆战法规和惯例公约》之序言中。该条款起到了打消那些认为公约及其附件《陆战法规和惯例章程》不够完善的意见并使公约获得通过的作用。在法律上，一般认为应当用上述条款的精神来解释公约的前言的后部分及公约第 1、2 条。

成极度痛苦。1899 年《禁止使用入人体内易胀或变形之弹丸宣言》宣告："各缔约国禁止使用在人体内易于膨胀或变形的投射物，如外壳坚硬而未全部包住弹心或外壳上刻有裂纹的子弹。"这种易胀易变形的弹丸，如达姆达姆弹一类的子弹射入人体后发生破裂，造成伤口扩大和感染，难以治愈。现在的小口径高速度步枪，如 AKS 和 MIS 步枪因子弹速度极快，进入人体后可造成比达姆达姆弹还严重的后果。另外，那些射出大量碎片、小箭、小针之类的集束炸弹或地雷也同属极度残酷的武器。1980 年《禁止或限制使用某些可被认为具有过分伤害力或滥杀滥伤作用的常规武器公约》和三项议定书及一个决议，即《关于无法检测的碎片的议定书》《禁止或限制使用地雷（水雷）、饵雷和其他装置的议定书》《禁止或限制使用燃烧武器议定书》和《关于小口径武器系统的决议》，进一步强调战争人道主义原则，对使人致残和陷入长期痛苦的常规武器加以禁止和限制。

随着科学技术的发展，有的国家生产并在战争中使用化学武器和细菌武器。这种武器更加野蛮和残酷。如，在第一次世界大战中，德国就曾在位于伊普尔以北的朗格马克、凡尔登、弗朗德勒地区和意大利及东方战线使用毒气。协约国为了报复也曾使用化学武器。第二次世界大战中德国更加疯狂地使用毒气。日本在侵华中，在中国实验、生产和使用化学武器和细菌武器。1899 年《海牙陆战法规和惯例的章程》还规定特别禁止使用毒物或有毒武器。同年的《禁止使用以散布窒息性或有毒气体之投射物宣言》宣布禁止使用窒息性瓦斯或毒气弹之投射物。1907 年海牙第四公约附件也作了禁止使用毒物或有毒武器的规定。1925 年《禁止在战争中使用窒息性、毒性或其他气体和细菌作战方法的议定书》不仅重申了上述条约的规定，而且提出禁止使用细菌武器。1972 年《禁止细菌（生物）及毒素武器的发展、生产及储存以及销毁这类武器的公约》除规定禁止使用细菌和毒素武器外，还规定永远禁止在任何情况下发展、生产、贮存、取得和保留这类武器。1992 年《禁止研制、生产、贮存和使用化学武器以及销毁此种武器公约》规定，全面禁止化学武器的研制、生产、贮存和使用，并且要销毁这类武器。无疑，化学武器在战争或武装冲突中是严禁使用的。按照公约规定还建立了投诉、核查和制裁机制。

除条约规定禁止使用的上述武器外，核武器[1] 也应属禁止之列，因为这类武器不仅会造成大规模的残酷杀伤，而且会严重破坏环境及平民的生命财产。美国 1945 年 8 月 6 日和 9 日使用原子弹对日本的广岛和长崎的轰炸，分别造成 240 000 人和 74 000 人死亡（1982 年据日本方面的统计是 229 591 人和 58 598 人）。[2] 就是核武器

---

[1] 1954 年 10 月 23 日巴黎第三议定书《关于军备监督》附件二定义：核武器是指"所有含有或被设计为含有或使用核燃料或放射性同位素，通过爆炸或其他非控制的核裂变，或通过核燃料或放射性同位素的放射现象，足以造成大规模毁灭、普遍损害或大量中毒的武器"。这种武器包括裂变原子弹和聚变热核弹（氢弹）。

[2] 参见［法］夏尔·卢梭：《武装冲突法》，张凝等译，中国对外翻译出版公司 1987 年版，第 94 页。

巨大危害的例证。

虽然到目前为止，国际上尚未有禁止使用核武器的协议，但是，1961 年联合国大会通过了《禁止使用核武器和热核武器宣言》。该宣言称：核和热核武器的使用是违反联合国宗旨的，它会比以前的公约或宣言禁止使用的武器更加残酷，危害更大，使用它是针对全人类和人类文明的手段，是反人道法的，是国际法的一种罪行。1972 年联合国大会又通过决议，宣布永远禁止使用核武器，使用核武器是违反《联合国宪章》的和对人类的犯罪。1996 年国际法院就联合国大会于 1994 年提出的"关于核武器的威胁或使用是否合法"的问题发表的咨询意见称：利用核武器威胁或使用核武器是违反适用于武装冲突中的战争法规则的，尤其是与人道法原则和规则相违背的。因为核武器是一种爆炸性装置，它的能量产生于原子的聚变和裂变，正是由于这一性质，使用过程中不仅释放大量热和能并产生强烈持久的辐射……核武器有潜在的灾难性，它的破坏力不能被空间和时间遏制，有毁灭一切文明和地球上的全部生态系统的潜力。尽管法院还认为，考虑到目前国际法的现状和它所涉及的事实之各种因素，在整个国家存亡攸关的特别情况下采取自卫时，法院不能作出利用核威胁或使用核武是否合法的确切结论。[1]但这种没有结论的结论是令世人遗憾的。就连法院院长贝贾维（Bedjaoui）也是不满意的，他在其声明中强调，如果在危及一国生存的极端的情况下行使自卫，也不能产生免除该国遵守不得违反的国际人道法规责任的情势。他批评说，毫不犹豫地使一国的生存比人类的生存更为优越是太轻率了。[2]

2. 不分皂白的作战手段和方法。不分皂白的手段和方法就是狂轰滥炸，不分战斗员与非战斗员、战斗员与平民、军用物体和民用物体、军事目标和民事目标，不加区别地使用武力。这种手段和方法会使平民、民用物体、和平城镇及非战斗员遭到非人道的攻击或伤害，是战争法所禁止的。许多条约对此都作了规定，例如，1907 年《陆战法规和惯例章程》第 25 条规定："禁止以任何手段攻击或轰击不设防的城镇、村庄、住所和建筑物。"第 27 条规定："在包围和轰击中应采取一切必要措施，尽可能保全专用于宗教、艺术、科学和慈善事业的建筑物，历史纪念物，医院和病者、伤者的集中场所，但以当时不作为军事用途为条件。"1949 年《关于战时保护平民的日内瓦公约》的有关条款中规定不得把民用医院、安全地带以及运送伤病者、平民、弱者、产妇的车、船舶和飞机作为攻击的目标。1977 年《日内瓦公约第一议定书》第 51 条规定，禁止不分皂白的攻击。不分皂白的攻击是不以特定军事目标为对象的攻击；使用不能以特定军事目标为对象的作战方法或手段；使用任何将

〔1〕 See Legality of the Threat of Use of Nuclear Weapons, Advisor Opinion of 8 July 1996, http：//www. icj-cij. org/icjwww/idecisions/isummaries/iunanaummary 960708. htm, paras 35 and 95.

〔2〕 参见凌岩："国际法院关于核武器的使用和威胁是否合法的咨询意见"，载《中国国际法年刊(1996)》，法律出版社 1997 年版，第 333 页。

平民或民用物体集中的城镇、乡村或其他地区内许多分散而独立的军事目标视为单一的军事目标的方法或手段进行轰击的攻击；可能附带使平民生命受损失、平民受伤害、平民物体受损害，或三种情形均有而且与预期的具体和直接军事利益相比损害过分的攻击。另外，按1977年《日内瓦公约第一议定书》第56条的规定，含有危险力量的工程或装置，如堤坝和核发电站，即使是军事目标，也不应成为攻击的对象。因为这种攻击可能引起危险力量的释放，从而在平民居民中造成严重损失。

3. 改变环境的作战手段和方法。改变环境的作战手段和方法是指旨在可能改变自然环境、引起广泛长期而严重损害的手段或方法。如，使用某种方法改变气候，引起地震、海啸，破坏自然界的生态平衡，破坏臭氧层等。1977年《禁止为军事或任何其他敌对目的使用改变环境的技术的公约》第2条指明，公约第1条所称"改变环境的技术"是指通过蓄意操纵自然过程改变地球（包括其生物群、岩石圈、地下层和大气层）或外层空间的动态、组成或结构的技术。第1条规定："不得为军事或任何其他敌对目的使用具有广泛持久或严重后果的改变环境的技术作为摧毁、破坏或伤害任何缔约国的手段。"1977年《日内瓦公约第一议定书》第35条第3款规定："禁止使用旨在或可能对自然环境引起广泛、长期而严重损害的作战方法或手段。"第55条规定："在作战中，应注意保护自然环境不受广泛、长期和严重的损害。这种保护包括禁止使用旨在或可能对自然环境造成这种损害从而妨害居民的健康和生存的作战方法和手段。作为报复对自然环境的攻击是禁止的。"

4. 背信弃义的作战手段和方法。早在1899年和1907年制定的《陆战法规和惯例章程》中就规定禁止以背信弃义（perfidy）的方式杀伤属于敌国或敌军的人员。1977年《日内瓦公约第一议定书》第37条第1款规定："禁止诉诸背信弃义行为以杀死、伤害或俘获敌人。以背弃敌人信任为目的而诱取敌人的信任，使敌人相信有权享有或有义务给予适用于武装冲突的国际法规则所规定的保护的行为，应构成背信弃义行为。下列行为是背信弃义行为的事例：①假装有在休战旗下谈判或投降的意图；②假装因伤或因病而无能力；③假装具有平民、非战斗员的身份；④使用联合国或中立国家或其他非冲突各方的国家的记号、标志或制服而假装享有被保护的地位。"

背信弃义行为的结果是使行为人失去其假装行为所应享有的国际法规定的保护，但从事背信弃义行为的个人并不因此而丧失战斗员的资格，当他落入敌手时仍享有战俘资格。[1]

虽然在战争中禁止使用背信弃义的作战方法，但并不禁止使用诈术。诈术是旨在迷惑敌人或诱使敌人作出轻率的行为，但不违反任何适用于武装冲突的国际法规则，而且由于并不诱使敌人在该法所规定的保护方面的信任而不构成背信弃义的行

---

〔1〕 参见王铁崖主编：《中华法学大辞典》（国际法学卷），中国检察出版社1996年版，第35页。

为。如使用伪装、假目标、假行动和假情报。1899 年和 1907 年《陆战法规与惯例章程》分别在其第 24 条规定：采用战争诈术和使用必要的取得有关敌人和地形的情报的手段应视为许可的。例如，1944 年 6 月盟国为让敌国相信要在加来海峡组织行动，以此来掩盖诺曼底的登陆计划。

三、海战和空战的特殊规则

上述所讲的战争法规的原则和规则无疑也适用海战和空战。1907 年海牙会议文件中提到，在任何情况下，国家在海战范围内尽可能适用陆战法规与惯例的原则。如 1907 年《关于 1906 年 7 月 6 日日内瓦公约原则适用于海战的公约》（海牙第十公约）序言称："基于同样的热切的愿望，即在人们力所能及的范围内减轻战争中不可避免的祸害；并愿为此目的，把 1906 年 7 月 6 日日内瓦公约的原则适用于海战。"因为当时航空器尚未广泛用于战争，所以 1907 年的文件中只提到陆战规则适用于海战，但这并不等于说现代的空战中就不适用陆战规则，而是同样受陆战原则和规则的限制。但由于海战和空战与陆战有一些不同的特点，因而形成了交战者应当遵守的一些特殊规则。

（一）海战的特殊规则

海战的战场是在海域，交战国在它们的领海、专属经济区及大陆架或公海或中立国的专属经济区或大陆架上进行武力争斗。海战的主要工具是军舰（warships），它同时也是攻击的目标。交战国只能使用属于自己编制的船舰攻击敌方，禁止使用其他船只。私掠船（privateer）也是被禁止使用的。[1]

1. 敌国商船的地位。敌国商船在战争中是拿捕的对象，但在特定情况下不得被拿捕，而应给予宽容。①对在敌对行动开始时停泊于敌国港口的交战国的商船，应准其立即或在合理的宽容期限自由离去，并随带通行证直接开往其目的地港或指定的其他港口。此规定也适用于在战争开始之前已离开最后出发港并在不知道战争已开始的情况下进入敌国港口的商船。②对商船由于不可抗力的情况未能在前所指的期限内离开敌国港口或未获得驶离许可证时，不得予以没收。交战国只能在战后归还的条件下无偿扣留或有偿使用。③对在海上相遇的于战争开始前就已离开最后出发港并对战争毫无所知的敌国商船不得没收。只能在战后予以归还的谅解下才能无偿地予以扣留或在给予补偿的前提下征用或击毁，在后述情况下必须对船上人员的安全和船舶文件的保护作出安排。[2]此类船舶已经抵达本国港口或中立国港口后，就受海战法规和惯例的管辖。

对上述情况所及的船上的敌货同样可连同船舶一起或单独地予以扣留并在战后无偿归还或予以有偿征用。

---

[1] 私掠船是指经本国政府允许并发给私掠许可证的武装私人船舶。1856 年《巴黎海战宣言》正式宣布废除私掠船制。

[2] 以上规则，参见 1907 年《关于战争开始时敌国商船地位公约》第 1、2、3 条的规定。

若是商船改装为军舰，则具有军舰的地位，但应符合1907年《关于商船改装为军舰公约》规定的条件：①商船改装为军舰，必须在其船旗国的直接管辖、控制和负责之下，否则不得取得军舰的权利和义务；②改装为军舰的商船必须具备本国军舰特有的外部标志；③舰长应为国家服役并由主管机关正式任命。他的姓名必须列入战斗舰队军官名册；④船员应受军队纪律的约束；⑤任何改装为军舰的商船必须在作战中遵守战争法规和惯例；⑥把商船改装为军舰的交战国应尽速宣布此项改装，载入军舰名单中。

武装商船与改装为战舰的商船不同。武装商船原本是为了对付私掠船，只能用于防御，它的防御性武装不改变该船的法律地位。但若此类商船主动攻击敌船，则失去国际法的保护。

2. 海军轰炸规则。对于海军的轰击，1907年《战时海军轰击公约》规定了如下的特殊限制：

（1）禁止轰击不设防的港口、城镇、村庄、居民区和建筑物，并且不得攻击港口外设置自动触发水雷的地方。

（2）对处于不设防地点的军事设施，如军事工程、陆军或海军设施、武器或战争物资仓库、可用于满足敌国舰队或军队需要的车间和设施以及停泊在港口的军舰等可以轰击，但在轰击前应通知有关地方当局限期拆毁，如不执行，才可轰击。在轰击时应尽可能减少对该城市的损害。

（3）如地方当局经正式警告后，拒绝为停泊在该地海军征集所急需的粮食和供应，则经正式通知后，可对该不设防的港口、城镇、村庄、居民区或建筑物进行炮轰。但是此项征收须与当地资源成比例。禁止因征收现银或课税不遂而轰击。

（4）轰击时必须尽力保全宗教、文艺、科学和慈善事业的建筑物、历史纪念碑、医院和伤病员收容所，但是要以这些建筑物不充作军事用途为条件。并且这种建筑上应用明显标志标出，即在大的长方木板上按对角线分为两个三角形，上面部分为黑色，下面部分为白色。

（5）如果军事情势许可，在轰击前应尽力向地方当局发出警告。

（6）禁止对突击攻克的城市或地方进行抢劫。

此外，1907年《关于敷设自动触发水雷公约》对海战中水雷和鱼雷的使用也规定了限制，主要有：①禁止敷设没有系缆的自动触发水雷，但失去控制1小时后失效者除外；②禁止敷设虽有系缆，但离开系缆后仍能为害的水雷；③禁止敷设击不中目标以后仍有危险性的鱼雷；④禁止以断绝贸易通航为目的在敌国沿岸或港口敷设自动触发水雷；⑤使用系缆自动触发水雷时，应尽力避免威胁海上和平航行的安全；⑥中立国在其海岸外敷设触发水雷时，也应遵守上述规定。

在海战中，除了上述限制外，按1930年《限制和裁减海军军备的国际条约》第四部分、1936年《关于潜艇作战规则的伦敦议定书》、1937年《尼翁协定》等文件的规定，无论是潜艇还是水面船只，对敌国的商船，只能是在其拒绝停驶或抗拒临检或按指定方向航行时才可攻击，并且应预先将船上旅客、船员及船舶的文书安置到安全的地方。

（二）空战的特殊规则

关于空战规则目前尚未有专门国际条约规定，故空战只适用与之有关的陆战和海战规则及惯例。从实践来看，空战的主要问题是，如何限制和减少空中轰炸的残酷伤害。早在 1899 年和 1907 年的海牙宣言就提出禁止用气球或类似方法投掷投射物和爆炸物。1923 年海牙法学家委员会草拟的《空战法规草案》对研究空战规则具有重要的参考价值。草案提出：只有军事航空器才能交战；1907 年的海牙第十公约应适用于空战；禁止为使平民发生恐怖及破坏或损坏非军事性质的私人财产或伤害非战斗员的目的而进行的轰炸；轰炸只能针对军事部队、军事工程、军事建筑物或仓库、军工厂和用于军事目的的运输线；尽量避免轰炸宗教、艺术、科学和慈善事业的建筑物、历史纪念碑、医院船、医院及收容伤病者的其他场所，但以此种建筑物、物体或场所当时并未用于军事目的为限。1937 年《尼翁协定的补充协定》第 2 条规定把潜艇作战规则适用于空战。1977 年《日内瓦公约第一议定书》第 49 条第 3 款规定："本段规定适用于可能影响平民居民、平民个人或民用物体的任何陆战、空战和海战……"第 51～56 条和第 59 条所规定的对平民、民用物体、文物和礼拜场所、自然环境、不设防地的保护以及对含有危险力量的工程和装置的保护的规定均适用于空战。关于陆地的其他作战方法和手段及武器的限制也适用于空战。

四、军事占领法规

（一）军事占领的概念

军事占领（military occupation）是指交战国一方击败或驱走敌方军队后临时控制敌国领土的行为。1907 年《陆战法规与惯例章程》第 42 条规定："领土如实际上被置于敌军当局的权力之下，即被视为被占领的领土。占领只是用于该当局建立并行使权力的地域。"军事占领唯有在一国领土事实上已置于敌军权力之下时开始，至交战国的问题获得解决而终止。军事占领的性质只是对敌国领土的暂时占领，因此，这种占领不能取代或转移占领区的主权。占领区的敌国平民亦不因此而改变国籍，不承担对占领者效忠的义务，占领国的管辖权也是临时性质的。它与战后占领不同，后者是以专门的国际协议为基础的，可作为追究侵略责任的措施。例如，对德国和日本于 1945 年投降后实行的占领就是属制裁性而不属战争行为。

（二）占领当局的权利和义务

1907 年《陆战法规与惯例章程》、1949 年《关于保护平民的日内瓦公约》、1945 年《关于武装冲突中保护珍贵文物的海牙公约》等都涉及军事占领的问题。尤其是前两个文件还专门规定了军事占领当局的权利和义务。

1. 占领当局的权利。因为占领当局临时取代了被占领国在占领区的权力，因此，它对占领区可在国际法许可的范围内行使军事管辖。有权采取一切必要措施维护占领区的安全和秩序的措施。例如，维护占领区的秩序；管理占领区的资源；保护占领区的公共安全、物资供给、医疗卫生、财政、税收教育和制定为管理占领区所需要的法令等措施。

2. 占领当局的义务。占领区当局在行使权利的同时，也有义务维护社会秩序和居民生活。特别是对平民要给予人道待遇，不得剥夺他们的生存权；对平民的人格、尊荣、家庭、宗教信仰应给予尊重；不得施以暴行、恐吓和侮辱；不得把平民扣为人质或进行集体惩罚或谋杀残害及用作实验；不得用武力把平民驱逐；不得为获取敌国情报而对平民采取强制手段；不得强迫平民为其武装部队或辅助部队服务或加入其军队；不得侵犯平民正常需要的粮食和医药供应。同时，占领当局还不得废除占领区的现行法律，必须维持当地原有法院和法官的地位，尊重现行法律。占领者还应尽力用一切办法，维持及恢复当地的公共秩序与治安等。

第二次世界大战中，德国法西斯曾在他们的占领区内建立所谓"新秩序"，废除原有法律，到处逞凶肆虐，大规模地镇压和残杀平民，剥夺他们的权利和自由。这是对军事占领法规的粗暴践踏。

五、战俘、伤病者和平民的保护

保护战俘、伤、病者和平民，或给予他们必要的待遇是战争法规之非常重要内容之一部分。

（一）战俘的保护

1. 战俘的概念。战俘（war prisoner）的概念是17世纪末、欧洲30年战争后才出现的。它是指在战争中或非战争的武装冲突中落于敌方权力支配下的合法交战者。按1949年《关于战俘待遇的日内瓦公约》第4条的规定，战俘包括下列落入敌手的某一类成员：

（1）冲突之一方的武装部队人员及构成此种武装部队一部之民兵与志愿部队人员。

（2）冲突之一方所属的其他民兵及其他志愿部队人员，包括有组织的抵抗运动人员之在其本国领土内外活动者，即使此项领土已被占领。

（3）自称隶属于未经拘留国承认的政府或当局的正规武装部队人员。

（4）伴随武装部队而非其成员者，如军用机上的文职工作人员、战地记者、供应商人、劳动队工人或武装部队福利工作人员。但他们须获得其伴随的武装部队的准许并有身份证明。

（5）冲突各方的商船队的船员，包括船长、驾驶员与见习生以及民航机上的工作人员，而依国际法的任何其他规定不能享受更优惠之待遇者。

（6）未占领地的居民，当敌人迫近时，未及组织成为正规部队，而立即自动拿起武器抵抗入侵军者。

此外，交战国的国家元首、政府首脑和高级官员，如落入敌手，一般也成为战俘。

2. 战俘待遇。从国际法角度来看，合法交战者不是以个人身份参加作战。交战国拘捕和扣留战俘的目的，不在于处罚他们，而在于使他们无法再参加作战，因此，不但不得杀害他们或以他们为报复对象，还必须给他们合乎人道的待遇。夏尔·卢梭指出："战俘的在俘，不是一种惩治的措施，而只是对一个解除了武装的对方所采取的预防措施。因此，战俘应得到安全的生活，并应受到人道待遇。"[1]

确定战俘待遇的公约有：1907 年《陆战法规和惯例章程》、1929 年《关于战俘待遇的日内瓦公约》、1949 年《关于战俘待遇的日内瓦公约》和 1977 年《日内瓦公约第一议定书》。

按这些文件的规定，战俘自其被俘至其丧失战俘身份前应享受以下方面的人道主义待遇：

（1）交战国应将战俘拘留所设在比较安全的地带。无论何时不得把战俘送往或拘留在战斗地带或炮火所及之地，也不得为使某地点或某地区免受军事攻击而在此等地区安置战俘。

（2）不得将战俘扣为人质，禁止对战俘施以暴行或恫吓及公众好奇的烦扰；不得对战俘实行报复，进行人身残害或肢体残伤或供任何医学或科学实验；不得侮辱战俘的人格和尊严。

（3）战俘应保有其被俘时所享有的民事权利。战俘的个人财物以及除武器、马匹、军事装备和军事文件以外的自用物品一律归其个人所有；战俘的金钱和贵重物品可由拘留国保存，但不得没收。

（4）战俘的衣、食、住要能维护其健康水平，不得以生活上的苛求作为处罚措施。应保障战俘的医疗或医药卫生。

（5）尊重战俘的风俗习惯和宗教信仰，允许他们从事宗教、文化和体育活动。

（6）准许战俘与其家庭通信和收寄邮件。

（7）战俘享有司法保障，受审时享有辩护权以及上诉权。拘留国对战俘的刑罚不得超过对其本国武装部队人员同样行为所规定的刑罚。禁止因个人行为而对战俘实行集体处罚、体刑和酷刑。对战俘判处死刑应特别慎重。

（8）不得歧视。战俘除因其军职等级、性别、健康、年龄及职业资格外，一律享有平等待遇。不得因种族、民族、宗教、国籍或政治观点不同加以歧视。

战俘在任何情况下不得部分或全部放弃上述权利。

3. 战俘的释放和遣返。战争或非战争的武装冲突结束后，交战国应立即释放和遣返战俘，不得扣留或迟延。交战国在战争或武装冲突期间也可订立协议交换战俘。

对战俘的释放和遣返可以在交战国之间直接进行，也可以通过中立国进行。按1949 年《关于战俘待遇的日内瓦公约》第 109、110 条的规定，在战事期间，如遣返战俘，冲突各方，应依有关中立国的合作，努力商定办法使伤、病的战俘（指 1 年

---

〔1〕［法］参见夏尔·卢梭：《武装冲突法》，张凝等译，中国对外翻译出版公司 1987 年版，第 67 页。

内可恢复健康并在中立国治疗更利于恢复者和留在交战国其健康会受到威胁者）收容于中立国。但如果他们的健康状况下降到符合直接遣返或经过治疗后健康依然损害者可遣返回国；将健康的战俘拘禁于中立国或直接遣返；对不能医治的伤、病者及精神和体力已严重损害者，医生意见不能在 1 年内恢复健康的伤者、病者而其又需要治疗并且其精神和体力已严重损害者，业已恢复的伤者、病者，但其精神和体力已严重且永久减损者，均应直接遣返。

4. 死亡战俘处理。对经医学证明死亡的战俘（附有死亡报告），拘留国应通知有关战俘情报局；以战俘本国法处理他的继承；保证战俘得到荣誉和安葬；建立单独坟墓，实在无条件的可建立集体坟墓。[1]

（二）伤、病者的保护

1. 伤、病者的概念。按 1977 年《日内瓦公约第一议定书》第 8 条的规定，伤者（wonded）和病者（sick）是指由于创伤、疾病或其他肉体上或精神上失调或失去能力而需要医疗救助或照顾，而且不从事任何敌对行为的军人或平民。这些术语中还包括产妇、新生婴儿和其他需要立即予以医疗救助或照顾的，如弱者或孕妇，而且不从事任何敌对行为的人。此外，海上的遇船难者（shipwrecked）也属于伤、病者的保护范围。遇船难者是指由于遭受不幸或所乘的船舶或飞机遭受不幸而在海上或其他水域内遇险而且不从事任何敌对行为的军人或平民。这类人如果继续不从事任何敌对行为，在被营救期间，直至其依据各公约或本议定书取得另外的身份是为止，应继续视为遇船难者。[2]"船难"一词应包括任何原因的船难，并包括飞机被迫降落海面或被迫自飞机上跳海者在内。[3]

由此可见，议定书界定的伤、病者和遇船难者均必须为不从事任何敌对行为的人，具有中立地位。如果他们从事敌对行为，不能保持中立地位，就不能视为公约意义上的伤者、病者和遇船难者并因此受到保护。保持中立，不从事任何敌对行为，是公约对他们提供保护的必要前提。[4]

2. 伤、病者的待遇。对伤、病者的保护，仅仅是一个多世纪以来，确切地说是1859 年意大利战争以来，人们才关心的问题，国际上分别于 1864 年、1906 年、1929年和 1949 年签订了《关于改善战地武装部队伤病者境遇的公约》，还于 1949 年签订了《改善海上武装部队伤病者及遇船难者境遇的公约》。根据这些公约规定，伤、病者只要不进行任何敌对行为，在任何情况下都应受到保护，为此，交战国应承担以下义务：

---

〔1〕 参见 1949 年《关于战俘待遇的日内瓦公约》第 120 条的规定。
〔2〕 参见 1977 年《日内瓦公约第一议定书》第 8 条第 1、2 款的规定。
〔3〕 参见 1949 年《改善海上武装部队伤者病者及遇船难者境遇的日内瓦公约》第 12 条的规定。
〔4〕 See Michael, "Wounded, Sick and Shipwrecked", Bernhardt (ed.), *Encyclopedia of public International Law* (Instalment 4), p. 357. 转引自白桂梅：《国际法》，北京大学出版社 2010 年版，第 566 页。

（1）在战斗结束后，应立即采取措施搜寻伤、病、亡人员，防止他们被抢劫。对落入其权力之下的敌国伤、病者、死者进行登记。对伤、病者给予照顾和医疗，禁止危害他们的生命或加以惩罚施刑或供作试验，并交换伤、病、亡者的名单，发还他们本人物品和埋葬或火化死者。

（2）对落入其手的敌国伤、病者除给予伤、病者应有保护外，如果他们有战俘身份，还应给予战俘待遇。

（3）对伤病员不得基于性别、种族、国籍、宗教、政治主张等不同而给予歧视。

（4）交战国因不得已而丢弃伤、病者于敌人时，应在军事考虑许可范围内，留下部分医务人员与器材。

（5）在海上受伤、病者或遇船难的武装部队人员或其他人员，在一切情况下，亦应受到尊重和保护。

（6）对从事救护、医疗的医务人员[1]与机构，如医疗队，[2]在任何情况下都应该给予保护，不得攻击。但是对从事军事行动的医疗队不在此限。

（三）战时平民的保护

1.战时平民的概念。战时平民是战时远离战争的人。1949年《关于战时保护平民的日内瓦公约》第3条第1款规定，战时平民是"不实际参加战事之人员，包括放下武器之武装部队人员及因伤、病、拘留，或其他原因而失去战斗能力之人员在内"。但他们当中的人员已被认为是战俘或前述的伤、病者或遇船难者，则不在此列。[3]

2.战时平民的待遇。战争从两方面危及和平居民（civil population）或平民（civilian）个人，一方面是交战国使用作战的手段和方法，另一方面是交战国对于落入其管辖和控制下的平民可能行使的权力。因此，战时保护平民亦从这两方面入手，限制交战国的行为。对于前者已在前面关于作战手段和方法的限制中讲了，不再赘述。对于落入交战国权力下的平民的待遇，1899年和1907年的两个《陆战法规和惯例公约》的附件和1949年《关于战时保护平民的日内瓦公约》作了专门规定。

根据这些文件规定，落入敌国管辖或支配下的平民保护有两种情形：一种是开战时仍在交战国境内的敌国平民；另一种是在占领区内的平民。

（1）交战国境内的敌国平民待遇。交战国对开战在其境内的敌国平民一般应

---

〔1〕 1977年《日内瓦公约第一议定书》第8条第3款规定：医务人员是指冲突一方专门被派用于医疗队或被派用以管理医疗队或操纵或管理医务运输工具的人员。

〔2〕 1977年《日内瓦公约第一议定书》第8条第5款规定：医疗队是指为了医务目的，即搜寻、收集、运输、诊断或治疗——包括急救治疗——伤者、病者和遇船难者，或为了防治疾病而组织的军用或平民医疗处所或其他单位。例如，该术语包括医院和其他类似单位、输血中心、预防医务中心和院所、医药库和这类单位的医药储存处。医疗队可以是固定的货流动的，常设性或临时性。

〔3〕 参见1949年《关于战时保护平民的日内瓦公约》第4条的规定。

允许离境。对继续居留者应给予人道主义待遇，保障他们的合法权益，如不得把他们安置在某一地点或地区，以使该地点或地区免受军事攻击；不得在身体上和精神上对他们施加压力，强迫提供情报；禁止对此等平民施以体刑和酷刑，特别禁止非为医疗的医学和科学实验；禁止实行集体惩罚和扣为人质；应给予这类平民维持生活的机会，但是不得强迫他们从事与军事行动直接相关的工作；只有在出于安全的绝对必要情况下，才可把有关敌国平民拘禁或安置于指定居所。

（2）占领区平民待遇。关于对占领区平民的保护见本节"四"中的论述。

第四节　战时中立法

一、战时中立和战时中立法的概述

（一）战时中立的概念

战时中立（wartime neutrality）是指国家在交战国之间保持一种不偏不倚的法律地位。保持这种地位的国家称战时中立国（wartime neutral state），它不仅不参加交战国的作战和敌对行为，而且也不支持或援助交战国任何一方。

国家的战时中立地位是战争开始后选择的，是临时性的中立。国家可以随时宣布结束它的这种中立地位。战时中立与永久中立不同，永久中立国不仅在战时保持中立，在平时也要恪守中立。因为永久中立地位的确立是由国际条约决定的，永久中立国是不得任意放弃这种地位的。如瑞士和奥地利这样的永久中立国在任何时候都应遵守中立义务。战时中立地位的选择是国家自由决定的，并非国际法义务。当战争爆发时，一国是否采取中立立场不是国际法问题，而是国际政治问题，但选择中立后就涉及权利和义务问题，当受国际法的支配和保护。

战时中立虽在17世纪前偶有发生，但是并没有形成概念。直到18世纪，由于宾刻舒克和法泰尔结合当时实践在他们的著作中论述了中立的理论，提出独立国家有脱离战争的权利并在交战国之间负有不偏不倚的义务，才产生了较系统的中立学说。[1] 19世纪，美国在拿破仑战争期间采取了一连串的中立措施并在其南北战争期间对英国提出各种中立主张；瑞士和比利时宣布永久中立；1856年《巴黎宣言》发表；20世纪初，签订了1907年《海牙公约》并发表了1909年《伦敦宣言》，在此基础上确立了关于中立的规则，形成了传统的中立制度。

但在20世纪，这种传统的中立制度受到了冲击，发生了变化，其原因有二：一是现代战争超出了历史上的"有限战争"而演变成"总体战"。如第二次世界大战中

---

[1] 宾刻舒克在其著的《公法问题》（1737年）第二卷论述战争法问题，法泰尔于1758年发表的《万国法》中论述的战争法问题。

几乎所有国家都被卷入[1]，战时宣布中立的国家一个个加入了战争行列。[2]因为中立国照样难逃战祸，像美、苏这样的大国也未能免遭法西斯的袭击。二是1928年《非战公约》《联合国宪章》等重要法律文件的签订以及第二次世界大战后国际审判战犯的实践证明，国际法上宣布侵略战争为非法并属严重的国际罪行，同时禁止首先使用武力处理国际关系，这就使国家的中立受到了限制。如《联合国宪章》就对会员国的中立权利作了限制。其第2条第5款规定："会员国对于联合国依本宪章规定而采取之行动，应尽力予以协助，联合国对于任何国家正在采取防止或执行行动时，各会员国对该国不得给予协助。"[3]宪章的这项规定要求会员国支持联合国的行动，并且不得支持被制裁的国家。这项义务亦约束非联合国会员国，因为其第2条第6款规定："本组织在维持国际和平及安全之必要范围内，应保证非联合国会员国遵行上述原则。"而且按宪章的规定，安理会有权依第七章规定采取执行行动，包括军事活动。会员国应协助安理会的行动。这就使得国家中立应符合联合国宪章的要求，而不再是绝对的中立权利。在这种情况下，国家只能是有条件的中立或不能中立。[4]

《联合国宪章》的上述规定只是在联合国采取集体安全行动的情况下对会员国中立权的一种限制，而不是取消中立。在国际实践中，在联合国未采取行动的情况下，会员国仍可自由保持中立。

（二）战时中立法

战时中立法（law of wartime neutrality）是规定交战国与中立国之间权利和义务关系的原则和规则。其目的在于使交战国与中立国之间的利益保持平衡。规定中立法的国际文件主要有1907年的《陆战时中立国及中立人民之权利义务公约》《关于中立国在海战中的权利和义务公约》。另外，1949年《改善战地武装部队伤病员待遇的日内瓦公约》和《改善海上武装部队伤病员及遇船难者待遇的日内瓦公约》以及1977年《日内瓦公约第一议定书》中也有关于中立的规定。

二、中立国和交战国的权利和义务

（一）中立的开始和终止

按1907年《关于战争开始的公约》的规定，交战国有义务把战争状态通知第三国。第三国可以通过发表宣言、声明或其他方式选择中立地位。声明选择中立地位或事实上开始了中立，则为中立的开始，中立法开始生效。如果国家是永久中立国，

---

[1]　自1939年至1945年有55个国家参战。

[2]　第二次世界大战前，丹麦和挪威都声明它们在德国与他国的战争中中立，但同于1940年由于德国入侵使它们丧失了中立地位。

[3]　安理会根据《联合国宪章》第七章规定，有权对实施威胁和平、破坏和平和侵略的国家采取非军事的制裁措施和军事行动。

[4]　参见肖凤城：《中立法》，中国政法大学出版社1999年版，第107页。

那么它在战争开始恪守中立法是当然的。中立的终止是在战争的终结或中立国参战的时候。国家在战时保持中立期间要享受中立的权利和承担中立的义务。

（二）中立国和交战国的权利和义务

中立法既然是调整中立国与交战国之间关系的法律规范，当然要求中立国与交战国共同遵守，各自在行使其权利的同时也要履行义务。

1. 中立国的权利和义务。中立国的权利主要有两方面：

（1）领土主权不得侵犯。交战国应尊重中立国的主权和独立。对此，《中立国和人民在陆战中的权利和义务公约》第1～5条规定：① 中立国的领土不得侵犯。②禁止交战国的部队和装载军火或供应品的运输队通过中立国领土。③禁止交战国在中立国领土上设立无线电台或与交战国陆、海、空军联系的任何通信装置；或利用战前在中立国领土上设立的纯为军事目的，并且还没有公开为公众通讯服务的任何此类设施。④禁止在中立国领土范围内组织战斗部队和开设征兵事务所，以援助交战国。⑤中立国即使用武力抵抗侵害其中立的企图行为也不得被认为是敌对行为。《中立国在海战中的权利和义务公约》第1条规定：交战国必须尊重中立国的主权，并避免在中立国领土或领水内从事任何可能构成违反中立的行为。第25条规定：中立国应以自己所拥有的手段执行监督，以防止在它的港口、锚地或领水内发生任何违反上述规定的行为。

（2）中立国有权保持与交战国的正常关系。此项权利主要指中立国与交战国保持外交和领事关系以及商务关系。因为战争是在交战国间进行的，它不影响交战国与中立国的正常关系。所以，中立国和交战国的外交及领事关系不受影响，商务关系也可以保持。但是中立国与交战国间的通商活动要受到限制，不能有资助战争的通商活动。如不得与交战国进行战时禁制品（war contraband）贸易和受交战国战时封锁的限制。战时禁制品是指交战国认为可能助长敌国作战能力而被运往敌国的物品，包括绝对禁制品和相对禁制品。绝对禁制品是明显属于用于战争或军事性的物品，如武器、军服、军用设备、军舰等。相对禁制品是既可供军用，亦可供民用的物品，如粮食、燃料、车辆、船舶、航空器、电讯器材等。

禁制品一经交战国列单公告，中立国的船舶和航空器便不得以任何方法将此类物品运往任何一个交战国。如果把禁制品运赴一个交战国并于途中被另一交战国发现，即不论物品谁属，该交战国有权拿捕或截获。

战时，交战国为了实施封锁和截获禁制品享有检查或搜索的权利。战时临检或搜索是由军舰或军用飞机在公海上检查中立国的商船。对于拒绝和对抗检查的船舶可以拿捕和没收，对载有禁制品或发现从事非中立役务事务的船舶亦有权拿捕和没收。

交战国对拿捕的船舶应交付其捕获法庭审判。法庭审判认为拿捕合法，则可没收船舶及其所载物品。若确定捕获不合法，应予以释放。中立国认为交战国捕获法庭判决不符合国际法，则可行使外交保护权。

战时封锁（blockade in time of war）是交战国以兵力切断敌国的或敌国占领的海港以及海岸的交通，使所有国家的船舶和航空器不能出入。封锁的目的在于使敌国无法获得外来的帮助，以削弱敌国的经济和作战能力。它是一种合法的作战行为，也是对中立国与敌国之间贸易往来的一种限制。

战时封锁虽属合法行为，但实施封锁的国家也要遵守一定的规则，它们有：①封锁必须由交战国政府权力或由其海军当局依政府的授权而实施。②实施封锁的国家必须由其政府或其海军当局以政府名义正式宣告封锁的事实，包括封锁的地理区域、封锁开始的时间以及允许被封锁区内中立国船舶离开该地区的时限等，并应该通知中立国政府或其外交代表或其领事机关。③封锁应部署足以防止船舶或航空器出入的海、空武力，严密防守。④封锁必须公平适用于各国船舶和航空器，不偏不倚地禁止一切国家的船舶和航空器出入。若有偏私，即可使封锁失效。⑤封锁必须连续维持，如果执行封锁的军舰被敌国驱逐，则封锁失效。但军舰因不可抗力而暂时撤离不使封锁失效。⑥实施封锁的军舰对破坏封锁的船舶和航空器可予拿捕，交付本国捕获法庭审判、没收。

中立国的义务有三个方面：

（1）不作为义务。指中立国不得直接或间接地向任何交战国提供军事援助，如不得提供军队、武器、供给、贷款或向交战国军队提供避难场所等。即使是平等地给予交战国双方援助，也是中立法所不允许的。但是中立国基于人道主义理由为交战国提供医药或医护人员不在此限。

（2）防止义务。指中立国有义务采取可能的措施，以防止交战国在其领土或其法权管辖范围内的区域从事战争，或利用其资源准备从事战争敌对行动以及同战争相关的行动，如招兵、备战、建立军事设施或据点、通过军队、军舰以及装载武器和粮食的列车等，还要防止交战国在其领土或其法权管辖范围内武装或改装商船为军舰。

（3）容忍义务。指中立国须容忍交战国依战争法而对其国家和人民采取的有关措施，如对其船舶的临检和搜索，对悬挂其船旗而载有战时禁制品、破坏封锁或从事非中立役务（unneutral service）的船舶的拿捕、审判、处罪及非常征用。

2. 交战国的权利和义务。交战国的权利是防止中立国破坏中立规则，进行资敌活动。为此，可采取防止措施，例如，为防止中立国资助敌国，可在进行军事封锁时限制中立国的船舶和航空器进出封锁区域。对违反封锁的中立国船舶或航空器可以拿捕；对开往交战国的中立国的船舶进行检查和搜索，如此等船舶运载了战时禁制品，可以对其拿捕和没收。

交战国义务有三个方面：

（1）不作为义务。尊重中立国的领土主权，不得在中立国领土或其法权管辖区域从事战争行为；或将中立国领土及其法权管辖区域作为作战基地或军队远征的出发地；不得在中立国领土或领水及其管辖区改装商船为军舰或武装商船，建立通信设施或捕获法庭。

（2）防止义务。指交战国有义务采取措施，防止虐待其境内的或其占领区内的中立国使节和人民；防止其军队和人民侵犯中立国及其人民的合法权益。

（3）容忍义务。指交战国须容忍中立国收容敌国官兵避难于该国领域；[1] 容忍中立国给予敌方战舰以临时庇护；容忍中立国与敌国保持正常的外交和商务关系。

如果中立国或交战国违反其承担的上述任何一项义务而给对方造成损害或损失，应承担国家责任。但对中立国来说，只能使用由其自行决定的手段来履行义务，假若中立国无法阻止比它更强大的交战国破坏中立义务，从而使其不能履行义务而给另一交战国造成损害，它是不负责任的。

第五节　战争的结束及其法律后果

一、战争的结束

战争的结束亦即战争的终止（termination of war）是指交战国之间实际的军事行动停止和战争状态的结束。[2] 可见，战争的结束一般分两步：停止军事行动和结束战争状态。

（一）军事行动的停止

战争结束前通常先停止军事行动。停止军事行动的方式通常有以下三种：

1. 停战。停战（armistice）是根据交战国双方签订协定停止军事行动。停战协定一般仅有暂时中止军事行动的效力，而不意味战争状态的结束。停战有两种情形：一种是停战协定规定全面停止军事敌对行动，即海、陆、空军全部停止敌对军事行动。现代的趋势是全面停战不仅表现为全部停止敌对军事行动，而且是事实上结束战争，最后由和约确认。例如，德国与协约国于 1918 年 11 月 11 日所签的全面停战协议就是第一次世界大战的实际结束，而后被 1919 年的凡尔赛和约确认。还有一种停战协定是规定局部停止敌对行动，即在战区的特定部分停止敌对活动，以便派遣军使、打扫战场、交换战俘或安排投降等。

2. 无条件投降。投降就是战败国降服于战胜国。无条件投降（unconditional surrender）是指战败国只能按照战胜国规定的条件而自己不得附任何条件的投降。战败国投降即停止了一切军事敌对行动。例如，1945 年 5 月 8 日德国法西斯被粉碎后，在柏林签署了关于德国武装部队军事投降书。同年日本战败后，于 9 月 2 日签订了日本无条件投降书。两份投降书中分别宣布德国、日本彻底解除武装，停止一切军事行动。

---

〔1〕　指中立国收容的解除武装的交战国军队人员并给予人道主义救助。

〔2〕　王铁崖主编：《中华法学大辞典》（国际法学卷），中国检察出版社 1996 年版，第 664 页。

3. 停火与休战。停火（cease fire）与休战（truce）是联合国的实践中经常使用的停止军事行动的方式。停火是指在联合国安理会的命令或要求下停止军事敌对行动。停火的效力是在规定的期限内，于命令或协定规定的地区内，绝对停止敌对行动。休战是一个较停战更少限定意义的停止军事敌对行动的用语。例如，1948 年由安理会采取行动决定在巴勒斯坦休战。

一般说来，采取上述停止军事敌对行动的方式都是有利于结束战争状态的重要步骤。

（二）战争状态的结束

交战国间战争状态的结束是对有关结束战争和停止战争行动的一切政治、经济、领土和其他问题作出最终的解决，结束战争的法律状态，恢复和平关系。战争状态的结束通常有以下方式：

1. 缔结和平条约。缔结和平条约（peace treaty）是结束战争状态的最通常的方式。和平条约一般都详细规定与交战国相关的全部未决事项。例如，对战争的终结和承认主权、领土、占领的结束、遣返战俘、财产关系和赔偿等事项。和平条约生效，意味着以战争状态为前提的一切行为不再被承认，双方不得再行攻击、捕获、征用或没收等行为，并释放捕获的舰船、从占领区撤走、释放战俘、归还财款。例如，第二次世界大战后，中、法、苏、英、美等五个国家于 1947 年 2 月 10 日分别同意大利、芬兰、罗马尼亚、匈牙利和保加利亚签订了和平条约，在每个条约中都宣布结束战争状态并对有关国家的边界、发展民主和制止法西斯组织复活、遣返战俘、赔偿损失等问题作出了规定。

2. 单方宣布结束战争。这是由战胜国宣布结束战争状态。例如，1955 年 4 月 7 日，中华人民共和国主席发布命令，宣布结束与德国间的战争状态。

3. 联合声明结束战争。此指交战国双方以发表联合声明的方式结束战争状态。例如，苏联于 1956 年 10 月 19 日与日本发表联合声明，宣布结束它们之间的战争状态。1972 年 9 月 29 日中、日两国发表联合声明，宣布结束两国间的战争状态。

除以上结束战争的方式外，停战协定也可能是结束战争的文件。因此，这样协定下的停战就是结束战争的方式。因为有的停战协定在规定停止军事行动的同时还规定了交战国间问题的和平解决。具有代表性的实例是 1973 年 1 月 27 日在巴黎签订的《关于在越南停止战争和恢复和平的协议》，其第 3 条规定，在越南停火和停止美国针对越南民主共和国领土的一切军事行动，目的是为了保证巩固持久和平。

二、战争结束的法律后果

交战国无论采取何种方式宣布结束它们之间的战争状态以后，两国就恢复了正常的国际关系。一般都恢复外交和领事关系，恢复经济贸易往来，同时使一些因战争停止实施的条约恢复效力。

第六节　战争犯罪的惩治

由于国家间政治、经济及其他方面的交流与合作的发展，相互依赖的程度越来越高，战争也成了一种影响世界的总体现象，国家间不仅需要相互支持打击侵略者，而且还要合作惩治战争犯罪。这大概也是战争法发展的结果吧。正如夏尔·卢梭说的："如今，战争表现为一种影响整个国际社会的现象，不仅在互相援助反抗侵略者方面，而且在战争导致国际罪行惩治方面，都是这样。"[1]

一、战争犯罪的概念

传统国际法认为战争犯罪（war crimes）是在战争中违反战争法规和惯例的行为。这是第二次世界大战前就已肯定的习惯法规则，不仅为各国所承认，而且得到了国际法学者的普遍认可。各国实践中对违反战争法规和惯例的人犯在战时或战后给予法律制裁是常有和惯见之事。格劳秀斯早在300多年前就表示过，对于违反国际法的犯人，捕获者或审判者有权处其死刑。[2] 就是那次荒唐的莱比锡审判实际上也还是在审判违反战争法规和惯例罪的基础上进行的。[3] 但第二次世界大战后，战争犯罪的概念有了很大变化。

第二次世界大战中，鉴于德、意、日等轴心国发动侵略战争和实施大规模的法西斯屠杀及其他暴行，给人类造成了惨不堪言之祸害，同盟国发表了若干宣言和声明，决意惩处战争犯罪。战后，苏、美、英、法四国于1945年8月8日签订了《关于惩处欧洲各轴心国家主要战犯协定》及其附件《欧洲国际军事法庭宪章》。1945年7月26日，中、美、英（其后苏联也参加）签署了《波茨坦公告》，同年12月16日，苏、美、英（其后中国也同意）达成莫斯科决议，决定对战犯将处以严厉的法律制裁。据此，盟国驻日本最高统帅麦克阿瑟经与受降诸盟国磋商后，于1946年1月19日颁布了《设立远东国际军事法庭的特别通告》和《远东国际军事法庭宪章》。两个军事法庭宪章分别在它们的第6条和第5条对战争犯罪作了界定，两宪章规定的战争犯罪已超出了传统战争犯罪的概念，可以说是广义的战争犯罪。包括了三种罪行：

---

〔1〕　［法］夏尔·卢梭：《武装冲突法》，张凝等译，中国对外翻译出版公司1987年版，第14页。

〔2〕　Grotius, *De Jure Belle ac Pacis*, Book III, Chapterx I, Sec. 10; S. Clueck, *War Criminals: Their Prosecution and Punishment*, p. 107.

〔3〕　第一次世界大战后，根据《凡尔赛和约》第227条的规定，德皇威廉二世应交国际法庭审判，由于荷兰拒绝引渡，使对他的审判成为泡影。根据该约第228～229条的规定，对德国及同盟国军人中那些严重破坏战争法规和惯例的人也要由特别军事法庭审判。1921～1922年协约国在莱比锡组织了审判，但890名战犯中只有43名次要战犯受到审判，且许多人被判无罪，即使被判有罪者也只不过被判6个月至2年的轻刑。

1. 破坏和平罪（crime against peace），即计划、准备、发动或从事一种侵略战争或违反国际条约、协定或保证之战争或参与上述任何罪行之共同计划或阴谋。

2. 战争罪（war crimes），即违反战争法规或惯例。此种违反包括为奴役或为其他目的而虐待或放逐占领地平民、谋杀或虐待战俘或海上人员、杀害人质、掠夺公私财产、毁灭城镇或乡镇或非基于军事上必要之破坏，但不以此为限。

3. 反人类罪（crimes against humanity），即在战前或战时，对平民施行谋杀、歼灭、奴役、放逐及其他任何非人道行为；或基于政治的、种族的或宗教的理由，而为执行或有关于本法庭裁判权内之任何犯罪而作出的迫害行为，至于是否违反犯罪地国国内法，则在所不问。

凡参与规划或实行旨在完成上述罪行之共同计划或阴谋之领导者、组织者、教唆者与共谋者，对于任何人为实现此种计划而做出之一切行为，均应负责。

两个军事法庭宪章对战争犯罪的界定发展了传统国际法战争犯罪的概念。首先，从犯罪行为上，它不仅包括了传统的战争犯罪，即违反战争法规和惯例的行为，而且将破坏和平罪和反人类罪亦界定为战争犯罪。其次，从时间上，两宪章规定的战争犯罪不仅包括在战时而且包括在战前的一些行为。最后，就两宪章规定的战争罪，即违反战争法规与惯例的行为而言，也比传统国际法上的战争犯罪明确、清楚，改变了传统概念的模糊和混乱之情形。因为按照传统国际法，战争犯罪虽亦指违反战争法规与惯例的行为，但在国家实践中，除把违反具体战争法规与惯例行为定为战争犯罪外，还把平民拿起武器从事战争行为称为战争犯罪，甚至将在敌后从事的间谍活动（即所谓战争叛逆行为）或抢劫行为也都笼统地称为战争犯罪。捕获国对敌人的一切可以惩处的行为几乎都叫战争犯罪。[1]自从两宪章作出规定后，那些对敌的其他行为，如间谍活动和破坏活动等，交战国虽也可以惩处，但不是当作战争犯罪去惩处。

这两个军事法庭宪章对战争犯罪的新界定获得了国际社会的认可，被其后的国际文件重申且被规定得更为详细，成了现代国际法的概念。例如，1993年联合国安理会第827号决议通过的《联合国前南斯拉夫国际法庭规约》（简称《前南国际法庭规约》）针对1991年以来发生在前南斯拉夫境内的情势，对战争罪作了更为详细的规定。该规约第2~5条规定了四种战争罪行：

（1）犯下或令他人犯下严重违反1949年各项日内瓦公约情事，即下列违反按照《日内瓦公约》规定受到保护的人或财产的行为者：故意杀害；酷刑或不人道待遇，包括生物学实验；故意使身体或健康受重大痛苦或严重伤害；无军事上之必要，而以非法和蛮横方式，对财产进行大规模的破坏和占用；强迫战俘或平民在敌对国军

〔1〕 参见梅汝璈：《远东国际军事法庭》，法律出版社1988年版，第10页；[英]劳特派特修订：《奥本海国际法》（下卷第2分册），王铁崖、陈体强译，商务印书馆1981年版，第83~84页；日本国际法学会编：《国际法辞典》，世界知识出版社1985年版，第652页。

队中服务；故意剥夺战俘或平民应享有的公民及合法审讯的权利；将平民非法驱逐出境或移送或非法禁闭；劫持平民作人质。

（2）违反战争法规和惯例的行为，包括：使用有毒武器或其他武器，以造成不必要的痛苦；无军事上的必要，蛮横地摧毁或破坏城镇、村庄、住所和建筑物；夺取、摧毁或故意损坏专用于宗教、慈善事业和教育、艺术和科学机构、历史文物和艺术及科学作品；劫掠公私财产。

（3）灭绝种族行为，即指蓄意全部或局部消灭某一民族、人种、种族或宗教团体，包括杀害该团体的成员，致使该团体的成员在身体上、精神上遭受严重伤害；故意使该团体处于某种生活状况下，以毁灭其全部或部分的生命；强制施行办法，意图防止该团体内的生育；强迫该团体的儿童至另一团体。

（4）危害人类罪，指针对平民的谋杀、灭绝、奴役、驱逐出境、酷刑、强奸；基于政治、种族、宗教原因而进行迫害；其他不人道行为。

这四种罪行的前两种基本上属于战争罪，后两种可归于危害人类罪，因为它们都是违反国际人道法的罪行。该规约序言和第 1 条声明建立法庭之目的就是针对 1991 年以来前南斯拉夫境内所犯的严重违反国际人道主义法行为负责的人。当然，作为法庭审判是按各单独罪名进行的。

1994 年安理会第 955 号决议通过的《卢旺达国际法庭规约》第 2 条规定的灭绝种族罪和第 3 条规定的危害人类罪与《前南国际法庭规约》规定的灭种罪和危害人类罪相同。第 4 条规定的违反 1949 年《日内瓦公约》共同第 3 条及 1977 年《日内瓦公约第二议定书》第 6、7 条之规定的犯罪包括：侵害个人的生命、健康、身体或精神良好状态，特别是谋杀以及诸如酷刑、毁伤或任何形式的体罚等不人道待遇；集体惩罚；劫持人质；恐怖主义行为；损害个人尊严，特别是侮辱性和有辱人格的待遇、强奸、强迫卖淫和任何形式的猥亵性攻击；劫掠；未经具有文明人民认同的必需的司法保障的正规组织的法庭宣判，经行判罪和执行处罚；威胁实施上述行为。这三种罪行也分别可归入反人类罪和战争罪。

1996 年国际法委员会通过的《危害和平与安全治罪法草案》规定的侵略罪、灭绝种族罪、危害人类罪和战争罪，1998 年通过的《国际刑事法院罗马规约》第 5 条规定的侵略罪、[1] 第 6 条规定的灭绝种族罪、第 7 条规定的危害人类罪和第 8 条规

---

〔1〕　根据《国际刑事法院罗马规约》第 41、43 条的规定，缔约国在乌干达首都坎帕拉举行的为期两周的大会在 2010 年 6 月 11 日闭幕。会议通过了修改规约的有关规定的决议。根据修案文，规约第 5 条第 4 款规定侵略罪行是一国实施了联合国大会 1974 年 12 月 14 日第 3314（XXIX）号决议所述行为。但是，法院对这种罪行行使管辖的时间将在 2017 年 1 月 1 日以后作出的一项决定中加以规定。From http：//www.ic‐cpi.int/meus/ICC? lan＝en‐GB，2010 年 12 月 1 日访问。

定的战争罪也可归入两个军事法庭宪章规定的破坏和平罪、战争罪和危害人类罪中。[1]

现代国际法不仅确立了战争犯罪的概念，同时还确认战争犯罪是严重的国际罪行。早在1919年《凡尔赛和约》的制裁条款中就规定要审判前德皇侵害国际道义和条约神圣的最大罪行。1924年《国际联盟和平解决国际争端议定书》、1927年国际联盟大会通过的《关于侵略战争宣言》、1928年泛美会议通过的决议、1928年《非战公约》、1945年《联合国宪章》、1974年联合国大会《关于侵略定义的决议》及其他一系列国际文件都认定战争犯罪是对全人类的最严重侵害，是严重国际犯罪。纽伦堡国际军事法庭判决书指出，破坏和平罪，即侵略战争，是最大的国际性罪行，是"全部祸害的总和"。[2]因为没有侵略便不会有国际战争，没有国际战争便不会有杀伤、破坏、奸淫、掠夺、虐待俘虏、残害平民以及其他各种战争罪行。1968年联合国大会通过的《战争罪及危害人类罪不适用法定时效公约》的序言中称：战争罪及危害人类罪乃为国际上情节最严重之罪。

二、战争犯罪的审判和惩治原则

（一）惩治战争犯罪的实践

既然国际法上确定战争犯罪的种种行为属于危害全人类的最严重的国际罪行，因此惩治这类犯罪，追究犯罪者的责任，以昭示后人遵守国际法，当属顺理成章之事。

对于战争犯罪，不仅各国国内法庭进行审判和处罚，而且第一次世界大战后，国际上还开始建立国际法庭进行审判和惩罚活动。最初在1919年《凡尔赛和约》第七部分规定要组建一个特别国际法庭，审判前德皇霍恩索伦皇朝威廉二世和其他犯有战争罪的人。虽然由于当时国际关系的局限，该法庭未能成事，但它却为以后建立国际法庭惩治罪犯开创了先例，提供了一些有益的经验。在第二次世界大战中，鉴于轴心国的疯狂侵略和实施违反战争法的种种罪行给人类造成的沉重灾难，同盟国发表上述若干宣言、声明和协议，除确定各种战争罪行外，还决定建立了欧洲国际军事法庭和远东国际军事法庭。[3]这两个法庭依据其宪章规定进行了具有重大历史意义的国际审判。前者自1945年11月10日至1946年10月1日对22名被告和6

---

[1]　关于《危害人类和平及安全治罪法案》和《国际刑事法院罗马规约》对各种罪行的详细规定，分别参见它们的第16、17、18、20条规定和第5～8条规定。

[2]　参见《国际军事法庭审判德国首要战犯判决书》，汤宗舜、江左译，世界知识出版社1955年版，第20页。

[3]　欧洲国际军事法庭由苏、美、英、法四国各指派一名法官或助审法官组成，并由该四国及后来参加《关于控诉及惩处欧洲各轴心国家主要战犯协定》及其附件《欧洲国际军事法庭宪章》的国家各指派一名检察官组成侦察和起诉委员会。远东国际军事法庭由中、美、英、苏、澳、法、荷、印、加、新、菲等11国各派法官一名组成，并设国际检察处，由季楠任检察长，与日本处于战争状态之联合国家指派检察员。

个被控的犯罪组织进行了审判。经过审判，对 19 名被告判处有罪并分别给予了他们绞刑、无期和有期徒刑的处罚。另判决纳粹党的领导团、秘密警察队和保安勤务处、党卫军是犯罪组织。远东国际军事法庭自 1946 年 5 月 3 日至 1948 年 11 月 12 日对 25 名被告进行了审判，并宣布他们全部有罪和分别给予他们绞刑、无期和有期徒刑的处罚。[1]

　　这两个法庭的建立及审判实践是国际社会依据国际法对战争犯罪的各种行为进行审判和处罚的成功范例，其重要意义不仅在于创立了惩治战犯的各项原则，而更重要的是使国际法，特别是使战争法付诸实施并得到了发展。它还表明建立国际法庭惩治战争犯罪是一种使国际法得以遵守和执行的良好形式，为以后建立国际审判罪犯的机制积累了经验。1993 年前南国际法庭和 1994 年卢旺达国际法庭的建立及其运作，以及 2002 年成立的国际刑事法院所审判的罪行和审判原则的规定，无不是汲取了这两个法庭的经验。

　　安理会鉴于自 1991 年起发生在前南斯拉夫境内武装冲突中违反战争法的严重犯罪情事，于 1993 年通过了关于建立"起诉对 1991 年以来在前南斯拉夫境内所犯的严重违反国际人道主义法行为的人员的国际法庭"的第 808 号决议和附有《前南国际法庭规约》的第 827 条决议，宣布前南国际法庭成立。同年 9 月，联合国大会选出了 11 名法官。[2] 安理会任命 R. Escovar – salom（委内瑞拉）为法庭检察官，1994 年 7 月 8 日又任命 J. Goldstone（南非）为检察官。此后法庭才真正开始了审判工作。法庭依其规约审判 1991 年以来发生在前南斯拉夫境内严重违反国际人道主义法的犯罪。法庭对事的管辖范围是严重违反四个《日内瓦公约》的罪行、违反战争法规和惯例的罪行、反人道罪行和灭绝种族罪行。截至 2007 年 11 月，该法庭已起诉了 161 个被告人。目前仍在对一些没有结案的被告人进行审理。[3] 根据安理会 2010 年 12 月 22 日第 1966（2010）号决议要求该法庭和卢旺达法庭在 2010 年完成全部工作，设立预留机制。下设卢旺达问题国际法庭分支机构和前南问题国际法庭分支机构，分别在 2012 年 7 月 1 日和 2013 年 7 月 1 日开始运作。请两个法庭采取一切措施至迟于 2014 年 12 月 31 日为其完成规定的剩余工作，为关闭法庭做好准备并确保顺利过渡到余留机制，包括两个法庭的先遣队。[4]

　　安理会为了惩治 1994 年卢旺达国内武装中发生的严重违反战争法的行为，在同年 11 月通过了第 995 号决议，决定设立卢旺达国际法庭并通过了《卢旺达国际法庭规约》。该法庭的组织与前南国际法庭相同。法庭职权是审判应对 1994 年 1 月 1 日～

---

〔1〕　参见梁淑英主编：《国际法教学案例》，中国政法大学出版社 1999 年版，第 297～304 页。

〔2〕　法庭的 11 名法官分别来自埃及、意大利、加拿大、尼日利亚、法国、中国、美国、哥斯达黎加、巴基斯坦、澳大利亚和马来西亚。

〔3〕　http：//www. un. org/law/icty/，2010 年 7 月 2 日访问。

〔4〕　http：//www. un. org/zh/sc/documents/resolutions/2010/S1966. htm，2016 年 5 月 31 日访问。

12 月 31 日期间在卢旺达境内所犯的灭绝种族罪和其他严重违反战争法的罪行负责的人和在邻国所犯的灭绝种族罪和其他此类暴行负责的卢旺达公民。法庭在存在的 20 余年中共指控 93 人，其中 61 人被判有罪，尚有 8 人在逃。2015 年 12 月 31 日安理会发表媒体声明，2015 年 12 月 31 日关闭卢旺达法庭。法庭关闭后，根据 2010 年相关决议建立的"刑事法庭余留事项国际处理机制"（"余留机制"）继续运转，至 2010 年 6 月已起诉了 80 余名逃犯的责任。[1]

根据 1998 年罗马外交会议通过的《国际刑事法院规约》规定，成立的国际刑事法院比起前述各个法庭有一个很大进步，它是个国际常设刑事法院，也是国际上惩治犯罪的最稳固的合作机制。它有权对规约提到的受国际关注的最严重的犯罪行使管辖，审判这些罪行的实施者，并对国家的刑事管辖权起到补充作用。

（二）惩治战争犯罪的原则

第一次世界大战后的一系列国际文件和国际法庭的审判实践确立了惩治战争犯罪的原则，它们主要是：

1. 追究犯罪者个人的刑事责任。对于战争犯罪者的刑事责任予以追究，使其受到惩罚，在各国国内法和司法实践早已成为惯见之事，但在国际法上确立犯罪者个人承担刑事责任原则还是第一次世界大战之后的事。最初在《凡尔赛和约》第七部分中规定要惩治德皇威廉二世及其他犯罪者。虽然对德皇等人的国际审判没有成为现实，但作为国际文件提出追究个人刑事责任原则的先例，这一规定对以后的国际法进一步确立和实现这一原则是有积极作用的。第二次世界大战后，所有的国际军事法庭和刑事法庭的约章都规定了这项原则。例如，《欧洲国际军事法庭宪章》第 6 条规定：依本宪章第 1 条所提协定成立的法庭，应有权审判及处罚一切为轴心国之利益而以个人资格或团体成员资格有违反和平罪、战争罪和反人类罪或其中一种罪行的人。犯有此种罪行的人应负个人责任。《远东国际军事法庭宪章》第 5 条、《前南国际法庭规约》第 7 条第 1 款、《卢旺达国际法庭规约》第 6 条、《国际刑事法院规约》第 25 条第 2 款也规定了此项原则。

国际法上确立个人刑事责任原则之目的就是要惩治个人的犯罪行为。因为个人也应遵守通过其国家转嫁的国际法的义务，他实施了违犯国际法的犯罪行为，不论其个人地位是国家领导人还是普通士兵，都应承担责任。梅汝璈法官指出："根据国际法而处罚个人的先例不可以数计，而且由来已久。例如海盗和贩卖人口一向被认为是国际法上的犯罪，任何国家都可以对他们加以逮捕和惩处。其实，整个的所谓'战犯罪'都是个人对国际法的侵犯，它们的审判和惩治是不受一般国内刑法规则的限制的。"[2] 巴塞奥尼说："世界各国的刑法都确认，违反刑法的将引起个人刑事责

---

[1] http://news.xinhuanet.com/world/2016_01lc_128587157.htm，2016 年 5 月 30 日访问。
[2] 参见梅汝璈：《远东国际军事法庭》，法律出版社 1988 年版，第 22~23 页。

任，所以，无论国内或国际刑法中，个人承担刑事责任都是一项基本法律原则。"〔1〕

2. 官方身份不免除个人责任。官方身份不免除个人责任原则，亦称官方身份无关性原则。它是指依国际法规定犯有特定国际罪行的个人之官方地位（即官职）的高低不得作为免除其承担责任的理由，无论他们个人的官职是国家元首、政府首脑，或是其他高级官员，还是低级的官员，或是普通士兵，只要他们从事了国际犯罪行为均应负国际责任。他们在战争或武装冲突中违反了国际人道主义法，不得免除个人责任，而应同样受到惩治。《欧洲国际军事法庭宪章》第7条第2款规定："被告之官职上地位，无论系国家之元首或政府各部之负责官吏，均不得为免除责任或减轻刑罚之理由。"《远东国际军事法庭宪章》第6条、《前南国际法庭规约》第7条第2款、《卢旺达国际法庭规约》第6条第2款、《危害人类和平与安全治罪法草案》第7条和《国际刑事法院罗马规约》第27条都规定了这一原则。

确立这项原则可以使那些身居国家领导人或高官地位的人因实施国际罪行而受到惩治，这样就可以使他们滥用国家权力的违反国际法的行为受到惩罚和遏制，从而保证国际法得到遵守和执行。由此可证明，国际法不能保护那些犯有国际罪行的国家代表。正如欧洲国际军事法庭判决书中所曰："国际法中关于在某种情形下保护国家代表的原则，不能适用国际法中已斥为犯罪的行为。干这种行为的人不能用官员的身份为掩护，而在相应的诉讼程序中免除处罚。"〔2〕

3. 政府或上级命令不免除责任。该原则是指由于执行政府或上级命令而犯有国际罪行的人，不得因此理由而免除责任，而应同样受到惩罚。《欧洲国际军事法庭规约》第8条规定："被告遵照其政府或某一长官之命令而行动之事实，不能使其免除责任，但如法庭认为合于正义之要求时，得于刑罚之减轻上加以考虑。"《远东国际军事法庭宪章》第6条、《前南国际法庭规约》第2条第4款、《卢旺达国际法庭规约》第6条第4款、《危害人类和平与安全治罪法草案》第5条及《国际刑事法院罗马规约》第33条都规定此原则。

确立该项原则之目的是，惩治那些支持或执行其政府或其上级命令实施违反国际法的犯罪行为的人，即使他们实施这种犯罪是为了执行政府或上级命令，也不能免除他们的刑事责任。其原因正是梅汝璈法官所说的，"两个法庭宪章之所以采取这样规定，其理由是，一个人只服从合法命令，而不应服从违法的、犯罪的命令。倘使他因服从命令而违反了明显的、无可否认的战争规则，他便应负不可逃脱的责任。因为，倘使不如此，而只是把责任向发布命令的上级长官推，推到最后，将只有国家元首一个人或高级首长几个人对某些战争罪行负责了。这对于战争法规的有效实施，是会有极大损害的。因此，任何人犯了违反战争规则或违反人道的罪行，不论

---

〔1〕　M. C. Bassiouni, *A Theoretical Framework*, *International Criminal Law*, vol. 1, 2nd edition, M. C. Bassiouni (ed.), 1999, p. 21.

〔2〕　《国际军事法庭审判德国首要战犯判决书》，汤宗舜、江左译，世界知识出版社1955年版，第69页。

他是自动地犯的或是因服从上级命令而犯的，都应被视为战犯而受到惩处"。[1] 欧洲国际军事法庭判决书中指出，该法庭宪章精神之一是"个人负有其本国所加的服从义务之上的那种国际责任。违犯战争法规的人，在其依照国家的授权而行动的时候，如果国家授权越出国际法所定的权限者，不得享受豁免"。[2] 但这项原则在适用时还是考虑人犯的情况而减轻刑罚的。因为作为国家领导人或高级官员，他们是决策者或违法命令的制造者，不存在执行政府或上级命令。而就大量的下级军官和士兵而言，是国内法要求他们执行政府或上级命令，他们的行动不完全自主，毕竟与决策者和命令制造者不同，他们不服从就要承担违抗命令的危险。基于这个因素酌情减轻对他们的刑罚也是应该的。所以《欧洲国际军事法庭规约》第8条规定："被告遵照其政府或某一长官之命令而行动之事实，不能使其免除责任。但如法庭认为合乎正义之要求时，得于刑罚之减轻上加以考虑。"《远东国际军事法庭宪章》第6条、《前南国际法庭规约》第7条第4款、《卢旺达国际法庭规约》第6条第4款和《国际刑事法院罗马规约》第33条亦作了类似规定。

以上三项原则不仅被前述各种国际文件和国际法庭的审判实践所确立，而且早为联合国所肯定，联合国大会早在1946年12月11日一致通过的95号（1）决议就确认了这些原则，这些原则并被国际法委员会编纂的1950年通过的纽伦堡原则所涵盖。[3]

4. 上级责任原则。上级责任原则是指上级官长知道或应该知道其部下将实施或已实施了违反战争法的犯罪行为而不予防止或处罚，则他应承担责任。因为作为一个上级官长，他有指挥部下并对部下负责的职权，他应防止和惩治下属成员的违法行为。《奥本海国际法》指出："当指挥占领区内的司令官所属军队对当地平民或战俘进行屠杀或暴行时，除了实际实施这种暴行的人应负刑事责任外，也可能发生司令官的责任。如果这种暴行是奉司令官命令进行的，或者是该司令官应采取而不采取必要措施防止和制止这种暴行，该司令官便直接和无可否认地负有责任。因为他没有这样做就使人们推定……这种罪行曾得到授权、鼓励、纵容、默许或事后批准。"[4] 早在1907年《陆战法规和惯例章程》第1条就规定交战者必须由一个对部

---

[1] 梅汝璈：《远东国际军事法庭》，法律出版社1988年版，第26页。

[2] 参见《国际军事法庭审判德国首要战犯判决书》，汤宗舜、江左译，世界知识出版社1955年版，第69页。

[3] 国际法委员会编纂的1950年通过的纽伦堡原则有：①从事构成违反国际法的犯罪行为人承担个人责任，并因此而受惩罚；②不违反所在国的国内法不能作为免除国际法责任的理由；③被告的地位不能作为免除国际法责任的理由；④政府或上级命令不作为免除国际责任的理由；⑤被控有违反国际法罪行的人有权得到公平审判；⑥违反国际法的罪行是破坏和平罪、战争罪和违反人类罪；⑦共谋上述罪行是违反国际法的罪行。

[4] ［英］劳特派特修订：《奥本海国际法》（下卷第2分册），王铁崖、陈体强译，商务印书馆1981年版，第87页。

下负责的人指挥。1977 年《日内瓦公约第一议定书》第 43、86 和 87 条和《日内瓦公约第二议定书》第 1 条对这一原则规定得更加明确。例如,《日内瓦公约第一议定书》第 86 条第 2 款规定:"部下破坏各公约或本议定书的事实,并不使其上级免除按照情形所应负的刑事或纪律责任,如果上级知悉或有情报使其能对当时情况作出结论,其部下是正在从事或将要从事这种破坏条约行为,而且如果上级不在其权利内采取一切可能的防止或取缔该破坏条约的措施。"《前南国际法庭规约》第 7 条第 3 款和《卢旺达国际法庭规约》第 6 条第 3 款、《危害人类和平及安全治罪法草案》第 6 条和《国际刑事法庭罗马规约》第 28 条也都规定了这个原则。

5. 不适用法定时效原则。1968 年联合国大会通过的《战争罪及危害人类罪不适用法定时效公约》规定:对战争罪、危害人类罪,不论其犯罪日期,不适用法定时效。缔约国应承允各依本国宪法程序,采取必要立法或其他措施,以确保法定或他种时效不适用于本公约所称上述各罪之追诉权及行刑权,倘有此项时效规定,应行废止。这项原则还被规定在《国际刑事法院罗马规约》第 29 条中。

确立这项原则之目的是打破对一般罪行追诉的时效限制,以避免实施战争罪行的责任人逃脱法庭的审判。正如《战争罪及危害人类罪不适用法定时效公约》之前言中所称:鉴悉国内法关于普通罪行之时效规则适用于战争罪及危害人类罪,为世界舆论极感忧虑之事,因其足以防止追诉与惩罚犯有该罪之人,承认必须且合乎时宜经由本公约在国际法上确认战争罪及危害人类罪无时效期间之原则并设法使此项原则普遍适用。

惩治战争犯罪的原则除上述各项外,还有一些其他原则,如对被指控犯罪者应进行公平审判;不违反国内法不能作为免除实行国际罪行者之责任;不溯及既往等原则。

三、关于战犯的庇护和引渡

战争罪行既是最严重的国际罪行,所以,各国对犯有此等罪行的人非但不得保护,而且应予引渡,使他们受到惩罚。为此,一些国际文件都作了明确规定。例如,1948 年《世界人权宣言》第 14 条第 2 款规定:"控诉之确源于非政治性之犯罪或源于违反联合国宗旨与原则之行为者不得享有庇护的权利。"1967 年《领域庇护宣言》第 1 条第 2 款规定:"凡有重大理由可认为犯有国际文件设有专条加以规定之危害和平罪、战争罪或危害人类罪之人,不得援用请求享受庇护之权利。"这一规定还被联合国大会 1973 年通过的《关于侦查、逮捕、引渡和惩治战争罪犯和危害人类罪犯的国际合作原则》第 7 条重申。

关于对战犯的引渡,《战争罪和危害人类罪行不适用法定时效公约》第 3 条规定:"缔约国承允采取一切必要国内立法或其他措施,得依国际法引渡犯有战争罪和危害人类罪的人。并且国家应将人犯引渡给其罪行发生地国。"《关于侦查、逮捕、引渡和惩治战争罪犯和危害人类罪犯的国际合作原则》第 5 条确认的"一般原则"规定:"有证据证明犯战争罪和危害人类罪的人应在犯罪地国家受审,如经判定有罪,由犯罪地国家惩治。为此，各国应在引渡此类罪犯的问题上合作。"《前南国际法庭规约》第 29 条和《卢旺达国际法庭规约》第 28 条均规定应将法庭提诉的被告引渡给各法庭。《国际刑事法院罗马规约》在其第九编中（第 86～102 条）规定了缔约国与法院合作和司法协助的义务。

图书在版编目（ＣＩＰ）数据

国际法 / 梁淑英主编. —2版. —北京：中国政法大学出版社，2016.8
ISBN 978-7-5620-6970-6

Ⅰ. ①国…　Ⅱ. ①梁…　Ⅲ. ①国际法　Ⅳ. ①D99

中国版本图书馆CIP数据核字(2016)第198692号

出　版　者	中国政法大学出版社
地　　　址	北京市海淀区西土城路25号
邮　　　箱	fadapress@163.com
网　　　址	http://www.cuplpress.com（网络实名：中国政法大学出版社）
电　　　话	010-58908435(第一编辑部)　58908334(邮购部)
承　　　印	北京朝阳印刷厂有限责任公司
开　　　本	720mm×960mm　1/16
印　　　张	29.5
字　　　数	612千字
版　　　次	2016年8月第2版
印　　　次	2020年1月第2次印刷
印　　　数	4001~7000册
定　　　价	59.00元